U0519628

西北大学"双一流"建设项目资助
教育部区域与国别研究中心
西北大学中东研究所 编

世界历史文摘

2021年卷
总第3期

中国社会科学出版社

图书在版编目（CIP）数据

世界历史文摘. 2021 年卷：总第 3 期 / 西北大学中东研究所编. —北京：中国社会科学出版社，2021.12

ISBN 978 - 7 - 5203 - 9453 - 6

Ⅰ. ①世…　Ⅱ. ①西…　Ⅲ. ①世界史—文集　Ⅳ. ①K107 - 53

中国版本图书馆 CIP 数据核字（2021）第 270087 号

出 版 人	赵剑英
责任编辑	耿晓明
责任校对	李　萍
责任印制	李寡寡

出　　版	中国社会科学出版社
社　　址	北京鼓楼西大街甲 158 号
邮　　编	100720
网　　址	http://www.csspw.cn
发 行 部	010 - 84083685
门 市 部	010 - 84029450
经　　销	新华书店及其他书店

印　　刷	北京明恒达印务有限公司
装　　订	廊坊市广阳区广增装订厂
版　　次	2021 年 12 月第 1 版
印　　次	2021 年 12 月第 1 次印刷

开　　本	880 × 1230　1/16
印　　张	21.25
插　　页	2
字　　数	572 千字
定　　价	128.00 元

凡购买中国社会科学出版社图书，如有质量问题请与本社营销中心联系调换

电话：010 - 84083683

版权所有　侵权必究

编 委 会

顾问委员会（按姓氏音序排列）

陈志强　郭小凌　侯建新　胡德坤　李红岩
钱乘旦　沈志华　王铁铮　武　寅　于　沛

学术委员会（按姓氏音序排列）：

白建才　陈　恒　高　岱　郭子林　哈全安
韩东育　何志龙　黄　洋　焦　兵　金寿福
李剑鸣　李世安　梁茂信　梁占军　刘德斌
马瑞映　孟钟捷　汪朝光　王立新　王晓德
王新刚　谢国荣　徐再荣　晏绍祥　杨共乐
俞金尧　张广翔　张倩红　张勇安　周祥森

主　　编：韩志斌
执行主编：刘　磊　闫　伟
执行编辑：张玉友

目　录

全文转载

论点摘编

篇目推荐

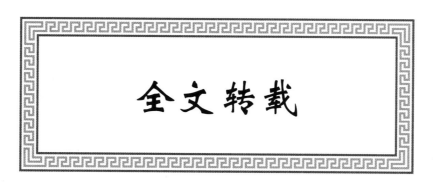

全文转载

权力与权利的博弈
——美国同性婚姻的合法化及其悖论的思考

梁茂信*

在美国历史上，同性恋行为由来已久，但其作为一种民权的合法化进程，却是一个当代议题。尽管从 20 世纪五六十年代开始，这一诉求逐渐引起社会关注，但同性婚姻的合法化进程显得更加慢长，直到 2015 年美国联邦最高法院的支持性判决才宣告结束。关于这一问题的研究，美国学界多以非历史学科为主，涉及民意变化、民权的逻辑、国会议员态度变化、司法解释、婚姻概念、单亲家庭及同性婚姻家庭子女的福利权等问题。[①] 国内学界的历史分析则注重于司法阐释[②]。有鉴于此，笔者拟从权力与权利博弈的角度进行解析，并就其中的悖论提出看法，以期推动中国学界的相关研究。

一 同性婚姻合法化运动的兴起

所谓同性恋是指男性或女性之间的同性爱恋关系，同性婚姻则是建立在这种关系基础上的家庭结合。作为一种个别社会现象，同性恋由来已久。但在美国，一直到 20 世纪中期之前，同性恋者一般不敢公开自己的恋情，因为这种做法不仅有悖于异性婚姻的传统，直接挑战了人类的基本生理特征和道德规范，也不符合人类繁衍的自然法则，而且更重要的是，它颠覆了人类源自上帝之说，是对基督教神圣不可侵犯的亵渎与"犯罪"。所以，同性恋者一经被发现，"将被判处有罪和死刑"[③]。甚至到 20 世纪中期，美国精神病协会将其定为"精神紊乱"，凡被发现有同性恋行为者，必然在

---

* 梁茂信：东北师范大学教授。

① Simon Hall, "American Gay Rights Movement and Patriotic Protest", *Journal of History of the Sexuality*, Vol. 19, No. 3 (September 2010), pp. 536 – 562; https://www.jstor.org/stable/40986338 (2020 年 1 月 12 日下载); Dawn Michelle Baunach, "Changing Same – Sex Marriage Attitudes in America from 1988 Through 2010", *The Public Opinion Quarterly*, Vol. 76, No. 2 (Summer 2012), pp. 364 – 378; https://www.jstor.org/stable/41684569 (2020 年 1 月 12 日下载); Sean M. Theriault and Herschel F. Thomas III, "The Diffusion of Support for Same – Sex Marriage in the US Senate", *Political Science and Politics*, Vol. 47, No. 4 (October 2014), pp. 824 – 828; https://www.jstor.org/stable/43284653 (2020 年 1 月 20 日下载); Andrew R. Flores and Scott Barclay, "Backlash, Consensus, Legitimacy, or Polarization: The Effect of Same – Sex Marriage Policy on Mass Attitudes", *Political Research Quarterly*, Vol. 69, No. 1 (MARCH 2016), pp. 43 – 56; https://www.jstor.org/stable/10.5325/soundings.97.3.0297 (2020 年 1 月 12 日下载)。Richard A. Roane, "No More 'Same – Sex Marriage', Marriage is Marriage, Period: The legal and practical implications of same – sex relationships", *Family Advocate*, Vol. 38, No. 4, (Spring 2016), pp. 12 – 18; https://www.jstor.org/stable/26426589 (2020 年 1 月 12 日下载); Andrew Forsyth, "Defining Marriage", *Soundings: An Interdisciplinary Journal*, Vol. 97, No. 3 (2014), pp. 297 – 322, https://www.jstor.org/stable/10.5325/soundings.97.3.0297 (2020 年 1 月 12 日下载)。

② 姜振春：《爱与自由：美国同性婚姻研究》，法律出版社 2017 年版。

③ Jorge L. Carro, "From Constitutional Psychopathic Inferiority to AIDS: What Is in the Future for Homosexual Aliens?", *Yale Law & Policy Review*, Vol. 7, No. 1 (1989), pp. 202; https://www.jstor.org/ stable/ 40239304 (2020 年 1 月 20 日下载)。

就业、求学和服役等方面受到排斥。①

　　不过，在 20 世纪 50 年代，美国的同性恋组织相继萌生。1954 年，美国历史上第一个以男性同性恋为主的"玛塔辛会社"在洛杉矶成立。翌年，女同性恋发起的"比利蒂斯的女儿们"也宣告成立。它们不遗余力地宣传自己的情感诉求，要求自己的人权得到承认和保护。在随后兴起的轰轰烈烈的民权运动中，美国另一个重要的同性恋组织——"人权协会"问世，目的是在宣传其民权诉求的同时，积极参与政治事务，为同性恋者提供法律服务。由于同性恋者中间，有不少黑人和女性，"尤其是有大学学历的专业技术人士和白领比例极高"②，他们与新左派运动、反主流文化运动和妇女解放运动融为一体，这既拓宽了民权运动的维度，也为同性恋者提供了争取权益的东风。③　在这种形势下，他们通过广播、电视和报纸杂志等各种传媒，大肆宣扬毒品与性爱的刺激作用。④　在同性恋者所谓"超级男子气和主动精神"的影响下，许多青年的异性化取向日益突出，他们浓抹艳妆、身着异性服装，痴迷于吸食毒品与同性群居的生活方式。⑤　随着同性恋组织的壮大，越来越多的同性恋者利用酒吧等场所约会，交流同性交往的心得。这种被视为伤风败俗的做法引起了警察的重视。1969 年 6 月 28 日晚，纽约市格林尼治庄克里斯多福大街一个叫"石墙"（stone

wall）的酒吧，遭到警察的突袭，许多同性恋者被抓。次日，同性恋者四处张贴标语，呼吁保护其正当权益。为纪念此次事件，他们将这一天命名为"同性恋自由日"⑥。此后每年的 6 月 28 日，各地的同性恋者都要举行纪念性的游行活动，社会同情日盛。到 90 年代，全美相继有 40 多个州取消了对同性恋的禁令，废除了鸡奸属于犯罪的规定。⑦　在这种背景下，公开同性恋身份的人数与日俱增。2000 年美国人口统计显示，各种族和阶层都存在同性恋现象，其中 72.4% 是非西班牙裔白人、10.5% 是黑人、11.9% 是西班牙裔、2.5% 是亚洲和太平洋岛屿后裔，0.8% 是印第安人，1.8% 是跨族混血人。⑧

　　然而，从婚姻合法化的角度看，其道路曲折而坎坷。明尼苏达、华盛顿、肯塔基、阿拉斯加、佛罗里达、伊利诺伊和新罕布什尔等 30 多个州的法律都禁止同性婚姻。有鉴于此，"全美男同性恋联盟"等组织将同性婚姻合法化作为奋斗的目标，相关的司法诉讼也越来越多。1990 年夏威夷州三对同性恋者申请结婚遭拒后提出起诉。不久后，夏威夷最高法院在贝尔诉卢因（Baehr v. Lewin）一案中认为，夏威夷州禁止同性婚姻的法律，违反了该州宪法中的平等保护条款。但是，在保守派的坚持下，该州通过了由 70% 选民支持的宪法修正案，它"将婚姻限于一对异性的结合"，授权

---

①　*Obergefell v. Hodges*，576U. S. 7，8，（2015）．

②　Craig M. Loftin，"Unacceptable Mannerisms：Gender Anxieties，Homosexual Activism，and Swish in the United States，1945 – 1965"，*Journal of Social History*，Vol. 40，No. 3（Spring，2007），pp. 577 – 578；https：//www. jstor. org/stable/4491939（2020 年 1 月 12 日下载）．

③　Kent W. Peacock，"Race，the Homosexual，and the Mattachine Society of Washington，1961 – 1970"，*Journal of the History of Sexuality*，Vol. 25，No. 2（MAY 2016），pp. 267，293：https：//www. jstor. org/stable/44862300（2020 年 1 月 12 日下载）．

④　Simon Hall，"American Gay Rights Movement and Patriotic Protest"，p. 539．

⑤　Craig M. Loftin，"Unacceptable Mannerisms"，pp. 577 – 578．

⑥　Simon Hall，"American Gay Rights Movement and Patriotic Protest"，p. 539．

⑦　Saraha A. Soule，"Going to the Chapel？Same – Sex Marriage Bans in the United States，1973 – 2000"，*Social Problems*，Vol. 51，No. 4（November 2004），p. 460，http：//www. jstor. org/stable/10. 1525/sp. 2004. 51. 4. 453（2016 年 11 月 7 日下载）．

⑧　"Cahill，Sean，Director，Policy Institute of the National Gay and Lesbian Task Force，New York，New York，Statement"，in United States Senate，*What Is Needed to Defend the Bipartisan Defense of the Marriage Act of 1996? Hearing Before the Subcommittee on the Constitution，Civil Rights and Property Rights of the Committee on the Judiciary，United States Senate*，One Hundred Eighth Congress，First　Session，Serial No. J – 108 – 36，Washington D. C.：U. S. Government Printing Office，2005，pp. 100 – 101．

州议会颁布新的禁止同性婚姻的立法。①

　　夏威夷最高法院的判决，引起了美国保守派的警觉。他们利用多数国会议员反对同性婚姻的有利形势，以较大的优势颁布了《1996年捍卫婚姻法》，其中第3款规定，"美国的婚姻仅限于一位男性与一位女性的结合"。任何一州、地方政府，或印第安部落等，"均不得……将同性人员的关系视为婚姻"②。这些规定对同性婚姻的支持者无疑是当头一棒。当时，各州对同性婚姻的禁令可概括为三种类型。（1）通过立法，将婚姻定为异性的结合，禁止向同性发放结婚证书。（2）对在外国或外州已举行婚礼的同性婚姻家庭，在法律上宣布无效。（3）多数州将上述两种形式结合起来。例如，亚利桑那州规定，禁止该州居民申请同性婚姻；凡在外地举行婚礼的同性婚姻家庭，迁入该州后无效。③

　　国会和各州禁止同性婚姻的立法剥夺了相关方的民权，因而遭到强烈反对。1994年，阿拉斯加州一对男同性恋者申请结婚遭拒后，遂以歧视为由，向该州最高法院提起诉讼。1998年，该法院做出判决："婚姻是承认一个人选择的生活伴侣，是一项基本权利。因此，选择同姓而非异性作为性伴侣者的基本权利及其权益不可剥夺。"不久后，阿拉斯加州也通过公民投票，颁布了新的宪法修正案。之后，州立法与司法间的博弈更加激烈。1999年，佛蒙特州最高法院也肯定了同性婚姻的合法

性。但是，纽约、亚拉巴马、佛罗里达和北卡罗来纳等州都颁布或修订了禁止同性婚姻的立法。④ 在这种情势下，一些州和联邦最高法院吹响了支持同性婚姻的号角。2003年马萨诸塞州库里奇诉卫生部（Goodridge v. Department of Public Health）案件中，该州最高法院认为，马萨诸塞州"应履行义务，向两位希望结婚的同性恋者提供保护、权益和公民婚姻许可"。与此同时，联邦最高法院在劳伦斯诉得克萨斯（Lawrence v. Texas）一案中认为，每个人在婚姻、生育、节育、抚养孩子和教育方面享有美国宪法所赋予的各项自由权利。"处于同性恋关系中的个人，像异性婚姻那样，可以为这些目的寻求自决权。"此后，新泽西、加利福尼亚、康涅狄格和艾奥瓦等州的最高法院相继宣布，剥夺同性恋婚姻权利属违宪行为。随后，新泽西、佛蒙特、缅因州、马里兰、新罕布什尔、纽约和华盛顿州陆续颁布了承认同性婚姻的法律。⑤

　　各州司法和法律上的对立反映了民众的分裂心态，越来越多的民众比以前更加宽容，但是，人们对同性婚姻的支持态度转化显得比较缓慢。在20世纪最后25年的多次调查中，绝大多数受访者仍认为，同性婚姻在"道德上是错误的"，不可接受。1977—2005年完成的22次调查结果显示，平均45%的被调查者认为同性婚姻不应受到支持，认为鸡奸属于犯罪

　　① Saraha A. Soule, "Going to the Chapel? Same - Sex Marriage Bans in the United States, 1973 - 2000", pp. 455 - 456; "Statement of Jay Sekulow, The American Center for Law and Justice, Inc.", in U. S. House of Representatives, *Federal Marriage Amendment* (*The Musgrave Amendment*): *Hearing Before the Subcommittee on the Constitution of the Committee on the Judiciary*, *House of Representatives*, One Hundred Eighth Congress, Second Session on H. J. Res. 56, May 13, 2004, Serial No. 90, Washington D. C.: U. S. Government Printing Office, 2004, p. 24.

　　② Saraha A. Soule, "Going to the Chapel?", p. 456.

　　③ Congressional Research Service, Same - Sex Marriage: Legal Issues by Alisa M. Smith, RL31994, 7 - 5700, November 5, 2012; p. 3; http://fpc. state. gov/documents/organization/201052. pdf（2017年8月17日下载）Saraha A. Soule, "Going to the Chapel?", p. 456.

　　④ "Statement of Jay Sekulow, The American Center for Law and Justice, Inc.", pp. 24 - 30.

　　⑤ Congressional Research Service, *Same - Sex Marriage*: *Legal Issues by Alisa M. Smith*, p. 1; United State Senate Public Policy Committee, "'The Threat to Marriage from the Courts, Massachusetts Court Expected to Legalize the Same - Sex Marriage', Seven Documents Submitted by the Honorable Marilyn Musgrave, A Representative in Congress from the State of Colorado", in U. S. House of Representatives, *Legal Threats to National Marriage Implications for Public Policy*: *Hearing Before the Subcommittee on the Constitution of the Committee on the Judiciary*, *House of the Representatives*, One Hundred Eighth Congress, Second Session, April 22, 2004, Serial No. 76, Washington D. C.: U. S. Government Printing Office, 2004, pp. 100 - 101.

的比例从 1986 年的 57% 减少到 2003 年的 43% ，反对同性婚姻的比例一直在 55% 到 65% 之间。① 这种结果与 2003 年皮尤民意测验、盖洛普和《时代杂志》等机构的调查结果相近或相同。② 到 21 世纪初，全美有 38 个州颁布了法律或宪法修正案，禁止同姓婚姻。③ 严峻的现实表明，同性婚姻的合法化的道路依然漫长。因此，"男女同性恋捍卫者协会"等组织多管齐下：（1）积极筹措资金，扩大舆论宣传；（2）鼓励同性恋家庭申请与异性婚姻家庭相同的公共福利；（3）向全美输出马萨诸塞州模式——让同性恋者在马萨诸塞州结婚，迁至他州后通过司法诉讼的方式，挑战《1996 年捍卫婚姻法》和各州立法。④ 到 2004 年，同性婚姻作为一种要求获得平等权利的运动，已升级为一个全国性的问题。

二 捍卫传统婚姻的修宪运动及其失败

2004 年 2 月 4 日，乔治 W. 布什总统在白宫罗斯福厅发表讲话，对美国 38 个州颁布支持《1996 年捍卫婚姻法》的立场表示肯定，对部分法官支持"同性婚姻的侵略性企图"表示谴责。在他看来，保护美国婚姻制度的最有效方式，是推动各州颁布一项联邦宪法修正案。为此，他呼吁国会和各州尽快行动，通过一项仅仅将婚姻界定为异性结合，又能允许各州做出自由安排的宪法修正案。⑤ 是年 7 月，科罗拉多州国会参议院韦恩阿拉德（Wayne Allard）等人提交了一份《美国联邦婚姻宪法修正案》的草案。在随后举行的国会听证会上，参议院司法委员会、宪法、民权和财产权特别委员会主席约翰·科宁（John Cornyn）指出，由于接连不断的诉讼对传统婚姻制度构成了极大冲击，颁布宪法修正案实有必要，因为异性婚姻不仅是美国人"建立一个自由和自治共同体"的基础，而且也是美国"有益性进步的源泉"⑥ 在一个月后的另一场听证会上，犹他州国会参议员奥伦·哈奇指出：美国的传统婚姻面临前所未有的威胁，"如果我们要保护并加强婚姻制度，其应对之策，看来除了宪法别无他途。"⑦

在听证会上，拥有 800 多万信众的美国西班牙裔宗教组织——"全国牧师福音协会"的代表称，"西班牙裔以压倒性的优势，支持传统的婚姻制度"。因为它被证明是"自远古以来维护社会稳定的制度"。这种主张得到了天主教全国主教会议、南方浸礼会和美国犹太教联盟等十多家宗教组织的支持。⑧ 研究欧洲

① Gregory B. Lewis and Seong Soo Oh, "Public Opinion and State Action on Same – Sex Marriage", *State & Local Government Review*, Vol. 40, No. 1 (2008), p. 44; http://www.jstor.org/stable/25469773 （2016 年 11 月 7 日下载）。

② United State Senate Public Policy Committee, "The Threat to Marriage from the Courts, Massachusetts Court Expected to Legalize the Same – Sex Marriage", p. 98.

③ Gregory B. Lewis and Seong Soo Oh, "Public Opinion and State Action on Same – Sex Marriage", p. 51.

④ United State Senate Public Policy Committee, "The Threat to Marriage from the Courts, Massachusetts Court Expected to Legalize the Same – Sex Marriage", pp. 101 – 102.

⑤ "Remarks By the President, Seven Documents Submitted by the Honorable Marilyn Musgrave, A Representative in Congress from the State of Colorado", in U. S. House of Representatives, *Legal Threats to National Marriage Implications for Public Policy*: *Hearing Before the Subcommittee on the Constitution of the Committee on the Judiciary*, *House of the Representatives*, One Hundred Eighth Congress, Second Session, April 22, 2004, Serial No. 76, Washington D. C.: U. S. Government Printing Office, 2004, p. 65.

⑥ "Opening Statement of Hon. John Cornyn, A. U. S. Senator from the State of Texas", in United States Senate, *A Proposed Constitutional Amendment to Preserve Traditional Marriage*: *Hearing Before the Committee on the Judiciary*, *United States Senate*, One Hundred Eighth Congress, Second Session, March 23, 2004, Serial No. J – 108 – 61, Washington D. C.: U. S. Government Printing Office, 2005, pp. 2 – 3.

⑦ "Opening Statement of Hon. Orrin G. Hatch, A. U. S. Senator from the State of Utah", p. 3.

⑧ "Statement of Hon. Reverend Daniel De Leon, Sr., Alianza De Ministerios Evangelicos Nacionales, and Pastor, Templo, Calvario, Santa Ana, California", in United States Senate, *Judicial Activism vs Democracy*: *What are the National Implications of the Massachusetts Goodridge Decision and Judicial Invalidation of Traditional Marriage Laws? Hearing Before the Subcommittee on the Constitution*, *Civil Rights and Property Rights of the Committee on the Judiciary*, *United States Senate*, One Hundred Eights Congress, Second Session, March 3, 2004, Serial No. J – 108 – 59, Washington D. C.: U. S. Government Printing Office, 2005, pp. 13 – 15.

同性恋问题的芝加哥大学副教授斯坦利库兹认为，自 20 世纪 80 年代斯堪的纳维亚国家承认了同性婚姻的合法地位以来，这些国家的非婚生育占当年出生总人口的比例骤增，到 2002 年已高达 67.29%，其中第一胎高达 82.27%，第二胎高达 58.61%。鉴于"欧洲风格的父母同居端倪在美国已十分明显"，因此，如果美国承认同性婚姻，"我们就会目睹婚姻的终结"①。听证会上几乎一致反同性婚姻的态度，使一些学者得出乐观的结论，认为该宪法修正案的通过"是如此至关重要"，它"将一劳永逸地允许各州通过民主程序自行决定，婚姻是否仍沿袭传统异性结合"②。这种预测似乎凿凿有据。因为一次又一次的民调结果显示，多数美国人支持颁布一项保护传统婚姻的宪法修正案。然而，在最后的表决中，该修正案却胎死腹中。其原因可概述如下：

首先，在美国历史上通过的 27 条修正案中，除禁酒的宪法第十八条修正案之外，其他修正案都是扩大民众权利，或调整政治权力结构。而此次宪法修正案是第一项旨在限制民权的修正案，因而被认为"设计上有缺陷"。同时，按照美国宪法中的原则，婚姻问题的立法权属于各州。这一原则也得到联邦最高法院的确认。它在 1890 年审理一桩涉及孩子抚养权的案件中指出："丈夫与妻子，双亲与孩子的家庭关系全部议题属于各州而非美国联邦法律的范畴"。后来它在 1979 年的一次审理中重申了上述观点。③正因为如此，2003 年 9 月 14 日，美国公民自由联盟在致国会的信件中指出，拟议中的宪法修正案不仅会"伤害个人自由权利的传统"，而且会"终结州政府保护

未婚情侣及其家庭的作用"④。

其次，该修正案遭到了学界的反对。政治学和法学的部分学者认为，鉴于"美国已经有组织有序、资金充足的同性婚姻合法化的努力，并且这种努力受到了具有广泛的意识形态的学术界和司法界的支持"，因此，不排除法官们推翻《1996 年捍卫婚姻法》和各州法律的可能性。如果再颁布一项宪法修正案，则会"授予联邦法官们过多的干预家庭关系的权力"⑤。值得关注的是，长期从事家庭问题研究的佛罗里达大学法学院教授南西（Nancy Dowd）提出了一个更令人担忧的问题："如果这项修正案获得通过，没有一位儿童会受益。"反过来说，如果同性婚姻得到法律承认，相关家庭的子女就可以享有继承双亲的财产权、遗嘱权、家宅权、健康保险、退休养老金、赡养权、个人医疗决策权、监护权、探视权等等。如果通过了禁止同性婚姻的宪法修正案，"在实践上会损害这些家庭和孩子的利益"，美国有 100 多万儿童因其父母亲的性取向而被排斥在相关家庭的福利之外。⑥如果要保护儿童，就应该将政府工作的重心转向消除贫困、种族主义、教育匮乏和暴力等问题，而不是通过具有狭隘思想观念的宪法修正案。

再次，美国律师界也表示反对，理由是该修正案限制了州管理婚姻和保护儿童的能力。尽管美国律师协会表示在同性婚姻问题上"不持任何立场"，但该修正案限制了州政府确定组成婚姻的结构和形式等。各州通过解释联邦与所在州宪法，"可以向个人提供比联邦相同宪法条款更大的保护"。更重要的是，该

---

① "Prepared Statement of Stanly Kurtz", in U. S. House of Representatives, *Federal Marriage Amendment（The Musgrave Amendment）*, pp. 85 – 86, 89.

② "Statement of Jay Sekulow, The American Center for Law and Justice, Inc.", in U. S. House of Representatives, *Federal Marriage Amendment（The Musgrave Amendment）*, p. 24.

③ "Statement of Hon. Dianne Feinstein, A. U. S. Senator from the State of California", in United States Senate, *A Proposed Constitutional Amendment to Preserve Traditional Marriage*, p. 6.

④ "American Civil Liberties Union, Laura W. Murphy, Director and Christopher E. Angers, Legislative Counsel, Washington D. C., Statement⋯", in United States Senate, *What Is Needed to Defend the Bipartisan Defense of the Marriage Act of 1996?* pp. 90 – 91.

⑤ "Statement of Christopher Wolfe, Professor of Political Science, Marquette University, Milwaukee, Wisconsin", in United States Senate, *An Examination of the Constitutional Amendment on Marriage*, pp. 5 – 6.

⑥ "Statement of Nancy E. Dowd, Chesterfield Smith Professor of Law, Co – Director, Center for Children and Families, University of Florida Levin College of Law", in United States Senate, *An Examination of the Constitutional Amendment on Marriage*, p. 46.

宪法修正案"在我们的宪法中首次写入了一项剥夺全体美国人权的条款"①。在此背景下,颁布禁止同性婚姻的宪法修正案,会撕裂美国社会和家庭,相关家庭的100多万儿童的成长环境不仅会受到破坏,而且"也丧失了从这些没有合法身份的亲人身上可以获得的福利支持",其中包括医嘱继承权、财产继承权、福利权、亲人探视权等。②

复次,不少国会议员表示反对颁布新的宪法修正案。他们认为,在美国历史上,宪法修正案往往是作为解决问题的最后一招,可新的宪法修正案却要限制公民权利,这"与我们的宪法传统完全不一致"③。颇具影响力的民主党资深议员爱德华·肯尼迪在国会指出,根本"没有必要修正宪法。正如每天的新闻所示,各州正在按照美国50个州公民的愿望有效地处理这个问题"。新的修正案作为一项"令人羞耻的修正案",目的是"在一个公民群体与全国公民之间,纯粹出于政党优势而制造分裂"。让许多人担心的是,人们还从肯尼迪的发言中衍生出另外一个话题——它等于告诉教会,反对同性婚姻等于损害了宗教自由权利,所以修正案"威胁到了我们社会长期形成的政教分离"④。值得关注的是,宪法修正案的失败,与支持《1996年捍卫婚姻法》的政治派别出现分裂有关。最典型的例子之一是鲍勃·巴尔(Bob Barr)。他在担任佐治亚州国会众议员(1995—2003)期间,是《1996年捍卫婚姻法》的提案人之一。他卸任后重操律师职业,表示自己要捍卫"我们宪法中

的基本自由",因而明确表示不会支持新的宪法修正案。因为它不仅侵害了宪法赋予各州在婚姻事务上的决策权,超越了宪法赋予联邦的权限,而且,《1996年捍卫婚姻法》还在生效,没有必要颁布新的宪法修正案,这样有利于"防止权力的滥用"⑤。巴尔的观点中至少有两点悖论,第一,他支持民众隐私的自由权中包含了婚姻的自由选择权;第二,他反对宪法修正案的态度使《1996年捍卫婚姻法》失去了宪法的保护伞,与他本人作为提案人的逻辑是相互矛盾的。

此外,伊拉克战争等问题分散了国人的注意力。2005年,全美民众关注的首要问题是如何从伊拉克撤军和应对汽油价格上涨的问题。他们对同性婚姻作为公民私生活并不大感兴趣,也"不认为马萨诸塞的同性婚姻,或者是佛蒙特或康涅狄格公民结合,会对婚姻或者家庭受到特别的威胁"⑥。资深议员肯尼迪也提出了相似的批评。他说:"我们国家今天正在面临着一系列紧迫性的挑战。在伊拉克的战争带来了新的危险,大规模地增加了支出,每周都在夺去越来越多的美国人的生命。在国内,数百万公民陷入失业危机,退休金正在耗尽,学校预算正在下降,大学学费日升。处方药和其他卫生保健支出正在飙涨。联邦财政预算赤字已经延伸到我们可以目测的时间之外。然而,总统不是呼吁国会更加有效地处理这些问题和挑战,而是让我们分心,呼吁国会行动,通过一项歧视性的宪法修正案,禁止同性

① "Statement of Phyllis G. Bossin on Behalf the American Bar Association Presented to the Committee on the Judiciary United States Senate", in United States Senate, *A Proposed Constitutional Amendment to Preserve Traditional Marriage*, pp. 85 – 86, 89.

② "Statement of Phyllis G. Bossin on Behalf the American Bar Association Presented to the Committee on the Judiciary United States Senate", in United States Senate, *A Proposed Constitutional Amendment to Preserve Traditional Marriage*, pp. 89 – 91.

③ "Statement of Hon. Russell D. Feingold, A. U. S. Senator from the State of Wisconsin", in United States Senate, *Judicial Activism vs Democracy*, pp. 2 – 3.

④ "Statement of Edward M. Kennedy, A. U. S. Senator from the State of Massachusetts", in United States Senate, *Judicial Activism vs Democracy*, p. 43.

⑤ "Barr, Bob, Former Representative in Congress from the State of Georgia and 21st Century Liberties Chair for Freedom and Privacy, American Conservative Union, Smyrna, Georgia, Prepared Statement", in United States Senate, *Preserving Traditional Marriage: A View From the State: Hearing Before the Committee on the Judiciary, United States Senate*, One Hundred Eighth Congress, Second Session, June 22, 2004, Serial No. J – 108 – 84, Washington D. C.: U. S. Government Printing Office, 2008, pp. 59 – 63.

⑥ "Statement of Hon. Russell D. Feingold, A. U. S. Senator From the State of Wisconsin", p. 3.

婚姻。"① 上述批评削弱了民众对该修正案的支持率，因而其失败在所难免。

三 同性婚姻作为"民权"的胜利

宪法修正案搁浅后，同性婚姻的倡导者与支持者备受鼓舞，因而纷纷发起了挑战《1996 年捍卫婚姻法》的司法诉讼。例如，加利福尼亚一家受理破产银行的法院发现，《1996 年捍卫婚姻法》是违宪的。两位已合法结婚的男性债务人申请破产，结果遭到拒绝。地方法院受理了案件后认为，该法违反了宪法第五条修正案中的平等保护条款。可是，华盛顿州西部地区的受理破产案件法院在受理同类案件中却得出了相反的结论，认为宪法没有规定同性婚姻也是公民的基本权利，因而该法没有违反联邦宪法第四、第五和第十条修正案。在不久后的威尔逊诉阿克（Wilson v. Ake）案件中，一对同姓伴侣要求佛罗里达州最高法院承认其婚姻的合法性。法庭在审理后得出了与华盛顿州法院相似的结论，因为同姓伴侣结婚"不是正当法律程序条款中所保证的一项基本权利"。所以，佛罗里达州禁止同姓婚姻的法律是符合宪法的。② 值得注意的是，与上述判决相似的龃龉仍在其他州继续。在 2011 年的"吉尔诉人事管理办公室"（Gill v. Office of Personnel Management）案件中，一对马萨诸塞州的同性恋者认为自己被剥夺了应有的权益，其中包括"联邦雇员卫生权益计划"、联邦雇员牙科和视力保险计划，以及"联邦灵活支出账目计划"。地方法院在观察 1996 年捍卫婚姻法的条款及其产生的历史背景后认为，国会要在该项立法中鼓励生育，维护异性婚姻制度与道德观念的利益追求，并不存在排斥同性婚姻的法理基础，因为将生殖作为排斥同性婚姻的原因并不成立。鉴于历史上并无婚姻分

类的先例，将异性婚姻与同性婚姻置于"敌对"关系中，并不能构成《1996 年捍卫婚姻法》的合理性基础。因此，《1996 年捍卫婚姻法》违反了宪法。③ 然而，法院在审理上述案件时，并未就联邦支出计划与该法的逻辑关联做出解释。那么，在婚姻问题上，联邦国会享有哪些权力呢？按照最高法院的逻辑，1787 年宪法第一条第八款中的"支出条款"（Spending Clause）明确了国会享有对外宣战、国防建设、对外贸易、铸造货币、税务以及邮政建设等权力。国会据此可以"摊派和征收赋税……以便提供……普遍的福利"。与此规定相关的案例是 1987 年南达科他诉多尔（South Dakota v. Dole）案件，联邦交通部部长认为南达科他州允许刚过 18 岁的青年购买烈酒，违反了宪法禁止 21 岁以下公民购买烈酒的规定，因而它丧失了申请联邦公路建设资金的资格。最高法院不仅肯定了联邦交通部支出计划中附加条件的合理性，而且还以联邦福利支出不能用来引诱州违宪，驳回了南达科他的指控。可是，在 2010 年"马萨诸塞诉美国卫生与人类服务部"（Massachusetts v. U. S. Dept. of Health and Human Services）案件中，联邦退伍军人事务部通知马萨诸塞州退伍军人服务局，若将两名同性恋配偶埋葬在马萨诸塞州老兵公墓，联邦退伍军人事务部就有权追回其向该州的拨款。联邦地区法院在审理该案时做出了令人尴尬的判决。一方面，它认为《1996 年捍卫婚姻法》超越了宪法中"联邦财政支出"规定的权限，侵犯了州调整婚姻状况的权力，因而违反了宪法第五条修正案中的平等保护条款；另一方面，该法中关于婚姻的概念并没有冲撞宪法第十条修正案，因而"并未侵害传统上州管理的权限"④。如果说上述矛盾性的解释使同性婚姻的前途显得更加扑朔迷离，那么，2012 年美国联邦最高法院受

① "Statement of Edward M. Kennedy, A. U. S. Senator from the State of Massachusetts", p. 43.
② Congressional Research Service, Same – Sex Marriage: Legal Issues by Alisa M. Smith, RL31994, 7 – 5700, November 5, 2012; pp. 3 – 4; http://fpc. state. gov/ documents/ organization/201052. pdf（2017 年 8 月 17 日下载）。
③ Congressional Research Service, Same – Sex Marriage: Legal Issues by Alisa M. Smith, RL31994, 7 – 5700, November 5, 2012; p. 6; http://fpc. state. gov/documents/organization/201052. pdf（2017 年 8 月 17 日下载）。
④ Congressional Research Service, Same – Sex Marriage: Legal Issues by Alisa M. Smith, pp. 8 – 9.

理的"美国诉温莎"（United States V. Windsor）案和"霍林斯沃斯诉佩里"（Hollingsworth v. Perry）案件就具有决定性的意义。

在美国诉温莎案中，被告伊迪丝·温莎（Edith Windsor）及其配偶都是纽约州居民，两人于2007年在加拿大结婚，两年后温莎的婚姻伴侣去世。此前，她们在申请不动产税配偶豁免权时遭到拒绝，理由是她们作为同性婚姻，不符合《1996年捍卫婚姻法》中关于婚姻的界定，结果拖欠联邦不动产税费36.3万美元。于是温莎提起诉讼，地区法院运用"合理性基础"原则判定原告胜诉，因为《1996年捍卫婚姻法》与政府推进传统的婚姻制度没有合理的逻辑关系。然而，美国众议院司法顾问团为捍卫该法的合理性，将案件上诉到联邦第二巡回法庭被拒后，又逐级上诉到联邦最高法院。在对案情审理后认为，《1996年捍卫婚姻法》中关于婚姻概念的界定违反了宪法。[①] 然而，国会两党顾问小组在抗诉中认为，国会颁布《1996年捍卫婚姻法》符合国民利益，其中包括维护婚姻概念界定中独特的联邦利益，保护联邦财政预算权益和促进有责任的生育利益。但是，这些观点遭到法庭拒绝，最高法院认为该法并未推进统一的婚姻界定的利益，而是"史无前例地侵害了传统上州权的范围"，因为"历史上对国内关系的法律一直交由各州制定"。尽管法庭同意有责任的生育可以成为政府政策的一项重要目标，但1996年婚姻法并未向结婚的异性夫妇提供任何激励性的生殖措施，因而该法中涉及的婚姻问题与联邦政府没有关系。而且，该法案关于婚姻概念的界定违反了宪法中的平等保护条款。[②]

关于挑战加州第8号提案的"霍林斯沃思诉佩里"案件，可溯至加州民众的婚姻观。加州作为美国同性恋的发源地之一，其民众对同性婚姻的态度在全美的命运具有重要影响。尽管加州人对同性婚姻的宽容态度不断增强，支持者比例从1977年的28%上升到2003年的42%。[③] 但从总体上看，加州居民中的反对者仍占多数。于是，加州议会发起了反同性婚姻合法化的第8号提案，并号召广大市民积极参与投票。为了在这场博弈中获得胜利，支持者与反对者分别筹措了3600万和3800万美元，并展开了强大的宣传攻势，形成了"美国历史上最为昂贵的社会问题的宣传运动"[④]。在随后的公民投票中，具有宪法性质的第8号提案顺利通过。然而，加州最高法院在2009年1月21日否决了该提案，认为它剥夺了"一个被质疑的一类群体的基本权利，违反了宪法中对基本人权的核心承诺"。加州最高法院的态度遭到同性婚姻反对者的强烈谴责，认为第8号提案是"选民行使人民主权权力的结果"。法院的武断行为违背了民意，"超越了其宪法权力"。对此，法院反驳道，加州人民制定宪法时，就已区分了通过"动议程序"（initiative process）修宪的权利与通过宪法修正程序的差别。修正案只有通过州议会2/3议员的同意，或制宪会议多数代表的支持才能生效。[⑤] 2009年1月21日，加州总检察长与法院桴鼓相应，认为"动议权"不是人民主权的唯一表示，它"只代表较小程度上的人民主权"，因为参加公投者仅占加州选民的8%，所以，

① Congressional Research Service, *Same – Sex Marriage*: *Legal Issues by Alisa M. Smith*, p. 7.

② Congressional Research Service, Same – Sex Marriage and the Supreme Court: United States v. Windsor and Hollingsworth v. Perry by Jody Feder and Alisa M. Dolan, R42976, 7 – 5700, February 20, 2013, pp. 7 – 8.; http://fpc. state. gov/documents/organization/206133. pdf（2016年12月26日下载）。

③ A Digest on How California Voters View Issues Relating to Same – Sex Marriage, *California Opinion Index*, Vol. 2, 2003, p. 1; http://field. com/fieldpollonline/subscribers/COI – 03 – Aug – GayRights. pdf（2009年7月31日下载）。

④ Request for Judicial Notice by Proposed Intervenor Real Parties in Interest Proposition 8 Official Proponent, et. al. in Support of Motion to Intervene: Case No. 168047; pp. 15 – 16, 18.

⑤ The Supreme Court of the State of California, City and County of San Francisco et. al. Petitioners vs Mark B. Horton as State Registrar of Vital Statistics., et. al. Respondents: Consolidated Answer of Petitioners City and County of San Francisco et. Al to Amicus Curiae Briefs in Support of Intervenors, Case No. S168078, pp. 2 – 4; http://www. courtinfo. ca. gov/courts/supreme/highprofile/documents/sfresponse. pdf（2009年7月31日下载）。

该提案需要"接受司法审查，以便确定其与宪法的一致性"。由于该提案对同性婚姻的歧视，侵害了宪法中的人民自由权、生命权和幸福权。因此他呼吁联邦最高法院"否决这一动议，使其成为无效的修正案"①。

联邦最高法院在审理中发现，8 号提案是在加州最高法院判决该州禁止同性婚姻违宪之后颁布的。而且，在 8 号提案之前，加州已经向同性婚姻发放了 1.8 万张结婚证书。这就是说，霍林斯沃思案件的问题是"婚姻"概念，因为同性婚姻的伴侣应享有异性夫妇享有的权利。在 8 号提案颁布后，几对同性婚姻申请者遭到拒绝，于是，他们决定起诉该州政府。地区法院认为 8 号提案违反了联邦宪法中的"正当程序"和"平等保护"条款。案件上诉到联邦上诉法院之后，法庭从推进家庭生殖，保护宗教自由，阻止学校传授同性婚姻的知识等方面，否决了 8 号提案的合法性。因为它"将男女同性恋作为一个类型的价值和尊严法律化了。就像伤害的欲望不能构成合法政府的利益一样，对一个群体的人民基本权利的剥夺也是如此"。基于以上判决，2013 年 6 月 26 日，美国最高法院以 5∶4 的投票结果，认为《1996 年捍卫婚姻法》和加州 8 号提案侵害了同性伴侣获得福利的权利。②

值得关注的是，联邦最高法院在以上判决中并未引入宪法第五条和第十四条修正案中的"正当程序"和"平等保护"原则，这对同性恋者而言并非彻底的胜利。因此，2015 年奥博盖费尔诉霍奇斯（Obergefell v. Hodges）案件就具有非凡的意义。起诉人詹姆斯·奥博盖尔（James Obergefell）与约翰·阿瑟（John Arthur）在 20 多年前相识，不久后两人相爱。2011 年，阿瑟被确诊患有不治之症。于是两人决定在 2013 年结婚。婚礼地点选在承认同性婚姻的马里兰州。三个月后，阿瑟去世，他

的家乡俄亥俄州不承认奥博盖尔的配偶财产继承权。于是奥博盖尔决定起诉。该案件到最高法院后，再次以 5∶4 的表决做出有利于同性婚姻的判决，认为（1）婚姻作为一种受到宪法保护的基本权利，既适用于异性也适用于同性；（2）结婚是一项基本权利，它同样适用于两个互表爱慕情感的同性；（3）保护结婚权利的基础是儿童与家庭的保障。如果不承认这种权利，许多家庭的孩子因为双亲处于非婚状态而遭到物质匮乏和精神和心理上的痛苦；（4）宪法第 14 条修正案中的"正当程序"和"平等保护"条款，同样适用于同性婚姻。由于"同性伴侣被剥夺了各州婚姻中的相关权益"。这种伤害不单纯是物质上的损失，而且还会影响家庭的稳定。因此，与异性受到宪法第 14 条修正案中的正当程序和平等保护条款保护一样，同性婚姻也应受到该条款的保护。③ 最高法院的上述解释，最终为同性婚姻的合法化彻底扫除了障碍。

四　同性婚姻合法化的悖论与思考

同性婚姻合法化的进程表明，各州和联邦最高法院在其中扮演了先锋作用，尤其是联邦最高法院在 2010 年之后的三次审判中，上演了一部最高法院作为少数，推翻了代表多数人意志的《1996 年捍卫婚姻法》、38 个州的宪法修正案和州法律的大戏。它作为美国二元联邦体系中的权力一翼，既棒打联邦国会，也棒打各州，是一个典型的用理性自由碾压社会道德的案例。其中的悖论给美国社会带来了一系列值得思考的问题。

问题之一，在人类历史上的不同文明、宗教与文化中，婚姻被看作是"社会制度的基石"，因而异性结合的家庭一直是美国联邦和

---

① Attorney General's Response to Amicus Curiae Briefs：S 168047，S168066，S 168078；pp. 1 - 2，26 - 27；http：//www.courtinfo. ca. gov/courts/supreme/highprofile/documents/agresponse. pdf（2009 年 7 月 31 日下载）。

② Congressional Research Service，Same - Sex Marriage and the Supreme Court：United States v. Windsor and Hollingsworth v. Perry by Jody Feder and Alisa M. Dolan，R42976，7 - 5700，February 20，2013，pp. 1，11 - 12；http：//fpc. state. gov/documents/organization/206133. pdf（2016 年 12 月 26 日下载）。

③ *Obergefell v. Hodges*，576U. S. 17 - 19（2015）.

各州法律保护的对象，也是其禁止同性婚姻的理由。然而，在各地法院判决相互抵牾的关键时刻，联邦最高法院不仅推翻了《1996 年捍卫婚姻法》，而且也改写了 38 个州的婚姻法。这种保护少数群体权利，侵犯多数群体权益的个人主义思考，意味着"一种文化的转化"[①]。传统婚姻制度下"根深蒂固的宗教、道德和伦理信念"将不再是美国婚姻制度赖以存续的基础与合理理由。[②] 与此同时，美国民众的价值观也在发生转变。人们在婚姻和家庭问题上的认识四分五裂，模棱两可，"表明政策的实施鼓励人们重新思考他们在同性婚姻问题上的态度"[③]，这种变化会给美国社会产生何种影响值得思考。

问题之二，同性婚姻的合法化不只是同性婚姻者自身梦寐以求的目标，而且还会影响美国的家庭结构、青少年成长、社会贫困与犯罪等方面。据查，到 21 世纪初，全美 34% 的女同性恋和 22% 的男同性恋都有 18 岁以下的子女，"还有更多的同性恋者没有与子女同住"。在 2700 多名接受调查的同性恋家庭，有子女的家庭占黑人女同性恋者和双性恋者（bisexual）的 40%、男性黑人同性恋、双性恋和跨性恋者（transgender）的 15%。与子女同住的同性恋者占黑人女同性恋者的 24% 和男性黑人同性恋者的 4%。[④] 在这一组数据中，异性恋、同性恋、双性恋和跨性恋等概念的出现，表明人们的性观念更加复杂，其背后折射出的家庭观念、道德伦理与社会秩序处于一种我行我素、为所欲为的无序状态。由此带来的问题是：

（1）同性婚姻的倡导者和支持者都认为

子女是同性婚姻合法化的主要受益者之一。然而无论是在家庭还是学校等公共场合，这些家庭的子女都会遇到很多尴尬问题。例如，当未成年子女与同性双亲出行遇到熟人做介绍时说，这是"我的爸爸妈妈"。但谁都知道两位女性是不能自然生育的，如果双亲是两位男性，也会遇到相同的尴尬。各级法院的法官们只看到了同性成年人的权益，却忽略了未成年人在其中利益。正如马萨诸塞州州长所言，每个儿童都有权利拥有异性双亲，"如果父母亲未婚或离异，孩子可以探视其中的一位。如果双亲亡故，子女可以学习已故亲人的品质。其心理成长仍可受到两性特征浓缩精华的影响"。但是，当同性婚姻被纳入法律之后，"我们必须删除'父亲'和'母亲'，取而代之的是'家长 A'和'家长 B'吗？抚养孩子的理想方式是什么……不是'家长 A'和'家长 B'，而是父母亲"[⑤]。更重要的是，那些与同性婚姻家长共同生活的子女，其成长过程中的心理性格、价值观、世界观、爱情观和生活方式等方面，会受到何种"污染"，美国学界并无相关研究，其中蕴藏着何种风险，美国社会付出何种代价，人们不得而知。

（2）在同性婚姻合法化之前，美国已是当代西方国家中，单亲家庭比例较高的国家之一。在 21 世纪初的美国，"孩子没有父亲的家庭比例前所未有"。全美有 2500 万儿童（占总数的 1/3）没有父亲抚养，一些城市的比例达到了 50%。这种现象已成为美国社会问题的主要根源之一。一位黑人代表在国会作证时指出："我们许多严峻的社会问题，从青年犯罪到社会贫困，其与无父亲的关系比其他

① Dawn Michelle Baunach, "Changing Same – Sex Marriage Attitudes in America from 1988 Through 2010", *The Public Opinion Quarterly*, Vol. 76, No. 2 (Summer 2012), p. 364; https://www.jstor.org/stable/41684569 (2020 年 1 月 12 日下载)。

② "Opening Statement of Hon. John Cornyn, A. U. S. Senator from the State of Texas", in United States Senate, *Judicial Activism vs Democracy*, pp. 2 – 3.

③ Sean M. Theriault and Herschel F. Thomas III, "The Diffusion of Support for Same – Sex Marriage in the US Senate", *Political Science and Politics*, Vol. 47, No. 4 (October 2014), pp. 824 – 825; Andrew R. Flores and Scott Barclay, "Backlash, Consensus, Legitimacy, or Polarization", pp. 43 – 56.

④ "Cahill, Sean, Director, Policy Institute of the National Gay and Lesbian Task Force, New York, New York, Statement", in United States Senate, *What Is Needed to Defend the Bipartisan Defense of the Marriage Act of 1996?* pp. 100 – 101.

⑤ "Statement of Hon. Mitt Romney, Governor, Commonwealth of Massachusetts", in United States Senate, *Preserving Traditional Marriage*, pp. 7 – 9.

任何因素（诸如种族、教育水平或者经济状况等）都更加直接"。"对于太多的人来说，他们的世界乱七八糟，越来越多的……单身母亲努力维持家庭的生存。"①

（3）从文化教育的角度看，同性婚姻合法化后，必然会重塑人们对婚姻及其文化的认识与解读。因为婚姻概念的界定既可以是法律上的，也可以是社会治理与公共教育和文化上的界定（如学校教材）。无论属于何种类型的界定，其中必然会在肯定传统婚姻的同时增加新的含义：婚姻还指同性因为爱情而产生的家庭结合，意味着一位男性可以与另一位男性结婚，或一位女性与另一位女性结婚。这种颠覆婚姻传统文化的界定，对家庭作为保护社会经历一代又一代人、穿越一个又一个世纪的最有力的社会基础单元，难免会引起婚姻史或家庭史上的革命性变化。当这种概念深入一代又一代的人心之后，对美国的儿童发育、青少年身心健康、家庭构成及其走向、宗教与慈善机构的社会功能，以及整体的社会发展会产生何种影响等，均未见有益的探索与研究。②

问题之三，由于婚姻不仅关乎于两位相爱者个人的权利，它也关乎于国家治理的集体利益问题。法院支持同性婚姻的逻辑基础是尊重个人根据自身生理特点或生活需求而做出选择的自由，因而其各项权利理应受到法律保护。尽管不少人认识到同性恋属于"一种不道德的行为实践"③，但最高法院偏重于个人权利，淡化社会集体利益的判决，却给美国社会提出了更多的问题。既然同性婚姻作为公民的自愿选择应该受到尊重，那么，一夫多妻制、一妻多夫制、多夫多妻制（或群婚）、近亲通婚、人兽合交（bestiality）、乱伦以及以前被制裁

的重婚罪等社会现象，是否也应受到法律的保护？④ 这些问题衍生出的新问题是：个人的自由是否应有一个限度，个人权利与集体利益之间是否需要维持一种平衡？

问题之四，如前所述，支持同性婚姻的各州及联邦最高法院在多次案件审理中表示，婚姻立法权在于各州而非国会。可是，当各州法院一次又一次地颠覆了各州禁止同性婚姻的立法后，意味着该问题已跃至联邦立法的层面，因而就不能将其限于各州权限了。诚如国会听证会上的代表所言，婚姻作为美国"不可分割的极小的社会制度之一，我们就不能在不同的州拥有截然不同的对婚姻的偏激理解……不仅法庭而且还有一些地方官员都在按照自己的构想解释婚姻的含义，并宣布他们在自己的辖区强行实施，这一点确实令人奇怪。"⑤

再从美国历史上司法判例与宪法的逻辑关系看，《1996 年捍卫婚姻法》的产生有其合理的宪法与司法依据。宪法第一条第八款规定，国会有权创建低于最高法院的分支机构。第三条规定，美国的司法权力授予最高法院和国会创建的低级法院。此外，按照美国最高法院在历史上的解释，国会有权制约地方法院，或推翻其与联邦国会相左的司法判决。例如，最高法院在 1799 年特纳诉北美银行（Turner v Bank of North America）案件中指出："联邦法院的司法权直接来源于宪法，但政治上的真相是司法权力的处置（除少数特定的情形外）属于国会。如果国会将此权力授予法院，我们就拥有它……如果国会没有向我们授予此权力，该权力就仍有待于立法处置。"在 1812 年美国诉赫德森与古德温（U. S. v. Hudson and Goodwin）案件中，最高法院再次指出，"所

① "Statement of Ray Hammond, Pastor, Bethel African Methodist Episcopal Church, Boston, Massachusetts", in United States Senate, *What Is Needed to Defend the Bipartisan Defense of the Marriage Act of* 1996? pp. 11 – 12.

② "Statement of Hon. Mitt Romney, Governor, Commonwealth of Massachusetts", pp. 7 – 9.

③ United State Senate Public Policy Committee, "The Threat to Marriage from the Courts", p. 97.

④ "Prepared Statement of the Honorable Steve Chabot, A Representative in the Congress from the State of Ohio, and Chairman, Subcommittee on the Constitution", in U. S. House of Representatives, *Limiting Federal Court Jurisdiction to Protect Marriage for the States: Hearing Before the Subcommittee on the Constitution of the Committee on the Judiciary, House of the Representatives*, One Hundred Eighth Congress, Second Session, June 24, 2004, Serial No. 92, Washington D. C.: U. S. Government Printing Office, 2004, p. 3.

⑤ "Statement of Maggie Gallagher, President, Institute for Marriage and Public Policy, New York, New York", in United States Senate, *Judicial Activism vs Democracy*, p. 28.

有其他的由国会创建的法院……没有司法管辖权，只有它们被创建时所赋予的权利。"类似的判决在 19 世纪和 20 世纪的许多案件中多次出现。例如，最高法院在 1944 年田纳西煤炭诉木斯柯达（Tennessee Coal v. Muscoda）案件中指出，国会有权"从公益角度考虑，以恰当的程度和方式从（联邦法院）撤回司法管辖权"。它在 1982 年"北管道建筑公司诉马拉松公司"和 1999 年伦诺诉美国阿拉伯反歧视委员会（Reno v. American Arab Anti – Discrimination Committee）案件中重申了这一原则。再从国会立法实践看，它在《1942 年价格控制紧急法》《1947 年工时工资法》《1965 年医疗照顾法》《1965 年选举法》《1996 年移民法修正案》等法律中，都"成功地限制了法院的管辖权"，而且"各地法院都持续性地接受国会行使这种权利"①。按照这种逻辑，《1996 年捍卫婚姻法》并不违宪，而最高法院前后矛盾的判决等于在法理上和逻辑上完成了一个自我否定的过程。

问题之五，谁来制约最高法院？在美国联邦最高法院否决了《1996 年捍卫婚姻法》和加州 8 号提案后，众议院司法特别委员会主席斯蒂夫·查波特（Steve Chabot）在批评最高法院行为时，引用了美国总统托马斯·杰弗逊总统（1801—1809 年在任）的警句："我们联邦政府解体的萌芽存在于宪法中的联邦司法权……它在司法管辖领域形同窃贼一样移动着其无声的脚步，一直到一切被篡夺为止。"杰斐逊担心的缘由是：法官们毕生供职，不对选民负责，因而很可能在案例判决中，倚重个人主观判断，或自身的种族或阶级利益，做出违反民意的判决。同样的问题也曾困扰过林肯总统。他在 1861 年第一次就职时说："如果在重要问题上，政府政策影响到所有的人民，那肯

定是最高法院的决定"。若果真如此，"人民就不再是他们自己的主人"②。可是，在同性婚姻合法化的过程中，联邦最高法院否决了州议会、联邦国会、州宪法等多个层面上的民愿，出现了"集权"现象。虽然国会可以撤销地方法院的决定，但联邦最高法院可以"违宪"为由，否决国会、州议会及地方议会的决定。由于美国社会各界已接受了最高法院享有绝对司法审查权这一事实，而且，在美国的分权与制衡体系中，国会制衡总统，法院制衡议会，但是，谁来制约最高法院并保证它不出差错呢？在美国历史上，这种机制性的弊端让美国人民付出了惨重代价。例如，1857 年关于黑人奴隶斯科特一案的审理，导致 1820 年密苏里妥协案和 1850 年妥协案被废弃，并加速了美国内战的爆发。19 世纪末期，联邦最高法院在涉及阶级、性别和种族的案件中，一次又一次地做出了助纣为虐的判决。它在 1896 年做出"分离但平等"的原则导致种族隔离制度在全美的蔓延。在同性恋的问题上，美国最高法院的种种表现，使一些美国学者得出了其"司法暴政"的结论③。对此，学界如何评价美国的政体呢？

问题之六，联邦地区法院和最高法院在历次案件审理中，多次提到宪法第十条修正案。该修正案规定：宪法既未授予联邦也未授予各州的权利，均由各州和人民保留。这就是说，在同性婚姻问题上，各州立法、宪法及其修正案都是人民意志的体现，然而，联邦最高法院通过多次判决，既否决了联邦立法，也推翻了各州立法和宪法修正案，等于剥夺了宪法第十条修正案中授予各州和人民的权力与权利，相关的宪法条款因此成了一纸空文。面对这样的窘境，人民又该如何表达自己的意志呢？尤其令人匪夷所思的是，在最高法院的表决中多次

① "Testimony of Phyllis Schlafly, Founder and President Eagle Forum", in U. S. House of Representatives, *Limiting Federal Court Jurisdiction to Protect Marriage for the States*, pp. 9 – 10, 13.

② "Prepared Statement of the Honorable Steve Chabot, A Representative in the Congress from the State of Ohio, and Chairman, Subcommittee on the Constitution", in U. S. House of Representatives, *Limiting Federal Court Jurisdiction to Protect Marriage for the States*, pp. 3 – 4.

③ "Testimony of Phyllis Schlafly, Founder and President Eagle Forum", in U. S. House of Representatives, *Limiting Federal Court Jurisdiction to Protect Marriage for the States*, pp. 9 – 10.

出现 5∶4 的表决结果。这种比例结构表明，当最高法院在表决中出现 4∶4 僵局时，尚未表态的那一票就因为会改变国家法律和宪法走向而显得举足轻重。这种现象又与美国的民主政体显得格格不入，令人啼笑皆非。

结　语

总括前文，美国同性婚姻合法化经历了一个跌宕起伏的漫长过程。从法理上讲，追求同性婚姻者作为美国公民，在纳税和服役等诸多方面尽到了公民的义务，因而也应享有相应的公民权。因为美国历史上，自由概念的含义，除了种族、阶级和性别因素外，基本上是遵循理性的原则。但从道德上看，同性婚姻毕竟违背了自然界与人类社会的道德与伦理。然而，美国联邦和各州法院代表少数人的意志，一次又一次地否决了联邦国会和各州宪法与立法中有关禁止同性婚姻的规定。这种悖论性的博弈过程也给美国的家庭、学校、社会、经济和政治诸多领域带来了新的挑战。既然同性婚姻是个人做出的有悖于自然规律的自由选择，其中又包含着某种有悖于社会道德的“精神污染”元素，因而在法律上允许他们享受公民权利的同时，也应该承担相应的责任。这种思考一方面是笔者受到美国联邦和各州对烟酒消费者实施的重税与隔离政策的启示；另一方面要政府明确表示，它对同性婚姻既不限制，也不鼓励。但是，维持个人责权间的平衡是国家治理的需要。因为“一个主权体中的每个成员彼此的平等与独立，是建立在相互承担责任的基础之上……每个人的福祉与其他人的福祉密切相连，每个人对集体单位都应该承担相应的义务。”①

（原载《吉林大学社会科学学报》2020 年第 3 期）

---

① 　Julie Mostov, Power, *Process and Popular Sovereignty*, Philadelphia：Temple University，1992，p. 25.

处女地假说与北美印第安人的命运

付成双[*]

摘　要：在白人殖民者到来前，北美印第安人已经在美洲大陆上生活了数万年，并对周围的环境产生了重要的影响。白人殖民者来到美洲后，一方面出于剥夺印第安人土地的现实利益需要，一方面出于欧洲种族主义文化偏见，建构出处女地假说，并根据自身需要将北美大陆上的原住民简单归纳成高贵的印第安人和嗜血的野蛮人两种非此即彼的刻板形象。处女地假说成为白人殖民者向西部边疆扩张、驱逐和剥夺印第安人的理论工具。对于美洲白人来说，该假说意味着机会和希望，而对于北美印第安人来说，则是种族主义偏见和殖民主义的罪恶。随着现代环境主义的兴起，处女地假说和印第安人的传统生态智慧受到热捧，印第安人也试图利用这一工具为其当前争取资源控制权的斗争服务，但收效不大。

关键词：处女地　印第安人　伊甸园　荒野　野蛮

在美国历史上，一谈到处女地（virgin land），首先让人想起的是著名历史学家亨利·纳什·史密斯的著作《处女地：作为象征和神话的美国西部》（Henry Nash Smith，*Virgin Land：The American West as a Symbol and Myth*），该书以花园神话和帝国神话这两大假说为基点，探讨了作为美国历史上处女地象征的西部所蕴含的文化意义。史密斯的著作在1950年由哈佛大学出版社首次出版后，在最初的两年里就出现了数十篇书评，从而带动了从文化史角度解释美国历史的热潮。时至今日，依然有学者在不断撰写书评，可见此书影响之深。然而，除了史密斯的著作外，很少有其他专门以处女地为主题的研究成果。甚至连著名的维基百科，一旦输入处女地一词，要么指向史密斯的著作，要么自动跳转到边疆（frontier）词条，似乎处女地等同于美国历史上的边疆。

相比于边疆理论、美洲大沙漠假说、美国例外论等对美国历史发展产生过重要影响的假说，处女地假说在美国历史上存在感较低，以至于人们经常忽略它的存在。[①] 然而，处女地假说又是一个对美国历史发展至关重要而且与印第安人命运密切相关的观念。美国著名的人类学家阿尔弗雷德·克罗伯（Alfred L. Kroeber）曾断言：在白人到来前，北美东部印第安人忙于部落之间的争夺，无暇开发，从而导

* 付成双，南开大学世界近现代史研究中心教授。

基金项目：国家社会科学基金重大招标项目"十九世纪美国工业化转型中的农村、农业与农民问题研究"（18ZDA211）的阶段性成果。

① 学术界对于边疆假说的研究开展较早，而且成果丰富。美国历史学家弗雷德雷克·特纳1893年的文章《边疆在美国历史的重要性》（Fredrick J. Turner，"The Significance of Frontier in American History"）中提出了著名的边疆假说，标志着美国西部史的诞生。此后，边疆假说一度成为解读美国历史的主流思路。不同的学者从各个不同的角度对美国历史上的边疆和西部问题进行研究，涌现了一大批划时代的作品。著名史学家沃尔特·韦布的《大平原》（Walter Webb，*The Great Plains*）将特纳的边疆史发展为西部地区史，而亨利·纳什·史密斯的《处女地》则开创了从文化角度解读边疆假说的新路径。从一定意义上说，西部环境史也是从环境史角度对边疆假说的新解释。关于西部史的发展历程，参见杰罗米·斯蒂芬编《美国西部史：新角度与新尺度》（Jerome O. Steffen, ed., *American West：New Perspectives，New Dimensions*）。

致"99%的可以开发的地区仍然是处女地"①。研究北美早期史的学者梅拉尼·派瑞奥特（Melanie Perreault）也指出："美国历史上最为持久的一个神话就是关于欧洲人发现一片处女荒地、一片尚未被人类定居的纯粹的自然这一假说了。"② 时至今日，关于美洲是处女地的说法仍时有耳闻。③ 近年来，随着环境主义的流行，关于北美大陆在白人到来前是一片处女地的说法背后所隐藏的种族主义受到学者们的关注，甚至北美印第安人为了实现其政治目的也加入进来。对"生态的印第安人"假说持否定意见的克雷克教授指出："虽然欧洲人把这儿想象成未遭人类玷污的伊甸园，但这片土地从文化上来讲不是处女地，从人类学意义上也不是原始的，没有比印第安人用火这一点表现得更为明显的了。"④ 对北美印第安人的生态伦理非常推崇的著名环境史学家唐纳德·休斯认为："这是一片未被破坏（unspoiled）的土地，而不是一片未被染指（untouched）的土地。"⑤ 因创造了"寡妇地"（widowed land）一词而被称为"神话终结者"的弗朗西斯·詹宁斯教授更是一针见血地指出："不能征服真正的荒野，但欧洲人在征服其他民族方面倒是显示了高超的技巧。而且他们正是那么做的。他们所定居的不是处女地。"⑥ 既然从环境史的角度来看，白人所定居的北美大陆不是处女地，那这一假说缘何长盛不衰？它在白人殖民者向西部扩张、驱逐印第安人的过程中又发挥了什么样的作用？该假说在当代再度流行的原因又是什么？本文拟从文化史与环境观念史的角度就上述问题进行探讨，以探寻处女地假说的真相。

一　处女地假说的含义及其文化渊源

处女地一词按照其字面意思，是指没有被人类开发或破坏的土地。但关于这个词的准确含义，却鲜有文献做出解释。即便是著名的大英百科全书，也未开列专门的词条。⑦ 处女地假说的起源与北美大陆的发现和拓殖密不可分，它既反映了白人殖民者发现新大陆的新奇与愉悦，同时也包含着对大自然、对新大陆原住民的征服、排斥和否定，彰显了基督教文化中文明与野蛮的对立这一恒久主题。

大致来说，美国历史上的处女地假说主要包含如下几层意思：其一，处女地等同于荒野（wilderness），是尚未被白人基督徒定居和开垦的土地。而在西方文化中，荒野是一个令人恐惧和充满各种野蛮、邪恶和异教徒的地方，是天堂的对立面。从这一意义上讲，这是一种道德上的恶，需要白人基督徒去加以征服、改造和利用，实现从野蛮到文明的转变。罗德里克·纳什指出："第一个白人游客把荒野看作是道德和物质上的荒地，在进步、文明和基督主义的名义下，它只适合于被征服并使其开花结果"⑧ 18世纪后期，美国的著名文学家威廉·库柏（William Cooper）声称：白人殖民者最根本的目标是"让荒野开花结果"⑨。其

---

① Alfred L. Kroeber, "Native American Population", *American Anthropologist*, Vol. 36, No. 1（January – March, 1934）, p. 12.

② Melanie Perreault, "American Wilderness and First Contact", in Michael Lewis, ed., *The American Wilderness: A New History*, New York: Oxford University Press, 2007, p. 17.

③ 近年来依然倡导处女地假说的学者及出版物的具体情况可参见 Charles C. Mann, *1491: New Revelations of the Americas before Columbus*, New York: Vintage Books, 2006, pp. 303 – 304.

④ Shepard Krech Ⅲ, *The Ecological Indian: Myth and History*, New York: W. W. Norton and Company, 1999, p. 122.

⑤ Donald Hughes, *North American Indians Ecology*, El Paso: Texas Western Press, 1996, 2nd edition, p. 2.

⑥ Francis Jennings, *The Invasion of America: Indians, Colonialism and the Cant of Conquest*, New York: W. W. Norton & Company, 1975, p. 15.

⑦ 参见 *The Encyclopedia Britannica: A Dictionary of Arts, Sciences, Literature and General Information*, 11th edition, Vol. 28, New York: Encyclopedia Britannica, Inc., 1910, pp. 116 – 126.

⑧ Roderick Nash, *Wilderness and the American Mind*, 3rd edition, New Haven: Yale University Press, 1982, p. xii.

⑨ William Cooper, *A Guide in the Wilderness, or the History of First Settlement in the Western Counties of New York*, Dublin: Printed Gilbert Hodges, 1810, p. 6.

二，处女地等同于伊甸园，是人间的天堂。这与前面的荒野观念并行不悖，反映了基督教文化中对自然认识的矛盾性。初到美洲的白人殖民者都曾经对美洲的富饶美丽、印第安人的善良大方做过描述，把这里的一切同人类原初的伊甸园或者传说中失去的黄金时代进行比较。哥伦布是把美洲描述为伊甸园的第一人，他在探险后断言："我从不相信世上的天堂存在于上面所描述的崎岖的山间，而是应该在高高的山巅之上，人们可以缓缓攀登上去……在这里，我发现了所有世间天堂的全部迹象。"①其三，处女地是西部边疆。如果说最初的处女地或者是荒野，或者是伊甸园，至少还是指一片原始状态的地区的话，那么随着美国向西部扩张，处女地假说逐渐与西部边疆联系起来。按照边疆学派创始人弗里德里克·特纳的定义，边疆是指文明与野蛮交汇带中位于文明一侧的那一片区域。交汇带以外的地区更适合被称为处女地，不过，亨利·纳什·史密斯所研究的西部肯定不是单指这一区域。因此，所谓的西部处女地与其说是指一片特定的区域，毋宁说是指一种文化观念。它所代表的是一种在西部边疆开发中走向成功的机会，即白人通过开发和利用北美大陆的各种资源，使边疆实现从荒野状态向文明社会的转化，从而在美国西部建立起一个人间天堂，实现人类数千年来恢复伊甸园的梦想。曾任美国总统的约翰·昆西·亚当斯在 1846 年豪言："让荒野像玫瑰般绽放花朵，建立法律，扩展和征服地球，这是万能的上帝所要求我们做的。"②其四，处女地中生活着野蛮人。处女地假说从来没有否认过野蛮人的存在：在荒野假说中，野蛮人被当作是荒野的一部分；而在伊甸园假说中，友

好、天真的野蛮人被当作亚当和夏娃的后裔。普利茅斯殖民地总督威廉·布莱德福德（William Bradford）在白人殖民者初到新大陆时描写道："危险而凄凉的荒野，布满野兽和野蛮人。"③直到 1662 年，普利茅斯殖民地的麦克·威格沃斯（Michael Wiggleworth）依然声称：在白人居住区以外，只有"空旷和无用的荒野，居住着邪恶者的朋友——野蛮人，他们崇拜魔鬼"④。

如果按照处女地是指没有受到人类生产、生活活动影响这一字面意思去理解的话，北美大陆在白人殖民者到达前，其生态环境已经被印第安人所改变，早已不能称之为处女地。保罗·戴尔考特在研究了白人到来前印第安人对北美环境的影响后指出："根本就不存在一个假设的、北美的自然环境未被人类染指或定居的全新世时代。"⑤然而，处女地假说这一明显与史实脱节的观念却依然大行其道。究其原因，我们就会发现，处女地情结更多是白人殖民者对北美大陆的一种文化心态，而不是对实际情况的描述。它的文化根源在欧洲旧世界，是欧洲基督教自然观演化的结果。

其实早在新大陆发现以前，欧洲文化中就已经孕育出了处女地观念，而新大陆的发现则在客观上为这一假说的流行提供了契机。梅拉尼·派瑞奥特指出："当 15 世纪欧洲人扬帆跨越大西洋的时候，他们早已经对荒野是什么，以及什么样的人居住在那里等问题形成了一套固有的意识。"⑥

欧洲人的环境观念可以说是万物有灵论（Animism）、犹太—基督教信仰、希腊—罗马哲学三大源泉构成的复合体，⑦其中尤其以犹太—基督教的影响最大。犹太—基督教关于自

① Carolyn Merchant, *Reinventing Eden: The Fate of Nature in Western Culture*, New York: Routledge, 2003, p. 56.

② Blair and Rives, eds., *Congressional Globe: Containing Sketches of the Debates and Proceedings of the First Session of the Twenty – Ninth Congress*, Vol. 86 (1846), Washington: Printed by Blair and Rives, 1846, p. 342.

③ William Bradford, *History of Plymouth Plantation*, Boston: Little, Brown, and Company, 1856, pp. 78 – 79.

④ Michael Wigglesworth, "God's Controversy with New England", *Proceedings of Massachusetts Historical Society*, Vol. 12 (1873), p. 83.

⑤ Paul A. Delcourt, Hazel R. Delcourt, *Prehistoric Native American and Ecological Change: Human Ecosystems in Eastern North America since the Pleistocene*, New York: Cambridge University Press, 2004, p. 168.

⑥ Melanie Perreault, "American Wilderness and First Contact", p. 18.

⑦ J. Donald Hughes, *Ecology in Ancient Civilization*, Albuquerque: University of New Mexico Press, 1975, p. 148.

然的观念最直接的表述来自《圣经》中《创世纪》篇章以及其他相关的文献。在《创世记》中，"神（上帝）说：'我们要照着我们的形象，按着我们的样式造人，使他们管理海里的鱼，空中的鸟，地上的牲畜和全地，并地上所爬的一切昆虫……神就赐福他们，又对他们说：要生养众多，遍满地面，治理这地。'"①《创世纪》中的这一段话，成为西方文化中顺应自然和征服自然这两种截然不同的自然观念的来源。不过，随着西方历史的演进，在其文化中逐渐占据主导地位的是征服和统治自然的观念。基督教的相关理论为征服自然观念的形成提供了如下便利：第一，对大自然的神性的否定。根据万物有灵论，大自然是具有某种精神或意识的主体。可是按照《创世纪》的逻辑，只有上帝是神圣的，人只对上帝有敬畏的义务，而对地球万物却没有。因此，环境史学家罗德里克·纳什认为："从泛神论向一神论的转变导致了对大自然神性的放逐，和对环境的冷漠态度。"②这实际上是对自然祛魅的第一步，通过否认大自然的神性，自然界仅仅被看作创世纪中低一层的秩序，是为了人类而被创造出来的。第二，人类中心主义思想的源头。根据《创世纪》的理论，上帝创造了世界，然后又按照自己的形象创造了人。因而，人高于自然以及其他物种，所有的创造物都是为人类的利益而存在的，人对他们拥有统治的权力。创世纪的故事"宣布了上帝对宇宙的统治权以及人对地球上具有生命的创造物的派生统治权"③。第三，基督教教义所传达的是一种人与自然对立的二元论思想。大卫·格里芬认为："二元论认为自然界是毫无知觉的，就此而言，它为现代性肆意统治和掠夺自然（包括其他所有种类的生命）的欲望提供了意识形态上的理由。"④根据基督教

的主流教义，作为大自然标志的荒野是一种道德上恶的象征，"荒野被当作是异化于人自身之外的、一个让人感觉到不安全、不舒服的环境，文明对其进行着永不停息的抗争"⑤。因而，人类为了灵魂得救，改造荒野，征服自然，不仅不会受到基督教的指责，而且还被看作恢复上帝荣耀的象征。

欧洲走出愚昧黑暗的中世纪以后，人文主义者继承了对自然的控制和征服的思想，对其大加赞美。而近代科学技术的发展则在客观上为这一思想插上腾飞的翅膀。现代科学的领路人弗朗西斯·培根在确立人类征服和统治自然的观念方面，担当了一个极为重要的角色，他鼓励人们："将人类帝国的界限，扩大到一切可能影响到的事物。"⑥结果，"科学主义与人文主义的奇特结合的结果则是形成了认识自然，征服自然，做自然主人的价值观"⑦。

消除自然的神性、对荒野的丑化、征服自然观念的逐渐确立仅仅是处女地假说孕育的文化基础，而直接导致处女地假说产生的则是伊甸园的相关故事。自从亚当和夏娃被放逐出伊甸园以后，寻找和试图重新恢复失落的伊甸园成为基督教徒的永久梦想。从亚当和夏娃的故事中引申出西方文化中关于人与自然、人与上帝、男人和女人的多层含义。首先，亚当无辜而受罚。亚当由于夏娃的错误而被逐出伊甸园，此后被迫通过垦殖土地，以自己的劳动换取食物。以亚当为代表的人类从此踏上了征服自然、改造自然的征程，这是人与自然对立的第一步。同时，也只有通过改造和征服自然，人类才有望获得救赎，回归伊甸园。其次，自然的女性化。夏娃虽然是受到撒旦的诱感而违背上帝的旨意，但还有一个原因则是她对伊甸园（自然）的探究精神。夏娃因为对周围世界的好奇而导致人类被逐出伊甸园，她的形象

---

① Author Unknown, *The Holy Bible: Old and New Testaments*, King James Version, Duke Classics, 2012, p. 9.

② ［美］罗德里克·弗雷泽·纳什：《大自然的权利：环境伦理学史》，杨通进译，青岛出版社1999年版，第123页。

③ ［加］威廉·莱斯：《自然的控制》，岳长岭、李建华译，重庆出版社1993年版，第27页。

④ ［美］大卫·雷·格里芬：《后现代精神》，王成兵译，中央编译出版社1998年版，第5页。

⑤ Roderick Nash, *Wilderness and the American Mind*, p. 8.

⑥ Francis Bacon, James Spedding, et al., *The Works of Francis Bacon*, London: Longman and Co., 1859, Vol. III, p. 156.

⑦ 李培超：《自然的伦理尊严》，江西人民出版社2001年版，第41页。

逐渐与自然相融合,这不仅是因为她本身亲近自然,而且还在于妇女的生育能力同自然化育万物有着相通之处。而中世纪基督教对圣母玛利亚的崇拜更进一步强化了自然的这种女性化形象。处女玛丽孕育了人类的拯救者耶稣,各地精心建造的被圈围起来的花园成为她身体和伊甸园的象征,它"代表了女性的神秘、处女的纯洁,以及伊甸园的处女地联想"①。随着历史的发展,自然作为女性的角色进一步固定下来,以至于到近代被最终定格为大地母亲的形象。② 第三,征服自然与征服妇女逐渐合拍。人类被逐出伊甸园后,其周围环境不再是富足美好的伊甸园,而是变得凶险而残酷,自然的形象由此被丑化,以夏娃为代表的妇女成为导致人类堕落的替罪羊。人类为了恢复伊甸园的梦想,对自然进行征服和改造。而人类这一"进步"的历史进程与历史上男性对妇女的压迫同步进行。由此可见,"对女性的统治和对自然的支配二者之间是一种紧密联系又相互加强的关系"③。生态女性主义者由此认为,女性"相较于男人会承担较多的家庭责任,增加更多接近自然的机会、更关心生态和环境问题"④。

通过伊甸园神话,处女地情结中关于自然的两个最主要的核心内容逐渐在基督教文化中衍生出来:其一,与夏娃紧密相连的伊甸园是处女地,这是人类苦苦搜寻的人间天堂;其二,在人类堕落后,原本美好的花园变成了蛮荒、危险的世界,即我们所说的作为天堂对立面的荒野,这构成处女地的另外一个含义。罗德里克·纳什指出:"关于乐园及其失去的故事给西方思想注入了荒野与天堂不仅在物质意义上,而且在精神意义上也相互对立的观念。"⑤ 人类的使命就是通过征服和开发荒野,

通过努力劳动,把它改造成为人间天堂,即人类苦苦追求的伊甸园。环境史学家麦茜特指出:在西方文化中,"作为夏娃的自然呈现三种形态:原初的夏娃,自然是处女般纯洁、欢快的土地,虽然一片原始和蛮荒状态,但具有开发的潜力。堕落的夏娃:自然呈现无序和混乱状态,是一片荒野、废地和沙漠,需要进行改良;黑暗而丑恶,是化作毒蛇的撒旦的牺牲品和代言者。作为母亲的夏娃,自然是一个精心打理的花园,一个结满果实的培育场,一个发育良好的子房,成熟而有魅力"⑥。

由此可见,处女地情结是西方基督教文化的一个重要概念,并且随着历史的发展,其内容也在不断丰富。在黑暗的中世纪,大自然被认为是邪恶、蛮荒和充满危险的地方,人类所能够做的是通过劳动,把蛮荒的自然改造成世间的伊甸园,从而使自身在这一过程中获得救赎。因此,经济活动中对处女地的垦殖与社会活动中男性的主导权被认为是合理的。文艺复兴虽然打破了神学中心论,但延续了上述价值判断,甚至由于科技的进步,人类征服自然获得了更大的助力。而随着新大陆的发现,欧洲殖民者踏上了一片对他们来说崭新的土地。新世界为欧洲人的伊甸园梦想提供了新舞台,"是人类最后一次找到能施展才能创造奇迹的地方"⑦。处女地假说也随之焕发出新的生机。

二 从伊甸园到荒野:对印第安人权利的否定

面对新大陆上陌生的环境、各种奇异的动植物品种以及被称为印第安人的友好居民,深陷处女地情结的欧洲殖民者首先想到的就是要

① Carolyn Merchant, *Reinventing Eden: The Fate of Nature in Western Culture*, p. 52.

② Sam Gill, "Mother Earth: An American Myth", in James A. Clifton, ed., *The Invented Indian: Cultural Fictions and Government Policies*, New Brunswick: Transaction Publishers, 1990, pp. 129 – 142.

③ Karen J. Warren and Jim Cheney, "Feminism and Ecosystem Ecology", *Hypatia*, Vol. 6, No. 1 (Spring, 1991), p. 180.

④ Catriona Sandilands, "Ecofeminism by Maria Mies and Vandana Shiva", *Economic Geography*, Vol. 72, No. 1 (January 1996), p. 97.

⑤ Roderick Nash, *Wilderness and the American Mind*, p. 15.

⑥ Carolyn Merchant, *Reinventing Eden: The Fate of Nature in Western Culture*, p. 21.

⑦ [美] 阿尔·戈尔:《濒临失衡的地球:生态与人类精神》,陈嘉映等译,中央编译出版社 1997 年版,第 145 页。

在这里寻找失落的天堂。而新大陆的诸多特征，如环境优美、物产丰富，最初见到的印第安人大多友好大方，甚至赤裸身体，这一切似乎都令初到美洲的白人探险者感觉是回到了传说中的伊甸园。因而，在新旧世界最初相遇之时，白人探险者向欧洲传输回去的关于新大陆的第一印象是发现了传说中的伊甸园。因此，处女地假说在这个时代的突出特征就是认为美洲大陆是一片尚未堕落的伊甸园，里面生活着"高贵的野蛮人"。1584 年，随沃尔特·莱利航行到里阿诺克岛的阿瑟·巴罗所看到的完全是一派伊甸园的景象："我们在这里发现了最为优雅、可爱和诚信的人们，没有罪恶和背叛，似乎是遵照黄金时代的规范在生活着。"①在加拿大致力于拯救印第安人灵魂的耶稣会士也写道："似乎是在大部分帝国和王国中已经绝迹的童真退居到了这些人们所定居的土地上来了，他们本性中所具有的——我不敢确定——是罪恶侵入以前的世上乐园所具有的各种美德，他们的行为中丝毫没有我们城市中所具有的那些奢华、野心、嫉妒和寻欢作乐。"②虽然这些人也曾经对当地环境及印第安人有所诟病，但经过历史的选择性记忆，留在世人印象中的主要还是对于美洲大陆的溢美之词。

然而，随着初期猎奇时代的结束，当白人殖民者站稳脚跟，并与当地印第安人发生利益冲突之时，为了达到驱逐印第安人和合法占有后者土地的目的，新大陆处女地越来越被赋予荒凉、野蛮的荒野特征。派瑞奥特指出："处女地假说和未经人类染指的荒野理论在这些早期倡导者记叙中有一个明确的目的，通过持续地把美洲称为荒凉和未经破坏的土地，欧洲人的记叙就可以形象地将其原住民清理一空了。"③麦茜特也认为："美国拓殖的故事中充满着把自然当作女性等待男人去开发这一类的比喻。夏娃被当作一片等待开垦的处女地、一个堕落的自然需要通过垦殖去救赎、硕果累累的花园等待收获等形象深深地镌刻在美国的历史、艺术和文学中。"④

1622 年，弗吉尼亚殖民者与波瓦坦联盟发生冲突；1637 年，新英格兰殖民者发起了讨伐皮阔特人的战争。以这两次冲突为标志，白人殖民者倡导处女地假说的动机发生了根本性转变：如果说此前是寻找失落的伊甸园的话，那此后则是通过辛勤劳动，在美洲大陆通过征服荒野，建立人间伊甸园。相应地，关于伊甸园和高贵的印第安人的描述变少了，取而代之的是对荒野的恐惧和白人种族主义偏见下对原住民的刻意贬低："在 17 世纪的弗吉尼亚人眼里，印第安人不再是一种处于非常无知状态下的人的形象，而是挡在文明进步道路上的凶残而冷酷的敌人。"⑤

首先，征服自然观念在北美大陆得到了充分发展。自从白人登上北美大陆之日起，自然就被当作必须加以征服的敌人。充满危险、荫天蔽日的森林所代表的荒野不仅在道德上是恶的象征，是文明的对立面，而且是野兽和印第安人出没的地方。白人的安全，甚至必需的食物和住所，都需要克服蛮荒的自然环境才能取得。因此，在当时的北美殖民地，尽管不同白人团体的动机不同，有的是功利主义的，有的是乌托邦的，还有许多殖民者渴望将这里转变成他们所熟悉的英国乡村，但将荒野转变成为花园的欲望是他们的共同目标。⑥ 早在 1654 年，新英格兰历史学者爱德华·约翰逊（Edward Johnson）在比较了本地区在清教徒到来所发生的变化后，以骄傲的口气描述道：

---

① Arthur Barlowe, *The First Voyage to Roanoke*, *1584*, Boston: Published by the Directors of the Old South Work, 1898, p. 8.

② Reuben Gold Thwaites, ed., *Jesuit Relations and Allied Documents*: *Travels and Explorations of the Jesuit Missionaries in New France 1610－1791*, Cleveland: The Burrows Brothers Co., 1900, Vol. 32, p. 283.

③ Melanie Perreault, "American Wilderness and First Contact", p. 23.

④ Carolyn Merchant, *Reinventing Eden*: *The Fate of Nature in Western Culture*, p. 110.

⑤ R. H. Pearce: *Savagism and Civilization*: *A Study of the Indian and the American Mind*, Berkeley: University of California Press, 1988, p. 11.

⑥ Daniel G. Payne, *Voices in the Wilderness*: *American Nature Writing and Environmental Politics*, Hanover: University of New England Press, 1996, p. 12.

"这片遥远、荒凉、多石、荆棘丛生和充满树木的荒野……如今，通过基督的垂怜，在如此短的时间内变成了肥沃的第二个英格兰，这真是世界的奇迹。"①

其次，白人殖民者通过刻意渲染北美大陆的原始状态，把这里描绘成一片未经开发的处女地，从而为他们通过所谓的"文明""进步"的手段掠夺印第安人的土地寻找理论依据。1629年，约翰·温斯罗普说道："整个世界都是主的花园，而他已把这给予了亚当的后人去耕种和改良，那我们为什么在居住地忍饥挨饿，而与此同时却让本来能够物产丰饶的整片国土处于闲置状态而不去改良呢?"② 普利茅斯殖民地总督威廉·布拉福德也声称：他们所定居的地区是"美洲一片广阔无边、无人居住的土地，十分富饶，适宜定居，找不到任何文明居民，只有一些野蛮残暴的人出没其间，而这些人与这里出没的野兽并无多大差别。"③ 在殖民地时期这两大理论家眼里，北美大陆是一片无人定居的荒野，是无主的土地，因此，白人根据《圣经》中上帝的指示，向这里扩张定居，彰显主的荣耀。这种使命观其实是19世纪美国"天定命运"（Manifest Destiny）思想的雏形。

再次，通过宣传文明与野蛮的对立，否认印第安人对土地的所有权，为驱逐他们寻找借口。文明与野蛮的对立理论是近代欧洲殖民者发明出来对其他弱小民族进行征服的便捷工具。印第安问题专家雅各布斯指出："把弗吉尼亚的印第安人称为可怕的野蛮人，可以让殖

民者名正言顺地占领土著人的土地。"④ 詹宁斯认为：通常情况下，侵犯弱势群体的土地会遭到道义上的指责，但野蛮人除外，"给予野蛮的定义，他们就被排除在道德和法律的制裁之外了"⑤。琼斯（W. R. Jones）的研究也认为："把文明与野蛮相对立这一矛盾是一个极其有用的命题，它同样可以很好地用来当作自我陶醉的手段和进行征服的理论。"⑥ 同时，它也是"文明人用以表达其自我具有强烈的文化和道德优越性的发明"⑦。新英格兰的早期殖民者通过贬低印第安人对环境的影响，否认他们对所居住的土地的权利，千方百计地为他们侵占印第安人土地的扩张行为寻找理由。清教徒罗伯特·库什曼（Robert Cushman）称：印第安人"不勤奋，既没有艺术、科学、技术或手段来利用他们的土地或上面的商品，仅仅是糟蹋和破坏，而且因为缺乏肥料、采集和其他活动而损害了土地……他们仅仅是像狐狸或其他野兽那样穿过草地"⑧。库什曼通过将印第安人与狐狸和兔子等野兽穿越草地的行为相类比，否认印第安人对北美土地的所有权，通过鼓吹荒野处女地理论来为白人的掠夺行为辩护。根据白人殖民者的理论，印第安人对北美土地所拥有的仅仅是一种自然的权利而不是一种民事权利，而当白人需要耕种这些土地时，印第安人的这种自然的权利就要被白人的民事权利所取代。

最后，随着两个种族冲突的加深，与高贵的印第安人对立的另一种嗜血、残忍、野蛮的

① Edward John, *Wonder - Working Providence of Sions Saviour in New England*, Andover: Published by Warren F. Draper, 1867, Vol. II, p. 173.

② John Winthrop, "General Considerations for the Plantation in New England", *A Collection of Original Papers Relative to the Early History of the Colony of the Massachusets Bay*, Boston: Printed by Thomas and John Fleet, 1769, pp. 27 - 28.

③ William Bradford, *A Relation or Journal of the Beginning and Proceeding of the English Plantation Settled at Plymouth in New England*, London: Printed [by J. Dawson] for John Bellamie, 1622, p. 68.

④ W. R. Jacobs, *Dispossessing the American Indian: Indians and Whites on the Colonial Frontier*, Norman: University of Oklahoma Press, 1985, p. 108.

⑤ Francis Jennings, *The Invasion of America: Indians, Colonialism and the Cant of Conquest*, p. 60.

⑥ W. R. Jones, "The Image of the Barbarian in Medieval Europe", *Comparative Studies in Society and History*, Vol. 13, No. 4 (Oct. 1971), p. 377.

⑦ W. R. Jones, "The Image of the Barbarian in Medieval Europe", p. 405.

⑧ Alexander Young, ed., *Chronicles of the Pilgrim Fathers of the Colony of Plymouth: From 1602 - 1625*, Boston: Charles Little and James Brown, 1841, p. 243.

印第安人形象逐渐成为主流。印第安人在白人的文化观念中，其实是一种他者的形象，白人根据自己的需要来构建印第安人的形象。当白人需要一个纯真自然的印第安人形象来批判腐朽的欧洲社会的时候，他们就强调后者高贵的一面，此即高贵的印第安人的形象；而当与印第安人发生利益冲突，需要一场运动来消灭他们的时候，则突出其野蛮、嗜血的反面形象，此即野蛮的印第安人。[1] 弗吉尼亚人塞缪尔·伯卡斯是这种转变的一个典型案例，他在1622 年战争前，还对印第安人多有溢美之词，而在战争以后，则成为印第安人的坚决反对者。他攻击印第安人的恶毒言辞早已为学界所熟知："如此美好的土地，如此野蛮的人们，他们除了徒具人形外，没有一点人性，不知道文明、艺术和宗教为何物，比他们所猎取的野兽还野蛮。"[2] 殖民地时期著名的清教徒科顿·马瑟也对印第安人充满刻骨的仇恨，称他们是"古铜色异教徒，比地球上所孕育的最邪恶的魔鬼还要邪恶"，并称清教徒"乐意与他们进行任何战争"[3]。随着白人殖民者与印第安人矛盾的加深，关于野蛮的印第安人的假说逐渐取代原来的高贵的印第安人形象，成为20 世纪以前美国文化的主流。

总之，在北美殖民地建立初期，随着白人殖民者与印第安人关系的转换，美洲处女地假说的内容也随之变化：从原来令人羡慕的伊甸园般的人间天堂，流淌着奶和蜜的迦南转换成了一片原始状态的荒野；原来被看作未受文明玷污的天真无邪的高贵的印第安人形象也随之转变成了充满贬义的嗜血、野蛮、落后的野蛮人形象。这一转变为白人在美洲的生态扩张和对印第安人的殖民征服提供了理论基础。随着白人殖民者越过阿巴拉契亚山脉，在白人移民狂飙突进的西进运动中，处女地假说也焕发新的活力，继续为白人的殖民扩张提供理论支持。

三　西部处女地：印第安人的噩梦

自从美国历史学家弗里德里克·特纳提出著名的"边疆假说"以来，边疆成为解释美国建国后大陆扩张的一个便利工具。按照特纳的说法，"一片自由土地区域的存在及其不断的收缩，以及美国居民向西的拓殖，就可以说明美国的发展"[4]。特纳把19 世纪末以前美国的扩张看作是边疆不断向西部推进的过程，而边疆则是文明与野蛮的分界线。[5] 西部边疆的不断推进，所代表的是文明对野蛮的胜利，即白人拓殖者所代表的基督教现代文明对印第安人所代表的野蛮的胜利。对于特纳以及与他同代的人们来说，"唯一鲜明的主题就是以桀骜不驯的自然为一方和以充满个人主义情怀的边疆人为另一方之间的虚幻斗争"[6]。在美国西部边疆史上，对自然的征服与对北美土著居民的征服是一个并行不悖的进程。印第安人被一步步向西驱赶到保留地，为白人拓殖者空出土地。而白人农场主则通过砍伐森林，开发资源，将蛮荒的西部改造成为现代化的城镇和定居区。按照美国人口调查局的统计，到19 世纪90 年代，西部每平方英里的平均人口已经达到2 人，原本被认为永存的边疆消失了。边疆的消失标志着长达一个多世纪的大陆扩张时代的结束，美国此后开始了海外扩张的历程。年轻的史学家特纳敏锐地抓住了美国历史发展的主要脉络，在1893 年完成了名为《边疆在美国历史上的重要性》的著名论文，宣告了边疆学派的正式诞生。特纳的边疆假说虽然不严密，但提供了一个分析美国西部历史的极好

① Philip Deloria, *Playing Indians*, New Haven: Yale University Press, 1998, p. 4.
② Samuel Purchas, *Hakluytus Posthumus or Purchas His Pilgrimes*, p. 231.
③ Alden Vaughan, *Roots of American Racism: Essays on the Colonial Experience*, New York: Oxford University Press, 1995, p. 24.
④ Frederick J. Turner, *The Frontier in American History*, New York: Henry Holt and Company, 1921, p. 1.
⑤ Frederick J. Turner, *The Frontier in American History*, p. 3.
⑥ Donald Worster, *Under Western Skies: Nature and History in the American West*, New York: Oxford University Press, 1992, p. 249.

视角。因此,该假说至今 100 多年的时间里,虽然不断被批评、修正,但仍然为学者们所借鉴。从某种程度上说,亨利·纳什·史密斯的《处女地:作为象征和神话的美国西部》就是从文化史的角度对特纳的边疆假说所做的注解和修正。

史密斯的著作,名为处女地,其实所研究的并不是生态意义上的处女地,而是文化观念中的处女地情结在美国西部边疆史上的建构问题。按照史密斯本人的说法:"我所说的神话与象征,它们是集体意识的表现而不是某些个别人心灵的产物……我所试图表达的观点是:它们有时对实际事务发挥着决定性影响。"① 因此,在史密斯的著作中,处女地其实是对美国西部边疆的另一个称呼而已。史密斯的著作分三个主题来研究作为象征与神话的西部处女地在美国历史上的意义:其一,通往印度之路。② 意味着美国人继承了自 15 世纪以来欧洲白人殖民者寻找东方财富、探寻伊甸园的努力,而美国西部则是白人扩张的"最好的、最后的边疆",即最后的伊甸园和处女地;其二,蛮荒的西部及"皮袜子"的故事③。探索白人征服荒野及战胜印第安人的"英雄"壮举,是白人殖民者通过劳动,改造荒野,建立人间天堂的过程;其三,西部是花园。对拓荒农场主来说,西部意味着发财致富和个人成功的机会,是杰斐逊的民主梦想的试验田和农场主的希望之地。④

史密斯笔下的西部处女地由两大神话组成:一是帝国神话,这一神话是通过该书第一部分"通向印度之路"来表达的。寻找通往东方的道路是欧洲殖民者自发现新大陆时期就已存在的梦想,美国西部开发从一定意义上就是上述扩张梦想的一个新版本。支持美国人向西部扩张的一个信念是"只有依靠开发、发展和定居西部的土地才能履行天命"⑤,即美国扩张的使命观。而这种使命观的具体体现就是著名的天定命运假说。学界一般认为奥沙利文是这一假说的始作俑者,他在 1845 年的一篇文章中正式使用"天定命运"(Manifest Destiny)一词,不过这一思想早在 19 世纪二三十年代便已初见雏形,包括杰斐逊、约翰·昆西·亚当斯、杰克逊等著名政治家都曾不同程度地表露过这种想法。⑥ 19 世纪 40 年代,"天定命运"假说成为许多政治家用来支持美国推进大陆扩张的理论武器。如著名的政治家托马斯·本顿声称:"似乎白人种族独自收到了神圣的命令,去征服和充实地球,因为它是唯一一个遵循这一命令的种族,唯一一个寻求新的遥远的土地,甚至是去征服和殖民一个新世界的种族。"⑦ 另一位扩张主义的鼓吹手威廉·吉尔平也在 1846 年说道:"美国人不可改变的命运就是征服整个大陆,冲过这片土地直达太平洋。"⑧ 吉尔平还根据"等温线"(iso-thermal belt)理论,认为美国在向西部的扩张中,会以密西西比盆地为中心建立一个新的人类帝国。⑨ 美国人在追梦的过程中将殖民扩张

---

① Henry Nash Smith, *Virgin Land*:*The American West as Symbol and Myth*, Cambridge:Harvard University Press, 1978, p. xi.

② 在大航海时代,印度所代表的东方对西方殖民者来说是财富和机会的象征,因此无数代航海家所梦想的就是打通到达印度的航路。哥伦布在到达美洲时还误以为是印度,因此把这里的居民称为印度人(印第安人即印度人的音译)。

③ 皮袜子(Leather stocking)是 19 世纪美国著名西部作家威廉·库柏一系列西部小说中主人公的名字,指深入西部的白人探险者。

④ George W. Pierson, Reviewed Work(s):*Virgin Land*:*The American West as Symbol and Myth* by Henry Nash Smith, *The William and Mary Quarterly*, Vol. 7, No. 3(Jul. 1950), p. 474.

⑤ [美]亨利·纳什·史密斯:《处女地:作为象征和神话的美国西部》,薛蕃康、费翰章译,上海外语教育出版社 1991 年版,前言第 iv 页。

⑥ 相关情况可参阅 Shane Mountjoy, *Manifest Destiny*:*Westward Expansion*, New York:Chelsea House, 2009, pp. 9 – 35.

⑦ United States Congress, *The Congressional Globe*:*New Series*, *First Session*, *Twenty – Ninth Congress*, Washington:Printed at the office of Blair and Rives, Vol. 86, No. 58(June 3, 1846), p. 918.

⑧ "William Gilpin's Report to the Senate in March 17, 1846", in *Public Documents Published by the Order of the Senate of the United States*, *First Session of Twentyninth Congress*, Vol. 5, Washington:Printed by Ritchie and Heiss, 1846, No. 306, p. 46.

⑨ William Gilpin, *The Central Gold Region*:*The Grain*, *Pastoral*, *and Gold Region of North America*, Philadelphia:Sower, Barnes & Co. , 1860, p. 133.

的边疆一直推进到了太平洋，建立起了一个横跨两洋的殖民帝国。

另一个神话就是著名的花园神话。花园神话不同于新大陆发现初期寻找伊甸园的故事，它是在承认西部是荒野处女地的基础上展开的。这一神话的内容是：通过美国边疆开发者的辛勤努力，西部荒野会变成繁荣的城镇和人间天堂。1797 年，一位名叫詹姆斯·史密斯的牧师在俄亥俄的游记就完美地展现了这一花园梦想："将来有一天当这些森林被垦殖，当耶稣的福音传遍这个正在升起的共和政体的时候……这里将是一片乐土！芳香的园子，快乐的天堂！"① 西部花园神话所代表的是一种乐观、不断进取、相信机会总在前面的心态和观念。在花园神话中，关于西部的悲观观念是没有多少市场的，如 19 世纪 30 年代曾短暂流行的"美洲大沙漠"观念，很快就被较为乐观的"雨随犁至"（rain follows the plough）而取代。提出上述观点的 C. D. 威尔伯极力鼓吹："在这奇迹般的发展中，犁是其先行信使——是准确无误的预言者——是取得成功的因素。人类能够感动上苍将雨露洒向他们所选择居住的土地，靠的不是魔法或妖术，也不是符咒或祭品，而是他们满脸的汗水和双手的艰苦劳作。"② 威尔伯甚至狂言："人是进取性的，因而，除了人类允许或忽视外，实际上不存在任何沙漠。"③ 美国人坚信，通过他们的辛勤劳动，蛮荒的西部会变成人间花园，而在这一过程中，他们也实现了自身的价值。旱作农业的倡导者 H. W. 坎贝尔（Hardy Webster Campbell）在 1909 年信心十足地宣称："我相信一

个事实，即现在正在形成自身特色的这个地区注定会是世界上最后的和最好的谷物的花园。"④

然而，无论是帝国神话，还是花园神话，它们都是通过征服自然和征服印第安人实现的，因此，白人的成功对大自然来说是资源的严重浪费和环境的急剧退化，对印第安人来说意味着生态灾难。在美国建国后向西部开发的大潮中，原本在 17—18 世纪已经崭露头角的种族主义、机械主义自然观、文明观、使命观等各种文化偏见在 19 世纪发展到登峰造极的程度，结果形成了美国发展史上最大的生态灾难和人道主义危机，环境遭到极大的破坏，而印第安人也成为美国征服自然的生态牺牲品。

首先是征服自然观念的空前膨胀。随着美国向西部的扩张，原来殖民地时期已经出现的征服自然观念不仅没有减弱，反而进一步加强。19 世纪初，新英格兰的农业革新家亨利·科尔曼（Henry Colman）甚至模仿培根的口气，呼吁征服自然："在这里，人民对自然行使统治权……命令他所涉足的地球显露其隐秘的能量……迫使无生机的地球布满生命；并为无数依靠其乳汁和慷慨而生存的人们带来营养、力量、健康和幸福。"⑤ 在这种充满使命观的征服自然思想的指导下，美国西部开发演变成一场十足的生态灾难。原来的荒野被改造成为良田，茂密的森林被大面积清除。从 1850 年到 1910 年，美国人共清理了 1.9 亿英亩的森林。⑥ 到 1920 年，美国的原生林只剩下 1.38 亿英亩，东北部和中西部也已经失去

① Josiah Morrow, ed., "Tours into Kentucky and the Northwest Territory: Sketch of Rev. James Smith", *Ohio Archeological and Historical Quarterly*, Vol. 16, 1907, p. 396.

② Charles Dana Wilber, *The Great Valleys and Prairies of Nebraska and the Northwest*, Omaha: Daily Republican Print, 1881, p. 71.

③ Charles Dana Wilber, *The Great Valleys and Prairies of Nebraska and the Northwest*, p. 69.

④ H. W. Campbell, "The Future of the West under Scientific Tillage" (originally published in *Proceedings of the Fourth Annual Session of Dry Farming Congress*, Billings, Montana, 1909), *The Dry Farming Congress Bulletins*, Vol. 3, No. 3 (Feb. 1910), p. 144.

⑤ Henry Colman, *An Address before the Hampshire, Franklin, and Hampden Agricultural Society, Delivered in Greenfield, Oct. 23, 1833*, Printed by Phelps and Ingersoll, 1833, p. 5.

⑥ Douglas W. MacCleery, *American Forests: A History of Resiliency and Recovery*, Durham: The Forest History Society, 2011, p. xii.

了 96% 的原始森林。① 随同森林一起消失的是丰富的动植物种类，海狸、白尾鹿、野牛等一度濒临灭绝，而总数曾高达 50 亿只的旅鸽则在 1914 年彻底灭绝。环境史学家克罗斯比不无遗憾地指出："哥伦布大变迁（Columbia Exchange）留给我们的不是一个更为丰富的，而是一个更为贫乏的基因库。"② 疯狂开发最终的环境代价就是 20 世纪 30 年代的沙尘暴。在美国西部的勺柄地带，即堪萨斯西部、科罗拉多东南部、新墨西哥的东北部、俄克拉荷马和得克萨斯以北长 500 英里、宽 300 英里的范围内，1000 万英亩的土地成为受灾最严重沙窝（Dust Bowl）地区。在整个沙暴肆虐的地区，平均每英亩有 408 吨表土被吹走，总共被吹走的表土达到 8.5 亿吨。③ 西部史学家杰罗米·斯蒂芬认为："我们的确知道，白人在北美发现了具有富足的生态系统的、肥沃而变化多样的土地，我们还知道，在相对较短的一个时期里，这些欧洲冒险者们把上述复杂和多样的系统削弱成为一个大为简单和单一的环境。"④

其次，对印第安人权利的全面否定。美国独立以后，随着民族主义的兴起，原来文明—野蛮二元对立的理论获得进一步发展，作为荒野代表的印第安人自然更受敌视，征服印第安人成为美国人征服荒野的一个副产品。其结果就是对印第安人的否定意见逐渐成为 19 世纪的主流意识，邪恶的野蛮人形象广为流传。用巴奈特（Louise K. Barnett）的话说："印第安

人，就定义而言，本身就完全是一种低贱的生物。"⑤ 史密斯也指出："文明论在 19 世纪就被用来为一些不光彩的行径——包括欧洲对世界各地土著人民的掠夺——作辩解。"⑥ 19 世纪美国两位最著名的历史学家帕克曼和班克罗夫特都对印第安人充满敌意。帕克曼声称：印第安人"无法学习文明的各种技艺，他们及其森林都必将共同消失"⑦。班克罗夫特认为印第安人"在推理和道德品质方面比白人低劣，而且这种低劣不仅仅是针对个人而言的，而是与其组织有关，是整个族群的特征"⑧。美国的"拓荒者坚持认为，印第安人同那些该死的森林一样，必须当作文化进步的敌人而加以消灭"⑨。1844 年，领导向西部移民的领袖怀特曼（Marcus Whitman）声称："我完全相信，当一个民族不能或者忽视了去完成造物主的安排的时候，他们不应该抱怨结果。同样，基督教徒对于这样的进程感到焦虑也是徒劳的。印第安人在任何情况下都没有遵照（上帝的）要求去占据土地，却阻挡别人的道路。"⑩ 在对大草原的征服中，美国的军事将领们更是将屠杀野牛和消灭印第安人联系起来，把屠杀野牛看作是消灭印第安人的一个有效途径。1869—1870 年期间驻扎在密苏里的陆军中将约翰·斯科菲尔德（John M. Schofield）自豪地宣称："在我的一生中我最喜欢的工作莫过于清除野蛮人，并捣毁他们的食物，直到在我们美丽的国家里没有一片印第安

① R. V. Reynolds, A. H. Pierson, "Lumber Cut of the United States 1870 – 1920", *USDA Bulletin*, Vol. 1119（April 1923），p. 8.

② Alfred W. Crosby Jr., *The Columbian Exchange：Biological and Cultural Consequences of 1492*, Westport：Greenwood Press, 1972, p. 219.

③ Donald Worster, *The Dust Bowl：The Southern Plains in 1930s*, New York：Oxford University Press, 1979, p. 29.

④ Jerome O. Steffen, ed., *The American West：New Perspectives, New Dimensions*, Norman：University of Oklahoma Press, 1979, reprinted in 1981, p. 14.

⑤ Ter Ellingson, *The Myth of Noble Savage*, Berkeley：University of California Press, 2001, p. 195.

⑥ ［美］亨利·纳什·史密斯：《处女地：作为象征和神话的美国西部》，第 264 页。

⑦ Francis Parkman, *Conspiracy of Pontiac*, Vol. I, New York：E. P. Dutton & Co., 1912, p. 32.

⑧ George Bancroft, *History of the United States：From Discovery of the American Continent*, Boston：Little, Brown, and Company, 1870, 21th edition, Vol. 3, p. 302.

⑨ ［美］雷·艾伦·比林顿：《向西部扩张：美国边疆史》（上卷），周小松等译，商务印书馆 1991 年版，第 28 页。

⑩ Oliver Woodson Nixon, *How Marcus Whitman Saved Oregon：A True Romance of Patriotic Heroism*, Chicago：Star Publishing Company, 1895, p. 59.

边疆为止。"①

在 19 世纪所笼罩的浓厚的社会达尔文主义和种族优越论的氛围下,科技进步、文明战胜野蛮的乐观主义情绪充斥着欧美社会,印第安人成为美国西部扩张的生态牺牲品。在汹涌的白人移民浪潮和军队的征讨下,与白人移民的边疆呈波浪状向西部推进形成鲜明对比的是,印第安人步步西退。美国独立以后,为了迫使西北地区的印第安人让出土地,美国派韦恩将军在 1794 年对俄亥俄河流域的印第安人进行了一连串的武装"讨伐",最后在"倒树堡"一役中彻底击溃了这一带土著人的反抗力量,为白人让出了土地。然而,密西西比河以东的土地日益紧张,南部诸州随着人口的增加,对境内的印第安人土地越来越渴望,同时也越来越对印第安人失去耐心。19 世纪 20 年代所流行的西部是一片蛮荒沙漠的景象使得一向乐观的美国人突然意识到:本来以为无穷无尽的西部处女地,也有可能枯竭。大沙漠假说却也为美国人指出了一条新出路:那就是将东部的印第安人驱逐到密西西比河以西。"如果把密西西比河以东的印第安人都驱逐到这个地方,东部宝贵的土地就可以向拓荒者开放,两个民族间的摩擦就可以消除,而土著也可以免受白种人的罪恶和疾病之害。"② 1830 年,靠征服印第安人成名的安德鲁·杰克逊总统终于签署了强迫东部印第安人西迁的《印第安人迁移法》,印第安人被迫走上了前往密西西比河以西的"眼泪之路"(Trail of Tears)。经过 30 年代到 40 年代的强迫迁移,东部大约有 10 万名印第安人被迫迁移到老人河以西的"印第安之乡"。

迁往密西西比河以西并不是背信弃义的美国人的印第安人政策的完结,当白人发现印第安人在大草原地区的土地也有利可图之时,新

一轮的掠夺在美国内战后又开始了。随着 1859 年派克峰黄金的发现、横贯铁路的修筑和 1875 年黑山淘金热的兴起,越来越多的白人涌入大平原。由此导致白人与印第安人之间的冲突也越来越频繁,最终引发了 1866—1868 年的红云之战和 1876—1877 年的苏族战争(又称黑山战争)。经过 30 年的战争,印第安人再次战败,被迫迁入政府划定的保留地,过着屈辱的生活。根据美国人口调查局 1894 年的统计,从美国独立战争结束到 19 世纪末期印第安人被全部驱赶进保留地的 100 多年的时间里,印第安人与白人之间较大规模的冲突至少有 40 次。在这些冲突中,有 1.9 万名白人死亡,而印第安人则死亡 3 万人。不过该调查也承认,无法确定确切的死亡人数,双方的实际死亡人数至少会比这个数字高出 50%。③ 到 1900 年,美国印第安人口减少到只有 25 万人左右,分散在大小 200 多个保留地中,只剩下 5000 万英亩土地。④

总之,西部边疆开发创造了美国现代化发展的神话,而处女地假说则为美国人向西部扩张、驱逐印第安人提供了道德上的护身符。在文明战胜野蛮的旗帜之下,他们可以心安理得地掠夺印第安人的土地,征讨和驱逐后者,直到印第安人被赶进自然条件极端恶劣的保留地中,成为一个没有希望的种族。环境史学家麦茜特指出:"新世界的伊甸园变成了殖民化的伊甸园,欧洲白人位于花园的中心,而印第安人和黑人即便没有被排除,也被贬到了边缘的地位。"⑤ 面对印第安人的苦难,美国社会的一些深受基督教教义影响的改革人士开始反思,呼吁美国政府改变对印第安人的不公正政策。1865 年,《纽约时报》的一篇社论称:"这个国家对印第安人的处理构成了现代历史

---

① Lieutenant – General John M. Schofield, *Forty Six Years in the Army*, New York: The Century Co., 1897, p. 428.

② [美]雷·艾伦·比林顿:《向西部扩张:美国边疆史》(下卷),第 80 页。

③ Bureau of Census, *Report on Indians Taxed and not Taxed in the United States*, Washington D. C.: Government Printing Office, 1894, pp. 637 – 638.

④ Albert L. Hurtado, Peter Iverson, eds., *Major Problems in American Indian History: Documents and Essays*, Boston: Houghton Mifflin Company, 2001, p. 410.

⑤ Carolyn Merchant, *Reinventing Eden: The Fate of Nature in Western Culture*, p. 137.

中最为无耻的一个章节。"[1] 随着美国社会对印第安人改革呼声的不断变大，美国政府开始反思和改革对印第安人的政策，印第安人与白人之间的关系也进入一个新的历史阶段。

四 处女地的悖论：传统生态智慧与当代土著权利运动

20 世纪 30 年代的沙尘暴标志着以不计环境代价的资源开发为特征的西部开发时代的结束，也一举粉碎了西部边疆的花园神话。处女地假说本来应该也随着西部边疆的终结而寿终正寝了，然而这一理论却找到了新的增长点。随着文化人类学的发展，相关学者对于白人到来前印第安人对北美环境的影响采取选择性忽视的态度，并提出了印第安人是天生的"保护主义者"的假说，从而变相地给处女地假说以支持。1915 年，著名人类学家斯巴克（Frank G. Speck）根据阿尔贡金人进行猎物管理的实践，认为印第安人是保护主义者。斯巴克的研究得到了其同行麦克劳德教授（W. C. Macleod）等人的赞同。[2] 斯巴克和麦克劳德的思想被后来一些对印第安人的环境伦理持肯定意见的学者所继承，如著名环境史学家唐纳德·休斯（Donald Hughes）、卡罗琳·麦茜特（Carolyn Merchant）和印第安史专家威尔伯·雅各布斯（Wilbur Jacobs）等。[3] 而注重从考古学角度探讨印第安人对环境所造成的生态后果的学者则以否定性意见为主。如戈登·戴伊（Gordon M. Day）、奥摩尔·斯图尔特（Omer C. Stewart）、罗伯特·黑泽（Robert F. Heizer）、保罗·马丁（Paul Martin）等，这些学者根据考古资料及相关文献记载指出：在白人到来前，印第安人对北美洲自然环境的变化施加了重要影响，因此否认处女地假说。[4] 两派学者最大的分歧在于前者看重的是印第安人与自然和谐的传统生态智慧（Traditional Ecological Wisdom），而后者则对印第安人活动的生态后果更为重视。

自 20 世纪中期以来，随着印第安人权利运动的兴起和现代环境主义的流行，"生态的印第安人"假说流行起来。该学说其实是"高贵的印第安人"假说在生态主义时代的一个变种，其最重要的一个立论基础就是所谓的美洲处女地理论。它所构建的一派景象是：印第安人依靠其优秀的环境伦理，过着与自然和谐的生活，在白人到来前美洲是一片未经破坏的处女地。而白人到来后，快速耗竭了北美的资源，造成严重的环境问题，因此白人社会应该向印第安人学习与自然相处之道。许多印第安部落也将印第安人的传统生态智慧和"生态的印第安人"形象作为向美加两国政府争取自然资源控制权的工具。由此不仅导致学术问题政治化，也使印第安人本身陷入两难困境。

首先，必须承认，数万年以来，印第安人在美洲大陆上繁衍生息，他们的生产和生活活动对北美自然环境产生了深远的影响，生态意义上的处女地是不存在的。任何物种在生长过程中都会对其周围的环境产生影响，人类更是

---

[1]　Robert G. Hays, ed., *A Race at Bay: New York Times Editorials on "the Indian Problem", 1860 - 1900*, Carbondale: University of Southern Illinois Press, 1997, p. 58.

[2]　Frank G. Speck, "The Family Hunting Band as the Basis of Algonkian Social Organization", *American Anthropologist*, Vol. 17, No. 2 (April - June, 1915); William Christie Macleod, "Conservation among Primitive Hunting Peoples", *The Scientific Monthly*, Vol. 43, No. 6 (December 1936).

[3]　Donald Hughes, *North American Indian Ecology*, p. 22; Carolyn Merchant, *The Columbia Guide to American Environmental History*, New York: Columbia University Press, 2002, p. 140; Wilbur R. Jacobs, "Indians as Ecologists and Other Environmental Themes in American Frontier History", in Christopher Vecsey and Robert W. Venables, eds., *American Indian Environments: Ecological Issues in Native American History*, Syracuse: Syracuse University Press, 1980, p. 49.

[4]　Gordon M. Day, "The Indian as an Ecological Factor in the Northeastern Forest", *Ecology*, Vol. 34, No. 2 (April, 1953); Omer C. Stewart, *Forgotten Fires: Native Americans and the Transient Wilderness*, Norman: University of Oklahoma Press, 2002; Robert F. Heizer, "Primitive Man as an Ecologic Factor", *Kroeber Anthropological Society Papers*, Vol. 13 (Fall, 1955); Paul Martin, "Prehistoric Overkill", in P. S. Martin and H. E. Wright, Jr., eds., *Pleistocene Extinction: The Search for a Cause*, New Haven: Yale University Press, 1967.

如此。根据德尔科特的研究，当人类的某一群体在一个地区定居时间达到 2 个世纪、人口密度超过 50 人/平方公里的情况下，就会导致环境退化。[①] 墨西哥以北地区在白人到来前，即便最保守的估计，土著人口也在 100 万以上。[②] 数百万人上千年来在北美大地上繁衍生息，对这里的环境必然产生巨大影响。第一，印第安人通过灵活多样的用火技术，塑造了多样化的生态结构，在改善了自身的生活和生产条件的同时，也对北美大陆的自然环境和动植物分布产生了深远影响。他们通过定期焚烧，在森林中制造了大片的林间空地，从而在森林中形成无数较小的草地生态系统。著名的谢南多河谷就是印第安人用火的结果。他们通过定期焚烧，造就了一片 150 英里长、面积达 1000 平方英里的林间空地。[③] 第二，除了用火所导致的生态变迁外，印第安人的其他生产和生活活动也对北美洲的自然环境产生了重要影响。虽然北美印第安人没有像其南边的族人那样留下众多宏伟工程，但他们的活动同样深深地改变了北美的地形和地貌。比如，随着玉米种植业的兴起，印第安人大规模毁坏森林，并导致了严重的水土流失。考古研究表明，在密西西比河流域东南部的农业走廊地带，有些树木的花粉沉淀变少，而在堆积物中则出现许多灰烬的痕迹，这是土著人焚林种植的直接结果。在公元 1100—1300 年这段时间内，许多溪流中的泥沙沉淀达到了 2—3 米。[④] 第三，

在过去的 1.5 万年的时间里，随着北美土著人口数量的不断增加和社会的进步，他们对环境的影响也越来越大，是北美环境变化的一个非常重要的作用因素。维奇教授甚至认为："处女地论调或许更是白人用以侵占印第安人已经定居和耕种了上千年的土地的一个阴谋，而不是对当时实际情况的描述。"[⑤] 由此可见，"生态的印第安人"支持者们所坚持的北美大陆在白人到来前是一片处女地的假说从生态意义上是站不住脚的。

其次，虽然北美印第安人经过上万年的生产和生活，对北美自然环境已经施加了很重要的影响，但对于这种影响必须有一个正确的估计，相比于白人到来后对美洲生态环境所造成的巨大变迁和破坏，北美印第安人对环境的影响的确不算大。从总体上看，印第安人对于北美环境的影响是局部性的，尚在自然界可承受的自我修复的范围之内。

造成这一结果的首要因素是北美印第安人总体人数偏低。以新英格兰为例，北部林区印第安人的人口密度大约是 41 人/100 平方英里，南部农业部落则达到 287 人/100 平方英里。[⑥] 林区狩猎部落相对较低的人口密度使得他们对所居住的生态系统的影响相对较小。南部农业部落虽然人口较多，开垦的森林面积较大，但他们由于定期轮换居住地而减小了对环境的影响。从 1610 年到 1780 年，易洛魁联盟的中心共迁移了 9 次，平均每 20 年一次。[⑦]

① Paul A. Delcourt, Hazel R. Delcourt, *Prehistoric Native American and Ecological Change: Human Ecosystems in Eastern North America since the Pleistocene*, p. 132.

② 学术界对北美土著人口数量的估计一直没有定论，早期的人类学家和考古学家们的估计一直偏低，如詹姆斯·穆尼 (James Mooney)、阿·克罗伯 (Alfred Kroeber)、安·罗森波尔特 (Angel Rosenbalt) 认为整个美洲大约有 800—1400 万人，其中北美洲为 100 万人左右。现代考古学家杜宾斯 (Henry Dobyns) 的估计则偏高，认为美洲的人口在 90043000—112553750 之间。威廉·德尼万 (William Denevan) 认为当时美洲大约有 5390 万人，其中墨西哥以北地区 380 万人。参见 William Denevan, "The Pristine Myth: The Landscape of America in 1492", in *Annals of the Association of American Geographers*, 1992, Vol. 82, No. 3.

③ Omer C. Stewart, *Forgotten Fires: Native Americans and the Transient Wilderness*, pp. 83 – 84.

④ Thomas W. Neumann, "The Role of Prehistoric Peoples in Shaping Ecosystems in the Eastern United States: Implications for Restoration Ecology and Wilderness Management", in Charles Kay and Randy Simmons, eds., *Wilderness and Political Ecology*, Salt Lake City: University of Utah Press, 2002, pp. 150 – 151.

⑤ Christopher Vecsey, "American Indian Environmental Religions", in Christopher Vecsey, Robert W. Venables, eds., *American Indian Environments: Ecological Issues in Native American History*, p. 8.

⑥ William Cronon, *Changes in the Land: Indians, Colonists and the Ecology of New England*, New York: Hill and Wang, 1983, p. 42.

⑦ Michael Williams, *Americans and Their Forests: A Historical Geography*, New York: Cambridge University Press, 1990, p. 38.

村落地址的流动性以及印第安人根据不同季节转换食物来源的做法减少了对任何特定的生态系统的潜在威胁,使人类"对环境的总体压力变小"①。一般在印第安人迁移20—30年后,东部的许多村落旧址就会重新恢复为森林。②

导致印第安人对环境影响较小的另外一个重要原因是在白人到来前,北美印第安人主要还处于生存经济的时代,以积累财富多寡作为个人成功标志的牟利精神尚不是各个部落的主流伦理。生存经济与商品经济的一个本质区别在于:前者对自然万物的应用以保持食物供应的稳定性和多样性为原则,并不单纯追求产量的最大化。环境史学家威廉·克罗农(William Cronon)指出:"对新英格兰的印第安人来说,生态多样性,不管是自然的还是人工的,都意味着丰盛、稳定和他们赖以为生的物品的稳定供应。"③虽然在白人到来前,印第安部落内部已经存在着贫富差异,同时部落之间也存在着复杂的贸易网络,但生存经济使得积累财富和牟利精神无法成为部落生活的主流。

印第安人的传统生态智慧也从中发挥了作用,但对此不宜过分夸大。北美各个部落之间的生存环境和生活方式存在着很大差异,虽然有些部落的环境伦理中具有一些尊重生命、节制捕杀和不准浪费的内容,同样也存在着许多不尊重生命、肆意浪费、甚至是荒诞不经的伦理禁忌和行为。许多印第安部落在狩猎时并不完全遵守休斯教授所主张的"明智利用两原则"——取走所需要的,用完所取走的——而是肆意杀戮和浪费。④许多印第安部落在对待自然问题上抱有一种实用主义的心态。其实,他们对其周围自然环境的态度是双重甚至是多重的:一个印第安部落可以一边猎杀动物、采集植物、焚烧森林,同时又可以向动植物图腾和神灵表示感激和歉疚,两者并行不悖。此外,与世界大部分地区的其他民族一样,印第安人的环境伦理也会随着外部环境的改变而发生变化。卷入毛皮贸易的许多印第安部落很快就背弃了原来的生存经济和环境伦理,为了获得白人的商品而沦落为白人毛皮贩子的屠杀工具。比如,在生存经济时代,一名克里克猎手平均每年要猎杀25—30只鹿,以维持生活所需;而在卷入毛皮贸易后,则平均每年要猎杀200—400只鹿,换取生活必需品和奢侈品。⑤

再次,现代环境主义者和印第安权利组织试图利用处女地假说和"生态的印第安人"形象来实现其政治诉求,但其效用有限。19世纪后期,随着北美工业化、城市化和西部开发,出现了诸如资源浪费、物种消失、环境污染以及人们越来越远离自然等一系列环境和社会问题。面对日益严峻的环境形势,对土著文化有着浓厚的刻板化、片面化认识传统的欧美社会试图通过神化印第安人的环境伦理,来塑造一种自然守护者的形象,以应对基督教环境伦理受到批判后所留下的伦理真空。于是乎,传统的印第安环境伦理被赋予了新的环境主义的含义。环境主义者甚至杜撰了西雅图酋长的《神圣的大地母亲》的演说和"哭泣的印第安人"等广为人知的作品和形象,以达到宣传印第安人与自然和谐的目的。⑥

对19世纪的北美印第安人来说,随着武装抵抗的失败和主流社会的歧视与偏见,重振民族文化的自信心成为土著领袖们面临的当务之急。目睹北美现代化所造成的环境破坏和资

① William Cronon, *Changes in the Land:Indians, Colonists and the Ecology of New England*, p. 48.
② Adriaen Van der Donck, *A Description of the New Netherlands*, Ithaca:Cornell University Library, 1993(originally published by Evert Nieuwenhof, Bookseller, 1656), p. 149.
③ William Cronon, *Changes in the Land:Indians, Colonists and the Ecology of New England*, p. 53.
④ Donald Hughes, *North American Indian Ecology*, p. 34.
⑤ Shepard Krech Ⅲ, *The Ecological Indians:Myth and History*, p. 158.
⑥ 所谓西雅图酋长的演说至少有4个版本,其中广为流传的有2个版本,阿尔伯特·弗特范格尔教授的著作《对西雅图酋长的答复》(Albert Furtwangler, *Answering Chief Seattle*, Seattle:University of Washington Press, 1997)对于西雅图酋长演说的来龙去脉进行了详细的追踪。

源浪费，许多印第安人把弘扬与白人不同的环境伦理和大地崇拜当作了实现上述目的的工具。著名的印第安社会活动家伊斯特曼（Charles A. Eastman）可以说是 19 世纪末 20 世纪初践行这一思想的代表。他通过《印第安人的心灵》（The Soul of the Indian）等畅销书描绘了一个与自然相融合的印第安社会。他写道："除了大自然以外，我们没有神庙和圣物"，印第安人是"大自然的人"①。另一位著名的苏族领袖立熊更是这种转变的典型。他原本积极主张融入主流社会，但在 1931 年以后转而倡导印第安人与自然和谐的环境伦理。他的一些话语早已为世人所熟知：印第安人"是天生的保护主义者，他们从不毁坏任何东西"，"我们不认为广阔的大平原、美丽起伏的山峦和可以触及生物的流动溪水是荒凉的。只有对白人来说，自然才是荒凉的"②。另一位最近去世的土著社会活动家德洛利亚（Vine Deloria Jr.）教授一方面批判白人社会对于印第安文化的歪曲，另一方面又对印第安人的环境伦理进行神化。他甚至认为：如果白人社会想要生存下去，就必须"选择印第安人的方式"③。环境史学家沃伦（Louis S. Warren）指出：通过把自己刻画成北美大陆上最早的保护主义者，印第安人"就可以挑战'官方'保护主义者在资源管理和利用方面的独享性权利了"④。

由此可见，无论是对环境主义者、印第安社会活动家等支持者，还是对印第安人的环境伦理进行诋毁的社会集团来说，处女地、生态的印第安人假说都变成了其使用者用来实现本集团利益的工具。印第安传统生态智慧的流

行，折射的是当代北美主流社会对于环境问题的忧思：环境问题越是严重，人们对 19 世纪的西部荒野也就越是怀念，也就越需要"把印第安人与一片'自然的''无瑕的'的环境联系起来"⑤。

自 20 世纪 70 年代以来，虽然有一些印第安部落成功利用传统生态智慧作为斗争工具，取得了资源控制权的胜利，如加拿大詹姆斯湾的克里人所领导的反对魁北克水电公司在其保留地修建大坝的运动、新英格兰的佩诺布斯科特印第安人（Penobscot Indian）赢得了反对 LP&P 纸浆厂的胜利并迫使美国环境保护署通过了当时最为严厉的二恶英（Dioxin）排放标准等等。但是，处女地假说毕竟是虚构的，经不起历史和现实的检验，而且被刻意塑造的生态的印第安人形象也是刻板化、片面而且没有历史的。一旦印第安人的行为与处女地假说和生态的印第安人形象不符，立马就会遭到白人社会的群起围攻。

当前被认为最有损于生态的印第安人形象的例子首先是印第安部落与相关部门谈判接受核废料存放所引起的争论了。自 20 世纪 80 年代中期开始，美国能源部就着手寻找合适的核废料存放点，大部分的印第安部落反对接受核废料，但仍有几个印第安部落有意接收，其中最著名的当属犹他州的斯卡尔谷的戈舒特人（Goshute）。按照其酋长利恩·贝尔（Leon Bear）的说法，白人"想象中的我们的形象应该是：住在帐篷里，骑着马，那是不真实的，你不能够靠偶像来养活你的家人"⑥。而通过接受核废料存放，印第安人既可以赚钱修建保留地的基础设施，并能同时使"传统与

---

① Charles A. Eastman, *The Soul of the Indian*: *An Interpretation*, Lincoln: University of Nebraska Press, First Bison Book printing, 1980, p. 5.

② Luther Standing Bear, *Land of Spotted Eagle*, Reprinted by University of Nebraska Press, 2006, pp. 165, 38.

③ Vine Deloria, Jr., *We Talk, You Listen*: *New Tribes, New Turf*, New York: Macmillan, 1970, p. 197.

④ Louis S. Warren, "The Nature of Conquest: Indians, Americans, and Environmental History", in Philip J. Deloria and Neal Salisbury, eds., *A Companion to American Indian History*, Malden: Blackwell Publishers Inc., 2002, p. 300.

⑤ Lee Schwenninger, *Listening to the Land*: *Native American Literary Responses to the Landscape*, Athens: University of Georgia, 2008, p. 22.

⑥ David Rich Lewis, "Skull Valley Goshutes and the Politics of Nuclear Waste: Environment, Identity, and Sovereignty", in Michael E. Harkin and David Rich Lewis, eds., *Native Americans and the Environment*: *Perspectives on the Ecological Indian*, Lincoln: University of Nebraska Press, 2007, p. 332.

文化资源不受影响"[1]。除了核废料问题外，华盛顿地区马卡人（Makah）的捕鲸行为也颇受非议。1994 年，随着灰鲸被从濒危物种名单上撤除，马卡人声称为了保持本族的传统文化，申请重新捕鲸。1999 年 5 月 17 日，他们捕获了第一头鲸鱼。马卡人的行为遭到了环境主义者、动物保护组织和部分反印第安人集团的强烈抗议。其中一名极端分子甚至说道："我想知道在哪里可以申请一个杀印第安人的执照，我的先人们……的传统是杀掉所看到的任何红种人……我也想保持父辈的传统！"[2]上述两例仅仅是被认为不符合"生态的印第安人"形象的众多事例的代表，显然，这一形象在这里变成了欧美社会对印第安人行为和部落权利进行讨伐的工具。这样的事例再次表明："生态的印第安人"形象是脆弱的，印第安人也并"不比其他民族更具生态智慧"[3]。

总之，在现代环境主义运动和印第安人权利运动的双重背景下，生态的印第安人形象流行起来，处女地假说也再度活跃，但上述假说毕竟主要是建立在白人基督教文化观念基础上的特定历史条件下的产物，经不起史实的检验。虽然在一定范围内，宣传此假说可能会吸引世人的眼球，对环境运动和印第安人的权利运动有些帮助。但是，土著人争取自然资源管理权的斗争主要还是权力和利益的博弈。只有当土著人的利益与主流社会的价值诉求相一致的时候，"生态的印第安人"形象才可能会发挥一些作用。但谎言一旦被揭穿，该形象就变成了对后者进行批判的工具，它所激起的反弹可能会将此前的成就都一举摧毁。

结　语

自从更新世以来，随着人类社会的演进，人口规模不断增加，并逐渐占据了除南极洲以外的主要大陆，人类的生产和生活活动对自然环境所产生的影响也越来越大。因此，从生态意义上来说，近一万年以来，虽然人类活动对各地环境的影响有所差异，但已经很难找到一片未经人类染指的自然环境。从这一意义上说，生态学意义上的处女地是不存在的。然而，处女地假说却一直延续至今，它与其说是一种对自然现象的描述，不如说是一种文化观念。对欧美社会而言，处女地假说是传统的征服自然观念、伊甸园假说，与男权主义相结合的产物，透露出来的是浓浓的基督教使命观和种族偏见。

踏上北美大陆的白人殖民者不仅继承了基督教文化中征服处女地的观念，而且在文明战胜野蛮的所谓"进步观念"指导下，把处女地假说变成了驱逐和掠夺印第安人、侵占其土地的舆论工具。印第安人与白人之间无论在经济利益还是文化观念方面，都存在着巨大的冲突，一部印第安人与白人社会的关系史，其实就是一部两个种族的冲突和斗争的历史。对白人殖民者来说，处女地不仅意味着白人未曾涉足的荒野，同时也是一片资源丰富的富饶之地，意味着希望和机会，白人期望通过他们的辛勤劳作，在北美大陆上重建人类曾经失去的伊甸园。而对北美印第安人来说，处女地假说是白人对前者进行殖民征服的理论工具。该假说试图利用所谓的北美大陆是生态意义上的处女地这一前提，否定印第安人对北美自然环境所施加的生态影响，从而得出印第安人落后、野蛮这一结论。白人社会在这一结论的基础上，利用当时盛行的文明与野蛮的冲突这一文化偏见，来否定印第安人对其所居住的土地和周围资源的所有权。经过这一理论推导和概念替换，白人就可以心安理得地宣称美洲土地是一片无主的荒野，作为荒野代表的印第安人及其生活方式是文明的对立面，白人基督徒在道德上有义务征服荒野，消灭印第安人，把这里改造成为人间的伊甸园。因此，白人殖民者在

---

[1]　Interview with Leon Bear, Kued Channel Interview by Ken Verdoia, http://www.kued.org/productions/skullvalley/documentary/interviews/bear.html（2011 - 01 - 20）.

[2]　Alex Tizon, "E - mails, Phone Calls Full of Threats, Invective", *Seattle Times*, May 22, 1999.

[3]　Ernest S. Burch Jr., "Rationality and Resource Use among Hunters: Some Eskimo Examples", in Michael E. Harkin and David Rich Lewis, eds., *Native Americans and the Environment: Perspectives on the Ecological Indian*, p. 145.

美洲重塑伊甸园的过程是北美印第安人的炼狱。

随着现代环境主义运动和印第安权利运动的演进，充满白人种族主义文化偏见的处女地假说被这些组织重新发掘出来，力图为他们所塑造的"生态的印第安人"形象服务。从过去这半个世纪的实践来看，其效用有限。面对现代环境危机，适当借鉴传统生态智慧，控制人类的贪欲，走可持续发展之路是当前唯一比较现实的方法。而当前一些利益集团所塑造的"生态的印第安人"形象和重谈处女地假说虽然有着好的动机，但期望依靠一个假设的前提和谎言所建构的神话来解决当前的环境和印第安人问题，是不切实际的。即便是试图用这些假说来批判社会、动员群众、转变世人的环境观念，其效用也十分有限。当处女地谎言被戳穿，"生态的印第安人"形象倒塌之时，此前所取得的成果就会毁于一旦。

（原载《史学集刊》2021 年第 2 期）

美国与1958年法国政府危机

姚百慧[*]

摘　要：从1958年4月开始，法兰西第四共和国政府陷入持续的危机之中。对于这次危机，美国始终保持密切关注。美国在北非问题上的斡旋和干涉，造成加亚尔政府的倒台和危机的开始。在弗林姆兰政府、阿尔及利亚殖民军、戴高乐三方政治势力纠葛中，美国采取了冷眼旁观但逐渐偏向戴高乐的政策。美国对戴高乐掌权态度的变化受法国政治局势演化、美国外交政策、美国和戴高乐及戴派人士接触等多种因素影响。综观美国对1958年法国政府危机的应对，可以看到其政策选择是在矛盾且极为有限的范围中进行的，从保持冷战优势、顺应非殖民化浪潮、法国自身政治变动等角度，美国最终认定戴高乐执政是对其最有利的结果。

关键词：美法关系　法国政府　冷战　戴高乐　阿尔及利亚

1958年4月14日，加亚尔政府倒台，此后1个月的时间内，法国处于无政府状态。5月14日新组建的弗林姆兰政府又遭遇法国在阿尔及利亚殖民军的叛乱，法国甚至面临着内战危险，直到6月1日戴高乐上台，危机才最终结束。这次持续的危机及其解决无论对法国国内政治，还是国际政治，都有着极为重要的意义。它敲响了第四共和国的丧钟，随后法国建立了更富生命力的新政体——法兰西第五共和国；它带来的新因素——戴高乐和戴高乐主义，导致20世纪50年代末以及整个60年代的国际关系出现很多新变化。

对于这次政府危机，法国史和戴高乐传记的作者多从法国内政角度出发，鲜有提及其他国家[①]；少量涉及美国、英国反应的著作，基本上是从各国的阿尔及利亚政策来分析。[②] 本文则以美国外交和美法关系为视角，讨论美国对法国国内政治局势变化的情报评估、政策选择及其影响。

＊ 姚百慧：首都师范大学教授。

本文为首都师范大学新兴交叉学科建设项目"国别区域研究"项目成果。华东师范大学历史学系陈波老师协助搜集了本文所用部分美国档案，匿名审稿专家对原稿提出了很多建设性的修改意见，在此一并致谢。

① 如保尔－玛丽·德拉戈尔斯：《戴高乐传》（下册），曹松豪译，商务印书馆2006年版，第1094—1139页；布莱恩·克罗泽：《戴高乐传》（下册），西安外语学院英语系等译，商务印书馆1978年版，第545—576页；金重远：《20世纪的法兰西》，复旦大学出版社2004年版，第286—296页。

② 如Irwin M. Wall, "The United States, Algeria, and the Fall of the Fourth French Republic", *Diplomatic History*, 18, No. 4 (Fall 1994), pp. 489 – 511; Matthew Connelly, "French – American Conflict over North Africa and the Fall of the Fourth Republic", *Revue française d'histoire d'outre – mer*, tome 84, n°315, 2e trimestre 1997, pp. 9 – 27; Irwin M. Wall, *France, the United States, and the Algerian War*, University of California Press, 2001, pp. 99 – 156; Gillian Staerck, "The Algerian War, De Gaulle and Anglo – A-merican Relations, 1958", in Michael F. Hopkins, Michael D. Kandiah and Gillian Staerck ed., *Cold War Britain, 1945 – 1964*, Palgrave Macmillan, 2003, pp. 155 – 167; 房建国：《"萨基埃特危机"与艾森豪威尔政府对阿尔及利亚政策的转变》，南开大学世界近现代史研究中心编：《世界近现代史研究》第5辑，中国社会科学出版社2008年版，第295—309页；房建国：《美国对阿尔及利亚战争政策研究》，世界知识出版社2012年版，第147—176页。

一　积极干预：美英斡旋与加亚尔政府的倒台

法兰西第四共和国这次持续的政府危机的导火索是 1958 年 2 月萨基埃特事件和美英的斡旋行动。突尼斯独立后，给予当时正进行抗法独立斗争的阿尔及利亚民族解放阵线和民族解放军以积极支持。突尼斯领导人哈比卜·布尔吉巴（Habib Bourguiba）公开声明支持阿尔及利亚独立运动，并指示其驻联合国代表投票时"处处和法国的论点针锋相对"①。阿尔及利亚民族解放军隐匿于突—阿边境的突尼斯一侧，时不时对法军展开袭击。根据法国的情报，萨基埃特·西迪·尤素夫村（Sakiet Sidi Youssef，距离边界 1.5 公里）已成为阿尔及利亚人的村镇，这里的突尼斯居民大都已搬走；这里是阿军的训练营、军火库、补给站和娱乐中心，在突尼斯的五六千名阿军中有 2500 人在此驻扎。为了打击所谓的"叛军"集中地，法军于 2 月 8 日对萨基埃特进行持续 1 小时的空袭。尽管法国军方对空袭效果表示满意，但空袭造成了实际的人道主义灾难和接踵而至的外交冲突。空袭造成 68 名突尼斯人死亡，近 130 人受伤。在该村附近执行任务的国际红十字会的两辆卡车也被击毁。法突关系破裂，突尼斯要求所有法国军队撤出突尼斯，禁止法国士兵从兵营中外出，不再给法国在突基地提供物资，驱逐法国在突民众，关闭法国的领事馆，威胁要收回比塞大军事基地转给美国或北约使用。突尼斯迅速把事件报告联合国秘书长，请求安理会开会讨论②。收到情况报告的加亚尔（Félix Gaillard）总理面色苍白、十分疲惫，他对总参谋长埃利（Paul Ely）说："局势非常引人注目"，"全世界都谴责我们"③。

在法国处理其北非殖民地的过程中，美国一直努力维持中立，既不开罪北约盟国法国，也不愿显得与法国的过分行为绑在一起，从而在非殖民化的浪潮中失分。但法国使用美式装备对付无辜的市民，显然把美国卷入了冲突之中。空袭使用了 25 架飞机，除 8 架是法国自己生产的，剩余 17 架均为美国制造，包括 11 架 B - 26 轰炸机和 6 架"海盗"（Corsair）战斗机。④ 而恰恰在几天前，法国外长皮诺（Christian Pineau）还向美国保证，不会入侵突尼斯，不会跨越突尼斯边境采取总体行动，法国会保持"谨慎"⑤。事件的发生凸显了法国政府的言而无信，或者说法国政府根本没有能力控制其驻在阿尔及利亚的军队。这些不能不引起美国政府的不满。在 9 日同艾森豪威尔（Dwight D. Eisenhower）总统的电话通话中，国务卿杜勒斯（John Dulles）怒称："在集市日轰炸开放市场是件糟糕的事情。"他警告说，北非局势正超出法国控制，"如果不能解决冲突，我们将很可能失去突尼斯、利比亚、摩洛哥，失去整个北非"。艾森豪威尔赞同杜勒斯的看法，认为法国政府太过于虚弱，以至它不敢采取大胆的、自由的政策。他授权杜勒斯，要求法国政府否定这一行动，并给予突尼

①　让·巴蒂斯特·迪罗塞尔：《外交史（1919—1978）》（下），李沧人等译，上海译文出版社 1982 年版，第 193 页。

②　Irwin M. Wall, *France, the United States, and the Algerian War*, pp. 100 - 104, 111, 113；Robert Murphy, *Diplomat among Warriors*, Doubleday & Company, 1964, p. 395；Editorial Note, U. S. Department of State ed., *Foreign Relations of the United States* (*FRUS*), *1958 - 1960*, *Vol. 7, Part 2, Western Europe*, U. S. Government Printing Office (USGPO), 2001, p. 2；哈比卜·本·阿里·布尔吉巴：《布尔吉巴回忆录》，张文译，世界知识出版社 1983 年版，第 176 页。

③　阿尔弗雷德·格罗塞：《战后欧美关系》，刘其中、唐雪葆、付荫等译，上海译文出版社 1986 年版，第 192 页。

④　Pineau aux Représentants Diplomatiques de France à l'étrangère, T. circulaire n°11, février 13, 1958, Ministère des Affaires Etrangères, *Documents Diplomatiques Français* (*DDF*), *1958*, *Tome I, 1er janvier - 30 juin*, Imprimerie Nationale, 1992, p. 165；Telegram from the Embassy in France to the Department of State, No. 3723, February 11, 1958, Robert E. Lester ed., *Confidential U. S. State Department Central Files* (*CUSSDCF*), *France, Foreign Affairs, 1955 - 1959*, LexisNexis, 2005, *France, Foreign Affairs, 1955 - 1959*, 8：0782.

⑤　Telegram from the Embassy in France to the Department of State, No. 3619, February 4, 1958, *CUSSDCF*, *France, Foreign Affairs, 1955 - 1959*, 5：0689 - 0690.

斯赔偿。① 当日晚，刚刚从医院出来的杜勒斯紧急约见法国驻美大使阿尔方（Hervé Alphand），质问法国为什么未向美国提前通报这一"威胁法美关系"的行动。杜勒斯称，事故对"法国和美国"都是重大灾难，暗示法国此举将影响美国未来对法国的经济援助。② 美国国务院随后发表声明，对此事件深表不安，希望能找到弥合法突分歧的办法。③

为缓和法突关系、在联合国之外解决萨基埃特事件，美国联合英国，组成斡旋使团，并于 2 月 17 日公开宣布。④ 但华盛顿在斡旋时有意偏向突尼斯。美国否定了法国接受斡旋的两个条件：斡旋不是强制性"仲裁"，只是传递双方信息，而不是主动提出建议；斡旋不涉及阿尔及利亚问题。美国明确说，不愿意只当"通讯员"，要保留做"肯定性建议"的权力。⑤ 在斡旋的过程中，美国不向突尼斯施压，只要求法国做让步。19 日，斡旋使团的美方代表、副国务卿帮办墨菲（Robert Murphy）告诉阿尔方，突尼斯有权让法国军队撤出其国家，有权关闭法国的领事馆。墨菲质问：为什么法国需要在突尼斯不属于北约的 5 个空军基地呢？ 法国认为突尼斯是个独立国家

还是保护国？ 如果法国没有点妥协精神，就不会取得进展，美国不愿在没有成功希望的事上浪费时间。⑥ 25 日的一次白宫会议上，艾森豪威尔觉得，斡旋工作达成协议并不容易，"因为法国政府在政治上是如此之弱，以至于它不敢就阿尔及利亚问题做出任何合理的建议"；因此，墨菲的工作"就是要让法国人明白，他们不得不就突尼斯局势接受明智的提议"。这可以说是斡旋工作的基调。⑦

但对于"政治上是如此之弱"的法国政府，再施压有没有可能导致它的倒台？ 对于这个问题，美国是有考虑的。2 月 20 日，杜勒斯的北约事务特别助理霍姆斯（Julius C. Homes）在备忘录中建议改变传统的对北非中立政策，转向积极干预。霍姆斯认为，采取这种新政策会造成法国国内政治问题，让法美关系恶化，对北约有严重不利影响，但面临北非不断增加的危险，冒些险是值得的。⑧ 3 月 6 日，墨菲从巴黎汇报说，加亚尔已成为国内政治的囚徒，他现在担心，如采取早先规划的干涉措施，会导致现政府的垮台，取而代之的要么是在北非顽固不化的极端民族主义者，要么是虽然改变北非政策但会恶化欧洲和大西洋共

---

① Memorandum of a Telephone Conversation between the Secretary of State and the President, February 9, 1958, U. S. Department of State ed. , *FRUS*, *1958 – 1960*, *Vol. 13*, *Arab – Israeli Dispute*; *United Arab Republic*; *North Africa*, USGPO, 1993, pp. 821 – 822.

② Hervé Alphand, *L'étonnement d'être*: *Journal*, *1939 – 1973*, Fayard, 1977, p. 289; Alphand à Pineau, T. nᵒˢ 792 – 801, février 10, 1958, *DDF*, *1958*, *Tome I*, *1er janvier – 30 juin*, pp. 146 – 149; Memorandum, February 10, 1958, Thomas·Gale, *U. S. Declassified Documents Online* (*UDDDO*), CK2349457366.

③ United States Concern over the Possible Effect of the Bombing of Sakiet Sidi Youssef on French – Tunisian Relations, Statement Issued by the Department of State, February 9, 1958, U. S. Department of State Historical Office Bureau of Public Affairs ed. , *American Foreign Policy Current Documents* (*AFPCD*), *1958*, Arno Press, 1971, p. 1080.

④ *The Department of State Bulletin*, Vol. 38, No. 976 (March 10, 1958), p. 372.

⑤ Memorandum of Conversation, Herter and Alphand, February 15, 1958, *CUSSDCF*, *France*, *Foreign Affairs*, *1955 – 1959*, 6: 0020 – 0023; Telegram from the Department of State to the Embassy in Tunisia, No. 585, February 15, 1958, *CUSSDCF*, *France*, *Foreign Affairs*, *1955 – 1959*, 6: 0031 – 0033; Memorandum of Conversation, Elbrick and Alphand, February 17, 1958, *CUSSDCF*, *France*, *Foreign Affairs*, *1955 – 1959*, 6: 0096 – 0097; Memorandum of Conversation, Murphy and Alphand, February 19, 1958, *CUSSDCF*, *France*, *Foreign Affairs*, *1955 – 1959*, 6: 0201 – 0203.

⑥ Memorandum of Conversation, Murphy and Alphand, February 19, 1958, *CUSSDCF*, *France*, *Foreign Affairs*, *1955 – 1959*, 6: 0201 – 0203; Alphand à Pineau, T. nᵒˢ 1000 – 1009, février 20, 1958, *DDF*, *1958*, *Tome I*, *1er janvier – 30 juin*, pp. 209 – 212.

⑦ Legislative Leadership Meeting, February 25, 1958, Robert E. Lester ed. , *The Diaries of Dwight D. Eisenhower*, *1953 – 1961*, University Publications of America, 1986, 15: 1019.

⑧ Memorandum from the Secretary of State's Special Assistant for NATO (Homes) to the Secretary of State, February 20, 1958, *FRUS*, *1958 – 1960*, *Vol. 13*, *Arab – Israeli Dispute*; *United Arab Republic*; *North Africa*, pp. 626 – 628.

同体的建设、超出议会权力的政府。① 但艾森豪威尔和杜勒斯准备接受法国的政府垮台甚至政权危机。国务院回复墨菲，国务卿已仔细考虑他对法国内政的分析，但现在整个北非局势恶化，问题很可能在联合国被提出，而这是美国所要避免的。国务院指示墨菲选择适当的"心理时刻"，表明美国对法国阿尔及利亚政策"严重后果"的关切，并提出霍姆斯备忘录中的相关建议。②

3 月 15 日，斡旋使团拟定协定文本，18 日提交加亚尔。文本共 7 条，分两个阶段。第一阶段，除了比塞大基地以外的法国军事人员尽快撤出突尼斯；法国撤出后的南部机场由中立的监察人员监督；当重建正常关系后，突尼斯会"同情地考虑"重开法国领事馆；突尼斯在个案基础上，评估被驱逐的法国市民返突要求。在上述完成后进入第二阶段，法国和突尼斯将在承认突尼斯主权的基础上，协商比塞大基地更持久地位问题。③ 这一文本丝毫未涉及法国最关心的突阿边界共管问题，法国无法接受，在突尼斯也不愿让步后，斡旋陷入僵局。加亚尔和皮诺解释，接受文本"在政治上是不可能"，政府将会垮台。④

3 月 20 日，杜勒斯在国家安全委员会上评论说，虽然墨菲的工作很出色，但加亚尔并没有力量让斡旋协议在议会通过；如果他尽力如此，只能导致政府被推翻。⑤ 但就比较而

言，美国认为再向法国施压它不是很确定就会退出北约，但再压突尼斯则会让它改变联盟。结论是向法国进一步施压，并准备接受法国在北约角色问题上的"相当大的风险"⑥。4 月 10 日，艾森豪威尔给加亚尔写了封信。这封长达 3 页的信，涉及的内容远超斡旋文本。他认为，突尼斯政府和人民出于感情和历史的原因，对阿尔及利亚有同情态度，对此施加限制并不符合法国的利益；只有"自由地被接受"，法国才能维持同北非的密切关系，而北非的军事斗争则会严重削弱大西洋共同体的力量；对斡旋文本迅速的决定权在法国，但这一决定影响太深远了。次日，墨菲把这封信转交加亚尔。⑦ 在华盛顿，阿尔方请求杜勒斯公开声明，美国对北非的石油并无意图，承认法国在北非的"领导性利益"，不希望取代法国在北非的位置。阿尔方说，如果没有这样的声明，法国第二天将会爆发内阁危机。杜勒斯虽承认危机严重，但并未承诺做声明。⑧

4 月 13 日，经过 11 个小时的讨论后，法国内阁批准了 3 月 15 日的斡旋协定，将其提交国民议会。这一消息一度让美国有些鼓舞，中情局局长艾伦·杜勒斯（Allen Dulles）在国家安全委员会上谈及加亚尔政府还有维持的可能性，因为他的对手至少在复活节休会前不想推翻他。⑨ 14 日凌晨 2 点，同样经过 11 个

① Telegram from the Embassy in France to the Department of State, No. 4103, March 6, 1958, *CUSSDCF*, *France*, *Foreign Affairs*, *1955 – 1959*, 6：0490 – 0492.

② Telegram from the Department of State to the Embassy in France, No. 3279, March 8, 1958, *CUSSDCF*, *France*, *Foreign Affairs*, *1955 – 1959*, 6：0513.

③ Telegram from the Embassy in Tunisia to the Department of State, No. 1181, March 15, 1958, *CUSSDCF*, *France*, *Foreign Affairs*, *1955 – 1959*, 6：0612 – 0614; Telegram from the Embassy in France to the Department of State, No. 4289, March 18, 1958, *CUSSDCF*, *France*, *Foreign Affairs*, *1955 – 1959*, 6：0636 – 0637.

④ Irwin M. Wall, *France*, *the United States*, *and the Algerian War*, p. 124.

⑤ Minutes of the 359th Meeting of the National Security Council, March 20, 1958, Paul Kesaris eds., *Minutes of Meetings of the National Security Council*, *Third Supplement*, University Publications of America, 1996, 4：0451.

⑥ Memorandum for the Record of a Meeting, Department of State, April 2, 1958, *FRUS*, *1958 – 1960*, *Vol. 13*, *Arab – Israeli Dispute*; *United Arab Republic*; *North Africa*, pp. 838 – 840; Editorial Note, *FRUS*, *1958 – 1960*, *Vol. 13*, *Arab – Israeli Dispute*; *United Arab Republic*; *North Africa*, p. 841.

⑦ Letter from Eisenhower to Gaillard, April 10, 1958, *USDDO*, CK2349271163.; Telegram from the Embassy in France to the Department of State, No. 4668, April 11, 1958, *CUSSDCF*, *France*, *Foreign Affairs*, *1955 – 1959*, 6：0920.

⑧ Memorandum of Conversation, Dulles and Alphand, April 14, 1958, *CUSSDCF*, *France*, *Foreign Affairs*, *1955 – 1959*, 2：0518.

⑨ Minutes of the 362th Meeting of the National Security Council, April 14, 1958, *Minutes of Meetings of the National Security Council*, *The Third Supplement*, 4：0501.

小时的辩论，国民议会拒绝了协定，加亚尔政府被推翻。在国民议会辩论中，加亚尔坚持说斡旋使团并未涉及阿尔及利亚问题，政府做出的决定不是外国施压的结果，但几乎所有议员都谴责美国的干涉。[①] 斡旋中美国的偏向行为与强力施压，政府对美国的屈从，引发了法国国民议会的普遍不满。议员德勃雷（Michel Debré）在报纸上发文称："美国佬滚回去！"声称萨基埃特是法国的内部事务，不需要美英干涉。[②] 国民议会外交委员会副主席德维纳（Paul Devinat）虽然批评国民议会的反美情绪是愚蠢的，承认艾森豪威尔的信在内容上"完美无缺"，但也认为它提交的时机不对。[③] 皮诺在后来的回忆中，坦陈接受美国的斡旋被当作一种"背叛"[④]。

在开启法国这轮政府危机的过程中，美国虽然并未像有的学者所描述的，"有意"运用自己的影响"迫使"加亚尔政府下台[⑤]，也一度对法国政府能继续维持抱有信心，但华盛顿显然知道斡旋行动和总统信件可能的不利政治影响，而美国的斡旋实践，也确实在客观上引发了法国政府的垮台。美国决心去做它认为正确的事情，而法国的内部政治发展，就任其自然好了。

二 谨慎中立：美国与短暂的弗林姆兰政府

加亚尔政府倒台后，法国国内相继有不同的政治人物谋求组阁。经过几番试探后，法国总统科蒂（René Coty）找到了人民共和党的弗林姆兰（Pierre Pflimlin），说"你是我最后的一张牌。要是你也搞不成，那么唯一的出路是：请戴高乐将军出来。"[⑥] 1958 年 5 月 13 日下午，法国国民议会激烈讨论对弗林姆兰的授权，14 日晨三点半，投票结果为 274 票赞成、120 票反对、137 票弃权，新政府组建。对于弗林姆兰政府，美国还是有些期待的。在美国看来，弗林姆兰是杰出的人民共和党领导人，诚实、勇敢，有自由思想，曾发表文章提出与阿尔及利亚民族解放阵线和谈的可能性。其内阁成员也是人才众多。[⑦] 但美国也立即对弗林姆兰政权的前景表示担忧。因为恰在国民议会讨论弗林姆兰组阁事宜时，法国在阿尔及利亚的殖民军发动叛乱，攻占阿尔及利亚首府阿尔及尔的政府大厦，宣布成立"公共安全委员会"，并要求在巴黎成立能保住"法国的阿尔及利亚"的"救国政府"。为稳住阿尔及利亚殖民军，14 日晨，弗林姆兰政府批准了驻阿尔及利亚军队总司令萨朗（Raoul Salan）将军所拥有的权力；科蒂命令所有军人在政府的领导下各司其职，呼吁在阿尔及利亚服役的将领和士兵"不要使困难重重的祖国还要忍受分裂的痛苦"[⑧]。通过这些措施，政府要假装出阿尔及尔的局势是在巴黎控制之下的。法国当时的混乱局面，正如学人所形容的，竟有"合法的、精神的和军事的"三种政权，它们的代表分别是弗林姆兰、戴高乐和萨朗。[⑨]

对于法国政局的变动，美国的公开立场是不评论、不干涉，谨慎地采取中立态度。5 月 18 日，国务院命令驻阿尔及利亚总领事馆与

① Irwin M. Wall, *France, the United States, and the Algerian War*, p. 130; Matthew Connelly, "French – American Conflict over North Africa and the Fall of the Fourth Republic", p. 18.

② Robert Murphy, *Diplomat among Warriors*, p. 396.

③ Telegram from the Embassy in France to the Department of State, No. 4763, April 16, 1958, *CUSSDCF, France, Foreign Affairs, 1955 – 1959*, 6: 0794 – 0795.

④ Pineau Interview, 29, Dulles Oral History, Princeton, cited from Frank Costigliola, *France and the United States: The Cold Alliance Since World War II*, Twayne's of G. K. Hall, 1992, p. 117.

⑤ 房建国：《美国对阿尔及利亚战争政策研究》，第 156 页。

⑥ 布莱恩·克罗泽：《戴高乐传》（下册），第 554 页。

⑦ Irwin M. Wall, *France, the United States, and the Algerian War*, pp. 138 – 139.

⑧ 夏尔·戴高乐：《希望回忆录》，《希望回忆录》翻译组译，中国人民大学出版社 2005 年版，第 19 – 20 页；布莱恩·克罗泽：《戴高乐传》（下册），第 556—559 页。

⑨ Jacques Fauvet, *La Quatrième République*, Fayard, 1959, p. 352.

叛乱分子建立的权力机构"公共安全委员会"进行谨慎联系，以打听情况，但要求接触级别尽量低，不到万不得已，总领事不要出面，讨论的范围也要限制在"实际和紧急"之内，敏感问题一概不涉及；要避免出现美国支持或反对"公共安全委员会"的印象，如它明确要求支持，领事馆应当以"美国不应介入法国的内部矛盾"为由加以拒绝。①

美国采取这种立场的原因有三。其一，美英斡旋法突冲突，直接导致了加亚尔政府的倒台和斡旋任务的暂停，如再施压，有可能在法国引发更大反弹。4 月下旬，墨菲曾在报纸上评论说，阿尔及利亚问题不能只按照法国自己所提条件来解决，也不能只由法国来解决。②这一评论曾引发法国的极大不满。其二，这一实际上对弗林姆兰并不利的态度，也表现了美国对法国新政府政策走向的怀疑。在弗林姆兰的就职演说中，他要求大西洋的团结要扩展到北非，宣布法国不会放弃阿尔及利亚，突尼斯边界应该被封住，只有在《根本法》（Loi－Cadre）的条件下，才能在阿停火和选举。③这些言论并不是那么令美国满意。其三，美国对弗林姆兰政权能否支撑下去并无信心，对戴高乐什么时间上台也在不断评估之中。英国驻法大使杰布（Gladwyn Jebb）被法国政要告知，如果阿尔及尔叛乱早点发生，科蒂总统可能就直接请戴高乐出山了，但现在有些太晚了。但英国人的印象是，现在的政府只不过是为戴高乐上台铺路，一旦条件成熟就会和平交接。④虽然美国对英国的信息将信将疑，并不像英国那样很早就判断戴高乐必然上台，但保持谨慎的双面下注的方法总是稳妥的。

法国这次政局变动，确实给蛰居故乡的戴高乐提供了上台机会。但他要选择上台的时机，以便能掌握主动、促进自己设想的内政外交措施的实施。在阿尔及尔，殖民军把戴高乐作为能主持大局、维持"法国的阿尔及利亚"的人选。5 月 14 日，驻阿殖民军将领马絮（Jacques Massu）发出呼吁："恳请戴高乐将军打破沉默，以便组成一个唯一能拯救阿尔及利亚，使其免遭放弃的救国政府"；叛乱分子于当日准备实施一项名为"复兴行动"的计划，打算如果戴高乐上不了台，就用武力攻占巴黎。15 日中午，萨朗在阿尔及利亚总督府对群众喊出了"戴高乐万岁！"的口号。⑤这些让戴高乐觉得时机已经成熟。当天下午六点，戴高乐交给新闻界一个公报，宣布："过去，法国在深渊中曾经信任我领导全国获得拯救。今天，当法国再度面临考验时，但愿全国知道，我准备担负起共和国的权力。"⑥

这是对当局的公然挑战，因为合法的政府还在。戴高乐并未说明如何取得权力，是采取合法手段，还是武力方式。美国驻巴黎使馆向国务院报告，法国政治有右转的趋向；如阿尔及利亚等问题无法解决，也可能出现工人联盟的人民阵线；法国还可能发生巷战。戴高乐 15 日的声明，加剧了法国左右翼的对立，而

①　Telegram from the Department of State to the Consulate General in Algeria，No. 293，May 18，1958，*FRUS，1958－1960*，V. 13，*Arab－Israeli Dispute*；*United Arab Republic*；*North Africa*，pp. 637－638.

②　The Times' Correspondent，"U. S. Annoys France over Algeria Policy Increasing Pressure Expected for Settlement"，*The Times*，April 21，1958，p. 7.

③　Telegram from the Embassy in France to the Department of State，No. 5209，May 13，1958，RG 59，Central Files，1955－1959，Box 3312，National Archives and Records Administration，U. S.（NARA）.《根本法》于 1956 年 6 月在法属非洲实施，是"同化"和"联合"两种思想的折中产物。它回避了非洲的独立问题，但扩大了普选权，取消了过去歧视性的"公民"与"臣民"两个选举团制度，代之以单一的选举团；取消法属西非和法属赤道非洲的大领地政府职权，由各领地通过地方议会选举，成立自己的领地政府，自行管理职权，各领地议会将是具有议会性质的立法机关。这样，法属非洲领地将建立半自治共和国。1957 年 9 月，法国曾试图将其扩展到阿尔及利亚。陈晓红：《戴高乐与非洲的殖民化研究》，中国社会科学出版社 2003 年版，第 100 页；吴国庆：《战后法国政治史（1945—2002）》，社会科学文献出版社 2004 年版，第 114 页。

④　Wall，*France，the United States，and the Algerian War*，p. 139.

⑤　金重远：《20 世纪的法兰西》，第 289—292 页；Irwin M. Wall，*France，the United States，and the Algerian War*，p. 137；保尔－玛丽·德拉戈尔斯：《戴高乐传》（下册），第 867 页。

⑥　《1958 年 5 月 15 日声明》，国际关系研究所编译：《戴高乐言论集（1958 年 5 月—1964 年 1 月）》，世界知识出版社 1964 年版，第 1 页。

他在阿尔及利亚问题上缄口不言被解释为他与阿尔及尔和右翼的结盟。"戴高乐这颗星的光芒更为闪耀了",一些媒体认为他的上台是"挽救法国的唯一方法"。"对于法国来说,这是远比轰炸萨基埃特或逮捕本·贝拉更为严重的时刻。关键问题是谁统治(法国)。"但无疑,他的上台就是第四共和国的终结。① 不过,杜勒斯认为弗林姆兰的地位稳固,现在戴高乐还不太可能上台。② 但无论如何,美国不打算帮助弗林姆兰。同时,华盛顿也不愿意公开对戴高乐发表"友好声明",因为戴高乐最不愿意看到的事情就是来自美国的"友好推动"③。

19 日,戴高乐在巴黎召开记者招待会,向政府发起另一次挑战,但这次的调子比 15 日缓和很多。他批评政党独揽的制度和现在的政权无力解决法国的巨大问题;他说阿尔及利亚发生的事情"可能导致一次极端严重的民族危机",但"也可能是一种复兴的开端",呼吁法国殖民军团结一致,"防止阿尔及利亚脱离法国";阐述他重返政坛的条件,即国民议会必须授予"非常权力",以"在一个非常时期里去完成一项非常的任务"。戴高乐否认再执政后将侵害公共自由,"你们相信我会在六十七岁时开始一个独裁者的生涯吗"?最后他说,他准备回到村子里,等候国家的安排。④

杜勒斯立即询问驻巴黎使馆法国政局的前景:弗林姆兰能坚持住么?他或者其他议会制政府解决当前危机的可能性有多大?戴高乐重返政权以及通过合法方式取得权力的可能性有多大?包括共产党在内或至少与共产党密切合作的人民阵线是否可能?共产党会尝试总罢工还是要玩民主政治的游戏?民族主义者取得胜利建立法西斯式政权有无可能?⑤ 驻法使馆感觉,弗林姆兰政权还能够继续。弗林姆兰已经将其意志付诸政府,他作为政府首脑,会"操纵政府而不是让政府操纵";政府在国内强硬,以阻止戴高乐通过合法手段上台,但对在阿尔及利亚的军人采取缓和政策,继续维持着萨朗获得了政府合法授权的神话,法国政府有"用于妥协和灵活操作的无穷的能力"。但使馆也承认,有太多的东西依赖戴高乐和军队。军队主要关心的是维持军队的统一,而很多人认为只有戴高乐才能维持这种统一。戴高乐应该从 2 月份已认定法国只能求助他,但他本人并未直接参与阿尔及尔的军事暴乱;戴高乐上台可能的形式是弗林姆兰辞职和总统科蒂召唤,如果没有这些,军事政变并非不可能。⑥

弗林姆兰继续争取美国的支持。法国政府在法国本土实行紧急状态、推进宪法改革的同时,让驻美大使阿尔方向美国传达法国对目前局势的观点以及政策。5 月 21 日,阿尔方在同杜勒斯的谈话中,感谢了美国对法国政局不

① Telegram from the Embassy in France to the Department of State, No. 5238, May 14, 1958, *FRUS, 1958 - 1960, Vol. 7, Part 2, Western Europe*, pp. 8 - 9; Telegram from the Embassy in France to the Department of State, No. 5265, May 15, 1958, *FRUS, 1958 - 1960, Vol. 7, Part 2, Western Europe*, pp. 9 - 10. 1956 年 10 月,法国当局在阿尔及尔迫降了正在旅行的民族解放阵线领袖本·贝拉乘坐的飞机,随后将其逮捕并囚禁。参见 Telegram from M'hammed Yazid of the National Liberation Front of Algeria to President Eisenhower, October 23, 1956, U. S. Department of State ed., *FRUS, 1955 - 1957, Vol. 18, Africa*, USGPO, 1989, p. 246.

② Telegram from Department of State to the Embassy in U. K., No. 8113, May 16, 1958, RG 59, Central Files, 1955 - 1959, Box 3312, NARA.

③ Telephone from Dulles to Allen Dulles, May 19, 1958, Robert E. Lester ed., *The Papers of John Foster Dulles and of Christian A. Herter, 1953 - 1961 (Dulles - Herter Papers), Minutes and Telephone Conversations of John Foster Dulles and of Christian A. Herter*, University Publications of America, 1980, 7: 0533.

④ 《1958 年 5 月 19 日在记者招待会上的讲话》,国际关系研究所编译:《戴高乐言论集(1958 年 5 月 - 1964 年 1 月)》,第 6 - 8 页。

⑤ Telegram from the Department of State to the Embassy in France, No. 4297, May 18, 1958, RG 59, Central Files, 1955 - 1959, Box 3312, NARA.

⑥ Telegram from the Embassy in France to the Department of State, No. 5414, May 20 - 21, 1958, RG 59, Central Files, 1955 - 1959, Box 3312, NARA.

评论的政策。他说，目前局势很不明朗，但由于戴高乐表示不会以武力夺取政权，法国总理和外长觉得他们可以解决问题。法国政府的首要目标是恢复法国和阿尔及尔军方的正常关系；第二是修改宪法，以加强行政权力并建立联邦共和国，阿尔及利亚将是联邦之一员；第三是阻止法国与突尼斯和摩洛哥的关系恶化。在最后一点上，法国希望寻求美国支持，杜勒斯也答应了。杜勒斯在谈话中提到，如果能修宪，将是一大进步，否则目前的不稳定局面就会反复，"人民阵线"或戴高乐上台的问题又会出现。[1]

在判断戴高乐何时上台这个问题上，5月22日是个节点。当天驻巴黎使馆虽然认为，阿尔及尔和弗林姆兰的僵持正向有利于后者的方向发展，如能推进宪法改革，政府的地位将会加强，但也对其能否获得议会多数票表示怀疑；如果弗林姆兰加强了他的地位，阿尔及利亚军方则可能采取叛乱行动推动戴高乐上台；即使没有这样的行动，戴高乐上台也只是被推迟而不是被消除。[2]中情局和国务院认定，如果弗林姆兰政府不能与在阿尔及尔的军事领导人达成一致，戴高乐将在近期内上台。相当多的公众对法国政局危机漠不关心，巴黎政府的权威正逐渐削弱，弗林姆兰在议会所获得的多数票可能会像其迅速出现一样迅速消失。[3]

但法国政府已不打算同阿尔及尔妥协，开始把重心放在宪法改革上，希望由此创造强大的政府，让军队叛乱分子和殖民分子放弃斗争。[4]同样，叛乱分子亦对政府完全失望。24日，从阿尔及利亚来的法国伞兵部队军官发动科西嘉岛的地方伞兵部队夺取了当地的政权，

成立"救国委员会"。叛乱分子扬言要向巴黎进军，法国内战一触即发。弗林姆兰已无法控制局势，只能求助戴高乐。26日夜，弗林姆兰和戴高乐秘密会晤，就政局交换了意见。按戴高乐的记载，弗林姆兰"沉着而严肃"，描述自己的处境"好像是一个指挥失灵的舵手"，请戴立即用他的威望去督促阿尔及利亚军事指挥部遵守纪律，并承认自己在这方面无能为力；戴高乐则劝他"不要留在已完全不起作用的岗位上"。夜里两点，谈话结束，他们"客气地分了手"。27日，戴高乐再次发表声明，表示昨日已开始采取正规程序，来建立一个能够确保国家统一和独立的共和政府，在这种情况下，他不能赞同会危害公共秩序的行动，呼吁三军遵守纪律。[5]当天，弗林姆兰的宪法修改案在国民议会遭遇失败，次日，他提交辞呈。

在弗林姆兰政府存在的半个月内，美国没有像对待上任加亚尔政府那样，采取可能会推翻政府的举动，但也没有做什么去保持法国现政府的存在。在弗林姆兰和戴高乐的角力中，美国采取了旁观的、但实际上有利于戴高乐的态度。而要解释这些，还要从更长远来看美国对戴高乐态度的变化。

三　强大盟友的愿景：美国对戴高乐重掌政权态度的变化

戴高乐与美国的关系并不好。在戴高乐领导法国海外抗战和临时政府时期，无论是罗斯福、杜鲁门，还是美国国务院，都对坚持法国利益的戴高乐十分反感。罗斯福曾对他的儿子

① Memorandum of Conversation, between Alphand and Dulles, May 21, 1958, FRUS, 1958 - 1960, Vol. 7, Part 2, Western Europe, pp. 10 - 13.
② Telegram from the Embassy in France to the Department of State, No. 5458, May 22, 1958, FRUS, 1958 - 1960, Vol. 7, Part 2, Western Europe, pp. 16 - 17.
③ Minutes of the 366th Meeting of the National Security Council, May 22, 1958, Minutes of Meetings of the National Security Council, Third Supplement, 3: 0793 - 0794.
④ Telegram from the Embassy in France to the Department of State, No. 5521, May 24, 1958, RG 59, Central Files, 1955 - 1959, Box 3312, NARA.
⑤ 夏尔·戴高乐：《希望回忆录》，第22页；雅克·夏普萨尔、[法]阿兰·朗斯洛：《1940年以来的法国政治生活》，全康康等译，上海译文出版社1981年版，第323页。

说，"我再也想不出一个更加不可信任的人了。"① 围绕承认"维希法国"还是自由法国、二战中的军事战略、美国谋求在法建立"军政府"、雅尔塔会议、战后对德处理和对苏关系等问题，戴高乐和美国爆发了一系列的冲突。这些冲突的焦点在于，实力虚弱的法国要追求独立的国家主权和恢复大国地位，而美国则力图把法国纳入自己的战略规划、力图让法国成为美国控制下的附庸。1946 年 1 月，作为法兰西共和国临时政府总理的戴高乐辞职，这一方面是因为他不满于政府内部的政治斗争、不满于制宪会议提出的宪法草案仍把政府的作用限于议会的意志，另一方面也是因为法国外交在对美政策上的重大变化。战后初期的法国最紧要的任务是恢复经济，为此不得不借助美国的援助和在外交上奉行亲美政策，因此坚持独立自主、总是和美国闹矛盾的戴高乐就显得不合时宜了。②

戴高乐挂冠而去后，在故乡隐居 12 年。在他下野后的很长时间内，戴高乐一直持有强烈的反美倾向，甚至上台前，对美国的抨击仍然持续不断。戴高乐的去职，美国当时是满意的。在 20 世纪 50 年代初，艾森豪威尔作为欧洲盟军总司令期间，就曾多次表示他不喜欢戴高乐对北约和欧洲防御共同体的批评。他认为，戴高乐的领导或能带来法国的稳定，但他对北约和美国外交政策的公然攻击，不知会带来什么样的后果。虽然欧洲政策"一团糟"的法国需要一个新的、鼓舞人心的领导，但他并不是那个 6.5 英尺高、认为自己是"经历了某种生物和灵魂转世的奇迹过程，克里蒙梭

和圣女贞德的后代"③。

但美国一直与戴高乐密切接触。1955 年 4 月、1956 年 5 月、1957 年 1 月，美国驻法国公使阿基利斯（Theodore C. Achilles）、大使狄龙（C. Douglas Dillon）先后三次拜访戴高乐。根据他们的报告，戴高乐对法国的前景表示悲观，因为意识到法国不再伟大，这个国家民众普遍懒散；法国的局势已恶化到没有任何政府能够执行一项连贯的政策，他自己也不打算尝试；在阿尔及利亚，长期来说实际的办法是建立与法国联系在一起的联邦国家；美国今天的地位是世界之福气，他也许会批评美国个别的政策，但对美国整体是友好的。④

法国政府的不稳定引发美国的极大不安。走马灯一样的政府变迁，大量时间被浪费在构建新政府上。美戴之间的沟通和接触让美国认为，戴高乐可能在北非采取更自由的政策，他对美国的敌意也在下降。于是，戴高乐上台作为解决第四共和国面临困境的途径之一，从 1957 年年中开始，就存在于美国的政策评估当中。1957 年 6 月，美国驻法国使馆汇报了搜集到的关于戴高乐的信息后认为，考虑到戴高乐自称代表"所有法国人"，他掌权后或真有能力和威望解决阿尔及利亚问题。⑤ 12 月国家安全委员会会议上，美国政要已经得出结论：法国已经是一个很虚弱的国家，如果当时执政的加亚尔政府无法维持的话，法国将出现戴高乐政权，或者是左翼政党的人民阵线。⑥ 而在加亚尔倒台前夕，艾伦·杜勒斯在国家安全委员会上说，现在所有跟进法国事务的情报

---

① Elliott Roosevelt, *As He Saw It*, Duell, Sloan and Pearce, 1946, p. 73.

② 张锡昌、周剑卿：《战后法国外交史（1944—1992）》，世界知识出版社 1993 年版，第 21—22 页。

③ Letter from Eisenhower to Gruenther, April 26, 1954, Robert E. Lester ed. , *President Dwight D. Eisenhower's Office Files*, *1953 – 1961*, *Part 1*, *Eisenhower Administration Series*, University Publications of America, 1990, 13：0944 – 0947.

④ Memorandum of a Conversation between General de Gaulle and the Minister in France（Achilles）, April 20, 1955, U. S. Department of State ed. , *FRUS*, *1955 – 1957*, *Vol. 27*, *Arab – Israeli Dispute*, *1957*, USGPO, 1990, pp. 10 – 12; Telegram from the Embassy in France to the Department of State, No. 5121, May 2, 1956, *FRUS*, *1955 – 1957*, *Vol. 27*, *Arab – Israeli Dispute*, *1957*, pp. 49 – 50; Telegram from the Embassy in France to the Department of State, No. 3363, January 10, 1957, *FRUS*, *1955 – 1957*, *Vol. 27*, *Arab – Israeli Dispute*, *1957*, pp. 93 – 96.

⑤ Despatch from the Embassy in France to the Department of State, No. 2402, June 21, 1957, *FRUS*, *1955 – 1957*, *Vol. 27*, *Arab – Israeli Dispute*, *1957*, pp. 127 – 130.

⑥ Memorandum of Discussion at the 348th Meeting of the National Security Council, December 12, 1957, U. S. Department of State ed. , *FRUS*, *1955 – 1957*, *Vol. 4*, *Western European Security and Integration*, USGPO, 1986, p. 217.

人员，都明显觉察到戴高乐重返政坛的可能性，在巴黎除了他之外还没有成功接替加亚尔的人选。[①]

法国驻阿尔及利亚殖民军发动5·13叛乱后，美国评估戴高乐上台的可能性大大增加，并逐步成为唯一的可能。而在这个过程中，戴派议员米舍莱（Edmond Michelet）、德勃雷、戴高乐的亲信图尔内（Henri Tournet）上校多次同美国使馆接触，以取得美国的谅解与支持。他们传递的信息有：戴高乐同叛乱没有关系，他希望采取合法手段上台，但如果无法在国民议会获得多数，暴动将不可避免；戴高乐并非法西斯主义者，他不是弗朗哥，只想在法国搞像美国一样的强有力的民主制；戴高乐并不反美，最近对美持批评态度是因为他觉得被美国误解了；戴高乐并不反对北约和大西洋联盟，但会要求改革北约，他强烈赞同欧洲一体化，只是达到这一目标的手段会有所不同，"在戴高乐统治下，法国将处于第一位，联盟处于第二位"；戴高乐认为单独使用武力无法解决阿尔及利亚问题，应该在北非建立包括阿尔及利亚在内的法兰西联邦。[②]

这些自命的戴高乐的"使节"，其言行戴高乐知道多少，以及在多大程度上反映了戴高乐的想法，还有待考证。对于图尔内，美国使馆基于他和戴高乐的"左膀右臂"福卡尔（Jacques Forccart）的关系，虽然认为他传的话"不会离戴高乐的思考太远"，但也认为还需要"额外的评估"[③]。即便了解较多的德勃雷，使馆也不能判断他的说法"有多少代表

德勃雷，有多少代表戴高乐"，认为应把其言论同使馆收到的其他戴派人物的信息进行"核查"[④]。不过，戴派传递的这些信息，显然对美国的政策评估有影响。这种评估包括两个方面，一是戴高乐是否会上台，以及在何时通过何种方式上台；二是戴高乐未来的政策走向。关于前一方面，前文中已论及；关于后一方面，从5月19日起，美国陆续有多份关于戴高乐未来政策的报告出现。

首份报告由欧洲事务助理国务卿帮办詹德芮（Frederick W. Jandrey）完成。其报告认为，戴高乐会在北非采取"相当自由但有家长式作风的政策"，创造法国领导下的法非联邦共同体，但如这一政策不被非洲人接受，他可能诉诸镇压措施，以保住阿尔及利亚和法兰西联盟。戴不希望与北约决裂，实际上他意识到强大的西方防御联盟以及美国在欧驻军的必要性，但对美国主宰北约、法国被对待像"卫星国"那样被对待不满，因此可能让北约从属于法国的政策，比如要求欧洲盟军最高司令由法国人担任。戴确定反苏，但强烈希望能担任东西方交流的桥梁，以缓和世界局势。他不喜欢原子能共同体或其他导致欧洲一体化的举措，但或许不反对共同市场。他会实施总统制，以及经济和社会进步政策。对外，戴的个性会让他和美国关系发生困难；对内，他的政策或会引发反对他的人民阵线。[⑤] 5月27日欧洲事务助理国务卿埃尔布里克（C. Burke Elbrick）的备忘录在北非、北约、东西方关系、

---

① Minutes of the 359th Meeting of the National Security Council, March 20, 1958, *Minutes of Meetings of the National Security Council, The Third Supplement*, 4: 0451.

② Irwin M. Wall, "The United States, Algeria, and the Fall of the Fourth French Republic", *Diplomatic History*, 18, No. 4 (Fall 1994), pp. 506 – 507; Telegram from the Embassy in France to the Department of State, No. 5299, May 16, 1958, RG 59, Central Files, 1955 – 1959, Box 3312, NARA; Telegram from the Embassy in France to the Department of State, No. 5429, May 21, 1958, *FRUS, 1958 – 1960, Vol. 7, Part 2, Western Europe*, pp. 13 – 15; Telegram from the Embassy in France to the Department of State, No. 5853, May 27, 1958, RG 59, Central Files, 1955 – 1959, Box 3312, NARA; Telegram from the Embassy in France to the Department of State, No. 5342, May 18, 1958, RG 59, Central Files, 1955 – 1959, Box 3312, NARA.

③ Telegram from the Embassy in France to the Department of State, No. 5429, May 21, 1958, *FRUS, 1958 – 1960, Vol. 7, Part 2, Western Europe*, pp. 13 – 15.

④ Telegram from the Embassy in France to the Department of State, No. 5342, May 18, 1958, RG 59, Central Files, 1955 – 1959, Box 3312, NARA.

⑤ Memorandum from Jandrey to Dulles, "Policies of a de Gaulle Government", May 19, 1958, RG 59, Central Files, 1955 – 1959, Box 3312, NARA.

美法关系等四个问题上，同上一备忘录的政策分析基本相同；但在欧洲一体化问题上，埃尔布里克分析更为严重一些，认为戴高乐反对欧洲一体化，在其任内欧洲一体化事业也许会停止。① 还有一份报告从保持法国在非洲影响、遵守国际义务、法国军方态度等角度，认为戴高乐会继续支持北约和赞同欧洲一体化。② 这些评估报告，在内容上有相互冲突的地方，比如对戴高乐治下法国的欧洲政策就存在相反的观点。美国高层对它们的政策价值也存在分歧。墨菲在5 月27 日埃尔布里克备忘录旁写道：现在关于戴高乐的思考和目的有太多的观点，在一些情况下，美国只能是在这些没有什么基础的观点上进行推测。③

然而，从这时《生活》杂志的一篇社论观点所引发的关注，可以看出杜勒斯和艾森豪威尔对戴高乐态度的变化。此社论由这两人的密友、《生活》杂志的出版人杰克逊（C. D. Jackson）在戴高乐上台前夕撰写。文章说，在美国人过去的印象中，戴高乐一直是"固执的""狂热的""倔强的"极权主义者形象，但自他离开法国政治舞台后很多东西已经发生变化；可以预料戴高乐会反对北约目前的运行方式，但毫无准备地拒绝其抱怨并坚持北约现在的形式是"最大的错误"。在结语中社论称，戴高乐上台对法国和对美国的风险是明显的，但即便是部分的成功，奖赏也是丰厚的，并引戴派人物苏斯戴尔（Jacques Soustelle）的话："法国和戴高乐或许不是容易打交道的

盟友，但必将成为一个强大的盟友。从长远来看，一个强大的盟友比一个弱小的要好。"④ 这篇社论提前给总统和国务卿看了，杜勒斯读完文章后认为该文"一语中的"，"完全反映了他本人的观点"⑤；艾森豪威尔考虑到戴高乐早在1943 年就在北非采取过建设性措施，认为他有很大希望能让法国和阿尔及利亚保持稳定关系。⑥

5 月下旬，华盛顿已经认真考虑戴高乐一旦上台后的即时行动了，具体包括两个。一是艾森豪威尔给戴高乐写信表示祝贺。5 月26 日，杜勒斯为艾森豪威尔准备了一份信件草稿，后者评论说，这份草稿很好，他将在紧急时使用。⑦ 二是派总统特使访问巴黎。驻法使馆人员曾建议考虑国防部的人选⑧，但华盛顿比较认真的是"洛奇计划"。洛奇（Henry Cabot Lodge）是美国驻联合国大使，法语流利，二战时同戴建立过联系。杜勒斯觉得，这一使命符合国家利益，即便驻法大使霍顿（Amory Houghton）会有些难以接受。艾森豪威尔同意杜勒斯的看法，对后者起草的电报稿进行了一些文字上的修改，以降低对霍顿的刺激。⑨ 但霍顿对此反应十分强烈，他虽然承认"洛奇计划"有合理、可取之处，但认为这种使命应该由大使而非别人来完成。"这里不能有两个大使"，一个大使不仅要在名义上而且在事实上都是大使。如果总统和国务卿觉得有别人更适合这个职务，"我当然愿意让开"，

---

① Memorandum from the Assistant Secretary of State for European Affairs（Elbrick）to Acting Secretary of State Herter, May 27, 1958, *FRUS*, *1958 – 1960*, *Vol. 7*, *Part 2*, *Western Europe*, pp. 17 – 20.

② Irwin M. Wall, *France*, *the United States*, *and the Algerian War*, pp. 152 – 153.

③ *FRUS*, *1958 – 1960*, *Vol. 7*, *Part 2*, *Western Europe*, p. 17, source note.

④ C. D. Jackson, "De Gaulle: The Risks, The Rewards", *Life*, XLIV, Pt. 3（9 June 1958）, in Robert E. Lester ed., *President Dwight D. Eisenhower's Office Files*, *1953 – 1961*, *Part 1*, *Eisenhower Administration Series*, University Publications of America, 1986, 18: 0815.

⑤ Letter from Dulles to Jackson, June 5, 1958, Robert E. Lester ed., *Dulles – Herter Papers*, *The Chronological Correspondence Series*, University Publications of America, 1986, 12: 0590.

⑥ Letter from Ann C. Whitman to C. D. Jackson, June 5, 1958, *President Dwight D. Eisenhower's Office Files*, *1953 – 1961*, *Part 1*, *Eisenhower Administration Series*, 18: 0814.

⑦ Memorandum of Conversation with the President, May 26, 1958, *USDDO*, CK2349170430.

⑧ Letter from Lyon to Elbrick, May 29, 1958, *CUSSDCF*, *France*, *Foreign Affairs*, *1955 – 1959*, 8: 0774.

⑨ Memorandum of Conversation, between Eisenhower and Dulles, May 27, 1958, *Dulles – Herter Papers*, *The Chronological Correspondence Series*, 18: 0693.

不会再"多待一分钟"①。杜勒斯仍然认为，戴高乐上台意义如此重大，戴高乐又是一个非同寻常的人，这牵涉到北约、北非、欧洲一体化等众多问题，以至于需要采取特别手段。他虽在一般情况下也认为派遣总统代表的方法是错误的，会对正常的外交途径造成伤害，但也有一些例外。②但艾森豪威尔觉得应该取消洛奇计划。③后来，在戴上台后，华盛顿派杜勒斯出访巴黎。

5 月 29 日，科蒂宣布邀请戴高乐组阁，并表示如果这一最后尝试失败，他将当即提出辞呈。30 日，戴高乐同意组阁。对于这最后几天的局势，美国还是有点替戴高乐担心的。法国国民议会中共产党与社会党共 250 个席位，加上其他反对戴的分散投票，将足以阻止戴高乐合法上台。而美国担心，如果找不到适当的解决办法，很难阻止军事政变。④不过，戴高乐在 6 月 1—2 日顺利组阁，他所要求的 6 个月政治立法的全权、受托制定新宪法全权、在阿尔及利亚问题上的特殊权力也得到国民议会批准。中情局评论说，这表明"戴高乐冒险事业的第一章已结束"⑤。

第四共和国终结了，法国现在有了强大的领导。杜勒斯对其同事评论说：戴高乐上台以及其所许诺的稳定的法国政治生活，使"我们所有人都感到极大地宽慰"⑥。华盛顿立即发去总统的贺信。艾森豪威尔对戴高乐承担法

国领导之责送出了个人的良好祝愿，回忆了二战时期的二人友谊，表达了对法国深厚持久的感情，以及对戴高乐将要承担职务的同情理解。⑦同时，杜勒斯也给德姆维尔（Maurice Couve de Murville）写信，对其当选法国外长表示高兴，并期待能与之建立紧密友好的工作关系。⑧杜勒斯还向阿尔方表示，"最终这一切都太棒了"，并重复这句话好几次。⑨

结　语

1958 年 4 月开始的法国政府危机，从根本上来说，当然是其制度自身的缺陷所造成的。在第四共和国体制下，议会是国家最高权力中心，总统和政府的行政权受到很大削弱，实际上依附于议会。政府想行使宪法规定的解散议会的权力困难重重，而议会想要倒阁则易如反掌。法国的多党制和众多政党的存在更是让政府难以长期维持。从 1947 年 1 月到 1958 年 6 月，第四共和国有 21 位总理，最长的维持一年多，最短的只有十几天。政府的虚弱性，一如美国外交官所评价的，每届内阁仅为寻求议会的多数就已"筋疲力尽"⑩。在这种情况下，想要制定和执行一项长期政策，就比较困难了。就连法国总统科蒂也在 1958 年的元旦贺词中哀叹："我们的政治体制已经不能

---

①　Letter from Houghton to Dulles, May 28, 1958, *USDDO*, CK2349243032.

②　Message from Herter to Dulles, May 29, 1958, *USDDO*, CK2349243036.

③　Memorandum of Conversation with the President, May 31, 1958, *Dulles - Herter Papers*, *The Chronological Correspondence Series*, 18：0648 - 649.

④　Minutes of the 367th Meeting of the National Security Council, May 29, 1958, *Minutes of Meetings of the National Security Council*, *Third Supplement*, 3：0823.

⑤　Minutes of the 368th Meeting of the National Security Council, June 3, 1958, *Minutes of Meetings of the National Security Council*, *Third Supplement*, 3：0837 - 0839.

⑥　Richard Challener, "Dulles and de Gaulle", in Robert O. Paxton & Nicholas Wahl ed., *De Gaulle and the United States：A Centennial Reappraisal*, p. 151.

⑦　Letter from Eisenhower to de Gaulle, June 2, 1958, Louis Galambos and Daun Van Ee eds., *The Papers of Dwight David Eisenhower*, *Vol. 19*, Johns Hopkins University Press, 2001, p. 722.

⑧　Telegram from the Department of State to the Embassy in France, No. 4518, June 2, 1958, *FRUS*, *1958 - 1960*, *Vol. 7*, *Part 2*, *Western Europe*, pp. 22 - 23.

⑨　Irwin M. Wall, *France*, *the United States*, *and the Algerian War*, p. 154.

⑩　Dulles Oral History Project, Interview with Jone Hanes, Jr., and Amory Houghton, cited from Richard Challener, "Dulles and de Gaulle", in Robert O. Paxton & Nicholas Wahl ed., *De Gaulle and the United States：A Centennial Reappraisal*, p. 149.

够适应新时代的步伐了。"①

在法国这场持续的政府危机中，美国的政策前后有所变化。美国对法突冲突的斡旋实践为法国并不稳定的政治局势火上浇油，直接造成了加亚尔政府的倒台，从而开启了第四共和国这场政府危机。这一干预的选项是在两难的政策选择中做出的。从冷战政治来说，美国要尽可能地聚集各种资源为其对抗苏联集团的所谓"扩张"服务。但是，美国的战略需求和法国的战略需求、北非地区的战略需求有若干不一致之处。法国希望维持其在北非的地位，尤其是保住"法国的阿尔及利亚"，为此把大量原服务于北约的军队调到阿尔及利亚作战。从北非地区的国家和殖民地来说，它们希望利用冷战态势尽可能从美国获取援助，作为自己国家构建的重要外部资源，同时尽量抵消法国在该地区的影响。当美法同盟政治遭遇非殖民化这个大的浪潮冲击时，美国出于冷战的考虑选择了部分牺牲前者，其基本判断是，对法国的施压并不会造成"逆转的同盟"。

在随后法国从政府危机向政权危机的演化过程中，美国在密切关注的同时，采取了冷眼旁观的政策，不愿公开表态支持某一政治势力，但在私下里，却逐渐对戴高乐重返政权感兴趣。采取这种谨慎政策的原因是多方面的。其一，这一事件从本质上属于法国内政，美国的干预只会造成美法关系的进一步疏离。在类似问题上，除了战后初年法国极度依赖美国援助的岁月，美国所起的作用是有限的。在苏伊士运河危机、法属北非殖民地以及萨基埃特危机等问题上，美国的干预已经引起法国的极度不满。其二，第四共和国这个"西方联盟中虚弱的姊妹"②，已经不符合美国的利益。这样一个内阁变动频繁的国家，不仅无法解决自身的内政问题，也不可能解决阿尔及利亚问题，不可能作为欧洲一体化进程的强大领导，从而在整体上削弱着美国对苏冷战的资源。其三，美国与戴高乐本人、戴派人士的接触，逐步改变了美国对戴及其政策的认识。戴高乐虽然多有反美、反北约、反欧洲一体化等言论，但他作为政治强人必能终结法国的混乱局面，并给阿尔及利亚带来和平。

从实质上说，美国只是法国政府危机的"旁观者"，虽然法国的政局变动会影响美国的利益，但其政局变动的结果却并非源于美国的政策选择，而是源于法国本身的要求。基于美国的斡旋干涉导致了法国连锁的政治变动和戴高乐的上台，有学者认为它是"美国外交政策的重要成功"，或许是"战后时代最重要的一个"③。如果从美国谋求的阿尔及利亚问题的和平解决来说，这一评判是正确的。戴高乐上台后很快与突尼斯谈判、基本按照斡旋成果解决了问题，实现了两国关系正常化，到1962年又和阿尔及利亚签署协议让后者独立。但从法美关系和冷战政治来说，这一断言就要再推敲了。戴高乐确实带来了法国的稳定，但他追求对美独立和法国"伟大"的过程中，不可避免地与美国的利益产生了重大冲突，其最高潮表现就是在1966年退出了北约军事一体化组织，从而大大超出在其上台前美国对他可能采取政策的评估范围。如何应对戴高乐和戴高乐追求独立自主和大国地位的外交政策，成为此后十年中美国决策者头疼的问题。

（原载《世界历史》2021年第1期）

① 吴国庆：《战后法国政治史（1945—2002）》，第115页。
② The Ambassador in France（Dillon）to the Department of State, No. 897, August 31, 1954, U. S. Department of State ed., *FRUS*, *1952 –1954*, *Vol. 6*, *Western Europe and Canada*, *Part 2*, USGPO, 1987, pp. 1443 – 1445.
③ Irwin M. Wall, *France*, *the United States*, *and the Algerian War*, p. 99.

资本扩张与近代欧洲的黑夜史

俞金尧 *

摘 要： 在西方历史文化中，黑夜长久以来多给人负面印象。近代以后，欧洲人对夜晚的态度发生变化。在 17—18 世纪的城市里，夜间娱乐和社交活动开始流行，夜生活逐渐成为一种新的生活方式。在生产方面，18 世纪中后期到 19 世纪上半期劳动时间向夜晚不断延伸。劳资双方经过长期斗争，最终确立 8 小时工作制，但出现了轮班工作和"三班制"劳动方式，夜以继日的劳动逐步制度化。欧洲资本主义兴起和发展所引起的城市化，为夜生活的流行提供了条件。工业化时期，资本扩张需要把黑夜作为一种资源来开发和利用。资本扩张推动了夜晚的转变，甚至照明技术的应用和推广也是资本运动的结果。在欧洲资本主义迅速发展的时代，黑夜是资本扩张的一个新的"空间"。

关键词： 近代欧洲 黑夜 夜生活 夜班 资本主义

从传统历史叙述中我们知道欧洲历史上黑夜的一些情况，例如关于中世纪欧洲城市的宵禁和行会禁止工匠开夜工，人工照明在近代的发展以及工厂制度下的夜间劳动，等等，这些知识属于欧洲史常识，散见于欧洲政治、经济、宗教、社会和文化等历史题材中。也就是说，传统的历史叙述经常会涉及历史上夜晚的情况，但黑夜不是独立的研究对象。因此，我们不曾见到专门的黑夜史，[①] 而我们关于欧洲黑夜的历史知识也是不成系统的。借助于新文化史的潮流，黑夜开始进入历史学家的视野。关于欧洲历史上的黑夜已经有一些论著问世，[②] 有的著作还比较系统地梳理了欧洲的夜史。[③] 新的研究表明，近代早期以后，欧洲的夜史发生了明显变化，夜幕降临以后到户外活动的人多了，夜生活流行开来，夜间劳动发展起来，夜晚变得很有生气。社会经济生活中的这一变化，改变了千百年来人们对于黑夜的负面印象和态度，甚至连"黄昏"都充满了诗情画意，这种浪漫的夜晚似乎被"发现"和"发明"出来了。[④] 近代以来欧洲人的夜晚发

---

* 俞金尧，中国历史研究院世界历史研究所研究员。

① 尽管我们发现 20 世纪上半期有一些描写伦敦、巴黎等欧洲城市和城镇夜晚的著作，但它们都不是严格意义上的历史学著作。例如 Thomas Burke, *Nights in Town*, London: George Allen & Unwin. , 1915; Ralph Nevill, *Night Life: London and Paris—Past and Present*, London: Cassell and Company, LTD. , 1926; Thomas Burke, *English Night – life from Norman Curfew to Present Black – out*, London: B. T. Batsford LTD. , 1941.

② 例如 Joachim Schlör, *Nights in the Big City: Paris, Berlin, London 1840 – 1930*, trans. by Pierre Gottfried Imhof and Dafydd Rees Roberts, London: Reaktion Book Ltd. , 1998; Bryan D. Palmer, *Cultures of Darkness: Night Travels in the Histories of Transgression*, New York: Monthly Review Press, 2000; Christopher R. Miller, *The Invention of Evening: Perception and Time in Romantic Poetry*, Cambridge: Cambridge University Press, 2006.

③ 例如让·韦尔东：《中世纪之夜》，刘华译，中国人民大学出版社 2007 年版（Jean Verdon, *Night in the Middle Ages*, Notre Dame: University of Notre Dame Press, 2002）; A. Roger Ekirch, *At Day's Close: Night in Times Past*, New York and London: W. W. Norton & Company, 2005（该书中文版见 A. 罗杰·埃克奇：《黑夜史》，路坦俊、赵奇译，湖南文艺出版社 2006 年版）。新近的欧洲夜史著作是 Craig Koslofsky, *Evening's Empire: A History of the Night in Early Modern Europe*, Cambridge: Cambridge University Press, 2011.

④ Christopher R. Miller, *The Invention of Evening: Perception and Time in Romantic Poetry*, pp. 1 – 13.

生变化，这已成为历史研究者的共识，但如何理解这个变化，各有各的取向。尽管前人的认识都有一定的理由，但是，关于夜晚变迁的性质和原因仍有待进一步探讨，本文将从资本扩张的角度理解近代欧洲黑夜的变迁。

一　研究状况

由于新文化史盛行，不少研究者把黑夜及黑夜的变迁当作一种浸透了文化意义的现象来理解，黑夜作为历史研究对象，被深深打上了新文化史的烙印。这首先体现在研究者对黑夜的论述明显侧重于文化的主题，讨论集中在情感、观念、思想、黑暗、危险、秩序、治安、社交等具有社会文化意义的问题。例如，帕尔马所说的"夜"是一种隐喻，代表"他者"，是与黑暗和危险联系在一起的，囊括了社会文化方面很多的否定性存在和现象。[1] 哈里斯研究 17 世纪英国戏剧中的巫师和巫术，他的书名叫《夜晚的黑色行动者》。[2] "黑色行动者"是一个隐喻，由此将黑色与巫师巫术联系在一起。其次，与文化上理解黑夜相关，对欧洲夜史变迁的解释，主要也是文化的视角。科斯洛夫斯基提出了"夜间化"（nocturnalization）概念，认为"夜间化"就是"黑夜在传统的社会和象征意义上的应用的不断扩张"，涉及"近代早期欧洲文化的各个方面"，代表了近代早期欧洲日常生活的一场革命。[3] 埃克奇认为，夜晚革命的主要原因在于启蒙运动早期的科学理性主义，它的迅速扩散，使大西洋两岸

的有识之士越来越否定前工业化时期已经存在几个世纪的世界观，即黑夜是与魔鬼、巫术等联系在一起认识的；黑夜发生变迁，原因在于西方世界在信仰方面发生了"觉醒"[4]。

从社会学视角看待欧洲夜晚的变迁颇有新意。梅尔斌把时间当作空间来理解，认为时间与空间一样，都是生活的容器，是被物种所占据的生态场域的一部分。以这种认识为基础，他把 19 世纪以后人类夜间活动的增加看成人类在地理空间上扩张的继续。人们进入夜幕，如同进入一个新的空间，黑夜成了一个前沿开拓地带。[5] 社会学研究启发了历史学家，后者借用"黑夜的殖民化"（the colonization of the night）一说，把欧洲各地的城市和地方当局逐渐在黑夜中建立秩序，控制混乱、罪孽、危险以及制服黑暗的过程，与欧洲人近代对空间和世界各地的殖民过程相类比。[6]

黑夜及其变化，给人最直观的印象就是黑暗与光明相互之间关系的变迁。很自然，人工照明工具成为黑夜史叙述的一个重要内容。在 20 世纪早期，人们就认识到新的照明技术在创造现代城市"夜生活"中所起的作用，认为这个原因超过其他一切因素。[7] 这个作用至今没人怀疑过，即使文化的变迁十分重要，人们也认识到人工照明技术的进步推动了欧洲人现代意识的形成。[8] 现代照明技术的发展给人留下深刻印象，这种直观的感受容易使人以为，正是因为现代照明工具和技术，才终结了漫漫长夜。[9]

① Bryan D. Palmer, *Cultures of Darkness*: *Night Travels in the Histories of Transgression*, pp. 8 - 9, 13 - 20.

② Anthony Harris, *Night's Black Agents*: *Witchcraft and Magic in Seventeenth - Century English Drama*, Manchester: Manchester University Press, 1980.

③ Craig Koslofsky, *Evening's Empire*: *A History of the Night in Early Modern Europe*, pp. 1 - 18.

④ A. Roger Ekirch, *At Day's Close*: *Night in Times Past*, pp. 325 - 326.

⑤ Murray Belbin, "Night as Frontier", *American Sociological Review*, Vol. 43, No. 1, 1978, pp. 3 - 22.

⑥ Craig Koslofsky, *Evening's Empire*: *A History of the Night in Early Modern Europe*, pp. 16 - 17, 157 - 235.

⑦ Ralph Nevill, *Night Life*: *London and Paris—Past and Present*, pp. 3 - 5; Donald Maxwell, *The New Lights O'London*, London: Herbert Jenkins Limited, 1926, p. 82.

⑧ Wolfgang Schivelbusch, *Disenchanted Night*: *The Industrialization of Light in the Nineteenth Century*, trans. from the Germany by Angela Davies, Berkeley, Los Angeles, London: University of California Press, 1995.

⑨ 研究照明史的历史学家认为，只是因为有人工照明，才出现夜晚城市的轮廓，城市因为灯光而展现特色，就此而言，城市的历史就是不断进步的照明史。参见 Joachim Schlör, *Nights in the Big City*: *Paris*, *Berlin*, *London 1840 - 1930*, p. 57; Maureen Dillon, *Artificial Sunshine*: *A Social History of Domestic Lighting*, London: National Trust, 2002, p. 21.

人类在黑夜的很多活动其实都具有经济意义，无论是夜生活的兴起，还是夜间劳动，本质上都是夜间的经济活动。但是，黑夜历史的研究却缺乏经济史的视角，我们很少看到从经济上深刻阐释为什么欧洲的黑夜在近代以后发生变迁的作品。埃克奇在他的《黑夜史》一书中简要地讲到了消费主义和工业化对黑夜的影响。[①] 不过，他强调科学理性主义扩散是主要原因，经济发展所产生的影响则是其次。到现在为止，还没有一部专门关于黑夜的经济史著作，也没人专门从经济史角度阐述近代欧洲的夜晚变迁。

不过，从时间的一般意义上把夜晚时间作为生产过程中的一个要素来理解，倒是社会学、经济学（甚至包括经济史）经常讨论的主题。[②] 在现代社会，时间如同商品。随着时间的商品化，时间就成为一种稀缺的、可以开发利用的资源。时间的商品化由资本主义的产生和发展所引起，是现代资本主义社会最突出的特征。[③] 所以，在现代经济理论中，时间是一个重要的研究主题。有学者梳理了近代以来关于劳动时间的经济思想的演变，发现自重商主义以来的经济学理论都讨论过市场经济条件下劳动与时间的关系。[④] 尽管不同的经济理论在讨论劳动时间的长短对经济发展到底起到什么作用时有不同的看法，但都认识到劳动时间的重要性。其中，马克思被认为是全面认识到时间经济学重要性和阐述时间经济学范畴的第一人。[⑤]

的确，马克思关于时间经济学的思想博大精深，对于欧洲在资本主义发展过程中，为什么劳动时间不断从白天向夜间延伸，以及最终把整个黑夜都变成劳动时间等问题，马克思都做过深刻阐述。《资本论》从讨论商品开始，指出商品的价值由劳动量来计算，"劳动本身的量是用劳动的持续时间来计量，而劳动时间又是用一定的时间单位如小时、日等做尺度"。可见，在马克思的经济理论中，劳动时间对于资本主义生产方式具有根本意义。马克思在《资本论》中对劳动时间作过大量的和专门的论述，这里不再详述。就我们所关心的主题而言，马克思的观点可以简单地表述如下：资本的增殖是资本唯一的生活本能，资本家是以劳动力的日价值购买了劳动力，所以，资本家就千方百计地要把劳动日的时间往夜里延伸。资本有无限的增殖欲望，要求 24 小时都占有劳动。所以，夜间劳动是资本主义生产的"内在要求"。[⑥] 根据马克思的理论，我们认识到，资本扩张的需要与对夜晚时间的利用，形成了一种内在的逻辑关系。马克思的时间经济学理论是他的政治经济学的重要组成部分，他的理论揭示了资本主义生产的本质和夜工越来越普遍的原因。马克思的时间经济学理论当然不是为了阐述欧洲夜史的变迁，但这一理论对于我们认识和理解欧洲黑夜的历史变迁具有重要的指导意义。马克思的理论表明，欧洲的黑夜与白天一样，能够得到开发和利用，与资本主义生产方式有着内在的、必然的关系。这也意味着，对于近代以来欧洲黑夜的转变，应该与欧洲资本主义的兴起和发展联系起来，才能得到深刻的理解。

① A. Roger Ekirch, *At Day's Close*: *Night in Times Past*, pp. 326 – 327.

② 例如 M. A. Bienefeld, *Working Hours in British Industry*: *An Economic History*, London: Weidenfeld & Nicolson, 1972; Hans – Joachim Voth, "Time and Work in Eighteenth – Century London", *The Journal of Economic History*, Vol. 58, No. 1, 1998, pp. 29 – 58; Hans – Joachim Voth, *Time and Work in England*, *1750 – 1830*, Oxford: Oxford University Press, 2000; Paul Blyton, *Changes in Working Time*: *An International Review*, London and Sydney: Croom Helm, 1985; Paul Blyton, "The Working Time Debate in Western Europe", *Industrial Relations*, Vol. 26, No. 2, 1987, pp. 201 – 207; Paul Blyton et al., *Time*, *Work and Organization*, London and New York: Routledge, 1989; 乔纳森·克拉里:《24/7: 晚期资本主义与睡眠的终结》, 许多、沈清译, 中信出版社 2015 年版。

③ 安东尼·吉登斯:《社会的构成: 结构化理论大纲》, 李康等译, 生活·读书·新知三联书店 1998 年版, 第 240 页。

④ Chris Nyland, "Capitalism and the History of Worktime Thought", *The British Journal of Sociology*, Vol. 37, No. 4, 1986, pp. 514 – 515.

⑤ Raija Julkunen, "A Contribution to the Categories of Social Time and the Economy of Time", *Acta Sociologica*, Vol. 20, No. 1, 1977, p. 11.

⑥ 《马克思恩格斯文集》第 5 卷, 人民出版社 2009 年版, 第 51、267—350 页。

二 近代以前的黑夜

依据西方神话和基督教创世故事，黑夜的资历比白天还老。古希腊诗人赫西俄德在《神谱》中的创世故事是这样的：最先产生的确实是混沌（卡俄斯）；随后，从混沌中产生了黑暗的化身厄瑞玻斯和黑色的夜神纽克斯；再从黑夜生出光明的化身埃忒耳和白天之神赫莫拉。① 《圣经》"创世纪"上描述的情况与希腊神话的创世顺序相似：上帝创造天地之初，"地是空虚混沌"，但是"渊面黑暗"；随后，上帝才呼出了光，有了光暗之分，"上帝称光为昼，称暗为夜"②。可见，黑暗早于光明而存在。黑夜有存在的理由，其最大的好处就是供人休息，放松身心。荷马说："长夜漫漫，既有时间酣睡，亦可让人听享故事的美妙。"③ 夜晚讲故事是欧洲人长期形成的用来打发长夜的习惯，这从勒华拉杜里的《蒙塔尤》中可知。④

尽管如此，黑夜给人类的印象以负面居多，它主要代表了恶的一面，令人生畏。赫西俄德的《神谱》叙述了从黑夜中产生的一系列恶神："夜神纽克斯生了可恨的厄运之神、黑色的横死之神和死神，她还生下了睡神和梦呓神族。尽管没有和谁结婚，黑暗的夜神还生了诽谤之神、痛苦的悲哀之神"；"黑夜还生有司掌命运和无情惩罚的三女神——克洛索、拉赫西斯和阿特洛泊斯"；"可怕的夜神还生有折磨凡人的涅墨西斯，继之，生了欺骗女神、友爱女神、可恨的年龄女神和不饶人的不和女神"；"恶意的不和女神生了痛苦的劳役之神、遗忘之神、饥荒之神、多泪的忧伤之神、争斗之神、战斗之神、谋杀之神、屠戮之

神、争吵之神、谎言之神、争端之神、违法之神和毁灭之神，所有这些神灵本性一样"⑤。赫西俄德的这些叙述几乎将人类社会中所有的恶都归结到黑夜，所有的黑恶势力都来自夜神，黑夜成了万恶之源。在早期基督教文献中，黑暗、黑夜与恶魔也有直接关联。在使徒保罗的书信中，经常有将光明与正义、黑暗与恶魔对应起来的说法，例如在"哥林多后书"中，义与不义、光明与黑暗、基督与撒旦、信主的与不信主的列在一起进行对照。⑥ 在另一处，保罗还说："你们都是光明之子，都是白昼之子，我们不是属黑夜的，也不是属幽暗的。"⑦ 光明与黑暗的对立关系在《新约》"约翰福音"中表达得尤为强烈："光来到世间，世人因自己的行为是恶的，不爱光倒爱黑暗，定他们的罪就是在此。凡作恶的便恨光，并不来就光，恐怕他的行为受责备。"光是正义的化身，耶稣说："我在世上的时候，是世上的光。"而黑夜将至的时候，"就没有人能作工了"。⑧ 可见，在基督教早期的传统中，光与黑、日与夜、正义与罪恶，形成强烈的二元对立关系：黑夜代表着邪恶、恶魔，处在光明、上帝的对立面。

古代希腊和基督教是西方文明的两大源头，它们对黑夜的态度为后来的欧洲人对黑夜的看法定下了基调。

中世纪早期，黑夜依然代表着罪恶和危险。有研究指出，在早期的盎格鲁—撒克逊人、日耳曼人和斯堪的纳维亚人的文学作品中，黑夜中充斥着恐惧、不忠、暴力。而当时的教会人士则是用悲戚的语调来理解黑夜，把黑夜当作不公、不忠及所有不幸的代表，白天代表生，黑夜则意味着死。各种文本从来没有呈现黑夜的正面形象，而是重点表现其暴力和

① 赫西俄德：《神谱》，张竹明、蒋平译，商务印书馆 1996 年版，第 29—30 页。
② 《旧约》"创世纪" 1：2，5。
③ 荷马：《荷马史诗·奥德赛》第 15 卷，陈中梅译，上海译文出版社 2016 年版，第 290 页。
④ 埃马纽埃尔·勒华拉杜里：《蒙塔尤》，许明龙等译，商务印书馆 1997 年版，第 370—380 页。
⑤ 赫西俄德：《神谱》，第 33 页。
⑥ 《新约》"哥林多后书" 6：14—15。
⑦ 《新约》"帖撒罗尼迦前书" 5：5。
⑧ 《新约》"约翰福音" 3：19—20，9：5，9：4。

危险的主题。[①]

在教会统治时代，欧洲社会对黑夜的态度是与对上帝的信仰联系在一起的。在夜里，魔鬼出没，异端活跃，巫术盛行，它们都是上帝的敌人。

在教会看来，黑暗是撒旦在地球上的邪恶领地，魔鬼拥抱黑夜，与基督的王国为敌。根据法国学者让·韦尔东对中世纪文学和叙事作品的研究，魔鬼主要出现在夜间。黄昏时分，魔鬼首先出现在田野和森林中，从无人居住区渐渐地进入人类居住地。而那些无法入睡的人、病人以及垂死之人都无助地躺在黑暗中。魔鬼所到之处，给人带来恐惧和痛苦，[②] 黑夜属于魔鬼。巫术是教会另一个不易处置的对手，受异教传统的影响，基督教的欧洲一直存在着古老的巫术信仰，特别是在一些山区农村，巫师活跃，形成一套祈求免灾消难、土地丰产的巫术仪式，驱妖仪式在欧洲曾经相当普遍。[③] 巫术也属于黑夜，就如同金斯伯格的书名《夜间的战斗》[④] 所揭示的那样，"本南丹蒂"与巫师的战斗就发生在夜里。黑夜和黑色是巫术特定的符号，在近代早期的猎巫运动中，很多人心里清楚，巫婆（士）才是"夜的黑色代理人"（Night's Black Agents）。[⑤] 异端也活跃在黑夜。受基督教正统的排挤和打击，异端分子只能秘密聚会，从罗马帝国时期以来，经中世纪到 17 世纪，异端分子习惯于在夜里聚集。甚至新教也是如此。在 16—17 世纪，新教的再洗礼派在德国中部南部、瑞士、奥地利、尼德兰等地流行，他们常常在夜间的山坡上或森林深处集会，点起蜡烛阅读《圣经》和流行的神学著述。16 世纪中叶，斯特拉斯堡的再洗礼派在黑夜的密林中举行过几次有二三百人参加的大型秘密集会，时间常常在天黑以后至一两点钟结束，有时甚至持续到天亮之前。[⑥]

从西方的历史和文化来看，欧洲人对于黑夜的负面和否定性态度是一贯的、延续的。黑夜就是魔鬼、阴谋的同义语，这是晚至近代早期欧洲基督教主流文化对于黑夜的基本态度。

黑夜与白天一样，本来都是自然现象，无所谓善或恶，人们之所以赋予黑夜以恶的性质，主要是因为人的恶劣本性往往在看不见的黑暗中展开，夜色为一些见不得人的事提供了天然的遮蔽，因此背上了恶的名声，这是人们对自然现象的情感投射，人们抱怨长夜漫漫，只不过反映了现实中的人们对黑夜的无奈。对黑夜的消极态度，根源在于现实世界里的黑夜充满了危险性和不确定性。

大量材料表明，在欧洲历史上，每当夜幕降临，各地都处于防范、戒备状态：城市里钟声响起、城门关闭后，宵禁和治安巡夜就开始了。中世纪的欧洲虽然封建王国众多，领主遍地，城市也各自为政，但夜间的安保方式却普遍一致，都采取了宵禁和夜巡的治安措施。"宵禁"一词起源于法文 couvre - feu，原意是为了防火，由防火而引申为治安。1068 年，征服者威廉发布禁令，从晚上 8 点起在英格兰实行全国宵禁。后来，类似的限制措施在中世纪的欧洲到处都有。宵禁的钟声一响，城门关闭，城市就中断了与外界的交流。在城内，宵禁以后若有人在街头行走或游荡，要受处罚。若有正经事要外出，须自带灯具，否则，要受到处罚或监禁。[⑦] 宵禁清空了街上的行人，室内的人则要停止劳作。在中世纪的欧洲城市里，晚上不准经营是一个普遍规定，这既是宵

---

① Craig Koslofsky, *Evening's Empire: A History of the Night in Early Modern Europe*, p. 12.

② 参见让·韦尔东：《中世纪之夜》，第 51—58 页。

③ 詹·乔·弗雷泽：《金枝：巫术与宗教之研究》，徐育新等译，大众文艺出版社 1998 年版，第 791—794 页。

④ Carlo Ginzburg, *The Night Battles: Witchcraft and Agrarian Cults in the Sixteenth and Seventeenth Centuries*, trans. by John & Anne Tedeschi, Baltimore, Maryland: John Hopkins University Press, 1983.

⑤ 参见 Anthony Harris, *Night's Black Agents: Witchcraft and Magic in Seventeenth - Century English Drama*.

⑥ Clasen Claus - Peter, *Anabaptism: A Social History, 1525 - 1618*, Ithaca and London: Cornell University Press, 1972, pp. 69 - 95.

⑦ G. Salusbury - Jones, *Street Life in Medieval England*, Hassock: Harvester Press Limited, 1975, pp. 139, 185 - 187.

禁的要求，也是行会的规矩。① 还有一个实际的考虑，就是当时的市场基本上是地方性的，容量有限，不适宜激烈竞争，② 反映了那个时代西欧经济的小生产本质。在宵禁令下的中世纪欧洲城市里，街面上空空荡荡，室内停工歇业，只有巡夜人的脚步声告诉人们，城里的治安有人看守。夜间巡逻是与宵禁相匹配的治安措施，中世纪以来的欧洲城市普遍推行。③ 巡夜人是欧洲城市史上的一道风景，尽管每个城市的巡夜人数量不同，外表装束也不一样，但基本的职责相同，那就是负责城市夜晚的治安和防火。他们的权力不小，有权盘查黑夜出没于街头的行人，如果认为盘查对象可疑，他们可以拘捕嫌疑人。把街上的人清理干净就是他们的责任。

欧洲一些主要城市出于改善夜间治安的考虑，从中世纪晚期开始推行公共照明。最初的公共照明是城市当局强制私人提供的，在15世纪初，伦敦城市当局要求主要街道的临街住户在一些指定的夜晚挂出灯具。后来，巴黎、阿姆斯特丹等城市也出台了类似规定。到17世纪下半期，一些大城市开始用公共经费来提升主要街道的照明条件，巴黎（1667）、阿姆斯特丹（1669）、柏林（1682）、伦敦（1683）和维也纳（1688）都是较早开始用公共经费提供公共照明的城市。④ 不过，近代早期城市公共照明的效果并不理想。一是提供照明的时间短，大多数城市只能在冬季夜长的日子提供路灯照明。据估计，当时伦敦街头的照明时间平均每年也就63个晚上，总计约189个小时。⑤ 二是因为费用问题，城市公共照明还不普及。大城市的路灯只在主要街道安装，大多数街道上并没有公共照明设施，地方城市的公共照明更晚。三是所用灯具还是传统的照明工具。在汽灯发明和应用之前，城市公共照明靠油灯、蜡烛等老式灯具，它们在室外照明范围有限，光线不够亮。在巴黎，人们从街两边交叉斜拉两条绳索，灯具就悬挂在绳索交会点下方。在空旷的街头靠一盏高悬的油灯，照明效果可想而知。实际上，在那个时代，城市推行公共照明的目的，主要不是考虑市民夜行，而是改善治安条件。但照明效果差，城市治安状况也难有太大改善，即使在18世纪中期的伦敦，单独夜行仍有风险。走夜路，还是集体行动比较安全。⑥

黑夜如荒原，是自然的存在，人们无法抗拒它的到来。而人在黑夜，如置身于荒原，面临无法预知的不确定性，黑夜于是乎成为危险之时和险恶之境。欧洲人对黑夜的负面印象长期存在，⑦ 是欧洲历史文化的一部分，更是欧洲经济和社会生活现实的反映。但是，随着近代的到来，欧洲人发现了黑夜的美好和价值，夜生活的兴起和流行表明，欧洲人对黑夜的态度正在发生转变，黑夜的历史即将进入新时代。

三 夜生活的兴起和流行

从近代早期开始，人们对黑夜有了新认识。基督教文化"发现"了黑夜，认为黑夜

---

① Toulmin Smith, ed., *English Gilds*: *The Original Ordinances of More Than One Hundred Early English Gilds*, London: N. Trubner and Co., 1870, pp. xxvi, lxvii, cxxx.

② M. A. Bienefeld, *Working Hours in British Industry*: *An Economic History*, p. 13.

③ Joachim Schlör, *Nights in the Big City*: *Paris, Berlin, London 1840 - 1930*, p. 73; A. Roger Ekirch, *At Day's Close*: *Night in Times Past*, p. 75; G. Salusbury - Jones, *Street Life in Medieval England*, pp. 135 - 137.

④ A. Roger Ekirch, *At Day's Close*: *Night in Times Past*, pp. 67 - 68.

⑤ Malcolm Falkus, "Lighting in the Dark Ages of English Economic History: Town Streets before the Industrial Revolution", in D. C. Coleman and A. H. John, eds., *Trade, Government and Economy in Pre - Industrial England*: *Essays Presented to F. J. Fisher*, London: Weidenfeld & Nicolson, 1976, p. 253.

⑥ Ralph Nevill, *Night Life*: *London and Paris—Past and Present*, pp. 17 - 18.

⑦ 甚至到18—19世纪欧洲城市夜生活已经发展起来的时候，黑夜依然背负恶名。参见 Bryan D. Palmer, *Cultures of Darkness*: *Night Travels in the Histories of Transgression*, p. 149; Joachim Schlör, *Nights in the Big City*: *Paris, Berlin, London 1840 - 1930*, pp. 57 - 90.

不再仅仅是恶的象征，也是一条通往神灵的路径。① 18 世纪的浪漫主义诗歌开始赞美黄昏，在诗人眼里，"傍晚"是一段美妙的时光。② 不过，真正改变人们对于黑夜态度的是城市夜生活的出现，夜晚变成了人们可以享乐的时光。

夜生活最早在上层社会中出现，随后逐渐向大众社会传播，进而发展为西方人的一种生活方式。

从 16、17 世纪以后，贵族们开始逐渐享受夜间的娱乐生活。一些活动属于室内经常性活动，如化装舞会，这是贵族最有参与感的活动。在英国，从亨利八世（1509—1547 年在位）统治时开始，到詹姆斯一世（1603—1625 年在位）和查理一世（1625—1649 年在位）统治时期，化装舞会一直都盛行。当然，这也是欧洲各国首都长期流行的贵族娱乐活动。芭蕾舞是宫廷贵族都爱看的项目，17 世纪时，艺术家和建筑师把意大利宫廷舞台上的照明和场景技术引入欧洲各地的表演中，黑暗竟成了新的舞台技术必不可少的组成部分。③ 照明技术的进步为一些夜间活动创造了条件，在英国威廉三世（1689—1702 年在位）时期，原来从下午 3 点开始的剧场演出，延至 6 点开场。④ 有了梦幻般的场地，贵族们的夜生活就变得更加活跃和丰富。在路易十四时代（1643—1715），法国的凡尔赛宫成为欧洲宫廷生活的中心，每天的活动从早上 9 点开始至午夜结束。到 18 世纪初，像赌博、跳舞等晚间娱乐活动已是宫廷日常生活的典型内容，把白天的事推延至晚上成为贵族的生活习惯。除了室内活动，贵族们也会举办一些场面宏大的夜间室外活动。在法国，1661 年 8 月 17 日，财政专家尼古拉·富凯为欢迎年轻的路易十四到访自己位于巴黎东南的大庄园而举行夜晚活动。那天的庆祝活动包括芭蕾、戏剧、音乐会

和燃放烟花，这些活动渐次展开，一直到次日凌晨 2 点以后，国王及其随从才尽兴离开。在 17 世纪下半叶，德意志新教贵族也表现出类似的兴趣，他们把各种庆祝活动放到晚上，甚至到深夜，以显示其活动的奢华和声望。比如，德累斯顿的选帝侯约翰·乔治二世（1656—1680 年在位）举办"行星节"（Festival of the Planets），他所准备的丰富活动都改到晚上进行，这些活动包括歌剧、芭蕾和戏剧，在德累斯顿的宫廷剧院演出的娱乐节目，一共安排了 13 个晚上。⑤ 在贵族圈子流行的这些夜间娱乐活动在当时还没有产生广泛的社会意义，盛大的庆典活动主要是显示国王和显贵们的地位、权力和声望。

不过，上层社会开启了夜生活的风气。在普通市民当中，有少数人开始以适合自己的方式享受夜晚生活。那时，宵禁令还在，但规矩已经放松。在英国，小酒馆生意兴旺，詹姆斯一世时期，餐厅、小酒馆常常可以通宵开放。赌场是夜生活的另一个重要场所，在斯图亚特王朝统治时期（1603—1649），赌博流行，赌场 8 点开门，一直可以经营到半夜。17 世纪中叶开始，流行夜里喝咖啡。咖啡馆不只是一个卖咖啡的地方，也是一个典型的社交场合，各种资讯经由咖啡馆传向更广的社会。咖啡馆的生意兴隆，数量也随之增加。有人曾估计，到 18 世纪初，伦敦的咖啡馆多达两三千家，这个估计可能高了，有四五百家或许比较可信，⑥ 但对于拥有 50 万—60 万人口的城市来说，这个数目已经不小。17 世纪，在巴黎的夜晚，咖啡屋、啤酒馆、酒店数量也很多。娱乐、赌博、演戏、跳舞等活动样样都有。17 世纪末，英国人马丁·李斯特在他的巴黎旅行记中讲到了巴黎人在这些地方的很多夜晚活动，其中提到了位于城市中心的皇家宫殿

---

① Craig Koslofsky, *Evening's Empire*：*A History of the Night in Early Modern Europe*, pp. 46 – 90.

② Christopher R. Miller, *The Invention of Evening*：*Perception and Time in Romantic Poetry*.

③ Craig Koslofsky, *Evening's Empire*：*A History of the Night in Early Modern Europe*, pp. 103 – 110.

④ Thomas Burke, *English Night – life from Norman Curfew to Present Black – out*, p. 6.

⑤ Craig Koslofsky, *Evening's Empire*：*A History of the Night in Early Modern Europe*, pp. 97, 100, 113 – 114.

⑥ Markman Ellis, *The Coffee House*：*A Cultural History*, London：Weidenfeld & Nicolson, 2004, pp. 172 – 173.

（the Palais Royal）及其花园，① 这个地方后来成为巴黎城里最主要的夜生活中心。

总体上看，17 世纪，夜生活开始出现，但社会影响仍然有限，大多数市民还没有介入夜生活，而普通的商店也大体如此，蜡烛一亮，店铺就关门。到 18 世纪，夜生活开始成为时尚。一些曾属贵族圈子的娱乐活动开始扩及民间。例如化装舞会，18 世纪初，伦敦主办的化装舞会持续到半夜，普通民众只要买一张票，戴上面具就可以入场参与。舞会场面很大，舞场上点起的蜡烛多达 500 支。② 到 18 世纪晚期，音乐会盛行，普通民众花 2 个先令就可以听一次音乐会。音乐会结束后，还可以在室内酒吧用餐。③ 随着夜间娱乐业的发展，夜间活动结束的时间也越来越晚。伦敦的夜间娱乐时间之前一般从晚上 6 点开始，到 18 世纪晚期，开始营业的时间延至晚上八九点，④ 因此，很多娱乐场所通宵达旦地营业也就不难理解了。在 18 世纪伦敦夜生活中，特别值得一说的场所是俱乐部。俱乐部在 17 世纪末兴起，是一个全新的夜生活场所，各个社会阶层和职业群体都组成了自己的俱乐部，有贸易俱乐部、刀具俱乐部、拳击俱乐部、演讲俱乐部，甚至还有嫖客和娼妓俱乐部。⑤ 俱乐部在英国很快流行开来，而且在随后的 3 个世纪里长盛不衰，成为英国夜生活的一个重要特征。在 18 世纪以后的很长时间里，考文特是伦敦夜生活的中心，那里集中了酒馆、咖啡馆、赌场、桑拿浴室、妓院等场所。夜晚的巴黎是一个梦幻之地。夜生活的中心就在"皇家宫殿"，这里曾经是奥尔良公爵在巴黎城的宅邸，是贵族们聚会的地方。1784 年，这里变

成了高档商店的集中地。来自世界各地的珍宝在无数的商店里闪亮，所有的商品在五光十色、耀眼的灯光下展现在消费者眼前。法国大革命以后到拿破仑统治之初，这里已成为时尚、高雅的社会生活的中心，在巴黎夜生活中具有代表性，⑥ 它的一层是咖啡馆，二层是赌场，三层则是妓院，这里集中了全巴黎一流的餐厅，有很多可以花钱的地方，吸引着世界各地的人们。

18 世纪是欧洲城市夜晚发生急剧变迁的时期，人们睡得越来越晚，越来越多的人在天黑以后走到户外寻找欢乐和利益；一些城市不再夜晚关闭城门，还有很多城市，甚至连城墙都被扒倒了。⑦ 以前，长夜漫漫，人们称之为"夜季"（night season）；现在，这个本来专指夜晚时光的用词，逐渐地从日常用语中消失了。⑧

到 19 世纪，夜生活的时尚潮流已是势不可挡。在巴黎，尽管"皇家宫殿"在 1837 年被关闭，一度对巴黎的夜生活有很大影响，但是，到 19 世纪中期，巴黎夜生活活跃的地方更多了，夜生活也更加丰富，甚至吸引很多英国年轻人前往。⑨ 19 世纪巴黎的夜生活展现出更广泛的参与性和公共性特点，其中，拱廊成为当时巴黎夜生活最富有情调的地方，吸引市民大众去那里逛街、购物。根据本雅明的研究，"拱廊是新近发明的工业化奢侈品。这些通道用玻璃做顶，用大理石做护墙板，穿越一片片房屋。房主联合投资经营它们。光亮从上面投射下来，通道两侧排列着高雅华丽的商店，因此这种拱廊就是一座城市，甚至可以说

---

① Martin Lister, *A Journey to Paris in the Year 1698*, ed. by Raymond Phineas Stearns, Urbana, Chicago, London: University of Illinois Press, 1967, pp. 25 – 26, 169 – 179, 189 – 190.

② A. Roger Ekirch, *At Day's Close: Night in Times Past*, p. 214.

③ Thomas Burke, *English Night – life from Norman Curfew to Present Black – out*, p. 59.

④ A. Roger Ekirch, *At Day's Close: Night in Times Past*, p. 328.

⑤ M. Dorothy George, *London Life in the Eighteenth Century*, New York: Capricorn Books, 1965, p. 274.

⑥ Joachim Schlör, *Nights in the Big City: Paris, Berlin, London 1840 – 1930*, p. 37.

⑦ Malcolm Falkus, "Lighting in the Dark Ages of English Economic History: Town Streets before the Industrial Revolution", in D. C. Coleman and A. H. John, eds., *Trade, Government and Economy in Pre – Industrial England: Essays Presented to F. J. Fisher*, p. 265.

⑧ A. Roger Ekirch, *At Day's Close: Night in Times Past*, p. 324.

⑨ Ralph Nevill, *Night Life: London and Paris—Past and Present*, p. 231.

是一个微型世界"①。拱廊为巴黎人提供富有法国特色的夜生活场所，在这里，既有脚步匆忙、硬往人群里挤的行人，也有步履缓慢、消遣时光的"闲逛者"。据说在 1840 年前后，一度流行带着乌龟在拱廊里散步，闲逛者喜欢以乌龟爬行一样的速度散步。② 第二帝国鼎盛时期是一个适合夜间游荡的时代，巴黎主要大街上的店铺在晚上 10 点以前不会打烊。

英国依然引领 19 世纪欧洲夜生活的潮流。夜生活的参与性极为广泛，剧院、俱乐部、赌场、酒馆是夜生活的主要场所。然而，这些场所的数量越来越多了，尤其是剧院和音乐厅，越来越成为夜间娱乐的主要场所。据统计，大约在 1870 年前后，英格兰的剧院数量差不多有 200 家，其中伦敦有 44 家、利物浦有 9 家、曼彻斯特 3 家。音乐厅的数量也迅猛增长，那时的伦敦有音乐厅 27 家，谢菲尔德和利物浦各有 10 家，曼彻斯特有 9 家，利兹有 6 家，伯明翰有 5 家，甚至像英格兰中西部小城达德利也有 7 家音乐厅。③ 舞场是又一个参与感极强的夜生活场所，舞场的生意十分兴旺，经营也很自由。19 世纪 60 年代末，当局出台了一个"许可法"，给供应酒水的所有娱乐场所规定了关门时间，先是规定到午夜必须关闭，后来又延至 0∶30。④ 到 90 年代，拳击运动兴起，由于较少受场地条件的限制，拳击也成为一项十分普及的夜间娱乐运动。⑤ 咖啡馆还搞起了新花样，大约在 1809 年，新式咖啡馆向顾客提供报纸、杂志，顾客在店里一边喝咖啡、吃夜餐，一边看新闻，很受劳动大众欢迎，被看成一场"小型社会革命"⑥。毫无疑

问，伦敦夜生活最有特点的形式还是俱乐部，参与俱乐部活动的社会面很广，有的俱乐部还 24 小时开放。伦敦夜生活的聚集地也增加了，到 19 世纪末，伦敦形成了斯特兰德广场、莱斯特广场和皮卡迪利广场三大夜生活中心。

可以说，到 19 世纪末，夜生活作为一种新的生活方式已经在欧洲社会流行起来。在夜生活已经铺开的地方，黑夜不再漫长，不再让人煎熬和恐惧，反而成为一天中最有生活情调的时段。为了享受这种生活方式，人们需要等待夜幕的降临，夜生活的流行是欧洲夜史发生转变的明显表现。

夜生活的社交意义十分突出，但它也是一种夜间经济，是由经济活动支撑起来的一种社交生活。与此同时，欧洲的夜晚还发生了另一个重要变化，就是夜间劳动的普遍化，这在中世纪以来的欧洲历史上是前所未有的。

四　夜工和夜班制

日出而作，日落而息，所有以自然经济为基础的社会普遍推行这种作息时间。到中世纪晚期和近代初期，欧洲人的劳动日在法律上依然是指白天的时间。⑦ 很多研究表明，在意大利、英国、德国等欧洲国家，无论是著名的工商业城市，还是地方小城镇，劳动日实际上的工作时间都限于白天，⑧ 这几乎成了共同的劳动习惯。由于季节变化，劳动日的时间会有长有短，冬季的劳动日短，每天工作七八个小时；从春季到冬季，日子长，可以有两次工间

---

① 转引自瓦尔特·本雅明《巴黎，19 世纪的首都》，刘北成译，商务印书馆 2013 年版，第 4、100 页。

② 瓦尔特·本雅明：《巴黎，19 世纪的首都》，第 121 页。

③ Thomas Burke, *English Night - life from Norman Curfew to Present Black - out*, p. 104.

④ Ralph Nevill, *Night Life∶London and Paris—Past and Present*, p. 47.

⑤ Thomas Burke, *English Night - life from Norman Curfew to Present Black - out*, p. 126.

⑥ M. Dorothy George, *London Life in the Eighteenth Century*, p. 273.

⑦ Bertha Haven Putnam, *The Enforcement of the Statutes of Labourers during the First Decade after Black Death*, *1349 - 1359*, New York∶Columbia University Press, 1908, p. 3；11 Henry Ⅶ. c. 22, *The Statutes of the Realm*, Vol. 1, Tanner Ritchie Publishing and The University of St. Andrews, 2007, p. 587；Jasper Ridley, *The Tudor Age*, New York∶The Overlook Press, 1990, p. 225；5 Elizabeth c. 4, *The Statutes of the Realm*, Tanner Ritchie Publishing & The University of St. Andrews, 2007, Vol. 4 (1), pp. 416 - 417.

⑧ 雷蒙·德鲁弗：《美第奇银行的兴衰》上卷，吕吉尔译，上海人民出版社 2019 年版，第 280 页；周施廷：《信仰与生活∶16 世纪德国纽伦堡的改革》，北京大学出版社 2015 年版，第 229 页；J. Bernard Bradbury, *A History of Cockermouth*, London and Chichester∶Phillimore & Co. LTD., 1981, p. 82.

休息，但平均每天要工作 12 小时。基本上，白天有多长，劳动时间就会有多长，但夜间劳动几乎不存在。①

这种情况到近代早期开始发生变化。随着原初工业化的发展，一些行业和工场的劳动时间向夜间延伸。纺织生产是原初工业化最典型的行业，当时的生产形式有分散的家庭作坊和集中的手工工场两种，从事纺织生产的主要是妇女，她们在家里劳动，夜晚就是家庭劳动的好时光。那时，重商主义者主张用降低工资和劳动者生活水平的办法，逼使劳动者更长时间、更加辛苦地工作。② 在这种情况下，部分手工工场就通过延长劳动时间，利用夜晚一部分时间来进行生产。到 18 世纪中叶，大多数行业的劳动时间有一定的延长。例如，在 1747 年的英国，马裤工、地毯织工、马具工、马鞍工、木桶工、雕刻工、织袜工、制鞋工、梳羊毛工的劳动时间大多数从早上 6 点到傍晚 8 点，即 14 个小时，其中有 1 小时用餐时间。少数行业的工作时间为 12 小时，如建筑工、石匠、造船工等户外劳动者，他们的劳动时间由天色决定。只有个别行业的劳动时间从早上五六点到晚上 9 点，但那个时候夜间劳动要付加班费。③ 值得注意的是，当时一些行业的劳动时间还出现延长和反延长的拉锯式反复，劳动者抵制劳动时间过长，使得原本已经延长到晚上的劳动日又缩短到傍晚结束。④ 从开夜工的角度来看，上述情况说明，前工业化时期仍是一个过渡期，劳动日已经出现了延长趋势，

以往关于夜间不准工作的规定已经被突破，但夜间劳动尚未成为稳定的制度。

决定性的变革发生在工业革命以后，尤其是在那些采用了机器生产的行业，夜幕降临后仍要劳作，成为不可抵挡之势。马克思在《资本论》中曾讲道："资本经历了几个世纪，才使工作日延长到正常的最大极限，然后越过这个极限，延长到十二小时自然日的界限。此后，自 18 世纪最后三十多年大工业出现以来，就开始了一个像雪崩一样猛烈的、突破一切界限的冲击。习俗和自然、年龄和性别、昼和夜的界限，统统被摧毁了。甚至旧法规中按农民的习惯规定的关于昼夜的简单概念，也变得如此模糊不清。"⑤ 马克思所讲的这个时期，正是英国工业革命开始推进的时期，马克思所说的情况可以在纺织业中得到普遍印证。

棉纺织业是欧洲第一次工业革命时期代表性的行业。在纺织行业，童工和 18 岁以下的未成年劳动者占全部劳动力的 40%—45%。⑥ 1843 年，在英国兰开夏、柴郡和德比郡，从事印刷业的工人约有两万人，其中半数以上的人年龄不足 18 岁，很多孩子还在四五岁的时候就劳动挣钱了，大多数参加工作是从八九岁开始的。在英国，还有一个独特的现象就是孩子打扫烟囱。据估计，除了伦敦，1817 年时英格兰爬烟囱的孩子大约有五百人，全英国大约有上千儿童在打扫烟囱。这些孩子中，年龄小的只有四五岁，大一点的 6—8 岁。⑦ 在工厂制度下，儿童一天工作 12 小时，这是公认

① Gosta Langenfelt, *The Historic Origin of the Eight Hours Day*: *Studies in English Traditionalism*, Westport, Connecticut: Greenwood Press, 1954, pp. 37 – 53, 82 – 92.

② Chris Nyland, "Capitalism and the History of Work Time Thought", *The British Journal of Sociology*, Vol. 37, No. 4, 1986, pp. 514 – 515.

③ M. Dorothy George, *London Life in the Eighteenth Century*, p. 206.

④ John Wade, *History of the Middle and Working Classes*, 1833, Reprints of Economic Classics, New York: Augustus M. Kelley, 1966, p. 85; John Rule, *The Experience of Labour in Eighteenth – Century English Industry*, New York: St. Martin's Press, 1981, p. 58; John Rule, *The Labouring Classes in Early Industrial England 1750 – 1850*, London and New York: Longman Group Limited, 1986, p. 132; M. Dorothy George, *London Life in the Eighteenth Century*, p. 206.

⑤ 《马克思恩格斯文集》第 5 卷，第 320 页。

⑥ Sidney Pollard, "Factory Discipline in the Industrial Revolution", *The Economic History Review*, New Series, Vol. 16, No. 2, 1963, pp. 259 – 260.

⑦ J. L. Hammond and Barbara Hammond, *The Town Labourer 1760 – 1832*: *The New Civilization*, Vol. II, London: The British Publishers Guild Limited, 1949, pp. 12 – 13.

的"最低标准"①，很多情况下，童工的日劳动时间长达 16—18 小时。② 矿区也到处使用童工（尤其是男童），控制通风孔的人都是年龄 5—8 岁的儿童。③ 根据 1816 年对英国棉纺织厂的调查，女工和童工的日劳动时间基本上长达 14 小时、16 小时，也有长达 18 小时的。其间，用餐时间只有 40 分钟。在曼彻斯特，一天的劳动时间大约为 14 小时，较为普遍的是以 16 小时为一班、休息 8 小时的作息方式。④ 1817 年，莱斯特制袜厂的工人每天的劳动时间达 14—15 小时。不过，以"学徒"身份受雇于工厂的童工的劳动时间比这更长，孩子们每天的劳动时间长达 16—18 小时。⑤ 劳动时间普遍较长不仅仅是英国的情形，在欧洲大陆，每天的劳动时间从 13 小时到 15—16 小时，似乎都是家常便饭。⑥ 在 1831 年的法国，棉纺织厂的劳动者达 20 万人，劳动时间一般为 12 小时。而在阿尔萨斯，劳动时间长达 14 小时。在瑞士，在棉纺织业工作的人至少有 2.8 万，劳动时间平均每周 80 小时，常常是一天 14 小时。在普鲁士及莱茵河流域各省，仅在纺纱厂工作的人数就有 9000，每天的工作时间一般是 12 小时左右，但也常常达到一天工作 15—16 小时。在萨克森，儿童只要 6—7 岁就可以去工厂干活，而劳动时间也长达一天 12 小时。在奥地利，儿童进入工厂的年龄只有 8 岁。⑦

矿工的劳动环境比较特殊，他们的劳动时间一直都比较短。但到 19 世纪，情况也有了变化。比如在利兹，1787 年，矿工的日劳动时间仍只有 8 小时；到 1842 年，就延长为 12 小时。有的地方的劳动时间甚至长达 14 小时。而在生产旺季，工作 18 小时也很普遍。⑧ 在壁纸工厂，生产的旺季是从 10 月初到次年 4 月底，在这个时间段里，劳动往往从早晨 6 点一直持续到晚上 10 点，甚至到深夜，中间几乎没有休息。⑨ 面包业更是一个夜工行业，有人称面包房是"资本主义夜间劳动的经典场所"，面包师的工作时间主要就在夜间，而且在后半夜，工人极为痛苦。⑩ 19 世纪后期，铁路交通业得到发展，这是一个新兴行业，但员工工作时间也很长。1889 年 9 月和 1890 年 3 月，对英国五类铁路员工（即客车乘务员、货运安全员、火车司机、司炉工、信号员）的调查显示，很大一部分人的劳动时间超过了 12 小时，或者是在工作 12 个小时以上、休息不足 8 小时以后，又重新开始工作。⑪

工业革命期间，夜晚劳动的行业比比皆是。对劳工阶级来说，19 世纪就是一个劳动时间极长、劳动强度极大的时期。有人估计，1800 年时，伦敦人的睡眠时间平均只有 6.5 个小时，⑫ 日劳动时间普遍延长到人能承受的

---

① G. D. H. Cole, *A Short History of the British Working - Class Movement 1789 - 1947*, London: George Allen & Unwin, 1948, p. 20.

② Maurice Walton Thomas, *The Early Factory Legislation: A Study in Legislative and Administrative Evolution*, Westport, Connecticat: Green Wood Press, 1948, pp. 270 - 272.

③ J. L. Hammond and Barbara Hammond, *The Town Labourer 1760 - 1832: The New Civilization*, Vol. II, p. 8.

④ John Rule, *The Experience of Labour in Eighteenth - Century English Industry*, pp. 60, 61; John Rule, *The Labouring Classes in Early Industrial England* 1750 - 1850, p. 133.

⑤ R. A. Hadfield and H. de. B. Gibbins, *A Shorter Working Day*, London: Methuen, 1892, pp. 30 - 31; G. D. H. Cole, *A Short History of the British Working - Class Movement 1789 - 1947*, p. 20; Thomas Wright, *Some Habits and Customs of the Working Classes*, London: Tinsley Brothers, 1867, p. 111.

⑥ Nassau William Senior and Leonard Horner, *Letters on the Factory Act, as It Affects the Cotton Manufacture: Addressed to the Right Honourable the President of the Board of Trade*, London, 1837, p. 15.

⑦ John Wade, *History of the Middle and Working Classes*, pp. 575 - 576.

⑧ John Rule, *The Experience of Labour in Eighteenth - Century English Industry*, pp. 58 - 59.

⑨ 《马克思恩格斯文集》第 5 卷，第 286 页。

⑩ Bryan D. Palmer, *Cultures of Darkness, Night Travels in the Histories of Transgression*, pp. 141 - 142;《就面包工人的申诉向女王陛下内务大臣所作的报告》1862 年伦敦版，转引自《马克思恩格斯文集》第 5 卷，第 289—290 页。

⑪ R. A. Hadfield and H. de. B. Gibbins, *A Shorter Working Day*, p. 14.

⑫ Hans - Joachim Voth, *Time and Work in England*, 1750 - 1830, p. 249.

生理极限。超长时间劳动严重影响劳动者的身体健康，尤其是对妇女和儿童的身体健康损害极大，从而引起劳工的抵抗。普遍要求缩短劳动时间成了 19 世纪西方历史最重要的内容之一。其中，19 世纪上半期几乎成了劳资双方为控制劳动时间进行较量的时代。[①] 大体上，劳动者最初的目标是争取 12 小时工作制，几乎奋斗了半个世纪。通过 1802 年、1819 年、1833 年、1844 年和 1847 年的立法，12 小时工作制终于成为法定的劳动制度。[②] 马克思认为，从 1844 年到 1847 年，受工厂法约束的一切工业部门，都普遍一致地实行了 12 小时工作制。[③] 然而，立法保证 12 小时工作制，只是劳工在与雇主争夺夜晚时间的漫长斗争中所取得的初步胜利。一天工作 12 小时依然辛苦。在随后的劳资双方博弈中，劳动者步步为营，逐渐实现了一天劳动时间从 10 小时、9 小时，缩减到 8 小时的斗争目标。

争取 8 小时工作制具有特别重要的意义。8 小时工作制现在已成为现代社会比较稳定的劳动制度，从对夜晚时间的利用而言，8 小时工作制是实行一日三班和夜间劳动制度化的基础。一天劳动 8 小时，早已有之。但是，在近代以后劳动日不断延长的趋势中，一天工作 8 小时成了对往昔的美好回忆。到 1867 年，有人还把 "8" 的黄金体制看成劳动人民的千年福音，在这个体制下，每个人 8 小时工作，8 小时玩乐，8 小时睡觉，一天得 8 先令工资。[④] 当英国的劳工还在争取 10 小时工作制时，有人就已提出了 8 小时工作制的要求。但一直要

到 19 世纪后期，争取 8 小时工作制的运动才变得现实起来，当然过程极为艰难。大体上，8 小时工作制广泛推行是第一次世界大战以后的事。到 1918 年，随着俄国和德国革命宣布 8 小时工作制，一天劳动 8 小时成了所有欧洲劳工运动的要求。[⑤] 到 1919 年的头几个月，欧美国家大多数有工人组织的行业都实现了 8 小时工作制。[⑥]

随着劳动日时长的减少，白天工作的劳动者就不必在晚上继续工作了，但这并不意味着夜晚安静了，相反，资本对黑夜的占领从此变得更加放肆，在劳动者的日劳动时间逐渐缩短的过程中，一种新的劳动制度推广开来，这就是夜班工作制。起初是换班劳动，后来，比较固定的劳动安排是三班工作制（a three - shift system）。

换班生产的方式在 17 世纪中叶就已出现在英国的玻璃制造业中，出于不让炉火熄灭的目的，玻璃制造行业采用了 6 小时为一班的方式，即工人用 6 小时劳动、6 小时休息轮换生产的办法，确保炉火不熄。[⑦] 换班制比较流行的行业最初是在矿业，因为工作环境比较特殊，矿工的连续工作时间不能太长，8 小时或 6 小时为一班轮换劳动，这种劳动方式在 18 世纪法国和英国的矿区都已流行。[⑧]

工业化时期，换班劳动在更多行业得到采用。这时，换班工作不仅仅是出于不让炉火熄灭或矿井工作特殊的原因，而是服从资本积累的需要，即为了最大限度地使资本增殖，需要

① Clive Behagg, "The Democracy of Work, 1820 - 1850", in John Rule, ed., *British Trade Unionism 1750 - 1850*, London and New York: Longman, 1988, p. 162.

② John Wade, *History of the Middle and Working Classes*, p. 98; Maurice Walton Thomas, *The Early Factory Legislation: A Study in Legislative and Administrative Evolution*, p. 10; G. M. Young and W. D. Handcock, eds., *English Historical Documents 1833 - 1874*, London: Eyre & Spottiswoode, 1956, pp. 949 - 950, 981 - 982.

③ 《马克思恩格斯文集》第 5 卷，第 321—326 页。

④ Thomas Wright, *Some Habits and Customs of the Working Classes*, p. 110.

⑤ Gary S. Cross, "The Quest for Leisure: Reassessing the Eight - Hour Day in France", *Journal of Social History*, Vol. 18, No. 2, 1984, p. 200.

⑥ G. D. H. Cole, *A Short History of the British Working - Class Movement 1789 - 1947*, pp. 388 - 389.

⑦ D. R. Guttery, *From Broad - Glass to Cut Crystal: A History of the Stourbridge Glass Industry*, London: Leonard Hill Limited, 1956, p. 9.

⑧ Gosta Langenfelt, *The Historical Origin of the Eight Hours Day*, p. 83, note 89; John Rule, *The Experience of Labour in Eighteenth - Century English Industry*, p. 58.

让资本的各个组成部分日夜不停地运动起来。在印刷业中，通宵达旦的工作常常也采用换班工作的方式，那些被称为"日工""夜工"的人从早 6 点到晚 6 点，又从晚 6 点到早 6 点，进行换班工作。① 在冶炼行业和棉纺织行业，在日劳动时间受限并且开始缩短的背景下，换班工作解决了如何使投入的资本发挥最大效益的问题，只要夜晚时间全部利用起来，生产能力就可以得到成倍增长。19 世纪 40 年代，加班或换班工作，是雇主们广为采用的生产策略。② 关于在 19 世纪工业化过程中欧洲国家的换班生产情况，马克思有专门叙述："换班有各种办法，例如可以使一部分员工这个星期做日班，下个星期做夜班，等等。大家知道，这种换班制度，这种换班制的经营方法，在英国棉纺织业等部门方兴未艾的青春时期是很盛行的，今天，在莫斯科省的纺纱厂中也很流行。这种 24 小时连续不停的生产过程，作为一种制度，直到今天还存在于大不列颠的许多依然'自由'的工业部门中，其中如英格兰、威尔士和苏格兰的炼钢厂、锻冶厂、压延厂以及其他金属工厂。在这里，劳动过程除了 6 个工作日每天 24 小时，在大多数工厂还包括星期日 24 小时。工人中有男有女，有成年人有儿童。儿童和少年从 8 岁（有时是 6 岁）直到 18 岁年龄不等。在某些部门中，少女和妇女也整夜和男工一道做工。"③ 换班生产既能确保劳动者的劳动时间符合法律的规定，又可以使厂房、机器等资本在夜里得到充分利用。但是，轮换劳动有弊端，工厂主总是用换班劳动来逃避监管。所以，这个制度一直遭人诟病。

后来实行 8 小时工作制，就为建立"三班制"创造了条件。矿区是较早试行以 8 小时为一班、24 小时内分三班进行作业的地方。到 19 世纪 90 年代初，英国大约有 2/5 的煤矿和 1/3 的矿工实现了 8 小时工作制。④ 19 世纪 90 年代，英国其他行业和企业也开始引入 8 小时工作制。采用 8 小时工作制的行业和企业，无一例外地采用了两班制或三班制劳动。⑤ 三班工作制把整个夜晚都纳入劳动时间，夜间劳动从此成了劳动制度的组成部分，夜以继日终于成为现实。

第一次世界大战结束后，西方国家的劳动时间持续减少，主要表现为周劳动时间的减少，从每周劳动 48 小时，减至 45 小时或 44 小时，个别国家甚至减少到 40 小时以下。⑥ 不过，劳动时间总量进一步减少的趋势，并不影响生产和经营活动对夜晚时间的充分利用，三班工作的模式并未改变，多班制作业反而增加。⑦ 事实上，在资本集约化程度越高、单个人日劳动时间越短的情况下，资本就越是要求把夜晚的时间充分利用起来，而要充分利用夜晚时间，只有实行多班工作制。

五　资本的力量

欧洲黑夜的转变史与现代资本主义的发展史基本上同步，这不是一种巧合。确切地说，资本主义的发展要求把夜晚作为一种资源利用起来，如同荒原一样，黑夜需要开拓。当然，拓荒需要适合的工具。最初，传统的灯具得到了利用，但它们越来越满足不了资本主义发展的需要。于是，现代的照明工具被发明出来，

① Maurice Walton Thomas, *The Early Factory Legislation: A Study in Legislative and Administrative Evolution*, p. 266; E. Howe and J. Child, *The Society of London Bookbinders 1780–1951*, London: Sylvan Press, 1952, p. 13.
② Craig R. Litter, *The Development of the Labour Process in Capitalist Societies: A Comparative Study of the Transformation of Work Organization in Britain, Japan and the USA*, London: Heinemann Educational Books, 1982, p. 75.
③ 《马克思恩格斯文集》第 5 卷，第 297—298 页。
④ R. A. Hadfield and H. de. B. Gibbins, *A Shorter Working Day*, p. 19; Cornelius MacLeod Percy, *Miners and the Eight Hours Movement*, Wallgate: Strowger and Son, 1891, p. 6.
⑤ Lujo Brentano, *Hours and Wages in Relation to Production*, New York: Charles Scribner's Sons, 1894, pp. 36–37, 58.
⑥ Paul Blyton, *Changes in Working Time: An International Review*, pp. 21–27; Paul Blyton, "The Working Time Debate in Western Europe", *Industrial Relations*, Vol. 26, No. 2, 1987, p. 202.
⑦ Paul Blyton, *Changes in Working Time: An International Review*, pp. 22, 62–65.

但它本身也是一种产品，它能得到广泛应用，本身就是资本的杰作。以下从夜生活的流行、作为产品的照明设施的生产和推广、夜间劳动三个方面分别进行讨论。

1. 夜生活

偶然的、自娱自乐性质的夜间活动从来都是存在的，城镇有，乡村也有。中世纪的欧洲人偶尔也可以在夜晚找到快乐时光，在一些人口规模较大的前近代城市中，存在着一些消遣和娱乐场所，也有可以通宵达旦玩耍的地方。[①] 农业文明时代的娱乐活动主要是熟人社会中的一种交往方式，与乡村社会的生产和生活节奏相适应。此外，还应认识到，受到宗教伦理的束缚，那时的欧洲人是在有节制的娱乐活动中寻求快乐。[②] 制约夜生活发展的根本因素是社会经济发展水平。农业社会的城市化水平低，[③] 城市需求有限，这就限制了参与夜间娱乐活动的人数，无法形成具有规模的夜间经济。

"夜生活"是近代欧洲城市化的伴生物，它的兴起具有必然性。15、16世纪以后，欧洲社会开始转型。随着封建制度的解体和资本主义的发展，世界性联系得以建立，全球性市场逐渐形成，工商业获得了极为广阔的发展空间，农业人口越来越多地向工商业中心转移，大量新型工商业城市在西欧、西北欧地区涌现出来。那些引领或较早参与全球经济的地方，城市化发展很快，如尼德兰，在17世纪中后期，这里有42%的人口生活在61个人口规模超过2500人的城市里。荷兰是当时七省联合的尼德兰共和国的主要省份，那里的城市化水平高达61%。[④] 从18世纪后半期到19世纪，英国和其他西方国家先后经历了工业化，进一步推动了城市化发展。到18、19世纪，欧洲各地出现了大批新兴工商业城市，大量人口向城市集中。以英国为例，1500年，人口规模在一万以上的城市人口，在总人口中所占比率仅为3.1%。18世纪后半期，英国开始了工业化进程，人口集中明显加快；1800年，上述比率已突破20%；到1890年，这一比率大幅升至61.9%。而且，城市规模也越来越大，以伦敦为例，1520年时，伦敦的人口才5.5万人，1600年达到20万人，1700年为57.5万人，1801年为86.5万人，到19世纪中叶工业革命完成时，伦敦人口达到268.5万人。[⑤] 人口在有限的空间大量集聚，这在以前是从未有过的事。大量城市人口产生各种需求，创造出全新的城市生活方式，这就为夜生活兴起和流行提供了基本条件。

"夜生活"一词有丰富的内涵，给人很多复杂的想象，远不是玩乐那么简单，它既可以表示快乐、开心、休闲、社交、放松心情，也意味着陶醉、诱惑、欲望、沉迷、光怪陆离。甚至到今天，夜生活的含义仍是一言难尽。但是，可以肯定的是，"夜生活"是伴随着近代城市化而兴起的一种生活方式，它以酒馆、咖啡馆、音乐厅、剧院、俱乐部等为载体和平台，给人们提供欢乐和放松的环境以及进行社会交往的机会。娱乐和消遣活动职业化、专门化和商业化，使闲暇活动向着一种"业态"的方向发展，这是新生事物。近代城市的夜生活从社会学角度看，具有社交性质；而从经营和消费角度看，那就是夜间经济，它是都市生活中最具时尚和最有魅力的前沿生活方式，也是资本活动的场所和表现。

资本在城市化中发现了商机，它把世世代

① 让·韦尔东：《中世纪之夜》，第125—150页；Frances and Joseph Gies, *Life in a Medieval Village*, New York: Harper & Row, 1990, pp. 99–105.

② Robert W. Malcolmson, *Popular Recreations in English Society 1700–1850*, Cambridge: Cambridge University Press, 1973.

③ 在欧洲，以农业为本的条件下，城市化水平普遍低下，城市人口在总人口中所占的比例长期维持在10%左右。参见亨利·皮朗：《中世纪欧洲经济社会史》，乐文译，上海人民出版社2001年版，第56页；Paul Bairoch, *Cities and Economic Development: From the Dawn of History to the Present*, trans. by Christopher Braider, Chicago: The University of Chicago Press, 1988, pp. 137–141.

④ Plm Kooij, "The Netherlands", in Richard Rodger, ed., *European Urban History: Prospect and Retrospect*, Leicester: Leicester University Press, 1993, p. 128.

⑤ Jan de Vries, *European Urbanization 1500–1800*, London and New York: Routledge, 1984, Table 4.9, p. 64.

代的业余玩耍变成了专门的生意，把以前专属于权贵圈的娱乐活动推向市场。夜生活的场所就是资本积累的场所，经营者投入资本，添置设备，包括安装大量灯具，这既是为了照明，也是为了营造氛围，是投资的一部分。娱乐活动（如音乐、戏剧等）由专业人士提供，市民参与这些活动，他们是购买服务的消费者。卖门票是夜间经济的初级生意。17 世纪末，伦敦的职业音乐人已经开始聚集在音乐房，为大众提供演奏服务。伦敦有几个很有名的公共娱乐场所，如沃克斯霍尔、拉内拉赫。沃克斯霍尔原为喷泉花园，园内绿树成荫，18 世纪时，花园开放，成为市民在夏季的晚上纳凉消暑、娱乐身心之地。花园发行银质季票，每张门票为 1 几尼（21 先令）。根据 1760 年的一份指南，沃克斯霍尔花园的音乐会开放季节从 5 月初至 8 月底，开放时间为星期日除外的每天晚上 5 点，花园里同时还出售多种水果、酒水、小吃。在这样一个夜生活场所，公共照明当然不少，园子里面安装的玻璃灯具多达 1500 盏。受沃克斯霍尔生意兴隆的鼓舞，有人买下了原属拉内拉赫伯爵的宅地和花园来经营娱乐业。拉内拉赫在 1742 年向公众开放，起先，上午举办音乐会，没多久，音乐会就改到晚上。根据 1749 年 8 月 23 日的一则广告，这个地方的音乐会入场券票价为 1 先令，音乐会在晚上 6 点开始。附言上还说，"今晚会点亮树上挂灯"。在一些特殊场合，入场费更高。例如，在 1764 年的一个燃放花炮的夜晚，每张入场券的票价为 2 先令 6 便士，不过，其中包含咖啡和茶水。到 18 世纪 60—80 年代，夜晚普通的音乐会和烟火观看入场券票价涨至 2 先令 6 便士，而 1 先令的门票只能在白天到园子里散步。[1] 沃克斯霍尔和拉内拉赫这两个娱乐场所的事例反映了娱乐休闲服务的商品化和商业化，快乐是一桩生意，这是近代西方人

的经营之道。[2] 不过，这只是一个开始。如果说，17 世纪晚期和 18 世纪欧洲的城市娱乐业正在出现大众化形式，那么，19 世纪就是娱乐商业化的时代。以利润最大化为追求、以大众市场为基础的资本主义商业实践，对于娱乐服务具有革命性影响，[3] 正是这种实践创造了大众娱乐业。在娱乐场所，公共照明当然很重要。不过，在这些场所的人工照明不仅仅用来照亮现场，它们本身已构成夜晚景观的重要部分，是需要投入资本的一个方面。

18 世纪以来，夜晚的商机越来越多。由于工业革命，产品大量被生产出来，海内外市场急剧扩大，加上运输条件的改善，欧洲城市里的商品更加丰富。在西北欧地区，城市中上升着的中等阶级的规模和财富都在膨胀，他们推动着国内的消费浪潮，消费社会正在形成之中。在很多城市和城镇，商场、市场、购物长廊在夜幕降临以后依旧开放，灯光则起到了助推夜晚购物和为夜生活助兴的作用。1789 年，一位到访伦敦的人写道，伦敦所有商店营业到晚上 10 点，灯光把商店照得极其亮堂。[4] 19 世纪，汽灯很快普及，商家们开始用灯饰来制作广告，展示商品。在这方面，伦敦再次引领风尚。在维多利亚时代中期，一些商家就已开始把大笔的钱用在照明上。19 世纪 50 年代初，伦敦有一位旅客对于摩西公司（Moses and Son）奢华照明、浪费燃气表示了极大震惊。他说，裁缝和制服生产者用极为铺张的方法点亮了他们的门店，店里尽是外套、汗衫和裤子。门店的外墙面向三条街道，都成了展示产品的地方，数以千计的汽灯火焰把门店装饰得辉煌灿烂，发出令人炫目的灯火，半英里开外的人们都可以看清摩西公司灯火闪烁的廊柱。[5] 伦敦人在周六的晚上去布莱克韦尔购物，不仅仅是家庭生活需要，简直就像过节日。晚上 9 点以前，顾客们会一直在店内转

[1]　Joseph Strutt, *The Sports and Pastimes of the People of England*, London：Methuen & Co., 1903, Detroit：Reissued by Singing Tree Press, Book Tower, 1968, pp. 232 – 233.

[2]　Thomas Burke, *Nights in Town*, p. 62.

[3]　Gary Cross, *A Social History of Leisure since 1600*, Pennsylvania：Venture Publishing, Inc., 1990, pp. 54, 123 – 127.

[4]　A. Roger Ekirch, *At Day's Close：Night in Times Past*, p. 326.

[5]　Ralph Nevill, *Night Life：London and Paris—Past and Present*, p. 4.

悠。20 世纪早期，有人描写夜晚的伦敦，字里行间充满了感情：当人们结束了一天的奔波劳累渴望休息和温暖时，伦敦宛如一名少妇，她把深藏的美丽化作温柔的时光。夜伦敦如此之美，作者甚至连巴黎都不放在眼里。① 但巴黎的夜晚其实跟伦敦一样有情调。19 世纪巴黎最有特色的夜生活在拱廊，拱廊又是最早使用汽灯的地方，夜晚的拱廊灯火辉煌。拱廊所创造的环境，主要不是供闲逛者消磨时光，它本质上是一个购物场所，是奢侈品的商贸中心；陈列在橱窗里的商品在灯光的映衬下显得美轮美奂，勾起人们的物质欲望；"市场是闲逛者最后的去处。如果说最初他把街道变成了室内，那么现在这个室内已变成了街道。他在商品的迷宫中转来转去，就像他先前在城市的迷宫中转来转去那样"②，小说家对拱廊的描写，似乎为闲逛者安排好了溜达的结局：购物。

在 18—19 世纪伦敦、巴黎的夜生活中，灯光的使用已超越了实用照明的范围，它成了一种炫耀和吸引眼球的手段。一些奢侈品在灯光的映衬下显得更加光彩和豪华，强烈地刺激了人们的占有欲和购买欲，而这正是消费社会的重要特征。它要千方百计地勾起人们的物欲，诱使人们关注、停留、欣赏，并最终购买商品，使每一个具备购买力的潜在顾客，转变为真正的消费者。这背后的推手就是资本，灯光则充当了资本的道具，营造了一个动人的购物、消费环境。难道不正是资本创造了人的欲望和需求进而创造了夜生活吗？

值得注意的是，在夜生活开始兴起的时代，娱乐场所和街道上使用的照明工具还是传统的灯具，人类使用老式的油灯和蜡烛灯具已经有几千年历史。但是，只有到了近代，随着资本的运动，它们才在一些场所找到了新的发光机会。后来使用了汽灯，现代的照明技术和工具出现，夜生活便变得更加流光溢彩。然而，现代照明工具得以投入生产和得到广泛运用，也是按照资本运行的逻辑而展开的，它们本身就是公司经营的产品。

2. 作为产品的照明工具

人类在黑夜里能够长时间、大规模从事社会经济活动，离不开照明技术的进步。传统的灯具是通过燃烧物质，用火焰的光芒进行照明。电灯则是通过将电能转化为光能提供照明，那是 19 世纪晚期的事了。靠火焰提供光照，亮度有限。在一个开阔的空间里，同时点燃大量油灯或蜡烛也会产生足够亮度的照明效果，但成本会很高。18 世纪晚期时，有人开始研究火焰。③ 后来，法国人阿尔甘（Francois - Pierre Ami Argand）根据燃烧原理，发明了管形灯芯燃烧器，这就是阿尔甘灯。阿尔甘灯照明敞亮，代表了照明工具的一次重大进步，但耗油厉害。新兴的工业所需要的是好用而又经济实惠的大规模照明，燃烧煤气最终解决了阿尔甘灯因为燃油而造成成本较高的问题。

阿尔甘灯和汽灯是具有现代意义的照明工具，在驱赶黑暗和使夜晚发生转变方面的作用很大。不过，放在资本主义工业化蓬勃发展的时代来看，它们也是工厂生产的一种产品，更是需要资本投入并且值得投资的领域。

阿尔甘在发明新式的灯具并申请专利后，就着手制造灯具。1785 年中期起，他开始筹备建厂。他的建厂工作进展缓慢，大约到 1788 年才开始投产。但阿尔甘的事业不顺，不久就发生法国大革命。后来，国内又出现仿冒产品，加上英国产品的竞争，阿尔甘自己的投资和经营计划失败了。不过，这不影响阿尔甘灯具作为一种产品在市场上的受欢迎度，在法国市场上，大量出现的仿制灯具说明阿尔甘灯的生产和销售没有问题。

汽灯的生产和应用完全是在资本的推动下，遵循了市场经济的逻辑。汽灯是现代化的照明工具，它不像过去的照明工具那样是一件

---

① Thomas Burke, *Nights in Town*, p. 156, 15.

② 瓦尔特·本雅明：《巴黎，19 世纪的首都》，第 122 页。

③ Michael Schroder, *The Argand Burner：Its Origin and Development in France and England* 1780 – 1800, Odense：Odense University Press, 1969, pp. 36 – 37.

可以随手拿来就用的物件，事实上，它更像一种"固定资产"。

的确，从投资上讲，煤气是从工厂生产出来的，需要成套生产设备；生产出来的煤气需要储存的设施；煤气到达用户指定的地方，需要有特殊的传输管道；使用煤气本身也需要专用的设备和器具。当然，由于煤气易燃易爆，安全方面的考量和投入也是必需的。这样，煤气从生产、供应到使用，形成了一个独立的系统，其中的每一个环节都需要很大的资本投入。苏格兰人威廉·默多克（William Murdock）最早申请要把煤气用于照明。[①] 起初，公众对这种看不见的神秘气体很感兴趣，但由于其易令人窒息和易燃易爆的性质，人们又怀疑煤气照明的安全性。于是，对这一领域的投资就成了一项冒险事业。煤气工业的先驱阿尔伯特·温沙（Albert Winsor）很有经营头脑，他到处办展览、作讲解，以说服投资者和用户，并且许诺巨大的红利，以劝说人们投资这一风险事业。温沙的努力很有效果，英国人掀起了购买股票的狂潮，资本金一共 20 万英镑，以每股 50 英镑的价格来募集。温沙很快筹到了他拟建的"煤气照明和焦炭公司"所需的资本。[②] 在他说服公众投资的同时，他还鼓动议会通过一个关于建立"国立光热公司"（The National Light and Heat Company）的法案，他建议像自来水的供应一样，由这家公司负责提供街头及千家万户所需的照明和取暖设备，并详细地陈述了可能带来的巨大利益。1810 年，英国议会同意成立光热公司，授权它向伦敦、威斯特敏斯特等地及其近郊供气。公司有理事长和副理事长各 1 名，还有 10 名经理。1812 年 4 月 30 日，议会签署了公司特许状，为期 21 年。从那时起的很多年里，这家公司就以"特许煤气公司"（Chartered Gas

Company）之名闻名。[③] 煤气最初的公共供给系统就是这样以公司制的方式出现的。

从经营上讲，如何盈利是公司的首要考虑。与阿尔甘灯的生产和销售不同，生产和经营煤气在当时被看成一件有风险的商业投机事业，公司可以根据自己的意愿来定价收费，实现利润最大化，但是有一个条件，就是公司为所在地区提供照明的价格，不能高于该地区现有油灯照明系统的价格。所以，在经营初期，煤气照明都是先在人口稠密地区推开，这些地区用户多、市场大，有利于控制投资风险。特许煤气公司到 1817 年才开始派发红利，可见投资的回报周期比较长。但是，随着基础设施的建设和发展，煤气使用更加安全，市场不断扩大，经营预期良好，新的煤气公司随后又陆续建立起来。伦敦新建了 5 家公司："伦敦城煤气和焦炭公司""帝国煤气和焦炭公司""拉特克勒夫煤气和焦炭公司""凤凰煤气和焦炭公司""独立煤气和焦炭公司"，这些公司是根据议会在 1816 年、1820 年、1823 年、1824 年和 1829 年分别通过的法案而陆续建立的。再后来，根据 1842 年（2 个法案）、1843 年和 1847 年议会通过的 4 个法案，又新建了 4 家煤气公司："公平煤气照明公司""大都市南煤气照明和焦炭公司""伦敦煤气照明公司"和"商业煤气公司"。[④] 煤气照明在全英国得到推广，在爱丁堡、格拉斯哥、利物浦、布里斯托尔、巴斯、伯明翰、切尔滕纳姆、利兹、曼彻斯特、埃克塞特、切斯特、麦克尔斯菲尔德、普雷斯顿、基德明斯特，以及英国其他一些城镇和地方，陆续都建起了供应这种新光源的工厂。到 19 世纪 40 年代，英国人口两三千人的小城镇都已经用上煤气了。[⑤] 随着煤气生产和煤气照明业的发展，煤气照明的价格

①　Dean Chandler and A. Douglas Lacy, *The Rise of the Gas Industry in Britain*, London: British Gas Council, 1949, p. 15; Thomas Snowdon Peckston, *The Theory and Practice of Gas - Lighting*, Memphis: General Books, 2012, p. 21; Fredrick Accum, *A Practical Treatise on Gas - Light*, London: Davies and Michael, 1815, reprint 2018, p. 75.

②　Maureen Dillon, *Artificial Sunshine: A Social History of Domestic Lighting*, London: National Trust, 2002, p. 129.

③　Charles Hunt, *A History of the Introduction of Gas Lighting*, London: Walter King, 1907, reprint 2013, pp. 101, 140.

④　Dean Chandler and A. Douglas Lacy, *The Rise of the Gas Industry in Britain*, pp. 44, 73.

⑤　例如英国西北部坎伯兰地区的小镇科克茅斯，1800 年人口不足 3000；1830 年，该镇宣布要建立煤气公司，使用煤气照明；后以每股 5 英镑募集到 600 股资本，于 1834 年建立煤气公司。J. Bernard Bradbury, *A History of Cockermouth*, p. 112.

不断下降，在 1823 年的伦敦，每千立方英尺煤气的平均价格为 15 先令。10 年以后，这一价格降至 11 先令 3 便士。到 1905 年，伦敦煤气的最低价格仅为 2 先令。① 可见，煤气照明的经营遵循了市场化原则。

从生产上讲，煤气照明从一开始就是现代产业，它是与工业革命联系在一起的。如前所述，煤气的生产、储存、输送和使用，都需要成套设备，这使得煤气工业自始至终就是现代化行业，具备了工厂化、规模化、市场化的特征。作为一种产品，煤气适用的对象，除了街头、广场等公共空间，以及商店这类经营场所以外，主要应用于工厂生产中，工业是煤气照明的大用户。② 1802 年，第一套煤气生产、储存、输送和消费合成一体的系统，安装在索霍的锻造厂。1805 年，第二套更完善的照明系统安装在曼彻斯特的一家棉纺厂。19 世纪，工业革命在英国和欧洲大陆蓬勃发展，工厂如雨后春笋般建立起来，对照明有很大需求，这为煤气照明的发展提供了巨大的市场和广阔的前景。可以说，从煤气的生产到煤气照明的应用，这一行业是英国工业化的重要组成部分。

回到照明工具本身，现在我们不难理解，照明工具并非仅仅是照亮黑夜的灯具，它也是一个产品，是一个值得投资的领域，是一个有利可图、有利于资本积累的新方向。正是在资本的推动下，照明行业，更广泛而言，煤气工业（以及后来的电力工业）发展起来。

3. 夜间劳动

中世纪的行会规定夜间不能生产和交易，固然有多方面的原因，但主要原因还是市场问题。在那个时代，市场是地方性的，在产品主要供当地消费的情况下，白天的生产就能够满足地方市场的需求，生产过多的产品实在没有必要。而且，在蜡烛、油灯的照明下，夜间生产的产品质量不能保证，夜以继日地进行生产反而造成同业竞争。所以，一直到中世纪晚期，欧洲城市劳动者的劳动时间基本限于白天。然而，从近代早期起，夜晚劳动不再是偶尔为之的例外，而是逐渐成为生产劳动的常态，这与世界市场的形成相关。新航路开辟以后，全球联系建立起来，市场空前扩大，这对生产能力提出了更大要求，欧洲的一些地方顺势而为，开始了"原初工业化"。原初工业化的兴起是对行会经济的挑战，不仅农村家庭可以利用夜晚时间从事手工劳动，手工工场也可突破行会关于夜间不能生产的规矩。所以，夜间劳动的兴起，与世界市场的扩大有直接的关系，它的推动力量来自资本主义的最初成长。

但是，资本主义并不仅仅满足于利用夜晚几个小时的时间，它在发展过程中越来越要求把整个夜晚的时间利用起来。把黑夜当作一种资源充分利用，是资本主义生产方式的内在要求。马克思曾经说过："把工作日延长到自然日的界限以外，延长到夜间，只是一种缓和的办法，只能大致满足一下吸血鬼吮吸劳动鲜血的欲望。因此，在一昼夜 24 小时内都占有劳动，是资本主义生产的内在要求。但是日夜不停地榨取同一劳动力，从身体上说是不可能的，因此，为克服身体上的障碍，就要求白天被吸尽的劳动力和夜里被吸尽的劳动力换班工作。"③ 资本主义生产的这个内在要求在工业革命时期得到了充分表达，由于生产的需要，资本大量沉淀于机械设备中，资本家希望投资能尽快得到回报，这需要机器尽可能长时间地运转。为此，雇主极力延长劳动者的工作时间，这反映了早期资本主义的野蛮性。当然，把劳动日延长到人的生理所能忍受的极限，也会引起诸多问题，这种做法确实也长久不了。况且还有劳工阶级为缩短工作日进行着不懈的斗争。最终，资本的野性被关进了 8 小时工作制的笼子。但是，夜班生产还是使资本找到了一个合法利用夜晚时间的方式，通过三班或多班工作制，夜以继日地工作得以制度化。

20 世纪下半叶以来，周工作时间大幅减少，但夜班生产没有减少，不仅在传统行业

① Maureen Dillon, *Artificial Sunshine*: *A Social History of Domestic Lighting*, p. 130.
② Wolfgang Schivelbusch, *Disenchanted Night*: *The Industrialization of Light in the Nineteenth Century*, pp. 19 – 20.
③ 《马克思恩格斯文集》第 5 卷，第 297 页。

中，而且在新的服务业中，如电讯、交通、能源供应、新闻媒体、医疗健康，以及一些商店和休闲场所，都提供 24 小时服务，更多的劳动者在夜间忙碌。20 世纪 80 年代以来，全球化和以互联网为代表的现代通信技术的发展，既压缩了全球空间，也打破了东西半球昼与夜的差别。在全球同时性与我们所习惯的历时性共存的形势下，夜间的劳动不仅没有减少，在夜间生产和服务的人反而越来越多。在这个趋势下，24 小时内多班生产模式会长期存在，[①] 虽然夜间劳动不利于身心健康，但资本集约化程度越来越高，经济和技术对多班工作制的迫切需求超过了人们对健康和正常的社会生活的需要。

结　语

综上所述，欧洲历史上的黑夜变迁，反映了欧洲人对黑夜的态度从畏惧、退缩和无奈，到逐渐走进黑夜、享受夜生活以及把长夜整合进生产过程的转变。转变是一个长期的过程，近代早期开始发生了明显变化，到 19 世纪晚期才基本上完成。这一进程不是独立和自发地发生的，而是与欧洲向现代社会的转变过程大致吻合。

一些学者从文化上来理解这一转变，并把转变的原因归于思想观念的变化，似乎有一定道理。然而，为什么欧洲在近代早期开始发生文化方面的变化，这不是文化本身可以解释清楚的。在文化方面表现出来的黑夜的变迁，是欧洲近代化潮流的一种表象，只有将黑夜放在欧洲向现代资本主义社会转变的历史进程中才能得到充分理解。经济和社会结构的变动是社会历史发展的基础，历史唯物主义的思想和方法仍然适用于对欧洲夜史转变的理解，即使欧洲黑夜的变迁大量表现在文化上，其深刻的背景和原因仍在于资本主义经济的成长和发展。照明条件的改善对于这一变迁起到了直接的推动作用，我们确实没法想象人类在缺乏人工照明的黑夜能有什么作为，更不能想象，如果缺少像汽灯以及后来的电灯这样的现代照明工具和技术，19 世纪以来的夜生活能如此丰富多彩，大规模的夜间劳动竟可以做到夜以继日。然而，更本质的问题是，为什么照明工具在欧洲近代以来的历史中才得到迅速而大规模的应用和推广。欧洲夜史发生变迁的原因要比照明工具的使用更加复杂和深刻。在欧洲社会变革的时代潮流中涌动着资本的力量，资本扩张驱动着现代照明技术和工具的开发、应用和推广，后者是前者开拓黑夜的工具。资本主义的兴起和发展引起商业化、工业化、城市化和全球化，黑夜的变迁是这个历史潮流的一部分。城市化和工业化为夜生活和夜间劳动兴起提供了必要的经济社会条件。在世界市场的建立以及随后全球化不断加深的背景下，空间仿佛被压缩，这个现实也在改变着人们的时间观念，改变着人们对于夜晚的认识。在一般意义上，黑夜与白天具有相同的时间性，对于资本主义而言，它们都是必须开发、利用的资源。只不过白天的时间便于使用，而利用黑夜则需要更高的成本和更多的投入，但资本向黑夜扩张是早晚要发生的事情。近代以来的世界历史表明，资本主义起先是从空间上不断向外扩张，随后又逐渐地从时间上侵蚀黑夜。如同开拓殖民地一样，夜晚最终成了资本主义开发的荒原和前沿，[②] 照明技术和方式充当了资本拓荒的工具，为人类在夜间的活动撑开了一片光明，为资本积累腾出了新的空间。夜生活是资本的杰作，而夜班生产是资本对黑夜的占领。

（原载《历史研究》2020 年第 4 期）

---

① Paul Blyton, *Changes in Working Time: An International Review*, p. 73.
② Murray Belbin, "Night as Frontier", *American Sociological Review*, Vol. 43, No. 1, 1978, pp. 3 – 22.

从伪君子到阴谋家
——反启蒙运动塑造的启蒙哲人形象

石　芳[*]

摘　要："哲人"是启蒙时代意识形态讨论和斗争的焦点。在公众和舆论的重要性日渐增长的时代，公共人物这种现代现象诞生，哲人的公共形象成为启蒙哲人与反启蒙势力竞争的重要内容。反哲人一开始蔑视地将启蒙哲人视作不信教、反宗教、不学无术、妖言惑众以谋取私利的伪君子，试图揭露他们的骗子面目。然而随着时间的推移，启蒙思想四处传播，启蒙哲人的影响日益高涨。反哲人们既嫉妒又恐慌，掀起越来越高的反对声浪，指控启蒙思想败坏道德、腐化风俗、煽动反叛。他们塑造的哲人形象变得越来越阴险、越来越政治化，最终在旧制度的最后二十年间将哲人们刻画为一个意图颠覆国家和教会的阴谋集团，并预言启蒙思想会带来暴力流血和权力的倾覆。这种阴谋论为启蒙运动与法国革命制造出因果关系，创造出一种历史解读，对后世对启蒙运动的阐释产生了重要影响。

关键词：启蒙哲人　反哲人　公共形象　反启蒙运动

面对启蒙运动的兴起，启蒙哲人（philosophe）的反对者们针锋相对地将自己命名为反哲人（antiphilosophe），对哲人们展开了坚韧、持久的抵制和斗争，形成了曾被长期忽视的反启蒙运动。自20世纪70年代以来的反启蒙运动研究，多追随以赛亚·伯林所开创的研究范式，对批判启蒙思想的文本进行思辨研究。实际上，启蒙运动遭遇的抵制与抨击，远不止维柯、赫尔德等人从思想层面开展的论辩与批驳，还有大量的讽刺挖苦、人身攻击和诡计手腕。在启蒙时代，"公众"和"舆论"的重要性凸显出来。围绕着启蒙著作、启蒙哲人的历次纷争，吸引了公众的注意力、引起了舆论的喧哗，伏尔泰、卢梭等著名的启蒙哲人也成为万众瞩目的公共人物。这一切令反启蒙势力惊愕、惶恐，展开了与哲人争夺对公众的影响力、争夺舆论主导权的斗争。在这场充斥着侮辱与损害的斗争中，对哲人形象的塑造成了重要部分。启蒙哲人和他们的对手们争夺对"哲人"这个概念的定义权，"哲人"本身成为启蒙论战中的一个论题，成为18世纪的关键概念，是"那个时代意识形态讨论和斗争的焦点"[①]。在阐释"哲人"的竞争中，反哲人利用各种传播媒介刻画哲人的负面形象，意图通过污名化的手段降低哲人在公众中的影响力。

对启蒙时代的哲人形象进行分析，这项研究最早可以追溯到1926年埃若·韦德所著《18世纪法国戏剧中的"哲人"》[②]。在这部著作中，他分析了18世纪产生的51部与启蒙论战直接相关、以哲人为主角的戏剧作品，揭示反哲人对"哲人"的指控以及哲人的自我辩白。在韦德的奠基性著作之后，学者们对

* 石芳：四川大学历史文化学院讲师。

① Jochen Schlobach, "Philosophe", dans Michel Delon, dir., *Dictionnaire européen des Lumières*, Presses Universitaires de France, 1997, p. 982.

② Ira O. Wade, *The "Philosophe" in the French Drama of the Eighteenth Century*, Princeton University Press, Les presses universitaires, 1926.

"philosophe"这个词汇在 18 世纪语境中的含义进行研究的作品并不少见，尤以让·法布尔的文章《哲人的两个定义：伏尔泰与狄德罗》① 最为著名，但是这些研究主要关注的是哲人们对自己的认识。直到 1982 年，巴黎三大的一篇博士论文《1750—1772 年间法国戏剧中的哲人角色》② 再次继承了埃若·韦德的研究主题，但这篇论文没有出版，很少有人看到。又沉寂了 20 年，斯特拉斯堡大学启蒙运动研究中心（CELUS）再次以"哲人"形象作为研究主题。在皮埃尔·阿特曼的主持下，学者们决定对 18 世纪的戏剧、叙述性散文作品（比如小说）、报刊、科学院作品乃至革命演讲所刻画的"哲人"角色进行分析，至今已经出版了两本论文集《舞台上的哲人》③ 和《小说中的哲人》④。2010 年，阿莱克西·塔迪耶又汇编了论文集《英国与法国文学中的哲人角色（16—18 世纪）》⑤。这些作品的研究思路都是试图在哲学的"边缘"文本中勾勒出"哲人"这种人物角色的轮廓，比如苏格拉底、笛卡尔等哲学家在 18 世纪文学作品中的形象，大部分内容与启蒙运动的论战没有直接关系。

至于启蒙运动中产生的论战文本所塑造的哲人形象，研究反启蒙运动的作品多少都有所涉及，比如迪迪耶·马索著《启蒙哲人的敌人们》⑥ 和麦克马洪著《启蒙运动的敌人们》⑦ 都揭示了反哲人对哲人的一些看法；对一些重要反哲人如弗雷隆、彭比尼昂、莫罗等人物的研究，⑧ 对主要的反启蒙刊物如《文学年代》《特雷武报》的研究，⑨ 也会陈述他们对启蒙哲人的看法。但是，这些研究主要关注的是反启蒙势力对启蒙哲人的严肃评价，分析的是反哲人们对启蒙思想的看法，而不是用于争夺公共舆论而在通俗性文本中为哲人塑造的公共形象。奥利维耶·费雷的《疯狂诋毁——哲人与反哲人的小册子交火（1750—1770）》⑩ 从文学角度研究哲人与反哲人的小册子战争，时不时会揭示哲人与反哲人的一些形象纠纷，但分析的是论战小册子使用的杜撰虚构、断章取义、嘲笑诽谤等"污名化"手段。

在国内学术界，反启蒙运动的研究目前主要集中于一些重要反启蒙思想家，如维柯、迈斯特、德里达、施特劳斯等，对他们的文本进行抽象思辨和分析解读，探究他们对文明、进步主义等启蒙观念的批判。⑪ 也有人关注到某

① Jean Fabre, "Deux définitions du philosophe：Voltaire et Diderot", *Lumières et romantisme, énergie et nostalgie de Rousseau à Mickiewicz*, Librairie C. Klincksieck, 1963, pp. 2 - 18.

② Hervé Guénot, *Le personnage du philosophe au théâtre entre 1750 et 1772*, thèse en deux volumes, Paris Ⅲ, 1982.

③ Pierre Hartmann, dir., *Le philosophe sur les planches*, *L'image du philosophe dans le théâtre des Lumières：1680 - 1815*, Presses Universitaires de Strasbourg, 2003.

④ Pierre Hartmann, Florence Lotterie, dirs., *Le Philosophe romanesque*, *L'image du philosophe dans le roman des Lumières*, Presses universitaires de Strasbourg, 2007.

⑤ Alexis Tadié, dir., *La figure du philosophe dans les lettres anglaises et françaises（XVIe - XVIIIe siècles）*, Presses universitaires de Paris Ouest, 2010.

⑥ Didier Masseau, *Les ennemis des philosophes：L'antiphilosophie au temps des Lumières*, Albin Michel, 2000.

⑦ Darrin M. McMahon, *Enemies of the Enlightenment：The French Counter - Enlightenment and the Making of Modernity*, Oxford University Press, 2001.

⑧ Jean Balcou, *Fréron contre les philosophes*, Librairie Droz, 1975. Theodore E. D. Braun, *Un ennemi de Voltaire, Le Franc de Pompignan, sa vie, ses œuvres, ses rapports avec Voltaire*, Minard, 1972. Dieter Gembicki, *Histoire et politique à la fin de l'Ancien Régime, Jacob - Nicolas Moreau（1717 - 1803）*, Librairie A. - G. Nizet, 1979.

⑨ Paul Van Tieghem, *L'Année littéraire（1754 - 1790）comme intermédiaire en France des littératures étrangères*, s. n., 1917. John N. Pappas, *The Journal de Trévoux and the philosophes*, Institut et Musée Voltaire, 1957.

⑩ Olivier Ferret, *La Fureur de nuire：échanges pamphlétaires entre philosophes et antiphilosophes（1750 - 1770）*, Voltaire Foundation, 2007.

⑪ 丁纾寒：《从"新科学"到"新启蒙"——论维柯的历史诗学》，博士学位论文，浙江大学，2013 年。施展：《迈斯特政治哲学研究——鲜血、大地与主权》，法律出版社 2012 年版。杨子飞：《反启蒙运动的启蒙——施特劳斯政治哲学研究》，博士学位论文，浙江大学，2012 年。

些反启蒙观念，如历史主义。① 还有一些文章着重于分析以赛亚·伯林对"反启蒙"的定义。② 这些研究主要关注的 19、20 世纪的思想家对启蒙思想的事后评价与批判，而对于 18 世纪直面启蒙思想家并与他们展开直接竞争的反哲人们，相关研究则极为罕见，③ 基本上承袭麦克马洪的研究思路，并没有特别留意反哲人们在公共舆论场中与哲人们展开的斗争。

总体而言，反启蒙势力将"哲人"这个头衔"污名化"，向公众塑造、传达启蒙哲人的负面形象，令他们在公众中失去信誉，从而达到争夺公共舆论的目的，这些活动还没有得到全面、系统的研究。本文对启蒙哲人与他们的对手们的论战中产生的小册子、小说、戏剧等通俗文本进行分析。这些文本揭示出，启蒙哲人一直被扣以不虔诚、反宗教、独立反叛、腐蚀风俗等罪名，并且随着启蒙运动的发展，哲人被刻画得越来越危险、罪行越来越政治化，从哗众取宠、骗取功名利禄的伪君子变成颠覆教会和国家的阴谋家。法国革命、特别是恐怖统治，为这种哲人阴谋论提供了市场，也深刻影响了后世对启蒙运动的认识。

一　复杂多样的反哲人群体

"哲人"，是 18 世纪的启蒙思想家对自己的称呼。他们喜爱谈论"哲学""哲学精神"，相信"哲学"的进步会给人类带来幸福，将苏格拉底等古代哲学家视作精神祖先。但"哲人"并不具有明确的定义，甚至人们对"谁是哲人"这个问题也从来没有完全一致的

意见。学者们常常不得不使用列举的方式来回答这个问题。④ 不过，总有一些人被视作是无可争议的"哲人"，比如伏尔泰、狄德罗、达朗贝尔、爱尔维修、霍尔巴赫、雷纳尔、孔多塞等。还有一些人，如丰特奈尔、孟德斯鸠、卢梭、孔狄亚克、杜克洛、杜尔哥、马蒙泰尔、莫雷莱、格里姆等，虽然有的被认为是哲人的先驱而非哲人，有的被认为游离于哲人的边缘，有的被认为资历尚浅，不论是"哲人先驱""边缘哲人"还是"次要哲人"，但总归是"哲学运动"的参与者，也常常被归入"哲人"的行列。除孔狄亚克之外，他们并没有系统的、现代意义上的哲学思想，他们的思想观念也分歧巨大，不能总结为自洽的学说，但它们"通过一种比喻或能够进行反思和阐释的一些口号表现出来"⑤。

哲人们的身份意识早在 1743 年就由后来参与《百科全书》编撰的杜马塞（César Chesneau Dumarsais，1676 – 1756）明确表达出来，"理性对哲人而言，就相当于神恩对基督教徒的意义"；"哲人通过无数的特别观察而形成自己的原则"，"对科学怀有敬意"，"充满人性"⑥。在杜马塞的笔下，哲人代表着新的理想人，已经启蒙的人，善于利用自身的理性并依据理性而行动。这是对"philosophe"的新阐释，偏离了它本来所指代的柏拉图、苏格拉底等古代哲学家的含义。此后这篇文章被伏尔泰、狄德罗分别改写并收入《哲学辞典》和《百科全书》，成为哲人们表达自我认知的宪章。总之，哲人们自认为以理性和公正为特征，"哲人就是一个正派的人，他完全依据理性而采取行动，他将风俗、社交才华与反思、

---

① 宋友文：《"反启蒙"之滥觞——历史主义兴起的哲学反思》，《南京社会科学》2012 年第 1 期。
② 段国重：《"有的放矢"还是"为矢设的"？——以赛亚·伯林的反启蒙运动研究及其批评综述》，《国外社会科学》2016 年第 6 期。蒋柳萍：《多元论与自由：伯林反启蒙的自由主义思想研究》，《江西社会科学》2006 年第 1 期。
③ 张智：《略论法国旧制度末期的反启蒙运动》，《世界历史》2008 年第 6 期。
④ 如 Peter Gay, *The Enlightenment*：*An Interpretation*, Vol. I, *The Rise of Modern Paganism*, New York：Alfred A. Knopf, 1976, p. 17. John Lough, "Who were the Philosophes?", *Studies in Eighteenth - Century French Literature*, J. H. Fox, M. H. Waddicor, D. A. Watts eds.，Exeter：University of Exeter, 1975, pp. 139 – 150.
⑤ Michel Delon, "Représentations des Lumières", *Dcitionnaire Européen des Lumières*, p. 758.
⑥ César Chesneau Dumarsais, "*Le Philosophe*", *Nouvelles libertés de Penser*, Amsterdam, 1743, pp. 175 – 177.

公正精神结合起来"①。不仅如此，他们还富有战斗精神，"他们都在为了拥护真理而战斗"，"他们以永不疲倦的精力投身于反抗宗教狂热与暴政的种种罪行的活动中"，"他们采用理性、宽容、人道作为战斗口号"②。

哲人为自己塑造的这幅形象被他们的对手们视为狂妄自负。在这些人看来，"我们时代的不信教的人用'哲人'这个漂亮词来称呼自己……他们只不过在追随着异教诡辩派的足迹而已，并为真理的这些古老敌人的错误推理增添了一些自负的灵巧"③。他们不仅认为哲人毫无才学，而且认为他们品行有缺、行为乖张："世间还有人将自己美称为'哲人'，这些所谓的无信仰的人……将自己置于世俗和宗教生活的义务与责任之上，摆脱所有在宗教方面被他们称为教育偏见的东西，嘲笑可怜的人类因懦弱而遵守现存律法、因愚蠢而不敢摆脱非常古老的迷信的桎梏。"④

这些贬斥、抨击哲人的人自视为"反哲人（antiphiosophe）"。这个词汇差不多与"哲人"同时诞生，反哲人以此表达其明确的立场，还堂而皇之地将其形容词形式运用于一些著作标题上，如《反哲学思想录》⑤、《反哲学辞典》⑥ 等。不过，"哲人"所指涉范围极为有限，并都可归入广泛意义上的"文人"类别；而在 18 世纪语境中，"反哲人"泛指一切反对启蒙运动的人物，并不必然是发表作品的文人，其中不乏一些掌握教俗权力、能够对

启蒙哲人采取行动的人，比如直接推动《百科全书》被取缔的巴黎高等法院总律师若利·德·弗勒利（Jophe - Omer Joly de Fleury，1715 - 1810）。因此，广义上的反哲人身份多样，好战的神职人员、虔诚的贵族、保守的高等法院法官、固守传统的资产阶级、顽固不化的文人……上至大权在握的高官显贵、下至生活无着的落魄文人，都有反哲人。而本文所研究的则是狭义上的反哲人，是那些著书立论、在舆论场中与哲人们展开竞争的人。

这些反哲人大致可分为三个类型。⑦ 第一类是纯粹的虔诚传统的代表，既有神职人员、也有世俗人士，他们的观念通常被称为"护教论"。其典型代表如发布主教训谕斥责卢梭的巴黎大主教博蒙（Christophe de Beaumont，1703 - 1781），发表牧灵手册罗列哲人的四大罪状的皮伊主教彭比尼昂，⑧ 著《自相矛盾的无神论》《驳〈自然的体系〉》等重要护教论作品的教士贝尔热耶（Nicolas - Sylvestre Berg-ier，1718 - 1790）等，⑨ 世俗人士也同样是护教论的重要支柱，如卡拉奇奥利（Louis - An-toine de Caraccioli，1719 - 1803），著有《理性语言》《正派人的宗教》等 50 多部护教论著作。⑩ 护教士们的首要目标是维护受到攻击的基督教，而很少彰显出个人野心。他们力图证明神的存在，为被不虔诚作品所动摇的信徒提供指导，阻止巴黎人的生活转向轻浮和放纵。

---

① "PHILOSOPHE", dans Denis Diderot, Jean Le Rond d'Alembert, éds., *L'Encyclopédie*, *ou Dictionnaire raisonné des sciences*, *des arts et des métiers*, 17 tomes, 1750 - 1772, t. XII, p. 510.

② 孔多塞：《人类精神进步史表纲要》，何兆武、何冰译，江苏教育出版社 2006 年版，第 121—122 页。

③ Daniel Le Masson des Granges, *Le philosophe moderne*, *ou l'incredule condamné au tribunal de sa raison*, Paris, 1759, préface, p. ix.

④ *Dictionnaire universel françois et latin*, *vulgairement appelé Dictionnaire de Trévoux*, *Nouvelle édition*, 8 Vols. Paris, 1771, *T. VI*, *P.* 738.

⑤ François Louis Allamand, *Pensées anti - philosophiques*, La Haye：P. Van Cleef, 1751.

⑥ Louis - Mayeul Chaudon, *Dictionnaire anti - philosophique*, Avignon：Girard & François Seguin, 1767.

⑦ Didier Masseau, *Les ennemis des philosophes*, pp. 36 - 38.

⑧ 皮伊主教让—乔治·勒弗朗·德·彭比尼昂（Jean - Georges Lefranc de Pompignan, 1715 - 1790），是在法兰西学院发表当选演说、抨击哲人的让—雅克·勒弗朗·德·彭比尼昂（Jean - Jacques Lefranc de Pompignan, 1709 - 1784）的弟弟。

⑨ Nicolas - Sylvestre Bergier, *Le Déisme réfuté par lui - même*, Paris：Humblot, 1765; *Examen du matérialisme ou réfutation du Système de la Nature*, 2 Vols., Paris：Humblot, 1771.

⑩ Louis - Antoine de Caraccioli, *Le Langage de la raison*, Paris：Nyon, 1763; *La Religion de l'honnête homme*, Paris：Nyon, 1766.

第二种类型的反哲人是一些因循传统的保守派人士，他们能够促使一些权力机制运作起来，以立场明确的报刊为斗争阵地。比如主编《文学年代》的弗雷隆，主编《特雷武报》的耶稣会士贝尔蒂耶（Guillaume - François Berthier，1704 - 1782），主编冉森派地下刊物《教士新闻》的丰丹·德·拉罗什（Jacques Fontaine de La Roche，1688 - 1761）、盖南·德·圣马克（Marc - Claude Guenin de Saint - Marc，1730 - 1807）、古尔兰（Pierre - Etienne Gourlin，1695 - 1767）等人。他们主编的这三份刊物，存续时间长、几乎贯穿了整个启蒙运动，发行范围广，读者群遍布欧洲，影响力大，构成了反启蒙运动的三大舆论喉舌。此外，还有很多类似的刊物，如《审查周刊》《基督教徒报》《教士报》等，虽影响力不及他们，但也汇集了大批报人对启蒙哲人发动攻击。这个类别中还包括一些享有国家权力支持的人，比如律师雅各布—尼古拉·莫罗（Jacob - Nicolas Moreau，1717 - 1803），丑化哲人的讽刺作品《关于卡库雅克人历史的新报告》[1]，就是他在凡尔赛宫廷的支持下创作发表的。这类人被称为君主政体的"唱诗班"。

最后一种是"出于战术或战略原因而选择阵营的人"，"这个类别包含所有想煽动冲突并火中取栗以获取物质、闲职或象征性好处的人，不论是世俗的还是教会的人"[2]。虽然不排除其中一些人与哲人在信念上有分歧，但他们的首要目标并不是捍卫正统宗教，也不是捍卫受哲人攻击的旧制度，而是想要争夺地位与荣耀，比如为当选法兰西学院院士、获得来自王权的年金而争名夺利。当然，他们也不排斥与护教士们的战略结盟。比如，吉贝尔（Nicolas - Joseph - Laurent Gilbert，1750 - 1780）曾带着推荐信拜访达朗贝尔，但未获得职位推荐，其后两年又两次试图混入哲人世界都以失望告终，最终成了赏识他的弗雷隆的"帮凶"，创作诗歌《十八世纪》痛骂"迟钝的狄德罗""冷漠的达朗贝尔"和"怪兽"伏尔泰。[3] 还有帕里索（Charles Palissot de Montenoy，1730 - 1814）、萨巴蒂耶（Antoine Sabatier，1742 - 1817）、克雷芒（Jean - Marie - Bernard Clément，1742 - 1812）等许多下层反哲人都有着类似的经历。为了在文学界立足、征服巴黎沙龙世界、获取职位年金，他们最初都曾经求助于哲人、发表颂扬他们的作品以求垂青。但是在哲人一方受挫，或者所得不足所期望，他们最终倒像反哲人一方。

实际上，并没有纯粹属于某个类型的反哲人。孜孜不倦地撰写没有多少读者的艰深护教论的教士们，即便很少表现出个人野心，却并不意味着无视这类作品带来的潜在利益。法国教会每五年举行一次隆重的教士大会，其目标之一就是"清点部队、鼓舞战士，并向那些因基督教书籍而立功的人分发年金"[4]。贝尔热耶因其护教论作品而成名，从 1770 年开始跻身于凡尔赛宫廷中，先后成为阿德拉伊德公主、王后等王室成员的忏悔神甫。彭比尼昂在法兰西学院对哲人们发动进攻，借机谋取地位和荣耀、获取接近宫廷的机会等动机很明显；不过他对宗教的情感并非完全出自投机的需要，维护正统宗教和政治秩序的意愿也并非不真诚。即便是那些机会主义分子，他们对哲人的仇恨也是真实的、深刻的，可以称作是虔诚派的"旅行同伴"[5]。

无论在思想观念、政治与宗教立场上，还是在行动策略上，反哲人都不是一个具有统一性的群体，反而充满了相互敌对、纷争不断的团体、派系。比如 1758 年爱尔维修的《论精神》引发启蒙运动的大危机，各类反启蒙势力纷纷行动起来，并成功将争议引导到《百科全书》上，导致它被查禁。然而，一致行

① Jacob - Nicolas Moreau, *Nouveau mémoire pour servir à l'histoire des Cacouacs*, Amsterdam, 1757.
② Didier Masseau, *Les ennemis des philosophes*, pp. 36, 37.
③ Nicolas - Joseph - Laurent Gilbert, *Le Dix - huitième Siècle*, Amsterdam, 1775.
④ Didier Masseau, *Les ennemis des philosophes*, p. 194.
⑤ Darrin M. McMahon, "The Counter - Enlightenment and the Low - Life of Literature in Pre - Revolutionary France", *Past & Present*, No. 159 (May, 1998), p. 99.

动的背后却是教会、高等法院与君主政府争夺出版审查权。再如，耶稣会和冉森派是两股强大的反启蒙势力，分别被伏尔泰比作狐狸和狼。然而，在冉森派看来，"耶稣会与哲人具有相似的关于神、自然、伦理的概念，耶稣会就是哲人，却聪明地伪装为一个宗教组织"，因此冉森派认为，"在与哲人开展决定性的真正战斗之前，耶稣会是一股需要先予清除的力量"[①]。冉森派主编的《教士新闻》，几乎一半的篇幅都用于反耶稣会宣传。实际上，仅仅是由于共同的敌人，这些反哲人才具有了表面上的一致性。

反哲人与教俗权力的关系也因时因势因人而异。在博蒙大主教的要求下，1752 年《百科全书》前两卷被查禁，然而由于其亲耶稣会立场，在 1764 年也被冉森派势力的堡垒巴黎高等法院列了一张罪行状。1767 年，因《贝利塞留》主张宗教宽容，索邦神学院发起气势汹汹的审查和舆论攻势，却被试探接纳新教徒融入社会的君主政府镇压。君主政府有时会乐意利用反哲人制造舆论"噪音"，比如支持"卡库雅克人"系列小册子出版、允许喜剧《哲人》在法兰西喜剧院上演嘲讽哲人，以便转移公众对当时尖锐的财税、战争等问题的注意力。但是，同样也是君主政府的出版审查迫使耶稣会的《特雷武报》放弃了对《百科全书》进行详细批判的计划。巴士底狱因关押过伏尔泰等启蒙哲人而成了反启蒙运动的一种象征，但弗雷隆等反哲人也同样经历过巴士底狱之囚。

反哲人，或由于信念上的分歧，或由于利害关系而与哲人相互攻讦。但他们与哲人并非如字面上这样截然对立、界限分明。[②] 在很多问题上，部分反哲人与哲人存在巨大的妥协空间，比如弗雷隆在诸多政治、财税、社会问题上的看法与伏尔泰非常接近，以至于被视为一个反伏尔泰的伏尔泰主义者；比如帕里索尖锐抨击狄德罗等百科全书派成员，却始终崇拜伏

尔泰。而且，在文化实践、生活方式和职业生涯方面，反哲人与哲人也有很多共同之处，尤其是后两个类别的反哲人。他们接受了同样的教育（基本都毕业于耶稣会中学、一些还接受了大学教育），阅读同样的书籍（喜爱维吉尔等古罗马作家和 17 世纪的古典主义作家），关注甚至喜爱科学领域的新发展，热爱城市生活、社交生活，甚至光顾同样的社交圈子，都向往着征服知识权力。然而，恰恰是在这个方面，反哲人们遭遇了哲人的挑战并屡屡蒙受挫折与沮丧。

尽管遭到各类反启蒙势力越来越凶猛的攻击，但伏尔泰、卢梭、马蒙泰尔等人的著作依然广受欢迎，常常使得洛阳纸贵；《百科全书》屡遭挫折却也在巴黎完成编撰并顺利出版。尽管伏尔泰不得不流亡于法瑞边境，卢梭被迫逃亡、颠沛流离，马蒙泰尔被解除官方报刊《法兰西信使》的主编职务，莫雷莱等还被关进巴士底狱，但哲人们的社会地位事实上在上升：他们相继攻克法兰西学院，获得了一个又一个官方职位和津贴，个人财富也随之增长，甚至本身也担任起保护人的角色，开始提携后进、扶持新一代的年轻追随者。最令反哲人恐慌与嫉妒的是，在这个公众与舆论的重要性与日俱增的时代，启蒙哲人凭着他们的著作，成功获得了名望与人气，广泛为人所知晓和关注，成为这个世纪中越来越多受过教育的人所仰慕的对象，能够对公众发挥巨大影响，成为公共人物。

公共人物是启蒙时代伴随着"名气（célébrité）"的诞生而出现的一种新现象。从 18 世纪中期开始，"名气"伴随着现代性的发生发展而出现，是"某个特异的人在同时代人中所引起的好奇心"。当一个人变得有了名气，他所引起的好奇心就不仅再按照他本来所从事的活动的标准去评价他，而且因其吸引和维持公众的好奇心的能力而评价他，这样，他

① Dale Van Kley, *The Jansenists and the Expulsion of the Jesuits from France*, *1757－1765*, New Haven and London: Yale University Press, 1975, p. 210.

② 石芳：《反启蒙运动的两种研究范式——反启蒙思想与反哲学运动》，《史学理论研究》2018 年第 3 期。

就成为公共人物。[①] 伏尔泰、卢梭等启蒙哲人正是这个时代诞生的"公共人物"的典型代表，关于他们的真真假假的消息大量充斥于当时的报刊乃至私人信件中，广受欢迎的手抄新闻刊物《巴肖蒙报道》记载量排名前十的人物中，有伏尔泰、拉阿普、卢梭、马蒙泰尔四位启蒙哲人，伏尔泰的记载量更是超越了排在其后的三人的总和。[②] 以伏尔泰为例，他的名字成了出版商的广告，以他的名义出版伪书在他活着的时候就已经成为一项产业了。伏尔泰的肖像画、版画也大量传播，还被装饰在鼻烟盒、烟斗、茶具等日常生活物品上。

最蔚为壮观的现象就是拜访伏尔泰的"费尔奈朝圣"。自 1755 年伏尔泰在法瑞边境地区定居以后，拜访者纷至沓来，去费尔奈"朝圣"成为时髦之举。除去日内瓦及周边地区的人，英国人、法国人、意大利人、德意志人、俄国人、瑞典人也纷纷出现在伏尔泰的餐桌旁；甚至还有从印度和北美殖民地前来的拜访者；加文·德·彼尔清点出的有名有姓的英国拜访者就有 150 人之多。[③] 不仅有很多姓名不详、默默无闻的拜访者，各国权贵们如亲王、公爵、伯爵以及大使、总督、大法官也纷纷到来。奥地利的约瑟夫二世也想造访费尔奈，只不过由于凡尔赛宫的政治压力而没能成行。公共人物所引起的好奇心，"并非总是崇拜式的，很少是全体一致的"[④]。因此可以看到，在前所未有的"费尔奈朝圣"现象中，许多远程而来的人并非伏尔泰的崇拜者或支持者，也并非出于社交礼仪的需要而拜访他，甚至一些坚决的反哲人也会登门拜访，塞吉耶和冉利斯夫人就是其中的典型代表。

在当时人的眼中，伏尔泰是伟大的悲剧作家、史诗诗人和史学家，是遭受司法不公、宗教迫害的卡拉斯等人的捍卫者，因而成为学识、慷慨与正义的象征，这位"欧洲最著名的人"[⑤] 成为 18 世纪后半期公众对"哲人"的认识和想象的现实依托。如此一来，其无与伦比的知名度和公共媒介的高可见度，就可能转化为以他为代表的启蒙哲人对公共舆论的影响力。这个时期，随着识字人群的增长、出版市场的扩大、报刊媒介的发展，公众和舆论的重要性日益增长，公共舆论"被定为权力的一个新来源，被定为最高法庭"[⑥]，被赋予至高无上的权威。然而，"公众"并不是均质的、全体一致的，是"最容易被引导、被征服、被加热、被冷却、使之厌倦的"[⑦]。"舆论"作为"公众"的评判，也感染了其复杂、矛盾、多变的特性。应对变化无常的公众和舆论，伏尔泰明确表达出争夺和控制舆论的意愿："舆论统治着人，而哲人们一点一点地改变着普世舆论。"[⑧]

反启蒙势力自然不会放任伏尔泰等哲人轻易控制舆论：教堂里的布道，主教训谕、牧灵手册等宗教机构发布的文本，枢密院、高等法院等权力机构发布的公文，还有大批教士和保守派文人创作的论著、报刊、小册子、小说、诗歌、歌谣等各类作品，都构成了反启蒙运动争夺舆论的表达形式。诸如伏尔泰的《哲学辞典》、狄德罗的《哲学思想录》、爱尔维修的《论精神》等作品，"每件作品都会招来 5 种或 10 种接连不断的反驳，这还不包括一些较为泛化的作品中的驳斥。每一份哲人或同情

---

① Antoine Lilti, *Figures publiques: l'invention de la célébrité, 1750 – 1850*, Fayard, 2014, pp. 13 – 14.

② Jeremy D. Popkin, Bernadette Fort, eds., *The Mémoires Secrets and the Culture of Publicity in Eighteenth – century France*, Voltaire Foundation, 1998, p. 182. 《巴肖蒙报道》中提及伏尔泰 668 次，其后三名分别是兰盖 256 次，内克 207 次和奥尔良公爵 181 次。

③ Gavin de Beer, André Michel Rousseau, *Volaire's British Visitors*, Institut et Musée Voltaire, 1967.

④ Antoine Lilti, *Figures publiques*, p. 14.

⑤ Grimm, *Correspondance littéraire*, t. X, p. 96.

⑥ Keith Michael Baker, *Inventing the French Revolution, Essays on French Political Culture in the Eighteenth Century*, Cambridge University Press, 1990, p. 168.

⑦ Simon – Nicolas – Henri Linguet, *Théorie du libelle, ou l'Art de calomnier avec fruit, dialogue philosophique, pour servir de supplément à la Théorie du paradoxe*, Amsterdam, 1775, p. 36.

⑧ D13082：1766 年 1 月 3 日伏尔泰致让达尔伯爵的信。

哲人的报刊会面对至少三份明显与之敌对的报刊"①。诸如《文学年代》这样的反启蒙喉舌更是 18 世纪最成功的刊物,订阅者遍及社会各识字阶层。其主编弗雷隆则是操控舆论的大师,他声称,自己的批评比高等法院的判决更令大胆、不虔诚的作者们感到畏惧,② 这并非自吹自播。

在这些争夺公众和舆论的努力中,对哲人的形象进行污名化塑造是反哲人们惯用的一种手段。毕竟公众对伏尔泰、达朗贝尔等启蒙哲人的认识,不仅源自阅读他们的著作,甚至更多源自信件、报刊消息、道听途说、论战文本等各种渠道,他们依据这些信息而构思、想象他们的行为举止、思考谈吐,塑造他们的形象。这种形象作为公众对"哲人"的认知和想象,对他们是否阅读、接受哲人的观点,对于启蒙思想的传播,对于舆论的形成,都具有重要意义。因此,启蒙运动历次纷争所产生的文本,尤其是各类泛滥的论战小册子,更彰显出哲人与反哲人塑造哲人形象、争夺舆论主导权的本质:"小册子话语,与批评不同,从本质上来说并非运用理性的产物。即便这些话语有时具有论理的表面,人们也可以看出,这种论理总是被一种为了贬损对手、激起话语的修辞目的所扭曲",因此,小册子是一种服务于形象战争的武器,小册子作者并不是想通过争论而获取真理,而是"努力想控制'舆论'"③。用弗雷隆的话来说,哲人就是"一只披着孔雀羽毛的松鸦",他的意图就是要揭露这群伪君子,"把这身羽毛剥下来、让他赤身裸体地曝光于公众的目光之下"④。这就是反哲人为争夺公众和舆论而对哲人发动的形象之战。

二 伪君子:文人相轻传统中的污名攻讦

在公共领域中,哲人与反哲人之间的冲突最初以传统的文人纷争的形式展现出来。自 1748 年孟德斯鸠的《论法的精神》面世开始,启蒙运动声势日盛,《百科全书》、卢梭的《论风俗与艺术》和《论不平等》、狄德罗的《对自然的阐释》、爱尔维修的《论精神》等著作,在文人世界中引发了一轮又一轮的风波。反哲人并未意识到哲人们的才华,而是蔑视地将他们视作 17 世纪的自由思想家的平庸继承人。他们自视正派人、好国民,是道德和风俗的捍卫者,是良好品位的捍卫者。看着哲人们获得声名利禄,他们真诚地相信"法国被江湖骗子蒙蔽了",产生了一种"苦涩的文化仇恨"⑤。在这些纷争中,反哲人借文艺批评之名,将风向引向道德评判,将哲人们刻画成为不信教、虚伪、自私自利的伪君子,不学无术却骄傲自负,以哗众取宠的方式博取关注、骗取私利。

"哲人"首先面临的指控是"不信教""反宗教"。一些反哲人花费大量精力著书撰稿证明这一点,并试图分析"不信教"思想的演变源流和谱系,比如神学博士戈沙主编的《批判信札》,即对多种现代反宗教作品的分析和驳斥⑥,阿耶主编的《复仇的宗教》⑦,都是中规中矩的宗教辩护作品。从批评的内容和角度来看,他们确实部分理解哲人的思想,能够准确将他们的思想源头追溯到培尔、洛克、斯宾诺莎等思想家,并试图从这些源头、以论理的方式驳倒哲人。但这些传统护教论作品的缺陷很明显。首先,只有批评者的同行才能理

① 达尼埃尔·莫尔内:《法国革命的思想起源(1715—1787)》,黄艳红译,上海三联书店 2011 年版,第 187 页。

② 1759 年 1 月 30 日弗雷隆致马勒泽尔布的信,Jean Balcou, éd., *Le Dossier Fréron*, lettre 152.

③ Olivier Ferret, *La Fureur de nuire*, pp. 409 – 410.

④ Fréron, *L'Année littéraire*, 1760, t. V, p. 315.

⑤ Darrin M. McMahon, "The Counter – Enlightenment and the Low – Life of Literature in Pre – Revolutionary France", p. 102.

⑥ Gabriel Gauchat, *Lettres critiques ou Analyse et réfutation de divers écrits modernes contre la religion*, Paris, 19 Vols., 1755 – 1763.

⑦ Hubert Hayer, *La Religion vengée ou réfutation*, *des auteurs impies*, *dédiée à Monseigneur le Dauphin*, *par une Société de Gens de Lettres*, 1757 – 1763.

解它们，而对最需要得到宗教指引的普通识字人群来说则如同天书。其次，连反哲人自己也认为，这些作品往往只是"陈词滥调的汇集"①，平庸得令人沮丧。据阿尔贝·莫诺统计，1715—1789年间出版的基督教护教论著作共有大约900种，②远远超过这段时期之前和之后的数量。但其中却罕有得到普遍认可、广泛传播的精品。这些作品虽然受众有限，但从理论上为更具普及性的反哲人作品对启蒙哲人的"不信教""反宗教"指控提供了依据。

从大众传播的角度来说，以文为业的反哲人们为哲人刻画的"反宗教"形象更加简单明了、更易对普罗大众产生影响。比如1760年面世的一份小册子《魔鬼致伏尔泰的诗体信》③，描述伏尔泰与撒旦的协议，扉页上还配有一幅插图，魔鬼拿着协议正要降落在日内瓦。这份小册子从1760年到革命前夕，再版超过30次。大量论战小册子和《特雷武报》《教士新闻》《基督教徒报》等宗教立场明确的刊物总是将"哲人"与"不信教"联系在一起，甚至《文学年代》《学者报》等世俗文艺刊物也想要揭露"这个高傲、谵妄、不受束缚、不虔诚的时代"④。不过，这些指控往往只是一句惯用的污名之辞。因为，"当一个伟人乘着天资的翅膀达到了不朽的地位，其他人不会说他是一个糟糕的作家，因为人们不会相信。他们满足于抹黑他的德行，称他是无神论者，是自然神论者，是斯宾诺莎主义者，这些能够让人民上当。"⑤

许多反哲人其实并不虔信宗教，他们对宗教抱着依循传统甚至敬而远之的态度，弗雷隆在18世纪60年代后期转向教权主义态度之

前，就是这类反哲人的代表。他们会像使用口头禅一样时不时使用这句通行的污名之辞，但他们清楚这种指控打击的不是启蒙哲人的要害："这些放肆、不虔诚的作者对批评比对高等法院的命令更加敏感，比之被叫作坏基督教徒，证明他们是坏作家更令他们愤怒。"⑥因此，正如狄德罗总结的，更多的反哲人致力于将哲人塑造为："一个伪君子，一个野心家，一个不学无术的人，一个诽谤家，一个没有涵养的人；因为，我想，大家就是这样来称呼那些要毁灭任何同他们思想不一致的人的。"⑦

1760年，彭比尼昂借当选法兰西学院院士、发表演说的机会，大肆抨击哲人，引发轩然大波。在本应向院士同仁们致敬的当选演讲中，彭比尼昂演讲的主题却是对哲人的伪君子身份做全面的总结和揭发："这是一种骗人的哲学，其原则与其行为不相符。它高声反对财富，却怀有对财富的隐秘欲望；它表示出对高官显职、头衔荣耀的蔑视，却希望得到它们……它自称真理的喉舌，却成为恶意中伤的工具；它吹嘘谦虚和节制，却沉溺于狂怒和骄傲之中。"总而言之，"他们完全不能遵守自己的原则"，只是根据自己的需要而支持或抛弃它们。⑧

揭露哲人"不学无术的骗子"面目，首先要揭发他们的抄袭行为。1751年1月，《百科全书》的前言刚一面世，《特雷武报》就在贝尔蒂耶的主持下连续发文，揭发《百科全书》所使用的人类知识分类体系剽窃自培根。⑨抄袭指控在具有较高知识能力的读者中相当具有杀伤力。抄袭的指控一旦坐实，哲人

① Fréron, *L'Année littéraire*, 1763, t. IV, p. 34.

② Albert Monod, *De Pascal à Chateaubriand*, *Les défenseurs français du Christianisme de 1670 à 1802*, Librairie Féix Alcan, 1916, pp. 542 –582.

③ Claude – Marie Giraud, *Épître du diable à M. de V* * * *, Genêve, 1760.

④ Fréron, *L'Année littéraire*, 1770, t. II, p. 213.

⑤ Charles – Claude – Florent Thorel de Campigneulles, *Discours sur les gens de lettres*, 转引自 Olivier Ferret, *La Fureur de nuire*, p. 233.

⑥ 1759年1月30日弗雷隆致马勒泽尔布的信，Jean Balcou, éd., *Le Dossier Fréron*, lettre 152。

⑦ 狄德罗：《定命论者雅克和他的主人》，匡明译，人民文学出版社1958年版，第126页。

⑧ Jean – Jacques Lefranc de Pompignan, *Discours de réception prononcé devant l'Académie française*, *le 10 mars 1760*, Paris, 1822, pp. 18 –19.

⑨ *Journal de Trévoux*, 1751, t. I, pp. 188 –189, t. II, pp. 569 –578; t. III, pp. 708 –737.

们名誉上的损失是不可弥补的。因此，反哲人们一直窥伺着，一有蛛丝马迹就会将抄袭指控演变为一场事件，弗雷隆尤其擅长于此。他宣称《百科全书》"没有任何新的内容"："人们从中看到的所有哲学见解都是从其他书籍中获取的，特别是从布鲁克的《哲学历史词典》，但是《百科全书》却从不标注此作品，因为他们不想提及他们的债主。"① 1759 年，他还揭发《百科全书》图版涉嫌抄袭，如果不是时机挑选得不合适，真会令《百科全书》的出版商们破产，间接毁掉这项事业。

遭到剽窃指控的当然不只是《百科全书》。帕里索指控狄德罗的戏剧作品《私生子》抄袭意大利剧作家戈尔多尼的《真正的朋友》，宣称他的《哲学思想录》"逐字摘自"沙夫茨伯里，《对自然的阐释》也"完全"抄自培根，并进一步暗示《家庭之父》也抄袭戈尔多尼的作品。② 这些指控毁掉了狄德罗的声誉。伏尔泰也逃脱不了抄袭的指控：他的《苏格兰女士》涉嫌抄袭，他嘲讽弗雷隆比毒蛇更毒的那首诗，也是巴特教士早在 1753 年就已经发表的诗作，还有《查第格》也抄袭了 1716 年出版的一部小说……弗雷隆还声称，可以将伏尔泰抄袭的内容汇编成六卷书。③ 总而言之，伏尔泰是一位抄袭大师，"一个篡改、删减、伪造《圣经》以使之变得可笑的作家，不是一个弄虚作假的人吗？一个不知羞耻地汇编海德、博沙尔、沃比通等人的作品的作家，难道不是一个厚颜无耻的抄袭者吗？"④

在反哲人看来，就是这样一些完全没有才能、没有创见的哲人，却将《百科全书》视为自己留给后世的遗产，多么虚妄的自负。弗雷隆讽刺道："为了将爱恋和尊严付之于虚无，就应该成为一个百科全书撰稿人。"至于伏尔泰这位"抄袭大师"，弗雷隆尖刻地给他封了 16 个头衔，嘲讽他的"丰功伟绩"和狂妄自大："唉！什么！您连他都不知道！……这个人的才能和学识超越了过去、现在以及将来的所有作家。这就是伏尔泰。"⑤ 总而言之，用兰盖的话来说，"哲学以人类精神中最无可救药的疾病为基础，即以高傲自负的自爱为基础"⑥。

然而，令反哲人气愤的是，这群徒有其表、狂妄自负的哲人却不断获得拥趸、得到贵人资助，甚至得到官方的荣誉和职位。他们认为，这是因为哲人们善于伪装。于是他们还用故事、诗歌、戏剧等通俗易懂、生动形象的文学作品去揭露哲人的伪君子面目。1757 年的"卡库雅克人"系列小册子和 1760 年在法兰西喜剧院上演的喜剧《哲人》，是这类作品的巅峰代表。这类作品所塑造人物的形象和手段都有其先声，如《冒牌学者》（1728）、《时髦的哲人》（1720）等嘲讽一些附庸风雅、沽名钓誉的人，⑦ 其实都脱胎于莫里哀的名作《伪君子》所刻画的塔尔杜夫这个角色。1752 年、1754 年先后出现了两部作品，《本世纪八个冒险的哲人》⑧ 和《八个流浪的哲人》⑨，开始将现实中的"哲人"作为一个群体展现出来。这两部作品调侃、戏谑色彩更重于嘲弄和攻击，但它们指名道姓地戏谑现实中的人物，为《哲人》等剧作的人身攻击手段开了先河。

"卡库雅克人"小册子构思巧妙、讽刺尖酸，"在文人共和国中引起了一场真正的革

① Fréron, *L'Année littéraire*, 1760, t. III, p. 265.

② Charles Palissot de Montenoy, *Petits Lettres sur les grands phiosophes*, Paris, 1757, p. 73.

③ Fréron, *L'Année littéraire*, 1760, t. V, pp. 278 – 287；1763, t. I, pp. 287 – 288；1767, t. I, pp. 145 – 158.

④ Fréron, *L'Année littéraire*, 1769, t. V, p. 64.

⑤ Fréron, *L'Année littéraire*, 1760, t. III, p. 253；t. V, p. 306.

⑥ Simon – Nicolas – Henri Linguet, *Le fanatisme des philosophes*, Londres, 1764, p. 9.

⑦ Ira O. Wade, *The "Philosophe" in the French Drama of the Eighteenth Century*, pp. 28 – 29.

⑧ Anonyme, *Les huits philosophes avanturiers de ce siècle ou rencontre imprévue de messieurs Voltaire, d'Argens, Maupertuis, Marivaut, Prévôt, Crébillon, Mouhi & de Mainvillers dans l'auberge de mad. Tripaudière*, La Haye, 1752.

⑨ Anonyme, *Les huit philosophes errans ou nouvelles découvertes de Voltaire, de Maupertuis, de Montesquieu, du marquis d'Argens, de l'abbé Prévot, de Crébillon, de Marivaux et du chevr. De Mainvilers, comédie du temps présent*, s. l., 1754

命"①。哲人被塑造成为一群居住"在北纬四十八度"（即巴黎）的野蛮人，他们毫无才能却狂妄自负，且极能蛊惑人心："除了炫耀自己、给自己洒香水和讨人喜欢，看起来他们不操心其他事情"，而人们确实会不自觉被他们吸引；他们还"努力伪装出上流社会的样子以便混入其中并更好地掩藏自己"②。在帕里索的喜剧《哲人》中，这些伪君子们已经成功地混入了希达利斯夫人的社交圈子中，获取了她的信任，其中的瓦莱尔更是博得她的欢心、将要成为她未来的女婿。

哲人被攻讦为道貌岸然、行为卑劣的人，为谋取个人私利而不择手段。莫罗指控他们"不尊重任何社会的、亲属的、朋友的、爱情的关系，以背信弃义对待所有人"；在他看来，哲人的"一切本质就是恶毒和腐化"，但他们的"嘴里却总是挂着'真理'和'道德'这两个词"："我看见卡库雅克人登上两个露天舞台，向所有路过的人吆喝，'中国道德'，'印度道德'，'西班牙道德'，'墨西哥真理'，'大鞑靼真理'，把嗓子都喊哑了，就像江湖骗子吆喝'秘鲁香膏''墨西哥香膏'一样"③。然而，满嘴"真理"和"道德"的哲人的真实目的却是个人私利："他们只是想出名而已。他们知道，那些撰写贤明的书籍的人几乎不为人知，而他们想成为人们谈话的主题。为了达到这个目的，他们采取了最短、最确定的道路。"④

在反哲人的抨击对象中，卢梭是沽名钓誉的典型。卢梭在 1757 年因《日内瓦》词条而公开与狄德罗等人决裂，晚年作品《忏悔录》《对话录》等有大量尖刻攻击哲人的内容。现

代学术研究，也从思想上证明他与反启蒙思想有着根本的联系。⑤ 但在启蒙时代，一方面，卢梭总是被当作哲人的典型而受到激烈的抨击；另一方面，反哲人又总是喜欢引用他的作品来攻击哲人。卢梭特立独行的行事风格是反哲人攻击的目标。他离开巴黎，居住在退隐庐中，加之其《论科学与艺术》《论不平等》的惊世骇俗的观点，使他获得了"厌恶人类"的名号。因此在喜剧《哲人》中，卢梭以"四肢着地爬行"的方式登上舞台。⑥ 他公开发表《致达朗贝尔的信》，抨击《日内瓦》词条并宣布与亲密朋友狄德罗决裂，这种"背叛"行为一直被反哲人利用，作为哲人道德缺失的罪证。还有他的奇装异服、拒绝年金等古怪行为也成了哲人自私自利、德行不端的罪证。在反哲人看来，卢梭的种种行为，都是采取一种哗众取宠的方式为自己争得名气，这就是骗子的行为："通过放弃别人的重视，他们变得如此引人注意！这种江湖骗术非常吸引为他们所鄙视的公众！"⑦

名声只是哲人们渴望的私利之一，财富则是另外一种。在喜剧《哲人》中，瓦莱尔、泰奥夫拉斯特和多尔提迪乌斯⑧三个哲人凭阿谀奉承博得沙龙女主人希达利斯夫人的欢心，使希达利斯夫人醉心于狄德罗的《论盲人的信》《对自然的阐释》等哲学著作，并决定将女儿罗萨莉许配给瓦莱尔。然而，这几个哲人看中的并不是"爱情"："什么！您看我有情人的样儿吗？在我这个年龄，那是一个可恶的笑话。"他们看中的是"娶一万埃居的年金"，婚期定于今晚，等公证人前来签署婚约的时候，瓦莱尔表示："今天我们将回到那个普遍

---

① Jacob – Nicolas Moreau, *Mes Souvenirs*, Paris, 1898 – 1901, t. I, p. 54.

② Jacob – Nicolas Moreau, "Avis utile", *Mercure de France*, octobre, 1757, t. I, pp. 15 – 17.

③ Jacob – Nicolas Moreau, *Nouveau Mémoire pour servir à l'histoire des Cacouacs*, Amsterdam, 1757, pp. 9 – 10.

④ Fréron, *L'Année littéraire*, 1766, t. VIII, pp. 232 – 233.

⑤ 相关研究如，塔尔蒙：《极权主义民主的起源》，孙传钊译，吉林人民出版社 2004 年版；Arthur M. Melzer, "The Origin of the Counter – Enlightenment: Rousseau and the New Religion of Sincerity", *American Political Science Review*, Vol. 90, No. 2, pp. 344 – 360.

⑥ Charles Palissot de Montenoy, *Les philosophes*, *comédie en trois actes en vers représentée pour la première fois par les comédiens français ordinaires du roi le 2 mai 1760*, Paris, 1760, p. 84.

⑦ Charles Palissot de Montenoy, *Petits Lettres sur les grands phiosophes*, Paris, 1757, p. 5.

⑧ 多尔提迪乌斯（Dortidius）是狄德罗（Diderot）的拉丁化形式。

的错误（爱情）上去，在得到了财富之后，我们再考虑享乐。"①《文学年代》也时不时含沙射影、指桑骂槐地咒骂哲人贪慕名利和金钱："他既爱钱也爱荣耀，为了获得它们，他没有什么手段不用，没有什么可耻的事不做。"②

更恶劣的是，这些哲人还拉帮结伙，通过相互吹嘘制造名声、博取关注，并进一步攫取文学殿堂的荣誉和利益。1754 年弗雷隆评论狄德罗的《对自然的阐释》，就认为"哲学力量结成了一个攻守同盟"③。1757 年 3 月，弗雷隆给图书总监马勒泽尔布写了一封长信，将这个攻守同盟说得更加明确："狄德罗是一个巨大团体的领袖。他是一个人员众多的团体的头目，而且这个团体借助于阴谋诡计每天都在大量繁殖、增长。"④ 帕里索还进一步描绘这个派系通过相互吹捧而形成攻守同盟："轮流相互致以颂辞的癖好，将颂辞仅仅用于他们自己的癖好，总是集体地将自己称为天才的癖好，团结一致攻击共同的敌人的癖好，这种攻防同盟使得他们团结一致。"⑤

尽管遭到了多次来自教俗各方势力的打击，《百科全书》被取缔了，卢梭"叛逃"了，达朗贝尔也退缩了，狄德罗也不再发表作品了，可是这个"派系"非但没有死亡，反而围绕着伏尔泰重新巩固了阵线，并一步步征服文人世界的最高荣誉：法兰西学院。在启蒙哲人及其支持者中，除去孟德斯鸠、伏尔泰和杜克洛早在 1750 年之前就已经当选院士，达朗贝尔（1754）、马蒙泰尔（1763）、托马（1767）、孔狄亚克（1768）、絮亚尔（1774）、沙特吕（1775）、拉阿普（1776）、尚福尔（1781）和孔多塞（1782）也相继入选。而在反哲人嫉妒的眼中，这就是哲人通过"阴谋诡计"，获取了"所有"文人荣誉、控制了"所有"科学院的大门。

后来者想要在文化世界中立足，就必须服膺于哲人。对那些贪求财富和声誉的年轻人，弗雷隆在《文学年代》中提出了嘲讽又苦涩的建议："依附于哲人，您很快就会得到它们。要得到他们的好意，有两个不会犯错的办法：对他们和他们的作品说很多好话，对基督教和《文学年代》说很多坏话。"⑥ 博马舍对"狄德罗先生的诗学充满热情"，获得了成功；圣朗贝尔在其诗作《四季》中添了一座恭维伏尔泰的"颂辞火山"，也成功了。⑦ 相反，如果不崇拜哲人们，就只能遭遇失败的命运："他们占领了帕纳斯山的所有大道，在那里布置了高度警惕的哨兵，只要一个作者爬上去了，他们就依据命令提问：'谁万岁？'如果他不高声回答'哲人万岁'，人家就会盘问他、扣留他，打听他的情况。如果发现他不知道他们的霸权，甚至他还胆敢对他们分发的桂冠伸出亵渎之手，那么他从山顶上被扔到山底下已经算是幸福的了。"⑧

在反哲人看来，更可恨的是，这个派系不仅仅想夺取功名利禄，而且为了扩张他们的霸权，还怀着狂怒和复仇的精神，排斥异己，想将与他们观点不同的人统统从文人共和国内驱逐。弗雷隆发专题社论，控诉哲人迫害自己的刊物，指控他们收买了邮局局长，致使自己的刊物无法寄达订购者手中；他们收买出版商，以错印、漏页、重页方式抹杀"非常有意思的文章"；他们甚至影响了审查机构，从自己手中夺走了《异域报》，交给哲人的"喽啰"主编，并使自己"所有有一点儿引人注目的

---

① Charles Palissot de Montenoy, *Les philosophes*, *comédie*, pp. 67 - 68.

② Fréron, *L'Année littéraire*, 1760, t. VI, pp. 92 - 93.

③ Fréron, *L'Année littéraire*, 1754, t. I, p. 14.

④ 1757 年 3 月 21 日弗雷隆致马勒泽尔布的信, Jean Balcou, ed., *Le Dossier Fréron*, lettre 111.

⑤ Charles Palissot de Montenoy, "Lettre de l'auteur à un journaliste, sur une édition des Petites Lettres, qui paru en Hollande", *Théâtre et œuvres diverses*, Londres, 1763. t. II, pp. 162 - 163.

⑥ Fréron, *L'Année littéraire*, 1773, t. I, p. 10.

⑦ Fréron, *L'Année littéraire*, 1767, t. VIII, p. 317；1770, t. II, p. 33.

⑧ Fréron, *L'Année littéraire*, 1773, t. I, pp. 7 - 8.

文章"都遭到系统审查、无法发表。①

1760 年前后，随着法国社会政治局势紧张起来，对哲人们伪君子形象的刻画开始让位于更加政治化的指控。但伪君子成了反哲人塑造的哲人形象的底色。"卡库雅克人"系列小册子和喜剧《哲人》等作品，为后来的反哲人作品立下了榜样，畅销的反哲人小说《扎其里斯人和扎其里斯人的帝国》《鼠迷》《瓦尔蒙伯爵》，② 还有戏剧《危险的人》《诱惑者》等，③ 都继承了同样的精神、说辞和手法，继续刻画着彭比尼昂在其演讲中所控诉的伪君子哲人，并达到他的演讲所远不及的传播效果。而对哲人"团伙"的塑造，也为"哲人阴谋小集团"的成型奠定了基础。

三 阴谋家：汹涌变幻局势下的 政治归罪

1752 年 2 月《百科全书》前两卷被查禁，启蒙运动遭遇第一次危机。枢密院的查禁令指控到："有人试图在书中插入几个以摧毁王权、建立独立和反叛精神为目的的格言，并插入以晦涩和歧义的术语所掩盖的，以建立错误、腐蚀风俗、反宗教和不虔诚的基础为目的的格言。"④ 这些具有政治性的指控尽管罪名严重，但在最初几年并没有被大规模运用于对哲人的污名化中。但在 1760 年前后五六年间，形势发生了变化。七年战争中，战场上的败绩、巨额的战争开支恶化了法国由来已久的政治、财税、教派矛盾。另一方面，冉森派与耶稣会的百年战争也在这一时期以耶稣会被驱逐而告终结，进行了长达半个世纪耶稣会阴谋宣

传的冉森派，如今将进攻矛头对准了启蒙哲人。哲人们成为当局用于转移公众注意力的工具，成了各方势力归罪的对象："各式各样的攻击'哲学'和哲人的小册子每天都在成倍增长，这些作品的目的是指控百科全书派要为我们所有的混乱、灾难负责：普遍的堕落，过分的放荡，品味的下降，奢侈的发展，国家所有阶层的衰落，收成差，面包价格上涨。"⑤ 在各种体裁的反启蒙文本中，哲人的形象进一步恶毒化、政治化，被刻画成损毁道德和风俗、并进而颠覆国家和教会的阴谋分子。

从"卡库雅克人"系列小册子开始，哲人的罪名不再仅仅是个人德行有缺，反哲人们着重强调他们的社会危害性。启蒙思想善于蛊惑人心，充满恶毒的危害："他们全部的武器就是藏在舌头下的毒液，每说一句话，即便是用最温柔、最宜人的语调说出来，这些毒液也会流动起来、泄露出来并喷射到很远的地方"；那些不幸被毒液击中的人，"有些骤然死亡，另一些虽然保住了性命，但他们的伤口是不可医治的，也永远不会愈合，一切医药之术都无法救治"⑥。这些描述尽管生动有趣，却笼统模糊。后来莫罗在《关于卡库雅克人历史的新报告》中进一步刻画了这群野蛮人。主人公"我"被卡库雅克人俘获之后，接受了他们以《百科全书》《论不平等》《世界史》⑦《对自然的阐释》《自然史》等作品的教化，被其魔力迷惑。此时，"我既不考虑我的父母，也不考虑我的朋友，也不考虑我曾经的同胞……除了整个宇宙，我不再知道其他事物。我自认命中注定要启蒙它、引导它、改造

---

① Fréron, *L'Année littéraire*, 1772, t. I, pp. 1 – 11.

② Charles – François Tiphaigne de La Roche, *L'empire des Zaziris sur les humains, ou La zazirocratie*, Pékin, 1761. Antoine Sabatier de Castres, *La Ratomanie ou songe moral et critique d'unejeunephilosophe par Madame * * **, Amsterdam, 1767. Philippe – Louis Gérard, *Le comte de Valmont, ou les égaremens de la raison*, Paris, 1774.

③ Charles Palissot de Montenoy, *L'Homme dangereux, comédie*, Amsterdam, 1770. François – Georges Maréchal Bièvre, *Le Séducteur, comédie en cinq actes et en vers*, repensentée à Fontainebleau, devant Sa Majesté, le 4 novembre 1783, et à Paris, le 8 du même mois, Paris, 1783.

④ *Arrêt du conseil d'Etat du roi, qui ordonne que les deux premiers volumes de l'ouvrage intitulé*, "*Encyclopédie ou Dictionnaire raisonné des sciences, arts et métiers, par une société de gens de lettres*", *seront et demeureront supprimés, du 7 février 1752*, Paris, 1752.

⑤ Grimm, *Correspondance littéraire*, t. XII, mai 1778, pp. 105 – 106.

⑥ Jacob – Nicolas Moreau, "Avis utile", pp. 15 – 16.

⑦ 伏尔泰的《风俗论》最初名为《世界史》。

它，我完全忘记了我的个人义务，我只考虑这种普遍的义务"①，中了哲人"精心培育的魔力"，"我"忘记了个人的所有义务，抛弃了一切伦理，陷入狂妄自大的空想之中。这是反哲人对哲人的有害影响的常见说辞，比如1760年的一部一幕喜剧《小哲人》②，也描绘了一个学成归家的小哲人，六亲不认，只想着将挣得的钱用于自己的投资。

在莫罗的笔下，"我"最终清醒过来了，摆脱了道德堕落的生活。但"我"的仆人却偷窃了自己的所有财物，并给自己留下了一封信："按照自然规则，一切人都是平等的，都有权拥有同样的财富……正义只建立在利益之上，我们的行动的最大、唯一的动机是自爱……亲爱的主人，我需要您的钱。"③ 受启蒙思想的影响而偷窃主人的财产，这个主题在反启蒙作品中一再重现，是对卢梭的"社会契约论"和爱尔维修的"利益决定道德"论的庸俗化阐释。它的反复出现，表明"平等"观念给当时人造成恐慌，人们担心现存社会秩序被颠覆，上层社会的人觉得这是反叛的号召；"自利""自爱"的观念则令人担心道德败坏，人人为了私利而不择手段。

哲人腐化的不仅是伦理德行，还损害人们的忠君爱国之心，"不爱国"是哲人的一大罪状。一幕喜剧《小哲人》中，西莫诺打算加入哲人的行列，因此哲人们为之准备了一个入行仪式。在仪式中，哲人达蒙要求他发誓，六条誓愿中有两条都刻画哲人们"不爱国"的特征："请发誓，您总会污辱您的祖国的有才之士，只在外国发现道德和天资"；"不要国家也不要父母，过着真正的世界主义的生活"④。在反哲人看来，"拥有祖国，就是热爱他所出生的那个国家，就是为在那里迎接阳光

而感到高兴，就是尊重其法律、准则、习俗，就是喜爱其德行胜过其他任何地方的德行"⑤。然而，启蒙思想具有一些世界主义特征，哲人们颂扬英国哲学和英国政治制度，欣赏意大利音乐，赞赏中国，伏尔泰还"叛逃"去了普鲁士。总之，哲人们吹捧外国的一切，却对法国嗤之以鼻，典型如伏尔泰的《致法国佬》。在七年战争的背景下，这种指控表达的是反哲人的真实忧虑，在罗斯巴赫战役惨败之后，"反爱国主义"这个具有严重政治后果的罪名被加诸哲人。

1760年，彭比尼昂在其演讲中对哲人的颠覆性危害总结出一个重要的口号："既颠覆王座，也颠覆祭坛。"在他看来，当时的社会"陶醉于哲学精神和热爱艺术"，这个时代产生的作品以"滥用才能、蔑视宗教和仇恨权威"为主要特征；"这些后果如此有害、原则如此错误的情绪"，却没有被驱逐，这"代表着这个世纪的厄运！"看看文人作品中所充斥的内容："带着堕落的文学、腐朽的道德和傲慢的哲学的痕迹，既颠覆王座，也颠覆祭坛。"⑥ 1767年，索邦神学院审查《贝利塞留》时，对哲人们的指控也一般无二，"一群放肆冒昧、擅长诱惑的作者，贪婪地想要获取名气、毫无顾忌地选择手段，似乎已经策划了阴谋"，"争先恐后地努力动摇宗教的基础，损毁秩序、君权和经济，以误入歧途的想象、骗人的梦幻取代神圣贤明的高尚原则"⑦。同时，索邦神学院专门以"既颠覆王座，也颠覆祭坛"为题目举行了一次论文竞赛，要求证明启蒙思想既是宗教的敌人，也是国王的敌人。直到19世纪，这句话一直是反启蒙势力对启蒙哲人最常用的指控之辞，也是法国革命

---

①　Jacob‐Nicolas Moreau, *Nouveau Mémoire pour servir à l'histoire des Cacouacs*, pp. 71 –72.

②　Poinsinet le Jeune, *Le Petit Philosophe, comédie en un acte et en vers libres représentée pour la première fois par les comédiens italiens ordinaires du roi le 14 juillet 1760*, Paris, 1760.

③　Jacob‐Nicolas Moreau, *Nouveau Mémoire pour servir à l'histoire des Cacouacs*, p. 97.

④　Poinsinet le Jeune, *Le Petit Philosophe*, pp. 48 –49.

⑤　Fréron, *L'Année littéraire*, 1758, t. II, p. 37.

⑥　Jean‐Jacques Lefranc de Pompignan, *Discours de réception prononcé devant l'Académie française, le 10 mars 1760*, pp. 6 –8.

⑦　*Censure de la Faculté de Théologie de Paris, Contre le Livre qui a pour titre*, Bélisaire, Paris; Chez la Veuve Simon, 1767, pp. 1 –2.

的哲人阴谋论的核心内容。

1797—1798 年，《文学年代》曾经的编辑、流亡英国的巴吕埃尔在伦敦出版了四卷本的《关于雅各宾主义历史的报告》。这套主张法国革命阴谋论的书很快成为一时的畅销书，并被译为英、德、意、西、俄等多种语言，在欧洲四处传播。巴吕埃尔认为，自 18 世纪中期起，欧洲的三大阴谋集团，启蒙哲人、共济会和巴伐利亚光照派，策划阴谋，暗中颠覆王座和祭坛，大革命就是这个阴谋的直接结果，雅各宾派就是这三个阴谋集团的继承人。其中，哲人阴谋论是此书的重点内容，占据近一半的篇幅。巴吕埃尔指认伏尔泰、达朗贝尔、腓特烈二世和狄德罗是四大哲人阴谋家，通过策划《百科全书》、废除耶稣会、消灭一切宗教团体、建立伏尔泰的殖民地、争夺科学院荣誉、大量繁殖反基督教作品等六大阴谋手段，以宗教宽容的名义掩藏他们的暴力行为。这些哲人阴谋家们分工各不相同，逐渐获得了王公贵族、大臣法官等权贵人物的倾心并使他们成为哲人的保护人，征服了很多文人甚至教士，还诱惑了最底层的国民。这样就完成了颠覆宗教的阴谋。

随后，巴吕埃尔又描述了他们阴谋反对国王的六个步骤。首先，伏尔泰和达朗贝尔将对基督教的仇恨转移为对国王的仇恨；接着，达让松侯爵、孟德斯鸠、卢梭创造了这个派系的政治体系；随后，孟德斯鸠和卢梭的政治体系将颠覆王座与颠覆祭坛的阴谋合并起来；再让攻击王权的书籍泛滥；最后，伏尔泰等人在日内瓦策划民主试验、在法国煽动贵族试验、在德意志煽动反贵族的仇恨。至此，"不信教的"哲人们的阴谋与"反叛的"共济会阴谋合流了，后来又与"无政府的"光照派阴谋合流，"'不虔诚派'的信徒、'反叛派'的信徒和'无政府派'的信徒的同盟，形成了雅

各宾俱乐部。自此以后，这三个派系以这个共同的名号，继续策划他们颠覆祭坛、颠覆王座、颠覆社会的三重阴谋"[1]。

法国革命阴谋论并非是这位流亡教士的独创成果。"阴谋论解释——将事件归咎于个人的故意设计——是近代早期受过教育的人对政治世界赋予意义和秩序的主要方式。"[2] 对法国来说，16 世纪以来形形色色的政治阴谋的历史记忆、《喀提林阴谋》等古典教育以及旧制度政治的秘密运作方式等因素，共同塑造了旧制度晚期的"阴谋论迷恋"[3]。在这种普遍的文化预想和思维模式中，18 世纪 50 年代以来哲人被反复刻画成为一个谋取私利、排斥异己的派系，加之受到颠覆王权和教权的指控，为阴谋论奠定了基础。1760 年，反击帕里索的小册子《帕里索的幻觉》面世之后，蒂耶里奥向伏尔泰汇报了这份小册子给人造成的印象："很明显可以看出，如此冒犯宫廷的《幻觉》出自一小群哲人之手，他们一起吃晚饭，每周召开两次策划阴谋的秘密会议，莫雷莱教士收集了他们的讨论结果，并执笔写出了这篇《幻觉》。"[4] 讽刺剧《小哲人》展现了哲人的入会仪式，这种仪式及入会时对着"一本对开本的书"发誓愿，显然也表明哲人们是一个有组织、有纲领的小集团。"哲人阴谋小集团"的想法就这样诞生了。

随着 18 世纪 70 年代法国陷入财政与政治危机之中，社会氛围和文化的政治化加剧，对哲人"派系"的阴谋的指控，进一步从文学领域转向了政治领域。反启蒙势力不再认为哲人谋求的仅仅是垄断文学荣誉，更认为他们想获取统治权力。《文学年代》声称，"在巴黎有一个总是开放着的办公室，就位于某个著名哲人的家中"。任何人想要获得英国、德意志、意大利等欧洲各国的秘书、总管、家庭教

---

① Augustin Barruel, *Mémoires pour servir à l'histoire du jacobinisme*, nouvell et dernière édition, Hambourg: P. Fauche, 1803, t. I, p. xix.

② Gordon S. Wood, "Conspiracy and the Paranoid Style: Causality and Deceit in the Eighteenth Century", *The William and Mary Quarterly*, Vol. 39, No. 3 (Jul., 1982), p. 411.

③ Peter R. Campbell, "Perceptions of conspiracy on the eve of the French Revolution", in Peter R. Campbell, Thomas E. Kaiser and Marisa Linton, eds., *Conspiracy in the French Revolution*, Manchester University Press, 2007, pp. 15 – 41.

④ D8988: 1760 年 6 月 18 日蒂耶里奥致伏尔泰的信。

师、督办甚至仆人的职位，都可以在这里登记。当此人被考察合格之后，哲学公署就会颁发一个"通行证或功勋证书"，这个证书能使他"在执行被指派的任务时，被当作守护神一般"。哲人们甚至成功将自己的触角伸到了最具权势的人身边，"欧洲的一些君主，甚至一些富有的个人，在巴黎都有他们的文学通信人。对于哲人来说这又是一种资源，他们占据了大部分这样的通信职位"①。按照这种描述，哲人派系有计划、有目的地渗透到了政治权力之中，法国革命的哲人阴谋论呼之欲出。

在反哲人们看来，作为哲人个人的作品与他们作为团体的行动之间有着根本区别。连教会也表达出对哲人"派系"的威胁的担忧。1775 年法国教士大会发布的公告指出："在之前的几个世纪中，处处都有不虔诚的人，但他们没有派系，也没有引起后果……如今，不信教的人形成了一个派系，尽管他们是分裂的（在关于信仰的事情上总是这样的），但却在叛乱中团结起来，攻击神圣启示的权威。"②也就是说，哲人作为个人，写作不信教、反宗教的作品，不会置教会和国家于危险之中，多少个世纪以来教会屡屡面对并战胜这种挑战。但一群骗子合伙要阴谋诡计，批判宗教信仰和权威，在目的和行动方面都团结起来，后果就完全不同了。

最初在《文学年代》中锻造出来的阴谋论，在几十年里被其他反启蒙作品反复利用，如革命前畅销的反启蒙小说《瓦尔蒙伯爵》几乎完整抄袭了这些描述哲人阴谋的段落，并加以大段演绎。③ 随着启蒙运动的发展以及旧制度最后二十年间法国政治矛盾日渐公开化和法国革命爆发，哲人阴谋论不断演进，被刻画

出明确的领袖、完整的纲领、完善的行动步骤。费朗伯爵的《揭露阴谋家》（1790）、勒弗朗教士的《颠覆天主教和君主的阴谋》（1792）等将哲人阴谋论逐步推演。④ 直到巴吕埃尔在革命后期发表《关于雅各宾主义的历史报告》，将哲人阴谋论普及开来。

在阴谋论演变过程中，反哲人们还进一步预测了启蒙运动会引发的后果。他们认为，这些渗透着派系精神的阴谋小集团，腐化风俗、煽动反叛，通过阴谋诡计谋取权力、颠覆国家和教会，最终会引发一场人间浩劫。因为，"这些哲人，在他们的著作中，表现得如此正派、如此有节制、如此温和、如此人道、如此宽容，却是人类中最不宽容的"⑤。卢梭在回忆性作品中对哲人的攻击也成了反哲人最喜欢引用的片段："他们是狂热的无神论的传播者，行事极其武断和专横，不论在什么问题上，他们都不能容忍他人敢于发表与他们不同的看法。"⑥ 兰盖将这种现象称为"哲学狂热"。哲学狂热表面上比宗教狂热破坏性更小，更加平静，实际上却同样致命，同样有害。因为，哲学狂热"在世界中引入了一种背信弃义的平静"，"必然阻止人们走向道德"，"它不会以神的名义割断人们的喉咙，却对他们下毒"，人们"更理解邪恶的用途和乐趣"，很快，"专制因共同的懦弱而变得大胆，在哲学论著的支持下，崛起了"⑦。

寻求摧毁所谓的宗教狂热，却建立了"反宗教的狂热"，"以宽容的名义"确立了"不宽容"的观念，打着"自由"和"平等"的幌子，却促使"专制"崛起。最终，这些总是抨击迫害的人，成为迫害者。如果权力掌握在这群狂热分子手中，他们什么不会做？弗

① Fréron, *L'Année littéraire*, 1773, t. I, pp. 11 – 12.

② Jean – George Le Franc de Pompignan, *Avertissement de l'assemblée – générale du Clergé de France aux Fidèles de ce royaume sur les avantages de la religion chrétienne et les effets pernicieux de incrédulité*, Paris, 1775, p. 5.

③ Philippe – Louis Gérard, *Le comte de Valmont, ou les Egaremens de la Raison, lettres recueilles et publiées par M...*, nouvelle édition revue & augmentée, Paris, 1775, t. III, pp. 446 – 517.

④ Antoine – François – Claude Ferrand, *Les conspirateurs démasqués*, Turin, 1790. L'Abbé Lefranc, *Conjuration contre la religion catholique et les souverains*, Paris, 1792.

⑤ Fréron, *L'Année littéraire*, 1772, t. II, p. 305.

⑥ 卢梭：《一个孤独的散步者的梦》，李平沤译，商务印书馆 2012 年版，第 31 页。

⑦ Simon – Nicolas – Henri Linguet, *Le fanatisme des philosophes*, 1764, pp. 15 – 18.

雷隆做出了预言："本世纪贤明的哲人，热情地主张宽容，因为他们对此最有需求。如果他们自己主管了政府，并握有主权和法律的利器，他们可能会是第一批运用这些利器来对付一切大胆地反对他们的观念的人。"① 在革命之前，反哲人就不断警告"哲学"的成功预示着弑君、混乱和宗教的灭绝，为"哲学"的胜利描绘了一副生动的世界末日的肖像："哲学处处点亮了纷争和战争的火炬，准备好毒药、磨快刀剑、布下火种、下达谋杀和屠杀的命令，让父亲牺牲在儿子的手上，让儿子牺牲在父亲的手上"② 这些"虚假的贤哲坚决主张、催促、煽动，不停地呼呼叛乱，我们可以说，他们迫切地想看到王权被掀翻，我们的国王被送上绞刑架"③。

就这样，在法国革命前夕，反哲人们已经发展出一整套反启蒙的灾难话语：在最基本的层面上，启蒙思想会颠覆天主教的基础，导致信仰全面瓦解，盲目、狂妄地崇拜人类的理性；当人被剥去了对神的畏惧和良心的自我控制，会使社会道德沦丧，引起犯罪的普遍增长；个人行为只根据自己的享乐与痛苦、利益来进行判断，其结果就是功利主义和自我主义盛行；抨击父亲的权威，支持儿子的反叛与独立等，摧毁了家庭伦理；从家庭反叛开始，鼓吹平等与共和，攻击一切权威和政治力量，只谈权利、不论义务，进一步摧毁了国家；因此，启蒙运动带来的未来，必然是暴力、流血、混乱，给社会带来巨大灾难。④ 法国革命爆发、特别是雅各宾派施行恐怖统治，流亡的反革命分子重新翻出了这些预言，作为他们的先见之明的证据。

结　语

面对启蒙运动这种新思潮的兴起，法国的

传统派精英，无论是宗教界人士还是世俗人士，一开始明显没有太认真严肃地对待启蒙哲人。在他们看来，启蒙哲人们不过是前一个世纪的斯宾诺沙、伽桑迪、拉莫特勒瓦耶、培尔等唯物主义者、自由思想家的平庸继承人而已。他们对自己所固守的传统自信满满，蔑视地将对手视作不信教、反宗教、不学无术、妖言惑众以谋取私利的伪君子，自以为能够通过揭露他们的骗子面目而固守传统的宗教和观念领域。然而随着时间的推移，启蒙思想四处传播，启蒙哲人的影响日益高涨，甚至逐步开始进入法兰西学院等官方文化机构，获得政府和一些权贵给予的职位、津贴。启蒙运动的节节胜利令反哲人们感到既嫉妒又恐慌，他们掀起越来越高的反对声浪，加入公共舆论的争夺之中，运用报刊、论战小册子、小说等各类通俗文本，指控启蒙思想败坏道德、腐化风俗、煽动反叛。他们塑造的哲人形象变得越来越阴险、越来越政治化，最终在旧制度的最后二十年间将哲人们刻画为一个意图颠覆国家和教会的阴谋集团，并预言启蒙思想会带来暴力流血和权力的倾覆。

在这场形象纷争中，反启蒙势力花费了大量精力刻画"哲人"的负面形象，然而其效果在启蒙时代并不明显。启蒙时代作品中的"philosophe"并非都是关于启蒙哲人的。韦德统计了这个时期 189 部含有哲人（哲学家）角色的戏剧，除去 51 部与启蒙论战直接相关的作品外，还有以古代的哲学家、陷入爱情的哲人、乡间哲人、实干的哲人和理想化的哲人为主角的五种类型。⑤ 这些戏剧并没有反映出启蒙运动的主要人物，但是，"毫无疑问，这五种戏剧受到欢迎、甚至其起源都是拜百科全书运动的广泛影响所赐"；"它们与那场运动并无密切的联系"，但它们"是其广泛影响的

---

① Fréron, *L'Année littéraire*, 1772, t. II, pp. 304 - 305.

② Charles - Louis Richard, *Exposition de la doctrine des philosophes modernes*, 转引自 Darrin M. Mchon, *Enemies of the Enlightenment*, p. 43。

③ Augustin Barruel, *Les Helviennes, ou lettres provinciales philosophiques*, 5 Vols., 1785 - 1788, Vol. 5, p. 400.

④ Darrin M. McMahon, *Enemies of the Enlightenment*, pp. 32 - 42.

⑤ Ira O. Wade, *The "Philosophe" in the French Drama of the Eighteenth Century*, pp. ix - x.

见证人"①。对启蒙时代的戏剧、小说等虚构作品的研究也揭示出同样的趋势，"处处都涌现出对比鲜明、令人震动的哲人形象，同时也让人看到，启蒙的概念在虚构作品中显现，以及它们在公共领域中的进步"②。就算是在反哲人文本中也能够找到证据，证明这些负面形象的塑造成效有限。比如，反哲人在论战中往往不单独使用"哲人"，而是倾向于将他们称为"所谓的哲人""虚假的哲人""现代哲人""新哲人""自称哲人的人"等等。《文学年代》还先后创造了两个词汇来指称他们："哲学主义者（philosophistes）"和"哲学癖（philosophaille）"③，但也没有流行起来。

但是，法国革命的发生改变了反哲人刻画的"哲人"形象的命运。王权被颠覆、教权遭到打击，以及革命进程中的暴力、血腥、恐怖统治，似乎都证明了反启蒙运动的远见卓识。其实，这套灾难预言话语并不是反启蒙势力发明的新鲜说辞。《旧约》中预示大灾难的修辞，以及欧洲宗教战争的文化记忆，为反哲人们提供了想象和话语资源。宗教战争时期，"天主教宣传家成功地为新教徒塑造了一副形象，将他们刻画成危险的、煽动的背叛者，是王国和真正宗教的敌人"④，而且将新教运动描述为整体上废除天主教和法国君主制的阴谋。到了18世纪，颠覆王权和教会的阴谋的主角变成了启蒙哲人，当年所有反新教话语都转移到了哲人身上。从这个意义上来说，哲人阴谋论只不过是宗教战争时期反新教的异端阴谋论的世俗版本。⑤

反启蒙势力构想的哲人阴谋论，对于那个时代文化的普遍预想和习俗而言并不新颖。巴吕埃尔的《关于雅各宾主义的历史报告》集革命阴谋论之大成，尽管曾经轰动一时，但随着普遍的思维方式的改变，阴谋论很快被抛弃了。然而阴谋论的核心，即启蒙运动与法国革命之间的因果关系，却得到革命派和反革命派双方的认可，将启蒙运动塑造为革命的先声，革命派以启蒙思想论证自己的合法性，而反革命派则控诉启蒙思想是社会秩序颠覆，尤其是暴力和恐怖统治的罪恶根源，从而创造出两个公式：启蒙运动等于革命，革命等于恐怖。⑥这两个公式"将革命的事实嫁接到之前的先入之见之中，创造出了一个历史解读，对接下来对启蒙运动的阐释产生了重要影响"⑦。尽管几乎没有启蒙哲人支持革命，哲人阴谋论也遭到抛弃，但反哲人的灾难话语却继承了下来。从埃德蒙柏克、托克维尔，到《启蒙辩证法》、后现代思潮，极权主义、毁灭性的个人主义、破坏道德、元叙事、敌视他性、种族主义与种族屠
杀、理性至上、文化帝国主义等各种罪行，⑧不断被归咎于启蒙运动，要它为发生在它之后的许多历史事件和现实社会中的不完美担负罪责。

（原载《世界历史》2020年第6期）

① Ira O. Wade, *The "Philosophe" in the French Drama of the Eighteenth Century*, pp. ix–x, 1–2.

② Pierre Hartmann, Florence Lotterie, "Présentation", *Le Philosophe romanesque*, *L'image du philosophe dans le roman des Lumières*, p. 7.

③ Fréron, *L'année Littéraire*, 1759, T. VI, P. 66; 1772, t. II, P. 291.

④ Penny Roberts, "Huguenot Conspiracies, Real and Imagined, in Sixteenth–Century France", in Barry Coward and Julian Swann, eds., *Conspiracies and Conspiracy Theory in Early Modern France, from the Waldensians to the French Revolution*, Ashgate, 2004, p. 55.

⑤ Amos Hofman, "The Origins of the Theory of the Philosophe conspiracy", *French History*, Vol. 2, No. 2 (1988), p. 154.

⑥ 托多罗夫：《启蒙的精神》，马利红译，华东师范大学出版社2012年版，第33页。

⑦ Darrin M. McMahon, *Enemies of the Enlightenment*, p. 12.

⑧ 庞冠群：《后现代之后重审法国启蒙运动》，《上海师范大学学报》（哲学社会科学版）2019年第1期。

中世纪与欧洲文明元规则

侯建新[*]

摘　要：欧洲文明采纳和改造不同的文明元素，经历数百年痛苦的文化互动与磨合，终于成形于中世纪中期。其文明确立的标志是有着广泛社会共识、被明确定义并根植于自然权利的"元规则"：财产权利、同意权利、程序权利、自卫权利和生命权利。它们是深层次、始基性规则系统，是决定规则的规则，它们是不可让渡的应然权利，却影响着实定法权利，进而深刻地影响着欧洲社会走向。这些元规则自成体系，奠定了西方文明的基础，从而使西方成为西方。

关键词：欧洲文明　元规则　自然权利　文明互动　中世纪

历史是国家之根，文明乃民族之魂。由于生活环境不同，人类很早就创造了不同的区域文明，任何一个文明体系都相当繁复，不仅有物质层面，还有精神层面，它规范着人们的心理、观念和社会行为，是社会制度和社会架构的内在指导原则。历史反复表明，长期积淀的文化传统对一个民族的发展有着巨大影响和制约。当人们还不能反省自己，不能识别和吸收其他文化，也就是说还不能主动创造历史的时候，这种影响和制约愈益显得坚韧和强大。西方文明即历史上的欧洲文明，是当今人类社会的主要文明之一，对其作系统、深入的研究，探讨其核心内涵和本质特征，实有必要。

文明如同生命体一样，也有产生、成长和成形的过程。成形后的文明意味着文明的内核已经长成，其特征更加鲜明和确定，其中最基本、最具全局性影响的特征，本文称之为文明"元规则"（meta - rules）。[①] 元规则在本文中的定义是：某种特定文明的首要、起始和关键的规则，被社会广泛认同并被明确定义，成为社会生活的基本准则，以至渗入法律和政治制度层面；它们是决定规则的规则。文明元规则的内涵高度稳定，外在表现形式随着不同文明的交流和借鉴而变换，更随着时代和空间变换而变换，有时看上去甚至面目全非，然而仔细观察就会发现每一种文明都保留着其独有的原始特征。不同文明有着不同的元规则，对这些元规则的锁定和剖析，无疑是我们探索特定文明本质的关键着力点。

一　欧洲文明的时空维度

"文明"的定义相当繁复，"文明"与"文化"的关系也论述颇多。在此本文不纠缠复杂的定义，关于文明与文化之间的关系仅强调两点：其一，文化与文明有着极为密切的关系，然而文化不等同于文明。其二，文明是达到一定历史阶段的高级文化，文明有国际学界公认的标准，例如具备了金属冶炼技术，出现了城池和文字等。有文字的历史才是文明史，之前的历史则被称作"史前史"。关于文明与文化的关系，一个世纪前就有学者指出，"文明是文化的不可避免的归宿……文明是一种发

---

　* 侯建新：天津师范大学教授。
　① "元规则"是借用宪法经济学等学科的一个概念，例如，在宪法经济学里，"元规则"意为公认的、决定规则的规则，参见 Geoffrey Brennan and James M. Buchanan, *The Reason of Rules：Constitutional Political Economy*, Cambridge：Cambridge University Press, 1985, p. 105.

展了的人类所能做到的最表面和最人为的状态"①。有学者说得更为简练明确:"文明是放大了的文化","文明是最广泛的文化实体"②。

先从西方文明的时间维度说起,这是一个没有完全达成共识的话题,在国内尤其这样。历史学家认为,最初的文明诞生于5000年到6000年之前,自此人类历史上曾先后出现数十种文明形态,其中有上古时代基本独立形成的文明,被称为"原生型文明"。随着时光的流逝,一些文明凋零了,一些文明得以延续或再生,当今世界的主要文明不过七八家,其中再生文明居多,它们又被称为"次生型文明"。次生型文明采纳一种或若干种原生型文明的某些成分,但已然是不同质的文明。笔者认为西方文明是次生型文明,与古希腊罗马文明有本质不同,尽管与它们有着某种联系。

然而,西方学界曾长期将西方文明与古典文明混为一谈。15世纪初,处于中世纪末期与资本主义社会临界点的人文主义者,对强势的基督教教会及其文化深感压抑,希望获得更自由的空间;随着更多希腊罗马古籍被发现,他们被其典雅富丽的文风所吸引,希望早已衰败湮没的古典文化得以"复兴","文艺复兴"(Renaissance)由此得名。其实,人文主义者对古典世界缺乏深刻认识,也没有能力把握罗马灭亡后的社会演化性质,殊不知,他们所处时代已是传统社会的尾声。他们自觉或不自觉地误判时代,将罗马覆亡后的历史认定为千年沉睡与愚昧,直到文艺复兴时人文精神才重新觉醒,因此"黑暗时代"(Dark Ages)、"中世纪"(Medieval Ages)等词汇,一时大行其道,形成一套话语体系。尽管该话语高调持续500年后出现拐点,然而对全球学界的影响却不可小觑。中国史学界亦不例外,但也有不同

声音。据笔者所知,最早提出不同观点的国内学者是雷海宗先生,他在20世纪30年代即指出:欧西文化自公元5世纪酝酿期开始直至今日,是"外表希罗内质全新之新兴文化"③。近期我国也有学者明确指出,西方文明不是古典世界衣钵的承袭与延伸,而是新生文明。④当下国际学界,传统看法依然存在,然而文艺复兴时期的话语不断被修正、被颠覆!尤其进入20世纪后,越来越多的学者认为,西方是中世纪的产物,它与古典文明是两个不同的个体。

活跃在19世纪中晚期的法国学者弗朗索瓦·皮埃尔·基佐是早期代表人物之一,他在《欧洲文明史》中明确切割了欧洲文明与古典文明,而且作了至今看来也不失深刻的分析。基佐敏锐地发现中世纪形成的欧洲文明有着"独特的面貌",不同于古典文明,也不同于世界上的其他文明。⑤与基佐大约同时代的黑格尔和稍晚的马克思都明确表达了相近观点。黑格尔的《历史哲学》,将西方文明称为"日耳曼世界","有着一个崭新的精神,世界由之而必须更生"⑥。马克思则把西方文明称为"日耳曼的",与"亚细亚的""古典古代的"等并列,都是独立的文明。⑦让这样的历史观进入职业历史学家领域,早期史学家当属斯宾格勒和汤因比。在他们那里,古典文明和西方文明都是独特的、等值的、自我本位的,斯宾格勒特别指出"西方文明是最年轻的文明",是中世纪形成的新生文明。

约20世纪中叶以后,西方文明始于中世纪的观点得到更多的认可。一批历史教科书系统性恢复了早期欧洲文明的历史原貌,布罗代尔撰写的《文明史纲》是代表作之一。该书出版于1963年,不仅是一部教科书,亦是堪

---

① 奥斯瓦尔德·斯宾格勒:《西方的没落》上册,齐世荣等译,商务印书馆1991年版,第54页。

② 塞缪尔·亨廷顿:《文明的冲突与世界秩序的重建》,周琪等译,新华出版社1998年版,第24—26页。

③ 雷海宗:《西洋文化史纲要》,王敦书整理导读,上海古籍出版社2001年版,第3页。

④ 参见侯建新《欧洲文明不是古典文明的简单延伸》,《史学理论研究》2014年第2期;侯建新《交融与创生:西欧文明的三个来源》,《世界历史》2011年第4期;侯树栋《断裂,还是连续:中世纪早期文明与罗马文明之关系研究的新动向》,《史学月刊》2011年第1期;田薇《关于中世纪的"误解"和"正名"》,《清华大学学报》2001年第4期。

⑤ 基佐:《欧洲文明史》,程洪逵、沅芷译,商务印书馆1998年版,第20—40页。

⑥ 黑格尔:《历史哲学》,王造时译,上海书店出版社2001年版,第339—340页。

⑦ 《马克思恩格斯全集》第30卷,人民出版社1995年版,第465—510页。

称经典的学术著作。布罗代尔是法国年鉴学派——20 世纪最重要史学流派的集大成者，其以一系列奠基性研究成果蜚声世界。他在该书的"欧洲文明"部分，首个黑字标题即"欧洲发展成形：5 到 13 世纪"。他认为，欧洲的空间是在一系列战争和入侵过程中确定下来的，成形于 5 到 13 世纪；其中他特别重视欧洲封建制的确立。他认为，封建制的确立和推广使欧洲成为欧洲，以至于称早期欧洲文明为"封建文明"。布罗代尔说："封建主义（Feudalism）打造了欧洲。11 世纪和 12 世纪，在封建王朝的统治下，欧洲达到了它的第一个青春期，达到了它的第一个富有活力的阶段。这种封建统治是一种特别的和非常具有原创性的政治、社会和经济秩序，建立在一个业已经过第二次或第三次发酵的文明之上。"①

同样问世于 20 世纪中叶亦广受欢迎的教科书，由时任美国历史学会主席查理·霍利斯特主编，至 2006 年，该书已再版 10 次，成为美国数百所大学的通用教材。该教材最新版本的开篇标题醒目而明确："欧洲的诞生，500—1000 年"。作者认为新的欧洲文明在公元 1000 年左右臻于成熟，欧洲文明与古罗马文明有着亲属关系，然而却是"迥然不同"的文明。② 布莱恩·蒂尔尼等学者在其再版 6 次的大学教材中指出："'罗马帝国的衰亡'不仅仅可以被视为一种古代文明的终结，而且还可以被视为一种新文明的开端。"它与罗马时期的社会图景完全不一样，先前的经济、宗教和政府管理体制都瓦解了，一去不复返。③ 塞缪尔·亨廷顿是当代政治学家，因其世界文明研究而名噪一时，他确认西方文明诞生于中

世纪，是再发酵的文明，他说：古典文明"已不复存在"，如同美索不达米亚文明、埃及文明、拜占庭文明等文明一样已不复存在。④ 比利时历史学家亨利·皮雷纳，终生探求西方文明的形成时间与条件，因而这个问题被国际学界称为"皮雷纳命题"（the Pirenne Thesis）。他确认古典文明是地中海文明，西方文明终结了古典文明，不过新文明的形成和旧世界的衰退皆为一个历史过程。而且，皮雷纳强调伊斯兰世界对西方文明诞生的刺激作用。⑤ 不止皮雷纳，不少西方学者都看到了伊斯兰世界对西方文明形成的刺激作用，如《西方文明简史》作者杰克逊·斯皮瓦格尔指出："在 700 年到 1500 年之间，与伊斯兰世界的冲突帮助西方文明界定自身。"⑥ 哈佛大学哈罗德·伯尔曼教授是著名法律史学家，他最重要的贡献是出色地论证了西方法律传统的形成，深入辨析了西方文明与其他文明的关系。伯尔曼认为，人们习惯上将西方文明看作古希腊罗马全部文化继承者，实为一种误读。他指出："西方作为一种历史文化和文明，不仅区别于东方"，而且区别于"以色列""古希腊"和"古罗马"，它们是不同质的文明。⑦

至于"欧洲"一词，据奥地利历史学家希尔考证，最早见于罗马帝国后期："最初，它只是用以表明一种区别。"罗马历史学家卡修斯发现，罗马皇帝的军队中，"来自帝国西部的'欧罗巴人'与东方的'叙利亚人'有显著不同"。甚至 5 世纪初的《奥古斯都历史》中还在交替使用"欧罗巴人"和"欧罗巴人军队"这两个词。这是"欧洲"一词能查到的最早的文献记载。⑧ 随着蛮族入侵，先

---

① 费尔南·布罗代尔：《文明史纲》，肖昶等译，广西师范大学出版社 2003 年版，第 294 页。

② 朱迪斯·M. 本内特、C. 沃伦·霍利斯特：《欧洲中世纪史》第 10 版，杨宁、李韵译，上海社会科学院出版社 2007 年版，第 5—7 页。

③ 布莱恩·蒂尔尼、西德尼·佩因特：《西欧中世纪史》第 6 版，袁传伟译，北京大学出版社 2011 年版，第 2、79、131 页。

④ 塞缪尔·亨廷顿：《文明的冲突与世界秩序的重建》，第 29 页。

⑤ Henri Pirenne, *Mohammed and Charlemagne*, New York: Meridian Books, 1959, p. 234.

⑥ Jackson J. Spielvogel, *Western Civilization: A Brief History*, Vol. I, Wadsworth: Cengage Learning, 2010, preface xxiv.

⑦ 哈罗德·J. 伯尔曼：《法律与革命：西方法律传统的形成》，贺卫方等译，法律出版社 2008 年版，第 2—3 页。

⑧ 弗里德里希·希尔：《欧洲思想史》，赵复三译，广西师范大学出版社 2007 年版，第 1 页。戴奥·卡修斯（Dio Cassius），2—3 世纪罗马著述家。

后出现了一系列蛮族王国，法兰克是蛮族王国的主要代表。加洛林王朝开始正式使用"欧洲"这个概念。布罗代尔认为，公元751年法兰克王国建立的加洛林王朝就是第一个"欧洲"，标示为"欧罗巴，加洛林王朝的统治"（Europa，vel regnum Caroli）。加洛林王朝的著名统治者查理大帝，被后来的宫廷诗人赞誉为"欧洲之父"（pater Europae）。[1] 后来十字军东征，在与阿拉伯穆斯林的冲突中，"欧洲"概念也曾浮出水面。不过，一直到文艺复兴初期，该词仍然很少出现在人文主义者的笔下。"欧洲"一词进入欧洲所有的语言并且较频繁地出现，则是15—16世纪的事情了。

欧洲人统一的身份意识，似乎比"欧洲"一词的普遍使用更早地进入中世纪生活。公元1000年以后，欧洲发展进入关键时期，到12世纪，封建采邑制遍布欧洲大地。伴随着社会秩序的相对稳定，人口、贸易和文化复苏，城市和大学逐渐兴起。当时绝大多数人都生活在庄园—村庄共同体内，有着相近的经历和感受，诉说着同样的话题，诚如布罗代尔所描述的那样，"在欧洲文明和文化中出现了一种聚合"。他说：

> 一位到圣地朝圣的香客或为了贸易四处走动的人，在吕贝克像在巴黎那样，在伦敦像在布鲁日那样，在科隆像在布尔戈斯、米兰或威尼斯那样，都有一种在家的感觉。道德、宗教和文化的价值，以及战争、爱情、生活和死亡的准则，在各地都是一模一样的，从一个采邑到另一个采邑，不管那里出现了什么样的争执、反叛和冲突，都没有什么区别……出现了一个真正的单一的基督教民族和基督教世界。[2]

关于西方文明的空间维度，也有复杂性一面，其边界有明显的时间性，随文化而变动。

西欧无疑是欧洲文明的核心地区，地理与文化是重叠的；南欧、中欧和北欧大体亦然。然而，一部分东欧国家以及俄罗斯，虽然地处欧洲却不被认为属于这个意义上的欧洲国家。西欧个别地区也是这样，如阿拉伯人长期统治的西班牙半岛。罗伯特·罗伊指出：很难说土耳其或俄国以及"东欧"属于真正的欧洲；西班牙被穆斯林统治8个世纪，其间西班牙的穆斯林统治者从不认为自己是欧洲人。[3] 所谓欧洲，基本是文化意义上的欧洲，近代以来更加明显。"大航海"以后欧洲移民在美洲和大洋洲建立起来的国家如美国、加拿大、澳大利亚和新西兰等被认为是西方国家，虽远离欧洲本土，依然同根相连，叶枝相牵。很明显，西方文明的空间维度有一定的迁动性和扩张性，未必与自然地理上的欧洲合一，虽然其文化边界是确定的。

二　采纳、改造与创生

西方文明诞生于中世纪，它虽然采纳和改造其他文明包括古典文明的某些元素，却很难说承袭了哪个特定文明。伯尔曼指出，西方文明与古典文明之间不是继承关系，"主要的不是通过一个保存或继承的过程，而是通过采纳的过程，即：西方把它们作为原型加以采纳。除此，它有选择地采用了它们，在不同时期采用了不同部分"[4]。他又说，不难发现，某些罗马法幸存于日耳曼习惯法之中，幸存于教会法律中，希腊哲学也是一样，不过即使某些古典学问没有被打断而存活下来，"这种学问也不可避免地要受到改造"。人们可能看到，12世纪意大利比萨自由市的法律制度，采用了一些罗马法的规则，可是，"相同的准则具有极不同的含义"。所以，西方不是指古希腊、罗马和以色列民族，而是西欧诸民族吸收古典世界的一些文化元素，并且予以改造的结果，并

①　费尔南·布罗代尔：《文明史纲》，第294—295页。
②　费尔南·布罗代尔：《文明史纲》，第294、296页。
③　Robert Royal，"Who Put the West in Western Civilization?"，*The Intercollegiate Review*，Vol. 33，No. 2（Spring 1998），p. 5.
④　哈罗德·J. 伯尔曼：《法律与革命：西方法律传统的形成》第1卷，第2—3页。

且"以会使原作者感到惊异的方式"予以改造。[①] 伯尔曼用平实、贴切的语言明辨了西方文明与古典文明的关系，具有融会贯通的穿透力。麦奇特里克也指出，探究早期中世纪社会，重要的不是争辩不同文化元素的来源，而是具体考察各种元素怎样整合成一种新文明。[②]

欧洲采纳的对象不单单有古典文明，还有以色列，更有日耳曼和基督教文化元素。西方文明不可能与古典文明衔接，一个最基本事实是文明主体变更，有着不同传统文化的日耳曼人，踏着罗马帝国的废墟入主欧洲，如萨拜因说，从此"西欧的政治命运永远地转移到了日耳曼侵略者之手"[③]。

日耳曼人来自欧洲北部多雾的海边，分为不同的部落，却有着大致相近的传统和制度，最重要的是马尔克（Mark）村社制度。在整个中世纪，它浸透了全部的公共生活，如同孟德斯鸠所指出的，欧洲一些优良的制度"是在森林中被发现的"[④]。人们通常认为庄园是乡村社会的唯一中心，近几十年来欧洲学者认为村庄组织更重要。笔者认为，二者都不可忽略，事实上，中世纪乡村社会实行庄园—村庄双重管理结构。[⑤] 也就是说，即使在庄园农奴制下，村庄也没有丧失集体行为，一些村庄共同体还有自己的印章、标识，节日场合还悬挂当地旗帜。[⑥] 庄园法庭明显地保留了日耳曼村民大会的古老遗风。一切重大安排、村民诉讼以及与领主的争端，都要由这样的法庭裁决。在乡村公共生活中，"村规"享有很高的权威，长期保持旺盛的生命力，受到乡村社会的高度认同。[⑦] 上层统治架构也深受日耳曼传统的影响。按照日耳曼人的观念，政府的唯一目标就是保障现存的法律和权利。[⑧] 德国学者科恩指出，中世纪的政治思想与其说是中世纪的，不如说是古代日耳曼的，后者也是欧洲封建制得以创建的重要政治资源。[⑨] 即使法律本身也导源于日耳曼传统，生活中的惯例在法律中具有排他性和独占性。不难发现，不论是乡镇基层还是上层政治架构，日耳曼的法律、制度与历史为早期西方提供了社会组织胚胎。

基督教是塑造欧洲文明的重要力量，但它也必须经过中世纪的过滤和演化，才能使其潜在要素得以显现。首先，它以统一的一神信仰，凝聚了基督教世界所有人的精神，这一点对于欧洲人统一的身份意识、统一的精神归属意识，具有无可替代、空前重要的意义。而这样的统一意识，对于欧洲人的身份自觉、文明自觉，又发挥了重大作用。"在欧洲的整个历史上，基督教一直是其文明的中心。它赋予文明以生命……一个欧洲人，即使他是无神论者，也仍是深深植根于基督教传统的一种道德伦理和心理行为的俘虏。"[⑩] 其次，它为欧洲人提供了完整的、具有显著的文明高度的伦理体系。基督教早期是穷人的宗教，其所谓"博爱"观念在理论上（在实际上受很多局限）突破了家庭、地域、身份、种族、国家的界限。耶稣的殉难，以及他在殉难时对迫害他、杀死他的人的宽恕，成为所谓"博爱"精神的象征。"博爱"精神既为信徒追求大的超越、神圣，实现人生价值、生命意义提供了舞台，也为信徒践行日常生活中的道德规范提供了守则。基督教出现之后，千百年来折磨人、迫害人、摧残人、杀戮人的许多暴虐传

①　哈罗德·J. 伯尔曼：《法律与革命：西方法律传统的形成》第 1 卷，第 3 页。

②　R. McKitterick, ed., *The Early Middle Ages: Europe 400 – 1000*, Oxford: Oxford University Press, 2001, p. 27.

③　乔治·霍兰·萨拜因：《政治学说史》上册，盛葵阳、崔妙田译，商务印书馆 1986 年版，第 242 页。

④　孟德斯鸠：《论法的精神》上册，张雁深译，商务印书馆 1995 年版，第 165 页。

⑤　侯建新：《西欧中世纪乡村组织双重结构论》，《历史研究》2018 年第 3 期。

⑥　Werner Rösener, *The Peasantry of Europe*, trans. by Thomas M. Barker, Cambridge, Mass.: Blackwell, 1994, p. 160.

⑦　J. A. Raftis, *Tenure and Mobility: Studies in the Social History of the Medieval English Village*, Toronto: Pontifical Institute of Mediaeval Studies, 1981, pp. 111 – 112.

⑧　Fritz Kern, *Kingship and Law in the Middle Ages*, translated with an introduction by S. B. Chrimes, New York: Harper & Row, 1970, p. 185.

⑨　Fritz Kern, *Kingship and Law in the Middle Ages*, Introduction, p. xviii.

⑩　费尔南·布罗代尔：《文明史纲》，第 311 页。

统，才遭遇到从理论到实践的系统的反对、谴责和抵制，以对苦难的同情为内容的人道主义才开始流行。它广泛分布的教会组织，对中世纪动荡、战乱的欧洲社会秩序的重建，对于无数穷人苦难的减缓，起过无可替代的作用。最后，它关于"上帝面前人人平等"的观念，包含无论高贵者还是低贱者皆有"原罪"的理念，势必导致对世俗权力的怀疑，为以后的代议制度孕育预留了空间。权力制衡的实践在罗马时代已出现，但基督教的原罪说才提供了坚实的理论依据，开辟了真正广阔的前景。上帝救世说中，个人是"原罪"的承担者，而灵魂得救也完全是个人行为，与种族、身份、团体无关；个人的宗教和道德体验超越政治权威，无疑助长个体观念的发展。① 这些是古典世界所不曾发生的，梅因说："'古代法律'几乎全然不知'个人'，它所关心的不是'个人'而是'家族'，不是单独的人而是集团。"②

中世纪基督教会的消极影响也无可讳言，他们在相当长的时间里、相当严重的程度上用愚昧的乌云遮蔽了理性的阳光，诸如焚烧女巫运动，对"异端"的封杀，对"地心说"的顽固坚持，等等。自身的腐败是教会更为严重的问题，随着教会政治、经济势力的膨胀，教会也不能避免权力和财富的侵蚀，甚至较政府权力部门而无不及。作为近代早期宗教改革的重要成果之一，基督教会卸载其社会管理功能，淡出世俗，完全回归到心性与精神领域。

古典文明最终走向衰落，然而它的一些文化元素却为西方文明提供了一定的资源。古典文明的理性思考，对中世纪神学和经院哲学产生深刻影响。雅典无疑开创了多数人民主的先河，不过也应清楚地看到雅典民主有以众暴寡

的倾向，③ 不具备现代民主的气质。古典时代没有个体的独立，看不到个人权利成长的轨迹，个体融于城邦整体中，最终融于帝国中。古罗马对于欧洲文明最重要的贡献是罗马法。高度发达、极其精致的罗马法律体系与日耳曼民俗法差异极大，距罗马最后一位皇帝被废黜很久以前，"罗马文明在西部就已经被哥特人、汪达尔人、法兰克人、撒克逊人以及其他日耳曼人的原始部落文明所取代"④。12世纪欧洲出现了罗马法的复兴和传播，助力于欧洲文明的成形。罗马法的主要贡献是为欧洲法律提供许多概念和范式，罗马法在被采纳过程中也被改造，气质大变，所谓12世纪欧洲罗马法复兴就是这样一场运动。人们对罗马法复兴充满热情，⑤ 但与其说是复兴，不如说是再造。教会法学家热衷于探讨罗马法的真谛和有价值的基本元素，尤其是更新了罗马法中的个人权利概念，功莫大焉。表面上他们在不停地考证、厘清罗马法的本意；其实也在不断输入当时的社会共识，表达一种全新的见解。意大利的博洛尼亚大学作为引领性的研究中心，格外引人注目，法学家伊尔内留斯等人的研究成果，被认为"代表着中世纪欧洲学术和知识分子最杰出的成就，甚至是唯一成就"⑥。人们发现，在他们的《注释集》里，罗马法的思想原则、精神内核发生了很大变化。特别值得注意的是，"权利"本来是罗马私法中的概念，现在则进入公法领域，逐渐彰显个体权利和自然权利，为建构欧洲文明的政治框架提供了重要元素。

欧洲文明表现出了人类各个文明都有的精华与糟粕并存的特征。无论如何，公元5世纪罗马帝国覆亡特别是8世纪以后，上述文明的

① R. W. Carlyle and A. J. Carlyle, *A History of Medieval Political Theory in the West*, Vol. 3, London: W. Blackwood, 1928, p. 8.
② 梅因：《古代法》，沈景一译，商务印书馆1996年版，第146页。
③ 英国史学家阿克顿称其有"多数人的暴政"的倾向，参见阿克顿：《自由与权力——阿克顿勋爵论说文集》，侯健、范亚峰译，商务印书馆2001年版，第38—40页。
④ 哈罗德·J.伯尔曼：《法律与革命：西方法律传统的形成》第1卷，第117页。
⑤ J. H. Burns, *The Cambridge History of Medieval Political Thought c. 350 – c. 1450*, Cambridge: Cambridge University Press, 1988, p. 47.
⑥ Hastings Rashdall, *The Universities of Europe in the Middle Ages*, Vol. I, Oxford: Clarendon Press, 1895, p. 255.

各种元素熔于一炉，或者一拍即合，或者冲撞不已，更多是改造和嫁接，形成了一种新的文明源泉。罗马帝国千年演化过程不会戛然而止，西方文明形成要比通常认为的时间晚得多，其过程也漫长得多。经过长期痛苦的磨合，至中世纪中期，西方文明内核基本孕育成形。

中外学者不断努力，试图对西方文明内核作出概括性阐释。例如，亨廷顿认为西方文明的主要特征是：古典文明的遗产，天主教和新教，欧洲语言，精神权威和世俗权威的分离，法制，社会多元主义，代议机构和个人主义。[①] 西方文明所有重要的方面，他几乎都涉及了，不过这些"特征"似乎不在一个平面上，因果混淆，而且一部分是现代西方的外部特征，未能揭示西方何以成为西方的根本所在。梅因注重文明形成期研究，他认为每一种文明都有其不变的根本，他称之为"胚种"，一旦成形，它的规定性是穿越时空的。他说："因为现在控制着我们行动以及塑造着我们行为的道德规范的每一种形式，必然可以从这些胚种当中展示出来。"[②] 欧洲文明是不断变化的，然而也有不变的东西："胚种"是不变的，它所具有的原始特征，从初始到现今，反复出现，可是万变不离其宗。奥地利学者、欧洲思想史学家希尔指出了同样的道理，他说："最值得注意的一些思想在欧洲的精神地图上像重叠的光环那样铺开……这些题目在欧洲历史中反复出现，直到今天，还未失去它们的意义。"他这句话说得更明了：如果哪位读者首次看到它们时，它们已经穿着现代服装，那么我们不难辨认它们在历史上早已存在，虽然穿着那个时代的服装。[③]

笔者认为，理解西方文明的钥匙就在中世纪，中世纪中期形成的"元规则"乃是西方文明不变的内核，而主体权利（subjective rights）则是其文明之魂，[④] 大概也就是梅因所说的"胚种"。自然权利在一定意义上相当于主体权利，只是角度不同而已。人们通常认为自然权利观念"如同内燃机一样是现代社会的产物"[⑤]，所幸 20 世纪中叶后西方学界不断推出的研究成果正在刷新传统结论，将其追溯到 14 世纪。20 世纪末叶，以布赖恩·蒂尔尼为代表的学者则追溯得更远，认为自然权利观念产生于 12 世纪，其作品因其杰出贡献而获嘉奖。[⑥] 在那个时期，"自我意识的成长的确从独立的个人扩展到了社会本身……从民众心灵深处产生的观念，与神职人员的虔诚追求交汇在一起"[⑦]。基于多元的文化交流和灵动的现实生活，在上至教皇、教会法学家、中世纪思想家，下至普通乡镇教士踊跃参与的讨论中，欧洲社会形成了颇有系统的权利话语及其语境，阐明了一系列权利观念，被称为一场"语义学革命"（semantic revolution）。[⑧] 12 世纪早期一位意大利教士格拉提安（Gratian），将罗马法注释学家的成果以及数千条教会法法规汇编成册，后人把它称作《格拉提安教令集》（Decretum of Gratian，简称《教令集》）。在这部《教令集》中，格拉提安重新解释了罗马法中 ius 的概念，启动了这一概念中主

---

① 塞缪尔·亨廷顿：《文明的冲突与世界秩序的重建》，第 60—63 页。

② 梅因：《古代法》，第 69 页。

③ 弗里德里希·希尔：《欧洲思想史》，《作者前言》，第 1 页。

④ 参见侯建新《从主体权利看中西传统社会之异同》，《社会转型时期的西欧与中国》，济南出版社 2001 年版，第 7 章；《论题：主体权利与西欧中古社会演进》，《历史教学问题》2004 年第 1 期；《"主体权利"文本解读及其对西欧史研究的意义》，《史学理论研究》2006 年第 1 期。

⑤ Kenneth Pennington, "The History of Rights in Western Thought", *Emory Law Journal*, Vol. 47, 1998, p. 239.

⑥ Brian Tierney, *The Idea of Natural Rights*: *Studies on Natural Rights*, *Natural Law*, *and Church Law*, *1150 – 1625*, Cambridge: Scholars Press, 1997. 该书获美国 2001 年度哈斯金斯（Haskins）勋章。

⑦ Marc Bloch, *Feudal Society*: *The Growth of Ties of Dependence*, Vol. I, New York: Routledge, 1989, pp. 106 – 107.

⑧ Takashi Shogimen, *Ockham and Political Discourse in the Late Middle Ages*, Cambridge: Cambridge University Press, 2007, pp. 30, 154.

体、主观的含义阐释。① 继而，12 世纪若干法学家不断推进，教会法学家鲁菲努斯（Rufinus）是自然权利语言发展的关键人物，大约 1160 年他指出："ius naturale 是一种由自然灌输给个人的力量，使其趋善避恶。"② 当时关于自然权利的这种定义变得很普遍。被称为 12 世纪最伟大的教会法学家休格（Huguccio）也指出："ius naturale 是一种行为准则……在其最初的意义上始终是个人的一种属性，'一种灵魂的力量'，与人类的理性相联系。"③ 至此，自然权利概念逐渐清晰起来。这场革命，第一次确认了自然权利（natural rights）和实在法权利（positive rights）两大法律体系的并立。进入 14 世纪，著名学者奥卡姆的威廉（William of Ockham）明确将罗马法中的 ius 阐释为个体的权能（potestas），并将这种"源于自然"的权利归结于个体，因此被誉为"主体权利之父"。他说："这种权利永远不能被放弃，因为它实际上是维持生命之必需。"④ 自然权利的出现，突破了以往单一的法律体系，在各个领域产生广泛影响，成为深层次的社会规则系统生成的原点。

在欧洲中世纪语境下，"自然权利"无异于"生而自由"，因为中世纪书面语言拉丁文中的"权利"（Libertas）既表示权利也表示自由，中世纪的"自由"有特殊含义，它相对于拘禁的、依附的状态而言，具有摆脱束缚、实现自己意志的指向。⑤ 因此，剑桥大学布雷特教授认为，从法律思想史而非神学意义上，自然权利可以被解释为"生而自由"⑥。总之，元规则是权利，也是自由，而且是消极自由。同样值得关注的是，中世纪"语义学革命"产生的自然权利被归结于个人——不是普遍的、抽象的人，而是具体的、单个的人，正是在这个意义上，自然权利又被称为主体权利。一般认为，"个人"与近代、"市场经济"或资本主义联系在一起，可事实是，到资本主义在欧洲产生并形成强大社会冲击力之前，权利和自然权利已形成一定的话语体系，并且对其研讨已达数世纪之久。早在中世纪中期，在人们通常认为的传统社会里，他们却已经在"试探性地表达权利，并首先聚焦于个体"，颇为独特。彭宁顿指出，由此可见，主体权利不是资本主义社会的产物，它早已是西方思想的一部分。⑦ 这也颇令蒂尔尼感叹，他说："所有早期文明社会无不珍视正义和合理秩序，然而他们通常不会以个人自然权利（individual natural right）概念来表达他们的理想"，欧洲中世纪形成的这些观念"难道不是西方文化的独特产物吗"⑧？一些欧洲学者对此并不感到惊讶，艾伦·麦克法兰将英国及西欧个人主义追溯到 1200 年;⑨ 戴尔认为，英国自 13 世纪就启动了向现代社会的"转型"，诸如从共同体中心到个人本位等。⑩ 他们的研究与蒂尔尼等自然权利追踪者的探索似殊途同归。这些在古典世界都不曾发现，在那里"几乎全然不知'个人'"⑪。

① Brian Tierney, *The Idea of Natural Rights*: *Studies on Natural Rights*, *Natural Law*, *and Church Law*, *1150 - 1625*, pp. 62, 66, 178.

② Brian Tierney, *The Idea of Natural Rights*: *Studies on Natural Rights*, *Natural Law*, *and Church Law*, *1150 - 1625*, p. 62.

③ Kenneth Pennington, "The History of Right in Western Thought", p. 243.

④ Brian Tierney, *The Idea of Natural Rights*: *Studies on Natural Rights*, *Natural Law*, *and Church Law*, *1150 - 1625*, p. 122.

⑤ R. E. Latham, D. R. Howlett and R. K. Ashdowne, eds., *Dictionary of Medieval Latin from British Sources*, Fascicule. V, Oxford: British Academy, 1997, pp. 1600 - 1601.

⑥ Annabel S. Brett, *Liberty*, *Right and Nature*: *Individual Rights in Later Scholastic Thought*, Cambridge: Cambridge University Press, 1997, Introduction.

⑦ Kenneth Pennington, "The History of Right in Western Thought", p. 240.

⑧ Brian Tierney, *The Idea of Natural Rights*: *Studies on Natural Rights*, *Natural Law*, *and Church Law*, *1150 - 1625*, pp. 1 - 2.

⑨ A. Macfarlane, *The Origins of English Individualism*, Oxford: Basil Blackwell, 1978.

⑩ Christopher Dyer, *An Age of Transition? Economy and Society in England in the Later Middle Ages*, Oxford: Clarendon Press, 2005.

⑪ 梅因：《古代法》，第 146 页。

三 作为欧洲文明内核的"元规则"

自然权利是西方文明出发点。12 世纪仅是权利语言演化的一部分,如同埋下胚种,一定会开枝散叶一样,12 世纪和 13 世纪法学家们创造出许多源自自然权利的权利,发展出一种强有力的权利话语体系,构成西方文明内核。这个体系包含五个方面的基本内容,即"财产权利""同意权利""程序权利""自卫权利"和"生命权利"等,它们是欧洲公共生活中深层次、始基性规则系统。这些元规则根植于自然权利,不可剥夺,也不可让渡;并且明确而透明,有着广泛的社会共识,从而奠定了西方文明的基础,使西方成为西方。元规则是应然权利,消极自由权利,却深刻影响着社会走向,一旦转化为实定法权利即受到法律保障,因此与实际生活过程并非无关。到中世纪中期,法律具有高于政治权威的至高性这一观念被普通接受,"虽然直到美国革命时才贡献了'宪政'一词,但自 12 世纪起,所有西方国家……在某些重要的方面,法律高于政治这种思想一直被广泛讲述和经常得到承认"[1]。

(1) 财产权利 (rights to property)

国际学界近几十年的研究表明,基于自然权利的西方财产权理论产生于中世纪中期。[2] 随着罗马法复兴,教会和法学界人士掀起了一场关于财产权的讨论,而且财产权分析总是与自然权利联系在一起。方济各会"使徒贫困"的讨论,引发了私人财产权的话题。13 世纪初方济各会在意大利创建,他们仿效基督,宣称放弃一切财产,衣麻跣足,托钵行乞,周济穷人,一反之前教会的严厉面孔,实为一次早期教会改革。教皇英诺森三世察觉该做法对教会有一定的冲击,但考虑抑制奢侈之风,改善

传教方式,还是批准了该会资格。其后历届教皇一直鼓励方济各会的修为,但是约翰二十二世成为罗马教皇后,却公开挑战"使徒贫困"论的合理性。他认为,方济各标榜放弃一切所有权是不可能的,行不通的,当一位方济各使徒吃下一片面包,说他对这片面包没有权利是不可理喻的,换言之,如果他消费了什么物品,他一定要有相应的法定权利。显然,该教皇只是从实在法权利角度否定"使徒贫困"理论,他无视的是,方济各会虽然放弃了实在法意义上的财产权,但是仍然拥有自然权利意义上的财产权。[3] 不久,约翰二十二世颁布法令,将那些认为基督及其使徒一无所有的说法视为异端,实际上推翻了"使徒贫困"的原则,遭到方济各会士的激烈反对。奥卡姆,这位在西方历史上第一个勾勒出主体权利的思想家,热情为方济各会士辩护。奥卡姆虽是英格兰人,但长期旅居德意志,正是在慕尼黑的住所里,阐发了他的财产权观念。奥卡姆承认会士们不具备实在法权利,但是他们有来自上帝的自然权利,即不可放弃的主体权利,因此他们可以享用和消费必需生活品,不管这些物品是否属于他所有。[4] 结果,奥卡姆成功地捍卫了"使徒贫困"原则,维护了方济各会的合法性,同时彰显了财产观念中的自然权利。

教会法学家的自然权利观念不是孤立的。《爱德华三世统治镜鉴》(*Speculum Regis Edwardi III*) 是一部劝诫统治者的作品,写于 14 世纪上半叶,作者帕古拉的威廉 (William of Pagula) 反复强调一个原则:财产权是每个人都应当享有的权利,任何人不能违背他的意志夺走其物品,这是"一条普遍的原则",即使贵为国王也不能违反。国王在世间有足够的权威,有可能对普通人的财产权形成最大威胁,故此告诫国王不得染指他人财物,否则"必

---

① 哈罗德·J. 伯尔曼:《法律与革命:西方法律传统的形成》第 1 卷,第 9 页。
② 侯建新:《思想和话语的积淀:近代以前西欧财产观的嬗变》,《世界历史》2016 年第 1 期。
③ Brian Tierney, *The Idea of Natural Rights*:*Studies on Natural Rights*, *Natural Law*, *and Church Law*, *1150 - 1625*, pp. 94 - 96.
④ Brian Tierney, *The Idea of Natural Rights*:*Studies on Natural Rights*, *Natural Law*, *and Church Law*, *1150 - 1625*, pp. 121 - 122.

将受到现世和来世的惩罚"①。社会底层人的财产权最易受到侵害，所以威廉认为，王室官员强买贫苦老农妇的母鸡是更严重的犯罪。作者排除侵权行为的任何华丽借口，"不存在基于共同福祉就可以违反个人主体权利的特殊情况"②；一旦侵犯臣民财产，统治者必须承担臣民反抗的全部后果。③ 这里提及了臣民的合法抵抗权，可见西方文明元规则是相通的。

伴随主体权利和独立个体的普遍发展，臣民财产权利保护的观念进入实际生活。13世纪初的《大宪章》是一份权利清单，其中超过一半的条款直接关涉臣民的财产权利，其余条款大多关于臣民的人身权利。财产权利条款，主要规范国王的税收和军役，严禁随意增负，严禁任何形式的权利侵夺；另一边则明确规定，任何自由人，如未经依法审判，皆不得被逮捕、监禁、没收财产。财产权与人身权互为依傍，如果没有人身不受侵犯和免于恐惧的权利，就不可能存在不可侵犯的财产权。

《大宪章》里的臣民不包括普通佃农，然而，在实际生活中，佃农的土地权利并非空白，即使农奴也依照保有条件拥有一定的土地权利，并且受到习惯法保护。佃户对土地的占有权如此稳定，已超出一般意义上的"占有"（hold），以至创造了 seisin 一词来表示，被译为"依法占有"。保有土地的佃户对任何"侵占"他土地的人甚至他的领主，都享有一种诉权。伯尔曼评论说："西方封建财产产权体系在其有关各种对抗的权利的相互关系的概念上却是独一无二的。"④ 所以我们看到：因某个采邑的归属，伯爵可以与国王对簿公堂；普通农民即使是农奴，如果领主试图非法剥夺他

的持有地，他也可以凭借法庭有效对抗领主；同样，国王未经允许不能踏进其他领主的庄园，也不能拿走1便士。在拿破仑法典宣布私人财产神圣不可侵犯的500年前，不论在话语体系还是在实际生活中，法定的私人财产权已经有了几分"神圣"的味道。有保障的臣民财产权，有利于社会财富的普遍积累。到中世纪晚期平民中产生"第三等级"，并逐渐形成现代产权体系，不是偶然的。

17世纪中叶，以英国立法废除封建采邑制为标志，土地所有权取得了纯粹经济的形式，导致严格的私人所有权（absolute owner-ship）的确立。现代私人财产权利，不仅仅是原告针对被告的权利，而且是对整个世界都有效的权利，一种严格的、不妥协的权利。⑤ 1804年的《拿破仑法典》，标志着现代欧洲私人所有权的最终确立。

（2）同意权利（rights to consent）

"同意"作为一个独立词汇开始出现在法律文献中，大约在罗马帝国晚期，后来作为"格言"收入查士丁尼法典，成为罗马法的私法原则，"关涉大家的事要得到大家的同意"（quod omnestangit, ab omnibus approbetur）。⑥ 进入中世纪，"同意"概念被广泛引申到公法领域，发生了质的变化，成为西方文明极为重要的元规则。

其一，"同意"概念进入日常生活话语，表明社会正在普遍接受这样的观念。进入12世纪，出现了对个人意愿、个人同意的关注，由于婚姻在个人生命中的特殊含义，婚姻同意的原则成为典型。按照日耳曼传统，合法的婚姻首先要经过父母同意，但至12世纪中期，

① Cary J. Nederman, "Property and Protest: Political Theory and Subjective Rights in Fourteenth – Century England", *The Review of Politics*, Vol. 58, No. 2, 1996, p. 332.

② Cary J. Nederman, "Property and Protest: Political Theory and Subjective Rights in Fourteenth – Century England", *The Review of Politics*, Vol. 58, No. 2, 1996, p. 343.

③ Cary J. Nederman, "Property and Protest: Political Theory and Subjective Rights in Fourteenth – Century England", *The Review of Politics*, Vol. 58, No. 2, 1996, p. 341.

④ 哈罗德·J. 伯尔曼：《法律与革命：西方法律传统的形成》第1卷，第307页。

⑤ W. S. Holdworth, *A History of English Law*, Vol. VII, London: Methuen, 1925, p. 458.

⑥ *Justinian's code*（5, 59, 5, par, 2 – 3），转引自 M. V. Clarke, *Medieval Representation and Consent: A Study of Early Parliaments in England and Ireland, with Special Reference to the Modus Tenendi Parliamentum*, New York: Russell & Russell, 1964, p. 264。

年轻男女双方同意更为重要，并且成为一条基督教教义。大约 12 世纪 80 年代，这些教义也传入挪威、冰岛等北欧王国。现存挪威古老法律档案表明，男子欲娶妻，需征求女子父母的同意，更要紧的是必须询问女子本人的意愿。[①] 时任教皇的尼古拉斯强调："缺少男女任何一方的同意，都不可缔结婚约。同理，为摇篮里的孩子订婚是一种恶习，即使父母同意也无效。"[②] 同意原则高于一切，以至于冲破更深层次的社会禁忌：以往蛮族法和罗马法都严禁自由人与奴隶缔结婚姻，但当时的教会婚姻法规定，只要男女双方同意，上述婚姻就有效，奴隶之间的婚姻亦然。德国大诗人海涅不无欣喜地说："在他们（指中世纪日耳曼诸蛮族——引者注）过于暴烈的野蛮身躯里，注入了基督教的精神；于是欧洲文明开始诞生。"[③]

其二，"同意"原则被广泛延伸到公法领域，成为公权合法性的重要依据。日耳曼诸蛮族入主欧洲后，颁布新法典，无不经过一定范围的协商或同意程序。法兰克王国著名的《萨利克法典》、盎格鲁—撒克逊诸王国法律，都须经过国王与贵族、主教等相关人士的协商和表决过程，梅特兰说，未经贤人会议以及相关人士的同意，国王不能独断立法。[④] 加之教会法学家推波助澜，"同意权利"成为欧洲文明的政治元规则。中世纪思想家也有专门论述，特别要指出的是意大利的马西略（Marsilius，约 1275—1342），他"强调了民众同意的原则，以此作为所有合法政府——无论是世俗的还是教会的——的基础"[⑤]。他们认为，上帝授予人类拥有财产和选择统治者的双重权

利，因此，皇帝或教皇的权力，都要受到臣民同意权利的限制。11 世纪教廷颁布的《教皇选举条例》，13 世纪规定教皇拥立须经一定范围内多数人同意，13、14 世纪之交又产生"收回同意"的权利，等等，无不渗透着这样的理念。虽然教皇经过信众推举，但是如果教皇成为异端，他一样要受到基督教世界主教会议的审判。[⑥] 世俗君主亦然。只有借助相关人士的同意，国王才能具有足够的权威和合法性。英王亨利一世加冕后再次承诺保障封臣的权利，他在写给安塞姆主教的信中说："承蒙你和其他人的忠告，我已经向自己与英格兰王国人民做出承诺，我是经过男爵们普遍同意而加冕的。"[⑦] 对国王的忠告是封臣的义务，也是权利，其中蕴含着同意的原则。最后，同等重要的是，司法审判并非王家独揽，国王可能是原告也可能成为被告，发生诉讼时国王也要接受相关法院的裁决，所以国王或国王代理人出庭受审并败诉的案例绝非罕见。[⑧] 显然，"同意"规则不仅在观念上被广泛接受，在实践上也得到一定范围、一定程度的实施。

乡村基层社会亦如此，庄园领主不能独断专行。佃户们定期举行村民会议，讨论村庄共同体中的相关问题，任命或罢免村官，而且不断颁布新村规，历史学家沃伦·奥特称这些"村规"为"共同同意的村规"（Village By-laws by Common Consent）。[⑨] 庄园领主宣布决定或法庭判决时，一定宣明业已经过佃户全体同意，以彰显权威，而这些过程确实有佃户的参与。原始文献中总是以下列词语开头，口气不容置疑："所有领主的佃户，不论自由佃户还是惯例佃户，同意……"；"全体土地所有

---

① Angeliki E. Laiou, ed., *Consent and Coercion to Sex and Marriage in Ancient and Medieval Societies*, Washington, D. C.: Dumbarton Oaks Research Library, 1993, pp. 276 – 277.

② Emily Amt, ed., *Women's Lives in Medieval Europe: A Source Book*, New York: Routledge, 1993, p. 80.

③ 海涅：《论浪漫派》，张玉书选编：《海涅文集·批评卷》，人民文学出版社 2002 年版，第 13 页。

④ F. W. Maitland, *The Constitutional History of England*, Cambridge: Cambridge University Press, 1946, p. 6.

⑤ 哈罗德·J. 伯尔曼：《法律与革命：西方法律传统的形成》第 1 卷，第 269 页。

⑥ Paul E. Sigmund, *Nicholas of Cusa and Medieval Political Thought*, Cambridge: Harvard University Press, 1963, p. 97.

⑦ Austin Lane Poole, *From Domesday Book to Magna Carta 1087 – 1216*, Oxford: Oxford University Press, 1993, p. 10, notes 2 – 3.

⑧ 参见 Fritz Kern, *Kingship and Law in the Middle Ages*, pp. 189 – 192.

⑨ Warren O. Ault, "Village By-laws by Common Consent", *Speculum*, Vol. 29, No. 2 (Apr. 1954), pp. 378 – 394.

者一致同意……"；"领主和佃户达成协议，命令……"或"所有佃户意见一致并命令……"①。

其三，特别值得关注的是，在确立同意原则的同时，提出对"多数人同意"的限制。由于同意元规则因个人主体权利而生发，因此该规则有这样的内涵：多数人同意不能以损害个人或少数人合法利益为代价，至少理论上是这样的。其表述相当明确："民众持有的整体权利不比其个体成员的权利更高"；还进一步指出，对个人权利的威胁可能来自统治者，也可能就来自共同体内的多数派，② 这实际上排拒了"多数人暴政"。中世纪即发出这样的警示难能可贵，不过实践起来却实属不易，所以该规则确立伊始就不平静。以特鲁瓦教堂案例为证。根据惯例，每一个教士享有平等的生活津贴，可13世纪初该教堂多数派教士发动一场"财政政变"，试图强占少数派的葡萄园，少数派多为新来的教士。结果，多数派的这一做法遭到教皇英诺森三世的否定，"多数票决不能剥夺教士共同体中少数派的个人权利（individual rights）"。该原始文献的旁注进一步阐明这一观点："多数人的票绝不是无条件的。"③ 由此可见，"同意"规则的精髓，不仅是一种民主程序，更是个人权利，后者不可让渡。读罢这桩中世纪的案例，让现代人不无惊骇，不过这并不意味着西方已经解决了"同意"规则中的悖论，即如何坚持民主又限制多数人的权威。

（3）程序权利（rights to procedure justice）

西方法学家把坚持正当程序看作一个具有独立价值的要素，在他们的各种权利法案中，程序性条款占据了法律的中心地位。威廉姆·道格拉斯指出：程序性条款占据了权利法案的中心，其意义绝不可低估，法律程序地位的高低是法治与人治之间的基本区别。④ 西方学者发现，西方的法律规则大多产生于中世纪中期，法学家梅特兰盛赞12世纪欧洲法律，称该世纪是"一个法律的世纪"⑤。当古代罗马法范式与中世纪封建法、教会法程序结合在一起，形成"程序正义"元规则时，人们没有意识到正当程序对西方文明的前途竟有如此重大的意义。通常所说的法律程序，主要包括选举、立法、审判等类型，其中最通常、最典型的是审判程序。

正当审判程序原则最早见之于1215年英国《大宪章》。《大宪章》规定：对于国王的封臣，如未经审判，皆不得被逮捕、监禁、没收财产、流放或加以任何其他损害。《大宪章》还决定推举25名贵族组成委员会，监督国王恪守《大宪章》，并对国王的违法行为做出制裁。这些高度权威性的法条，从程序上明确规约政府公权力，使臣民免于被随意抓捕、监禁的恐惧，体现了程序正义的本质，与《大宪章》其他内容一起筑起西方法治的基石。元规则一旦确立就有无限蔓延之趋势，下一个世纪的1354年，另一法律文件《伦敦自由律》规定，审问中须有被告的辩护过程，从而进一步完善审判程序。程序正义的规则与法律实践结合在一起，其实质在于防止政府专制。

学界普遍认为，英国实行陪审制的普通法，更有利于"程序正义"要素的落实。原因是刑事审判属于"不完全的程序正义的场合"，换言之，正当程序不一定每次都导致正

---

① W. O. Ault, *Open – field Farming in Medieval England*: *A Study of Village By – Laws*, London: Allen and Unwin, 1972, pp. 81 – 144; Mark Bailey, *The English Manor*: *c. 1200 – c. 1500*, Manchester: Manchester University Press, 2002, pp. 70 – 74; J. Z. Titow, *English Rural Society*: *1200 – 1350*, London: Allen and Unwin, 1969, pp. 145 – 150.

② Brian Tierney, *The Idea of Natural Rights*: *Studies on Natural Rights*, *Natural Law*, *and Church Law*, *1150 – 1625*, p. 184.

③ Brian Tierney, *The Idea of Natural Rights*: *Studies on Natural Rights*, *Natural Law*, *and Church Law*, *1150 – 1625*, p. 184.

④ "Justice William O. Douglas's Comment in Joint Anti – Facist Refugee Comm. v. Mcgrath", *United States Supreme Court Reports* (*95 Law. Ed. Oct. 1950 Term*), New York: The Lawyers Co – operative Publishing Company, 1951, p. 858, 转引自季卫东《程序比较论》，《比较法研究》1993年第1期。

⑤ P. Pollock and F. W. Maitland, *The History of English Law before the Time of Edward I*, Vol. 1, Cambridge: Cambridge University Press, 1923, p. 111.

当的结果,作为弥补,引入陪审制成为必要的举措。据此,陪审制被称作"一种拟制的所谓半纯粹的程序正义",成为英美法系和大陆法系差别的重要标志。① 陪审团一般由 12 人组成,他们与被告人身份相当,即"同侪审判";罪与非罪以及犯罪性质全由陪审团判定,而且必须全体陪审员一致通过,法官不过根据陪审团做出的性质判定量刑而已。陪审团是真正的法官。英语 jury 一词本义是"审判团",而且是终审裁决,当事人只能就量刑问题提起上诉。陪审制几经变化,使程序不断规范。最初起诉和审判一体化,后来控、审分离,另成立一个陪审团,称大陪审团,专门负责起诉。大约 14 世纪初,在程序上又经历了知情证人和陪审员的分离,陪审团不再负责查证取证,成为更加超然和专一的审判机构。② 笔者认为,陪审团(jury)可称之为"法官团",他们来自普通民众,针对特定案例临时组成,审判后解散;判决后的案例(case)却成为此后类似案件审理的依据,所以他们不仅是法官而且还是创造法条的法学家!陪审制使得一部分司法权保留在社会手中,司法与民情始终保持同步有效沟通,减少了司法权的官僚化和法律的僵硬化。

中世纪英国的"令状制"也有强化司法程序的功能。令状是国王发布的一种书面命令,经历了从行政化到司法化过程,梅特兰说:"令状的统治即法的统治",因为令状的基本性质是程序性的,法官必须按照既定程式审案,因而培育了普通法注重程序的气质。例如,在 12 世纪末的一份令状中,国王知会郡长:原告指控某人,"在我上次去诺曼底旅行期间,我在某村庄的自由持有地被剥夺了,未经任何法律程序",据此,国王命令郡长首先复归土地原状,再开庭审理,以论曲直。令状

还要求,审理后 12 名陪审员须查验现场,并将结果禀报王室。③ 这就是所谓"程序先于权利"。

在欧洲大陆,审判程序也趋向理性化,逐渐形成规范的诉答制度和完整证据制度,被称作纠问制(inquisitorial system)。法官是"纠问制"的中心,在采取证据和听取法庭审讯后,法官决定案件性质和如何处罚。在 13 世纪以后的三四个世纪,该制度逐渐走向成熟,产生了代表国王行使公诉权的检察官制度,理由是刑事犯罪侵害个人,同时也威胁公共安全。另一个重要发展是,进一步规范纠问制程序,如法官如何讯问、法庭上如何对质、书记员如何制作记录以及刑讯实施条件等。为防止滥用逮捕权,他们不断强化程序上的种种限定,例如,不允许在被告个人住所实施逮捕,除非重罪或在公众场合犯罪;未获无条件逮捕令不能实施逮捕。后又做出补充,只要在白天并有证人在场,不使用过分暴力,避免屋内财产损失,"也可以在其住所逮捕"④。这不是说欧洲中世纪法庭没有暴力,纠问制法庭的暴力倾向尤其明显。由于僵硬的证据要求,为获取口供以弥补证据不足,刑讯逼供成为法官的重要选项,法官权力又较多,其残忍程度不逊于宗教裁判所。总的来看,欧洲大陆纠问制诉讼同样体现着正当程序的一般观念,如实施惩罚必须通过审判、判决必须以证据为基础、审判主要为解决纠纷而不仅仅为惩罚等。一些案例,如遇重要犯罪判决,还有征求一定数量的庭外资深人士意见的惯例。

尽管大陆法系颇受诟病,比之普通法系,二者并非云泥之别,它们取自同样的文化资源,都不同程度地秉持程序正义的理念,所以近代以后有逐渐接近的趋向。当然,英格兰法系影响更大。"程序正义"从程序上排拒权力

---

① 在纯粹的程序正义的场合,如赌博,只要游戏规则不偏向某一赌客且被严格遵守,那么无论结果如何都被认为是公正的。John Rawls, *A Theory of Justice*, Cambridge, M. A.: The Belknap Press of Harvard University Press, 1999, pp. 73 – 77.

② Julius Stone, *Evidence: Its History and Policies*, London: Butterworths, 1991, pp. 19 – 20.

③ Joshua C. Tate, "Ownership and Possession in the Early Common Law", *The American Journal of Legal History*, Vol. 48, No. 3 (Jul. 2006), p. 297.

④ A. Esmein, *A History of Continental Criminal Procedure*, trans. by John Simpson, Boston: Little, Brown and Company, 1913, p. 151.

的恣意，强调"看得见的正义"、最低限度的正义以及"时效的正义"等，对当事人而言则是最基本的、不可让渡的权利。程序权利规则不断地提示我们，人们往往热衷于结果的正义，而真正的问题在于如何实现正义以及实现正义的过程。

（4）自卫权利（rights to self‑defense）

自卫权，即防御强权侵害的权利，在中世纪，一般指臣民或弱势一方依据某种法律或契约而抵抗的权利，一种名副其实的消极自由权。自卫权观念主要萌芽于日耳曼人传统中。鉴于中世纪早期西欧王权的软弱、分散，科恩指出：该时期"国王和日耳曼村社首领之间没有天壤之别，仅仅是程度上的差异"。抵抗权利观念可谓中世纪最有光彩的思想之一，也与古代日耳曼人的惯例无法分割。那时人们就认为，有权利拒绝和抗拒违反法规的部落首领。①

笔者认为，自卫权作为西方文明元规则的确立，是与欧洲封建制连在一起的。② 欧洲封建制的核心是领主附庸关系。附庸为领主提供军役和劳役，领主为附庸提供土地和安全，其中的政治行为不仅取决于物质利益，也取决于普遍奉行的规则和理念。③ 西方学者普遍认为，封君封臣之间相互的权利与义务关系，含有契约因素。梅因写道："把封建制度和原始民族纯粹惯例加以区分的主要东西是'契约'在它们中间所占的范围。"④ 在这种"准契约"关系中，"与其臣属一样，封建主也负有义务，违背这些义务同样构成一种重罪"⑤。

这不是说欧洲封建制没有奴役和压迫，而是说奴役和压迫受到一定限制；双向的权利与义务不仅有道德说教，更有法律约束。布洛赫指出："附庸的臣服是一种名副其实的契约，而且是双向契约。如果领主不履行诺言，他便丧失其享有的权利。"⑥ 自己有权利，才有维护权利的抗争。附庸的权利得到法律认定，逻辑上势必导致附庸的合法自卫权，后者是检验附庸权利真伪的试金石。801—813 年法兰克国王的一份敕令明确规定，如果证明领主有下列罪行之一，附庸可以"背弃他的领主"：领主不公正地奴役他；领主谋害他的性命；领主与他的妻子通奸；领主主动拔剑杀害他；附庸委身于领主，领主却未能提供保护义务；等等。⑦ 文字虽然粗陋，内容却明确而具体。4 个多世纪后即 13 世纪后半期，法兰西王国颁布的《圣路易斯法令》重申上述规定并指出，如果领主拒绝执行法庭判决，那么附庸将免于义务，并可继续持有他的封地。⑧ 很明显，附庸对领主的约束并非一纸空文。倘若一方没有履约，另一方可以解除关系，即"撤回忠诚"（diffidatio）。撤回忠诚是从 11 世纪开始西方封建关系法律特性的关键之一。⑨ 人们普遍接受这样的理念，领主不能为所欲为，效忠是有条件的。许多表面看来似乎只是偶然的起义，包括针对国王的起义，其实是基于一条具有广泛社会共识的原则，即人们拥有合法自卫权。附庸离弃恶劣领主的权利，是欧洲著名"抵抗权"的最初表达，被认为是个人基本权利的起点。自卫权规则没有终结暴力，然而它却突破了单一的暴力抗争模式，出现了政治谈判

①　Fritz Kern, *Kingship and Law in the Middle Ages*, Introduction, p. xviii.

②　侯建新：《抵抗权：欧洲封建主义的历史遗产》，《世界历史》2013 年第 2 期。

③　J. L. Watts, "Ideas, Principles and Politics", in A. J. Pollard, ed., *The Wars of the Roses*, Basingstoke：Macillan, 1995, pp. 234 – 247；Anthony Musson and W. M. Ormrod, *The Evolution of English Justice：Law, Politics and Society in the Fourteenth Century*, Basingstoke：Macmillan, 1999；Anthony Musson, *Medieval Law in Context：The Growth of Legal Consciousness from Magna Carta to the Peasants' Revolt*, Manchester：Manchester University Press, 2001.

④　梅因：《古代法》，第 205 页。

⑤　查尔斯·泰勒：《市民社会的模式》，邓正来、J. C. 亚历山大编：《国家与市民社会》，中央编译出版社 1999 年版，第 12 页。

⑥　Marc Bloch, *Feudal Society：Social Classes and Political Organization*, Vol. II, New York：Routledge, 1989, p. 451.

⑦　David Herlihy, ed., *The History of Feudalism：Selected Documents*, London：Macmillan, 1970, p. 87.

⑧　R. W. Carlyle and A. J. Carlyle, *A History of Medieval Political Theory in the West*, Vol. 3, p. 62.

⑨　哈罗德·J. 伯尔曼：《法律与革命：西方法律传统的形成》第 1 卷，第 301—302 页。

和法庭博弈,从而有利于避免"零和游戏"的社会灾难,有利于社会良性积累和制度更新。英国大宪章是典型例证。1215 年英国大宪章是贵族抵抗王权的斗争,最终导致第一次等级会议召开,它所开创的政治协商范例影响英国乃至欧洲数百年。

自卫权规则旨在约束统治者的权力,正是在这个意义上布洛赫说:"西欧封建主义的独创性在于,它强调一种能够约束统治者的契约观念;因此,欧洲封建主义虽然压迫穷人,但它确实给我们的文明留下了我们现在依然渴望拥有的某种东西。"① 进入近代后,这一西方文明元规则依然被保留下来,并且不断得到重申。美国 1776 年的《独立宣言》,对抵抗权均有明文确认和经典表述,其后,法国以《人权宣言》、欧洲其他重要国家以宪法性文件形式,反复强调人民的这一重要权利。

(5) 生命权利(rights to life)

生命权之不可剥夺是近代启蒙学者的重要议题,然而生命权命题同样产生于中世纪。方济各会"使徒贫困"问题,一方面产生财产权利的讨论,另一方面也引发了生命权话题。方济各会士是虔诚的基督徒,自成立以来,一直受到历届教皇的鼓励,例如,教皇英诺森四世和尼古拉斯三世等都同情方济各会士放弃所有法定财产权利,同时支持他们继续获得维持生命的必需品。② 他们同声相应,显然都在为生命权利观背书。进入 14 世纪,教会法学家更加明确指出,人们可以放弃实在法权利,但不可放弃源自上帝的自然权利,这是人人皆应享有的权利,所以方济各会士有权利消费生活必需品,不管是否属于他所有。③ 奥卡姆为方济各会合法性辩护,正是从自然权利的高度阐

释生命源于自然和上帝,不可剥夺,从而成功驳斥了教皇约翰二十二世。奥卡姆的胜利也从一个方面证明生命权观念当时已经具有较广泛的社会共识。

生命权观念进入中世纪民众实际生活,通常表现在对贫困人口的帮扶和救济。关于穷人捡拾麦穗权利一事,中世纪一位神学家安托里诺表达了这样的理念,他说: "滴水观世界……当你收割你土地上的庄稼时,不要齐根割断;不要采集留在地上的麦穗,也不要拾起掉在你葡萄园地上的葡萄串,而把它们留给那些穷人和陌生的外来人。"④ 庄稼收割之后,贫苦小农被允许进入他人条田捡拾庄稼的权利,被记载在许多中世纪村庄的习惯法中:那些年幼的、年老的以及那些体弱多病又没有工作能力的人,在秋收时节,当地里的所有庄稼被运走后,他们可以去捡拾。⑤ 而有劳动能力的人,即便一天仅赚取一两个便士,也不能去捡拾庄稼。类似的村规相当普遍,在各地庄园被不断重申,一些地区延续至近代。法官古尔德认为,穷人拾穗权是习俗,也源自《圣经》的影响,后来进入实定法权利。古尔德在另一处则明确指出:"拾穗权是一项维持生存的权利",并引用希尔、布莱克斯通以及吉尔伯特等大法官的观点加以佐证。⑥

生命权观念,以及生命权衍生的穷人权利,为社会捐献和社会救济提供了最广泛的思想基础,后者又与基督教的财产观密切相关。基督教财产观具有双重性,一方面承认私人财产权利,另一方面认为这样的财产权利是相对的、有时效性的,世人匆匆皆"过客",上帝才是一切财产的终极所有者。因此,人们的财

---

① Marc Bloch, *Feudal Society: Social Classes and Political Organization*, Vol. II, p. 452.

② Brian Tierney, *The Idea of Natural Rights: Studies on Natural Rights, Natural Law, and Church Law, 1150 – 1625*, pp. 94 – 95.

③ Brian Tierney, *The Idea of Natural Rights: Studies on Natural Rights, Natural Law, and Church Law, 1150 – 1625*, pp. 121 – 122.

④ Bede Jarrett, *Social Theories of the Middle Ages 1200 – 1500*, Westminster: The Newman Book Shop, 1942, p. 127.

⑤ W. O. Ault, "Some Early Village By – laws", *The English Historical Review*, Vol. 45, No. 178 (Apr. 1930), pp. 214 – 217.

⑥ Henry Blackstone, *Reports of Cases Argued and Determined in the Court of Common Pleas and Exchequer Chamber, from Easter Term 28th George III. 1788, to Trinity Term 31st George III. 1791*, Vol. I, London: A. Strahan and W. Woodfall, 1791, pp. 53 – 55. 参见陈立军《惯例权利与私有产权的博弈——近代早期英国拾穗权之争》,《经济社会史评论》2018 年第 2 期。

富占有不应该过于悬殊，《圣经》中的"禧年"①，表明基督教均贫富的思想。出于这样的理念，基督教对待穷人有一种特殊的礼遇。无论多么边缘化的人，在上帝的眼中，没有什么根本区别。甚至，可以原谅因贫穷而犯下的过错。他劝诫富者捐赠穷人，提倡财物的分享，那样才是"完全人"②。基督教对物质生活"轻看"和"知足"的心态，深刻地影响欧洲社会如何对待穷人，激励了人们帮助穷人的义务感。捐赠不仅是慈善，更是做人的义务。12 世纪《格拉提安教令集》就有多篇文章为穷人权利声张，法学家休格西奥（Huguccio）宣称，根据自然法，我们除保留必需之物外，余裕的部分应由需要的人分享，以帮助他人渡过饥荒，维持生命。14 世纪的奥卡姆写道，"忽略这种普遍的权利（common rights），是一种罪过"③。

我们可以发现，主体权利观念内涵丰富，它主张财产权，同时并非单向度地、僵硬地强调物主权益。当 17 世纪约翰·洛克写下"慈善救济使每个人都有权利获得别人的物品以解燃眉之需"④ 的时候，其生命权规则在欧洲已经走过了若干世纪。1601 年，欧洲出台了现代历史上第一部《济贫法》以救济贫困和失业劳动者，它不是教会也不是其他民间组织的慈善行为，而是政府颁布的法律文件。生命权元规则已外化为政府职能和政策。近代以来普遍、系统的社会福利制度得到极大发展，没有广泛和深入的社会共识是不可想象的。而它肇始于中世纪，其基本规则也确立于中世纪，托尼认为，"它使穷人不只在道德上，更是在法律上获得维持生存的权利，这是行将就木的中世纪向现代国家馈赠最后的也是最重要的遗产"⑤。

此外，生命权也是穷人革命的温床。在生命权利元规则之下，13 世纪教会法学家们还提出在必要时穷人有偷窃或抢劫粮食的"权利"，其时学者奥斯蒂恩西斯（Hostiensis）评论道，在实施这种行动时如此理直气壮，"一个苦于饥饿的人似乎只是在使用他的权利而不是谋划一次偷窃"⑥。他们同时反对穷人的过度索取，更不能让索取对象无法生活下去，否则"就叫暴力掠夺"⑦。在极端饥寒交迫的情况下，蒙难者采取非常手段获得特殊物品，如"面包"或其他可以果腹的东西，或者"几块用来生火取暖的木头"，是可以原谅的。⑧ 也就是说穷人权利有一定的限度，仅限于维持生命的必要索取。可是如何分辨"必要索取"与"暴力掠夺"，在实践上很难界定。另一个悖论是，穷人的权利主张在现实生活中未必行得通，因为它们往往与法庭法律发生冲突。穷人为生存可以抢劫，这是自然权利使然；但按照实定法他们就是犯罪，要受到法庭制裁。中世纪法学家似乎给予自然权利更神圣的地位，他们认为，在法官眼里抢劫者是一个盗贼，可能被绞死，但在上帝眼里他仍然可以被原谅。也就是说，他们的主体权利是无法废除的权利、绝对的权利，即使法律上禁止，主体权利本身仍然不可剥夺。⑨ 自然权利观念及其内含的平等观是如此坚韧！欧洲是资本主义的策源地，殊不知它也是社会主义的故乡，发源于近代欧洲的空想社会主义思想，其核心就是平等。不难看出，主体权利观对西方文明的影响既深远又复杂。

余 论

本文并未详尽无遗地列出西方文明的所有

① 每 50 年应该有一个"禧年"，这一年，人们可以无条件地收回典卖过的产业。
② 《新约·马太福音》19：21。
③ Kenneth Pennington, "The History of Right in Western Thought", p. 248.
④ Kenneth Pennington, "The History of Right in Western Thought", p. 245.
⑤ R. H. Tawny, *The Agrarian Problem in the Sixteenth Century*, New York：Harper & Row, 1967, p. 266.
⑥ Kenneth Pennington, "The History of Right in Western Thought", p. 245.
⑦ Kenneth Pennington, "The History of Right in Western Thought", p. 244.
⑧ 若兹·库贝洛：《流浪的历史》，曹丹红译，广西师范大学出版社 2005 年版，第 30 页。
⑨ Bede Jarrett, *Social Theories of the Middle Ages 1200 – 1500*, p. 123.

元规则，也不意味着这些元规则总是存在并总是通行于西方社会。实际上，一些元规则所涵盖的基本权利最初只在有限的人群范围内和有限的程度上实行，尽管享有这些基本权利的人群的范围在不断扩大，中世纪甚至整个西方历史都可以看作这个进程的一部分。中世纪有农奴制，大部分农民丧失了一定的人身自由，那是领主对佃农的奴役。还有国王对臣民的奴役，宗教信徒对其他宗教信徒的奴役，男人对女人的奴役，无论其范围大小、程度轻重，作为曾经长期存在于西方历史上的现象，无疑是消极、阴暗的。作为平等对立面的形形色色的特权，贯穿于西方历史，曾经严重阻碍社会的进步。进入近代，还有殖民者对殖民地人民的残忍和奴役，两次让人类社会成为绞肉机的世界大战，这些事实都铭刻在西方文明历史上。显然，西方文明元规则没有使西方变成一片净土。

此外，这些元规则本身也有内在的深刻矛盾。例如，第二次世界大战期间纳粹势力一度席卷大半个欧洲，德国纳粹政权对犹太人等少数族裔的大屠杀臭名昭著。不少欧洲学者把大屠杀当作西方文明发展进程中的"一次例外"，不愿意从欧洲文明本身去寻找根源。现在，已有越来越多的西方学者不认为纳粹主义是特有的德国现象。第二次世界大战结束后不久，时任德国历史学家学会主席格哈德·里特尔出版了《欧洲与德国问题》一书，认为普通德国人也是纳粹主义的受害者，他把德国的"极权主义"归结于法国大革命中出现的"乌合之众"，是法国大革命以来群氓政治病变的结果。[1] 里特尔无意否定法国革命，而是追踪群氓政治病变的历史轨迹，反思"多数人暴政"。后者显然是西方"同意"元规则的副产品。希特勒是西方文明的极端化破坏者，也可以说他放大并毒化了西方文明中的薄弱环节。尽管中世纪的法学家早已发出警告，可是，单个人权利或少数人权利受到多数派胁迫乃至剥夺的情况时有发生。"文明"与"野蛮"往往一步之遥，如何辨别"好民主"和"坏民主"，在实践上总是难以界定。多数人民主与个人权利的关系，还有平等与自由的关系等，在西方的理论与实践中长期得不到妥善解决，反而随着民粹主义和民族主义的泛滥而更加复杂化。美国学者斯皮瓦格尔说："政治自由的概念，对于个人的基本价值的确认，建基于逻辑体系和分析思考之上的一种理性观念，这些被许多历史学家视作西方文明的独有特点。当然，西方也见证了对于自由、个人主义和理性的可怕的否定。种族主义、奴役制度、暴力、世界大战、极权主义政权——这些同样构成了西方文明的复杂故事的一部分。"[2] 又如，依照"生命权"元规则，政府建立健全社会福利制度，全民温饱无虞，因道德层面的自然权利向实定法权利迈进而广受褒奖，另一方面，低效率、高成本的"欧洲病"[3] 等问题又随之产生。至于西方文明其他元规则如财产权、程序权和自卫权等，也出现不少新情况、新问题，它们的积极作用同样不是无条件的。即使"天赋人权"旗帜下的主体权利，也不是推之百世而不悖的信条。历史证明，过度放纵的社会和过度压抑的社会，同样是有害的。

(原载《历史研究》2020 年第 3 期)

---

[1] 参见 Gerhard Ritter, *Europa und die deutsche Frage*, Muenchen: Müncherf Verlag, 1948, pp. 194 - 195, 转引自张倩红《战后德国史学界对纳粹大屠杀罪行的反思》,《世界历史》2014 年第 4 期。

[2] Jackson J. Spielvogel, *Western Civilization: A Brief History*, Vol. I, preface.

[3] "欧洲病"，指西方国家由于过度发达的社会福利而患上的一种社会病，其结果是经济主体缺乏积极性，低增长、低效率、高成本，缺乏活力。

全文转载·亚洲、非洲、拉丁美洲和大洋洲史

（栏目主持：白胜洁、张向荣、张玉友、石瑜珩）

朝贡体系在中南半岛的变异与实践
——以越南阮氏政权与暹罗曼谷王朝同盟为中心（1784—1833）

钱盛华[*]

钱盛华[*]

摘　要：阮朝开国君主阮福映早年曾流亡暹罗并在拉玛一世朝廷供职，越南内战期间其通过进献金银树和高价值农产品来获得暹罗军事援助。阮朝建立后，两位君主的私交深刻影响着越南的中南半岛外交决策。由于阮氏政权长期流亡，其儒学多停留在一种于兵战中习得的儒学，"华夷之辨"所强调的文明之分并不在其视阈之内。阮朝建立后相当一段时间里，这一思想也并非其处理对暹外交时的指导原则。明命时期越南儒学水平有所提高，"华夷之辨"的思想逐渐回归。当明命将儒学理念运用到中南半岛事务时，其并没能成功将与暹罗的外交对话拉入儒家话语体系中，使得阮朝的"朝贡体系"在理论与实践之间出现巨大的不协调性，直到两国关系破裂方才得以解决。

关键词：越南阮朝　暹罗　朝贡体系　华夷之辨

东亚地区曾长期存在着一种以中国为中心的国际关系体系。朝鲜、越南（安南）、琉球等国君主向中国皇帝称臣纳贡，并接受册封。中国与这些朝贡国之间的交往有着一套成熟完整的以儒家的"礼""君臣""华夷"等概念为核心的话语体系。

1802 年，越南阮朝建立。随着其领土大幅向南拓展，阮朝也将外交中心逐渐南移。相比历朝，阮朝更多地介入中南半岛的事务。越南王朝史料在编写时深受儒家的著史传统影响，在叙述越南与周边国家、地区关系时，常套用儒家的"华夷之辨"等理念来进行价值判断。近世学者多有注意到此点，纷纷就越南与中南半岛国家的关系模式提出了相关概念。如戴可来、孙建党所言之"亚宗藩关系"和韩国学者刘仁善的"大南帝国秩序"^①。另外，伍德赛德（Alexander Barton Woodside）也探讨了阮朝初期越南对清朝政权结构的模仿并做出相关论述。^② 不过，由于这些研究依旧停留在对这些概念的简单描述，缺乏对这一体系内在复杂性的认识。

另外，学界对越南朝贡体系的研究往往先验地认为中南半岛周边国家向阮朝（越南）定期进贡，就代表着这一体系的确立。事实

---

　　* 钱盛华：华东师范大学思勉人文高等研究院青年研究员。

　　① 参见戴可来《略论古代中国和越南之间的宗藩关系》，《中国边疆史地研究》2004 年第 2 期；孙建党《"华夷"观念在越南的影响与阮朝对周边国家的亚宗藩关系》，《许昌学院学报》2011 年第 6 期；孙建党《越南阮朝明命时期的对外关系》，硕士学位论文，郑州大学历史系，2001 年；刘仁善《19 世纪的越中关系和朝贡制度：理想与现实》，《东北亚历史杂志》（韩国），2009 年第 1 期。

　　② Alexander Barton Woodside, *Vietnam and the Chinese Model：A Comparative Study of Vietnamese and Chinese Government in the First Half of the Nineteenth Century*, Cambridge：Harvard University Press, 1988.

上，在国际关系史上，弱小国家向周边强大国家定期进贡以示臣服，同时获得后者保护，是一种常见的现象。暹罗的属邦有进贡"金银树"的传统，7 世纪阿拉伯也曾向拜占庭帝国岁贡。东亚朝贡体系的运行之所以能够有别于其他体系，是因为其背后蕴含着一整套以"华夷之辨"为核心的话语体系，其本质是宗主国强调"耕读传家"的中华文明的优越性。然而，这一特性是否被阮朝"继承"下来，抑或是以何种程度地"继承"下来，过往研究并未有太多关注。

1855 年，阮朝颁行《钦定大南会典事例》，其中涉外事务部分多放在"礼部"之下，并将外交对象分为"邦交"和"柔远"，前者涉及中国（清朝）事务，后者涉及东南亚各国、英国、法国及越南少数民族地区事务。[1] 但是，其实早在 1834 年阮朝便颁行过另一部鲜为学者所知所用的会典性质的文献《大南会典撮要》。在该书"礼部"篇下，阮朝将涉外事务分为"邻好"和"柔远"两项，前者涉及对清朝与暹罗曼谷王朝事务，而后者则涉及高棉、南掌、万象等属国及越南周边少数民族地区事务。[2] 虽《撮要》一书体量远小于《会典事例》，但对比来看，最耐人寻味之处莫过于暹罗的地位从"邻好"被改为"柔远"。在对外关系上一直主张"华夷之辨"的越南何以一度将汉字文化圈以外、本该被列为"蛮夷"的暹罗拔高至和自己"平等"的地位，而在二十年后又降为"柔远"之国？这是学界长期忽略的问题。

本文将以此为切入点，在挖掘阮朝官方档案、文集及暹罗王朝史料，在中、英、越、法多语种研究的基础上，聚焦 1784 年至 1833 年越南阮朝（包括阮福映时期的阮主政权）与

暹罗曼谷王朝的关系，探讨阮氏政权如何将其有关"东亚朝贡体系"的历史经验带到对暹外交中，并考察所遇理论与现实的困境，以及就此所做出的调适与妥协，从而揭示越暹同盟对阮朝中南半岛政策的影响与意义。[3]

一 阮福映复国时期与暹罗的关系

（一）阮福映入仕曼谷王朝（1784—1787）

18 世纪的越南处于"北郑南阮"的对立时期。北方郑主长期把持越南后黎朝实权，自 1673 年起与南方阮主以近北纬 17°的净江为界，划江而治。阮主为求生存不断往南拓展新土，蚕食占城、高棉国土。至第八代阮主阮福阔在位时期（1738—1765），阮主已经开始自封"天王"（vua troi），虽依旧奉后黎朝正朔，但俨然已是独立王国。[4] 郑、阮两大家族之间的均势在 18 世纪 70 年代被"西山起义"打破。西山军于 1777 年将南方阮主政权几乎消灭殆尽，后者在阮福映的带领下开始了长达二十年的流亡"复国"之路。而西山军击退清朝军队的干涉之后，向乾隆请求册封，最后于 1789 年得到清朝承认，成为越南"正统"王朝。

越南与暹罗虽然同为东南亚国家，但两国之间的政治交往是相当晚近的事情。因为地理位置的关系，长期以来暹罗更多的只是将越南作为本国船队赴中国进行贸易与朝贡时的中途补给站和避风港。[5] 直到阮主政权的领土不断延伸到暹罗湾附近，两国才有实质意义的外交往来。

1784 年，拉玛一世接到阮福映大将朱文接的请兵，派人在龙川见到了穷途末路的阮福

---

① 参见《钦定大南会典事例》卷 128—136，A. 54，École française d'Extrême - Orient Paris 藏印本（缩微胶卷）。

② 《大南会典撮要》，A. 1446，École française d'Extrême - Orient Paris 藏抄本（缩微胶卷），第 37 - 39 页。

③ 除通史性的著作外，关于 17—19 世纪越南与暹罗关系的专题研究可参看：Dăng Văn Chu'o'ng, *Dang Van Chuong, Quan he Thai Lan - Viet Nam: cuoi the ki XVIII - giua the ki XIX*, Ha Noi: Nha xuat ban Dai hoc Su Pham, 2010; Michael Eiland, "Dragon and Elephant: Relations between Viet Nam and Siam, 1782 - 1847", PhD diss. George Washington University, 1989; Mayoury Ngaosyvathn, Pheuiphanh Ngaosyvathn, *Paths to Conflagration: Fifty Years of Diplomacy and Warfare in Laos, Thailand, and Vietnam, 1778 - 1828*, Ithaca: Cornell Southeast Asia Program Publications, 1998.

④ 黎亶：《南河捷录》，A. 586，École française d'Extrême - Orient Paris 藏抄本（缩微胶卷），第 7 页。

⑤ Dang Van Chuong: *Quan he Thai Lan - Viet Nam: cuoi the ki XVIII - giua the ki XIX*, pp. 7 - 8.

映，并邀其赴暹罗避难。考虑再三后，阮氏携仅剩的三十余名从臣及数十名随军到曼谷。① 拉玛一世与阮福映最终能走向联合取决于双方的偏好。在当时纷繁复杂的越南内战形势（郑主、阮主、后黎朝皇帝和西山军）面前，拉玛一世对实力最为弱小的阮氏政权有着较大的好感，甚至直接拒绝过西山使节提出的结盟请求。② 而阮福映也认为自己兵微将寡，暂时对于西山军无可奈何，"为今之计，莫若结暹好以为缓急之助"③。因此，这两点促成了阮氏选择暹罗作为栖身之地。

阮福映在暹罗朝廷的地位是比较微妙的。拉玛一世将其安插在曼谷附近，并给予一定的钱粮及赏赐。阮福映每天都被安排参加暹罗朝廷的朝会，排班与禁卫大臣（Krom Tamruat）相同。拉玛一世同时授权北榄府的官员允许阮福映的随从出海贸易，并免除关税，以贴补日用开销。④ 当时的高棉为暹罗属国，仍处于暹罗的控制之下，高棉国王安英（Ang Eng）也被软禁在曼谷。拉玛一世给予寄居曼谷时期的阮氏与安英一样的待遇。⑤

《大南实录》作为阮朝官修史书，对阮福映在暹罗期间实际境遇的描写较为隐晦，这也符合儒家史学叙事"为尊者讳"的传统。其主要侧重于拉玛一世对阮福映的品格、能力所表现出的"敬重"的一面。⑥ 相比之下，当时随行的陈文恂在日后所著的追述就颇有值得玩味之处："君臣屈膝于暹庭，备尝所艰辛……辰有将军朱文接……至暹国芒蛤城（即曼谷——引者注）进见暹王，始遇世祖。大将接抱膝而长哭。于是暹王素重大将接之名，始

知尊重世祖。嗣有入见，方得请坐。"而当时缅甸进攻暹罗，拉玛一世令阮福映率暹兵出战，大获全胜，然而"收获许多粮船器械回暹，又为暹官挟索，无可奈何"⑦。凡此种种可一窥阮福映当时在暹罗朝廷"屈辱""无力"的尴尬地位。

阮福映到暹罗不久后，1784 年末拉玛一世曾派外甥昭曾（Krom Luang Thepharirak）等率水兵两万、战船三百艘助阮福映夺回嘉定（今越南胡志明市地区）。然而，在沥涔吹蔑（今越南前江省）之战中，暹军遭西山军伏击，大败而回。阮福映将败因归结于暹兵所至到处劫掠，致使百姓怨声载道，不得民心。⑧ 这场战役失败后，阮福映放弃了依靠暹罗军队快速复国的幻想，重新回到自力更生的路线上。此后暹罗的援助主要集中在军事装备方面。

阮福映在暹罗朝廷断断续续"供职"到1787 年。期间除带兵抵抗缅甸进攻外，无战事时便作为政府一员觐见拉玛一世，甚至还曾训练一些舞者跳越南宫廷舞，以便重要典礼场合表演之需。⑨ 不过，阮福映终究是怀抱着复国、铲除"西贼"理想的人，其对在暹罗朝廷继续供职的前景的认知也开始逐渐转变。他认为"暹人自甲辰（1784）败衅之后，口虽大言，而心忌西山如虎"，而给予他的礼遇，不过是为了变相扣留罢了。⑩ 私底下，阮氏也曾向巴黎外方传教会的百多禄主教抱怨暹罗人的伪善，认为他们表面帮他恢复帝国，其实"只想以他的名义来奴役他的人民，并把他们

① 阮朝国史馆编：《大南实录·正编第一纪》卷 2，庆应义塾大学言语文化研究所 1961—1981 年影印本，第 9—11 页。
② Chaophraya Thiphakorawong, *The Dynastic Chronicles Bangkok Era*, *The First Reign*, Vol. 1, trans. by Thadeus, Chadin Flood, Tokyo: The Centre for East Asian Cultural Studies, 1978, pp. 202 - 205.
③ 阮朝国史馆编：《大南实录·正编第一纪》卷 1，第 21 页。
④ Chaophraya Thiphakorawong, *The Dynastic Chronicles Bangkok Era*, *The First Reign*, Vol. 1, pp. 34 - 36.
⑤ Chaophraya Thiphakorawong, *The Dynastic Chronicles Bangkok Era*, *The First Reign*, Vol. 1, pp. 35 - 36.
⑥ 比如描写阮福映初到曼谷时与拉玛一世相见的场景，可参见阮朝国史馆编《大南实录·正编第一纪》卷 2，第 11 页。
⑦ 陈文恂：《阮朝世祖高皇帝龙兴事迹》，A.1126，École française d'Extrême - Orient Paris 藏抄本（缩微胶卷），第 5 页。
⑧ 阮朝国史馆编：《大南实录·正编第一纪》卷 2，第 14—15 页。
⑨ Chaophraya Thiphakorawong, *The Dynastic Chronicles Bangkok Era*, *The First Reign*, Vol. 1, p. 120.
⑩ 阮朝国史馆编：《大南实录·正编第一纪》卷 3，第 2 页。

变成自己的俘虏"①。

1787 年 8 月，阮福映最终决定结束寄居暹罗的状态。因惧怕拉玛一世不肯放行，他采取留书于寓所，然后趁夜坐船潜逃的方式离开。根据暹罗史料的记载，阮福映在告别信中除表达对拉玛一世这些年收留他的感谢外，还表示："离开后，我会召集部下人民以光复国家。如果未来缺少武器弹药，我会给您写信，以请您资助一些武器和弹药，直到我取得胜利。待国家光复之日，我会向陛下俯首称臣。"也就是在得到阮福映的这一承诺之后，拉玛一世下令让其弟弟放弃追缉。② "俯首称臣"一说在越南史料中显然是禁忌，因此未能找到对应的记载。但可以肯定的是，对于阮福映及其所代表的阮氏政权而言，生存下来是最紧迫的任务。而涉及儒家文明优越性的"华夷之辨"思想则属于更高层级的"尊严需求"，因而在这一阶段并不是阮福映所要顾虑的对象。

（二）"金银树"问题

从 1787 年离开暹罗朝廷至 1802 年阮朝建立，阮福映曾向暹罗派遣使节十余次，有汇报战况，也有请求军事物资的援助。其中有六次是带着进献"金银树"的任务，分别是：1788 年（通好，请求火药、弹药、兵丁援助）、1790 年（报聘）、1793 年（报捷）、1795 年（报捷）、1797 年（报告兵事）和 1801 年（报捷）。③ "金银树"成为研究这一时期双方关系所不可回避的主题。

1450 年阿瑜陀耶王朝的"白象王"戴莱

洛迦纳颁布《宫廷法》（Kot Mont'ien Ban）规定某些属国需要向阿瑜陀耶进贡金银树，此条规定一直延续至近代。④ 马来西亚学者认为阮福映通过进献金银树向暹罗"忠实地承认了附庸的地位"⑤。美国学者艾兰（Michael Eiland）亦认为，阮氏对其背后的象征意义非常清楚，其表示臣服的同时，也将（宗主国保护属国的）责任加在了拉玛一世身上。⑥

尽管上述论述非常符合逻辑，但是必须指出，这些论述并没有得到史料的支撑。即使是代表暹罗王室立场的《曼谷王朝编年史》，也没有将阮福映所进献的金银树与"贡品""属国"等关键词联系在一起。关于阮福映第一次进献金银树的记载在《大南实录》里颇为简单："造金花、银花命福暎等往通好。"而在《曼谷王朝编年史》里则补充了一些细节：阮福映夺回西贡等处后，为表示对拉玛一世的感激，特制备了金树一座、银树一座以进。因其巧夺天工，国王特命人将其存放于佩拉差（Phrachao）塔中收藏。⑦ 接下来的五次进献金银树，《大南实录》所记遣使原由都与报告阮福映最近的战况有关，较为统一。而《曼谷王朝编年史》则完全未提及这几次遣使背后的象征意义，或有表示臣服意味的国书（表文）等物。

金银树对于暹罗的属邦来说并不具有普遍意义。在暹罗众多的属国中，只有马来地区各国如吉打、北大年、吉兰丹等才被要求每三年

---

① Pigneau de Béhaine, "Mgr Pigneaux aux directeurs du Séminaire des Missions – Étrangères", in Adrien Launay ed., *Histoire de la mission de Cochinchine*, *1658 – 1823*, *Documents historiques*, Vol. 3, Paris: Les Indes Savantes, 2000, p. 91.

② Chaophraya Thiphakorawong, *The Dynastic Chronicles Bangkok Era*, *The First Reign*, Vol. 1, p. 124.

③ 阮朝国史馆编：《大南实录·正编第一纪》卷 1，第 21 页；卷 5，第 9 页；卷 6，第 32 页；卷 8，第 8 页；卷 9，第 29—30 页；卷 13，第 18 页。Chaophraya Thiphakorawong, *The Dynastic Chronicles Bangkok Era*, *The First Reign*, Vol. 1, pp. 151 – 152, p. 169, pp. 199 – 200, p. 215, pp. 222 – 223, pp. 238 – 239. 关于阮福映第一次进献金银树的时间越、暹双方资料存在分歧：前者记为 1782 年，后者则记为 1788 年。本文采纳后者观点，原因在于 18 世纪末的越南内战致使阮朝丢失了大部分 1802 年之前的档案（见阮朝国史馆编《大南实录·正编第三纪》卷 43，第 6 页），因此《大南实录》里有关首次进献金银树的描述非常简略，但暹罗方面不存在史料丢失的问题，且对此事提供了更多的细节。

④ William Wood, *A History of Siam*, *from the Earliest Times to the Year A. D. 1781*: *With a Supplement Dealing with More Recent Events*, London: T. Fisher Unwin, Ltd., 1926, p. 86.

⑤ 尼古拉斯·塔林主编：《剑桥东南亚史》第 1 册，贺圣达等译，云南人民出版社 2003 年版，第 483 页。

⑥ Michael Eiland, "Dragon and Elephant: Relations between Viet Nam and Siam, 1782 – 1847", pp. 47 – 48.

⑦ 阮朝国史馆编：《大南实录·正编第一纪》卷 1，第 21 页；Chaophraya Thiphakorawong, *The Dynastic Chronicles Bangkok Era*, *The First Reign*, Vol. 1, pp. 151 – 152.

向曼谷进献一次包括金银树在内的贡品。① 高棉史专家钱德勒也指出，"没有证据表明高棉有送金银树给暹罗，而这些是其他属国送给曼谷贡品的特点"②。我们也未发现暹罗方面曾"迫使"或"诱使"阮福映向其进献金银树，阮福映的这一举动是一种主动放弃儒家的"华夷之辨"，并将自己纳入一种暹罗式的"朝贡体系"的行为。③

进献金银树与中越朝贡关系中的"岁贡"是否具有相似性？一般而言，越南的岁贡使抵达北京并在礼部完成例行输贡、觐见、受赏之后，很少具有实质的外交使命。但阮福映每次进献金银树都与当时的战况紧紧联系在一起。阮福映第一次进献金银树时，向拉玛一世请求支援大量的火药弹药，并请调派属国高棉的军队与之联合进攻后江地区，以捉拿逃到此地的西山军将领范文参。拉玛一世同意了这一请求，最后阮福映也成功俘获范文参。第二次进献时，阮氏又请求暹罗派商船赴嘉定地区售卖粟米以裕民食。此后1791年拉玛一世赠送了枪、铁。④ 第三次进献金银树前，阮福映曾派阮进谅赴暹，请暹王给予一枚印信，以便其在万象采购粮食。⑤ 1795、1796年，暹罗都有向阮福映赠送象匹作为战备物资。⑥ 在第五、六次进献金银树时，拉玛一世更是当下直接就让使者带回了大量火药、丝织品和舟船。⑦ 可见进献金银树已经超越岁贡"礼仪"的属性，而有"特使"的意味。

然而，如果仅仅通过进献金银树来表示"臣服"，并进一步借此以"属国"的姿态要求"宗主国"履行协助自己的义务，虽然能占领"道义"的高地，但并不是一种具有可

行性的做法。考虑到战争的巨大支出，如果拉玛一世无法从战争中获益，那出兵一事就会打上一个问号。因此我们必须同时关注与"金银树"同时进献的其他物品。与金银树的象征性相比，阮福映所进献的其他品物经济价值非常高，也很可能更为暹罗所看重。阮福映第一次进献金银树时，没有附赠其他品物；第二次则同时附赠了玻璃灯笼、大梨船模型，此外，另有"砂糖500斤，石块糖500斤，黄蜡500斤"。从第三次开始，500斤糖和500斤蜡便成为进献金银树时的惯例。从第五次开始，另增添了"十两琦南香"⑧。糖在当时具有近乎奢侈品的地位，蜜蜡作为古代夜间照明的重要燃料，只有贵族有才财力享有。至于琦南香，作为沉香中的名贵品种和越南特产之一，可以作为熏香原料，深受以上座部佛教为国教的暹罗人的欢迎。因此这些高价值农产品才是暹罗决定提供军援的重要动力。

阮福映政权在对暹罗公文中，时而称拉玛一世为"暹罗国佛王"，时而称其为"暹罗国王"⑨。这种混用弱化了原先儒家等级体制下"帝"与"王"的严格区分，更重要的是它给予了进献金银树这一行为较大的解释空间。在宗教实践中，金银树至今仍是上座部佛教寺院中供奉于佛像前的重要法器之一，在曼谷、琅勃拉邦等地均可得见。将带有宗教意义的"佛王"与金银树联系起来，能够模糊"金银树"在暹罗朝贡体系中作为"属国贡品"的属性。于是进献金银树从一种政治外交行为转变成一种"准宗教行为"。这一做法可以避免阮福映在两国关系中被矮化。对外容易被暹罗接受，对内面对国内士大夫也可避免执政

① Walter F. Vella, *Siam under Rama III, 1824-1851*, New York: J. J. Augustin Incorporated, 1957, p. 60.

② David Chandler, *A History of Cambodia* (4th ed.), Philadelphia: Westview Press, 2008, p. 137.

③ 国际关系方面的学者倾向于将这一暹罗式的周边关系模式定义为"曼陀罗体系"。参见吕振纲《朝贡体系、曼陀罗体系与殖民体系的碰撞——以1909年以前的暹罗曼谷王朝为中心的考察》，《东南亚研究》2017年第5期。

④ Chaophraya Thiphakorawong, *The Dynastic Chronicles Bangkok Era*, The First Reign, Vol. 1, p. 174-175.

⑤ 阮朝国史馆编：《大南实录·正编第一纪》卷6，第16页；Chaophraya Thiphakorawong, *The Dynastic Chronicles Bangkok Era*, The First Reign, Vol. 1, pp. 199-200.

⑥ 阮朝国史馆编：《大南实录·正编第一纪》卷8，第22页。

⑦ Chaophraya Thiphakorawong, *The Dynastic Chronicles Bangkok Era*, The First Reign, Vol. 1, pp. 222-223, pp. 238-239.

⑧ 阮朝国史馆编：《大南实录·正编第一纪》卷5，第9页；卷6，第32页；卷9，第29-30页。

⑨ 如阮朝国史馆编《大南实录·正编第一纪》卷5，第9页。

危机。

从历史事实来看，阮福映以金银树为"外衣"，包裹着蔗糖、蜜蜡等高价值产品，作为换取暹罗军事援助的等价物。虽然双方都未点明阮福映的臣属地位，但这种默契使阮氏政权与曼谷王朝的关系达到了一种微妙的平衡。

二　阮福映暹罗经历的政治遗产

1802 年 6 月，阮福映在对西山的战争中取得压倒性胜利后，在顺化宣布改元"嘉隆"，建立阮朝。此后其与暹罗曼谷王朝的关系进入新的阶段。虽然阮福映的身份不再是流亡的越南王子，而是一朝之君。但是阮福映当初在暹罗的经历作为一份政治遗产，一直影响着阮朝与曼谷王朝的关系。

（一）越暹外交关系的正式确立与君主的"私交"

1802 年末，阮福映遣使递国书赴暹罗通报改元和统一越南的最新进展。[①] 虽然《大南实录》和其他越南官方资料没有收录这份国书，但《曼谷王朝编年史》披露，在国书中阮福映自称"皇帝"（Emperor，Chao Phaen din Yai）。而拉玛一世对此也并未表示异议，并在后来的叙述里一直延续这一称呼来指代嘉隆。[②] 可见，两国延续了之前的默契，并未在"金银树"问题及其连锁引发的"属国问题"上做文章。

数月之后嘉隆稳定了朝政，两国第一次正式互派使节，其规格相当之高，从中可以一窥双方对当时各自地位的认知。1803 年初阮氏以该奇阮文训，该队枚文宪为正副使，携国书、公文、品物赴暹罗。阮朝官方曾整理了一份名为《邻好例》的嘉隆时期越暹两国遣使

记录，其中详细开列了此次使团所带品物清单。其中"金银树"已不见踪影。另外，针对不同的对象，阮朝在"动词"的使用上也相当注意。对于拉玛一世用"赠"，对"副王"用"赐"，对于暹罗大臣诸大臣则用"赏"[③]。"赠"字的使用，不仅体现嘉隆对于"臣服"暹罗一事的拒绝，更说明其不以"华夷之辨"的观念视暹罗为蛮夷，反而将其置于平等的友邻地位。

作为回访，拉玛一世派出了一个 53 人的庞大使团前往越南。此次使团所携品物居首的，是一顶"玉嵌金镶御冠"（malabiang - style headgear）。嘉隆收下其他品物，唯独退回了这个皇冠，原因是"此乃身居高位者之物，未敢擅戴，故请璧回"。这一点得到了两国官方史料的确认。[④] 从暹罗与其属国的外交实践来看，暹罗常会赐予属国新立君主诸如"金蒌叶盒、金高脚杯、金痰盂、伞、枪"等物以示暹罗对其王权的认可。[⑤] 显然"玉嵌金镶御冠"并不是暹罗传统的对待属国的做法。至少在级别上可以看出拉玛一世给予了嘉隆和他的帝国高于暹罗属国的礼遇。而嘉隆则具有很高的政治智慧，采取示弱但不失尊严的方式来继续获得拉玛一世的信任和好感。

一般而言，在中越朝贡体系下两国君主之间并不存在"私交"。两国使臣的派遣大多止于"礼"的形式层面。使臣见到对方君主时，也只是就国内状况作一些简单的应答。然而，阮朝与曼谷王朝之间的遣使则体现出很大的不同，它具有明显的实用主义特点和"同盟性"。从阮福映离开暹罗朝廷组织力量攻打西山军开始，他对于拉玛一世的遣使就非常务实，或报战况，或求兵器。这一特点在阮福映登基之后也得以保留，双方使者所携带的公文内容往往包括很具体的待解决的事务。由于没

---

①　《邻好例》，A. 63，École française d'Extrême - Orient Paris 藏抄本（缩微胶卷），第 3 页。

②　Chaophraya Thiphakorawong，*The Dynastic Chronicles Bangkok Era*，*The First Reign*，Vol. 1，p. 246.

③　《邻好例》，第 3 页；阮朝国史馆编《大南实录·正编第一纪》卷 20，第 17 页。

④　《邻好例》，第 4—5 页；Chaophraya Thiphakorawong，*The Dynastic Chronicles Bangkok Era*，*The First Reign*，Vol. 1，p. 259.

⑤　Mala Rajo Sathian，"Suzerain - Tributary Relations：An Aspect of Traditional Siamese Statecraft（c. 19th Century）"，*JATI - Journal of Southeast Asian Studies*，Vol. 11，No. 1（December 2006），p. 116.

有"贡期"一说,不必像对中国遣使一样,先派使节到镇南关约定开关日期。越南与暹罗两国使者的派遣可以不拘体例,随事派遣。比如1807年暹罗突然派遣使臣携品物赴顺化,一次便携带了三封国书,分别涉及对请求琦南与肉桂、有关该国三王逝殁的讣告和请求款待该国遭风漂至越南平定省的船只。①

即使是向阮朝"告哀"这种容易流于形式的"知会"型的遣使,嘉隆仍将其当做重要外交事件来处理。1803年末,拉玛一世的弟弟,王储素拉·辛哈那去世,嘉隆遣使赴暹赠赙。在国书中,嘉隆提醒拉玛一世:其已日渐年老(66岁),如今储君逝殁,唯有儿子和侄子可以继位,但二者权力相当,这是非常危险的。嘉隆催促拉玛一世尽快立长子为王嗣,使其获得更多的权力,这样政治资源的运行方能有序。②王位继承是帝国核心内政之一,对于暹罗立储大事,嘉隆能如此直接地干涉其中,毫不避讳地表达对储君人选的偏好,这体现了他与拉玛一世之间的政治互信,也说明两国君主之间的私交已经超越了外交,而这种互信正是当年阮福映避难暹罗的经历留下来的政治遗产。

阮朝建立之后,"佛王""国王"混用的做法被延续了下来。不仅如此,更有意思的是,在"阮朝朱本档案"中保留有一份拉玛一世1806年给嘉隆的国书译本,其中暹罗同样称嘉隆为"越南国佛王"③。根据阮朝的惯例,外国使节抵达越南边境省份后,先将国书交由边省官员预览。若有不合体例之处,边省官员会直接要求对方修改。对于非汉文化圈的国家如水舍国、火舍国,甚至出现过由阮朝礼部直接代写进贡表文,越南皇帝亲自修改的例子。④而暹罗这一译本在交由嘉定边臣审阅

后,送达了顺化,说明阮朝君臣并未对暹罗的这一称呼表示异议。从某种意义上讲,这是一种不自觉地接受暹罗式话语体系的体现,而这直接导致儒家的"华夷之辨"变得无处安放。

(二)拉玛二世的骄傲与明命帝的困境

1809年拉玛一世去世,拉玛二世继位。这标志着越暹两国君主私人外交的终结。虽然嘉隆个人的经历决定了他在与拉玛二世打交道时仍然或多或少保留着对暹罗的友好态度,但是对嘉隆的继任者明命帝来说,父辈的经历成为处理两国关系时的巨大政治负担。这里我们可以对比一下拉玛二世第一次向嘉隆遣使和第一次向明命遣使时,两位阮朝君主的不同反应。

1810年初,拉玛二世派出的告哀使团到嘉定,嘉定城臣在预审暹罗国书时发现"其书语多张大,以为受之则长骄,却之则伤好",遂将此事上报。嘉隆并不愿对此事太过纠缠,认为"暹人无文,此皆唐人逞笔之过,不足责也",于是允许使者进京,并回派使者祭拜拉玛一世及庆贺拉玛二世登基。⑤嘉隆在暹罗的经历使其对暹罗政治运行方式颇为了解。虽然将暹罗国书中的傲慢态度与拉玛二世切割是不可能的,但是嘉隆回避直接对抗,而将国书的问题归咎于华人,这是非常高明的做法。对外化解了潜在的外交风波,对内则通过暗示越南(中华)文明对于暹罗文明的优越性以安抚国内士大夫。

不过,1820年明命即位之后,同样是面对拉玛二世的"傲慢",其反应就与嘉隆完全不同。当时明命派遣了以礼部参知裴德缙为正使的使团赴暹罗通报国丧。⑥《大南实录》等阮朝史料中并未收录国书的原文,而暹罗史料

---

① 《邻好例》,第9-10页。

② 阮朝国史馆编:《大南实录·正编第一纪》卷23,第18页;Chaophraya Thiphakorawong, *The Dynastic Chronicles Bangkok Era, The First Reign*, Vol. 1, p. 272.

③ "Chau ban trieu Nguyen (阮朝朱本档案)", 1806-05-01, No. 1-1-1-004-004, Trung tam Luu tru quoc gia I, Hà Nội.

④ "Chau ban trieu Nguyen (阮朝朱本档案)", 1846-03-26, No. 1-1-3-038-072.

⑤ 阮朝国史馆编:《大南实录·正编第二纪》卷39,第19-20页。

⑥ 《邻好例》,第37-38页。这一规格并不低,级别和赴清朝报表的使节(吏部右参知吴位)平级。参见阮朝国史馆编《大南实录·正编第二纪》卷5,第2-3页。

则指出，当时阮朝以一种"有意识的冒犯的口吻"详尽地叙述了嘉隆一生的伟业、功德，充满对于越南儒家文化优越性的表述。对此拉玛二世直接指出阮朝称其为"暹罗皇帝"的做法是没有必要的，因为这是中国人的说法，而暹罗自有一套独立的文化，根本不需从中国借用。① 拉玛二世直接以一种"釜底抽薪"式的办法拒绝了阮朝将自己纳入儒家话语体系的企图。显然，暹罗国王对明命的这套话术的"中国来源"有清晰的认识，因此他的这种拒绝就显得一针见血。

拉玛二世在接见裴德绺使团时提出，暹罗使节到越南后希望"赍白金十斤往布施"，裴德绺同意了这一请求。但明命听闻此事却非常愤怒，认为拉玛二世此举是为了引起越南民众哄抢，虽美其名曰"作福"，但实则损害帝国颜面。②

之后，暹罗派遣了一支使团赴顺化行进香礼和庆贺礼。越南河仙边臣郑公榆在收到暹罗国书后，发现拉玛二世对明命自称"长者"。从年龄上来讲，拉玛一世生于1737年，属于嘉隆（生于1762）的父辈。嘉隆和拉玛二世（生于1767）算是"同辈"，两人相识于嘉隆在暹避难时期。因此面对嘉隆的子嗣明命帝的时候，拉玛二世便自然流露出一种"叔伯"对"子侄"的傲慢。此外，郑公榆还发现，暹罗使团所带来的品物和当初嘉隆初登皇位时拉玛一世所送之品物相比，性质出现了重大的改变。与当初的"玉嵌金镶御冠"不同，这次暹罗所赠如金芙格、金唾壶等物"皆暹国赏赐臣下之物"。实际上，这些物品不仅可以赏赐臣下，更是暹罗册封属国时所赠送的传统物项。③ 因此拉玛二世显然想以这些手段来向明命暗示其"皇考"当时与暹罗的那段在"金银树"包装下的特殊关系。

郑公榆将暹罗使团情形上报朝廷，引发阮朝君臣的热议。阮德川直指"夷狄无礼，不如却之。不和惟有战耳"。但是黎伯品指出："彼若无心，岂不伤和气乎？"希望给此事留下回旋余地。明命同意后者看法，但明确点出"我与暹敌国也"的事实。经过越南边臣抗议，暹罗使团修改国书，并称国书中的"长者"是出自暹罗臣下起草，而"金饰器皿，皆佛王所珍玩，故以为赠"④。此事最后虽以明命同意放行暹使进京告终，但其心中的不快是确定的。

阮德川直呼暹罗为"夷狄"的言论，在阮福映时代是很罕见的。这固然和阮德川本身在军中强烈的"鹰派"色彩有关，⑤ 但也与明命上台伊始朝中出现的这种"华夷之辨"的口径转向不无关系。随着国家百余年战乱的结束和科举的逐渐恢复，越南朝野儒学水平迅速提高，北方士人不断补充进入决策层，阮朝外交中"华夷之辨"的思想逐渐回归。但是这种转向尚不足以使阮朝的对暹政策转向直接对抗。那些对抗的声音往往相伴着与暹罗"素敦邻好"的论调。在重视儒学的明命看来，阮朝内部虽然视暹罗为假想敌，但在明面上，因为"皇考"与暹罗长达近四十年的交谊，使得明命继续维护双方的盟友关系成为一种近似道义上的责任。

三 与虎谋皮：关于高棉、万象问题的交涉

17世纪以后，地处越南与暹罗之间的高棉与万象已经完全不复昔日的荣耀，虽然阮主政权与暹罗诸王朝都致力于扩大自己在该地区的影响力，但由于越南西山起义的爆发，阮氏政权一度失去话语权。1802年阮福映统一越南之后，阮朝开始希望"重返"高棉与老挝，并因此与曼谷王朝展开一系列交涉，甚至还引

---

① 参见 Michael Eiland，"Dragon and Elephant: Relations between Viet Nam and Siam, 1782 – 1847"，p.95.
② 阮朝国史馆编：《大南实录·正编第二纪》卷1，第23页；卷4，第17—19页。
③ Mala Rajo Sathian，"Suzerain – Tributary Relations: An Aspect of Traditional Siamese Statecraft（c.19th Century）"，p.116.
④ 阮朝国史馆编：《大南实录·正编第二纪》卷4，第17—19页。
⑤ 阮德川病逝于明命初年，上位伊始的明命曾评价阮德川"年在衰暮，尚有马革裹尸之志"。见阮朝国史馆编《大南实录·大南正编列传初集》卷8，第26页。

发了对抗。这些外交活动因为阮福映与暹罗曾经特殊的关系而呈现出复杂的面相。

（一）嘉隆与拉玛二世对高棉的争夺

17世纪高棉曾向阮主称臣纳贡，但阮主政权流亡之后便不再进贡。① 1796年，高棉国王安英（Ang Eng）去世，留下一个还是婴儿的王子，暹罗将其立为高棉的国家象征，是为安赞二世（Ang Chan Ⅱ），曼谷王朝势力便于此时全面接管高棉。

尚处于复国时期的阮福映无心夺回高棉的控制权，相反，其甚至认可暹罗在高棉事务上"排他"的宗主地位。1799年，阮福映在与西山军作战时希望高棉和万象军队出兵帮助，但他并没有向该两国提出请求，而是派人送信到曼谷。拉玛一世得信后表示：因雨季陆路不便，士兵容易得病，所以万象军队无法取道义安帮助阮福映，但是可让高棉出兵攻打在归仁的西山军。最后有500余人加入了阮福映的军队。②

1806年安赞二世在曼谷正式登基，次年他向阮朝请求册封。于是嘉隆立即派遣兵部参知吴仁静赍敕印册封其为"高绵国王"，并确定三年一贡的贡期。③ 因而直至嘉隆六年（1807年），阮朝才重新获得在高棉问题上与暹罗争夺话语权的可能。

高棉成为阮朝正式的朝贡国，这对后者来说非常重要，阮朝因此获得了在高棉事务上对抗暹罗的合法性。这一法理依据来源于朝贡体系中儒家的"继绝存亡""字小之道""兴灭继绝"等相关伦理，即"中国"有援助危在旦夕的朝贡国的义务。之后在与暹罗就高棉问题交涉时，阮朝就不断引用这一论述来为其外交行为提供法理依据。

拉玛一世去世仅一年，阮朝与曼谷王朝就因高棉问题险些擦枪走火。1810年，安赞二世以"暗通暹罗"为名，诛杀了两名亲暹官员高罗歆茫（Krâlahom Moeung）和茶知卞（Chakrei Kêp）。④ 此举引起暹罗不满，拉玛二世遂出兵高棉。嘉隆立即承担起"宗主国"的保护职责，派兵在高棉国都外驻扎，同时派人递国书赴暹罗，强调安赞二世杀自己的臣子和暹罗无涉。此举使越暹两国从热战的边缘回到外交谈判。次年暹罗遣使至顺化，就高罗歆茫事件与阮朝辩论，并要求安赞二世亲自去曼谷参加拉玛一世的葬礼，但被嘉隆以"真腊有国以来，未有亲往庆吊之例"驳回。⑤ 随后，嘉隆回派掌奇宋福玩赴暹调停此事。由于当时拉玛二世提出将安赞二世的两个弟弟各自裂土分封为王，因此，宋福玩使团所携国书试图以三个理由说服暹王：1、高棉一国三君会导致民心动荡；2、阮朝出兵是"字小之意，不得不然"，并非出于私利；3、如今暹罗内有国丧，外有缅甸之忧。阮朝驻军高棉，不仅可帮助安赞二世，还能适时帮助暹罗。不过宋福玩使团并没能终结这场争议，其回国后述职时称，安赞二世"德我而仇暹，暹怒未泄，真腊之事当未已也"⑥。

1812年4月，暹兵进攻高棉，安赞二世逃到越南境内避难。越暹两国于是继续以睦邻之谊为"外衣"进行外交谈判。7月，暹罗以给已故阮朝孝康皇后进香的名义派遣使节赴顺化行进香礼，同时希望游说嘉隆交还安赞二世。嘉隆再次使用朝贡体系的说辞"真腊世为我臣，必须为之经理。归告尔王：'匿禛（安赞二世）必归，王无我诈，又无禛虞，则于敦邻、字小之意得矣。'"⑦ 10月暹罗再次遣使前来声称安赞二世之前兄弟不和，有负二

---

① 阮朝国史馆编：《大南实录·正编列传初集》卷31，第5页。

② Chaophraya Thiphakorawong, *The Dynastic Chronicles Bangkok Era*, *The First Reign*, Vol. 1, pp. 226–227.

③ 《钦定大南会典事例》卷134，第14页。

④ Sok Khin, *Le Cambodge entre le Siam et le Viêtnam：de 1775 à 1860*, Paris：École française d'Extrême-Orient Paris, 1991, pp. 71–72.

⑤ Dang Van Chuong, *Quan he Thai Lan–Viet Nam：cuoi the ki XVIII–giua the ki XIX*, p. 90；阮朝国史馆编《大南实录·大南正编列传初集》卷32，第8页。

⑥ 阮朝国史馆编：《大南实录·正编第一纪》卷42，第7—10页；卷43，第14页。

⑦ 阮朝国史馆编：《大南实录·正编第一纪》卷44，第18—19页。

大国抚字之义。如今暹兵封府库，修城堡以待其归。最后，1813 年 5 月嘉隆派大军护送安赞二世回到高棉罗碧（Lovek）城。这一过程并非单纯的阮朝以军事力量迫使暹罗就范，因为同行的还有暹罗使者丕雅摩诃阿默，而在罗碧城已经有先行等候的暹罗将领等待与阮朝军队交接府库、城堡。① 不过，最后安赞二世的弟弟匿原不敢回到高棉，继续留在暹罗，这也给后者在未来继续借此提起高棉王位之争留下了伏笔。而安赞二世也同意向暹罗、越南同时进贡以保王国的安宁。②

越南学者称此事件为"罗碧之盟"，从此暹罗默认越南对高棉同样拥有保护权。③ 这是阮朝建立之后越南与暹罗第一次就中南半岛的领导权问题展开交锋。而双方在处理这一事件时的行为模式无不体现着拉玛一世留给这两位君主的政治遗产。一方面越南和暹罗军队在高棉的各种集结使双方已经处于战争的边缘，但另一方面双方一直保持着高密度的使节互访，致力于通过外交手段解决这一争端，并且谈判中拉玛二世同嘉隆都以双方的友好关系为开场白。阮朝不断援引儒家的"字小存亡"之道为其外交行为提供合法性支持，但"华夷之辨"并没有成为阮朝朝廷内部讨论对暹政策时的意识形态主轴。

在罗碧之盟达成的次年（1814），暹罗遣使赴越南，同时投递国书，一份叙述暹罗与缅甸讲和之事;④ 另一份叙述安赞二世之事，强调安赞二世本是暹罗藩属，如今若其不朝暹罗，则暹罗也不放回其弟。嘉定城臣黎文悦在预检国书后上奏，主张先发制人而嘉隆马上将此事压了下来；"我与先佛王有好，义其父而伐其子，邻国其谓我何？且干戈甫定，人乐息肩。朕不欲重劳将士于锋镝之下。得一真腊，

遗患后世，朕不为也。"⑤ 当时暹罗在西线忙于与缅甸的战事，越南的确有机会在东线的高棉问题上乘虚而入。但是考虑到夺下高棉可能会造成越暹同盟的破裂，即使阮朝有"字小存亡"之道作为理据，嘉隆最终还是选择以维系同盟为重，在高棉问题上见好就收。

（二）昭阿努事件及其艰难善后

1827 年，越暹两国再次因中南半岛主导权问题陷入冲突，而这次争议的双方换成了明命帝和拉玛三世，焦点则是"万象国王昭阿努（Anouvong）事件"。在越暹双方谈判的过程中，明命一直试图将暹罗拉到儒家朝贡体系的话语模式中来，那么这一尝试的效果如何呢？

昭阿努事件的经过并不复杂：当时长期受暹罗支配的万象国王昭阿努见英国势力逐步逼近暹罗，决心趁此时机起兵反抗。初期万象的奇袭取得了不错的效果，但很快便被暹罗逆转，于是昭阿努逃到越南避难。阮朝以万象为其藩属而将其安插在三岗地区，并于次年派兵护送其回国。但昭阿努很快再次发起对暹罗的进攻，旋即再次失败而向越南乞师，但遭阮朝拒绝。拉玛三世遂将万象都城夷为平地而后并入暹罗廊开府。⑥

阮朝对万象所能施加的影响力较对于高棉而言更弱。18 世纪末阮福映流亡之后，暹罗成为万象唯一的宗主国，并对万象国王的废立拥有绝对的权威。因此，虽然在 1805 年万象便向阮朝提出了称臣纳贡的请求，并确立三年一贡的贡期，⑦ 但是其实阮朝对万象内政外交的干涉非常有限，两国关系基本也止于定期朝贡一项。

昭阿努第一次向越南请求避难时，阮朝君

① 郑怀德：《嘉定城通志》，戴可来、杨保筠校注《〈岭南摭怪〉等史料三种》，中州古籍出版社 1991 年标点本，第 130 页。

② 阮朝国史馆编：《大南实录·正编第一纪》卷 45，第 7—8 页；卷 46，第 11—13 页；Sok Khin, *Le Cambodge entre le Siam et le Viêtnam*: *de 1775 à 1860*, p. 76.

③ Hoang Phu Hoa Hue, *Su ky nguoi An nam cu o nuoc Xiem*, Qui Nhon: Qui Nhon, 1930, p. 34.

④ 《邻好例》，第 29 页。

⑤ 阮朝国史馆编：《大南实录·正编第一纪》卷 48，第 21 页。

⑥ 姆·耳·马尼奇·琼赛：《老挝史》上册，厦门大学外文系翻译小组译，福建人民出版社 1974 年版，第 176、190 页。

⑦ 《钦定大南会典事例》卷 134，第 14 页。

臣对是否接纳昭阿努曾有一番辩论。嘉定城总镇黎文悦认为越暹两国"名为邻交，实则敌国。今日通好，未保他日"。同时，他强调，若放任暹罗吞并万象，则暹罗将直接与越南接壤，对阮朝边防构成巨大威胁，而保持万象独立则可起到藩维的作用。这番言论得到明命的肯定，也是此时阮朝君臣的共识。最后明命确定再次使用儒家朝贡体系中的"兴灭继绝"的理念来行使对万象的保护权。①

然而，明命也清楚地认识到，虽然万象作为属国，同时向越、暹两国进贡，但阮朝的"兴灭继绝"的理念在实际操作中并不具有太多的可行性。明命自己承认万象"素为暹人臣仆"，如今越南介入两国战争，将昭阿努安插在国内，易激怒拉玛三世。因而其向廷臣强调需多安抚暹罗方面的情绪，维持两国的友好状态。② 另外，1827年阮朝礼部曾命义安官员吴高朗将这一时期与万象事务相关的诏书、奏章汇总成册，成书后定名为《国朝处置万象事宜录》。③ 在阮朝官方各种涉中南半岛事务的文集中，如此"中性"的书名是比较少见的。这从侧面也印证了阮朝在万象事务上并无太大的主导权。

1828年春，阮朝军队护送昭阿努回国时，明命同时派遣了工部郎中黎元熙赴暹，并在使团陛辞时特地嘱咐其在"辞令"上多加注意，要将"字小之道"和"睦邻之谊"两套理念灌输给拉玛三世，以平息这次争议。④ 从结果情况来看，虽然黎元熙使团止住了两国关系恶化的趋势，但并没能扭转越南在万象问题上缺乏实质话语权的不利局面。不过，明命依旧以"不辱国体"之名对使团成员进行了升迁。⑤

虽然"昭阿努事件"本身很快终结，但是越暹两国对此事的善后却持续了四年。而这一善后也反映出阮朝对暹外交的困境。

从1829年至1832年，越暹双方没有直接的冲突，双方以互派使节的方式进行着国事的沟通。1829年初，明命派户部郎中白春元赴暹，主要谈两件事情：其一是指责当初昭阿努事件爆发时，暹罗没有向越南遣使通报此事，且在边境纵容当地蛮夷滋事；其二便是提出要严惩当初无故袭击阮朝护送昭阿努回国军队的暹罗裨将宠衫。白春元使团刚出发未及抵达暹罗，暹罗的使团便到了嘉定。明命接见使臣时，提出：1、昭阿努已经伏法，万象虽是小国，但不可一日无君，须尽快择立；2、引渡宠衫到越南；3、严惩当时骚扰越南甘露土司的暹将。最后明命半威胁地表示"如欲邻谊久敦，三者宜及早料理"⑥。

作为对明命要求的回应，1830年暹罗再遣使节至越南，其呈递的国书由嘉定城官员先行翻译递达顺化。在国书中拉玛三世表示：1、以后保证不敢侵扰越南边境土司；2、承诺万象国长人选确立后将通报越南；3、宠衫杀害越南官兵一事，从暹罗立场来看属于"立功"，请阮朝赦免。明命指示边臣在宠衫一事上还是要再据理力争一下，但是为免伤和气，明命帝仍同意使者进京。在接见暹罗使者时，明命继续就宠衫问题上诘问对方，但双方并未达成共识。⑦

暹罗在万象问题上态度一直非常坚决，拉玛三世曾经表示："昭阿努之所以能够每三年向顺化进贡，是因为暹罗允许他这么做，这和越南的'荣光'没什么关系。越南把万象纳为殖民地或者属国这件事，本来是完全不可能发生的。"⑧ 暹罗虽然没有排斥阮朝对万象的宗主权，但是明确指出暹罗的宗主权才具有实际意义，而当暹罗与越南的宗主权发生冲突时，暹罗的宗主权具有排他性。

---

① 阮朝国史馆编：《大南实录·正编第二纪》卷46，第4—6页。

② 阮朝国史馆编：《大南实录·正编第二纪》卷47，第5页。

③ 参见吴高朗编《国朝处置万象事谊录》，A.949，École française d'Extrême-Orient Paris 藏抄本（缩微胶卷）。

④ 阮朝国史馆编：《大南实录·正编第二纪》卷51，第25页。

⑤ 阮朝国史馆编：《大南实录·正编第二纪》卷55，第1—4页。

⑥ 阮朝国史馆编：《大南实录·正编第二纪》卷57，第21—23页；卷58，第12—14页。

⑦ 阮朝国史馆编：《大南实录·正编第二纪》卷68，第12—16页。

⑧ Michael Eiland, "Dragon and Elephant: Relations between Viet Nam and Siam, 1782-1847", p. 118.

该次暹罗使者回国之后，两年内居然毫无音讯，直到 1832 年 8 月，突然再派使团赴越告"二王"丧。明命表示：上次我国致书责难，许久未见回复，这次遣使前来也只字未提到底为何？后指示嘉定城着重询问暹使：1、为何册立万象国君长一事不曾"通报本国会议册立"；2、宠衫究竟治罪与否。暹罗使者对此二事回答颇为含糊，但明命以该国有国丧为由姑且准其进京。此后阮朝派出礼部郎中阮有识、兵部主事陈文缵为正副使前去吊唁。临行时明命嘱咐："使臣有专对之责，尔等此行可问他以宠衫之罪，辩论间以义责之，若他知过认咎，则使命已不辱矣，不必过为苛责，以存国体。"①

不可否认，为彰显阮朝的正义性，《大南实录》中有关这四年间遣使来往的记载很大程度是经过粉饰的，但仍然可以看出阮朝就万象问题与暹罗谈判时的困境。万象作为阮朝的属国，虽然阮朝极力想以"字小存亡"之道来扩大其话语权，但暹罗对此回应寥寥。可以说阮朝与曼谷王朝的外交对话并不在同一个"话语体系"中进行。对于万象国长的废立，明命最初只能煞有介事地强调一句应该赶快确定王位继承人选，四年之后更是只剩向暹罗抗议一句为何不曾"通报本国会议册立"。在宠衫问题上，当暹罗抱定无罪一说，阮朝除单方面抗议之外，也并没能够拿出实质的外交筹码来迫使暹罗接受自己的立场。

结　语

阮朝与曼谷王朝的盟友关系终结于 1833 年（明命十四年），起因是暹罗入侵越南，并支持嘉定地区爆发的"黎文傀叛乱"。暹军攻入越南境内后不久，河仙诸地便接连失守，明命也彻底抛弃"与暹邻好"的幻想，镇压黎文傀军的同时向暹罗宣战。阮朝军队很快便取得战争的胜利，虽然黎文傀残部在越南南部坚持数年，但暹罗大军仅数月便撤出越南，

唯偶有小规模骚扰而已。

这场战争结束之后，阮朝朝廷迅速汇集了战争期间的上谕和奏章，编为《钦定剿平暹寇方略正编》一书。从该文集的标题可以看出，阮朝在外交定位上正式将暹罗由"邻好"改为"敌国"。更重要的是其中收录的一篇 1834 年 2 月明命的上谕，总结了过去四十余年阮朝（包括阮福映流亡时期）与暹罗的外交关系，言辞十分犀利。比如，其称 1784 年暹罗出兵帮助阮福映攻打西山军大败而归是因为暹罗人"率性贪残"而失民望；明命援引曾经拒绝缅甸使节提出的联合攻打暹罗的提议等外交事件，以强调这次暹罗帮助黎文傀叛乱入侵阮朝，是"我以义始，而彼以利终……弃好寻仇，悖理忘义"。最后，明命将暹罗人的本性与蛮夷的本性联系在了一起，以证明暹罗人自始至终都是未开化的蛮夷："夫彼既蛇蚖为心，断难以义理谕……暹人此举不义无名，实为天所厌弃……彼以蠢尔夷狄无故仇我大邦，不惟强弱主客势力相悬，而曲直顺逆之理，胜败攸分，实已了然在目。"②

这一上谕终结了阮朝在对暹罗问题上的模糊性，从而直接转到"华夷之辨"的话语体系中来。此后在《大南实录》等阮朝官方史料，越南不再掩饰地使用"华夷之辨"来展现其对暹罗的文化优越性。明命帝不再需要艰难地维持一个他从未相信也不想要的"阮朝－曼谷王朝同盟"。这场战争也标志着明命彻底摆脱了其皇考嘉隆帝所留给他的政治遗产，或者更准确地说，"政治负担"。

从阮福映（嘉隆）与拉玛一世建立越暹同盟来看，"华夷之辨"在早期并非阮朝处理外交关系时的一个自然选择。在面对复国的紧迫任务下，阮福映自己曾经主动纳入暹罗式的外交体系中去。即使是在阮朝建立之后，越南的对暹政策依旧延续着这种历史惯性。阮福映的选择固然有迫于形势而不得不为的一面，但不可否认的是，这与阮氏政权的儒学水平也存在着一定程度的关联性。18 世纪末西山军兴

①　阮朝国史馆编：《大南实录·正编第二纪》卷 82，第 29—30 页。

②　《钦定剿平暹寇方略正编》卷 5，A. 30，École française d'Extrême – Orient Paris 藏抄本（缩微胶卷），第 24—27 页。

起之后，长期流亡的阮主政权更是出现了儒学断层，与越南红河流域地区因长期稳定的科举而形成的强大儒学基础是不可相提并论的。即使 1802 年阮朝建立之后陆续恢复科举制度，南方士子在科举中的竞争力也远逊于北方士子。[①] 因此，阮朝君臣早期的儒学多是一种于兵战中习得的儒学，而"华夷之辨"所严守的文明之分自然不在其视阈之内。

阮朝与曼谷王朝的早期关系建立在两位开国君主之间的私谊，这超出了传统东亚的朝贡体系的范畴。而阮福映在暹罗避难的经历和两人的私谊成为明命施展外交时的"历史包袱"。明命时期越南儒学水平迅速提高，"华夷之辨"的思想逐渐回归。然而，当明命君臣想要将这一理念运用到中南半岛事务时，其首先要面对的便是如何将与暹罗的外交对话拉入到儒家话语体系中。高棉、万象向阮朝请求册封，这为阮朝介入两国内部事务提供了法理依据。虽然表面上阮朝自然地使用了"华夷之辨"与"兴灭继绝"的理念，但当这一理念运作起来时，背后起主导作用的其实是复杂的越暹关系。而这又再一次将阮朝的外交带入困境。可以说，只要阮朝与曼谷王朝的同盟继续存在，东亚的朝贡模式在中南半岛就会出现巨大的理论与实践之间的不协调性。从这一点上讲，1833 年越暹同盟的破裂在阮朝的外交史上具有重要的转折意义。

（原载《史林》2020 年第 5 期）

---

① 参见陈文《越南科举制度研究》，商务印书馆 2015 年版，第 387—418 页。

日本与护国战争期间的南北妥协

承红磊[*]

摘 要：护国运动爆发后，护国军方面始终反对帝制，但对待袁世凯的态度因受到多重因素影响，并非一成不变。日本为全面掌控中国，决定利用护国运动之机实施"倒袁"政策，在华扶植亲日势力。日本有意识地密切与护国军的联系，提供借款、军械，增强护国军实力及信心，强化护国军的倒袁立场，以巩固南北对抗的基础。袁世凯取消帝制后，护国军目标得到部分实现，南北妥协的可能性加大。日本对护国军进一步施加影响，压制英国的调停意向，增大了南北妥协的难度，并致使冯国璋主导的南京会议归于失败，冲消了袁世凯去世前南北实现和解的最后可能。护国战争期间，南北不乏实现妥协之机，双方最终止于局部停战，日本是贯穿其中的阻碍因素。

关键词：护国运动 袁世凯 日本 南北妥协 洪宪帝制

1915—1916 年随洪宪帝制运动而起的护国运动，维护了辛亥革命确立的共和制，同时也逆转了民国初年中国走向统一和集权的趋势，是民国初年历史的分水岭。无论对于洪宪帝制运动还是护国运动，列强的影响都至关重要，日本更是扮演了关键角色。既往研究或关注日本对以袁世凯为代表的北京政府的"扼杀"[①]，或关注日本对南方护国军的帮助与援助，[②] 但对于日本在护国军与北京政府互动中的作用，却探讨甚少。事实上，缺乏对列强尤其是日本因素的考察，就难以深入理解此时的南北互动和中国政局。

护国战争期间[③]的南北妥协，是决定护国战争走向的重要问题。就此问题，既有研究多由内政出发，着墨于袁政府不得不请求停战、议和，以及护国军方面虽暂时同意局部停战，但对袁留任大总统则决不妥协，因此，停战虽局部达成，全国性妥协谈判则始终未能进行。实际上，妥协并非只有一种可能。鉴于云南的地理位置，北京政府最初并未设想完全清除护国军，而是计划在获得军事优势后，以宽大条件与护国军妥协，换取对帝制的承认。[④] 若北京政府不能战胜护国军，在取消帝制的前提

* 承红磊：华中师范大学历史文化学院副教授。
本文受到华中师范大学高校基本科研业务费资助（CCNU19TD010）。对于匿名外审专家的宝贵建议，在此谨致谢忱。

① 如曾村保信：《近代史研究：日本と中国》，東京：小峯書店，1977 年；Kit – Ching Chan Lau, *Anglo – Chinese Diplomacy in the Careers of Sir John Jordan and Yuan Shih – kai, 1906 – 1920*, Hong Kong: Hong Kong University Press, 1978；林明德：《近代中日关系史》，三民书局 1984 年版；俞辛焞：《辛亥革命时期中日外交史》，天津人民出版社 2000 年版；楊海程：《日中政治外交関係史の研究——第一次世界大戦期を中心に》，東京：芙蓉書房，2015 年；唐启华：《洪宪帝制外交》，社会科学文献出版社 2017 年版。

② 彭泽周：《近代中国之革命与日本》，台湾商务印书馆 1989 年版；俞辛焞：《孙中山与日本关系研究》，人民出版社 1996 年版；李吉奎：《护国战争与日本》，氏著：《龙田学思琐言：孙中山研究丛稿新编》，中山大学出版社 2011 年版，第 291—302 页；中见立夫：《"滿蒙問題"の歷史的構図》，東京：東京大学出版社，2013 年。

③ 本文所称"护国战争期间"，自 1915 年 12 月 25 日云南宣布独立始，至 1916 年 6 月 6 日袁世凯去世止。"北"指北京政府，以袁世凯为中心。"南"指护国军方面，在军务院成立前以云南护国军政府为中心，军务院成立后以军务院为中心。

④ "Minister Reinsch to the Secretary of State", Mar. 18, 1916, U. S. Department of State, *Foreign Relations of the United States, With the Address of the President to Congress, Dec. 5, 1916*, Washington: Government Printing Office, 1925, p. 65.

下，南北妥协仍存在袁留任总统、袁暂任总统和袁立即退位三个选项。护国军各领袖对袁态度不尽相同，也并非始终不变，其妥协意愿受到多重因素影响。

对于南北妥协的走向，日本发挥了关键作用。日本外务省外交史料馆将日本与护国运动关系的相关记录整理为《袁世凯帝制计画一件（极秘）/反袁动乱及各地状况》。该记录被编为18卷之多，内容达数千页，反映了日本派驻中国人员与中国各方联络详情，及与本国联络情况。此外，时任日本陆军参谋本部第二（情报）部中国科科长浜面又助将其经手文书部分保存下来，经后人整理为《浜面又助文书》。这批文书，对了解参谋本部内部决策极有价值。以上述资料为基础，辅以日方相关档案及已刊文献，并与中方文献互证，大致可以勾勒出日本在南北妥协中所扮演的角色。

一　护国战争初期形势与日本决定干涉

自1915年8月筹安会推动帝制以后，国内各政治势力及舆论界均出现了反对与抵制的声音，促成了反袁势力大联合。如谢持在1915年9月即观察到："日来一般党人，颇有合图袁世凯之象。"[①] 护国运动的爆发，与这一形势密不可分，反映出运动发生的必然性。但护国运动在1915年12月爆发，又有一定的偶然性。如既往研究所指出，梁启超因冯国璋请求而致电云南，云南因此将计划提前，于1915年12月23日通电反对帝制，但此时军事部署尚未完成。[②] 12月27日开始，云南护国军陆续向四川、贵州进发。由于军队驻扎地点分散，加上交通不便，进展极为缓慢。[③] 当

然，与北洋军相比，护国军仍然占得先机。1916年1月17日，护国军刘云峰支队与四川北军遭遇，并于18日占领横江，21日占领叙州。2月2日，川军刘存厚部在纳溪宣布独立，会合云南军董鸿勋支队于6日占领蓝田坝，并于7日基本完成对泸州的包围。[④]

得知护国军起事，袁政府定下三路平滇之策。1月17日，北军第一路前锋抵达黔边，第二路前锋抵达重庆。2月10日，四川北军反攻，夺回蓝田坝，护国军团长陈礼门忧愤自杀。次日，董鸿勋部被迫南撤，北军解除了泸州之围。其后双方互有攻防。3月3日，北军冯玉祥部夺回叙州。3月7日，张敬尧部进占纳溪。护国军在四川战场受挫。[⑤]

云南地方贫瘠，军队战斗力虽较强，但人数及军械储备均有限。1月5日，云南护国军第一军总司令蔡锷致函梁启超，表示云南经济穷乏，"非有大宗款项到手，不特难以展布，现局亦难支持"[⑥]。云南起义前，虽与江苏、贵州、广西等省有联络，但贵州迟至1月27日方响应，且对云南助力有限，广西则在3月之前于护国军及北京政府之间两面周旋，持观望姿态，以致梁启超感叹："东南诸镇（指冯国璋——引者注）真是朽骨，今惟观望成败而已"，"乃至桂帅（指陆荣廷——引者注）亦同此态？良可浩叹"[⑦]。

事实上，在护国军起事初期，袁政府凭借远为强大的军事实力，并不愿放弃帝制。1月5日，袁世凯重申接受帝位，并表示"根本大计，岂可朝令夕改，断无再事讨论之余地"，表达了实现帝制的决心。[⑧] 2月17日，日本驻北京公使馆武官町田经宇致电陆军参谋次长田中义一，告以"目下状况，袁尚无与云南军

---

① 《谢持日记未刊稿》第2册，广西师范大学出版社2007年版，第158页。

② 梁启超：《致蔡锷第一书》（1916年1月8日），云南省社会科学院历史研究所等编：《护国文献》，贵州人民出版社1985年版，第186页。

③ 李新、李宗一主编：《中华民国史》第2卷，中华书局2011年版，第651—652页。

④ 李新、李宗一主编：《中华民国史》第2卷，第653—655页。

⑤ 李新、李宗一主编：《中华民国史》第2卷，第664页。

⑥ 《蔡锷陈告入滇后进行护国运动情形函》（1916年1月5日），中国第二历史档案馆等编：《护国运动》，江苏古籍出版社1988年版，第201页。

⑦ 梁启超：《致蔡锷第四书》，云南省社会科学院历史研究所等编：《护国文献》，第198页。

⑧ 《袁世凯表示接受帝位申令》（1916年1月5日），中国第二历史档案馆等编：《护国运动》，第139—140页。

妥协之决心。若征讨军获得优势，运用诸种术策，结局或可成功"①。相反，护国军方面，信心并不充足。1 月 9 日，英国驻云南总领事葛福（Herbert Goffe）②特地拜访唐继尧，唐坚持"袁不能称帝"，但同时表示很乐于在某种安排下实现妥协。③

在内外压力下，袁所拟登基日期一再推迟。2 月 9 日，袁世凯政治顾问莫理循（George E. Morrison）在考察长江一带后提出备忘录，建议放弃复辟帝制，"建立宪政议会"，并设立"责任内阁"，以缓和国民反对。④ 但这一主张并未被袁立刻接受。2 月 23 日，袁政府方申令缓办帝制。⑤ 此时袁虽缓办帝制，但并未完全放弃，也并不代表国内局势已无法收拾。

2 月 20 日前后，日本外相石井菊次郎致电驻华公使日置益，询问在当时形势下，袁能否收拾时局。日置 21 日复电，告以袁不能于预定日期即位，威望已经受损，但尚不能断言"袁已权威坠地，人心叛离，再难收拾"，因构成袁实力之军队、财力，云贵军难以企及，若将云贵军击败，"只要无意外事变，形势必将一变"⑥。看来，各方均高度关注战场形势，但至少在 1916 年 2 月中下旬，胜败之数尚不明显。

如同既往研究已经指出的，日方对帝制运动的政策经历了观望、劝告延期到倾向赞同并很快转变为倒袁的过程。⑦ 日方在 1915 年 10 月 28 日领衔三国（后扩展为五国）劝告帝制延期，虽有为进一步干涉制造借口之嫌，但此时并未决定倒袁。倒袁目标，是在护国运动爆发后逐渐确立的。12 月 18 日，田中义一致电袁政府顾问坂西利八郎，请其转告袁，若再延期三四个月实行帝制，可认为已接受日本劝告，日本也准备迎接中国特派大使。⑧ 日方此举，虽未立即同意袁实行帝制，也确反映出有意通过承认帝制前的接触获得利权。⑨ 护国运动爆发，日本视为"千年一遇之良机"⑩，态度再次转变。在这一过程中，以田中义一为代表的军方发挥了主导作用。⑪

日俄战争后，日本更积极地在中国推行其"大陆政策"，尤以陆军为甚。日本的"大陆政策"，不仅是"满洲权益"问题，还包括对中国的全面掌控，即所谓"日支提携"⑫。一战爆发，欧洲列强在东亚的地位被削弱，日本迎来推行其"大陆政策"的绝佳机会，"二十一条"中第 5 号条件的提出即为明显标志。但日本在"二十一条"交涉中受到袁政府的抵抗及列强（主要是英美）牵制，所得并不

---

① 《参谋次长宛町田少将電報》（1916 年 2 月 17 日），JACAR（アジア歴史資料センター），Ref. B03050721400，《袁世凯帝制計画一件（極秘）/反袁動乱及各地状况》（以下简称"《反袁動乱》"）第 4 卷，第 72 頁。

② 1911 年 12 月 1 日，武昌革命者和清军之间最初的停战协议正是由葛福签字作为见证的。详见李约翰《清帝逊位与列强（1908—1912）——第一次世界大战前的一段外交插曲》，孙瑞芹、陈泽宪译，中华书局 1982 年版，第 288—289 页。

③ "Sir J. Jordan to Sir Edward Grey"，Jan. 11，1916，Kenneth Bourne and D. Cameron Watt，eds.，*British Documents on Foreign Affairs*（*BDFA*），Part II，Series E，Vol. 22，Bethesda：University Publications of America，1994，p. 131.

④ 莫理循：《799 号信的附件：关于新近沿长江各地访问的备忘录》（1916 年 2 月 9 日），骆惠敏：《清末民初政情内幕——〈泰晤士报〉驻北京记者袁世凯政治顾问乔·厄·莫里循书信集》下卷，刘桂梁等译，知识出版社 1986 年版，第 522—526 页。

⑤ 《袁世凯被迫宣布缓办帝制申令》（1916 年 2 月 23 日），中国第二历史档案馆等编：《护国运动》，第 682 页。

⑥ 《石井外務大臣宛日置公使電報》（1916 年 2 月 21 日），JACAR，Ref. B03050721500，《反袁動乱》第 4 卷，第 113—114 頁。

⑦ 曾村保信：《近代史研究：日本と中国》，第 112、125—126 頁。

⑧ 《田中参謀次長ヨリ在北京坂西陸軍大佐宛（電報）》（1915 年 12 月 18 日），日本外務省编：《日本外交文書》（1915 年），東京：日本外務省，1966 年，第 180—181 頁。

⑨ Kwanha Yim，"Yuan Shih – K'ai and the Japanese"，*The Journal of Asian Studies*，Vol. 24，No. 1（Nov. 1964），pp. 67 – 68.

⑩ 《上原勇作宛宇都宫太郎書簡》（1916 年 1 月 1 日），上原勇作関係文書研究会编：《上原勇作関係文書》，東京：東京大学出版会，1976 年，第 79 頁。

⑪ 斎藤聖二：《国防方針第一次改訂の背景——第二次大隈内閣下における陸海両軍関係》，《史學雜誌》1986 年第 6 号。

⑫ 北岡伸一：《日本陸軍と大陸政策（1906—1918 年）》，東京：東京大学出版会，2005 年，第 89—90 頁。

如意，对袁世凯尤其不悦。[1] 据吉野作造观察，"二十一条"交涉后，日本高层对袁态度有两种：一种主张对作为中国中心势力的袁加以援助，以实现日本对中国政治的影响；另一种认为袁自派驻朝鲜时即持"排日"立场，且其政策上依靠英国牵制日本，在袁主持中国政局的情况下，终究不能实现日本目标，因此主张倒袁。第二种主张实现难度较大，且在条件不成熟时容易进一步恶化中日关系。[2] 护国运动的爆发，使日本看到了倒袁的可能。日本对帝制运动态度的转变，即以此为背景。

护国军兴起后，日本各方面不断向参谋本部提出意见，大致可分两派。一派主张趁机分裂中国。如东亚同文书院院长根津一提出《对华时局处分案》，认为护国军起，全局动乱，袁氏必将全然依靠日本，"可以拥护大局之名与之结成安保同盟，缔结半保护性质之条约，进而任镇压、保护之责"，"再于南中国创设一国，同样使其成为我之半保护国"[3]。另一派主张倒袁，进而在中国树立亲日政权，而未提及分裂中国。1916 年 1 月 13 日，在湖北任顾问的寺西秀武大佐致信参谋本部第二部部长福田雅太郎，认为袁世凯地位动摇，有倒台可能，建议日本政府"速定倒袁方针"[4]。2 月 1 日，寺西再次致信福田，认为政府军进军迅速，"我政府若至本月中旬尚不能确定方针，不对革命党暗中接济，则袁平定云南、实行帝制，胜算很大"，敦促"此数十日即为决定我运命之重要时机，切望全力以赴"[5]。

参谋本部最终选定了第二种方案。1 月 15 日，参谋本部与海军军令部达成一致，对北京政府采取强硬态度，不承认帝制。该部大致在 1916 年 2 月中旬，确立了倒袁方针。[6] 2 月 21 日，田中义一致信陆相冈市之助，提出倒袁而扶植亲日势力更为有利，并称各方意见大致相同，请冈促成阁议。[7]

需要指出的是，1915 年后协约国在战场上的态势，促成了日本在东亚的强势地位。自 1902 年签订第一次日英同盟条约，日本在借力英国的同时，也受到英国制约。而此时，英国深陷欧战，不仅无力制约日本，且为防止日本倒向德国、寻求日本援助及维持在东亚的既得利益，有在不违反根本原则（所谓保持中国领土完整、门户开放和在华机会均等）的前提下纵容日本的倾向。[8] 日本在 1915 年下半年借中国参加一战案由英国手中夺取了东亚外交的主导地位。[9] 参谋本部在决意不承认帝制时，认为应该力争获得协约各国赞同，同时提出"帝国并不以协同列国之态度变更自身之主张"[10]，可见贯彻自身主张的意志甚为坚定。

在陆军特别是参谋本部的推动下，3 月 7 日，日本内阁会议通过以实力干预帝制运动的方针，明确宣示袁氏"窃居"中国最高权位乃日本确立在华势力的一大障碍，决定采取倒袁政策，并以"诱导中国人自创反袁局面，日本因势利导"为原则。[11] 所谓"确立在华势力"，要言之，即全面掌控中国，实现"大陆

---

① 奈良冈聪智：《对华二十一力条要求とは何だったのか》，名古屋：名古屋大学出版会，2015 年，第 282—303 页。

② 吉野作造：《第三革命後の支那》，京都：内外出版株式会社，1921 年，第 72—88 页。

③ 根津一：《对华时局处分案》（1916 年 1 月 7 日），山口利明编：《浜面又助文书——中国第三革命と参谋本部》，《年报·近代日本研究》，1980 年，第 217—218 页。

④ 《福田雅太郎宛寺西秀武书简》（1916 年 1 月 13 日），山口利明编：《浜面又助文书——中国第三革命と参谋本部》，第 220 页。

⑤ 《福田雅太郎宛寺西秀武书简》（1916 年 2 月 1 日），山口利明编：《浜面又助文书——中国第三革命と参谋本部》，第 230 页。福田 2 月 9 日收到此信。

⑥ 斋藤圣二：《国防方针第一次改订の背景——第二次大隈内阁下における陆海两军关系》，《史学杂志》1986 年第 6 号。

⑦ 北冈伸一：《日本陆军と大陆政策（1906—1918 年）》，第 188—189 页。

⑧ Ian H. Nish, *Alliance in Decline: A Study of Anglo-Japanese Relations 1908-23*, London: Bloomsbury Publishing, 2012, pp. 158-195.

⑨ 唐启华：《洪宪帝制外交》，第 190 页。

⑩ 《对中国意见书原案》（1916 年 1 月 15 日），山口利明编：《浜面又助文书——中国第三革命と参谋本部》，第 221 页。

⑪ 林明德：《近代中日关系史》，第 118 页。

政策"中的"日支提携"。在日本确立倒袁并在中国扶植亲日势力的方针之后，避免护国军与袁政府妥协，遂成为首要任务。

二 日本巩固南北对抗之基础

护国运动的爆发，与日本并无直接关系。在此之前，日本在云南并未派驻官方人员。1916 年 1 月 19 日，日本参谋本部派往云南之山县初男少佐方到达昆明。① 2 月上旬，日本外务省所派藤村翻译生到达云南。② 3 月 6 日，日本新任驻云南领事堀义贵到达昆明。③ 4 月初，参谋本部所派嘉悦敏大佐到达昆明。④ 日本与云南的联系，是在护国战争期间逐渐加强的。

护国战争初期，北京政府在军事上整体占优。随着日本对北京政府日趋强硬，帝制派报纸连篇累牍宣传日本对中国有重大野心，号召国人"一致对外"⑤。减轻护国军对日本的顾虑，以阻止护国军在处于军事劣势和忧虑外患的情况下向北京政府妥协，是日本首先需解决的问题。

因"二十一条"交涉，护国军领袖在护国运动爆发前后大多对日本抱有警惕。事实上，顾虑日本趁袁实行帝制之机夺取重大利权，是梁、蔡等决议反抗帝制的重要动因。梁启超在 1915 年 11 月致诸友函中称，"彼（袁世凯——引者注）今以骑虎之势，作包羞之

谋"，或"效刘豫、石敬瑭，将绝好江山，揖让与人，而自居于儿皇帝、侄皇帝之列"，或"蹈那拉（慈禧——引者注）端庶人（载漪——引者注）覆辙，鼓吹排外，奋螳臂以掷孤注"，"二者有一于此，吾侪四万万人岂知死所"⑥，表达了对袁因行帝制而葬送国家的忧虑。蔡锷 1915 年 12 月初到达云南后，曾致陈宦一电，提到"月来涉足东邻，周历南北，知某国所以谋我者，蓄蕴甚久"，同样表达了对日本趁机侵略的担忧。⑦

1916 年 1 月 23 日，新到上海的日本陆军参谋本部特派武官青木宣纯中将拜访梁启超。据梁所言，青木"言前此彼之国是未能一致，其中大部分人谋向我攫取权利，以致伤我感情。今识者皆知其非计，以后当决然舍此方针，专务与我多数国民联络"⑧。青木所言，乃为打消梁等对日本之怀疑。

藤村到达云南后报告，"其（云南军政府——引者注）机关新闻在非难袁之外，亦往往着笔日本野心，以收揽民心"，且"因担心日本为获得利权而援袁，对本官等抱有相当警戒"，并断言"独立军今后若非遭遇重大困难，实际对日感情当不会大变"⑨。正如藤村所料，随着护国军在四川战况不佳，加之 1 月 15 日日本拒绝袁政府特使，使舆论了解到日本并非趁机牟利，云南态度因之一变。唐继尧本人也一改往日借故推托之态度，亲自与藤村会面，并请求日本援助。⑩ 3 月 8 日，藤村通

---

① 《福田雅太郎宛山县初男书简》（1916 年 1 月 19 日），山口利明编：《浜面又助文书——中国第三革命与参谋本部》，第 224 页。

② 《石井外务大臣宛赤塚总领事电报》（1916 年 2 月 3 日），JACAR，Ref. B03050720600，《反袁动乱》第 3 卷，第 139 页。

③ 《唐继尧致河口督办等电》（1916 年 3 月 3 日），李希泌等编：《护国运动资料选编》，中华书局 1984 年版，第 182 页。

④ 《石井外务大臣宛堀领事电报》（1916 年 4 月 9 日），JACAR，Ref. B03050725200，《反袁动乱》第 8 卷，第 181 页。

⑤ 一鄂：《呜呼日人之野心》，《亚细亚日报》（上海）1916 年 2 月 10 日，第 1 版；辟皇：《袁氏之计穷矣》，《中华新报》1916 年 3 月 13 日，第 1 张第 2 版。

⑥ 梁启超：《致籍亮侪、熊铁崖、陈幼书、刘希陶书》（1915 年 11 月 18 日），云南省社会科学院历史研究所等编：《护国文献》，第 184 页。

⑦ 《致陈宦电》（1915 年 12 月 25 日），曾业英编：《蔡锷集》，湖南人民出版社 2008 年版，第 1233 页。

⑧ 梁启超：《致蔡松坡第五书》（1916 年 1 月 27 日），云南省社会科学院历史研究所等编：《护国文献》，第 201 页；青木宣纯：《上海常报第一号》（1916 年 1 月 25 日），JACAR，Ref. B03050720900，《反袁动乱》第 3 卷，第 276—281 页。

⑨ 《石井外务大臣宛赤塚总领事电报》（1916 年 2 月 10 日），JACAR，Ref. B03050720800，《反袁动乱》第 3 卷，第 263—264 页。

⑩ 藤村：《雲南独立の事情》（1916 年 3 月），JACAR，Ref. B03050723600，《反袁动乱》第 6 卷，第 295 頁。

过日本驻广东总领事赤冢致电外相石井，告以因"日本拒绝袁世凯特使，并盐税移交问题，当地政府自不用说，一般民众亦深谢日本之好意"[①]。拒绝特使和同意云南政府支配当地盐余，一是对袁政府的打击，二是对云南政府的支持，日本通过行动逐渐争取到云南方面的好感。

在日本新任驻云南领事堀义贵到达滇境之前，唐继尧已命河口督办及阿迷铁道警察局长"妥为接待保护"[②]。3月10日，唐继尧偕云南政府重要官员，宴请日本驻云南人员堀义贵、山县初男及藤村。[③] 18日，蔡锷、戴戡、刘存厚致电唐继尧，望转达对日本领事的欢迎。由唐、蔡等对日本领事的欢迎，可看出护国军对日本由怀疑、警戒转为期待。3月30日，英国驻华公使朱尔典（John N. Jordan）向英国外交大臣格雷（Sir Edward Grey）报告："形势的一项发展是运动领袖似乎不再担忧日本干涉，并且认为日本会给他们机会自我救赎。此项限制的消除妨碍了和平解决的前景。"[④] 日本的表现，大大减轻了护国军对外患的顾虑，是护国军加强与日本联系的前提，当然也对南北妥协不利。

在疏通护国军领袖对日感情的同时，日本还通过行动强化了护国军方面的讨袁决心。依学界所言，唐继尧起兵反袁，多少有些被部下胁迫的意味。[⑤] 如前所述，唐于1月9日对英国驻云南领事葛福表示乐于妥协，且条件只谈到袁不能称帝，这与他后来的态度差别很大。

据协助岑春煊对日借款的王辅宜回忆："护国军在反对帝制这一点是一致的，但在帝制推翻之后怎么办，并不一致。例如把袁世凯放在什么地位，各派系意见就不同，甚至有拥袁复大总统位之说。"[⑥] 大体可谓实情。

1月24日，岑春煊到达东京。[⑦] 日方为掌握其与中国国内的联络，3月初，破译了他与梁启超的来往电报。其中，2月27日晚9时20分，岑收到梁启超一电，提到："两国交谊乃民党全体所望，同盟之约须俟政府成立。刻难代为迫袁退位，恐别生枝节。请执警告态度，最后解决由我自主。"[⑧] 推测此电内容，岑在致梁启超电中或转达了日本希望建立两国同盟之事，梁答以须俟政府成立。岑应当还谈到日方可以代为迫袁退位的表示，梁以"恐别生枝节"为由，希望日方保持警告态度。梁的态度，反映了他此时对日本尚有防备。

2月下旬，日本参谋本部电告驻上海代表青木宣纯，梁启超将赴广西，命青木告梁：（1）日本将在适当时机，承认共和军为交战团体，此时机非至两广独立不可；（2）为促进此时机之到来，日本不辞秘密供应相当之资金及武器；（3）作为供给之通道，广东西部之北海或钦州地方较为方便，应首先将该地收于共和军之手。然无论袁如何寻求妥协，务使共和军置之不理。[⑨] 2月27日，青木向参谋总长上原报告，在同日与梁启超会面时，梁回答绝无与袁妥协之意，并感谢东京官民对岑春煊之优待。[⑩] 可见青木在谈话中将日本不希望护

① 《石井外务大臣宛赤塚总领事电报》（1916年3月8日），JACAR，Ref. B03050722200，《反袁动乱》第5卷，第39—40页。

② 《唐继尧致河口督办等电》（1916年3月3日），李希泌等编：《护国运动资料选编》，第182页。

③ 《石井外务大臣宛堀领事电报》（1916年3月11日），JACAR，Ref. B03050722400，《反袁动乱》第5卷，第114页。

④ "Sir J. Jordan to Sir Edward Grey", Mar. 30, 1916, Kenneth Bourne and D. Cameron Watt, eds., BDFA, Part II, Series E, Vol. 22, p. 182.

⑤ 李新、李宗一主编：《中华民国史》第2卷，第640—643页。

⑥ 王辅宜述，曾宪洛记录：《护国军起义时与日本密谈借款购械的内幕》，中国人民政治协商会议全国文史资料研究委员会等合编：《护国讨袁亲历记》，文史资料出版社1985年版，第104页。

⑦ 陈锡祺主编：《孙中山年谱长编》，中华书局2003年版，第974页。

⑧ 《暗号电报翻译の件》（1916年3月5日顷），JACAR，Ref. B03050721900，《反袁动乱》第4卷，第323页。此电原文有代字，内容乃根据日方情报人员所译日文转译。

⑨ 此电编者原注日期为"3月"，据青木宣纯回电来看，此电当为2月27日前所发。《电报案原文四通》，山口利明编：《浜面又助文书——中国第三革命と参谋本部》，第241页。

⑩ 《参谋总长宛青木中将电报》（1916年2月27日），JACAR，Ref. B03050721700，《反袁动乱》第4卷，第243页。

国军与袁政府妥协之意，传达给了梁启超。梁南下途中所拟致未独立各省函中有言："袁帝国之决不能得列强承认，事理本自甚明。自五国警告以还，其兆益复大著。虽执事始终默许袁氏，甚或助力袁氏，而于彼帝业之成，终丝毫无裨也。"[①] 所指袁终难称帝，其实主要指日本反对。

上述推测岑春煊在致梁电中谈到日方可以代为迫袁退位，岑后来记载在日之情景称："彼邦亦深恶世凯，谓余能讨袁，必尽力相助。"可见日本对岑的支持与援助，是以岑坚持"讨袁"为前提的。[②]

除减轻护国军领袖对日顾虑及强化其倒袁目标外，日本也为护国军提供实际援助。2月，唐继尧致函梁启超、岑春煊等，谈及购军械一事，称"我军进行，以此为先决问题"，并表示"如能办到赊款为最妙，必不获已，以相当抵押品抵借数十万暂付械价，亦必尽力为之"[③]。3 月 12 日，梁启超在南下途中会见了日本驻港总领事今井忍郎，他向今井谈道，"在上海时已收到岑春煊谈判大略成立之消息"，但不知具体条款。梁告诉今井昨日收到唐继尧信函，希望日本提供 1 万支枪，40 挺机枪，山炮若干，但费用无法即付，若必要，可以提供相当担保。梁还表示希望日本在广西军占领广东钦州、廉州后能供应军械。[④] 除通过梁一线外，唐继尧 3 月 12 日派赵伸携 8 万元（据称尚可在上海筹措 15 万元）前往日本，交涉军械事。[⑤]

3 月中旬，在获悉广西独立前，唐继尧对日本军方代表山县初男表示，泸州、纳溪再被北军占领，蒙自"土匪"亦未全灭，"眼下南军兵数兵器均少，若不尽快使广西、南京独立，云南前途堪忧"[⑥]。3 月 15 日，广西独立，就军事形势而言，护国军可以说已基本立于不败之地。但护国军尤其是云贵军兵器短缺状况并未缓解。3 月 21 日，山县初男观察到，四川战况不至恢复，云南"除等候兵器弹药到达外无办法"[⑦]。

3 月 20 日，作为云南军政府代表的岑春煊、张耀曾最终与日方签订 100 万日元借款合同，作为反袁军费，二人保证于计划成功后，"极力举中日亲善之实，并以此方针指导中国国民"[⑧]。除此现款外，岑春煊还从日方获得价值 100 万日元的军械。[⑨] 岑春煊记其事曰："当是时，虽有云南起义，而饷械俱缺，难于持久。因之广西亦未敢昌言讨贼。余见逆势犹盛，非有实力为助，惧其功败于垂成也。乃约同章士钊、张耀曾二人，东渡日本，说其当局，共讨袁逆。""借得日币一百万元，并两师炮械，携之回国。西师始得东下，围攻广州。"[⑩] 由岑叙可知，岑由日本所得之借款、军械对广西独立及桂军东下，皆有促进作用。

既往研究虽涉及岑春煊向日本借款购械事，但并未指明借款和军械的流向。庾恩旸《云南首义拥护共和始末记》记载，云南"复筹资托某重要人，向某国购买枪械，第一次买得四千余枝，第二次买得一万枝，计共一万余

---

① 此函未发。详见《军务院致各省公函（未发）》，汤志钧、汤仁泽编：《梁启超全集》第 9 集，中国人民大学出版社 2018 年版，第 325 页。

② 岑春煊：《乐斋漫笔》，荣孟源、章伯峰主编：《近代稗海》第 1 辑，四川人民出版社 1985 年版，第 109 页。

③ 《唐继尧致梁启超等函》（1916 年 2 月），李希泌等编：《护国运动资料选编》，第 181 页。

④ 《石井外务大臣宛今井総领事電報》（1916 年 3 月 12 日），JACAR，Ref. B03050722400，《反袁動乱》第 5 卷，第 116—118 页。

⑤ 《石井外务大臣宛堀領事電報》（1916 年 3 月 12 日），JACAR，Ref. B03050722400，《反袁動乱》第 5 卷，第 159 页。

⑥ 《参謀総長宛山県少佐電報》（1916 年 3 月 15 日），JACAR，Ref. B03050722600，《反袁動乱》第 5 卷，第 226 页。

⑦ 《参謀総長宛山県電報》（1916 年 3 月 21 日），JACAR，Ref. B03050723100，《反袁動乱》第 6 卷，第 46 页。

⑧ 《岑春煊借日款之契约书》，《近代史资料》1982 年第 4 期。

⑨ 斎藤聖二：《国防方針第一次改訂の背景——第二次大隈内閣下における陸海両軍関係》，《史學雜誌》1986 年第 6 号。

⑩ 岑春煊：《乐斋漫笔》，荣孟源、章伯峰主编：《近代稗海》第 1 辑，第 109 页。

枝，均先后设法运回”①。此处“某重要人”当指梁启超或岑春煊，“某国”则指日本。考虑前述唐继尧通过梁启超向日本请援1万支枪，梁3月12日在香港向今井提出了这一要求。此后云南军队中，确有村田式连发步枪1万支。② 据此可以推断，日本应满足了唐继尧第一批购械请求，岑春煊所购武器中，至少有1万支步枪分给了云南方面。而云南从日本所得军械，尚不止于此。

除对岑春煊和云南方面的援助外，2月20日，日方通过久原房之助与孙中山签订合同，借款70万日元。久原与田中义一关系密切，此笔借款“可能是田中授意久原而借的，要不然，至少得到了田中的许可或默认”③。考虑到1916年2月中旬，日本陆军首先确立了倒袁方针，这笔借款的时机是值得注意的。这笔借款，通过中华革命党系统流向各地，促进了各地护国运动的展开。

综合来看，云贵军、岑春煊和孙中山为代表的中华革命党均得到了日本援助。同时，从日本得到援助的承诺与希望，以及日本对袁政府的压制，均能强化护国军对抗袁政府的信心。这一阶段，袁政府整体上尚占优势，所谓南北妥协，实际上主要是护国军是否会在军事处于劣势及忧虑外患的情况下，与北京政府妥协。日本通过解释和行动，减轻了护国军对其的顾虑，赢得了护国军的好感；又通过劝说和直接协商，强化了护国军倒袁的目标；且通过资金和武器援助，增强了护国军实力。可以说，日本通过多种举措，巩固了南北对抗的基础。

三 日本冲消袁世凯留任条件下南北妥协之可能

在护国军坚决抵抗于内、日本强烈遏制于外的情况下，④ 3月22日，袁世凯最终取消帝制。这标志着袁认识到已无法在短期内以军事实力压倒护国军，因此借取消帝制，由黎元洪、徐世昌、段祺瑞出山，以免反对情绪扩散，并希望进而能与护，军取得妥协。28日，黎、徐、段联名致电各省，称“帝制取消，公等目的已达，务望先戢干戈，共图善后”⑤。

3月26日，日本华中派遣队司令就袁取消帝制致电参谋总长，告以“袁渐次制造妥协之基础”，为实现日本目的，应“巩固南方军之意志，指导其务必使袁不能再起”，以达讨袁目的。⑥ 同日，日本驻北京使馆武官町田经宇致电参谋总长，建议“帝国不可不于适当时期速使西南组织联合政府”，并“认其为交战团体”，以为“将来扶植我势力、取得政治优越权作准备”。若时局以南北妥协或袁一时隐退结束，“虽对中国有利，而我帝国值此良机却无所得，且遗后日之忧”，因此建议日本使用各种手段，阻止南北妥协，尤其应该激励南方，务必使袁永久退位，其后在日本干涉或援助下达成南北妥协、建立统一政府。⑦ 从日后局势发展来看，参谋本部意见大致相同。日本倒袁态度坚定，绝不允许袁继续在位。

袁世凯取消帝制后，护国军各领袖对袁的态度并不完全相同。蔡锷3月30日收到陈宧27日来电，以蔡“所抱政见，已完全得达”，并“东邻亟亟，恐更有意外行动”为理由，

---

① 庾恩旸：《云南首义拥护共和始末记》，王永乔、刘大伟主编：《护国运动文献史料汇编》第1卷，云南人民出版社2015年版，第372页。

② 《参謀総長宛山県少佐電報》（1916年7月3日），JACAR，Ref. B03050016200，《各国内政関係雑纂/支那ノ部》第7卷，第237頁。

③ 彭泽周：《近代中国之革命与日本》，第180页。

④ 唐启华：《洪宪帝制外交》，第291—314页。

⑤ 张国淦：《洪宪帝制撤销后之政局》，章伯锋、李宗一主编：《北洋军阀》第2卷，武汉出版社1990年版，第1267页。

⑥ 《参謀総長宛中支那派遣隊司令官電報》（1916年3月26日），JACAR，Ref. B03050723500，《反袁動乱》第6卷，第263頁。

⑦ 《参謀総長宛町田少将電報》（1916年3月26日），JACAR，Ref. B03050723700，《反袁動乱》第6卷，第323頁。

劝蔡停战并筹商善后。① 为军器、人员匮乏所苦的蔡锷当日即传令停战。在考虑下一步行动时，蔡向护国军各领袖提出，应注意"某国能否实力助我，且保无别项野心"②。此处之"某国"，即指日本。4 月 2 日，蔡锷致电唐继尧、刘显世、戴戡，表示"我军各路所控之敌，均较我为优，势非得新援及将器械、人员、弹药补充完满，决难移转攻势"，而"日本既实力助我，应速与订约购械，并于最短时日交到指定地点后，赶速运滇"③。由此电可知，对蔡锷 3 月 30 日来电，唐继尧必定复电试图打消蔡锷的对日疑虑，且告以可得到日本援助，而蔡锷则复电催促"订约购械"。同日，蔡锷再次致电唐、刘、戴，提议对黎、徐、段妥协请求，态度应和缓，否则"老贼变羞成怒，或将践其瘠牛偾豚、惟力是视之语，则北方数省利权，殆将送赠于某国之手"④，担心袁世凯在走投无路情况下以奉送利权求得日本谅解，对日本仍未完全放心。

对陈宧及徐、段、黎等之劝和，蔡虽显示出一定弹性，但在唐继尧、戴戡、刘显世等影响下，坚定了倒袁决心。⑤ 不过在其复电政事堂、统率办事处时，谈到"五国同起警告，东邻实主其谋"，"今帝制撤消，彼国自诩警告成功，轻蔑愈甚"，"现已倡言袁氏忽皇帝忽总统，扰乱东亚和平，中国若仍认袁为总统，彼国必出而干涉"，认为"万一我方推戴，彼竟干涉，此时英、法各国又无力牵制，我将何以对付？"⑥ 由此可见，日本的倒袁意志使护国军领袖不得不继续坚定地倒袁。

在其后与陈宧续商停战过程中，陈曾提出 6 条，其中第一条为"继续推袁为总统"⑦。就陈所提六条，蔡锷未根本反对，而是加以修正，拟定条件 10 款，电唐继尧等商议，内容包括：（1）仍暂以袁世凯为总统；（2）限两月内召集已解散之民国元年参、众两院议员，在上海解决总统问题；（3）尊重民国元年约法，务期实行；（4）在袁世凯暂任总统期间，为维持国会起见，将起义各省军队编为两师，分驻于北京附近；（5）段祺瑞任湖北将军驻武昌，冯国璋仍任江苏将军驻南京。⑧ 可知蔡并不反对袁暂时留任。

唐继尧此时虽对外表示袁必须退位，但在他 3 月 31 日回复李根源等此前所发不可与袁妥协之电时称，因陆荣廷与冯国璋态度不明，前电尚不可发表。⑨ 由此可见，唐对袁态度受其他因素制约，并非不可转变。唐继尧也觉察到蔡锷与自己态度的差异。4 月 14 日，在与堀义贵谈话中，唐称"蔡锷本来思想复杂，所谓苦劳之性，忧虑国家前途，也难保是否万一妥协，有大加警戒之必要"，"并表示自己头脑单纯，当下致力于讨袁，对将来之事无暇考虑"，明显有借机讨好日本之倾向。⑩

就广西方面而言，3 月 16 日，陆荣廷致各省电中有言："拟请再颁涣汗，废弃帝制。正本清源，军民得餍所求，自属无可借口。"⑪ 不过只要求取消帝制，并未言袁应退位。因其初始态度温和，袁政府及冯国璋等一度皆认为与陆妥协不难。为反对妥协，梁启超于 28 日致电陆荣廷，告以龙济光、张鸣岐所派使

①《致赵又新等命令》（1916 年 3 月 31 日），曾业英编：《蔡锷集》，第 1335—1336 页。

②《蔡锷致唐继尧等电》（1916 年 3 月 30 日），李希泌等编：《护国运动资料选编》，第 472—473 页。

③《蔡锷致唐继尧等电》（1916 年 4 月 2 日），李希泌等编：《护国运动资料选编》，第 476—477 页。

④《蔡锷致唐继尧等电》（1916 年 4 月 2 日），李希泌等编：《护国运动资料选编》，第 205—206 页。

⑤《蔡锷为袁世凯已失人心应即引退密电》（1916 年 4 月 2 日），中国第二历史档案馆等编：《护国运动》，第 726—727 页。

⑥《复政事堂统率办事处电》（1916 年 4 月 18 日），曾业英编：《蔡锷集》，第 1359 页。

⑦《石井外务大臣宛堀领事电报》（1916 年 4 月 21 日），JACAR, Ref. B03050727000，《反袁动乱》第 10 卷，第 288 页。

⑧《国民公报》共刊载九款，尚有一款未披露。《记者与刘杏村君之谈话》，《国民公报》（成都）1916 年 5 月 2 日，第 3 版。

⑨《石井外务大臣宛今井总领事电报》（1916 年 3 月 31 日），JACAR, Ref. B03050724100，《反袁动乱》第 7 卷，第 72 页。

⑩《石井外务大臣宛堀领事电报》（1916 年 4 月 14 日），JACAR, Ref. B03050725900，《反袁动乱》第 9 卷，第 479 页。

⑪《陆荣廷致各省通电》（1916 年 3 月 16 日），李希泌等编：《护国运动资料选编》，第 388 页。

者，若以取消帝制为取消独立交换条件，万勿允准，除袁退位外，无调停余地。[1] 29 日，曹汝霖致电广东巡按使张鸣岐，并请转达陆荣廷、梁启超、蔡锷，告以日本正与各国协商，将乘机对中国提出条件，"其严酷更胜于去年之第五号"，请诸人以国家为前提，达成妥协。[2] 同日，为反对妥协，梁再电陆荣廷，其中并谈到日本态度："启超在沪数月，于各邦趋向，详细研究，慎之又慎，苟有一毫危及国家，岂肯轻心以掉。以今日大势论之，若我义军虎头蛇尾，不能为国民驱除元凶，万一他人攘臂代我驱除，其时袁既无力抵抗，而我国民亦无发言之余地，则中国其真已矣。"[3] 此电中言对日无意外之虞，可以看出青木与梁谈话之影响。所言他人代我驱除一节，由前述梁与岑春煊来往密电及梁与青木谈话可知，梁已知日方驱逐袁世凯之意志。此两方面无疑都强化了梁关于袁不下台不妥协的决心。

虽然如此，袁政府既以外患为托词，梁仍觉得不应该完全拒绝妥协，因为可能有损各省对护国军的同情，因此 3 月 29 日再电陆、唐、刘，提出与袁政府议和的五项条件。[4] 梁此电，受到护国军方面尤其是李烈钧等的反对，因此梁 4 月 4 日特地致电李烈钧等，表示所提五项条件，乃明知"袁所万办不到"，"借以塞中立者之口"[5]。虽如此，亦可看出就护国军各方面而言，梁、蔡等人是相对易于在帝制取消后达成妥协的。

在梁启超等人的影响下，陆荣廷 3 月 31 日致电唐继尧，告以不应与袁妥协，并计划向广东、湖南进军。陆的态度，又影响到唐继尧。在收到陆电文之后，云南都督府召开会议，决议在达到讨袁目的之前，决不收兵。[6]

针对黎、徐、段之屡次劝和，4 月 13 日，唐继尧、任可澄联名致电三人，称袁不退位，内"不足以服激昂之人心"，外则各国"已改取监视态度"，"今虽取消帝制，窃恐国际团体中，必有不能满意者，设彼有词，何以待之？"[7] 4 月 17 日，唐继尧、刘显世、龙济光、陆荣廷及蔡锷、张鸣岐等联名致电三人，称取消帝制之举已晚，非袁退位，黎继总统，难以息兵，且问道："今日吾人纵甘取消独立，曾为劝告、目下持观望形势态度之五国，其能许否？"[8] 此两电，皆暗指即使几省取消独立，日本亦不会善罢甘休。日本倒袁的坚定态度，使想要接受日本援助但惧怕日本强力干预的护国军难以在袁不退位的条件下妥协。日本通过与岑、梁、唐等人的接触，坚定了其反袁态度，又通过此三人，进一步影响到蔡、陆等其他护国军领袖。

除了影响护国军领袖的反袁态度外，日本还抑制了英国在维护袁政权的前提下调停南北的企图。众所周知，自辛亥革命爆发，袁一贯亲英，并于辛亥革命之后的南北和谈中取得了良好效果。护国运动发生后，袁政府也有意利用英国进行调停。2 月 5 日，日本外相石井菊次郎收到英国公使受袁之请求调停战事的消息，特命驻华公使日置进行打探。[9] 同日，在田中义一授意下，参谋本部致电坂西，请其转告袁政府，应声明利用朱尔典调停之事并非事实，否则对袁政府不利，并且提醒道："英国政府已声明，在东亚之国际行动当首先与日本协商，若朱尔典为南北调停奔走，其行动当非

———————————

① 《梁启超覆陆荣廷电》（1916 年 3 月 28 日），李希泌等编：《护国运动资料选编》，第 535—536 页。
② 曹汝霖：《发广东巡按使》（1916 年 3 月 29 日），北洋政府外交部档案，"中研院"近代史研究所藏，03—44—005—03—001。
③ 《梁启超致陆荣廷电》（1916 年 3 月 29 日），李希泌等编：《护国运动资料选编》，第 469—470 页。
④ 这五项条件并不包括袁应退位。详见《梁启超致陆荣廷等电》（1916 年 3 月 29 日），李希泌等编：《护国运动资料选编》，第 505 页。此电原文无月份，编者标为 4 月，就其内容判断，当在广东独立前，应为 3 月。
⑤ 《梁启超致李烈钧等电》（1916 年 4 月 4 日），李希泌等编：《护国运动资料选编》，第 483 页。
⑥ 《石井外务大臣宛堀领事电报》（1916 年 4 月 1 日），JACAR，Ref. B03050724300，《反袁动乱》第 7 卷，第 207 页。
⑦ 张国淦：《洪宪帝制撤销后之政局》，章伯锋、李宗一编：《北洋军阀》第 2 卷，第 1268 页。
⑧ 《参谋总长宛坂西大佐电报》（1916 年 4 月 18 日），JACAR，Ref. B03050726700，《反袁动乱》第 10 卷，第 118 页。
⑨ 《在华日置公使宛石井电报》（1916 年 2 月 5 日），JACAR，Ref. B03050720600，《反袁动乱》第 3 卷，第 123 页。

英国政府本意。"① 日本对袁政府利用英国调停的意图进行了压制。

3 月 12 日，梁启超与日本驻港总领事今井谈道，"此际最担心之事，乃外国干涉，强制妥协"，希望日本政府周到援助。② 梁对袁政府依靠英国进行调停表达了戒心。23 日，对于袁取消帝制，在上海之青木宣纯判断，其原因为袁鉴于大势，觉"列强之态度尚对其保持信赖"，欲以取消帝制"强压排袁派，以收拾时局"。青木因此建议，日方之急务为"对列国尤其英国说明时局真相"，并"说服其赞同我主张"③。

据堀义贵报告，英国驻云南领事收到袁对广西所言帝制已取消、希望和平解决的消息后，于 3 月 26 日拜访唐继尧，告以已至讲和之机，若再继续，对唐来说甚为危险。堀听说此事后，特与山县访唐，唐表示已拒绝英领事之提议，并请求援助武器。④ 堀和山县的行动，对英国的调停而言明显是一种制衡。

3 月 31 日，日本驻英国大使井上向英国外交大臣格雷宣读了日本政府的一项声明，主要内容为中国局势严重，袁已失去了民众信任，对其提供支持无助于局势尽快解决。⑤ 在格雷将此通告朱尔典后，朱尔典回答说袁确实失去了部分民众信任，但使其退出领导之位，中国北方将产生严重危机，并可能使全中国陷入混乱。外国和本地有识者认为解决方案在于保持袁总统之位，但对其权力进行限制。在获得外国一定程度支持的情况下，现政府很可能与反对者达成妥协，并确保政府稳定。朱尔典转而建议格雷与日本政府协商能否在不损害现存政权的前提下找到共同行动的基础。⑥ 在收到朱尔典建议后，4 月 6 日，格雷在会谈时向井上打探，此际南北妥协解决时局，是否可行。井上问以何种方法妥协，格雷答以袁制定让南方满意之宪法、保证设立政府时南北互让等条件，井上推托以如报刊所言，南方要求袁非退位不可，且日本公众对袁之反感甚为强烈，所言妥协当不易实现，事实上拒绝了格雷意见。⑦ 日本此种态度经格雷传达给朱尔典。⑧ 朱尔典有意维持袁政府，对日本支持护国军屡表不满，英国政府出于全局考虑，无法有力支持他。⑨ 英国之调停意向未见成效，日本是一重要因素。

护国战争期间，日本不断通过其驻外使节向列强政府及其驻中国使节传布袁政府困难、中国反袁态度强烈等信号。如 4 月 7 日，石井致电驻英大使井上、驻俄大使本野，希望由其转达驻在地政府，"近来虽有南北妥协之报，乃北京方面故意散布。其实，各地反袁气势益增，袁世凯威望日益失坠"⑩。4 月 10 日，日置在见到美国驻华公使芮恩施时，试图说服他

①《坂西大佐へ電報》（1916 年 2 月 5 日），JACAR，Ref. B03050720700，《反袁動乱》第 3 卷，第 167 页。

②《石井外務大臣宛今井総領事電報》（1916 年 3 月 12 日），JACAR，Ref. B03050722400，《反袁動乱》第 5 卷，第 118 页。

③《参謀総長宛青木中将電報》（1916 年 3 月 23 日），JACAR，Ref. B03050723400，《反袁動乱》第 6 卷，第 162 页。

④《石井外務大臣宛堀領事電報》（1916 年 3 月 26 日），JACAR，Ref. B03050723500，《反袁動乱》第 6 卷，第 240—241 页。

⑤ "Sir J. Jordan to Sir Edward Grey", Mar. 31, 1916, Kenneth Bourne and D. Cameron Watt, eds., *BDFA*, Part II, Series E, Vol. 22, p. 182.

⑥ "Sir J. Jordan to Sir Edward Grey", Apr. 3, 1916, Kenneth Bourne and D. Cameron Watt, eds., *BDFA*, Part II, Series E, Vol. 22, p. 183 – 184.

⑦《石井外務大臣宛井上大使電報》（1916 年 4 月 6 日），JACAR，Ref. B03050724500，《反袁動乱》第 7 卷，第 301—302 页。

⑧《石井外務大臣宛井上大使電報》（1916 年 4 月 11 日），JACAR，Ref. B03050725200，《反袁動乱》第 8 卷，第 193 页。

⑨ Kit – Ching Chan Lau, *Anglo – Chinese Diplomacy in the Careers of Sir John Jordan and Yuan Shih – kai, 1906 – 1920*, pp. 97 – 98.

⑩《在英井上大使、在露本野大使宛石井大臣電報》（1916 年 4 月 7 日），JACAR，Ref. B03050724600，《反袁動乱》第 7 卷，第 346 页。

袁退位乃不可避免。① 日本对列强尤其是协约国的劝说工作，限制了英、美尤其是英国在南北妥协中发挥更大作用的可能。

帝制取消后，南北妥协由北京政府提出，进入实施阶段，其核心是袁能否保持总统地位或暂时留任总统。就此问题，护国军各领袖态度有异，日本通过梁启超对陆荣廷施加影响，通过唐继尧又影响到蔡锷。这种影响体现在两方面，一是护国军各领袖明白日本非倒袁不可，若以袁保持总统地位或暂时留任总统为条件寻求南北妥协，则会失去日本支持，且有可能促成日本更强力地对华干涉；二是日本的援助使护国军领袖明白有可能以实力压倒北京政府。此外，日本通过对英国的牵制降低了由英国调停南北妥协的可能。在日本影响下，此一阶段的南北谈判仅以局部停战结束，而未实现进一步妥协。

四　日本阻碍冯国璋调停南北

进入 1916 年 4 月，特别是随着 4 月 6 日广东独立，反袁势力进一步壮大。袁政府凭借武力压倒护国军的企图已经无望，且自身亦陷入风雨飘摇之中，内部离心势力增强。段祺瑞势力在北方逐渐崛起；受冯国璋影响的四川、湖北、江西、山东等省将军，唯冯马首是瞻，他们居于护国军和袁控制力较强的北方各省之间，越来越具有左右全国政局的影响力。

针对北洋系内部段、冯崛起，日本敏锐地注意到这不仅体现出二人之野心，实代表北洋武人随政局变化，挺身而出，维持自己势力的趋向。② 对于段祺瑞，日本并无好感，③ 且缺乏联系渠道。对于冯国璋，日本通过参谋本部驻南京人员多贺宗之、驻上海代表青木宣纯、外务省驻南京领事高桥，强化了联络。北洋系若仍主导中国政权，即使袁被迫退位，也比较容易保持影响力。日本对此保持高度警惕。且此时日本对袁是否一定下台，仍存疑虑。比如在大连的海军增田大佐即致电海军军令部长，告以"若认为袁在最近之将来并非不能保大总统之位，并非无稽之谈"④。坂西也报告，"袁近来尚无自觉退位之势"，建议"速统一南方各派，增其气势"⑤。

4 月 18 日，陈宦因调停失败，致电黎、徐、段，建议江苏、浙江、江西、湖北、湖南、山东各省联合，再与独立各省协商妥协，并建议指定某地向前述各省军、民长官发电，请其派代表参加会议。⑥ 在此之前，冯国璋已致电黎、徐、段、王（士珍），明确提出袁"无宁敝屣尊荣，亟筹自全之策"⑦。4 月 17 日、18 日，冯国璋分别致电未独立、独立各省，提出解决时局办法八条，是为南京会议之滥觞。⑧ 4 月 29 日，冯对蒋雁行表示："党人所以（应为拟——引者注）推倒者，不止大总统一人，并大总统所统系之人，皆拟推倒，国璋亦在其内，国璋岂不知之。"⑨ 由此可见，冯出面调停，并非为保袁氏之位，而在于保留北洋系及自身之地位。

① 《石井外務大臣宛日置公使電報》（1916 年 4 月 11 日），JACAR，Ref. B03050725300，《反袁動乱》第 8 卷，第 223—225 頁。

② 《参謀総長宛青木中将電報》（1916 年 4 月 19 日），JACAR，Ref. B03050726700，《反袁動乱》第 10 卷，第 140—141 頁。

③ 日本驻华使馆武官町田经宇认为段乃"亲德排日"人物。段执政后以"亲日"著称，除了其自身态度变化外，亦因日本对华政策转变。（《参謀総長宛町田少将電報》（1916 年 4 月 14 日），JACAR，Ref. B03050726000，《反袁動乱》第 9 卷，第 532 頁）

④ 《軍令部長宛増田大佐電報》（1916 年 4 月 1 日），JACAR，Ref. B03050724400，《反袁動乱》第 7 卷，第 194 頁。

⑤ 《参謀総長宛坂西大佐電報》（1916 年 4 月 8 日），JACAR，Ref. B03050725200，《反袁動乱》第 8 卷，第 178 頁。

⑥ 《参謀総長宛北京電報》（1916 年 4 月 18 日），JACAR，Ref. B03050726700，《反袁動乱》第 10 卷，第 132 頁。

⑦ 《冯国璋致黎元洪、徐世昌、段祺瑞、王士珍电》（原无标题，1916 年 4 月 16 日），章伯锋、李宗一主编：《北洋军阀》第 2 卷，第 1280 页。

⑧ 张国淦：《洪宪帝制撤销后之政局》，章伯锋、李宗一主编：《北洋军阀》第 2 卷，第 1282—1283 页。

⑨ 《蒋雁行致袁世凯、段祺瑞、王士珍电》（原无标题，1916 年 4 月 29 日），章伯锋、李宗一主编：《北洋军阀》第 2 卷，第 1285 页。

如前所述，冯国璋与云南早有联系，且云南独立提前发动，即与冯国璋有关。冯之态度，自为护国军所重视。1915 年 12 月 30 日，梁启超与日本驻沪总领事有吉明会谈，梁表示："此次云南独立，因准备未周、用兵尚非其时，难以速效，然攻击亦不易。云南暂保自立，渐次应有附者，事态当益发重大。届时诸方面当有斡旋，使乱不扩大，当得收拾时局。"① 梁从一开始即对斡旋、妥协抱有期待，心目中之理想斡旋者，即为冯国璋。

3 月 30 日，唐继尧通过堀义贵向冯国璋转达，袁应退位，以黎元洪代理总统，召集各省代表，选举总统，请冯联合各省致电中外。② 为加强与冯国璋联络，唐继尧于 3 月 28 日派遣一直与冯有联络的籍忠寅前往南京。③ 在得知冯、段等有意倒袁后，唐继尧于 4 月 20 日致电岑、梁，告以"冯、段、徐、王诸公既同以倒袁为目的，自应联合，一致进行"④，表达了与冯、段等的合作意向。4 月 26 日，籍忠寅到达南京。⑤ 据籍 28 日对日本驻南京领事高桥所言，冯提议在保证袁人身、财产安全的前提下使其退位，对此南方各省亦无异议，高桥判断时局或据此方针解决。⑥ 5 月 6 日，籍通过高桥和堀义贵请求致电任可澄，并转达唐、蔡，冯联合黎、徐、段劝袁退位，请电冯促其成功。⑦

5 月 6 日，冯联合张勋、倪嗣冲致电未独立各省，请派代表至南京协商，正式拉开了南京会议序幕。7 日，冯对多贺宗之表示，袁在召集议会、组织内阁后退位，当需 3 个月，可见冯对南京会议最初设想乃袁暂时留任总统 3 个月。⑧

对南京会议，日本由两方面着手。对冯国璋，日本主要通过多贺宗之加以劝说，使其坚定倒袁，并尽可能促使其加入护国军阵营。4 月中旬，冯国璋曾派其侄子冯家祐为密使，赴上海面见青木宣纯。在谈话中，冯家祐表示冯国璋已决心使袁隐退。青木对此予以鼓励，表示在上海之"进步、国民两党各派皆信赖冯将军"，并表态："以多年之交谊，今后关于冯之进退去就，不辞给予援助"，对冯进行拉拢和恐愒。⑨ 在收到青木报告后，参谋次长田中义一极感满意，致电青木："由关于冯国璋之贵电，稍稍察知其意向，极好。将彼握于我手，得以使彼加入南方，对将来牵制北方将军有极大好处。"⑩ 此后，多贺屡次向冯暗讽或明言袁不应继续再居大总统之位。⑪ 不过冯与袁世凯及北洋系关系极深，对袁之态度较为反复，难以为日本所用。为此，田中也曾警告青木，"余自始不信冯国璋之态度"，命青木将重点转向南方护国军。⑫

---

① 《石井外務大臣宛有吉総領事電報》（1915 年 12 月 31 日），JACAR，Ref. B03050719100，《反袁動乱》第 1 卷，第 278 頁。

② 《石井外務大臣宛堀領事電報》（1916 年 3 月 30 日），JACAR，Ref. B03050724100，《反袁動乱》第 7 卷，第 111—112 頁。

③ 《石井外務大臣宛堀領事電報》（1916 年 3 月 29 日），JACAR，Ref. B03050724000，《反袁動乱》第 7 卷，第 8 頁。

④ 《唐抚军长允与冯、段、徐、王联络一致倒袁电》（原文只有日期无月份，据内容推断，当为 4 月 20 日），两广都司令参谋厅编：《军务院考实》第 4 编，上海：商务印书馆，无出版日期，第 25 頁。

⑤ 《石井外務大臣宛高橋領事電報》（1916 年 4 月 26 日），JACAR，Ref. B03050727700，《反袁動乱》第 11 卷，第 195 頁。

⑥ 《石井外務大臣宛高橋領事電報》（1916 年 4 月 29 日），JACAR，Ref. B03050728200，《反袁動乱》第 11 卷，第 392—394 頁。

⑦ 《石井外務大臣宛高橋電報》（1916 年 5 月 7 日），JACAR，Ref. B03050729400，《反袁動乱》第 13 卷，第 11 頁。

⑧ 《石井外務大臣宛高橋電報》（1916 年 5 月 8 日），JACAR，Ref. B03050729500，《反袁動乱》第 13 卷，第 93 頁。

⑨ 《参謀総長宛青木中将電報》（1916 年 4 月 14 日），JACAR，Ref. B03050725800，《反袁動乱》第 9 卷，第 410 頁。

⑩ 《青木宣純宛次長電報》（1916 年 4 月），山口利明編：《浜面又助文書——中国第三革命と参謀本部》，第 246 頁。

⑪ 《参謀総長宛青木中将電報》（1916 年 5 月 9 日），JACAR，Ref. B03050729600，《反袁動乱》第 13 卷，158—159 頁；《参謀総長宛青木中将電報》（1916 年 5 月 14 日），JACAR，Ref. B03050730300，《反袁動乱》第 14 卷，第 361 頁。

⑫ 《青木宣純宛次長電報》（原文无日期，当在 4—5 月），山口利明編：《浜面又助文書——中国第三革命と参謀本部》，第 246 頁。

对护国军方面，日本则尽力阻止其在冯国璋之调停下妥协。5月9日，在日本协助之下，军务院成立。护国军拥有了"具有临时政府性质"①的统一机关。军务院以唐继尧为抚军长，岑春煊为抚军副长（代行抚军长职权），梁启超为政务委员长，是主要以梁启超、蔡锷为代表的进步党系，以唐继尧、陆荣廷为代表的西南实力派，与以"欧事研究会"为代表的国民党稳健派所组成的反袁联合机关。岑春煊与国民党稳健派及陆荣廷关系密切，与进步党系也有联系，属于兼顾各派的人物。军务院的成立，固然增强了护国军声势与实力，同时也使北京政府有了与南方集中交涉的对象，对南北妥协的影响是双面的。

针对与护国军的交涉，冯国璋争取的核心对象为梁启超。南京会议召开之前，冯国璋于4月28日即致电梁启超，请其回沪一起担任调停。② 同日，梁致电龙济光、陆荣廷、唐继尧、刘显世等，告以得沪上同人联名来电，冯、段、徐、王联合退袁，惟不主独立，认为冯、段等既决议退袁，"当引为同调"③。4月30日，梁再致电各人，表示有意北上，并提出"以惩罪魁为停战条件之主眼，以退位为媾和条件之主眼"④。5月2日，梁复冯电，表示"与南省既有关系，奔走斡旋，夫何敢辞"⑤，并致电护国军各领袖，告以已复冯电，答应往沪面商。⑥ 4月底，冯国璋也曾致电岑春煊，以袁退位为前提，劝岑妥协。岑对此表示欢迎。⑦

针对梁、岑的妥协倾向，5月15日，日本驻肇庆领事太田拜访岑春煊，梁启超、李根

源、蒋百里在座。谈到军务院向日本借款计划时，针对妥协论，岑极力辩解，最后由梁书写备忘录交给太田，其内容为：

> 岑、梁等之决心，始终一贯，不肯妥协，但趁袁未退，先出兵，再获势力。袁退位后，南方即可正式提出条件，掌握优越政权，得到共和之确实保障。万一北方不承认此等要求，则不惜以武力贯彻。借款若不成，我等当别讲方法，惟迁延时日，失去时机，困难日增，此甚为遗憾。今即（此后涂去三行——引者注）。使本人得以着手其他方法。⑧

备忘录所谓"始终一贯，不肯妥协"，可谓日本以援助为武器，逼岑、梁写下的承诺。当然，太田也希望日本投桃报李，在电报末尾强调，岑、梁始终希望日本补助，万万莫使之失望。

5月18日，南京会议召开第一次会议。经数次会议后，对于袁之去留，无法达成一致，⑨ 遂于5月22日由张勋、冯国璋、倪嗣冲署名，致电西南五省，"由五省选派政治法律专家，为全权代表"，赴南京与十七省代表共同商议。该电中还提到，"长此因循不断，险象且百倍今兹。忌我者利用时机，已抉藩篱而进窥堂奥，驺驺见逼，应付几穷"，"倘不审国情，速筹正当办法"，"窃恐辩论方无已时，而主宰之权，已不属诸我国人之手"⑩。日本于5月在山东明目张胆援助中华革命军攻

① 曾业英：《中华民国军务院成立述评》，《贵州文史丛刊》1986年第3期。
② 《冯国璋致梁启超电》（1916年4月28日），李希泌等编：《护国运动资料选编》，第650页。
③ 《梁启超致龙济光等电》（1916年4月28日），李希泌等编：《护国运动资料选编》，第503页。
④ 《梁启超致龙济光等电》（1916年4月30日），李希泌等编：《护国运动资料选编》，第506页。
⑤ 梁启超：《致冯国璋电》（1916年5月2日），云南省社会科学院历史研究所等编：《护国文献》，第220页。
⑥ 《梁启超致陆荣廷等电》（1916年5月2日），李希泌等编：《护国运动资料选编》，第508页。
⑦ 《石井外务大臣宛今井总领事》（1916年5月4日），JACAR, Ref. B03050728900，《反袁动乱》第12卷，第228—229页。
⑧ 未见中文版，此据日文翻译回译。参见《石井外务大臣宛太田领事电报》（1916年5月15日），JACAR, Ref. B03050730200，《反袁动乱》第14卷，第313页。
⑨ 据冯所言，会议决议袁在组织国会后辞职。《石井外务大臣宛高桥领事电报》（1916年5月24日），JACAR, Ref. B03050731400，《反袁动乱》第15卷，第214—215页。
⑩ 张国淦：《南京会议与袁世凯病殁》，章伯锋、李宗一主编：《北洋军阀》第2卷，第1315—1316页。

占潍县，引起冯等不满，电中"抉藩篱而进窥堂奥"，当即指此。

冯国璋之本意，是希望南方派梁启超为代表，并寻求与其达成一致意见。5 月 14 日，冯向多贺表示，若与南方代表梁启超见面，应当可以实现妥协。① 为向日本借款及购买武器，梁启超 5 月 18 日由肇庆出发，21 日抵达上海，预计停留数日后赴日。为避免产生与冯国璋寻求妥协的嫌疑，梁甚至不愿让冯知道他来上海。② 梁由此前有意与冯国璋接触，到此时刻意避开冯国璋，日本的影响，是决定性因素。为打消日本对军务院妥协的疑虑，岑春煊也于 5 月 19 日通过驻扎肇庆的日本军方人员井户川辰三转告田中义一，当遵守在日本时之约，"向最初之目的迈进，不屈不挠"③。可见日本对岑之影响也十分强烈。

抵达上海后，梁启超虽主张军事行动照常进行，"代表亦不好派"，但仍感到"坚拒恐授旁观口实，挑冯反感，增北方团结，为袁利用"，主张"在沪同人中由五省共派数人当众面说"，"此会或不致全成虚设"，仍不完全拒绝与冯协商。④

对于冯国璋邀请南方代表参加会议，代表国民党稳健派的唐绍仪、谷钟秀等上海同人展开讨论，认为应以独立各省为主，南京会议方面为客，南京会议向南方独立各省派出代表。若实施困难，南京会议方面派代表赴上海，提前商议，并非不可能。但独立各省不可公然派代表至南京。⑤ 国民党稳健派的态度是并不排斥与冯国璋商议。

5 月 29 日，军务院外交专使唐绍仪在与青木谈话时表示，军务院已接受其意见，不向南京派遣代表，但应在上海派出委员，就该会议进行接触。该委员坚持袁应立刻退位、按国会决定的方针对其处分。唐对袁退位，黎代理总统，段组织内阁，及在没有特别混乱的情况下收拾时局保持乐观。⑥ 唐绍仪谈话，代表了军务院对南京会议的最终态度。

5 月 28 日，在与各抚军商议后，岑最终答复冯国璋，"非项城退职去国，时局断无从解决"，拒绝派遣代表，但同时表示，"至袁退后所有善后办法，自需彼此互商"，对与冯的接触保持弹性。⑦ 在得知军务院拒绝派出代表后，冯于 5 月 30 日解散南京会议。⑧ 此后冯国璋与军务院的协商，有移至上海的趋势。⑨

南京会议向独立各省发出邀请后，北京政府国务院与总统府相继召开会议。据袁所言，兵穷财尽，已必须退位，但退位手续及善后方案，应当讲求，否则决不退位。段祺瑞表示，南军对于退位手续，莫过于苛刻，否则难以尽快实现。此意经日本驻北京机关和日本驻上海总领事有吉明传达予唐绍仪、孙洪伊等。⑩

北京方面已意识到袁必须退位，由于冯国璋早先曾劝袁退位，军务院在袁立刻退位的前提下并不排斥与冯国璋联络。不得不说，以袁退位为前提，在冯国璋调停之下，南北双方存在妥协的可能。在日本压力下，军务院无法派

---

① 《参谋总长宛青木电报》(1916 年 5 月 14 日)，JACAR，Ref. B03050730300，《反袁动乱》第 14 卷，第 361 页。

② 《石井外务大臣宛高桥领事电报》(1916 年 5 月 15 日)，JACAR，Ref. B03050730200，《反袁动乱》第 14 卷，第 315 页。

③ 《参谋次长宛井户川大佐电报》(1916 年 5 月 19 日)，JACAR，Ref. B03050730800，《反袁动乱》第 14 卷，第 615 页。

④ 《致唐都督并蔡刘戴三公电》(1916 年 5 月 24 日)，丁文江、赵丰田编：《梁启超年谱长编》，上海：上海人民出版社，2009 年，第 507 页。

⑤ 《石井外务大臣宛有吉电报》(1916 年 5 月 25 日)，JACAR，Ref. B03050731500，《反袁动乱》第 15 卷，第 295—296 页。

⑥ 《参谋总长宛青木中将电报》(1916 年 5 月 29 日)，JACAR，Ref. B03050732100，《反袁动乱》第 16 卷，第 97—98 页。

⑦ 《军务院致冯国璋函》(1916 年 5 月 28 日)，李希泌等编：《护国运动资料选编》，第 556—557 页。

⑧ 李新、李宗一主编：《中华民国史》第 2 卷，第 735 页。

⑨ 《参谋总长宛支那驻屯军司令官电报》(1916 年 6 月 2 日)，JACAR，Ref. B03050732500，《反袁动乱》第 16 卷，第 307 页。

⑩ 《石井外务大臣宛有吉总领事电报》(1916 年 5 月 25 日)，JACAR，Ref. B03050731400，《反袁动乱》第 15 卷，第 233 页；《参谋总长宛斋藤少将电报》(1916 年 5 月 24 日)，JACAR，Ref. B03050731500，《反袁动乱》第 15 卷，第 280—281 页。

代表参与南京会议协商，无疑延缓了这一进程。

鉴于南北有达成妥协的可能，5 月 29 日，青木向上原报告，时局若如唐绍仪所言顺利进行，"有失去我干涉良机之忧"，因此建议日本"事先在冯将军及南方委员之间进行联络，应对形势，进而获得调停者地位，据其决议，劝告袁退位"，或者"进一步为完成干涉口实，如前所言决行满洲独立，应为必要"，酝酿进一步对华干涉。[1] 日本并不以袁退位为满足。

就南京会议而言，与既往成说不同，梁、蔡、唐等自始即有依靠冯国璋等调停解决时局的打算，护国军各领袖实际上并不排斥与冯国璋接触，且十分重视。这一阶段南北妥协的核心是能否以袁暂时留任或立即退位为条件实现南北和解。若由冯国璋等调停，但不损及北洋系对中央政府的掌控而实现南北妥协，日本无法实现其树立"亲日政权"的目标，因此进行了强有力干涉。日本通过岑、梁，使军务院无法正式参与南京会议协商，致使南京会议失败。南京会议的失败，标志着北洋系内部与袁世凯离心的冯国璋势力也无法解决时局，事实上说明了在日本不改变对北京政府态度的情况下，南北妥协很难达成。

结　语

正当日本酝酿进一步对华干涉之时，1916 年 6 月 6 日，袁世凯去世，中国国内政局发生重大变化。护国战争告一段落，南北妥协问题也进入另一阶段。4 月上旬，前农商部次长周家彦转述袁政府某重要人物所言："南方独立军并不以袁世凯退位为必要条件，仅要求宪政。若无日本干涉，余认为容易和平解决。"[2] 在南京会议开始之前，冯国璋军事咨议吴金声即呈文提出，"此番起事缘因庞杂，渺渺东瀛，实居主动地步"，"如和局能成，则彼方面无从染指，彼必从中默为中梗"[3]。袁政府和冯国璋方面均认识到日本干涉对南北妥协的阻碍作用。

自护国运动爆发，护国军方面对袁态度并非一成不变，而是受到多种因素影响，如双方实力、战争态势、外国（尤其是日本）干涉等。日本首先通过解释和说服工作减轻了护国军方面对日本的顾虑，通过劝说和直接协商，强化了护国军倒袁目标，并通过对云贵军、岑春煊、孙中山加以援助而增强了反袁派实力，维持了南北对立的局面。其后，在南北商洽过程中，日本通过梁启超、唐继尧、岑春煊对护国军施加了显著影响，使南北妥协停留在局部停战的层次，而未能取得更大成果。日本更在南京会议期间通过影响岑、梁等，使护国军无法与冯国璋进行有效协商。此外，日本还降低了英国调停南北的可能性。

综合来看，护国战争期间南北妥协未能达成，除与护国军方面的讨袁决心及袁世凯较早去世有关外，日本的运筹与介入亦为重要因素。日本通过对南北妥协设置阻碍，实现其倒袁目标。袁死后，北洋系分裂，得到日本援助的桂系及滇系势力，也已经可以对北洋系势力进行有效抵御，中国失去了统一有力的中央政府，陷入军阀混战局面。此后日本对段祺瑞主导下的北京政府影响力的增强，与这一局面是有直接关联的。但是，陷入混战的各军阀，各显神通，利用强援，日本无法做到使各政治势力均"亲日"，可以说为一战后列强更激烈的在华竞争埋下了伏笔。日本在护国战争期间的积极对华干涉政策，对中国及其自身，影响都极为深远。

（原载《历史研究》2020 年第 3 期）

---

① 《参谋総長宛青木中将電報》（1916 年 5 月 29 日），JACAR，Ref. B03050732100，《反袁動乱》第 16 卷，第 98 页。
② 《参谋総長宛北京電報》（1916 年 4 月 11 日），JACAR，Ref. B03050725700，《反袁動乱》第 9 卷，第 359 页。
③ 《吴金声呈文》（1916 年），《近代史资料》1982 年第 4 期。

中国海外贸易的空间与时间

——全球经济史视野中的"丝绸之路"研究

摘 要：任何事物都存在于特定的时空范围中，中国的海外贸易也不例外。中国的海外贸易是世界贸易的一个组成部分，而世界贸易的时空范围处在不断的变化之中。公元前2世纪到公元17世纪，世界贸易在时间上呈现出四个大时期，引起了世界贸易的空间范围也出现了重大变化。在这个大背景之中，中国的海外贸易也出现了显著的变化。

关键词：中国 海外贸易 时空范围 全球史

不论对"丝绸之路"的性质、功能和作用有多少种看法，大多数学者都同意"丝绸之路"主要是贸易之路[①]。既然是贸易之路，其主要功能必定是贸易。本文所讨论的，就是作为贸易之路的"丝绸之路"。

在许多论著中，"丝绸之路"被描绘为一条自古以来就存在的"洲际贸易大通道"，这条通道无远弗届，畅通无阻，世界各地的商品通过这条大通道而实现无缝对接。无论什么时候，中国商品随时都可以通过这条通道运销世界各地。然而，从经济史的角度来看，这个"大通道"并非真正的客观存在。要正确认识历史上的"丝绸之路"，空间和时间是首先要研究的基本问题。

恩格斯说："一切存在的基本形式是空间和时间，时间以外的存在和空间以外的存在，同样是非常荒诞的事情。"[②] 时间与空间是人类社会存在的最基本维度，人类历史就是在时间与空间中的演进历程。因此，历史是一个发展变化的客观过程，而任何过程都是通过时间和空间而存在的。由于空间和时间问题是历史现象的基本条件，因此早在现代史学创立之初，兰克就明确指出："这里涉及的事实，是一种准确的审核，要能够说明过去发生了什么事情，这事情是什么时候发生的，是在什么地方发生的，是怎样发生的以及为什么会发生。"[③] 离开了一定的时空范围，也就不成其为史学研究了[④]。"丝绸之路"贸易既然是历史上的客观存在，当然只能发生在特定的时间和空间中。因此，在"丝绸之路"研究中，首先必须明确的是"丝绸之路"贸易赖以发生的时空范围，以及这种时空范围所发生的变化。

[①] 在争议了多年后，教科文组织对"丝绸之路"做出了如下定义：历史上的丝绸之路是跨越陆地和海洋的贸易路线网络，其范围涵盖了地球的很多部分，其时间则从史前到今天。沿着这些路线，拥有不同文化、宗教和语言的人们相遇，交换思想和彼此影响。出处：https://en.unesco.org/silkroad/unesco-silk-road-online-platform. 关于对这个定义的讨论，见李伯重《"丝绸之路"的正名》。

[②] 《马克思恩格斯选集》第3卷，人民出版社1995年版，第91页。

[③] 兰克：《历史上的各个时代》，北京大学出版社2010年版，《导言》，第13页。

[④] 李剑鸣："史学是一种以过去时空中的人及其生活为研究对象的综合性的人文学。"见李剑鸣《论历史学家在研究中的立场》，《社会科学论坛》2005年第5期。

一　全球史视野中的世界贸易地理空间

贸易是一种经济活动，而任何经济活动都发生在特定的空间范围即地理空间之中。然而这一点，过去学界却注意不够。1991 年，克鲁格曼（Paul R. Krugman）在其《地理和贸易》一书的序言和开头部分中写道：

> 作为国际经济学家，在我的大部分职业生涯中，我所思考和写作的都和经济地理有关，而我竟然没有意识到。
>
> 国际贸易的分析事实上并没有利用从经济地理学和区位理论中得到的一些洞察。在我们的模型中，国家通常是一个没有大小的点，在国家内部，生产要素可以迅速、无成本地从一种活动转移到另一种活动。在表示国家之间的贸易时，通常也采用一种没有空间的方法：对所有可贸易的商品，运输成本是零。
>
> 然而，国际经济学家通常忽略了下面这个事实：国家既占有一定的空间，又是在一定的空间内存在的。这种倾向如此地根深蒂固，以至于我们几乎没有意识到我们忽略了这个事实。①

地理空间的问题对国际贸易的研究至为关键。这是因为贸易的实质是商品交换，商品交换的基础是商品的供求关系，而商品供求关系决定于参与贸易的各方之间对特定商品的供给和购买的能力。这种供需能力，则又在很大程度上取决于特定的地理自然条件。

首先，商品的供需能力取决于地理环境。赫德森（Michael Hudson）指出："商业似乎是以大自然本身为基础的。每个地区都以上帝赐予的独特资源为基础组织生产并形成了专业化。某些地区形成了以技术为基础的贸易，如玻璃制造和金属制造；另一些地区生产稀有矿石、香料或葡萄酒。"② 换言之，一种商品的

供给能力是一定的地理环境的产物。这种地理环境有自然地理环境和人文地理环境两个方面。自然地理环境包括地理位置、地形条件、气候条件、土地资源、矿产资源、水资源、森林资源等。这些对各地区的产业结构、贸易结构、贸易商品流向都有重大的影响。人文地理环境则包括人口、民族、教育文化水平、语言、宗教信仰、历史、政治等。其中人口的构成（数量、素质、密度等）是决定一个地区市场规模的基本因素，其他因素对市场规模及贸易的地理方向、商品结构等也有重要的制约作用。

其次，商品的供需能力也取决于各地区的经济状况。一个地区参与贸易的程度与其经济发展水平、经济实力有密切的关系。处于不同的发展阶段的地区对市场提供的商品种类、品种、数量、质量，有着很大差异。而处于不同经济类型、不同经济发展水平的地区，消费者对商品的需求及其支付能力也各不相同，因此消费水平及消费结构的区域差异也导致市场上商品结构及地理流向之间出现地区差异。

因此，研究"丝绸之路"贸易，就必须首先研究这种贸易的参与者的经济状况，了解它们对商品的偏好和供需能力。从经济史的角度来看，国际贸易的主要参与者必然是规模相对较大、发展水平相对较高的经济体，因为只有这样的经济体，才有能力提供和购买较大数量的商品，从而保证贸易以可观的规模持续进行③。

东半球有欧、亚、非三大洲。这三大洲，西方学界有人称之为 "the Afro - Eurasian world" 或 "the Afro - Eurasian Ecumene"，即"非—欧—亚世界"，本文从汉语习惯，称之为欧亚非地区。在地理大发现之前，这个地区是世界经济活动的主要场所，世界贸易也集中在这个地区。

这个广大的地区由多个在各方面有巨大差异的部分组成。芬德利（Ronald Findlay）和

---

① 保罗·克鲁格曼：《地理与贸易》，北京大学出版社 2000 年版，《自序》及正文第 1—3 页。
② 赫德森：《国际贸易与金融经济学：国际经济中有关分化与趋同问题的理论史》，中央编译局 2014 年版，第 27 页。
③ 关于这些主要参与者的情况，我将在本系列文章中专文进行讨论。在本文中，仅只引用其结论。

奥罗克（Kevin H. O'Rourke）综合考虑了地理、政治和文化特征，将其划分为七大区域，即西欧、东欧、北非、西南亚（伊斯兰世界）、中亚（或内亚）、南亚、东南亚、东亚（中国、朝鲜半岛、日本）[①]。至于包括东西两半球在内的全世界，赖因哈德（Wolfgang Reinhard）等从文化地理的角度，把 14 世纪中期以前的世界分为五个不同的"世界"：大陆欧亚（Continental Eurasia，包括俄罗斯、中国和中亚）、奥斯曼帝国和伊斯兰世界、南亚和印度洋、东南亚和大洋洲、欧洲和大西洋世界[②]。其中"大西洋世界"所涉及的欧、非、美三大洲（此处所说的非洲指撒哈拉以南的非洲），彼此之间并无联系。特别是美洲，更是隔绝于欧亚非地区之外。

生活在世界各地的人们，彼此之间自古就有着这样或那样的联系。这些联系后来逐渐发成了一种经常性的联系，一些学者称之为"世界体系"（the World System）。这种世界体系以核心—边缘（core - periphery）的关系为组织方式，亦即由一些核心区和边缘区组成，而核心区对其外的边缘区，在经济、文化上（有时还在政治上）都处于支配地位。各个核心区彼此相互联系，从而形成世界体系。

世界历史上的核心区中，有三个最为重要，即中国、印度和欧洲。雅斯贝斯（Karl Jaspers）认为世界主要文明开始于公元前 500 年前后的"轴心时代"（Axial age），此时出现了中国、印度和西方三大文明，"直至今日，人类一直靠轴心期所产生、思考和创造的一切而生存。每一次新的飞跃都回顾这一时期，并被它重燃火焰。自那以后，情况就是这样。轴心期潜力的苏醒和对轴心期潜力的回忆，或曰复兴，总是提供了精神动力。对这一开端的复归是中国、印度和西方不断发生的事

情"[③]。这三大文明之所以有持久的影响，一个主要原因是这三个地区具有相对高产和稳定的农业，其产出能够养活较大数量的定居人口，支持工商业的发展，从而为文明的持续提供物质基础。

一些"世界体系"学者对于历史上的"核心区"问题提出了更加具体的看法。毕加德（Philippe Beaujard）认为从公元 1 世纪到 16 世纪，欧亚非地区逐渐形成了一个世界体系，这个体系主要有五个核心区（有时也有更多的核心区），即中国、印度、西亚、埃及和欧洲（包括地中海、葡萄牙和西北欧地区）[④]。阿布—卢格霍德（Janet L. Abu - Lughod）则认为13—14 世纪，一个从西北欧延伸到中国的国际贸易经济正在发展，将各地的商人和生产者纳入其中，而中东、印度和中国是核心[⑤]。不论这些看法有何差别，但有一点是相同的：在地理大发现之前，世界上大部分人口和经济活动都主要集中在欧亚非的一些"核心区"，这些地区之间的联系就是当时世界各地人类交往的主流。

从经济史的角度来看，这些"核心区"之所以重要，主要是因为其经济规模较大，生产力发展水平较高，因此拥有提供较大数量的商品和获得较大数量的异地商品的能力。我认为大致来说，在 16 世纪之前的世界上，最重要的经济"核心区"应当是中国（主要是东部）、印度（主要是南部）和西欧（包括其控制下的东地中海地区）。这三个地区，至少从公元前两个世纪开始，就拥有当时数量最多的定居人口、规模较大而且较稳定的农业以及工商业，从而成为当时规模最大的经济体，具有大量和持久地生产和消费商品的能力，而且由于自然条件和文化传统的差异，各自都有一些

① Ronald Findlay & Kevin H. O'Rourke, *Power and Plenty Trade*, *War*, *And the World Economy in the Second Millennium*, Princeton University Press, 2007, p. 2.

② Wolfgang Reinhard eds., *Empires and Encounters：1350 - 1750*, The Belknap Press of Harvard University Press, 2015.

③ 雅斯贝斯：《历史的起源与目标》，华夏出版社 1989 年版，第 14 页。

④ Philippe Beaujard, *The Worlds of the Indian Ocean：A Global History*, Vol. I, *From the Fourth Millennium BCE to the Sixth Century CE*, English Translation, Cambridge University Press, 2019, p. 3.

⑤ Janet L. Abu - Lughod, *Before European Hegemony：The World System A. D. 1250 - 1350*, Oxford University Press, 1991, pp. 8，14.

独特的高价值产品①。中国、印度和西欧三个主要经济"核心区"中，又以分处欧亚大陆东西两端的中国和西欧最为重要。在"世界体系"开始形成的初期，汉代中国和罗马帝国就是世界上人口最多，经济规模最大、生产能力最高的两大经济体。之后经过几个世纪的沉寂，中国在唐代复兴，并自此以后在"世界体系"中一直拥有突出的地位②。西欧在罗马帝国崩溃后，西部地区陷入长期混乱，但东部地区在拜占庭帝国统治之下仍然得以保持和平和稳定。拜占庭是中世纪欧洲最大的国家，其人口数量超过中国、印度之外的任何国家。再后，从15世纪起，西欧的西部地区（意大利、伊比利亚、低地国家、法国、英国等）兴起，使得西欧重新获得罗马帝国曾有拥有的特殊地位。因此之故，在地理大发现之前的大部分时期中，世界上最发达的经济"核心区"是分处欧亚大陆两端的中国和西欧。当年李希霍芬把"丝绸之路"的起止点定为中国和西欧而非中间的西亚，是很有见地的。

在中国、印度和西欧三大"核心区"之外，西亚（特别是波斯、两河流域以及安纳托利亚地区）、中亚（特别是河中地区）也都是古代的"发达"地区，但是与前三个地区相比，这些地区的自然资源相对贫乏，人口有限，经济规模较小，而且不稳定的游牧经济占有很大比重。因此相对于前三个地区而言，在经济上只能算是次一级的"核心区"③。但是由于其所处的地理位置，它们能够在中国、印度和西欧之间经常扮演"中间人"的角色，因此它们在世界贸易中占有一种与其自身经济发展水平和经济规模不相称的突出地位。世界

主要的国际贸易也集中在这些地区之间。到了地理大发现之后，情况才发生了很大改变。

上述这些核心区之间的联系如何呢？弗兰克（André Gunder Frank）与吉尔斯（Barry K. Gills）等认为：在过去五千年的历史上，欧亚非大陆各地的交往有三大中心通道，这些通道在"世界体系"中起着特别突出的关键性的物资供应联系作用。这三大中心通道是：（1）尼罗河—红海通道（尼罗河与红海之间由运河或陆路相连，与地中海相接，直通印度洋乃至更远的地方）；（2）叙利亚—美索不达米亚—波斯湾通道（陆路经叙利亚与地中海沿岸相连，水路经奥龙特斯河、幼发拉底河及底格里斯河到波斯湾，而后直通印度洋乃至更远的地方。这条中心通道还通过陆路与中亚相连）；（3）爱琴海—黑海—中亚通道（通过达达尼尔海峡和博斯普鲁斯海峡将地中海与通往和来自中亚的陆上丝绸之路链接起来，而后经陆路通往印度和中国）④。

芬德利与奥罗克认为在欧亚非主要地区之间，地中海和黑海的贸易传统上涉及伊斯兰世界以及西欧和东欧；印度洋将伊斯兰世界、东非、印度和东南亚连在一起；而南中国海则将中国与印度尼西亚群岛直接连在一起，并将中国与印度和伊斯兰世界间接连在一起。公元1500年以前的很长时期，红海和波斯湾是东西方海上贸易路线中至关紧要的大门。陆路是可供选择的另一条路径，它搭建了中国与伊斯兰世界之间的联系纽带，并通过中亚将中国与东西欧连在了一起。简言之，主要贸易路线为（1）地中海和黑海；（2）印度洋和南中国海；

---

①　如中国的丝绸、瓷器，印度的香料、棉布，罗马的玻璃、染料等。

②　William H. McNeill, *The Pursuit of Power Technology*, *Armed Force and Society Since A. D. 1000*, University of Chicago Press & Basil Blackwell Publisher Ltd, 1982, 以及 "The Rise of the West after Twenty – Five Years", *Journal of World History* 1（1990）: 1 – 21.

③　阿拔斯王朝时期的阿拉伯帝国是中东（西亚、北非）疆域最辽阔、经济最兴盛的时期，但即使在这个时期，其人口和经济规模也无法与汉代、唐代中国或者罗马帝国相比，而且阿拔斯王朝的繁荣也只维持了一个世纪。此后，正如伊斯兰史学者哈济生（Marshall Hodgson）所指出的那样：到了10世纪以后，中国出现了宋代的经济重大发展，而西欧的经济发展也不断加快。处于中国和西欧之间的伊斯兰世界，必须确立更加牢固的商业取向，发展商业，才能获取利益。到了14和15世纪，伊斯兰世界没有任何经济扩张可以和西欧或中国出现的经济规模相比，而且还出现经济衰退。见 Marshall G. S. Hodgson, *The Venture of Islam*, University of Chicago Press, 1974, Vol. I, pp. 234 – 235; Vol. II, pp. 4, 8.

④　安德烈·冈德·弗兰克、巴里·K.吉尔斯主编：《世界体系：500年还是5000年?》，社会科学文献出版社2004年版，第101—102页。

（3）穿过中亚由中国至欧洲的陆上贸易[①]。

在上述主要通道和路线中，陆上丝绸之路是一条洲际陆上通道，其起止地点是中国的长安（今西安）和西亚的君士坦丁堡（今伊斯坦布尔）[②]。这里要指出的是，从经济史的角度来看，这条陆路并不是一条"商贸大通道"。在大多数时期，这条丝绸之路上的贸易，都只是区域性贸易。不仅如此，从贸易规模来看，这条丝绸之路所起的作用也十分有限[③]。

海上情况就不同了。弗兰克和吉尔斯所说的三大通道都与海洋有关，可以说都是海陆连接的通道。而芬德利和奥罗克所说的三条主要贸易路线中，两条是海路（黑海与地中海、印度洋与中国海）。因此从很早的时候开始，海路就扮演着非常重要的作用。下面，我们看看这些海路所经过的海域。

毕加德和费（S. Fee）指出：在世界历史上，以地理因素和交流网为基础，亚洲和东非的海洋可以分为三大海域：中国海、东印度洋和西印度洋，西印度洋又可以进一步划分为波斯湾海域和红海海域[④]。芬德利与奥罗克认为是地中海和黑海、印度洋和南中国海。但他们都没有谈及大西洋。这并不是有意无意的疏忽，而是因为在地理大发现之前，大西洋以及太平洋的主体部分都不是世界的主要海上活动发生的海域。只有它们的边缘部分（即位于太平洋的西部边缘的中国海海域和位于大西洋东部边缘的欧洲西北部的北海海域）才有相对较多一些的贸易等活动。

我认为 15 世纪末之前的东半球海上交通所涉及的主要海域，应当包括以下几个主要部分：中国海、南洋（东南亚海域）、印度洋、地中海（以及附属的黑海）。很明显，这些海域相互联系的中心是印度洋。弗兰克和吉尔斯说在连接欧亚非的三大通道中，第一、二两条在物资供应方面所占有的地位更为重要，而这两条通道都是连接印度洋，或者说是印度洋海上通道的延伸。因此从海上贸易来说，印度洋在很长的一段时间中是世界贸易的主要舞台。这一看法也得到不少学者的认同。毕加德明确指出：在古代的"世界体系"中，印度洋占有中心位置[⑤]。印度洋的这种中心地位，在地图上是一目了然的。中国海是太平洋的西部边缘，而欧洲北海位于大西洋的东部边缘。这两个大洋边缘的海域通过南洋和地中海与印度洋连接[⑥]。如前所述，在相当长的时期内，中国、印度和西欧是世界上最主要的经济"核心区"。而在中国和西欧之间没有直达的海路，贸易交往必须经过印度洋。另一个主要经济"核心区"印度就位于印度洋，而中国和西欧都与印度有较为紧密的贸易关系。因此，印度洋也理所当然成为当时世界贸易的中心舞台。

到了地理大发现之后，这一传统格局被打破。欧洲人建立的"大西洋体系"，使大西洋海域成为世界上最重要的海上贸易区域之一。同时，欧洲人开辟了连接西欧和东亚的大西洋—印度洋—中国海和大西洋—太平洋—中国海的航线，把欧洲和亚洲、非洲、美洲连接了

---

① Ronald Findlay & Kevin H. O'Rourke, *Power and Plenty*: *Trade*, *War*, *and the World Economy in the Second Millennium*, p. 87.

② 关于陆上丝绸之路的起止时间和地点，我在拙文《"丝绸之路"的"正名"——全球史视野中的"丝绸之路"研究之一》中已进行讨论，兹不赘。

③ 韩森（Valerie Hansen）认为："如果说任一时间点上的运载量、交通量或旅行者人数是评估一条路线重要性的唯一标准，那么丝绸之路可说是人类史上旅行量最低，或者说是最不值得研究的一条路线"，"丝绸之路贸易经常是地方性的，规模很小。即便最热切相信贸易量大而且频繁的人，也必须承认被大肆吹嘘的丝绸之路贸易并没有太可靠的实证基础"。见 Valerie Hansen: *The Silk road*: *A New History*, Oxford University Press, USA, 2012, p. 235. 我认为陆上丝绸之路的贸易功能虽然不一定那样微不足道，但可以肯定的是这条道路绝非一些出版物里所说的"洲际商贸大通道"。

④ Philippe Beaujard & S. Fee, "The Indian Ocean in Eurasian and African World – Systems before the Sixteenth Century", *Journal of World History*, Vol. 16, No. 4 (Dec., 2005).

⑤ Philippe Beaujard, *The Worlds of the Indian Ocean*: *A Global History*. Vol. I, p. 1.

⑥ 部分地因为这种相似性，东南亚海域也被称为"亚洲的地中海"，见弗朗索瓦·吉普鲁《亚洲的地中海》，新世纪出版社 2014 年版。

起来。到了此时，印度洋不再是世界海上贸易的中心。尽管从欧洲到东亚大多要经过印度洋，但除了印度之外，欧洲人在印度洋地区的贸易活动主要是在沿岸各地建立据点，作中途补给以及安全保障之用，而欧洲和这些地方之间进行的贸易规模十分有限。

中国的海外贸易是世界贸易的一个重要组成部分，发生在全球史的大背景之中，上述世界贸易地理空间范围的变化，对中国的海外贸易具有巨大的影响。

二 全球史视野中的世界贸易时间周期

世界贸易的地理空间不是一成不变的，它总是随着时间的变化而不断变化。而之所以如此，是因为由于世界贸易是全球性的活动，深受世界各地发生的事件的影响。

全球史学者康拉德（Sebastian Conrad）指出：全球史研究的一个特点是重视历史事件的共时性（synchronicity），即重视发生在同一时期的事件，即使这些事件在地理上天各一方。关注"共时性"的脉络不仅能将诸多跨越边界的事件联系起来，还能引导人们留意空间中的缠结现象[1]。用"共时性"的观点来看，世界各地（或者主要地区）的人类活动彼此关联。这些活动共同作用，造成了"世界体系"的演变呈现出一种周期性，这种周期都由兴盛时期和衰落时期组成。从这种"共时性"出发看世界历史，可以看到确实存在周期性的变化。

本特利（Jerry Bentley）主要依据奢侈品和大宗商品贸易、政治和军事冲突、信息交流网络，把过去欧亚大陆过去两千年的"世界体系"分为四个时期，第一个时期是大约公元前200年到大约公元400年，第二个时期是7世纪到10世纪，第三个是从大约公元1000年到1350年，1350年之后是第四个时期[2]。赫尔德（David Held）等认为全球化的历史较长包括四个时期，即前现代（1500年以前）、现代早期（1500—1760）、现代（1760—1945）和当代（1945年至今）[3]。吉尔斯和弗兰克认为从经济的角度来看，在1500年以前的"世界体系"可以分为七个周期，每个周期都包括一个经济扩张阶段和经济收缩阶段。其中从公元前250年到公元1450年，共有四个周期。第一个周期包括经济收缩阶段（公元前250/200—公元前100/50）和经济扩张阶段（公元前100/50—公元150/200）；第二个周期，包括经济收缩阶段（150/200—500）和经济扩张阶段（500—750—800）；第三个周期，包括经济收缩阶段（750/800—1000/1050）和经济扩张阶段（1000/1050—1250/1300）；第四个周期，包括经济收缩阶段（1250/1300—1450）[4]。霍布森（John Hobson）根据东方和西方的相对影响力，把全球化分为以下几个阶段：第一个阶段（公元500—1450）为"原始全球化"（proto - globalization）时期。在此时期，由于"原始的全球网络"在将东方的各种资源的组合（resource portfolios）输送到西方的过程中起到了关键的作用，因此"东方化"（Orientalization）处于支配地位。第二阶段（1450/1492—1830）是"早期全球化"（early globalization）时期，在此时期中，自东方向西方的"资源组合"的扩散，导致了包括欧洲在内的世界各地社会出现根本性的重组，这是"东方化支配，西方化（Occidentalization）发生"的时代。第三个阶段（1830—2000）是西方化取得优势，西方文明成为支配性文明的时期。这是通过殖民化和新殖民主义的全球化

[1] 塞巴斯蒂安·康拉德：《全球史是什么》，中信出版集团2018年版，第151、156页。
[2] C. Chase - Dunn & T. D. Hall, *Rise and Demise*：*Comparing World - Systems*, Westview Press, 1997.
[3] 赫尔德：《全球大变革》，社会科学文献出版社2001年版，第574—601页。
[4] Barry K. Gills and Andre Gunder Frank, "World System Cycles, Crises, and Hegemonial Shifts, 1700 BC to 1700 AD", *Review* (Fernand Braudel Center), Vol. 15, No. 4 (Fall, 1992)。

亦即西方资本主义而达到的①。

毕加德在其两卷本的全球史专著中，主要着眼于贸易，把印度洋世界的历史分为五个时期：（1）古代（公元前 6 世纪至公元前 2 世纪）；（2）欧亚非世界体系产生时期（公元前 1 世纪至公元 6 世纪）；（3）唐代中国和穆斯林帝国之间的印度洋时期（7 世纪至 10 世纪）；（4）宋元时代的全球化时期（10 世纪至 14 世纪和 15 世纪）和（5）从欧亚非的全球化到欧洲扩张初期的时期（15 世纪和 16 世纪前期)②。因为这部书的研究范围仅限于从公元 4 世纪至 16 世纪的印度洋世界，因此 16 世纪之后的情况未能谈及。

之后，毕加德在他和费合作的文章中指出：在历史上，东半球的"世界体系"的周期性乃是伴随着各"核心区"的周期进行的。这种周期有四个：第一个周期是从公元 1 至 6 世纪，标志是中国的汉朝，印度的贵霜、萨塔瓦哈纳（Shatavahana）和笈多诸王朝，中亚和西亚的安息和萨珊帝国以及罗马帝国这些中心的兴衰；第二个周期是从公元 6 世纪到 10 世纪，标志是中国的唐朝，印度的罗什多罗拘多（Rastrakutas）和帕纳瓦斯（Pallavas）诸王朝，穆斯林帝国和拜占庭帝国这些中心的兴衰；第三个周期是从 10 世纪到 14 世纪，标志是中国的宋、元两朝，印度的朱罗王朝、德里苏丹国，西亚的阿拔斯帝国和伊利汗国，北非的埃及等中心的兴衰；第四个周期是从 15 世纪到 18 世纪中期的工业革命，标志是中国的明朝，印度的古吉拉特、孟加拉、德干诸国和及毗伽耶纳伽罗（Vijayanagara）王朝，以及奥斯曼帝国和埃及等中心的兴衰。16 世纪是世界史上的一个重要时刻，大西洋两岸由此加入了上述原有的世界系统，并且创造了由欧洲、美洲和西非组成的第二个世界体系，但这并未造成印度洋体系的断裂③。

由于贸易问题是全球史或者"世界体系"的分期研究的基本问题之一，因此无论全球史还是"世界体系"的分期，都以世界贸易的变化为一个基本出发点。世界贸易的时间变化，也表现为贸易周期的形成和嬗递，每个周期都包含了一个开始—兴盛—衰落的过程。因此以上划分从某种意义上也可以说是一种世界贸易的历史分期。

综合以上学者的看法，我认为毕加德和费提出的"世界体系"演变过程的四大周期，即第一周期（公元 1 世纪前后至公元 6 世纪），第二周期（公元 6 世纪至 10 世纪），第三周期（公元 10 世纪至 14 世纪），第四周期（公元 15 世纪至 18 世纪中期），大体上也是世界贸易演变的周期。到了 18 世纪中期，英国开始了工业革命，工业革命是"把人类历史分开的分水岭"④，对世界经济有着极其重大的影响，从根本上改变了世界贸易的格局和性质，从而进入了一个与前在本质上不同的新阶段。

这里特别要说的是，从地理大发现到工业革命发生之间的三个世纪，世界贸易的格局发生了很大的改变，"西方"正在兴起，在世界贸易中扮演着越来越重要的角色。但是在这个时期，如霍布森所说是一个"东方化支配，西方化发生"的时代，"东方"仍然是世界贸易的主角。随着工业革命的发生和扩散，西方成为世界经济的领跑者，并在政治、军事等方面取得了世界霸权。只有到了这个时期，西方才在世界贸易中取得压倒性的地位。

世界贸易的时空变化是彼此相关的。它们的共同基础是世界各地经济的变化和技术进步。如果世界上一些地区出现了长期的经济繁荣，那么对一些商品的供求能力都会出现长期的提升，从而造成彼此间进行贸易的必要。同时，如果生产和运输技术都出现了重大进步，

① John Hobson, "Orientalization in Globalization：A Sociology of the Promiscuous Architecture of Globalization, c. 500 – 2010", in J. Nederveen Pieterse & J. Kim, eds. *Globalization and Development in East Asia*. New York, Routledge, 2012

② Philippe Beaujard, *The Worlds of the Indian Ocean：A Global History*, Vol. Content. Vol. 2, *The Worlds of the Indian Ocean：A Global History. From the Seventh Century to the Fifteenth Century*, Cambridge University Press, 2019, Content.

③ John Hobson, "Orientalization in Globalization：A Sociology of the Promiscuous Architecture of Globalization, c. 500 – 2010".

④ 道格拉斯·诺斯：《经济史上的结构和变革》，商务印书馆 1992 年版，第 156 页。

那么将大大削减商品的生产和运输成本，从而使得贸易能够以更大的规模进行。在本文研究涉及的这个时空范围内，世界上一些地区的经济和技术都发生了程度不等的变化，从而造成了世界贸易的时空变化。中国的海外贸易发生在这样一个大背景中，而且中国是参与这个大变化的主角之一。因此，必须把中国的海外贸易置于这个大变化的背景之下，才能更好地认识的历史变化。

可能有人会怀疑，以上学者从全球史和"世界体系"的视野对世界史进行的分期，是否可以运用到中国的海外贸易史研究中，特别是因为他们都是西方学者，他们的看法是否有"西方中心主义"之嫌。这里我要强调：全球史和"世界体系"研究兴起的一个初衷，就是反对长期支配学界的西方中心主义。这些学者在进行分期时，对中国予以高度的关注。例如毕加德和费认为在以贸易为基础的前工业时代的"世界体系"中，中国自始至终扮演着关键的角色，"世界体系"的周期都依随中国自身的兴衰而变化[1]。伊斯兰史学者哈济生（Marshall Hodgson）在谈到阿拉伯帝国的黄金时代时说，这是一个伟大的繁荣时代，而中国在这个时期的经济发展在世界上最为显眼，这直接表现在印度洋以及以东海上贸易方面；伊斯兰世界的商业生活，很大程度上是受中国的直接刺激[2]。威廉·麦克尼尔（William McNeill）认为宋代中国兴起了庞大的市场经济，使得世界均势发生重大的变化，中国在富裕程度、技术水平以及人口数量方面都迅速地远远超过了地球上的其他国家。中国的经济增长和社会的发展对国外产生了影响，使得欧亚非地区（特别是西欧）出现了新的希望。中国人也积极进入了印度洋贸易[3]。因此，合理地采用他们的研究结论作为世界贸易史分期的依据，并不会陷入"西方中心主义"的陷阱。

三　全球史视野中的中国的海外贸易时空变化

这里要指出的是，尽管中国确实是世界贸易的重要参与者，但是中国在世界贸易历史上所扮演的角色并非一成不变；相反，这种角色是在不断变化的。导致变化的主要推手，一是中国自身的经济变化，二是世界其他地区的经济变化，三是海上交通运输方式的变化。由于这些变化，中国的海外贸易的时空范围也随之发生相应的变化。由于中国的海外贸易的时空变化并不完全取决于中国自身的变化，而是受制于世界贸易的时空变化，因此必须从世界贸易的时空变化的角度来认识中国的海外贸易的时空变化。

如前所述，在时间方面，工业革命以前世界贸易的变化可以分为四个时期，包括第一时期（公元1世纪前后至公元6世纪），第二时期（公元6世纪至10世纪），第三时期（公元10世纪至14世纪）和第四时期（公元15世纪至18世纪中期）。而在空间方面，在第一至第三时期，世界贸易主要发生在欧亚非地区，主要参与者是中国、印度、西亚和欧洲，而贸易的中心地区是印度洋。到了第四时期，美洲加入了世界贸易，贸易主要参与者为中国、印度、欧洲及其美洲殖民地。中国的海外贸易发生的变化发生在世界贸易变化的这个大背景中，因此也大体遵循世界贸易变化的节奏。但是由于中国的特殊情况，中国的海外贸易的变化也有自身的特点。

在世界贸易变化的第一时期（公元1世纪前后至公元6世纪）的头两个世纪，位于欧亚大陆两端的汉朝和罗马帝国都出现了长时期的经济繁荣，各自拥有5000万甚至更多的人口和稳定的农业和发达的工商业，因此是世界上最强大的政治实体和最富裕的经济体。由于双方都有当时最高的生产和消费能力，所以

---

①　Philippe Beaujard and S. Fee，"The Indian Ocean in Eurasian and African World – Systems before the Sixteenth Century".

②　Marshall G. S. Hodgson，*The Venture of Islam*，Vol. I，pp. 234 – 235.

③　William H. McNeill，*The Pursuit of Power Technology*，*Armed Force and Society since A. D. 1000*，p. 50；William H. McNeill："The Rise of the West after Twenty – Five Years"，*Journal of World History*，1（1990）.

彼此之间具有进行规模较大和持续较久的贸易关系的可能性。

汉代中国的经济和人口主要集中在华北平原,这个地区受自然条件和生产条件所限,出产的产品品种较为单一,产量在供自身消费之外的剩余也有限,能够提供的大宗商品仅有盐、铁、绢帛等几种,其中又只有绢帛能够进入长途国际贸易。同时,汉代中国输出的所有货物当中,丝绸是独一无二的最受外国人珍爱的商品①。

从提比略继承奥古斯都的元首之位起,罗马帝国进入了长达近两个世纪的兴盛时期。在这两个世纪中,罗马帝国享有长期的和平、安定和繁荣,史称"罗马和平"(the pax Romana)②。罗马上层社会拥有大量的财富,买得起昂贵的高级奢侈品,中国的丝绸就成了他们追求的目标之一。汉朝能够提供相当数量的丝织品,而罗马帝国对中国丝绸具有很大需求和购买力,因此造成了跨越欧亚的丝绸贸易。这些丝和丝织品究竟是怎么从中国运到罗马的,史料中未有记载。如果是取道横亘欧亚大陆的"丝绸之路",不仅路途漫长而艰难,而且沿途常有盗匪劫夺和地方统治者敲诈勒索,贸易缺乏安全保障。商品运输,也仅能由依靠牲畜(骆驼和马、驴)运输货物的商队(caravan),运送数量有限的商品。这些都使得这条"丝绸之路"的运输成本非常高昂,因此"丝绸之路"也不可能承担大规模和经常性的贸易。此外,处于丝绸之路上的安息帝国,不愿汉朝和罗马帝国建立直接的贸易联系,采用各种手段进行阻挠③。因此,中国的丝和丝织品通过"丝绸之路"达到欧洲是很困难的。必须还有其他途径,才能完成中国丝绸到达罗马帝国的漫长旅行。这就是海运。

在希腊化时代和罗马时期与东方的贸易中,海上航线就已起着主要作用④。赫德逊(G. F. Hudson)指出:早在张骞开西域之前,"地中海国家、伊朗与印度之间的贸易已经存在了若干个世纪。尽管缺乏准确的数据,但是可以肯定,在整个罗马帝国时期与印度的贸易规模要远远大于与中国的贸易。丝绸贸易对于历史学家来说有它独特的问题,但是在很大程度上它与罗马和印度的贸易是分不开的"。他进一步指出罗马帝国是印度洋贸易的主导者。到了公元 1 世纪末,印度西海岸各港口是绝大部分罗马船舶航行的终点。不仅如此,罗马商人还发现了一条从印度直抵中国交趾地区的全海运的路线。这样,以罗马帝国治下的埃及的红海诸港为基地的海上贸易网就延伸到了亚洲的整个南部海岸线,甚至探入到太平洋⑤。他的这一观点,也为后来许多学者的研究成果以及考古发现所证实⑥。不过,从一些学者的研究来看,从事中国和印度之间海上贸易的主要是南印度和中南半岛的扶南、占婆商人⑦。

据季羡林考证,中国的蚕丝进入印度最迟不晚于公元前 4 世纪,因此那一时代的文献《政事论》中出现了 Cinapatta 一词,其意就是"中国成捆的丝"⑧。中国输往印度的丝绸有一

① 余英时:《汉代贸易与扩张——汉胡经济关系结构研究》,上海古籍出版社 2005 年版,第 126 页。

② Richard Duncan – Jones:*The Economy of the Roman Empire*:*Quantitative Studies*,Cambridge University Press,1974,pp. 17,230.

③ 布尔努瓦((Lucetet Boulnios)指出:"自丝路开通以来,在中国至罗马的古代交通中,中西绝少有直接来往,中国与西方的货物都是由沿途民族逐站倒运的。"布尔努瓦:《丝绸之路》,山东画报出版社 2001 年版,第 2 页。

④ Fergus Millar:"Looking East from the Classical World:Colonialism,Culture,and Trade from Alexander the Great to Shapur I",*International History Review 20. 3*(1998);Caravan Cities:"The Roman Near East and Long Distance Trade by Land",*Modus Operandi*:*Essays in Honour of Geoffrey Rickman*,ed. M. Austin et al.,pp. 119 – 37. London:Institute of Classical Studies,1998.

⑤ 赫德逊:《欧洲与中国》,中华书局 1995 年版,第 47—48 页。

⑥ Kanakalatha Mukund,*The World of the Tamil Merchant*:*Pioneers of International Trade*,Portfolio,Published by the Penguin Group,2015,pp. 28,29.

⑦ Tansen Sen,*Buddhism,Diplomacy,and Trade*:*The Realignment of Sino – Indian Relations*,*600 – 1400*,University of Hawaii Press,2003),p. 163;卢苇:《南海丝绸之路与东南亚》,《海交史研究》2008 年第 2 期;周中坚:《扶南—古代东西方的海上桥梁》,《学术论坛》1982 年第 3 期。

⑧ 季羡林:《中印文化关系史论》,人民出版社 1957 年版,第 164 页。

部分转口输往罗马帝国，这一点余英时早已发现："印度商人不仅尝试而且相当成功地使丝绸贸易从安息转移了。罗马人也做过类似的努力。由于罗马与东方的贸易遭到安息人的干预，因此在公元后的两个世纪里，罗马的政策就是"促进与印度之间直接的海上贸易，抛弃所有经过安息的陆上通道，从而避免在财政上依赖于罗马公敌的烦扰……证据表明，自公元2世纪起，尤其是在公元162—165年间的安息人战争之后，越来越多的中国丝绸被印度人通过海路带到了罗马。经过安息的昂贵陆路通道就这样被逐渐避开了"①。因此罗马人获得的中国丝绸，主要是通过海路，经印度洋沿岸的国家或地区转口贸易来的。公元1世纪一位住在罗马帝国治下的埃及的佚名商人写的《厄里特里亚海航行记》（The Periplus of Erythraean Sea），记载了罗马帝国早期红海及阿拉伯湾港口与南印度之间贸易的丰富信息，是现存最早记录了贯穿地中海世界、埃及、印度和中国间贸易历史的重要文献；在它提及的经由印度河河谷而来的贸易货物中，提到了"中国丝绸"（Chinese cloth）②。

在罗马帝国控制地区之外的印度洋沿岸地区，也可以见到有中国商品在市场上出售的记载。印度自身就是中国丝绸的重要市场，"如果把中印丝绸贸易划归到'中转贸易'的类型当中也是无可非议的，因为大量的中国丝绸肯定是从印度进一步向西运送到罗马的。不过，另一方印度人包括男人和女人也消费了部分从中国输入的丝绸，因为他们也和罗马人一样珍视丝绸"③。晚期罗马史学家阿米阿努斯·马尔切利努斯（Ammianus Marcernnus）曾提到公元360年左右在幼发拉底河沿岸达尼亚的每年一次的集市上，有中国的商品。李约瑟引用了这段记述之后说：这种交往"似乎一直继续到（公元）900年左右，然后才衰落……当然，这不一定都是中国船只运来的"④。在这个时期，中国的航海技术还在初期阶段，难以胜任大规模海运的重任，因此中国的海上贸易主要由印度洋地区的商人操持进行。处于印度洋沿岸航线中部的波斯湾地区是印度洋贸易的主要中转地，因此那里的商人充当了主要的贩运者。王小甫关于公元1世纪中国和印度洋地区贸易的研究指出：阿曼是古代丝绸之路海陆两道联通路网的交通枢纽⑤。配恩（Richard Payne）则指出：伊朗萨珊王朝"控制了通过波斯湾前往地中海的贸易线路。使得伊朗商人逐渐在印度洋胜过了罗马商人……在4至5世纪，阿拉伯南部和红海的口岸对印度洋商业网络的控制让位于波斯湾的商人……到4世纪中叶，地中海和印度洋的大部分商贸是经过伊朗的"⑥。因此在世界贸易第一期，中国的海外贸易实际上主要操在波斯、阿曼等地商人的手里，他们把中国产品运到印度，再从印度运到波斯湾和红海，然后卖给罗马人。中国人很少远航，往来中国的商船基本上是印度洋地区来的商船⑦。但是也有学者提出不同的看法，认为中国与印度的海上贸易联系只能从关于樟脑和黄金的一些记载进行推

---

① 余英时：《汉代贸易与扩张》，第129、130、131页。

② Victor H. Mair, "Reconfiguring the Silk Road: new research on east – west exchange in antiquity", The papers of a symposium held at the University of Pennsylvania Museum of Archaeology and Anthropology March 19, Printed in the United States of America on acid – free paper, p. 10.

③ 余英时：《汉代贸易与扩张》，第129、130、131页。

④ 李约瑟：《中国科学技术史》第1卷，科学出版社1980年版，第185页。

⑤ 王小甫：《香丝之路：阿曼与中国的早期交流——兼答对"丝绸之路"的质疑》，《清华大学学报》（哲学社会科学版）2020年第4期。

⑥ 理查德·配恩（Richard Payne）：《丝绸之路与古代晚期伊朗的政治经济》，收于王晴佳、李隆国主编《断裂与转型：帝国之后的欧亚历史与史学》，上海古籍出版社2017年版。

⑦ 有学者认为中国帆船公元3世纪初已到达波斯湾，进入红海水域，甚至到达非洲。但更多的学者如李约瑟、拉库伯里（T. de Lacouperie）、戴闻达（J. Duyvendak）等否定了这种看法。撇开这些争论，我们清楚地获知的情况是高僧法显的经历。他于公元411年从印度回国，乘坐的就是狮子国的船舶。关于这个问题，我将在另文中讨论。

测，而尚无更多证据①，因此这种联系仍然很有限。由于当时造船和航海技术所限，中国和印度洋世界之间虽然也有直接的航线，但由于造船技术和航海水平的限制，往来于东西的航船，不但只能在浅水地区沿岸航行，并且无法越过马来半岛的中间阻隔，因此不得不采用"海—陆—海"联运的方式。中国商人出海贸易，通常只到暹罗湾，在那里和印度洋地区来的商人进行交易②。

总的来看，中国的海外贸易在这个时期尚处于初始阶段，可供出口的商品的品种和数量都不多，出口的商品主要是黄金和丝织品，而进口商品是香料和玳瑁、琥珀等异域奇货③。除了丝织品外，其他商品的数量都有限。中国此时期的海外贸易伙伴主要是印度南部和东南亚地区的一些小邦④，这些地区经济发展水平和经济规模都有限，能够提供的商品不多，也无力像罗马帝国那样大量消费丝绸这样的高价奢侈品。而在中国，长江以南地区大多尚在开发早期，也没有很多商品可资出口。此时期中国海上贸易的主要中心是徐闻、合浦都僻处蛮荒之地，人口稀少，经济落后，远离丝、瓷等主要商品出产地的华北地区，与内地之间交通不便，由此亦可见当时中国海上贸易的规模确实不大。

到了世界贸易的第二时期（公元 6 世纪至 10 世纪），中国摆脱了前几个世纪的政治分裂和经济衰退，出现了唐代的盛世。欧洲虽然陷于长期的政治分裂和经济衰退，但拥有原

罗马帝国的东部地区的拜占庭帝国得以幸免。拜占庭帝国自 867 年后，保持了一百多年的兴盛局面。在经济上，自 10 世纪开始增长加速，特别是城市经济在 12 世纪臻于极盛⑤。拜占庭帝国有繁荣的商业贸易和城市手工业，其国际商业发展在 9—10 世纪期间达到最高峰。在 15 世纪末世界新航路开通以前的中古世界欧亚非三洲的物产交换活动中，拜占庭帝国占据其中的主要份额，获得无与伦比的商业利益⑥。在中东，7 世纪伊斯兰教兴起后，阿拉伯人建立了疆域辽阔的阿拉伯帝国，并在阿拔斯王朝时期达到鼎盛。在一个比较安稳的政治制度下，经济得到了复兴和发展⑦。因此，唐朝、阿拔斯王朝和拜占庭帝国三大政治实体鼎足而三，成为一段时间内世界经济中心，尽管后两者在经济体量方面不能与唐朝相抗衡。

唐朝和拜占庭分处欧亚大陆两端，彼此之间的海上交通必须经过印度洋。阿拉伯帝国兴起后，控制了印度洋沿岸大部分地区。阿拉伯人推行伊斯兰化，把从罗马、波斯和印度的商业文化和航海技术加以整合，创造了一种新的商业文化和航海技术，从而使得印度洋贸易变得更加方便。印度洋地区的穆斯林商人，萧婷（Angela Schottenhammer）称之为"波斯湾商人"（Persian Gulf traders），成为印度洋贸易的主力⑧。他们大批来到中国东部海岸进行贸易，形成一股唐朝地方政府难以控制的强大势力⑨。这些商人中有许多人长期留居中国，在广州、扬州、杭州等地形成了规模很大的外商

---

① Kanakalatha Mukund, *The World of the Tamil Merchant*: *Pioneers of International Trade*, p. 28.

② 参阅刘迎胜《从西太平洋到北印度洋——古代中国与亚非海域》，南京大学出版社 2017 年版，第 362—371 页；卢苇：《南海丝绸之路与东南亚》。

③ 《汉书·地理志》记汉武帝时，中国人从日南、徐闻、合浦出发，绕过中南半岛，"赍黄金杂缯而往"位于印度东海岸的黄支国，"市明珠、璧流离、奇石异物"。《宋书》卷 97《蛮夷传》记："氏众非一、殊名诡号、种别类异"的各国商贾携"山琛水宝""翠玉之珍""蛇珠火布之异"以及其他"千名万品"的珍奇之物，"泛海陵波，因风远至"。

④ 《梁书·中天竺传》和《艺文类聚》卷 85 有三国和西晋时大秦（罗马帝国）商人和使臣从海上来到中国的记载，但记载仅此两条，而且文字过于简略，无法得知这些人是否真是来自大秦，抑或印度洋地区的商人假冒大秦之名。

⑤ Angeliki E. Laiou & Cécile Morrisson, *Byzantine Economy*, Cambridge University Press, 2007, p. 90.

⑥ 陈志强：《拜占庭帝国史》，商务印书馆 2003 年版，第 484、467 页。

⑦ 西德尼·内特尔顿·费希尔：《中东史》（上册），商务印书馆 1980 年版，第 119 页。

⑧ Angela Schottenhammer："China's Gate to the Indian Ocean: Iranian and Arab Long – Distance Traders"，*Harvard Journal of Asiatic Studies*，Volume 76，Numbers 1 & 2，2016。

⑨ 李约瑟：《中国科学技术史》第 1 卷，第 185 页。

聚居区①。特别是在连接南中国海和印度洋之间的东南亚海域，由于航海技术和造船水平的提高，绕行马来半岛的深水航线成为主航道②，使中国的海外贸易的空间范围较前大为扩大，这一方面是由于唐代中国南方的开发取得重大进展，能够为中国的海外贸易提供像陶瓷这类有更大销路的商品，因此在 750 年以后，中国的陶瓷外销从有限的奢侈品贸易转变为系统的订制生产和出口③。中国海外贸易的中心，也从徐闻、合浦北移至岭南最富庶的珠江三角洲中心城市广州。

在中国东海和黄海海域，海上贸易也扩及日本、琉球和朝鲜。

但是，我们也要看到这一时期中国的海外贸易空间扩大所受的限制。

首先，在运输方面，虽然阿拉伯人、波斯人已掌握从波斯湾到中国的长途航行技术，但这条航线漫长，从波斯湾到广州需 18 个月才能往返，一路上经过许多自然条件差别很大的海域，所遇各种风险很大。来华商人乘坐的主要是印度洋地区的船舶④。这些船舶是没有钉子的轻型缝合船，只适合于多礁滩的近海区航行，而且经不起狂风、海啸的袭击⑤。由于容易破损，所以每条船每两年才出航一次，停航期间进行维修保养⑥。中国和日本的海上航行也十分艰难，这从鉴真东渡的经历可见之。因此，受运输能力的限制，中国的海外贸易扩展

的空间实际上并不如许多人想象得那么大。

其次，此时期中国和印度洋地区贸易的商品，主要是奢侈品，价格昂贵。要继续这种贸易，购买者必须有足够的支付能力。在印度洋世界，中国的主要贸易对手是阿拔斯王朝。然而阿拔斯王朝进入 9 世纪之后，起义和叛乱遍及全国，各地总督和军事统帅坐大，乘机自立，相互攻伐征战。10 世纪中叶，王朝直接统辖的地域只剩巴格达及其周围的一小块地区。波斯和埃及自阿拉伯人入侵之后，长期陷于动乱和萧条。拜占庭帝国与印度洋的联系，也因阿拉伯帝国的兴起而中断。在此情况下，中国海外贸易伙伴购买中国商品的能力也大为削减。

再次，在中国方面，虽然安史之乱并未对中国南方经济发展造成重大影响，但是唐末黄巢之乱祸及中国的海外贸易最重要的港口城市广州。阿拉伯人说黄巢军在广州不仅对外商进行大屠杀，并把那里的桑树和其他树木全都砍光，使外商失去了货源，特别是丝绸。黄巢之乱后，唐朝更加腐败，广州官员对外商和船主过度搜刮⑦，因此外商也渐渐不再来华进行贸易。

在第三时期（公元 10 世纪至 14 世纪），世界经济发生了重大变化。在中国，出现了被一些学者称为"宋代经济革命"的重大经济

---

① 李豪伟：《关于黄巢起义的阿拉伯文史料译注》，《西北民族论丛》第 14 辑；Angela Schottenhammer："China's Gate to the Indian Ocean：Iranian and Arab Long‐Distance Traders"。尽管这些史料中所说的数字无疑被大大夸大了，但有人数众多的外商住在广州、扬州等港口城市，则在中文史料中也有记载。

② 卢苇：《南海丝绸之路与东南亚》。

③ 约翰·盖伊：《早期亚洲陶瓷贸易和勿里洞唐代沉船遗物》，《海洋史研究》第 8 辑，2015 年，第 4 页。

④ 索瓦杰（Jean Sauvage）等认为在唐代中国的船舶开始出现在印度洋（佚名：《中国印度见闻录》，中华书局 1983 年版，序言第 25 页，以及正文第 7 页）。但是谢弗（Edward Schafer）指出中国的大型航海船的出现是在宋、元以及明时代。在唐代，前往西方的唐朝行人大多都是搭乘外国的货船。9、10 世纪的阿拉伯作家谈到"停靠在波斯湾港口里的中国船"，是指"从事与中国贸易的商船"，中文文献里的"波斯船"通常也是仅指"从事与波斯湾地区贸易的商船"，这些船舶使用的一般都是马来或者泰米尔船员（爱德华·谢弗：《唐代的外来文明》，中国社会科学出版社 1995 年版，第 22—23 页）。从考古发现来看，往返于中国至印度洋各地的海船，确实主要是印度洋地区的船，特别是阿拉伯—波斯船（李怡然《"黑石号"货物装载地点探究》，《文物鉴定与鉴赏》2017 年 9 期）。

⑤ 桑原骘藏指出："大食海舶虽然轻快，但较之中国海舶，则不免构造脆弱，形体畸小，抵抗风涛之力不强也。"见桑原骘藏：《中国阿拉伯海上交通史》，商务印书馆 1934 年版，第 119 页。这个问题，马可·波罗早已发现，见《马可波罗行纪》，冯承钧译本，上海世纪出版集团 2002 年版，第 58 页。

⑥ Philip D. Curtin, *Cross‐cultural trade in world history*, Cambridge University Press, 1984, p. 108.

⑦ 佚名：《中国印度见闻录》，第 96、97、98 页。

进步①，中国向世界市场提供商品的能力有了空前的提高。特别要指出的是，由于宋代中国陶瓷生产技术和生产能力的提高，使得陶瓷成了更重要的出口商品，把先前在东南亚市场上占有主要地位的印度洋方面来的伊斯兰陶器迅速逐出了市场②。同时，中国的造船技术和航海技术也取得突破性的重大进展，使得中国海船成为此时期"世界体系的主要推动力"③。也是在这个时期的后一段，西欧开始了向近代早期发展的历程。而位于全球海上贸易中心地带的印度洋沿岸地区，却出现了长期的战乱和经济衰退。蒙古入侵给中国和印度洋地区都造成严重破坏，但中国南方经济尚有一定程度的恢复，而印度洋沿岸的伊斯兰世界，则在蒙古入侵前很久就已衰落，而蒙古入侵更使情况雪上加霜④。一些学者强调蒙古帝国创造的"蒙古和平"（Pax Mongolica）促进了欧亚大陆各地的贸易联系，但我们也要注意蒙古入侵带来的破坏和蒙古帝国落后统治方式所导致的严重的经济衰落。这种情况在政治和经济本来就不甚稳定的伊斯兰世界，后果尤为严重⑤。

以上情况对中国的海外贸易有重大影响。首先，伊斯兰世界的衰落，意味着购买力的下降。像中国丝绸这样的价格昂贵的奢侈品，经济实力雄厚而且社会稳定的罗马帝国可以大量购买，而此时的伊斯兰世界却没有这种实力。此外，波斯在伊斯兰时代以前就已兴起了蚕桑业和丝织业。波斯的丝织品因得地理之便，同时具有伊斯兰文化的特点，因此可以畅销伊斯兰世界。拜占庭帝国的情况也与此相类，其丝织品可以行销欧洲市场。这样，中国丝和丝织

品的海外市场就大为缩减了。但另外一方面，中国的陶瓷产品，其中以中档产品为主，价廉物美，很符合印度洋地区的消费能力。而这一时期航海技术的变革，使得陶瓷贸易得以大规模地进行，因此藤本胜次认为阿拉伯商人对中国陶瓷的兴趣浓厚，是到宋代以后，陶瓷器物已取代丝绸，而成为南海贸易中最引人瞩目的商品⑥。

还要强调的一点是，由于伊斯兰世界长期的经济不景气，使得越来越多的人争相到海外谋生。14 世纪中期，伊本·白图泰（Ibn Baṭūṭah）旅行到印度西海岸时，看见古吉拉特地区有大量的穆斯林居住地⑦。在中国，大批的中亚和西亚的穆斯林随同蒙古军队来到各地，并定居了下来⑧。他们被元朝政府列为色目人，享有一定的特权。这样，来自西亚的穆斯林通过贸易、移民和宗教传播，在印度和中国海港立住了脚，并主导了印度洋和南洋、中国海诸海域的贸易。

但是 10 世纪以后也出现了一个重要变化，即中国商人进入印度洋贸易，改变了往日"外商来贩"的局面。伊本·白图泰到达印度西海岸时，看到许多中国船，并说中国船都是大型船舶，因此只在希里、奎隆、卡里库特等可容大船出入的港口停泊。在卡里库特，他看到有 13 艘中国大船停靠在此。这些商船往返于中国和卡里库特之间，船上的官舱（即头等舱）房间都已被中国商人预订一空⑨。可见在这一时期中国海船的活动范围已深入到了印度西部沿岸。不过，这些船虽然是中国船，但

① 伊懋可（Mark Elvin）对学界相关的研究进行了归纳和提炼，称之为"中世纪经济革命"，包括农业革命、水运革命、信贷与货币革命、市场结构革命与城市化，以及科学与技术革命五个方面。见 Mark Elvin, *The Pattern of the Chinese Past*：*A Social and Economic Interpretation*, Stanford University Pres, 1973, Chapters 9 – 13.

② 三上次男：《从陶瓷贸易史的角度看南亚东亚地区出土的伊斯兰陶器》，《东南文化》1989 年第 2 期。

③ Philippe Beaujard, *The Worlds of the Indian Ocean*, Vol. II, p. 434.

④ 小阿瑟·戈尔德施密特与劳伦斯·戴维森：《中东史》，东方出版中心 2010 年版，第 131 页。

⑤ 即使在在伊尔汗国统治下的伊朗，虽然情况相对较好，但卡尔马德（J. Calmard）明确指出：所谓"蒙古和平"带来的好处被夸大了。J. Calmard, "L'invasion mongole；la domination des Mongols et de leurs successeurs dans le monde irano – musulman", 转引自 Philippe Beaujard, *The Worlds of the Indian Ocean*. Vol II. p. 294.

⑥ 佚名：《中国印度见闻录》，《日译者序言》，第 33 页。

⑦ Patrica Risso, *Merchants and Faith*：*Muslim Commerce and Culture in the Indian Ocean*, Westview Press, 1995, p. 57.

⑧ 宋元之际人周密说："今回回皆以中原为家，江南尤多，宜乎不复回首故国也。"周密：《癸辛杂识》，中华书局 1988 年版，第 138 页。

⑨ 《伊本·白图泰游记》，宁夏人民出版社 1985 年版，第 482、485、487 页。

船主、船长等似乎主要是定居中国的"番客"。他们大多在中国居住了好几代，成为具有特殊身份的中国商人。操持泉州海外贸易数十年之久的蒲寿庚家族，就是其中的代表。伊本·白图泰从印度去中国搭乘的中国船，船总管名苏赖曼·苏法蒂，是沙目人士（即穆斯林）①。不论船主、船长来自何处，中国海船已深入东印度洋贸易，应无可置疑。

在这个时期，中国和日本、朝鲜的贸易也有相当的发展。据木宫泰彦的研究，在北宋时期的160余年间，宋朝商船赴日本贸易的次数达70次②。据朴真奭的研究，在1012—1192年间，宋朝商船前往高丽贸易的次数达117次，仅其中记载具体人数的77次，共计商人达4548人③。到了元代，东亚海上贸易（特别是中日贸易）继续发展。据考古发现，元代至治三年（1323）从宁波驶向日本博多港的一艘福船，在朝鲜新安附近沉没，船上载有陶瓷器、金属器、香料等船货和船员用品，打捞到23000多件器物（其中陶瓷器达20664件）以及28吨多的中国铜钱④。

由于东亚地区的海上贸易有相当的发展，一些学者认为此时已形成了一个"东亚经济圈"⑤。但是我认为不宜对此时期东亚的海上贸易做过高评价。主要原因是在这个时期日本、朝鲜的经济尚未发达，对中国商品的购买能力有限，同时中国对日本和朝鲜的产品也没有很大需求。日本是中国在东北亚的主要贸易伙伴，日本输入的中国商品，在唐代主要是经卷、佛像、佛画、佛具以至文集、诗集、药品、香料之类，而在宋元时代仍以香药、书籍、织物、文具、茶碗等类为主，而最值得注意的是日本大量输入中国铜钱；而日本向中国输出的产品有黄金、珍珠、水银、鹿茸、茯苓等"细色"产品和硫黄、木材等"粗色"产品⑥。这些商品在数量和价值上都不很大，表明双方贸易的规模很有限。

由于海外贸易规模和贸易对手的变化，中国海外贸易的中心，除了广州外，泉州、宁波、扬州也于此时期兴起。这也体现了中国海外贸易空间的扩大。

到了第四时期（公元15世纪至18世纪中期），世界贸易的格局发生了空前的巨变。这一巨变包括两个方面的变化：（1）东亚和东南亚海贸的重大发展；（2）地理大发现导致的全球贸易网的形成。

首先，东亚的情况发生了重大改变。中国经济在经历了明代前半期一个多世纪的发展迟缓之后，从明代中叶起，进入了一个繁荣时期。这一点，在国内学界以往的"资本主义萌芽"研究和晚近的"中晚明社会转型"研究中已有大量的论证，兹可不赘。日本的经济（特别是商品经济）在16世纪也有了很大发展，以致在许多地方发生了"经济社会化"现象⑦。日本拥有丰富的林木资源，以及煤、铁、铜、铅等矿藏⑧，这些矿藏的绝对储量从今天来看并不很大，但在传统技术条件下较为容易开采，而且集中在一个较小的地理范围内。这些资源在16、17世纪的开发，对东亚海上贸易具有重要意义。更加重要的是，日本拥有17世纪美洲银矿发现之前世界上最大的银矿。进入16世纪后，日本发现了多个银矿，并从中国引进了精炼技术"灰吹法"，从而大

① 《伊本·白图泰游记》，第487页。

② 木宫泰彦：《日中文化交流史》，商务印书馆1980年版，第82—86、109—116、238—243页。

③ 朴真奭：《中朝经济文化交流史研究》，辽宁人民出版社1984年版，第35页。

④ 参见崔光南《东方最大的古代贸易船舶的发掘——新安海底沉船》，《海交史研究》1989年第1期。王妹英：《关于新安海底沉船及其遗物》，见华夏收藏网，http://mycollect.net/blog/52406.html。

⑤ 滨下武志：《中国、东亚与全球经济：区域和历史的视角》，社会科学文献出版社2009年版；《近代中国的国际契机——朝贡贸易体系与近代亚洲经济圈》，中国社会科学出版社1999年版。

⑥ 木宫泰彦：《日中文化交流史》，第300、302页。

⑦ 速水融、宫本又郎编：《经济社会的成立：17—18世纪》（日本经济史Ⅰ），生活·读书·新知三联书店1997年版，第11、16—18页。

⑧ 日本金属矿藏及其开发与贸易的情况，见平尾良光、饭沼贤司、村井章介编：《大航海時代の日本と金屬交易》，株式會社思文閣出版，2014年。

幅提升了白银的产量。到 16 世纪末，日本白银产量已占世界总产量的 1/4 到 1/3，成为世界最重要的白银产地之一。这使得日本获得了巨大的购买力，从而可以从中国大量购买生丝等产品，发展自己的制造业。日本也因此成为中国最大的贸易伙伴之一。

其次，东南亚的开发在 16 世纪也取得长足的进展。这与中国对热带产品（特别是香料）需求的剧增和华人大量移居东南亚有密切关系。中国的海外贸易中的进口商品，一向以"香药犀象"为主，其中进口数量最大的是胡椒、丁香和肉豆蔻。胡椒原产于印度西海岸，后来引入东南亚，种植于占城、苏门答腊和爪哇。9 世纪以后，东南亚的香料生产日益扩大，在南海香料市场占据了主导地位。15 世纪欧洲人来到马鲁古群岛，这个群岛是世界上丁香和豆蔻的最主要产地，因此欧洲人将其命名为"香料群岛"。欧洲人获得了这个香料的重要来源，使世界香料贸易进入了一个新时代。由于香料是近代以前世界贸易中最重要的商品之一，因此东南亚香料生产的发展也改变了东亚和印度洋世界贸易的格局。

除了在东亚和东南亚取得进展之外，欧洲人的海上活动取得了更大的成就，即地理大发现。关于这个时期欧洲人的海上活动对于世界贸易的研究已多得不胜枚举。马克思和恩格斯在《共产党宣言》中对其重大意义做了精彩的概括："美洲的发现、绕过非洲的航行，给新兴的资产阶级开辟了新天地。东印度和中国的市场、美洲的殖民化、对殖民地的贸易、交换手段和一般商品的增加，使商业、航海业和工业空前高涨"；"由美洲的发现所准备好的世界市场……世界市场使商业、航海业和陆路交通得到了巨大的发展……不断扩大产品销路的需要，驱使资产阶级奔走于全球各地。它必须到处落户，到处开发，到处建立联系"；

"资产阶级由于开拓了世界市场，使一切国家的生产和消费都成为世界性的了……过去那种地方的和民族的自给自足和闭关自守状态，被各民族的各方面的互相往来和各方面的互相依赖所代替了"①。

在此之前的国际贸易中，各国、各地区之间的贸易活动没有得到广泛认同和采纳的制度和规则，同时也缺乏必要的安全保障，因此贸易很难有突破性的大发展。欧洲人在创造世界市场时，将其贸易制度和规则强加给所有参与者，而且这些制度和规则也在不断改进之中，从而从客观上为世界贸易的发展创造了有利的环境。

对于中国的海外贸易来说，上述变化具有非常重大的意义。葡萄牙、西班牙、荷兰、英国人先后到来，他们不仅在占领了许多贸易据点，对长途贸易的海船提供补给和安全保障，而且在南洋群岛建立了大片殖民地，直接经营香料的生产和销售。在南洋群岛，先后出现过一些国家②，但这些国家都是一种"曼陀罗体系"的国家③，统治松散而且不稳定，彼此纷争，兴衰无常。15 世纪末满者伯夷国被信仰伊斯兰教的玛塔兰王朝所灭，此后南洋群岛不再有强大政权。在形形色色的地方势力统治下，这个地区很难维持一种有利于商业发展的大环境。值得注意的是，在东南亚的大批华商，不仅得不到明清政府的保护，而且还往往被视为"通番奸民"而受到打击④。欧洲人到来之后创造了新的商业环境，华商在这种新的环境中能够更好地施展商业才干。华商与欧洲殖民者之间的关系很复杂，既有利益冲突的一面，也有相互合作的一面。其中华商与 17 世纪在亚洲最强大的西方贸易组织——荷兰东印度公司——的"合作伙伴"关系，被认为是中国海外贸易能够在 17、18 世纪的东南亚取

---

① 马克思、恩格斯：《共产党宣言》，人民出版社 1997 年版，第 28 页。

② 其中较大者有 7—13 世纪建立在南苏门答腊的室利佛逝国、13 世纪初在爪哇岛中部和东部兴起的新柯沙里国、13 世纪末在爪哇建立的满者伯夷国等。

③ 关于"曼陀罗"式国家的意义，见沃尔特斯（Oliver W. Wolters）：《东南亚视野下的历史、文化与区域：区域内部关系中的历史范式》，《南洋资料译丛》2011 年第 1 期。

④ 例如郑和下西洋时就对在南洋建立了政权的华商首领陈祖义及其势力进行剿灭。

得巨大成功的基础①。葡萄牙和荷兰人也通过华商积极介入中日贸易。在这种相互合作和斗争的复杂关系中，华商的力量迅速成长，在明末达到鼎盛，以郑氏集团为代表的华商成为操控东亚和东南亚海上贸易的强大力量。

更重要的是，马克思和恩格斯所说的"由美洲的发现所准备好的世界市场"对中国的海外贸易发展还有更大影响。这表现为正在迅速变得富裕起来的欧洲有了越来越强大的购买力，从而可以大量购买中国商品。西班牙统治下的美洲殖民地是早期近代世界白银的主要产地。在1500—1800年的三个世纪中，世界白银产量的85%以上都出产自西班牙的美洲殖民地。白银是近代早期世界贸易网络运行的主要媒介，而中国正处于货币白银化的时期，急需大量的白银供给。因此，欧洲成为中国主要出口商品的最大买主。

由于有了这个新的大客户，中国的三大出口商品——丝、瓷器和茶叶——的贸易，有了突飞猛进的发展。关于这些商品的贸易情况，学界已有许多研究，我也将在另文中作专门的讨论，这里仅只简略地引用一下该讨论的结论。到了18世纪中后期，中国出口的瓷器、茶叶和生丝的一半或者一半以上都输往欧洲。因此到了这个时期，欧洲成了中国商品的最大买主。从某种意义上来说，历史似乎转了一个大圈，回到两千年前的情景：分处欧亚大陆两端的中国和西欧，成为世界贸易的两大主体：中国出口，西欧购买。不过不同的是，如今中国和西欧之间贸易，不再经过无数的中间人，也不再是以货易货的方式进行，而是在欧洲人开拓的世界市场这个广大的天地中，借欧洲人之手，把中国商品送到欧洲和美洲，换回中国商业经济发展亟须的、同时也是国际贸易赖以进行的硬通货——白银。到了此时，中国的海外贸易的空间范围达到最大限度，扩展到了全世界。换言之，整个世界都成了中国海外贸易的活动空间。

* * * * *

通过以上讨论，我们可以看到：中国的海外贸易空间在四个时期中发生了很大变化。在第一个时期，中国海外贸易规模很小，所涉及的地域也很有限，东北亚海域、中国东海海域基本上可以忽略不计，仅只在南海，有一些和扶南、占城等中南半岛国家有直接的贸易往来，海上贸易地域大体上局限于南海。虽然有一些印度洋方面来的海船来到中国，但似乎只是偶发，没有形成经常性的活动。在第二个时期，中国海外贸易规模较前有明显扩大，印度洋地区成为中国海外贸易的主要场所，尽管这个时期中国的海外贸易在很大程度上操持在印度洋地区商人的手中。在第三个时期，中国海外贸易的空间继续扩大，中国也成为东海，南海和印度洋贸易的主导者。到了第四个时期，借助于西方开辟的世界市场，中国海外贸易的空间空前扩大，并成为全球贸易的主要参与者。由此可见，中国的海外贸易的时空范围绝非一成不变的。相反，这种空间范围总是处于不断的变动之中。中国的海外贸易是世界贸易的一部分，中国的海外贸易的变化也发生在世界贸易变化的大背景之下，并且在某种程度上受这个大背景的变化的左右。世界贸易的变化又取决于相关地区经济的起伏和运输的方式和能力，而这些都属于全球经济史研究对象。因此，只有把中国的海外贸易放在全球经济史的视野之中，才能更好地认识中国的海外贸易，也才能避免目下流行的那种把海陆"丝绸之路"视为无远弗届、永远畅通的"洲际贸易大通道"的罗曼蒂克的看法，把中国的海外贸易的研究置于真正的学术研究之中。

[原载《北京大学学报》（哲学社会科学版）2021年第2期]

---

① 徐冠勉：《奇怪的垄断——华商如何在香料群岛成为荷兰东印度公司最早的"合作伙伴"（1560—1620年代）》，《全球史评论》第12辑。

"耶路撒冷学派"与犹太民族主义史学的构建

艾仁贵[*]

摘　要：20 世纪二三十年代，一批受过欧洲现代学术训练的犹太学者群体移居巴勒斯坦，他们对犹太历史进行了浪漫化的解读，从而形成所谓的"巴勒斯坦中心史观"：强调犹太人是一个连续统一的民族有机体；主张以巴勒斯坦故土为中心重新解释犹太历史；淡化乃至否定流散地，把流散时代当作介于古代辉煌与现代复兴之间的中间期；同时，忽略和抹除阿拉伯人在当地的痕迹。这批被称为"耶路撒冷学派"的学者群体主要集中在耶路撒冷的希伯来大学，在建国前后直到 20 世纪 80 年代的以色列各级教育体系中占据着主导地位，对以色列的国民历史意识和大屠杀记忆的形塑产生了深远影响。作为民族主义史学的代表，"耶路撒冷学派"为犹太人在故土重构民族身份和创建现代国家提供了关键的学术支撑，但它也存在一些内在的缺陷。

关键词：耶路撒冷学派　民族主义史学　巴勒斯坦中心史观　国民历史意识　大屠杀记忆

进入 19 世纪与 20 世纪之交，犹太世界发生的一场空前变革就是，在现代反犹主义的迫害下，许多欧洲犹太人响应犹太复国主义的号召，开始集体移居本民族的精神故土——巴勒斯坦。返回故土的犹太人，渴望建立一个西方式的现代民族国家，因而要求具有完备的政治、经济、社会等组织结构。在此空前巨变之下，以追求"正常化"为目标的犹太认同之焦点从"宗教性"转向"民族性"，正如雅各·塔尔蒙所说："上帝在 18 世纪的死亡导致了许多人寻求宗教之外的集体认同焦点……一个重要的替代物就是对于民族的想象。"[①]

在这一时期移居巴勒斯坦的大批犹太人中间包括不少历史学者，这批学者在现代犹太民族认同构建的过程中发挥了重要的作用，其中影响最大的是"耶路撒冷学派"（Jerusalem School）。该学派兴起于 20 世纪二三十年代，以色列建国前后成为官方的正统历史叙述，塑造和影响了两三代以色列人的国民历史意识，其影响直到 20 世纪 90 年代受到后犹太复国主义的冲击才逐渐减弱。然而，"耶路撒冷学派"的重要影响与其受到的关注不太相称，当前学术界对以色列史学的关注更多聚焦于后犹太复国主义和"新历史学家"，围绕这些方面出版了许多学术成果，[②] 而对作为其前身和

---

 * 艾仁贵：河南大学以色列研究中心、区域与国别研究院副教授。

 本文是国家社科基金重大项目"20 世纪的历史学和历史学家"（项目编号：19ZDA235）的阶段性成果。

 ① Jacob Leib Talmon, *The Myth of the Nation and the Vision of Revolution：The Origins of Ideological Polarisation in the Twentieth Century*, University of California Press, 1980, p. 1.

 ② 有关以色列"新历史学家"的研究十分众多，参见 Efraim Karsh, *Fabricating Israeli History：The "New Historians"*, Frank Cass, 1997; Laurence J. Silberstein, *The Postzionism Debates：Knowledge and Power in Israeli Culture*, Routledge, 1999; Derek Penslar and Anita Shapira, eds. , *Israel Historical Revisionism：From Left to Right*, Routledge, 2002; Shlomo Sand, *The Invention of the Jewish People*, Verso, 2009; Yoav Gelber, *Nation and History：Israeli Historiography between Zionism and Post - Zionism*, Vallentine Mitchell, 2011; etc. 国内学术界对以色列史学的关注也多数侧重于后犹太复国主义和"新历史学家"。

批判对象的"耶路撒冷学派"关注甚少。①

作为 20 世纪以色列最重要的史学流派，"耶路撒冷学派"主导了以色列官方的历史叙述，其影响超出了学术界，而在整个以色列社会都有着不容忽视的重要地位，尤其在现代犹太民族国家构建中发挥了关键的作用。作为一个深受欧洲现代学术训练影响的学者群体，"耶路撒冷学派"如何将欧洲的学术理想与巴勒斯坦的实际相协调？在民族国家构建过程中，该学派从哪些方面对犹太历史观念进行了革新？该学派构建的历史观念是如何实践和推广的，以及在哪些方面形塑了以色列的国民历史意识？更进一步说，学术理性与民族情感之间存在何种复杂的关系？本文拟以"耶路撒冷学派"学者群体为研究对象，探讨该群体的学术渊源及其犹太民族主义史学观念，进而分析这一史学观念在以色列建国后的实践、推广及其存在的缺陷，以此为案例来窥探历史学者与现代民族认同构建之间的内在关系。

一 "耶路撒冷学派"学者群体及其学术经历

在 19 世纪初的欧洲，解放后的犹太人通常被阻挡在大学教育之外而只能进入犹太宗教学院学习，这种状况到 19 世纪末才有所改观，但犹太人在接受高等教育方面仍受到许多限制和歧视。基于此，犹太复国主义运动的愿景和梦想之一是在民族故土建立一所"犹太民族的大学"（University of the Jewish People）②。随着大批犹太移民前往巴勒斯坦，犹太高等教育机构也在当地发展起来。1918 年 7 月 24

日，希伯来大学（The Hebrew University of Jerusalem）在耶路撒冷的斯科普斯山正式奠基；1925 年 4 月 1 日，希伯来大学举行开办典礼，一开始设有微生物、化学和犹太研究三个研究所，它主要有两大目标：一是致力于成为自然科学和医学的研究中心，以科学技术促进以色列地的复兴；二是致力于成为希伯来传统学术的中心，加强人文学科尤其是犹太研究。其中，成立于 1924 年底的希伯来大学犹太研究所（Institute of Jewish Studies）具有特殊的意义，标志着现代犹太学术在民族故土的正式扎根。希伯来大学第一任校长犹大·马格内斯（Judah Leon Magnes）将该研究所称为"一处神圣的场所，可以毫无担心和憎恨地进行学习与教授自圣经时代以来的犹太教知识的圣所"；"我们为追求纯科学的理想欢欣鼓舞，世界上没有比耶路撒冷更适合学习托拉（即犹太学术）的场所"③。

新成立的希伯来大学犹太研究所提倡托拉与科学并举，一方面致力于促进祖先民族传统与故土的新联系，另一方面努力确保客观、科学研究的标准。以该研究所为中心，聚集了一大批著名的犹太研究学者，主要的代表有，伊扎克·贝尔（Yitzhak Baer，1888 - 1980）、本·锡安·迪努尔（Ben Zion Dinur，1884 - 1973）、格肖姆·肖勒姆（Gershom Scholem，1897 - 1982）、约瑟夫·克劳斯勒（Joseph G. Klausner，1874 - 1958）、以西结·考夫曼（Yehezkel Kaufmann，1889 - 1963）等。这批学者强调以崭新的视角审视犹太历史，通常被称为"耶路撒冷学派"；它是一个相对松散的称谓，指称以巴勒斯坦中心来研究犹太历史的

---

① 大卫·迈耶斯率先从史学角度关注"耶路撒冷学派"，参见 David N. Myers, *Re - Inventing the Jewish Past: European Jewish Intellectuals and the Zionist Return to History*, Oxford University Press, 1995；伊扎克·康弗蒂探讨了犹太复国主义史学与民族记忆塑造之间的关系，参见 Yitzhak Conforti, *Past Tense: Zionist Historiography and the Shaping of the National Memory* (in Hebrew), Yad Ben - Zvi, 2006。总体来看，这些研究对"耶路撒冷学派"民族主义史学两面性的分析不够，尤其缺乏对其忽略和抹除阿拉伯人层面的探讨。

② S. Ilan Troen, "Higher Education in Israel: An Historical Perspective", *Higher Education*, Vol. 23, No. 1 (January 1992), pp. 45 - 46.

③ David N. Myers, *Re - Inventing the Jewish Past: European Jewish Intellectuals and the Zionist Return to History*, p. 40.

学者群。[1] 这一术语最初在 1926 年由来自加利西亚的学者迈耶（L. A. Mayer）使用，以表达为犹太学术建立一种新的"科学"标准之期望。[2]

就学术背景来说，"耶路撒冷学派"的学者基本在德国大学接受高等教育和学术训练，熟悉德国式的现代学术理念，强调客观、理性、实证的科学精神。贝尔先后在柏林大学、斯特拉斯堡大学、弗莱堡大学学习哲学、历史、古典语言学，1912 年从弗莱堡大学获得博士学位；迪努尔 1911 年进入柏林大学和波恩大学学习，研究罗马帝国统治下以色列地的犹太人，由于第一次世界大战的原因没有获得博士学位；肖勒姆 1915 年进入柏林的腓特烈·威廉大学学习，学习哲学和希伯来语，随后进入耶拿大学、慕尼黑的路德维希·马克西米利安大学学习逻辑学和闪族语言学，博士论文研究最古老的喀巴拉文献《光明之书》（*Sefer ha - Bahir*）；克劳斯勒从海德堡大学获得闪族语言学博士学位；考夫曼在伯尔尼大学接受了哲学和圣经训练，1918 年完成了博士论文。

从学术经历上看，这几位学者都是在 20 世纪二三十年代进入巴勒斯坦，[3] 除了迪努尔比较曲折以外，[4] 其他几位都较为顺利地在希伯来大学获得了教职，并成为各自领域的著名学者。贝尔是中古西班牙犹太史的重要权威，著有《加路特》（1936）和两卷本的《基督教西班牙统治下的犹太人》（1929、1936）；[5] 迪努尔的研究领域为现代犹太史，著有《以色列在流散地》（1926）、《以色列在其故土》（1938）；[6] 肖勒姆是犹太神秘主义研究领域集大成的学者，被誉为现代喀巴拉学术研究的开创者，著有《犹太神秘主义主流》（1941）等；[7] 约瑟夫·克劳斯勒的主要研究领域为第二圣殿时期的犹太史，最有影响的著作是《拿撒勒的耶稣》（1921）和《现代希伯来文学史》（1930）；[8] 以西结·考夫曼的主要领域是圣经时代以色列宗教，著有《流放与异化》（1929—1932）与《以色列宗教史》（1937—1956）[9] 等。由于各自在犹太研究领域的突出贡献，1958 年，这五位"耶路撒冷学派"的代表性学者同时获颁以色列的最高学术荣誉——"以色列奖"（Israel Prize）[10]。

---

[1]　近来有研究者发现，根据耶路撒冷学派学者来源的不同，在其内部可以分为德国派（包括贝尔、肖勒姆等人）与俄国派（克劳斯勒、迪努尔等）两大阵营；前者深受犹太教科学传统的影响而较为客观，而后者则有着更为明显的民族主义倾向。参见 Yitzhak Conforti, *Past Tense*: *Zionist Historiography and the Shaping of the National Memory* (in Hebrew), Yad Ben - Zvi, 2006.

[2]　David N. Myers, "Was There a 'Jerusalem School'? An Inquiry into the First Generation of Historical Researchers at the Hebrew University", *Studies in Contemporary Jewry*, Vol. 10 (1994), p. 68.

[3]　这些学者移民巴勒斯坦的时间分别为：伊扎克·贝尔（1930）、本·锡安·迪努尔（1921）、格肖姆·肖勒姆（1923）、约瑟夫·克劳斯勒（1919）、以西结·考夫曼（1928）。

[4]　移居巴勒斯坦后，迪努尔一开始担任犹太教师培训学院的教师，随后成为该学院院长；1936 年，在贝尔的多次推荐下，获任为希伯来大学的现代犹太史讲师，1948 年成为教授，时年 64 岁。

[5]　Yitzhak Baer, *Galut*, Schocken, 1936; Yitzhak Baer, *Die Juden im christlichen Spanien*: *Urkunden und Regesten*, 2 Vols., Akademie für die Wissenschaft des Judentums, 1929 - 1936.

[6]　Ben Zion Dinur, *Israel in the Diaspora* (in Hebrew), Dvir, 1926; Ben Zion Dinur, *Israel in Its Land* (in Hebrew), Dvir, 1938.

[7]　Gershom Scholem, *Major Trends in Jewish Mysticism*, Schocken, 1941.

[8]　Joseph G. Klausner, *Jesus of Nazareth* (in Hebrew), Shtibel, 1921; Joseph G. Klausner, *A History of Modern Hebrew Literature* (1785 - 1930) (in Hebrew), Achiasaf, 1930.

[9]　Yehezkel Kaufmann, *Exile and Alienation* (in Hebrew), 4 Vols., Dvir, 1929 - 1932; Yehezkel Kaufmann, *History of Israelite Religion* (in Hebrew), 8 Vols., Bialik Institute - Dvir, 1937 - 1956.

[10]　该奖由以色列国家的名义授予，通常被视为国家最高文化荣誉。每年在以色列独立日的耶路撒冷举行仪式，以色列总统、总理、议长、最高法院院长等参加仪式。该奖 1953 年在教育部长迪努尔的倡议下设立，分为四大领域：人文科学、社会科学和犹太研究；自然科学和精密科学；文化、艺术、交流、体育；终身成就和对国家的突出贡献。获奖者均为所在领域的顶尖精英。

二 民族—故土—历史："巴勒斯坦中心史观"的浪漫化叙述

"耶路撒冷学派"最具代表性的两位学者为贝尔与迪努尔，前者是新成立的希伯来大学的第一位犹太史教授，迪努尔则是十分活跃的教育家。贝尔和迪努尔是希伯来大学犹太研究所的核心人物，也是当时最具影响的希伯来语学术期刊《锡安》（Zion）的首任编者。作为"耶路撒冷学派"的旗手和灵魂，他们在构建犹太民族主义史学过程中发挥了主导性的作用。"耶路撒冷学派"学者对犹太历史进行了浪漫化的解读，将之划分为流散地与故土的两极化状况，从而形成所谓的"巴勒斯坦中心史观"（Palestinocentrism）。具体来说，可以体现为以下几个核心内容：首先，认为犹太民族是一个统一的、有机的生命体（organic living entity），具有自身独特的实质和从古至今连绵不断；其次，强调民族与土地的联系，认为以色列地是犹太历史的中心；再次，否定流散生活，认为流散时代是介于古代民族辉煌与当前由犹太复国主义主导的民族复兴之间的中间阶段；最后，忽略和抹除非犹太人（尤其是阿拉伯人）在巴勒斯坦生活的痕迹。

（一）"连续统一的民族有机体"概念

"民族"被"耶路撒冷学派"的学者置于中心的位置，他们强调犹太人是一个连续统一的民族有机体，即使在流散的十几个世纪也是如此，这种独特的经历世界上任何其他民族都无法比拟。贝尔与迪努尔1936年在他们创办的《锡安》杂志发刊词《我们的目标》中旗帜鲜明地宣布，犹太历史"是犹太民族的历史"，是一个"包括所有时期和所有场所的同质整体"："我们史学的根本预设是——它应该作为讨论犹太历史的功能和决定其研究目标的出发点——犹太历史是犹太民族的历史，它从未停止存在和它的重要性从未有所减弱；犹太历史是一个包括所有时期和所有场所的同质整体，它们中的每个部分都彼此反映。"① 这意味着犹太历史不仅是一个宗教团体的历史，而且也是一个民族整体的历史；它虽然分散在众多的流散地，但却是一个彼此间相互联结的独特民族。

贝尔将犹太史视为具有"民族精神"（ruah ha - umah）或"民族灵魂"（nefesh ha - umah）的有机整体，强调每个流散社团都构成以色列共同体必不可少的部分，每个社团本身即一个"小型有机体"（miniature organism）。② 这种有机体的概念来自浪漫主义的民族思想，他在其《基督教西班牙统治下的犹太史》中强调："从最初的开端直到我们的时代，犹太历史构成一个有机的整体。在随后的每个发展阶段中都更为充分地揭示了指导它的独特力量的本质，这种力量的原始活力已被普遍认可。"③ 以西结·考夫曼则从宗教角度强调了犹太史的民族属性，提出了与当时主宰圣经研究界的威尔豪森理论不同的路径，认为由摩西揭开的一神论革命，不是任何周边文化影响的结果，而是彻底的以色列现象："古代以色列人的宗教是以色列民族的原创。它完全不同于异教世界所知的任何事物；它的一神论世界观在异教中找不到前身。"④

迪努尔进一步强调，犹太民族作为有机整体在大流散时期仍然得到了维持，他们在流散过程中仍然是一个政治民族，而不是一个没有政治意识的散居群体。这主要是由于流散犹太

① Yitzhak Baer and Ben Zion Dinur, "Our Purpose", Zion (in Hebrew), Vol. 1 (1936), p. 1.

② Israel Jacob Yuval, "Yitzhak Baer and the Search for Authentic Judaism", in David N. Myers and David B. Ruderman, eds., The Jewish Past Revisited: Reflections on Modern Jewish Historians, Yale University Press, 1998, p. 79; Michael Brenner, Prophets of the Past: Interpreters of Jewish History, trans. Steven Rendall, Princeton University Press, 2010, p. 173.

③ Yitzhak Baer, A History of the Jews in Christian Spain, Vol. 1, trans. Louis Schoffman, Jewish Publication Society of America, 1966, p. 1.

④ Yehezkel Kaufmann, The Religion of Israel: From Its Beginnings to the Babylonian Exile, University of Chicago Press, 1960, p. 2.

人对故土的持久依恋和共同期盼，这种期待将他们联合在一起，并且保护了他们的民族属性。在迪努尔看来，尽管犹太人失去了故土、经历了多样的外部环境，犹太人从未丧失他们的民族本质："甚至在犹太国家毁灭之后，无家可归的犹太人分散在各民族中间并被他们居住的不同国家吸收，犹太民族的整体性仍然是完整的和牢不可破的……甚至在流散过程中，这个民族构成了一个独特的有机实体；这就是说，众多的流散犹太社团由独特的生活过程所联结……这种有机实体的根本特征不仅是社会心理上的，而且也是社会政治上的。"① 迪努尔指出，社会心理上的整体意识指犹太人承载着共同的历史文化背景以及有关共同过去的记忆，而社会政治上的整体意识来自犹太人对巴勒斯坦故土的强烈依附感，它助推着犹太民族的弥赛亚期盼和返回故土活动，这也导致了他们与外部环境的疏离。总之，在该派学者看来，无论生活在多少种文明之下，犹太民族一直都是同质的，并对锡安故土保持着持久的热爱与向往，这种热爱构成了犹太民族性的内核及其在所有流散地保持统一性的基础。

（二）以巴勒斯坦为中心观察犹太历史

"耶路撒冷学派"学者强调，犹太历史的整个过程都是以巴勒斯坦（犹太人称之为以色列地）为中心的，巴勒斯坦故土一直都是犹太民族的核心焦点，而无论绝大部分犹太人是否居住在那里，或者无论当地绝大部分人口是否为犹太人。迪努尔指出："甚至在流散时期，以色列地及其犹太人口仍在这个民族的历史上发挥着重要的作用。这不仅是因为过去深刻而持久的情感影响，而且是因为在压迫和迫害时期增强了民族精神的救赎期盼，这些都与一直十分神圣的巴勒斯坦密不可分。在流散时期，以色列地的特殊重要性是伊休夫（Yishuv，即巴勒斯坦犹太社团）的历史和疆域独特性的结果，也是犹太集体在其流散地的独特特征的结果。伊休夫的这种独特性来自三个基本事实：它的历史连续性、它的个体特征和它的完全犹太性。"② 贝尔也强调，在以色列地做出的裁决高于流散地，"我宁愿接受以色列地一个小派别的裁决，也不愿接受流散地大型犹太教公会的裁决"③。

在迪努尔看来，以色列地不仅是犹太民族的精神中心，而且也在犹太历史中发挥着实际的中心作用，其中心地位来自四个方面：首先，以色列地作为圣地发挥着"权威中心"（center of authority）的地位；其次，它是犹太人日夜期盼的目标，体现在他们的祈祷词和文献中；再次，以色列地的重要性由于历史上一直都有犹太人生活在当地而得到了增强；最后，流散犹太人与以色列地的联系（通过移民、朝圣等方式）从未间断。因此，尽管在大流散时期，犹太民族的绝大部分并不生活在那里，但巴勒斯坦始终位于犹太民族的核心："地理上说，巴勒斯坦是近东版图的一部分，首先属于马木路克人、而后属于土耳其人，这种地理状况无疑决定着这个国家犹太人生活的外在框架。但从历史上说——就伊休夫的重要性和它与整个犹太历史的联系而言——它在每个时期都位于犹太人争取生存斗争的核心，也位于每个世代'犹太情感'和'犹太倔强'的中心。"④

"耶路撒冷学派"极力提倡以巴勒斯坦故土为中心观察犹太史，这在犹太史的分期问题上得到了鲜明地体现。在迪努尔看来，流散并不始于通常所认为的第二圣殿毁灭，它始于 7 世纪阿拉伯人的征服而导致以色列地丧失了犹

---

① Ben Zion Dinur, *Israel and the Diaspora*, Jewish Publication Society of America, 1969, p. 47.

② Ben Zion Dinur, *Israel and the Diaspora*, p. 58.

③ Efraim Shmueli, *Seven Jewish Cultures: A Reinterpretation of Jewish History and Thought*, trans. Gila Shmueli, Cambridge University Press, 1990, p. 231.

④ Ben Zion Dinur, *Israel and the Diaspora*, p. 63.

太"特征"①；与此前的其他征服者不同，阿拉伯人的到来永久性地打破了这一地区的经济与疆域格局，自此犹太"特征"不断被强制抹除直到现代犹太复国主义的兴起才得以遏制这一趋势。② 迪努尔把大流散的起点放在了636年，因为这一年，阿拉伯人征服了巴勒斯坦，并逐渐成为当地的主体民族："我不选择更早的时期作为起点的理由是，直到这一时期，犹太历史从总体上说仍是犹太民族生活在其自身土地上的历史。"③ 出于对以色列故土的选择性强调，他把1700年一群波兰犹太人受到萨巴泰运动的影响移居耶路撒冷作为流散历史的终结与现代犹太史的开端。迪努尔赋予这一事件以特殊的意义，认为它吹响了犹太人返乡复国的号角，标志着"弥赛亚活动转向现实主义的开始"，而没有其他事件"对这场移民之后犹太史的所有不同道路具有如此深厚和持续的影响"④。在他看来，现代犹太史并不始于犹太人融入外邦主流社会，⑤ 而是始于犹太人与以色列故土重新恢复政治联系。

（三）否定流散地与"犹太历史三段论"

在强调巴勒斯坦作为犹太历史中心的同时，流散地在"耶路撒冷学派"的框架中自然沦于边缘。从犹太复国主义的角度看，流散生活是不安全的，也是犹太人遭受一切反犹迫害的内在根源，只有返回故土才能获得健康、正常的生活。该观念被称为"否定流散地"（Shlilat ha - golah/Negation of the Diaspora）。"耶路撒冷学派"学者强烈反对流散的不正常

状态，伊扎克·贝尔指出，"我们在外邦土地上做的一切，都是对自己精神的背叛。"⑥ 以西结·考夫曼在其成名作《流放与异化》中强调流散生活对犹太民族属性的扭曲，将之视为无法忍受的异化行为："犹太人无法进入他们周围的世袭社团。其结果是，他们也在对其周围土地的自然世袭权中没有份额……犹太人在外邦人土地上的'异质性'（foreignness）不是来自他们敌人的恶意发明。它深深植根于大众心理之中……在可以预见的未来，犹太民族将只有一条道路，那就是通向这块犹太人的土地。"⑦

"耶路撒冷学派"学者明确反对19世纪的西欧犹太历史学者以撒·约斯特（Isaak Jost）、亚伯拉罕·盖革（Abraham Geiger）等将流放视为犹太人向外部世界传播道义的积极解释，并将这些解释斥为"比此前任何时代有关犹太教的看法都要荒谬"⑧；主张只有在犹太复国主义预设的基础上才能不受外部影响地、客观地研究犹太史。贝尔强调，由于缺乏自己的疆域，犹太人一直十分期盼返回民族的故土；流放生活是不自然的状态，因而必须被废除："加路特回到了它的起点。它依然意味着政治奴役，这必须被彻底废除……加路特是对上帝秩序的否定。上帝给予每个民族各自的场所，他把巴勒斯坦给予了犹太人。加路特意味着犹太人离开了他们自然的场所。每个离开了其自然场所的事物，都因此丧失了它的自然支撑，直到它返回自然的场所。以色列人在各

① 迪努尔认为，以色列地丧失犹太特征是一个漫长的过程，它最早开始于哈德良统治时期，罗马人对犹太国家的征服导致非犹太定居点在巴勒斯坦的增多，它最终结束于十字军东征时期基督教征服者对当地残余犹太人口的屠杀。而其中具有决定性意义的事件就是7世纪阿拉伯人对巴勒斯坦的征服。

② David Myers, "History as Ideology: The Case of Ben Zion Dinur, Zionist Historian 'Par Excellence'", *Modern Judaism*, Vol. 8, No. 2（May 1988），p. 177.

③ Ben Zion Dinur, *Israel and the Diaspora*, p. 3.

④ Ben Zion Dinur, *Israel and the Diaspora*, pp. 90, 94.

⑤ 在现代犹太史的开端问题上，不同时代的犹太史家有着不同的界定。在19世纪的德国犹太历史学家海因里希·格雷兹看来，现代犹太史始于启蒙运动对犹太社团的渗透，因此在他看来第一个现代犹太人是摩西·门德尔松；对于20世纪初的东欧犹太历史学家西蒙·杜布诺夫来说，现代始于赋予犹太人以政治解放和平等公民权的法国大革命，使他们得以进入现代性的世界。参见艾仁贵《现代性何时进入犹太社会？——有关犹太社会现代转型起点问题研究的演进》，《史学理论研究》2017年第4期。

⑥ Yitzhak Baer, *Galut*, trans. Robert Warshow, Schocken Books, 1947, p. 122.

⑦ Michael Brenner, *Prophets of the Past*: *Interpreters of Jewish History*, p. 182.

⑧ Michael Brenner, *Prophets of the Past*: *Interpreters of Jewish History*, p. 171.

民族中间的流散是不自然的状态。由于犹太人体现为一个民族整体，甚至要比其他民族体现得更为显著，有必要使他们返回实际的整体状态……根据自然法则，加路特不能一直持续下去。"①

"耶路撒冷学派"学者对历史观念进行了根本性的革新，他们将整个犹太历史划分为古代时期、流散时代与现代民族复兴三大时期（见图 1），这种分期为犹太认同的重构奠定了基础。从政治主权上看，古代时期和现代民族复兴是拥有主权时期，被视为同质的，都在以色列故土、使用同一种语言；而流散时代是丧失主权时期，散布在许多国家，出现了多种文化和多种语言。在"犹太历史三段论"的框架下，流散地遭到了否定和贬低，漫长的流散历史被压缩为古代与现代之间的中间期；贝尔指出，中古时期代表着犹太人在"民族诞生的最初创造时期与传统价值走向崩解的现代时期"之间的中间阶段。② 通过向前跳跃两千年，返回作为民族之根的圣经时代，得以在古代民族辉煌与现代民族复兴之间建立起一种象征上的延续。③

现代民族主义的核心诉求之一，就是力图回到民族理想中的"黄金时代"④，借此实现民族复兴。"耶路撒冷学派"的民族主义诉求通常以圣经时代为理想目标，主张从古老的民族辉煌中寻找实现民族救赎的途径。尽管贝尔的主要研究领域是中古时期，但他强调圣经时代是犹太历史有机体发展的决定性起点："犹太历史学家必须发现圣经时代的内在动力，这种动力注定在随后时期的不同条件下和多变环境中持续发挥作用"⑤；"没

有圣经时代，我们无法理解犹太民族的历史。圣经时代成为了后来各个时代的典范和标准"⑥。在 20 世纪上半叶流行于巴勒斯坦犹太社团的思想观念中，对《希伯来圣经》与《塔木德》存在两极化的评价：《塔木德》代表着与犹太大流散相连的屈辱状态，而《希伯来圣经》则体现了犹太人在民族故土取得的尊严与辉煌。"随着犹太民族主义的兴起，许多犹太人与《圣经》和《塔木德》之间的关系发生了转向。犹太复国主义者将《圣经》而不是《塔木德》作为民族文献，因为《圣经》讲述了这个民族的英雄故事，而且它们的焦点是以色列地。"⑦

（四）　"去阿拉伯化"与对巴勒斯坦的"除名毁忆"

"耶路撒冷学派"以巴勒斯坦为中心来观察犹太历史，并非以生活在巴勒斯坦的所有民族为出发点，而是仅仅凸显犹太人在当地的活动，同时忽略甚至抹除非犹太人在巴勒斯坦的存在。在所有曾经和现在生活于巴勒斯坦的异族中，他们尤其忽略阿拉伯人在当地的痕迹，为此提出了著名的口号"没有土地的民族来到没有民族的土地"（A land without a people for a people without a land），⑧ 把犹太复国主义进入之前的巴勒斯坦视为一块"空地"（empty land），以实现"去阿拉伯化"（de‑Arabization of the Land），抹除阿拉伯人在这块土地上的印记。⑨ 把巴勒斯坦视为一块"空地"有着更深层的内涵：它力图表明犹太人返回巴勒斯坦是回到自己的故土，而不是占据其他人的

① Yitzhak Baer, *Galut*, pp. 118‑119.

② Yitzhak Baer, *A History of the Jews in Christian Spain*, Vol. 1, p. 3.

③ Yael Zerubavel, "Transhistorical Encounters in the Land of Israel: On Symbolic Bridges, National Memory, and the Literary Imagination", *Jewish Social Studies*, Vol. 11, No. 3 (Spring/Summer 2005), p. 117.

④ Anthony D. Smith, "The 'Golden Age' and National Renewal", in Geoffrey Hosking and George Schopflin, eds., *Myths and Nationhood*, Routledge, 1997, pp. 36‑59.

⑤ Yitzhak Baer, "A Social and Religious History of the Jews", *Zion* (in Hebrew), Vol. 3 (1938), p. 280.

⑥ Yitzhak Baer, *Israel Among Nations* (in Hebrew), Bialik, 1955, p. 14.

⑦ Moshe Halbertal, *People of the Book*: *Canon, Meaning, and Authority*, Harvard University Press, 1997, p. 132.

⑧ John Rose, *The Myth of Zionism*, Pluto, 2004, chapt. 4, 5.

⑨ Christine Pirinoli, "Erasing Palestine to Build Israel: Landscape Transformation and the Rooting of National Identities", *Études rurales*, No. 173‑174 (2005), pp. 67‑85.

土地；这块土地在犹太人进入之前是无主的，它一直在等待它的主人，这块土地将随着犹太人的返回而获得真正的救赎。

在学术层面，"耶路撒冷学派"学者将犹太人的历史视为巴勒斯坦地区唯一值得书写的历史，把非犹太人尤其是阿拉伯人的历史"沉默化"。学者怀特拉姆指出，巴勒斯坦自古以来就是多种民族和历史的家园，耶布斯人、以色列人、迦南人、非利士人、摩押人及其他民族在此繁衍生息；但从 19 世纪晚期开始，尤其是在犹太复国主义史学家的努力下，这个复杂多元的历史开始陷入沉默并被强行压制，从而使入侵的以色列人及其历史成为唯一值得思考与书写的叙事。这种"胜利者的书写"导致同一时期兴起而迄今的圣经研究与圣地考古中存在两种明显的倾向：一是将古代巴勒斯坦人的历史从圣经研究中剥离开来，二是学者们在"发明"古代以色列的同时把巴勒斯坦人的历史"沉默化"[1]。

"耶路撒冷学派"否认巴勒斯坦人的存在还体现在政治层面，主张采取各种手段抹除巴勒斯坦土地上的阿拉伯印记，"抹去巴勒斯坦以建设以色列"[2]。其中重要的手段有，大规模恢复圣经时代的希伯来地名以取代阿拉伯地名，同时还印制了大量带有希伯来名称的地图，大规模植树造林以重塑地貌，通过制造既定事实以确立犹太人对于巴勒斯坦主权的合法性。通过地名变更、地图制作和植树造林等行为，辅以在定居点附近开展考古发掘活动，犹太人改变和重塑了当地的地理特征与人文结构，使得巴勒斯坦的地貌被快速"犹太化"(the Judaization of the landscape)，[3] 在此过程

中许多阿拉伯特征被消融。

归纳起来，"耶路撒冷学派"构建的巴勒斯坦中心史观代表着犹太史学意识的革新，将犹太历史的焦点从宗教（这是 19 世纪欧洲犹太历史学家的主要关注点）转向民族（the nation），致力于在故土重建现代民族国家，这是"一种对待过去的新态度，为过去的辉煌与荣耀而欢呼，以新的视野评估文献并充分重视群众的力量，最重要的是，转向对人民与民族的研究"[4]。从思想来源上来看，该学派的历史叙述深受 19 世纪欧洲浪漫派民族主义（Romantic nationalism）思潮的影响，后者把生物学意义上的"有机体"运用到民族之上，认为民族不仅是一种功能性的联系，而且也是所有部分相互联结的鲜活有机体；这种有机体的概念建立在共同的起源、气质和遗产之上，建立在对故土的热爱之上，以及建立在该团体成员之间的相互认同之上。"耶路撒冷学派"通过借用民族有机体理论，将从起源到现在的所有阶段都整合到一个单一的实体之中，使犹太历史得以超越流散的分歧和多元，形成了相互联系的有机序列。浪漫派民族主义尤为强调民族与其土地之间的联系，将土地视为民族精神孕育和成长的根基。为此，"耶路撒冷学派"极力强调民族的起源时代和发源地，主张犹太历史有且只有一个中心，那就是以色列地，犹太民族的所有创造力都是在故土发展起来的。在此观念下，"耶路撒冷学派"将新的民族统一性的力量确定为：犹太民族对其故土的依恋及联系，这种联系纽带从古代、中世纪一直贯穿到现代，成为犹太历史发展的根本动

① Keith W. Whitelam, *The Invention of Ancient Israel*: *Silencing of the Palestinian History*, Routledge, 1996, p. 38. 作为对这块地名的指称，甚至"巴勒斯坦"一词也引起了"耶路撒冷学派"学者的强烈不满，将之斥为"哈德良的诅咒"(Hadrian's Curse)。在他们看来，罗马皇帝哈德良为了铲除犹太人对故土的记忆，人为将这块土地原本的名称"犹地亚"(Judea)改为"巴勒斯坦"(Paelestina，意为非利士人之地，而非利士人是古代以色列的敌人)。犹太学者强调这种"除名毁忆"行为制造了一场历史性灾难，导致这个被称为"巴勒斯坦"的地名存在了 1800 年之久，并发展为一个影响至今的地缘政治概念。参见 David Ohana, *Nationalizing Judaism*: *Zionism as a Theological Ideology*, Lexington Books, 2017, p. 89.

② Christine Pirinoli, "Erasing Palestine to Build Israel: Landscape Transformation and the Rooting of National Identities", *Études rurales*, No. 173 – 174 (2005), pp. 67 – 85.

③ Maoz Azaryahu, "(Re) Naming the Landscape: The Formation of the Hebrew Map of Israel, 1949 – 1960", *Journal of Historical Geography*, Vol. 27, No. 2 (April 2001), pp. 178 – 195.

④ David N. Myers, "Was There a 'Jerusalem School'? An Inquiry into the First Generation of Historical Researchers at the Hebrew University", *Studies in Contemporary Jewry*, Vol. 10 (1994), p. 69.

力，也是犹太民族认同的主要灵感源泉。

三 犹太复国主义历史叙述在各级教育体系的实践与推广

值得注意的是，"耶路撒冷学派"倡导的历史观念，由于契合了犹太复国主义的意识形态很快进入公众意识层面，尤其在以色列建国后借助国家权力的推广而在各级教育体系中成为"犹太复国主义官方历史叙述"（Zionist master historical narrative），通常也被称为"犹太复国主义史学"（Zionist historiography）。① 贝尔、迪努尔、肖勒姆、克劳斯勒等不仅是各自领域的代表性学者，而且也是以色列思想文化领域的精英，其影响不局限于学术界。尤其迪努尔活跃于伊休夫和以色列的教育与政治领域，长期担任负责培训希伯来语师资的犹太教师培训学院的院长，建国后他被选举为代表马帕伊党的以色列第一届议会议员，并在 1951 年至 1955 年间出任教育与文化部部长；迪努尔因其重要影响而被誉为"最为卓越的犹太复国主义历史学家"（Zionist historian "Par Excellence"）②。在迪努尔等人的努力下，从以色列建国起至 20 世纪八九十年代，"耶路撒冷学派"的史观在以色列大学、中小学等各级教育体系中占据了主导地位，塑造了好几代以色列人的国民历史意识。

（一）主持制定全国课程大纲

"耶路撒冷学派"的历史叙述并非一开始就被伊休夫所接受。20 世纪 20 年代，伊休夫采用俄国犹太历史学家西蒙·杜布诺夫（Simon Dubnow）的历史叙述，强调犹太民族存在多个"不断变化的犹太中心"，例如古代的巴比伦、中古时期的西班牙、中古晚期与现代阶段的波兰与立陶宛、当代的俄国；③ 值得注意的是，这些"地理中心"绝大部分位于流散地。从 20 世纪 30 年代初开始，迪努尔及其领导的犹太教师培训学院积极介入教科书编撰，主张以巴勒斯坦为中心来观察犹太历史，强调故土在犹太民族史上的中心地位。然而，在当时伊休夫教育系统比较分散的状况下，这种叙述获得认可的范围较为有限。④

这种局面的真正改观是在以色列建国后，尤其 1951 年至 1955 年迪努尔担任教育部部长，使"耶路撒冷学派"历史观念获得了系统实践和全面推广的机会。这一时期涌入了大批新移民，正是以色列国民意识形塑的关键期，迫切需要为犹太民族构建一个统一的叙述，用来教育民众尤其是各级教育机构的学生，从而创造一个共同的历史记忆和民族身份。迪努尔强调，"如果我们希望同化多元的移民群体并将他们整合进一个统一的民族和文化整体之中，我们必须形成许多规范"⑤。1954 年，在迪努尔主持下，以色列教育部制定了全国性的课程大纲，通常被称为"1954 年全国课程大纲"（1954 National Curriculum）。⑥ 作为教育部部长，迪努尔是这份课程大纲的主要设计者，⑦ 他决定，整个大纲应当建立在国家教育的目标之上，而国家教育的目标在于灌输以色列文化和科学成就的价值，培养热爱故土和忠于国家的意识："尽我所能的

---

① Yitzhak Conforti, "Alternative Voices in Zionist Historiography", *Journal of Modern Jewish Studies*, Vol. 4, No. 1 (March 2005), p. 2.

② David Myers, "History as Ideology: The Case of Ben Zion Dinur, Zionist Historian 'Par Excellence'", *Modern Judaism*, Vol. 8, No. 2 (May 1988), pp. 167–193.

③ Michael Brenner, *Prophets of the Past: Interpreters of Jewish History*, p. 98.

④ Dan A. Porat, "Between Nation and Land in Zionist Teaching of Jewish History, 1920–1954", *The Journal of Israeli History*, Vol. 27, No. 2 (September 2008), p. 261.

⑤ Y. Mathias, "In Sign of Nationalization of Education – History in the State Education", in Avner Ben–Amos, ed., *History, Identity and Memory: Past Images on Israeli Education*, Ramot, 2002, p. 17.

⑥ Dan A. Porat, "Between Nation and Land in Zionist Teaching of Jewish History, 1920–1954", *The Journal of Israeli History*, Vol. 27, No. 2 (September 2008), p. 261.

⑦ 由于迪努尔在教育领域的重要贡献，1973 年，他再次获颁"以色列奖"。

是，试图给学生们灌输与我们历史的联系，我认为它是一个重要条件以解决我们所面临的最困难问题之一：如何复兴世世代代的契约。如果四千年的历史存活在我们的心中，将会非常强大；但如果它们仅被记载于书本中，将会毫无价值。如果我们想要成为以色列民族（Am Israel）的继承者，就必须将四千年的历史灌输到每个人的心中。"①

迪努尔设计的全国课程大纲集中在三大领域：首先是圣经教育（Bible instruction），突出《圣经》和贬低大流散时期的犹太文献（例如《塔木德》和其他经典），同时忽略《圣经》的宗教内涵，把它将当作古代犹太民族的历史与地理；其次是故土研究（Moledet studies），强调与这块土地有关的所有自然特征，例如土壤、山川、气候、动植物以及农业和垦殖活动，以培育对故土的自豪和热爱之情；② 再次是历史教育（history teaching），尤其集中体现了"耶路撒冷学派"的思想。由迪努尔设计的犹太史课程始于大卫王国，中间凸显第二圣殿时期的英雄主义与现代民族复兴过程中的武装斗争，顶点是 1948 年的以色列独立战争；它将流散时代的开端放在 7 世纪的伊斯兰征服，而不是第二圣殿被毁；只讲授与以色列地有关的流散地事件，忽略异族统治下的流散犹太生活和异族在巴勒斯坦的情况；专门设立一个教学单元"以色列的复兴"（Tekumat Israel），讲授作为现代民族复兴的犹太复国主义运动。③ 在新的课程大纲之下，犹太历史被塑造成统一和连续的叙述，犹太人在流散时期仍是一个民族整体，并把阿拉伯人作为敌对的他者，来自中东和北非的犹太人也被从

叙述中抹去。④ 其目标是，"使儿童扎根于以色列地，我们先辈的土地，也是希伯来民族的诞生地"，并给他们灌输"故土是我们的天然家园，也是我们物质文化和精神文化得以创造的基础之意识"⑤。这种课程的叙述教育了建国后的好几代人，到 20 世纪 70 年代中期才进行大的修订，但直到 20 世纪 90 年代，政府倡导的犹太复国主义历史叙述仍居主导地位。

（二）从圣经历史中找回"民族之根"

以色列建国初期，涌入大约 70 万移民，这相当于原来的总人口，新移民人数众多且来自不同文化背景。以色列作为一个再造的国家，其内部面临文化、种族、肤色、语言等方面面的多样性，用诺亚·卢卡斯的话来说，以色列是"用欧洲的手术在亚洲腹地用剖腹产生的方法诞生"的新国家。⑥ 为将新移民整合进新兴国家，"耶路撒冷学派"学者主张借助于流散前的犹太历史来达到这一目的，因为漫长的流散导致了犹太人在语言、习俗、文化等方面的巨大不同，而流散前的犹太人则被认为是相对同质的。通过对圣经历史的强调，以超越流散时代形成的多样性，在现代的民族复兴与古代的历史辉煌之间架起一座桥梁。⑦

为了促使来自世界各地的移民认同于这个新国家，迪努尔在教育领域积极推行本·古里安的国家主义思想，他负责起草了 1953 年《国家教育法》（State Education Law 5713 - 1953），建立起以色列的国家教育系统，致力于灌输"犹太文化的价值""热爱故土"和

① David N. Myers, *Re - Inventing the Jewish Past*: *European Jewish Intellectuals and the Zionist Return to History*, p. 150.
② Uri Ram, *Israeli Nationalism*: *Social Conflicts and the Politics of Knowledge*, Routledge, 2011, pp. 21 - 24.
③ Yitzhak Conforti, "Alternative Voices in Zionist Historiography", *Journal of Modern Jewish Studies*, Vol. 4, No. 1 (March 2005), p. 7.
④ Dan A. Porat, "Reconstructing the Past, Constructing the Future in Israeli Textbooks", in Stuart J. Foster and Keith A. Crawford, eds., *What Shall We Tell the Children? International Perspectives on School History Textbooks*, Information Age Publishing, 2006, p. 199.
⑤ Uri Ram, *Israeli Nationalism*: *Social Conflicts and the Politics of Knowledge*, p. 23.
⑥ 诺亚·卢卡斯：《以色列现代史》，杜先菊等译，商务印书馆1997年版，第402页。
⑦ Yael Zerubavel, "Antiquity and the Renewal Paradigm: Strategies of Representation and Mnemonic Practices in Israeli Culture", in Doron Mendels, ed., *On Memory*: *An Interdisciplinary Approach*, Peter Lang, 2007, pp. 331 - 332.

"忠于犹太国家"等意识。① 在将该法律提交议会时，迪努尔强调国家的目标是"教育每个公民完全和彻底认同于这个国家、它的未来和它的生存"，而首要的途径是认同故土，"根本的问题是这个民族扎根于这块土地的能力……有必要将这块土地注入心中，在每个人心中创造直接认同于这块土地的意识"②。从 20 世纪 50 年代末开始，以色列政府在各级学校大力推行的"促进犹太意识计划"（fostering Jewish consciousness）③ 也是服务于这个目的。

在以色列的各级各类学校教育中，《希伯来圣经》占有十分重要的地位。《希伯来圣经》不是被当作宗教经典，而是被作为民族历史、地理和文学来讲授。④ 《希伯来圣经》被视为犹太人对其故土享有排他主权的历史依据和合法性来源："《圣经》象征着与民族过去的联结。它是这个国家动植物和古代定居遗迹的指南，这些遗迹曾被许多个世纪的尘土所覆盖而现在才得以揭开，向人们展示了令人兴奋的场所例如基利波山、约旦河、阿亚龙山谷。它保存着历史记忆……也使以色列地具体化，构成了过去与现在的直接联系。它是民族自豪的来源，证实着犹太人在故土的创造力。"⑤ 圣经历史和圣经考古在以色列建国前后得到大力的推崇，在"耶路撒冷学派"学者看来，圣经时代提供了犹太人曾经生活在故土的历史见证与心理支撑，它既可以被用来否定阿拉伯人对这块土地的权利，⑥ 还可以帮助犹太人克服因流散造成的文化、种族、肤色、

语言等方方面面的多样性而找回"民族之根"："古代被视为民族的黄金时代，犹太复国主义者期望返回这一时期以找回他们已经失落的民族之根：民族精神、希伯来认同、希伯来语，他们的故土以及一个独立民族的社会、经济与政治结构。"⑦ 值得注意的是，找回"民族之根"并不是一味返回古代，而是进行了全面的革新；其中根本性的改造是，剥离了传统的宗教内涵，重新赋予世俗的民族价值。

（三）塑造学术体系和话语体系

从以色列建国起到 20 世纪 80 年代，"耶路撒冷学派"的历史观念在学术领域几乎处于绝对主导地位，尤其在 20 世纪五六十年代发展至顶峰。除了迪努尔担任教育部部长，伊扎克·贝尔从 1930 年至 1959 年长期担任希伯来大学历史系的主任，他们共同主宰着以色列的学术话语体系。从学科设置看，几乎以色列所有的综合性大学都设立了犹太历史系，"耶路撒冷学派"学者都在这些院系部门占据了主导地位。此外，贝尔、迪努尔等创办并主导了许多学术机构，例如作为以色列历史学家共同体的以色列历史学会（The Historical Society of Israel）⑧、被称作"犹太民族档案馆"的犹太民族历史中央档案馆（The Central Archives for the History of the Jewish People，CAHJP）⑨ 以及作为世界范围内犹太研究联合体的世界犹太研究协会（World Congress for Jewish Studies）等。⑩

---

① 本·古里安将教育视为国家主义工程的主要支柱，他把《国家教育法》当作以色列国的两部"超级法律"之一，另一部是体现着犹太国家历史使命的《回归法》。

② Charles S. Liebman and Eliezer Don - Yehiya, *Civil Religion in Israel：Traditional Judaism and Political Culture in the Jewish State*, University of California Press, 1983, p. 171.

③ Yaacov Yadgar, *Israel's Jewish Identity Crisis：State and Politics in the Middle East*, Cambridge University Press, 2020, p. 118.

④ Anita Shapira, "The Bible and Israeli Identity", *AJS Review*, Vol. 28, No. 1（April 2004）, pp. 11 -41.

⑤ Anita Shapira, *Israel：A History*, Brandeis University Press, 2012, p. 59.

⑥ 针对外界就犹太人之于以色列故土主权提出的质疑，本·古里安曾宣称"《圣经》就是我们的授权证书"（The Bible is our Mandate）。参见 David Ben - Gurion, *Recollections*, edited by Thomas Bransten, MacDonald, 1970, p. 120.

⑦ Yael Zerubavel, *Recovered Roots：Collective Memory and the Making of Israel National Tradition*, p. 22.

⑧ 其前身为成立于 1924 年底的巴勒斯坦历史与民族志学会（Palestine Historical and Ethnographical Society），贝尔、迪努尔等参与了该学会的创建，并长期担任主席，1950 年更为现名。

⑨ 建立于 1939 年，收藏了大量的历史文献与档案资料，也被称作"犹太民族档案馆"。

⑩ Uri Ram, "Zionist Historiography and the Invention of Modern Jewish Nationhood：The Case of Ben Zion Dinur", *History and Memory*, Vol. 7, No. 1（Summer 1995）, p. 95.

尤为重要的是，贝尔、迪努尔等人以希伯来大学为阵地，培养了一大批历史学者，他们用"耶路撒冷学派"的观点塑造了两代学者。例如哈伊姆·本·萨松（H. H. Ben - Sasson，1914 - 1977）、撒母耳·埃廷格（Shmuel Ettinger，1919 - 1988）、梅纳赫姆·斯特恩（Menahem Stern，1925 - 1989）、雅各·卡茨（Jacob Katz，1904 - 1998）、耶胡达·鲍尔（Yehuda Bauer，1926 - ）等，成为"耶路撒冷学派"第二代中的佼佼者。他们的研究领域遍布犹太史的各个时段，本·萨松从事中古犹太史的研究，埃廷格从事现代犹太史的研究，梅纳赫姆·斯特恩研究第二圣殿时期，卡茨研究近代早期，鲍尔的研究方向为大屠杀，他们都在希伯来大学担任犹太史教授，经他们培养的学生遍布以色列和欧美的许多高校。[1]

1969 年，由本·萨松主编，斯特恩、埃廷格等参与编写的《犹太民族史》（A History of the Jewish People）出版，该书被视为 20 世纪下半期最有影响的犹太通史，[2] 集中体现了"耶路撒冷学派"第二代学者的思想，它带有强烈的以色列中心思想，将犹太历史视为一部连续、统一的民族史。在该书希伯来文版《导言》中，本·萨松写道，"犹太民族拥有据载是世界上最古老的连续历史之一……自从古代起，犹太民族就拥有连续的历史……他们的自我意识与文化认同以及他们的民族成分，证明了犹太民族生活的连续性超越于任何变化之上——实际上甚至自从它由部落走向民族，直到我们的时代都是如此。"[3] 与贝尔和迪努尔不同，本·萨松等人并不关心证实犹太定居点在以色列故土的长期存在，而是着眼于强调流散犹太人与以色列地之间的密切联系。这主要是因为"耶路撒冷学派"第二代学者生活在以色列国已经建立并在世界犹太人中间占据

重要地位的时代，外在环境的巨大变化导致已不再需要去捍卫以色列在故土的存在，从而转向证明以色列与流散地之间的密切关系。虽然第二代的学者没有第一代学者那么坚定，但他们仍是犹太复国主义史学的倡导者和捍卫者。有学者评价道："这部新的《犹太民族史》最重要的特点是以犹太复国主义的精神贯穿整个历史；它以最近的意识形态投射到整个犹太人的过去之中，反映了伊扎克·贝尔的哲学观点，后者的精神盘旋在这本书的绝大部分内容之中。"[4]

四 "耶路撒冷学派"对大屠杀创伤记忆的运用

以色列建国后，"耶路撒冷学派"的历史观凭借国家权力渗透到以色列社会的各个层面，除了主导各级教育体系以外，该学派还积极介入国家记忆，尤其对大屠杀创伤记忆进行了充分的运用。纳粹大屠杀是犹太民族在 20 世纪上半叶的空前浩劫，它导致 600 万欧洲犹太人惨遭纳粹毒手。作为犹太民族流散悲剧的集中体现，以迪努尔为代表的"耶路撒冷学派"学者把大屠杀作为否定流散地、证明巴勒斯坦中心地位的重要依据。不可否认，"耶路撒冷学派"在推动大屠杀记忆升格至国家高度发挥了关键作用，但该学派对大屠杀记忆的过度运用甚至滥用也成为犹太复国主义史观操控集体记忆的反面范例。

在"否定流散地"思想的影响下，"耶路撒冷学派"学者认为流散地生活注定走向毁灭，反犹主义是它的必然产物，而大屠杀即流散地最终难逃毁灭厄运的有力证明。[5] 迪努尔认为大屠杀不是一场孤立的事件，而是整个

① Michael Brenner, *Prophets of the Past: Interpreters of Jewish History*, pp. 183 - 184.

② 该书被以色列的高中和大学普遍使用，由于其红色封面而得名"红宝书"（the red book）。参见 Olga Litvak, "The God of History", *Studies in Contemporary Jewry*, Vol. 27（2014），p. 296.

③ "Introduction", in H. H. Ben - Sasson, ed., *A History of the Jewish People*（in Hebrew），Vol. 1, Dvir, 1969, pp. xv, xiv. 值得注意的是，1976 年该书英文版中，删去了这篇存于希伯来文版中的《导言》。

④ Chimen Abramsky, "A National Jewish History", *Jewish Quarterly*, Vol. 25, No. 1（Spring 1977），p. 30.

⑤ Robert S. Wistrich, "Israel, the Diaspora and the Holocaust Trauma", *Jewish Studies Quarterly*, Vol. 4, No. 2（1997），p. 195.

"流散与毁灭模式"的一部分,在此框架下,大屠杀是流散的必然命运:"犹太流散地是没有前途的,它们的命运已经被注定:屠杀或同化。"①"耶路撒冷学派"学者强调,以色列国的建立使"流散与毁灭模式"走向了终结,因此,大屠杀是对犹太复国主义的另类证实,它从反面验证了流散地是没有前途的,犹太民族的未来只能是在巴勒斯坦。"耶路撒冷学派"学者还将大屠杀的灾难与以色列的崛起视为存在内在联系的两大事件,频繁使用"从浩劫到重生"(from Shoah to rebirth)的表述来形容这种联系。② 通过在大屠杀与以色列之间建立起这种象征层面的联系,寓意为以色列是大灾难后犹太人获得奇迹般拯救的体现。

尽管大屠杀发生在欧洲且当时以色列还没有诞生,但在"耶路撒冷学派"学者看来,只有以色列才是纪念这场浩劫的中心场所和思想正统。为了控制和管理大屠杀记忆,以迪努尔为首的"耶路撒冷学派"学者率先发起并主导了以色列的大屠杀纪念活动,这在世界范围内首开先河。在迪努尔的积极推动下,1953年8月19日,以色列议会通过《亚德·瓦谢姆法》(Yad Vashem Law,也称《浩劫与英雄主义纪念法》),规定成立名为"亚德·瓦谢姆"的大屠杀殉难者与英雄纪念当局;1959年4月7日,以色列议会又通过《浩劫与英雄主义纪念日法》,决定以犹太历尼散月27日为国家法定的大屠杀纪念日。③ 身为教育部部长的迪努尔,1953年至1959年间兼任大屠杀纪念馆的第一届董事会主席。在"巴勒斯坦中心史观"的影响下,迪努尔力图使新成立的以色列国成为大屠杀创伤记忆的主导者,并将亚德·瓦谢姆纪念馆作为开展民族历史和爱国主义教育的重要基地:"'亚德·瓦谢姆'

的名字……表明,我们不仅希望保存(受害者的)记忆及其事迹,他们的斗争、生平、苦难、死亡,而且确保他们的记忆将在我们中间保存。这个名称还意味着,我们的故土以色列、我们的圣城耶路撒冷是纪念他们的场所……这里是这个民族的心脏、以色列的心脏,所有的一切都应当集中到这里……"④

除了主导大屠杀纪念活动,"耶路撒冷学派"还大力提倡对大屠杀开展研究,力争使以色列成为国际大屠杀研究的中心。迪努尔强调,亚德·瓦谢姆纪念馆的首要使命是大屠杀研究,它要成为"所有有关迫害犹太人材料的国际中心":"亚德·瓦谢姆的首要使命是大屠杀研究。我们应当把大屠杀这一篇章纳入学术的范畴,以作为一门研究领域。我们拥有汇集大屠杀材料的档案馆和图书馆……我认为希伯来大学也会支持我们。亚德·瓦谢姆将作为所有有关迫害犹太人材料的国际中心。"⑤ 为此,设立了档案馆和图书馆,从各种渠道搜集欧洲的大屠杀档案材料,并带到以色列进行整理编目。在东西方冷战对峙的态势下,亚德·瓦谢姆在20世纪50年代发起了"抢救工程"(Salvage Project)。通过与以色列外交部合作,亚德·瓦谢姆从欧洲尤其作为冷战前沿的东欧地区,搜集了大批原始档案。

以色列建国初期的大屠杀叙述,很大程度上受到"耶路撒冷学派"历史观的深刻影响,这种叙述过分凸显以华沙隔都起义为代表的英雄主义,同时极力贬低不加抵抗的流散犹太人。迪努尔如此称赞华沙隔都起义:"这次起义,被围困在隔都中的少数剩余者,在与外部世界切断联系、孤立无援与没有装备、没有武器、没有任何胜利或突围的希望下,代表着以

---

①　Eliezer Don – Yehiya, "Memory and Political Culture: Israeli Society and the Holocaust", *Studies in Contemporary Jewry*, Vol. 9 (1994), p. 142.

②　Dalia Ofer, "The Strength of Remembrance: Commemorating the Holocaust during the First Decade of Israel", *Jewish Social Studies*, Vol. 6, No. 2 (Winter 2000), pp. 38 – 40.

③　有关的纪念活动,参见艾仁贵《亚德·瓦谢姆纪念馆与以色列国家记忆场所的形成》,《史林》2014年第3期;艾仁贵《纳粹大屠杀纪念日的确立及其英雄主义内涵》,《学海》2014年第3期。

④　Jackie Feldman, "Between Yad Vashem and Mt. Herzl: Changing Inscriptions of Sacrifice on Jerusalem's 'Mountain of Memory'", *Anthropological Quarterly*, Vol. 80, No. 4 (Fall 2007), p. 1152.

⑤　Boaz Cohen, *Israeli Holocaust Research: Birth and Evolution*, Routledge, 2013, p. 42.

色列在大屠杀时期的英雄主义。”① 在这种武装反抗的英雄主义话语下，“萨布拉”（Sabra，意为“土生土长的犹太人”）对数百万欧洲犹太人“像羔羊一样走进屠场”的软弱举动表示不解，认为他们是犹太人的耻辱，这导致许多大屠杀幸存者的个体记忆遭到压制和忽视。可以说，大屠杀成为犹太复国主义史观规训的重要对象，其内在逻辑是：通过对大屠杀记忆的控制、管理和垄断，这一空前的创伤内在化为以色列的集体受害身份，进而成为证实以色列立国合法性和正当性的重要依据。正如奥默尔·巴尔托夫指出的：“如果在纳粹大屠杀之前存在一个犹太国家，种族灭绝将不会发生；既然种族灭绝已经发生，那么就必须有一个犹太国家。正如这个国家可以追溯至纳粹大屠杀一样，纳粹大屠杀同样也属于这个国家：几百万受害者都是潜在的以色列人……更为甚者：所有以色列人都是过去、现在以及未来的潜在受害者。”②

五 结语：学术理性与民族情感的交锋

在现代民族主义的观念中，历史书写不仅是一种单纯研究过去的学术活动，而且还是塑造当下民族身份的核心手段；它远非对事实真相不偏不倚的运用，相反它在许多情况下充当了集体记忆的功能。“耶路撒冷学派”学者基本上有着共同的特点，出生于饱受反犹主义困扰的欧洲流散地，相继接受了欧洲现代学术的系统训练，20 世纪二三十年代在犹太复国主义的号召下来到巴勒斯坦故土，③ 这些学者充分感受到欧洲理想与巴勒斯坦现状之间的矛盾和张力：前者以推动科学客观的学术研究为目

标，而后者迫切要求塑造一个新的犹太集体认同。在学术理性与民族情感的交锋中，后者最终压倒前者占据了上风。对于“耶路撒冷学派”学者来说，书写历史不只是一份职业，它更是一项与民族使命相连的伟大事业，通过“将过去民族化”（Nationalizing the Past），他们充当了“民族的构建者”④，为正在形成中的犹太民族国家塑造一种新的历史意识和共同身份。

“耶路撒冷学派”构建的犹太民族主义史学不仅是现代犹太学术的重要发展，而且从学术层面为以色列国家构建提供了核心支撑。但是，这种人为构想出来的同质化、浪漫化的历史叙述存在一些内在的缺陷，它忽略和压制了以色列国内多元民族与族群的复杂历史并存的客观现实。这种历史叙述将圣经时代构建为民族的“本真”和理想的“黄金时代”，无视了大流散过程中犹太社会内部多样性造成的断裂和差异；尤其流散地和阿拉伯人分别被作为内部和外部的“他者”加以否定和排斥，这是由于流散地代表着屈辱和不正常的过去、而阿拉伯人被作为当下民族国家构建的外部敌人。很大程度上，“耶路撒冷学派”的民族主义史学沦为了“胜利者的书写”，边缘弱势群体成为犹太历史书写中的“失语者”。

进入 20 世纪 80 年代，在后现代和后殖民思潮的影响下，以色列涌现出一批新的历史学家，对“耶路撒冷学派”的犹太民族主义史学发起了猛烈的挑战；他们将后者斥为“旧历史学”（old historiography）或“霸权叙述”（hegemonic discourse），对其采取全盘颠覆的立场。本尼·莫里斯指出，“在过去二十年间（1980—2000），以色列发生了一场历史学革

---

① Dalia Ofer, "Fifty Years of Israeli Discourse on the Holocaust: Characteristics and Dilemmas", in Anita Shapira, ed., *Israeli Identity in Transition*, Praeger Publishers, 2004, p. 154.

② Omer Bartov, *Murder in Our Midst: The Holocaust, Industrial Killing, and Representation*, Oxford University Press, 1996, p. 178.

③ 在移居巴勒斯坦的过程中，这些学者中的不少人经历了更名，抛弃流散地名字、改用希伯来名字，反映出其自我认同的转变，象征着“精神上返回古老的希伯来过去的标志”。伊扎克·贝尔原名弗里茨·贝尔（Fritz Baer），他在 1936 年出版德文版《加路特》时首次使用了希伯来名字“伊扎克”（Yitzhak）；迪努尔原名迪纳伯格（Dinaburg），以色列建国后更名为 Dinur；肖勒姆原名格哈德·肖勒姆（Gerhard Scholem），从德国移居巴勒斯坦把德文名字格哈德改为格肖姆。

④ Stefan Berger and Chris Lorenz, eds., *Nationalizing the Past: Historians as Nation Builders in Modern Europe*, Palgrave Macmillan, 2010.

命（historiographical revolution）"①。在这批被称为"新历史学家"的后犹太复国主义者看来，犹太复国主义史学对历史记忆的歪曲、放大、改动等做法表明，历史书写已沦为集体记忆的工具，它并非致力于追求历史真相，而是代表着政治利益集团操控民族认同的行为，它力图将历史书写转变成意识形态以服务于国家构建的特定目标。夏皮拉指出："历史作为不公与悲惨的编年——这是后犹太复国主义传递出的信息。历史成为情感性的描绘，在其中我们通常倾向于同情被征服者而批判胜利者。因而，犹太复国主义事实上已成为一场使它自身变得不道德的胜利者的运动。"②

很大程度上，"新历史学家"的兴起是学术理性的重新回归。这场后犹太复国主义思潮首先兴起于历史学领域，其矛头所指正是以"耶路撒冷学派"为代表的官方历史叙述。这批"新历史学家"大多是 1948 年后出生的一代，成长于 1967 年左右，真正的思想成熟是在 20 世纪 70 年代；他们没有经历以色列的诞生和大屠杀直接的创伤，而是成长于六日战争的空前胜利以及对巴勒斯坦人占领的环境中，尤其 1982 年的以色列入侵黎巴嫩带来了巨大的道义谴责。③ 这一代学者成长于批评的环境中，意在重新审视并反思一个世纪以来的犹太复国主义及其构建的民族主义历史叙述，这批学者通常又被称为"修正派"（revisionists）。"新历史学家"主要从体制外对主流叙述提出了质疑，④ 打破了之前犹太复国主义历史叙述的垄断局面。作为正统的历史叙述，"耶路撒冷学派"的史观仍为以色列官方所坚持和捍卫，但不少学者开始关注之前被忽略和被压制的各种对象，边缘弱势群体的声音得以重现。在此推动下，以色列的历史叙述由建国初期的单数形式（historical narrative）裂变为复数形式（historical narratives），从而呈现出一幅民族、宗教、族群、性别等相互竞争的多元历史记忆图景。

（原载《世界历史》2020 年第 6 期）

① Joel Beinin, "Forgetfulness for Memory: The Limits of the New Israeli History", *Journal of Palestine Studies*, Vol. 34, No. 2 (Winter 2005), p. 6.

② Anita Shapira, "Politics and Collective Memory: The Debate over the 'New Historians' in Israel", *History and Memory*, Vol. 7, No. 1 (Spring – Summer 1995), p. 33.

③ Benny Morris, "Reconsidering Israel's Past", *Cahiers d'études sur la Méditerranée orientale et le monde turco – iranien*, Vol. 28 (1999), p. 120.

④ 绝大部分"新历史学家"被排斥在以色列大学体制之外，或被迫前往以色列之外的欧美大学任教，例如阿维·沙拉姆（Avi Shlaim）任教于牛津大学、埃兰·佩普（Ilan Pappe）任教于英国埃塞克斯大学、托姆·塞格夫（Tom Segev）是《国土报》的记者、乌里·米尔斯坦（Uri Milstein）也是一名记者，仅有本尼·莫里斯（Benny Morris）任教于本·古里安大学（1991 年前是《耶路撒冷邮报》的记者）。

阿德·阿贾伊与非洲史研究

石海龙　　张忠祥*

摘　要：20世纪中叶，伴随着非洲国家纷纷走向独立，史学研究领域的非殖民化显得尤为重要。在此背景下，非洲第一代本土史学家应运而生，他们的主要目标是消除非洲历史中殖民主义的影响，恢复历史的本来面目。尼日利亚历史学家阿德·阿贾伊就是其中的代表性人物。他是伊巴丹学派的代表人物，以非洲人的视角研究非洲历史，撰写了多部以非洲人为主体的历史著作；他强调非洲历史的延续性，认为殖民主义仅是非洲历史长河中的一个"插曲"。他的研究提升了非洲人民的民族自信心和自豪感，表现出强烈的民族主义史学思想。

关键词：阿德·阿贾伊　非洲史　民族主义史学　伊巴丹学派

20世纪中叶，伴随着非洲国家纷纷走向独立，史学研究领域的非殖民化显得尤为重要。在此背景下，非洲第一代本土史学家应运而生，他们的主要目标是消除非洲历史中殖民主义的影响，恢复历史的本来面目。阿德·阿贾伊（J. F. Ade Ajayi, 1929 – 2014）就是非洲第一代本土史学家的代表人物，他与肯尼思·翁伍卡·戴克（Kenneth Onwuka Dike）、阿杜·博亨（Adu Boahen）和B. A. 奥戈特（Bethwell Allan Ogot）等人一起，为非洲独立初期的民族主义史学发展做出了重要贡献。阿贾伊是伊巴丹学派的代表人物，曾任伊巴丹大学和拉各斯大学副校长，主编《非洲通史》第六卷，撰写了多部代表非洲人观点的历史著作。[①]

非洲知名历史学家托因·法洛拉（Toyin Falola）曾对阿贾伊予以高度评价，他说："很难衡量阿贾伊教授对20世纪下半叶非洲史学的发展所做出的巨大贡献，他属于第一代非洲专业历史学家。阿贾伊的贡献是多方面的：非洲史研究本身、历史教学、培养人才、建立学术团体，促进学术与社会的联系等。他的学术贡献主要集中在19世纪非洲史学、非洲教育和社会发展史、尼日利亚的基督教使团，以及主编著名的伊巴丹历史系列著作。"[②]

国内史学界对非洲史学的研究大致开始于

---

　* 石海龙，上海师范大学非洲研究中心博士研究生；张忠祥，上海师范大学非洲研究中心教授。本文是国家社会科学基金重大项目"20世纪的历史学和历史学家"（19ZDA235）；上海市高峰高原学科计划上海师范大学世界史项目阶段性成果。

　① 阿贾伊的代表性著作有：J. F. Ade Ajayi, *Yoruba Warfare in the Nineteenth Century*, Cambridge：Cambridge University Press, 1964；J. F. Ade Ajayi and Ian Espie, eds. , *A Thousand Years of West African History*：*A Handbook for Teachers and Students*, Ibadan：Ibadan University Press, 1965；J. F. Ade Ajayi, Adu Boahen and Michael Tidy, *Topics in West African History*, London：Longman, 1966；J. F. Ade Ajayi and Bashir Ikara, *Evolution of Political Culture in Nigeria*：*Proceedings of a National Seminar Organized by the Kaduna State Council for Arts and Culture*, Ibadan：Ibadan University Press, 1985；J. F. Ade Ajayi and Michael Crowder, eds. , *History of West Africa*, London：Longman, 1985；J. F. Ade Ajayi, *General History of Africa*, Ⅵ, *Africa in the Nineteenth Century until the 1880s*, United Nations Educational, Scientific and Cultural Organization, 1990；J. F. Ade Ajayi, *People and Empires in African History*：*Essays in Memory of Michael Crowder*, London：Longman, 1992；J. F. Ade Ajayi and Okon Uya, *Slavery and Slave Trade in Nigeria*：*From Earliest Times to the Nineteenth Century*, Ibadan：Safari Books, 2010.

　② Toyin Falola, ed. , *African Historiography*, *Essays in Honour of Jacob Ade Ajayi*, Harlow：Longman House, 1993, p. vi.

20 世纪 80 年代，总的来说，研究相对薄弱。[①]
国内对于阿贾伊及其史学思想的研究，目前仅
见舒运国在《非洲史研究入门》一书中对阿
贾伊的简要介绍。[②] 国外学术界对阿贾伊有一
定的研究。其中，最重要的莫过于托因·法洛
拉主编的《非洲史学：纪念雅各布·阿德·
阿贾伊的论文集》。1989 年，阿贾伊的学生、
同事以及合作者为庆祝这位著名的尼日利亚历
史学家 60 岁生日而写了许多纪念性文章，由
法洛拉编辑成册，并于 1993 年出版。这本论
文集详细地介绍了阿贾伊在培养约鲁巴人文化
精英，恢复约鲁巴传统文明；致力于消除西方
式教育影响，实行非洲本土特色教育；反殖民
主义史学，以及他对西非基督教会历史的研究
等四个方面的贡献。[③]

本文以阿德·阿贾伊为个案，总结他对尼
日利亚民族主义史学和伊巴丹历史学派发展，
乃至非洲史学复兴所做出的贡献，并客观地评
价其非洲史研究的成就与不足。

一 伊巴丹学派的代表人物

1929 年 5 月 26 日，阿德·阿贾伊出生于
尼日利亚西部城市奥绍博（Osogbo）附近的
伊科勒—埃基提（Ikole – Ekiti），属于约鲁巴
族。他的父亲埃泽基勒·阿德·阿贾伊（Eze-
kiel Ade Ajayi）信仰基督教，是伊科勒酋长的
秘书。阿贾伊的母亲弗洛伦斯（Florence Bola-
joko Ajayi），也是一名基督徒，她是一名成功
的商人，拥有一家纺织作坊，还经营可可和棕
榈油等生意。[④] 阿贾伊 5 岁时进入伊科勒教会
学校学习。1944 年，阿贾伊考入伊格博比学
院（Igbobi College）。1947 年，阿贾伊以优异

的成绩从伊格博比学院毕业，作为公费生进入
雅巴技术学院（Yaba College）学习，毕业后
留校任教。1948 年，伊巴丹大学（Ibadan U-
niversity）成立后，阿贾伊放弃在雅巴技术学
院的教职，进入伊巴丹大学学习历史专业。

1952 至 1955 年，阿贾伊在英国莱斯特大
学留学。之后，他在伦敦大学攻读博士学位，
师从格拉哈姆（G. S. Graham）教授，博士论
文的题目是"尼日利亚的基督教传教团"。
1958 年，阿贾伊毕业后回到尼日利亚，在伊
巴丹大学历史系任教。1963 年晋升为教授，
1964 年任该校艺术学院院长，之后，担任伊
巴丹大学副校长。1972—1978 年任拉各斯大
学副校长。1978 年，阿贾伊回到了伊巴丹大
学历史系，继续从事非洲历史研究，一直到
1989 年退休。

阿贾伊因其在非洲史研究方面的成就，曾
获得多项荣誉。他曾任非洲大学联合会副主席
（1970—1980）、国际非洲研究会主席
（1975—1987）、国际联合大学校务委员会主
席（1976—1977）。[⑤] 1986 年，阿贾伊获得尼
日利亚政府颁发的国家功勋奖。因其在非洲史
学研究方面的巨大贡献，1993 年，非洲研究
协会授予他"杰出非洲主义者奖"（Distin-
guished Africanist Award）。1994 年，阿贾伊成
为伦敦大学亚非学院荣誉研究员。2014 年 8
月 9 日，阿贾伊去世，享年 85 岁。

阿贾伊自 1958 年进入伊巴丹大学历史系
任教，至 1989 年退休，中间除 6 年（1972—
1978）在拉各斯大学担任副校长外，在伊巴
丹大学工作了 25 年。阿贾伊的主要学术成果
是在伊巴丹大学历史系工作时完成的。阿贾伊
坚持并发扬伊巴丹历史学派的治史风格，成为

---

① 代表性的论文有：李安山《论伊巴丹历史学派——其形成、发展及批判》，《世界史研究动态》1990 年第 3 期；舒运
国《国外非洲史研究动态述评》，《上海师范大学学报》（哲学社会科学版）2015 年第 6 期；张忠祥《口头传说在非洲史研究中
的地位和作用》，《史学理论研究》2015 年第 2 期；刘鸿武、王严《非洲实现复兴必须重建自己的历史——论 B. A. 奥戈特的非
洲史学研究与史学理念》，《史学理论研究》2015 年第 4 期；李鹏涛《特伦斯·兰杰及其非洲史研究》，《史学理论研究》2016
年第 3 期；刘伟才《赞比亚政教关系的历史透视——基于殖民当局与传教会通信的考察》，《史学集刊》2017 年第 1 期。

② 舒运国：《非洲史研究入门》，北京大学出版社 2012 年版，第 66—68 页。

③ Toyin Falola, ed., *African Historiography*, *Essays in Honour of Jacob Ade Ajayi*, Harlow：Longman House, 1993, pp. ix –
xxxii.

④ Yakubu and Patrick, "Conversation with J. F. Ade Ajayi", *Journal of Cultural Studies*, Vol. 2, No. 1 (2000), pp. 266 – 281.

⑤ Toyin Falola, ed., *African Historiography*, *Essays in Honour of Jacob Ade Ajayi*, p. 1.

伊巴丹学派的著名代表人物。

伊巴丹历史学派是 20 世纪非洲著名的民族主义史学流派，由戴克等人于 20 世纪 50 年代在伊巴丹大学创立。在伊巴丹历史丛书的导言中，戴克批判了将档案资料等同于历史的 19 世纪至 20 世纪上半叶的欧洲史学传统，（不大了解，欧洲史学传统是将档案资料等同于历史？）批判了将非洲史写成在非洲的欧洲人的历史这一殖民史学传统，明确地提出要继承古代及 19 世纪以来的非洲史学传统，将口头传说和多学科方法引入非洲史学。① 戴克后来从事学术组织和管理工作，在伊巴丹大学，1953—1966 年被称为戴克时代。伊巴丹学派的代表人物除了创立者戴克之外，还有阿贾伊、比奥巴库（S. O. Biobaku）、阿菲格博（A. E. Afigbo）、阿杨德勒（E. A. Ayandele）、伊基梅（O. Ikime）等人，该学派有三个主要观点：1. 非洲和世界其他地方一样有自己的历史；2. 非洲的历史并不是从欧洲人的到来和他们的记录开始的；3. 非洲历史是世界历史的一部分，没有它世界历史就是残缺的。②

由于在非洲史学研究方面的相似观点，阿贾伊与戴克在伊巴丹迅速建立了深厚的友谊，他们致力于用非洲观点研究非洲历史，还原非洲历史的本来面貌。他协助戴克参与尼日利亚国家档案馆、国家图书馆和非洲研究院的筹建，并创办《尼日利亚历史学会杂志》，重视口述史料在非洲史学中的重要作用，并将口头传说作为重要史料引入非洲史学之中。在戴克和阿贾伊等人的努力下，伊巴丹大学成为西非地区非洲历史研究的学术中心。从 1965 年开始，阿贾伊辅助戴克出版了"伊巴丹历史系列"丛书。从 1970 年开始，阿贾伊被任命为"伊巴丹历史系列"丛书的总主编，为伊巴丹学派的发展做出了重要贡献。

1965 年，阿贾伊出版了《1841—1891 年尼日利亚基督教传教团：新精英的形成》一书，成为"伊巴丹历史系列"丛书的力作。该书原稿是阿贾伊 1958 年向伦敦大学提交的博士论文。为了撰写这部著作，阿贾伊除了在伦敦大学学习之外，还去罗马和巴黎档案馆查过资料。除此之外，阿贾伊还著有《西非史》《非洲的传统与变革》③《19 世纪约鲁巴战争》《千年西非史》《尼日利亚在政治文化演变》《非洲历史上的人民和帝国》等，并主编由联合国教科文组织牵头的《非洲通史》（第六卷）。

二　对殖民主义的认识

非洲长期遭受殖民主义的入侵和统治，所以，殖民主义是非洲历史学家绕不过去的话题。当然，非洲人民具有很强的包容性，殖民主义在非洲历史学家看来，往往不是沉重的历史负担。阿杜·博亨曾言，殖民统治在非洲很多地方不超过 80 年；④ 阿贾伊则认为殖民主义是非洲历史的一个插曲，它存在于非洲历史的时期较为短暂。虽然殖民主义对非洲历史产生过重要影响，但阿贾伊认为既不能过于夸大这一时期对非洲历史的影响，也不能忽视它对非洲社会发展产生的影响，对非洲殖民主义的研究应该放在整个非洲历史之中进行宏观研究，综合而全面地分析其影响。

（一）"殖民主义只是非洲历史的一个插曲"

如何评价殖民主义对非洲的影响？这是非洲历史学家无法回避的一个问题。达累斯萨拉姆学派的沃尔特·罗德尼（Walter Rodney）倾向于全盘否定殖民主义对非洲的历史作用。阿杜·博亨则是洋洋洒洒地从政治、经济和社会等领域，分正反两个方面全面论述殖民主义对非洲的影响。⑤ 阿贾伊对殖民主义影响的论述虽然没有阿杜·博亨那样长篇大论，但是也

---

① J. F. A. Ajayi, *Christian Missions in Nigeria，1841 - 1891，The Making of a New Elite*, London：Longman, 1965, pp. x - xi.
② 李安山：《论伊巴丹历史学派——其形成、发展及批判》，《世界史研究动态》1990 年第 3 期。
③ Toyin Falola, ed., *Tradition and Change in Africa：The Essays of J. F. Ade. Ajayi*, Asmara：Africa World Press, 2000.
④ 张忠祥：《阿杜·博亨与非洲史研究》，《上海师范大学学报》（哲学社会科学版）2019 年第 3 期。
⑤ A. Adu Boahen, *African Perspectives on Colonialism*, Baltimore：Johns Hopkins University Press, 1987, pp. 94 - 112.

很有代表性，提出著名的"插曲论"。阿贾伊认为，"在非洲漫长和多事的历史中，殖民主义只是非洲历史的一个插曲"①。阿贾伊在一系列著作中始终坚持认为：殖民主义对非洲的影响被夸大了，殖民主义并没有使非洲历史的延续性中断，非洲人仍然掌握着自己的命运，"其程度可使非洲人继续保持能动精神，欧洲人要使非洲完全脱离自己历史轨道的能力是受到限制的"②。

阿贾伊肯定殖民主义给非洲带来的变化。他认为，殖民主义给非洲带来的变化不能一概而论，有些地区的人民彻底转变，而有些地区却全然不知欧洲殖民者的到来。殖民政权常常与非洲社会中最保守的势力结盟，竭力遏制社会和政治变革的脚步，因为殖民者的首要任务不是推行改革，而是维持社会秩序，以最大限度地获取经济利益。阿贾伊认为欧洲的殖民统治还是给非洲带来一些根本性的变化：比如，殖民政府摒弃与西方社会伦理相悖的人祭、杀婴等非洲传统陋习；支持一夫一妻制；殖民政府推行的新经济规划、矿业、工业、公路和铁路、西方教育和其他因素导致了非洲城市化进程的加快，等等。

当然，阿贾伊也认识到殖民主义给非洲带来的负面影响，最大的表现是非洲主权的丧失。因为主权的丧失使非洲人失去了决定自己命运的权力，以及与外部世界直接打交道的权力。总之，殖民主义剥夺了非洲人民最基本、最不可分割的权力——自由。尽管殖民主义对非洲影响深远，但是，阿贾伊仍然认为，不能过分夸大殖民主义对非洲的影响。因为，他清楚地认识到，非洲人民才是非洲历史的主体，是非洲历史的主要创造者。

阿贾伊的殖民主义"插曲论"在独立后

的非洲是具有积极意义，它可以增强非洲人民的信心，消除殖民侵略和殖民统治期间非洲人所形成的低人一等的自卑思想，从而放下包袱，把精力投入到国家建设和发展当中。这一思想实际上与 19 世纪以来非洲思想家所追求的目标也有相似性。例如，爱德华·布莱顿（Edward Wilmot Blyden）提出"非洲个性"思想，认为，非洲是人类文明的摇篮，非洲不仅有辉煌的历史，而且有光明的未来。③ 这一思想焕发了非洲人的民族自尊心和自豪感，从而鼓励着非洲人民更加坚定地追求非洲的自治、独立、发展与统一。

阿贾伊的殖民主义"插曲论"强调非洲历史的顽强韧性，但这一观点容易产生对殖民统治影响力的低估。后来，阿贾伊做了适当的修正，他说："我仍然相信（在殖民统治期间）非洲个性的延续性……但是我现在要强调殖民主义对非洲自主发展能力造成的一定程度的影响。"④

（二）开拓对基督教传教团的研究

"基督教在非洲的传播与非洲人的反应"是非洲第一代史学家研究的一大主题，⑤ 在这方面，阿贾伊的研究具有开拓性，主要体现在 1965 年出版的《1841—1891 年尼日利亚基督教传教团：新精英的形成》一书中。在这部著作中，阿贾伊认为，传教活动与殖民侵略是相伴相生的。1841—1891 年期间，主要有五大传教团在尼日利亚活动：英国圣公会传教士协会、卫理公会传教士协会、苏格兰联合长老会国外使团委员会、美国南方浸礼会外国使团委员会和法国非洲天主教会。其中，最大且最有成效的使团是英国圣公会传教士协会。⑥

阿贾伊比较全面地分析了基督教传教团在

---

① Toyin Falola, ed., *Tradition and Change in Africa*, *The Essays of J. F. Ade Ajayi*, Trenton NJ: Africa World Press, 2000, p. 174.

② ［加纳］A. 阿杜·博亨主编：《非洲通史》第 7 卷，中国对外翻译出版公司译，中国对外翻译出版公司出版 1991 年版，第 651—652 页。

③ 张宏明：《近代非洲思想经纬》，社会科学文献出版社 2008 年版，第 267 页。

④ J. F. Ade Ajayi, "On being an Africanist", in Toyin Falola, ed., *Tradition and Change in Africa*: *The Essays of J. F. Ade Ajayi*, pp. 459 –461.

⑤ 李安山：《论黑非洲历史的非殖民化》，北京大学亚非研究所编：《亚非研究》，北京大学出版社 1994 年版。

⑥ J. F. Ade Ajayi, *Christian Missions in Nigeria*, *1841 –1891*: *The Making of a New Elite*, pp. xiii – xiv.

尼日利亚活动的影响，一方面，基督教传教团在西方列强入侵非洲的过程中扮演了重要角色，尼日利亚基督教传教团的活动，是后来英国对尼日利亚殖民统治的前奏，该活动奠定了英国对尼日利亚扩张的基础。[①] 19世纪是非洲变革的时期，许多非洲探险家和传教士进入非洲，为西方殖民非洲做准备。对此，阿贾伊还是比较清醒的："探险家不能仅仅为了满足科学上的好奇心，还要鼓励他们收集战略情报和商业机密。传教士不仅仅是上帝的奴仆，遵从神的呼唤来传播福音，而被认为是有组织地进行文化植入的国家代理人。他们的部分目的是削弱所在国的文化和商业上的排外性。"[②]

另一方面，阿贾伊认为，"基督教（传教）运动为尼日利亚播下了民族主义的种子"[③]。传教团在客观上也对西非社会产生了一定的积极影响，如西式教育的推广，在西非上层社会形成了一个具有较高文化修养的新精英阶层。而这个精英阶层为以后西非国家的民族独立解放运动和建立民族国家做出了巨大的贡献。此外，他们在医疗卫生方面做出了一定的贡献。如"传教士教授当地人通过种牛痘防治天花，以密切传教使团与当地社会的关系"[④]。当然，基督教传教团在非洲，包括在尼日利亚做教育和医疗卫生等方面的工作，也是为其传教服务的。

总之，阿贾伊揭示了基督教传教团的双重作用：促进了非洲传统生活方式和社会结构的崩溃，并为殖民侵略服务；培养了新精英阶层，对非洲民族主义意识的产生起了催化剂的作用。

（三）主张用泛非主义对付殖民主义

西非地区是奴隶贸易的重灾区，在非洲四百多年奴隶贸易的黑暗历史上，有一多半的奴隶是从西非贩卖出去的，臭名昭著的大西洋"三角贸易"将西非当成"猎奴后花园"。阿贾伊对19世纪尼日利亚的奴隶贸易进行了详细的研究。他认为西方奴隶贩子之所以从西非大量贩卖黑奴到美洲，主要是因为黑人耐热、熟谙农业，并且将他们运到美洲后由于人地生疏，不易逃亡，更重要的是黑奴价格低廉，数量巨大，极易获取巨额利润。[⑤] 奴隶贸易对西非社会造成了巨大破坏。人口大量流失，导致西非各国生产力的不断衰退，昔日繁盛的城市变成了荒凉的村落，阻碍了非洲国家社会的正常发展。阿贾伊认为，奴隶贸易并不是非洲社会独立发展的产物，而完全是西方殖民主义者强加给西非人民的一场灾难。因此，它不会对西非社会产生任何积极的意义而只能导致西非社会的不断衰退。[⑥]

19世纪晚期，非洲奴隶贸易逐渐被废止，欧洲各国为继续加强对非洲的殖民统治，相继变换政策以进一步瓜分非洲。首先，欧洲传教士、探险家、商人和领事代理人以前总是单独行动的，彼此间经常不和，此时为了共同的利益开始联合起来。其次，垄断武器，以反对奴隶制运动的名义禁止向非洲统治者提供武器。再次，欧洲列强对非洲国家采取各个击破的战略，与某些非洲国家表示友好，对另外一些国家则开战。所以，阿贾伊最后的结论是非洲国家"应该团结起来一致对外"[⑦]。非裔美国人杜波伊斯（W. E. B. Du Bois）在20世纪初倡导泛非主义是为了把美洲的黑人与非洲大陆的黑人联合起来，共同反对殖民主义；而阿贾伊不仅如此，还主张要把非洲大陆上的黑人联合起来，共同对付殖民侵略和殖民统治。非洲各

---

① J. F. Ade Ajayi, *Christian Missions in Nigeria*, *1841 – 1891*: *The Making of a New Elite*, p. xiii.

② ［尼日利亚］J. F. 阿德·阿贾伊主编：《非洲通史》第6卷，中国对外翻译出版公司译，中国对外翻译出版公司1998年版，第588页。

③ Toyin Falola, ed., *Tradition and Change in Africa*: *The Essays of J. F. Ade Ajayi*, p. 73.

④ J. F. Ade Ajayi, *Christian Missions in Nigeria*, *1841 – 1891*: *The Making of a New Elite*, p. 159.

⑤ J. F. Ade Ajayi and Okon Uya, *Slavery and Slave Trade in Nigeria*: *From Earliest Times to the Nineteenth Century*, pp. 125 – 176.

⑥ J. F. Ade Ajayi and Okon Uya, *Slavery and Slave Trade in Nigeria*: *From Earliest Times to the Nineteenth Century*, pp. 331 – 367.

⑦ ［尼日利亚］J. F. 阿德·阿贾伊主编：《非洲通史》第6卷，第591页。

国独立后仍然未能摆脱原殖民宗主国的影响，许多国家的经济发展依赖于前宗主国。针对这种情况，阿贾伊认为，应该成立非洲统一组织，并通过这一组织来实现泛非主义思想，"实现整个黑人种族团结的美好未来"①。所以，马兹鲁伊（Ali A. Mazrui）评价说："阿贾伊不仅是一个跨大西洋泛非主义者，而且也是跨撒哈拉的泛非主义者。"②

三 对非洲史研究的贡献

在非洲国家独立之后，提倡民族主义史学，这是非洲第一代历史学家的使命，目的是实现史学研究领域的非殖民化。正如唐纳德·德农（Donald Denoon）和亚当·库珀（Adam Kuper）所言："在新独立的非洲国家建立起国立大学后，便不可避免地兴起以国家为基础的史学……来弥补独立之前的殖民史学留下的空白。"③ 阿贾伊也是这么做的，在他的非洲史研究中，积极倡导民族主义史学，努力还原殖民前的非洲历史，并加强对公众的历史教育，树立非洲人民的民族的自豪感和自信心。

（一）对西非史（含尼日利亚史）的研究

作为尼日利亚历史学家，阿贾伊主要关注西非历史（包括尼日利亚历史），著有《西非史》（合著）、《非洲历史上的人民和帝国》以及《19 世纪的约鲁巴战争》等。在对西非历史的研究中，阿贾伊着重对西非主要文明古国——加纳、马里、桑海——近千年的历史进行了梳理和评价，用可靠的事实回应"非洲历史荒漠论"的殖民主义观点。

《西非史》为阿贾伊和迈克尔·克劳德（Michael Crowder）联合主编，于 1971 年出版，是一部内容丰富、具有较高学术价值的历

史著作，成为当时西非各大学的教科书，也成为相关领域历史研究者的重要参考书目。该书最大的特色是从非洲的视角来撰写西非史，如该书 16 章主要撰写西非人民自古到 1800 年的历史，不同于西方学者笔下的西非史，后者主要撰写西方人在西非活动的历史，如英国学者费奇的《西非简史》。④

在《西非史》一书中，阿贾伊认为，古代西非的文化主要是黑人文化，黑人对西非古代社会的发展做出了巨大贡献。尼日利亚的诺克文化（Nok culture）代表了西非铁器时代的辉煌成就，是撒哈拉以南非洲迄今所发现的最早的铁器时代文化，充分显示了西非古代文明的悠久历史。⑤ 铁器时代以后，西非进入了阶级社会，产生了国家组织，文化的发展也得到进一步提升。阿贾伊对西非历史上出现的一些古代城邦、王国进行了详细的研究，他自豪地说："在西非地区的这片土地上，曾经出现过一系列经济、政治、文化都较为发达的国家，像西苏丹的加纳、马里、桑海三大帝国，东部地区的豪萨城邦和博尔努王国等。"⑥ 这些国家在不同时期都创造了灿烂的文化，代表了西非古代历史的辉煌成就。阿贾伊继而分析了这些国家兴衰的原因，认为这些国家的崛起主要依靠强大的武力支撑，同时也离不开生产力的发展，正是由于生产力发展的停滞，导致武力的衰落，这些国家的强盛才没有持续下去，也没有形成巩固的中央集权国家的经济基础。⑦

阿贾伊研究了西非历史上族群之间的战争，比如约鲁巴战争（Yoruba Warfare）。这场战争发生在 19 世纪的 20—90 年代，主要是西非约鲁巴各邦之间，以及他们与周围的富拉尼人和达荷美人之间的战争。阿贾伊认为，英国

---

① J. F. Ade Ajayi and E. J. Alago, "Black Africa: The Historions' Perspective", *Daedalus*, Vol. 103, No. 2 (1974). pp. 125 – 134.

② Toyin Falola, ed., *Tradition and Change in Africa: The Essays of J. F. Ade Ajayi*, p. 38.

③ Denoon, Donald and Kuper, Adam, "Nationalist Historians in Search of a Nation: The 'New Historiography' in Dar es Salaam", *African Affairs*, Vol. 69, No. 277 (1970). pp. 329 – 349.

④ ［英］J. D. 费奇：《西非简史》，于珺译，上海人民出版社 1977 年版。

⑤ J. F. Ade Ajayi and Michael Crowder, eds., *History of West Africa*, p. 49.

⑥ J. F. Ade Ajayi and Michael Crowder, eds., *History of West Africa*, p. 323.

⑦ J. F. Ade Ajayi and Michael Crowder, eds., *History of West Africa*, pp. 323 – 371.

在西非的黑奴贸易加剧了约鲁巴各邦之间的矛盾。正是由于约鲁巴各邦之间的不断战争，才给了英国殖民列强以可乘之机，将整个约鲁巴地区纳入其殖民统治之下，在 1897 年全部沦为英国的保护国。[1]

作为尼日利亚历史学家，阿贾伊对尼日利亚的历史予以极大关注，1985 年，阿贾伊撰写了《尼日利亚政治文化的演变》一书，通过对尼日利亚政治文化演变历史的梳理，阐述了他对尼日利亚政治的看法，彰显出历史学家对现实的关怀。

20 世纪五六十年代非洲国家独立以来，族群矛盾始终困扰着非洲国家。尼日利亚同样如此，1963 年，尼日利亚联邦共和国成立，但联邦政府与地方政府之间的权力划分存在着种种矛盾，三大部族（豪萨—富拉尼族、伊博族和约鲁巴族）之间为各自民族利益而进行争权夺利，"部族主义"弥漫在尼日利亚政治文化当中，不利于联邦国家整体的政治团结与统一。所以，国家主义与部族主义的矛盾冲突是妨碍尼日利亚政治稳定统一和民主进步的重要因素。独立后的尼日利亚在国家主义与部族主义之间摇摆不定，有时倾向部族主义，有时倾向国家主义。1967 年至 1970 年，年轻的尼日利亚发生了内部动乱——"比夫拉内战"（Biafra war）。虽然最终联邦政府军队取得了胜利，维护了国家统一，但经过这场战争，尼日利亚的政治、经济和社会秩序遭受了严重地破坏，人民是这场残酷战争的最大受害者。阿贾伊认为，国家的政治民主进步需要国家和各个民族的团结，只有各个民族和平相处、国家统一，作为一个政治实体的尼日利亚联邦共和国才能稳步前进发展。[2]

阿贾伊认为影响尼日利亚政治文化演变的因素颇多，包括传统的政治统治者——酋长；尼日利亚的新的政治精英，即尼日利亚民族知识分子；基督教和伊斯兰教的宗教性因素；英国殖民主义的统治，以及尼日利亚第一共和国的成立。[3] 总之，尼日利亚社会近千年以来各种社会的、经济的、宗教信仰和其他历史性因素都对尼日利亚政治文化进步演变有着重要作用。[4]

（二）主编《非洲通史》第六卷

联合国教科文组织编写的八卷本《非洲通史》，是一部主要由非洲学者撰写的非洲历史，在 39 名编写《非洲通史》国际科学委员会成员中，有 2/3 是非洲人。这部书的指导思想是从非洲内部的视角研究非洲历史，注重使用口述资料和考古资料，甚至是通过语言学等研究手段还原非洲古代历史，所以，这部《非洲通史》被看作是非洲民族主义史学的一大成就。

《非洲通史》第六卷是由阿贾伊主编的，该卷的主题是"19 世纪 80 年代以前的非洲"，主要是对欧洲人在非洲进行"大角逐"和建立殖民统治之前的 19 世纪非洲历史做一概述。这个被称为"殖民地前的世纪"在很大程度上影响到第二次世界大战后对非洲历史的重新解释。

阿贾伊认为，非洲的历史演进应该主要从内部寻找原因，即使 19 世纪非洲的历史也是如此。他举例说，19 世纪埃及的变化，不应该全部归因为拿破仑·波拿巴的影响，而是早在 18 世纪就已形成的各种内因的总和所造成的，这些内因促成了阿尔巴尼亚人穆罕默德·阿里为首的民族运动。他说："如果不从非洲社会的内部动因中寻求答案，欧洲的工业化和

① J. F. Ade Ajayi and Okon Uya, *Slavery and Slave Trade in Nigeria*：*From Earliest Times to the Nineteenth Century*，Ibadan：Safari Books，2010，pp. 221 – 263.

② J. F. Ade Ajayi and Bashir Ikara, *Evolution of Political Culture in Nigeria*：*Proceedings of a National Seminar Organized by the Kaduna State Council for Arts and Culture*，Ibadan：Ibadan University Press，1985，pp. 173 – 177.

③ J. F. Ade Ajayi and Bashir Ikara, *Evolution of Political Culture in Nigeria*：*Proceedings of a National Seminar Organized by the Kaduna State Council for Arts and Culture*，pp. 173 – 177.

④ J. F. Ade Ajayi and Bashir Ikara, *Evolution of Political Culture in Nigeria*：*Proceedings of a National Seminar Organized by the Kaduna State Council for Arts and Culture*，pp. 121 – 133.

世界经济对非洲的影响便很容易成为另一种假说。"① 在这方面，阿贾伊修正了戴克的观点，戴克在他著名的《尼日尔三角洲的贸易和政治，1830—1885》中提出：西非的近代史主要就是五个世纪以来同欧洲各国通商贸易的历史；海外贸易、商路的变化，以及内地市场网络和为海外贸易服务的跨西非长途贸易，是 19 世纪非洲历史发展的主要动因。②

在《非洲通史》第六卷中，阿贾伊对 19 世纪非洲内部改革的重视。他说："最突出的是 19 世纪非洲领导人在各个不同地区所进行的社会改革。有些改革是由于受到非洲文化遗产的激励，另外一些改革则是由于受到伊斯兰教改革思想的影响。"③ 这样的改革在 19 世纪的非洲很多，比如在北非有著名的埃及穆罕默德·阿里的改革，那是一场以富国强兵为目的，引进西方的科学技术，创办近代工厂，训练西式军队的近代化运动。在南部非洲有姆菲卡尼运动，这一运动促使北恩古尼王国采用年龄等级制度建立起常备军。但是，这些改革很多遭到失败，阿贾伊认为，这主要是西方干预破坏的结果。他说："非洲领导人所做的这些改革努力遭到非洲领导人试图利用的欧洲商人、传教士和猎人们的这些活动的系统破坏。"④ 阿贾伊认为，对于 19 世纪非洲内部的改革努力，还没有引起学术界的重视，所以，在这一卷的结束语部分，他重点讨论了这一问题。他认为，非洲 19 世纪的内部改革努力表现在政治结构、军事体制、社会和经济变革等方面。总之，在《非洲通史》第六卷中，阿贾伊重视非洲内部的变化，并将此作为 19 世纪非洲历史演进的主要原因，体现了他的民族主义史学思想。

（三）重视历史教育

阿贾伊不仅是一位杰出的历史学家，而且也是一位出色的教育家，他在非洲历史教育方面做出了巨大贡献。非洲国家独立后，建立民族国家的教育体系是各国教育事业的首要任务，阿贾伊是西非教育改革的实践者，他推动了尼日利亚中学教育体系和大学高等教育模式的变革，对尼日利亚甚至西非的历史教育事业做出了贡献。

虽然阿贾伊从小学到大学接受的都是西式教育，但他对尼日利亚的本土教育十分重视。他认为非洲有过许多辉煌灿烂的古代文明，以这些古代文明为主体的非洲本土教育，符合非洲人民的切身利益，能够提高非洲人民对自己民族文化的认同感和自豪感。而非洲国家独立之初所实施的教育仍然是西式教育，他认为这种状况亟待改变。为了抵制西式教育，阿贾伊对非洲尤其是西非古代历史进行研究，希望能从非洲本身的传统文化中汲取精华，形成一套具有非洲本土特色的非洲教育模式。⑤

阿贾伊作为历史学家，他对非洲历史的本土教育尤其重视，并且身体力行。一方面，阿贾伊在大学里进行课程改革，加大本土历史的内容，开设具有非洲传统文化特色的课程，提高了学生非洲传统文化知识的认识，方便于他们未来走向中学教师岗位后，加强对中学生非洲传统文化的教育。另一方面，阿贾伊编写贯彻本土历史教育思想的历史教材，为增强中学教师对非洲古代辉煌文明的了解，他负责编写的《千年西非史》和《19 和 20 世纪的非洲史》深受读者欢迎，尤其是《千年西非史》成为中学师生酷爱阅读的掌中书。⑥

阿贾伊不仅是一位著作颇丰的历史学家，而且也是一位成功的历史教育家，为尼日利亚以及非洲史学界培养了一批优秀人才，他们正在继承和发扬阿贾伊的史学研究传统，活跃在

---

① ［尼日利亚］J. F. 阿德·阿贾伊主编：《非洲通史》第 6 卷，第 2 页。

② K. Onwuka Dike, *Trade and Politics in the Niger Delta, 1830 – 1885*, Oxford: Oxford University Press, 1966, p. 1.

③ ［尼日利亚］J. F. 阿德·阿贾伊主编：《非洲通史》第 6 卷，第 579—580 页。

④ ［尼日利亚］J. F. 阿德·阿贾伊主编：《非洲通史》第 6 卷，第 580 页。

⑤ J. F. Ade Ajayi, "Higher Education in Nigeria", *African Affairs*, Vol. 74, No. 297 (Oct. 1975), pp. 420 – 426.

⑥ J. F. Ade Ajayi, *A Thousand Years of West African History: A Handbook for Teachers and Students*, Ibadan: Ibadan University Press, 1965, pp. 232 – 254.

非洲乃至世界学术舞台上。比如今天仍然活跃在国际非洲史研究领域的托因·法洛拉教授就是阿贾伊的知名学生。

结　　语

作为非洲国家独立后第一代历史学家，阿贾伊成就卓著。他对非洲历史的研究相当广泛，不仅对约鲁巴族和尼日利亚等民族史进行研究，而且对西非地区的历史，乃至整个非洲大陆的历史都有涉猎。此外，阿贾伊还对基督教使团、非洲教育都很有研究。作为非洲第一代历史学家，阿贾伊非洲史研究的最大特点是其民族主义史学观点，他的非洲历史研究的主要任务是为非洲历史和文明正名，消除殖民主义的影响，还原非洲历史本来面目，确立非洲历史的"本体论"，向非洲以及世界人民展现非洲历史上的辉煌灿烂文明。以其作为重要代表的伊巴丹历史学派，也成为 20 世纪非洲民族主义史学流派中的重要组成部分，丰富并促进了非洲史学的发展。

阿贾伊对非洲史学的发展做出了巨大贡献，推动了 20 世纪非洲史学的复兴。同时，他的非洲史研究也存在着一些不足之处。由于反对殖民主义统治，争取民族解放、国家独立的时代需要，他的史学研究主要集中于反殖民主义史学、基督传教士史学和国家政治史方面，对于经济、社会等其他方面的研究甚少涉猎。而且，阿贾伊的史学研究过于集中于对非洲历史上英雄人物的研究，不免夸大了这些社会上层的少数"精英"的作用。例如，阿贾伊在对基督传教士活动所形成的非洲"精英阶层"的研究中，重点强调了这些精英群体对非洲各民族国家的建立做出了巨大贡献，而忽略了非洲普通人民的重要作用。

当前非洲史学深受西方史学新动态地影响，新文化史在非洲也很有市场，非洲妇女史、环境史、疾病史、社会史以及文化史成为新热点。这种发展看似百花齐放，却也存在隐忧。在目前的全球史学领域，非洲史学的地位没有提升，反而下降，失去了 20 世纪 50—70 年代非洲著名历史学家辈出的繁荣景象。彼时，像肯尼思·戴克、阿德·阿贾伊、阿杜·博亨、谢赫·安塔·迪奥普（Cheikh Anta Diop）以及奥戈特等人都是享誉世界的非洲著名历史学家，他们的研究在非洲历史学领域很有话语权。在非洲联盟已经制定《2063 年愿景》，倡导非洲复兴的大背景下，也需要非洲史学的复兴。因此，需要从非洲史学传统和阿贾伊等非洲第一代历史学家那里汲取营养。

（原载《史学集刊》2020 年第 3 集）

论 1881 年悉尼天花疫情下的排华运动

费　晟[*]

摘　要：近代世界传染病的爆发不仅涉及公共卫生专业问题，也深刻影响社会内部不同利益群体关系的变化。1881 年悉尼突然爆发的天花就触发了澳大利亚社会空前的排华运动。无论所谓华人引入并传播天花的舆论造势，还是与之呼应的官方排华防疫措施及立法，都建立在对传染病种族属性的渲染与想象之上。这不仅是因为当时缺乏科学知识，更是因为突发的疫情为社会既有的种族偏见提供了所谓的客观依据，为底层社会抗争创造了宣泄的契机，更为当局推卸并转嫁防疫责任提供了借口。悉尼天花大流行使澳大利亚种族主义的国族认同与公共环境议题紧密联系，奠定了影响深远的"白澳政策"之基础。对天花疫情下排华运动的全面剖析，有助于深入反思近现代世界历史上并不鲜见的利用公共危机构建种族主义话语的机理。

关键词：澳大利亚史　悉尼　天花疫情　公共卫生　种族主义　排华

在全球化急剧加速的近现代世界，传染病也获得了空前的流播与影响范围。20 世纪 70 年代以来，以美洲经验为起点，史学界开始高度重视天花等传染病在殖民者征服原住民社会过程中的作用。[①] 然而，同样是在欧洲移民主导的澳大利亚殖民地，天花的历史与美洲的不尽相同。学界传统上认为天花伴随 1788 年在悉尼创建殖民地的英国人而来，因为殖民地周围的原住民在次年就遭遇了类天花流行病的侵袭，损失惨重。但更晚近的科学研究确证，天花病毒难以在不致病的情况下存活一年以上，因此长途不间断航行的早期殖民者给原住民带来病毒的可能性不大。[②] 导致原住民大量死亡的天花也可能是 18 世纪中期后从东南亚望加锡前来捕捞海参的渔民所传入。[③]

相比于美洲，澳大利亚的天花疫疾远不只是摧残原住民社会的"处女地流行病"[④]，更

　　* 费晟：中山大学历史学系教授。

　　本文为国家社科基金青年项目"澳大利亚环境保护活动的起源与发展研究"（16CSS010）及中山大学青年教师重点培育项目"海外藏中国与南太平洋国家早期关系档案整理与研究"（19WKZD06）阶段性成果。本文得以完善要感谢李星皓先生协助整理了部分资料以及匿名评审专家提供的宝贵修改意见。

　　① 从全球史角度专题探讨流行病的代表性作品可参见艾尔弗雷德·克罗斯比：《哥伦布大交换》，郑明萱译，中信出版社 2018 年版；克罗斯比：《生态帝国主义：欧洲的生物扩张，900－1900》，张谡过译，商务印书馆 2017 年版；威廉·麦克尼尔：《瘟疫与人》，余新忠等译，中信出版社 2018 年版。近年来中国学者也有推陈出新之作，参见丁见民《北美早期印第安人社会对外来传染病的反应和调适》，《世界历史》2015 年第 4 期。

　　② Craig Mear, "The Origin of the Smallpox Outbreak in Sydney in 1789", *Journal of the Royal Australian Historical Society*, Vol. 94, No. 1（2008）；Christopher Warren, "Smallpox at Sydney Cove－Who, When, Why?", *Journal of Australian Studies*, Vol. 38, No. 1（October, 2013）.

　　③ 参见 Judy Campbell, *Invisible Invaders：Smallpox and Other Diseases in Aboriginal Australia 1780－1880*, Carlton, Melbourne University Press, 2002；N. G. Butlin, *Our original aggression：Aboriginal populations of southeastern Australia, 1788－1850*, G. Allen & Unwin, 1983.

　　④ 所谓"处女地传染病"是指一个群体所患的疾病，其中最年长的成员也终生没有接触过这种疾病，该群体因此在免疫学上毫无抵抗力并处于危险之中。参见 Alfred W. Crosby, *Germs, Seeds and Animals：Studies in Ecological History*, M. E. Sharpe, 1994, p. 97.

是影响新兴移民社会发展的大问题。因为据官方统计，至 1917 年天花最后一次密集爆发，澳大利亚殖民地累计爆发过 15 次显著的天花疫情，但冲击较大的天花多爆发在 19 世纪后半叶，且以悉尼等国际移民聚居的海港为中心。[①] 此时的原住民社会早已由于各种疾病、屠杀和土地侵夺而凋敝，且被隔离于偏远内陆。诸次天花疫情中，尤以 1881 至 1882 年悉尼之疫为烈，不仅染病人数与死亡率空前绝后，而且引发严重的社会失范，广受关切。

关于 1881 年悉尼天花疫情，除了医学科学的研究，史学界多是从英帝国医疗社会史的角度加以分析：一种自下而上的视角认为，悉尼天花防疫措施的演变说明 19 世纪后期，政治自主性不断强化的殖民地对英国经济与文化的依赖未必减弱。另一种自上而下的视角则认为，此次天花防治是殖民地政府权力整合并扩张的一个关键契机。在所有拥有自治政府的英帝国殖民地，澳大利亚是第一个把健康问题正式纳入官僚管理体系的。[②] 上述研究展现了澳大利亚作为一种移民型殖民地公共卫生制度的变化，与针对热带殖民地公共卫生议题的研究互为补益。[③] 然而这两个研究路径都回避了英帝国殖民史研究中的一大核心问题，即种族间的环境正义问题。因为澳大利亚联邦曾长期奉行白澳政策，史学研究局限于欧洲中心的叙

事，对非欧洲移民的历史遭遇缺乏反思。[④]

如苏珊·桑塔格所言："流行病常常引发禁止外国人、移民入境的呼声。而恐外性的宣传总是把移民描绘成疾病（在 19 世纪末，是霍乱、黄热、伤寒、结核等疾病）的携带者。"[⑤] 事实上，1881 年悉尼天花疫情远不止是公共卫生治理或英帝国政治史的问题，更牵动当时社会种族关系及移民制度的变化。因为悉尼天花疫情暴发后，作为殖民地最大的非欧洲移民群体，华人的处境急转直下：主流媒体充斥着对华人整体性的污蔑与排斥，排华群众集会密集涌现，而殖民当局也逐渐针对华人执行苛刻的卫生检查和隔离，最终底层民众与社会精英的排华活动开始合流。号称"澳大利亚联邦之父"的新南威尔士殖民地总理亨利·帕克斯（Henry Parkes）主导殖民地议会，趁疫情颁行了严苛的排华法案并要求其他殖民地效法，为白澳政策升格为澳大利亚联邦的国策铺平了道路。[⑥] 显然，1881 年悉尼天花疫期华人遭受不公待遇与殖民地种族主义意识形态及制度的全面发展密切相关。[⑦]

对此，本文尝试超越对 1881 年天花疫疾本身的关注，而将其视为一场移民殖民地公共危机的导火索，综合使用官方档案、专业机构记录，特别是当时主流媒体资料，剖析坊间舆

①　Peter Curson, "Smallpox Redux: An Australian Perspective", *Security Challenges*, Vol. 4, No. 3 (Spring 2008), p. 104.

②　参见 Alan Mayne, "'The Dreadful Scourge': Response to Smallpox in Sydney and Melbourne, 1881 – 1882", in Roy MacLeod and Milton Lewis eds., *Disease, Medicine and Empire: Perspectives on Western Medicine and the Experience of European Expansion*, Routledge, 1988, p. 237; Alison Bashford, "Epidemic and Governmentality: Smallpox in Sydney, 1881", *Critical Public Health*, Vol. 9, No. 4 (1999), pp. 301 – 316; Alison Bashford, *Imperial Hygiene: A Critical History of Colonialism, Nationalism and Public Health*, Palgrave &Macmillan, 2004, p. 39.

③　对殖民地医学史研究者而言，处于热带的印度与非洲由于更挑战欧洲经验而更引人关注。最新的成果可参见 Wenzel Geissler and Catherine Molyneux eds., *Evidence, Ethos and Experiment: The Anthropology and History of Medical Research in Africa*, Berghahn Books, 2011; Biswamoy Pati and Mark Harrison eds., *Society, Medicine and Politics in Colonial India*, Routledge, 2018. 部分英帝国环境史学家则有意强调澳大利亚等移民殖民地的温带气候背景，参见 Thomas Dunlap, *Nature and the English Diaspora: Environment and History in the United States, Canada, Australia, and New Zealand*, Cambridge University Press, 1999.

④　马克希恩文：《澳大利亚的历史学家们和民族的叙述神话》，孟钟捷译，《学术研究》2013 年第 12 期，第 95 页。值得一提的是，最新的研究开始逐渐关注历史上澳大利亚白人殖民者对气候、健康与种族关系的探讨，但是仍然没有涉及到不同族裔移民间的关系问题，参见 Warwick Anderson, *The Cultivation of Whiteness: Science, Health, and Racial Destiny in Australia*, Duke University Press, 2006.

⑤　苏珊·桑塔格：《疾病的隐喻》，程巍译，上海译文出版社 2003 年版，第 133 至 134 页。

⑥　王宇博：《澳大利亚史》，江苏人民出版社 2017 年版，第 127 页。

⑦　Greg Watters, "The S. S. Ocean: Dealing with the Boat People in the 1880's", *Australian Historical Studies*, Vol. 33, No. 120 (2002).

论、劳工运动以及民粹政客如何利用疫情竭力渲染和夸大华人的危害，进而合力推动种族主义制度的出台。这或有助于学界深入理解部分欧洲移民社会何以在面临公共危机时常常爆发针对华人移民的歧视并借危机维护自身利益。

一 "天花恐惧" 与悉尼排华舆情的抬头

尽管天花在澳大利亚殖民地由来已久，但在 1881 年悉尼天花爆发之前，移民社会并没有遭遇过重大疫情，天花传播路径单一，流行范围有限。根据 1914 年澳大利亚联邦政府公共卫生部门公布的《澳大利亚天花史》，殖民地官方首次承认天花疫情是 1857 年 9 月 28 日，远远晚于民间之记录。时逢淘金热如火如荼蔓延，而暴发疫情的墨尔本正是国际移民的吞吐中心。此次疫情的源头是从利物浦抵达的客船 "佩里准将号"（Commodore Perry），造成的死亡率为 25%。此后的 1868—1869 年、1872 年及 1885 年，包括墨尔本在内的维多利亚殖民地还发生过三次相对小规模的疫情。[1] 相较之下，以悉尼为首府的澳大利亚最古老的新南威尔士殖民地官方正式记录天花疫情更晚：比较确凿的疫情始自 1876 年 12 月 12 日自伦敦抵达悉尼的 "布里斯班号"，船上水手及港区居民累计报告 12 例病案，最终死亡 4 至 5 人。[2]

在地理位置相对孤立且人口密度较低的澳大利亚殖民地，无论是民间还是官方都对天花缺乏准确科学认知，亦无足够防疫经验。比如 1881 年悉尼疫情暴发后紧急成立了新南威尔士卫生委员会，其主席麦凯乐（C. Mackellar）医生给同事准备的指导手册只是匆忙抄录了英国国内发表论文的几页脚注。[3] 疫情结束后，位于墨尔本的维多利亚医学协会也评论说："（当时）这个殖民地几乎没有人曾经见过或者即将见到天花病例，尤其是那些我们自己大学培养出来的人……只能听信个别号称目睹并参与了 1870 至 1871 年伦敦天花防疫的人。"[4]

值得注意的是，尽管华人自 1853 年开始大量移民澳大利亚，至 1861 年已至少有 5 万人之众，但《澳大利亚天花史》中提及华人患病的现象还是在 1881 年。[5] 当然这不意味着华人移民与欧洲移民没有交集。事实上以淘金热为契机，来自欧洲尤其是英国移民前所未有地与其他种族移民特别是华人混居。[6] 围绕就业竞争与文化冲突，白人移民劳工与华人移民的矛盾在 19 世纪 50 年代后期一度激化。虽然排华现象随着淘金热的平息而降温，但在 1870 年代末又开始回升。[7] 此时一个关键因素在于澳大利亚人口结构已然出现重大变化：一方面土生白人数量开始超过移民，殖民地社会独立的民族认同不断强化，另一方面以华人为主的有色人种移民依然可观，对华人移民持续输入的担忧不断加重。[8]

正是在这种背景下，当 1881 年伊始悉尼海关报告发现一例华人天花病例时，全城开始快速沉浸于华人输入传染病的恐慌舆论中，尽管事后官方总结明确指出 1881 年的天花来源

---

① 参见 J. H. L. Cumpton，*The History of Small - Pox in Australia*，*1788 - 1908*，pp. 27 - 43.

② J. H. L. Cumpton，*The History of Small - Pox in Australia*，*1788 - 1908*，pp. 9 - 11.

③ "Options of Medical Men on Compulsory Vaccination"，*Votes & Proceedings of the Legislative Assembly of New South Wales*（*VP-LA*），1881，Vol. 4，p. 1030.

④ *Australian Medical Journal*，Vol. 4（May 15，1882），pp. 209，214.

⑤ 关于华人移民澳大利亚的规模与方式，可参见张秋生《澳大利亚华侨华人史》，外语教学与研究出版社 1998 年版，第 74 页。

⑥ Charles Fahey，"Peopling the Victorian Goldfields：From Boom to Bust，1851 - 1901"，*Australian Economic History Review*，Vol. 50，No. 2（July 2010），p. 149.

⑦ 参见 Andrew Markus，"Government control of Chinese migration to Australia，1855 - 1975"，Henry Chan，Ann Curthoys and Nora Chiang eds.，*The Overseas Chinese in Australasia*：*History*，*Settlement and Interactions*，Australian National University，2001，pp. 69 - 72.

⑧ 孔飞力：《他者中的华人——中国近现代移民史》，译，江苏人民出版社 2016 年版，第 241 页。

不明。① 恐慌的导火索仍然是"布里斯班号"，1876 年后该船开始主营香港至澳大利亚的华人移民航线，而其所属公司在 1880 年总计将 2569 名华人运抵澳大利亚，冠绝同行。1881 年 1 月 24 日，该船从香港抵埠，当局声称船上发现一名华人感染天花，因此船上 119 名华人乘客全部遭到隔离。② 这很可能是误诊，因为这个所谓感染天花的华人很快就康复了，2 月 17 日已经能修理船上的甲板，而其他被隔离的人无一患病。③

1884 年 4 月 23 日，"布里斯班号"搭载 340 名华人再次来澳，结果在经停澳大利亚北部港口库克敦（Cooktown）时被隔离，因为当局又声称船上发现一名华人感染天花。这极可能又是误诊，因为做出这一诊断的检疫员执业资质低劣，有频繁误诊的记录。④ 关键问题是，他所诊断的 12 岁华人男童在四年前已经得过天花，不太可能再犯病。⑤ 隔离区驻点医生约翰·伦纳德（John Leonard）在给"布里斯班号"总务官的信中也强调："我仔细检查过，船上没有人感染天花……我不明白为什么要隔离这艘船。我确信他搞错了。"⑥

然而"布里斯班号"两次出现所谓华人移民患天花的消息足以引爆大众舆论。1881 年 4 月下旬，媒体开始连篇报道伦敦与夏威夷等地天花肆虐的消息，话锋却直指华人最可能传播天花，且类似观点不断发酵。比如殖民地第一大报《悉尼先驱晨报》（以下简称《晨报》）称火奴鲁鲁的白人历史上很少感染天花，随后又说开往火奴鲁鲁的"吕底亚号"（Lydia）的华人乘客发生暴动，挟持了白人海员。该船

有 22 人感染天花，还有 80 个华人乘客不知去向。⑦ 这进一步加剧了悉尼社会对华人涌入的忧虑，报纸刊载的读者来信不时出现恳请限制华人移民并对华人实施隔离的诉求。⑧

5 月下旬，悉尼城在谣言中迎来了第一例天花病案。似乎印证了焦虑合理性的是，病人正是一位混血的华裔儿童，即毗邻悉尼港的岩石区安昌商号（On Chong）老板之子。岩石区是澳大利亚华商最早的活动区之一，而安昌商号曾被官方文件誉为"澳大利亚历史最久、财力最雄厚，也最受人尊敬的华人店铺，所有的合伙人都诚实而自立"⑨。事情的经过是，5 月 23 日华人儿童突然发病，先后请来两位医生均无法确诊是否天花，主要怀疑是水痘。但 5 月 25 日卫生官闻讯后仍然要求警察将安老板一家送入悉尼港外的疫病隔离所，并对这所商住两用的楼房初步实施了隔离，由此悉尼进入天花防疫期。⑩ 尽管安昌商号尽一切可能配合卫生官的防疫工作，仍有传言说警方维持的隔离形同虚设，本该被隔离的人依然能自由出入。警方出面辟谣后于 5 月 31 号正式对房屋实施整体隔离。⑪

事实上，在发现第一个病例之后整整 20 天内，悉尼都没有新发病例，发现第二个病患后半个月内也仅新增 4 个病例。但从 7 月 5 日开始至 15 日，先后有 7 所并不毗邻的房屋连续报告发现病人，而且出现同一天内两个不同的位置发现 22 个病例的情况。在 9 月 2 日当局开始全面统计疫情之前，已知天花爆发点有 16 个，1/3 都不在城市中心。⑫ 这说明天花疫

① "Report of the Board of Health upon the Late Epidemic of Small - Pox, 1881 - 1882", *VPLA*, 1883, Vol. 2, p. 953.
② *Sydney Morning Herald*, 25 January, 1881, p. 4.
③ *Sydney Morning Herald*, 26 April, 1881, p. 5.
④ *Sydney Morning Herald*, 1 September, 1881, p. 4.
⑤ "S. S. Brisbane Correspondence", *VPLA*, 1881, Vol. 4, p. 1105.
⑥ "S. S. Brisbane Correspondence 1881", pp. 1104 - 1105.
⑦ *Sydney Morning Herald*, 9 May, 1881, p. 5；18 May, 1881, p. 5
⑧ *Sydney Morning Herald*, 4 May, 1881, p. 3；26 May, 1881, p. 4.
⑨ "Chinese Gambling Commission", *Journal of Legislative Council of the New South Wales*, session 1891 - 1892, Vol. 49, part 5, p. 479.
⑩ *Sydney Morning Herald*, 26 May, 1881, p. 5.
⑪ *Sydney Morning Herald*, 1 June, 1881, p. 5.
⑫ J. H. L. Cumpton, *The History of Small - Pox in Australia, 1788 - 1908*, pp. 11 - 12.

情真正爆发是在 7 月份以后。

但在 6 月 16 日，亦即发现第二例病患的次日，《晨报》已然咬定华人是疫情源头。当天它刊载了以"悉尼爆发天花"为题的文章，称欧洲裔的爱德华·茹特（Edward Rout）已成为第一个死亡病患，而他曾在安昌商号对面的房子里做过木匠活，因此怀疑他是被华人儿童传染的。6 月 17 日，报刊又分析了其他两例病患，说他们和爱德华一样都曾出现在安昌商号附近。[①] 尽管相关报道也指出伦敦一直是天花重灾区，以至于伦敦人把天花视为一种人生不可避免的疾病，因此这次疫情的源头未必是中国，但由于公开报道的首个天花病例是华人，且后续病例都被牵扯上安昌商号，因此"公众普遍推论这次疫疾来自亚洲……这引发了悉尼大范围的不安与担忧"[②]。比《晨报》有过之无不及的是，其他许多媒体甚至都没有提到天花来源潜在的多样性，而是断言华人传播天花。如《晚间新闻》报道的标题多是："悉尼天花：唐人街染疾""华人扎堆发烧""华人中的流行病"等等。[③]

在此期间，有关一名叫王平（Wong Ping）的病患的报道让舆论进一步认定就是华人传播了天花。6 月 15 日晚上八点半，悉尼南郊滑铁卢（Waterloo）地区的一个小女孩发现华人阿宏（Ah Hung）正在往一家华人商店里搬运包裹。该包裹形状奇怪，邻里们认为里面藏了一个华人便报了警。警察破门而入，发现一个名叫王平的华人身染沉疴。他是一个月前乘坐"布里斯班号"来悉尼的。警察想从阿宏那里得到更多有关王平的信息，但觉得阿宏在刻意隐瞒，这加深了邻里们对华人的反感。报道称："阿宏就像绝大多数华人一样，诡计多端

而闪烁其词。"[④] 王平被诊断为天花，这个案例不仅使人们确信来自香港的"布里斯班号"是疫情源头，而且还让舆论觉得华人有意隐瞒病情从而威胁大众健康。此外，媒体还讨论王平在进入滑铁卢区之前是否也在安昌商号附近驻足，总之就是试图将王平与此前的天花病例归为一个共同的来源。[⑤]

对王平情况的跟踪报道正值天花进入密集爆发期，在媒体的鼓噪下，排华舆论开始转向丧失理性的行动。首先，当局不断收到关于华人感染天花的邻里举报，但经过调查大多是谣言。非常可笑的是，有白人因为讨厌华人邻居晚上睡觉打呼噜就谎报说华人可能感染了天花，害医生白跑一趟。[⑥] 其次，白人社区开始对华人乃至华人儿童施加暴力，还有许多华人被拒绝乘坐电车及进入公共场所。华人菜农遭受了最沉重地打击，尽管调查显示华人的菜园子非常干净，但许多街区依然阻挠蔬菜贩售长达一个月。[⑦] 由于当时蔬菜种植业已经是华人移民最重要的就业领域，因此对这一行业的歧视与打击意味着普通华人的经济灾难。华人零售业主也遭殃，频繁遇到白人地痞流氓扔石头打烂店铺窗户的袭击，许多华人因此受伤。[⑧] 最骇人听闻的是命案：6 月 18 日清晨，悉尼警方发现了一具明显死于凶杀的华人儿童尸体："他的喉咙被粗暴地割开，小小的头颅几乎与身体分离，腿上还有枪伤。"[⑨] 尽管凶手最终也没能落网，但考虑到类似针对华人的严重暴力侵害事件屡屡见诸报端，华人移民作为一个整体无疑已经成为殖民地社会暴力犯罪的重点对象。

"布里斯班号"的隔离、安昌商行的孩子以及病患王平这三个案例都被媒体推定为华人

① *Sydney Morning Herald*, 16 June, 1881, p. 6; 17 June, 1881, p. 6.
② J. H. L. Cumpton, *The History of Small-Pox in Australia*, 1788–1908, p. 11.
③ *Evening News*, 26 May, 1881; 16 June, 1881. 转引自 Greg Watters, *The S. S. Ocean: dealing with the boat people in the 1880's*, p. 334.
④ *Sydney Morning Herald*, 17 June, 1881, p. 6.
⑤ *Sydney Morning Herald*, 20 June, 1881, p. 5.
⑥ *Sydney Morning Herald*, 22 June, 1881, p. 6.
⑦ *Sydney Morning Herald*, 20 June, 1881, p. 5; 22 June, 1881, p. 6; 30 June, 1881, p. 6.
⑧ *Sydney Morning Herald*, 23 June, 1881, p. 5.
⑨ *Sydney Morning Herald*, 18 June, 1881, p. 5.

引发天花的核心证据，但其因果联系最终都无法确定。由于当局一开始未预料到此次疫情的剧烈性，在9月2日前没有完整统计过患病人数，连华人儿童是否真是一号病例亦不能确证。① 此外，孩子的母亲是白人，且根据卫生官的调查，孩子发病前两个星期，她的英裔保姆就出现了发烧和急症，随之被解雇，但是卫生委员会并没有就此进行流行病调查。② 最具讽刺性的是，三个华人病患都没有死亡：就在媒体炒作几近歇斯底里的6月22日，安昌老板的孩子已经基本痊愈，而媒体笔下病入膏肓的王平最终在1881年9月康复。③

显然在1881年天花疫疾来袭前后，悉尼社会舆论都处于一种矛盾的亢奋情绪中。就大众传媒风向来看，一方面大众对输入性的天花疫情存在高度紧张，另一方面似乎又早已断定了天花来袭的必然性与根源。虽然无法确证华人移民是罪魁，也这显然不妨碍舆论希望并且相信他们就是祸首。悉尼的天花疫情从一开始就把种族歧视问题暴露无遗。

二　天花扩散期底层民众排华活动的勃兴

天花疫情的蔓延与排华舆情的兴起具有一定同步性，但后者绝非突然涌现。早在天花爆发之前，"悉尼人就已经迫不及待地盼望着华人离开澳大利亚，哪怕只是离开悉尼去别的地方去都好"④。在媒体的大肆渲染下，华人移民坐实了传播天花的恶名，既有的排斥情绪空前合理化。恰如一封读者来信所说："华人一向都遭白眼，这回可更有得受了。"⑤ 就在对天花何以在悉尼城扩散的讨论中，华人社区的环境卫生问题也开始被反复炒作。

根据殖民地社会公认的英国经验，"天花是一种源于肮脏的疾病……其流传是因为过度拥挤、下水道与通风的缺陷，水和空气的停滞与污染"⑥。悉尼当局紧急成立的卫生委员会也认为天花快速传播的原因包括："第一，社区过度拥挤；第二，房间太小；第三，窗户不够多；第四，不卫生的习惯；第五，不能保证亲密接触者的严格隔离。上述原因就导致了一个街区在染病房屋隔离之后，还是扩散到5所邻近的房子里。"⑦ 悉尼最符合上述特征的居民区首当其冲位于市中心，而这里通常也是华人劳工和零售业主的生活工作地，由此华人社区不卫生的问题连篇累牍地成为讨论焦点："许多病患都来自过度拥挤且肮脏污秽的华人街角，对悉尼市民来说，他们造成的灾难甚至比一场俄国的入侵还要大。"⑧ 6月中旬，前往安昌商号查验疫情的医生被隔离，结果有读者给媒体投书嘲笑华人处所的卫生："他（医生）是不是也不刮胡子或者不洗澡或者不用洗头啦？他还会被蟑螂或者跳蚤滋扰吗？他能读他雇主用中文写的书了吗？"⑨

事实并非如此，当时的官方报告中就指出："爆发天花的华人居民区确实人居密集，但这些建筑整体的卫生条件比其他许多欧洲人的住所要好得多。"⑩ 而且在悉尼宣布进入疫期后，华人居民点的卫生条件迅速得到改善。虽然为数不多，但部分媒体报道也承认："他们积极配合了当局的卫生清洁工作，即便是其中一部分人对卫生法令不够关注，那也是因为法律意识淡薄，而不是别的什么原因。他们不

① "Report of the Board of Health upon the Late Epidemic of Small - Pox, 1881 - 1882", p. 953.

② Peter Curson, *Times of crisis: Epidemics in Sydney 1788 - 1900*, Sydney University Press, 1985, p. 93.

③ *Sydney Morning Herald*, 22 June, 1881, p. 6; 艾瑞克·罗斯：《澳大利亚华人史（1800—1888）》，张威译，中山大学出版社2017年版，第256页。

④ *Sydney Morning Herald*, 27 April, 1881, p. 5.

⑤ *Sydney Morning Herald*, 21 June, 1881, p. 6.

⑥ *Sydney Morning Herald*, 27 June, 1881, p. 4; 23 June, 1881, p. 5.

⑦ J. H. L. Cumpton, *The History of Small - Pox in Australia, 1788 - 1908*, p. 12.

⑧ *Daily Telegraph*, 18 June, 1881, p. 4.

⑨ *Sydney Punch*, 18 June, 1881, p. 89.

⑩ "Report of the Board of Health upon the Late Epidemic of Small - Pox, 1881 - 1882", p. 953.

遗余力地遵守当局的卫生清洁要求，有些人家甚至在墙上挂上了水管，每天都定时冲洗墙壁和地面。"① 这种情况甚至在郊区也不例外，比如悉尼南郊滑铁卢区华人社区配合当局卫生清洁工作，环境卫生有明显提高。②

然而事态有更复杂的走向：在声讨华人社区肮脏故而传播疾病的声浪中，疫情也激起了社会对悉尼全城公共卫生问题的关注，结果以劳工阶层为主的底层民众也遭受了批评。因为他们通常经济拮据，所以普遍密集居住在环境较差的城市中心。官方报告显示，"疾病从一开始主要侵扰的就是工人阶级，包括两个中国人，而且可能如预期的那样，在那些排水系统很差的房子以及卫生条件严重不足的街区会更流行和致命。"③ 作为澳大利亚最古老且最重要的海港口岸，悉尼城中心的人居环境相对恶劣绝非偶然。除了基础设施年久失修，一个最重要的原因在于它是围绕港口客货吞吐发展起来的，因此吸引了大量配套行业的体力劳工定居，尤其是码头工人。原来，殖民地当时的经济支柱是季节性变化的原材料出口贸易，就业率也会随之波动，结果劳工收入非常不稳定。对依靠计件工资维生的底层劳动者而言，尽管市中心租金不便宜，基础设施也简陋，但上工方便。④ 而悉尼华人本来就相对聚居于城区，尤其是从事零售业的华商，根据顾客分布的特点，通常将商住两用的房屋选址在港口附近。这样一来，疫情中有关城市卫生的讨论就把种族与阶级问题裹挟到一起，底层白人遭受的质疑也越来越多。一封显然出自中上阶层的读者来信批评劳工社区脏乱差说："他们把自己打包塞进又小又脏的集体公寓，就好像沙丁鱼装进罐头盒子那样…… 他们太过聚居，言行又粗鄙，还执拗地把肮脏……以及每天都违反公共卫生法规当作乐趣。"⑤ 悉尼卫生官也公开

批评："疫情暴发区的居民们不太配合，明明彻底打扫干净过的地方，不到一两天就又脏了。"⑥ 对于这种近乎侮辱的评论，底层民众的不满与愤怒是不难想象的。

面对这种因阶级分化造成的环境不正义，劳工们除了向当局抗争并要求资方提薪以改善居住条件外，更大程度上将自身贫窘归咎于所谓廉价华人劳工的竞争。天花疫情暴发前后，以码头工人为代表的劳工团体掀起了多轮有组织的排华集会。他们常与华人混居，因此格外积极地要求驱逐华人。

第一个白人病患爱德华·茹特死亡事件直接撩动了底层民众的敏感神经。他们发现，在被隔离的爱德华家院墙后面的篱笆上有个很大的破洞，而政府派来进行防疫和治疗的医生就站在街边透过这个破孔给爱德华的 14 名家人注射疫苗，而最早发病的华人儿童却已经被送到隔离区享受悉尼最专业的医治。⑦ 这种医疗待遇的不平等经媒体报道后大大引发了白人劳工的关切，因为疫疾爆发之初，就诊治病需要私人承担费用，而茹特虽然身为白人，但只是一名贫穷的木匠，无法像华商之子那样优先享受当时悉尼有限的医疗资源，简直是奇耻大辱。6 月 18 日，即爱德华死后第三天，所谓的"新南威尔士政治觉醒委员会"（Political Vigilance Committee of New South Wales）在悉尼城中心最繁华的商业区禧市场（Haymarket）组织起 200 至 300 人参加的排华集会。这个市场本身有许多华商入驻，后来还成为悉尼最大的唐人街，因此集会极富挑衅性。集会主持人说："工人茹特像一条狗一样死去，而一个华人的孩子，得了同样的病，却得到隔离以及医生的照料……除非目前华人的移民活动被完全禁止，否则这块土地的人民就绝不会停止表达不满。不仅如此，这块土地上的政府因为对华

① *Sydney Morning Herald*, 25 June, 1881, p. 5.
② *Sydney Morning Herald*, 20 June, 1881, p. 5.
③ "Report of the Board of Health upon the Late Epidemic of Small-Pox, 1881-1882", p. 954.
④ Alan Mayne, "'The dreadful scourge': response to smallpox in Sydney and Melbourne, 1881-1882", pp. 233-234.
⑤ *Evening News*, 23 August, 1881, p. 3; *Daily Telegraph*, 11 August, 1882, p. 2.
⑥ "Dr. G. F. Dansey, 1 Novermber, 1881", *Letters Received*, Sydney City Council, 1881, Vol. 9, No. 1976.
⑦ *Sydney Morning Herald*, 16 June, 1881, p. 6; 1 July, 1881, p. 6.

人问题的疏忽而应受到高度谴责，政府要对天花的流入与传播承担责任。"① 从 6 月 25 日开始，悉尼西郊的坎普顿区（Camperdown）因为发现有华人劳工迁入，也有居民集资在媒体上连续刊登广告，呼吁民众参加 30 日晚上在悉尼市政厅前的集会，主题是要求市长注意华人移民流入的问题，严肃讨论华人移民及他们对这块殖民地的影响。② 由此，底层劳工生活环境差也更容易爆发天花就从阶级矛盾转化成种族矛盾，劳工要脱贫改善生存环境就得驱逐华人移民。

疫情下劳工群体的排华活动鼓动了正处于低潮的劳工运动。传统上讲，通过罢工与集会游行表达诉求向来是劳工与资方斗争的手段。而自从 1878 年悉尼海员大罢工开始，抵制华人劳工开始成为其斗争的一大诉求，因为当时有传闻说殖民地最大的轮船公司"澳大拉西亚汽船公司"（Australasian Steam Navigation Company）要大量雇佣薪酬较低的华人劳工，白人劳工可能被廉价华工抢饭碗的说法大行其道。③ 这次海员罢工本身取得了胜利，但劳工组织在 1879 年顺势提出的禁止雇佣华工的法案虽在议会下院过关，却在上院遭遇否决。于是从 1880 年开始，澳大利亚劳工贸易委员会（Trades and Labour Council）与海员工会就联合举行大规模游行情愿，力争落实排华立法，但始终无法取得进展，因为大地主与大资本家把持的上院不愿减少雇工的来源。

僵局之中，劳工运动迟迟找不到突破口，而突发的疫情像强心针一样带来了活力。1881 年 4 月下旬，就在华人传播天花的传闻日益引发舆论焦虑之际，劳工贸易委员会与海员工会看准时机迅速行动，在共济会堂前组织了一场有史以来最大规模的集会。5 月下旬正式进入防疫状态后，悉尼郊区、纽卡斯尔市以及亚斯市（Yass）又同步举行了劳工排华大会。随后劳工组织还在悉尼市政厅前举办了一场大规模游行示威，规模再次刷新纪录，估计在 10 万到 30 万人之间。④ 7 月，劳工组织发起的所谓"限制华人入境议案"（Influx of Chinese Restriction Bill）终于再次被议会提上议程，也激发了空前的社会关注。

在排华提案呈交审读后，一名自称"中立""尚没有被汹汹疫情吓破胆"的读者投书《悉尼先驱晨报》，总结了他在日常生活中了解到的四大排华理由，颇具代表性："第一，华人是一个没有道德的种族，我的意思是说他们的宗教与我们的迥异，他们沉浸于种种罪恶，可能把欧洲人的社会引向不道德……；第二，人们谴责华人，他们给这块殖民地带来了各种各样的生理性罪恶，导致了流行病与传染病，比如天花和麻风……；第三，华人移民会拉低劳工市场的价格，因此对于工人阶级来说，我们绝不能接纳他们……；第四，如同这个法案所说，华人对这个国家各种制度不会有兴趣，他们也不会接受我们的习俗，难以融入白人社会……"⑤ 在此，传播疾病成为仅次于异教徒之后华人的第二大问题，而且不同于其他三种指责，这是"生理性罪恶"。

事实上，相比于文化差异，流行病与劳动力竞争问题才可能是真切影响底层民众利益的。可是，关于华人劳工挤占白人就业机会的说辞非常牵强，因为在整个殖民地，除了家具制造业，集中吸引华人就业的领域如杂货店、摊贩、洗衣业、蔬菜种植业以及厨师向来都不是白人的主要从业领域，且华人商业的服务对象常常也不是白人。⑥ 所以对劳工阶层而言，以拉低劳动力价格为理由排华很大程度上就是他们向资方施压的一个抓手。天花疫情恰逢其

①　*Sydney Morning Herald*, 20 June, 1881, p. 5.

②　*Sydney Morning Herald*, 25 June, 1881, p. 1.

③　最新研究可参见 Phil Griffiths, "'This Is a British Colony': The Ruling - Class Politics of the Seafarers' Strike, 1878 - 1879", *Labour History*, No. 105 (2013).

④　Ray Markey, "Populist Politics", in Ann Curthoys and Andrew Markus eds., *Who are our enemies*?: *Racism and the Australian working class*, Hale and Iremonger, 1978, p. 67.

⑤　*Sydney Morning Herald*, 8 August, 1881, p. 3.

⑥　Ray Markey, "Populist Politics", p. 69.

时，因为它不仅为排华提供了所谓客观依据，还为劳工组织造势并广泛吸引大众关注创造了良机。

随着政府的防疫手段日趋严格，许多底层居民蒙受了直接的财物损失，排华更成为宣泄不满的方式。因为作为疫情高发区，市中心社区遭受隔离封锁的范围更大，既有经济生活秩序被严重干扰，而穷人的抗争与自救能力更羸弱。许多人的家私与个人物品被销毁，住房也因为喷洒石灰而无法正常居住。① 虽然政府表示会予以补偿，但金额不仅有限而且手续烦琐。这加剧了下层民众的无助感与被剥夺感，也使其迁怒于更弱势的华人。事实上，当官方将安昌公司所在街道两侧的 14 栋房子全部封锁后，白人小老板们纷纷抗议，强调说只要封锁华人及宅邸就够了，没必要妨碍他们做生意。②

总之，随着天花疫情的蔓延，主流舆论不仅相信天花源于华人，而且华人社区也是疫情散播基地。更重要的是在公共卫生议题刺激下，以劳工阶层为主的民间排华运动不断掀起高潮，一方面宣泄压抑，另一方面借排华议题不断向精英施压。对官方而言，防疫挑战不断加剧，同时排华诉求日益刺耳，应对的新制度也就呼之欲出了。

三 官方的排华防疫措施

在天花疫情暴发及扩散过程中，官方的反应一开始就遭受舆论广泛的质疑，而在平息舆情的过程中，歧视华人的政策逐渐与整体防疫安排融合。

殖民地当局防疫的失策首先表现在反应迟钝，节奏失衡。从 1881 年 5 月 23 日悉尼宣布进入疫期到 1882 年 2 月 19 日疫情结束，其中只有 9 月 2 日后官方才有全面统计。9 月时墨尔本的医生观察说："悉尼当局一开始是毫无准备的，随后又采取了特别广泛和残酷的强制检疫手段。"③ 其实直到 1881 年 12 月 20 日，医生和房东还可以自行决定是否报告病例或者疑似病例。毫无疑问，很多案例都被遗漏了，还有一些被私人医生隐瞒，因为这可能导致诊所本身停诊。④ 平心而论，面对突发疫情，除专业知识不足问题，还有一些客观因素妨碍了当局的决策效率。比如 1881 年初时，悉尼城经济形势很好："人口正持续大幅增长，但随后数月中都没有充沛的降雨以清洁地表、冲刷下水道，许多城市建筑的卫生设备处于各种程度的故障中，可活跃的就业人群在到处流动。"⑤ 不仅如此，在天花疫情的爆发过程中，发病间隔很不规律，如报告一号病人后近一个月才出现群聚性病患，这当然影响官方对疫情严峻性的判断。7 月中旬疫情进入高潮后官方防疫措施才真正全面展开，除了扩大隔离医院，议会还紧急组建了"卫生委员会"（Board of Health）指导防疫工作，包括悉尼市长、新南威尔士财政商业部次长、警察总长、总建筑官以及六名医学专业人士。在此基础上，9 月 1 日又任命了"卫生行政专员"（Executive Member of the Board of Health），负责实际指挥和监管参与防疫的各种人员，用电报随时与隔离医院保持沟通。⑥ 即便如此，议会还是到 12 月 20 日才出台了专门的《传染病监管法》（Infectious Disease Supervision Act 1881）。主要是强调要重罚隐瞒不报者，同时赋予警察强制拘押权。⑦

1881 年 12 月之前，官方颁布的各种防疫措施及法规中，罕见针对华人移民的表述。不仅如此，在疫情初期，政府对华人与华人社区

---

① *Sydney Morning Herald*, 27 July, 1881, p. 3; *Daily Telegraph*, 25 June, 1881, p. 4.

② *Sydney Morning Herald*, 22 June, 1881, p. 6.

③ *Australian Medical Journal*, Vol. 3 (13 September 1881), p. 441.

④ "Report of the Board of Health upon the Late Epidemic of Small – Pox, 1881 – 1882", p. 954.

⑤ "Report of the Board of Health upon the Late Epidemic of Small – Pox, 1881 – 1882", p. 954.

⑥ "Report of the Board of Health upon the Late Epidemic of Small – Pox, 1881 – 1882", p. 955.

⑦ "Infectious Disease Supervision Act 1881", *Journal of Legislative Council of the New South Wales*, session 1881 – 1882, No. XXVI, p. 138.

态度大体公正，如华人儿童得到了善治。不仅如此，在排华暴力事件抬头初期，警察还积极维持治安，全力维护华人合法权益。如 5 月 26 日，警察在悉尼港口制止并驱散了向华人新移民投掷石块的白人暴徒。对此官方表态称："无论可能采取何种方式阻止华人不正常地涌入殖民地，当局都决定必须严格执行法令，保护这个殖民地上所有的人，不管是什么肤色与民族，如再发生上周四那种懦夫般的非英国式的行径，当局都将严惩不贷。"①

然而随着排华舆情及劳工集会持续施压后，官方防疫决策中的种族歧视色彩变得鲜明。《悉尼先驱晨报》6 月 27 日的长篇报道中指出：城区密集定居且卫生条件不佳的状态不仅仅是华人社区的特色，也广泛出现在欧洲人社区当中。可当局为了平息民怨，尤其是转移大众对城市卫生治理的指责，在检查华人定居区时格外苛刻，有欲盖弥彰之嫌。② 而在疫情严峻化的 7 月，有民众投书指出警察执法时似乎刻意凸显天花与华人有关：在街头人群攒动的下午 4 点左右，公交车装载了华人病患及密切接触者一行七人前往隔离点。但是押运人员不仅没有按惯例遮挡身体以保护隐私，反而以极缓慢的车速前进。这既加大了传染风险，又似乎让病人游街示众。投书人还担心华人被运走后其家庭财产也将缺乏保护。③ 不仅如此，在 7 月份后扩大设立的隔离医院中，华人病患和疑似患者已经和白人分隔，华人疑似患者没有资格住房屋而是住帐篷。④

显然，一些政府雇员在为排华活动推波助澜。最典型的是一名叫库克的警察，他因接触过天花而被隔离，在确认其未患病后被委派负责看守隔离医院里的华人营帐。但他立刻向上级表示："我本来不会违背命令，但是我不想和中国人生活在一起……我不是拒绝自己的职责，我就是拒绝和中国人生活在一起。"⑤ 然

而最关键的问题还在于高层政客：新南威尔士作为英国直辖殖民地，其既有政权架构中，悉尼市政当局只负责具体行政，决策权还在议会。这样，对当局的批评最终都指向内阁总理亨利·帕克斯，而他毫不犹豫地以华人为替罪羊。原来，1838 年移居澳大利亚的帕克斯在政坛上一直以草根代表著称，其票仓集中于劳工群体。受劳工支持，他在 1872 年到 1891 年五次出任新南威尔士总理。天花密集爆发后，他全面响应民间排华诉求，因为这不仅可以推卸自己防疫不力的责任，还能巩固选票。6 月中旬，帕克斯公开通电澳大利亚其他各殖民地、新西兰和斐济当局，一口咬定"现在显然有充分的证据表明所有的天花病例，包括安昌商号老板之子，都是因为接触了最近抵达这块殖民地的华人移民而染病的"⑥。

帕克斯在防疫决策时竭尽所能排华，最昭著的就是利用卫生检疫制度阻止华人移民进入悉尼。早在 1832 年殖民地就根据 1825 年的英国检疫法制定了《检疫法》(Quarantine Act)，当时主要目的是防止英国霍乱传入。这个法案赋予了殖民当局宣布任意海外地区是疫区的权力，可以要求强制隔离来自疫区的船只或者载有病患的船只。从 1853 年开始，几乎每年都有因疑似传染病而被隔离的船只。早期隔离的船只以英国驶来的为主，但是从 1880 年开始，来自英国的船只被隔离的记录骤减，而来自中国特别是华人出洋枢纽香港的船只被频频隔离，这也是本文开头"布里斯班号"遭受厄运的背景。这些记录体现了三个方面的偏见：第一，考虑到同时期墨尔本港隔离的船只除一艘来自罗马外都来自伦敦，因此有理由相信悉尼的隔离片面聚焦于来自中国的船只。第二，隔离来自中国的船只时可能夸大问题，如 1880 年 2 月 18 号开来的"十字军号"(Crusader) 上确认只有水痘并无天花。第三，对

---

① *Sydney Morning Herald*，30 May，1881. p. 5.

② *Sydney Morning Herald*，27 June，1881. p. 4.

③ *Sydney Morning Herald*，8 July，1881，p. 3.

④ Alison Bashford，*Imperial Hygiene：A Critical History of Colonialism，Nationalism and Public Health*，p. 48.

⑤ Alison Bashford，*Imperial Hygiene：A Critical History of Colonialism，Nationalism and Public Health*，p. 49.

⑥ *Daily Telegraph*，18 June，1881，p. 4.

中国船只的隔离可能随心所欲，比如1880—1881年有5次对中国船只的隔离记录，但都写着"细节不详"，连隔离天数都未显示。更有甚者，还出现了有船只曾被两次隔离却没有被正式记录在案的情况。① 由此可见，帕克斯推行的检疫隔离制度更大目的是向公众展示自己的排华立场，安抚大众并稳定统治。

客船"大洋号"（S. S. Ocean）的隔离事件淋漓尽致地展现了上述问题。在悉尼宣布进入疫期后的次日即5月26日，运载着450名华人移民的"大洋号"从香港出发抵达悉尼港。在离开香港时，"大洋号"已经完成了检疫，没有发现任何天花的踪影。"大洋号"航行中经停澳大利亚北部港口达尔文、星期四岛、库克敦、汤斯维尔和布里斯班。在上述每个港口，大洋号都由卫生官进行了严格检查，并按时发放了检疫证明。布里斯班的卫生官还称赞船只的卫生状况良好。② "大洋号"抵达悉尼后，卫生官艾莱恩（Alleyne）也没有发现船上的乘客存在病情。但根据检疫条例，"大洋号"依然被关进隔离区，船员和乘客一律不许上岸，却没有被通知隔离期。不仅如此，当局一度拒绝对"大洋号"进行补给，而船上的冷凝器抵港不久后就出现故障，所有乘员都失去淡水供应。在断水缺粮一整天后，"大洋号"船员被迫向当局管理员发出求救信号。③ 勉强补充水和粮食之后，检疫部门与船员达成共识，让"大洋号"开到墨尔本申请检疫证明并完成补给。为此，悉尼当局同意添加仅够船只行驶到墨尔本的燃料。当局规定供给煤炭的驳船只能开到隔离区管理站之外，不准靠近"大洋号"。事实上驳船的工作人员一度弃船而走，要求"大洋号"船员自行取煤。"这样的防范措施，就算对待一艘被感染的船只都显得不正常，对没有任何传染病的'大

洋号'就显得十分反常了。"④

7月5日，"大洋号"抵达墨尔本后不久就拿到了检疫证明，部分乘客下船后改乘坐火车去悉尼，剩下的228人则坚持要坐船回悉尼，遂于7月12日第二次抵达悉尼港。此时，卫生官依然没有发现船上存在传染病，但"大洋号"再次被关进隔离区长达21天。隔离结束时，华人旅客在寒风刺骨的早晨下船，他们的被褥、衣服和个人物品被集中收走，当众焚毁，唯恐不能吸引眼球，尽管这些物品多是在墨尔本新购置的。这有悖常理，因为如果烧毁华人行李真是出于防疫目的，则在"大洋号"初抵悉尼时即可进行。最夸张的是，二次隔离期间，悉尼当局甚至想派一名患病但未痊愈的警察登船协助管理，遭到船长断然拒绝。帕克斯如此刁难和陷害，以至同样排华的媒体都感到过分："帕克斯政府似乎是故意想让华人感染天花似的……我们希望能从历史中抹去这个故事。"⑤ 对"大洋号"夸张的隔离确实是蓄意的。1886年6月17日，正当"大洋号"驶向墨尔本时，帕克斯召开内阁紧急会议明确指示："要立刻阻挡所有装载了华人以及所有经停中国港口来殖民地的船只。"⑥ 由此澳大利亚的隔离检疫制度首次公开标榜种族主义原则。当天下午，殖民地政府秘书下令公开焚烧罹患天花的华人的所有物品，但对白人病患的遗物置之不理。

不难想象，官方一味刁难华人的政策没有也不可能真正有效地防控疫情。首先，6月17日当局宣布中国港口为疫区并对所有涉华船只进行隔离之后，悉尼的天花疫情有增无减，而疫情的最剧烈的苏塞克斯街（Sussex street）其实极少有华人出现。⑦ 其次，整个天花流行期间感染的病例中，只有3名华人，而且只有一名属新移民。如果真是华人输入天花，那么

---

① J. H. L. Cumpton, *The History of Small - Pox in Australia*, *1788 - 1908*, pp. 77 - 84.
② "Steamship 'Ocean'", *VPLA*, 1882, Vol. 2, p. 1303.
③ *Sydney Morning Herald*, 29 June, 1881.
④ Greg Watters, "The S. S. Ocean: dealing with the boat people in the 1880's", p. 335.
⑤ *Sydney Morning Herald*, 27 June, 1881, p. 4
⑥ Alan Mayne, "'The Dreadful Scourge': Response to Smallpox in Sydney and Melbourne, 1881 - 1882", p. 229.
⑦ J. H. L. Cumpton, *The History of Small - Pox in Australia*, *1788 - 1908*, p. 14.

华人感染的概率和死亡率应该远高于白人。①
第三，1881 年 12 月到 1882 年 1 月有两艘从伦敦抵达悉尼的船只被发现携带了天花患者，却并未被整体隔离。当局如此放任应该严管的船只，注定防疫的效果大打折扣。②

对此，有读者来信一针见血地指出，隔离法令被扭曲为政治的工具，沦为当局平息舆情压力的权宜之计。③ 的确，官方的防疫隔离政策日趋种族主义化，既不科学也不合理，很大程度就是政治作秀。

四　排华立法的确立及殖民地排华思潮之否思

在 1881 年 7 月中旬天花疫情加剧恶化之时，帕克斯不仅驱使行政部门采取一系列排华防疫，同时也开始在议会推动一度遭受抵制的排华立法提案，而这造成了深远的制度性影响。在讨论劳工组织提交的排华法案时，议员们的焦点有三个：限制入境华人的类型、对英澳关系可能产生的影响以及隔离条款的常态化。关于第一点，有议员认为只需要限制华人劳工移民即可，但议会很快达成一致，要求对所有华人入境施加管控，以实现操作的便捷与高效。④ 关于第二点，由于英国与中国签订的各种条约都不包含种族排斥条款，特别是《北京条约》中英国承诺允许华工自由出国。⑤ 因此有个别议员担心新南威尔士作为英国殖民地，如果正式立法排华，可能对母国外交不利。但绝大部分议员都认为移民管理是内部事务，伦敦方面不会也不应插手。甚至有激进草根派议员鼓吹如果英国真要干涉此次立法，澳大利亚应该不

惜效仿美国独立战争与英国斗争到底。⑥ 果然，事后英国政府很快默认了此项立法。

然而，常态化隔离涉华船舶的提议引发了广泛争议，因为这明显超越防疫所需。在淘金热时代，维多利亚殖民地最早颁布但又废除了限制华人入境的法案，其核心措施是：规定每个华人移民入境都要缴纳 10 英镑人头税，而且船舶每载重 100 吨才可以搭载 1 名华人。⑦ 此时帕克斯重拾该法案，并在此基础上增添了两项新内容：第一是否认华人移民在新南威尔士享有公民权，也就是说华人不能像英国人一样成为合法公民，尤其不能购置田产。第二，宣布中国港口被永久性划定为疫区。任何搭载华人船员或者乘客的船只无论是否确诊传染病都必须被隔离。⑧ 对此，毗邻的维多利亚殖民地都觉得荒唐至极，其卫生委员会率先明确表示不赞同宣布中国港口为永久疫区。⑨ 面对如此苛刻的提案，议会内部也有反对声。比如考恩兰德（E. Cornland）议员在辩论中理性地指出，推动排华法案是大众舆论裹挟的产物，其实华人根本不是天花的来源，在华人出现之前英国就已经爆发天花了。尽管他也表态同意根据船舶吨位限定装载华人的数量。而当议会反对派领袖菲茨·帕特里克（Fitz Patrick）质问帕克斯，为什么从中国来的船要被隔离，而对从天花重灾区伦敦来的船听之任之时，一个支持帕克斯的议员立刻就插话说："这是因为我们不想要廉价的劳动力。"⑩ 既然防疫只是排华的一个借口，敢于反对的议员就噤若寒蝉了，因为当时议会讨论的发言内容大多会在报刊上公示，而在主流舆论排华的背景下，所有不同意排华的下院议员都可能因为违拗所谓基

---

① Greg Watters, "The S. S. Ocean：dealing with the boat people in the 1880's", p. 335.
② 艾瑞克·罗斯：《澳大利亚华人史（1800—1888）》，第 259 页。
③ *Sydney Morning Herald*, 23 July, 1881, p. 5.
④ *Sydney Morning Herald*, 15 July, 1881, p. 4；*Sydney Morning Herald*, 22 July, 1881, p. 2.
⑤ 王铁崖编：《中外旧约章汇编（第一册）》，生活·读书·新知三联书店 1957 年版，第 145 页。
⑥ *Sydney Morning Herald*, 15 July, 1881, p. 4.
⑦ 维多利亚殖民地作为淘金热的中心曾经出现华人移民密集涌入的状况，因此在 1855 年至 1865 年开创了根据船舶吨位限定装载华人数量的法案。新南威尔士在 1861 年也照搬这一法案，但在 1867 年废止了。
⑧ *Sydney Morning Herald*, 9 July, 1881, p. 5；*Sydney Morning Herald*, 14 July, 1881, p. 4.
⑨ *Sydney Morning Herald*, 20 June, 1881, p. 5.
⑩ *Sydney Morning Herald*, 14 July, 1881, p. 4.

层民意而丢掉选票。相比之下，帕克斯则大张旗鼓地请媒体宣扬自己的算计："（防疫隔离条款）就是为了吓得船长们都不敢搭载哪怕一个华人来我们的港口。"①

1881 年 12 月 6 号，经过 4 个月的审读和讨论，新南威尔士议会两院正式批准曾被束之高阁的排华法案，主要是通过经济和刑罚手段阻遏华人入境："第一，所有来新南威尔士的船只必须向有关官员报备船上华人的详细情况，否则处罚款 200 镑；第二，船舶要严格称重，每重 100 吨方可携带 1 名华人前来，每超出一人罚款 100 镑，除非华人具有船员及英国公民身份。第三，乘船及通过其他途径抵达新南威尔士的华人都必须按程序报关入境，每人缴纳 10 镑的人头税并由相关官员发给证明，否则除补交人头税外每人处罚款 50 镑。第四、拖欠上述需缴纳款项或者罚款，将被处于 12 个月的监禁。"② 如政府公报所声称，限制华人移民法案着眼点就是防止更多的华人入境。③ 鉴于新南威尔士的首个排华立法早在 1867 年便被取消，而从 1876 年开始民间屡次鼓吹恢复法案但未能奏效，此时通过新的排华立法充分展现了民粹思潮裹挟下所谓的民主政治可能结出何种恶果。值得注意的是，要求涉华船舶一律隔离的条款以 4∶19 票的绝对劣势在议会上院被否决，因此没有出现在正式的法令条文中。这是天花疫期当局罕见的合理决策，仅仅是得益于政治精英群体存在严重利益分歧。

最具讽刺性的是，当排华立法正式颁行时，悉尼天花疫情已经开始大幅缓解，且 1881 年时许多医学刊物都提到伦敦爆发了天花，同时中国的天花恰恰在日趋消亡。比如香港总督曾向帕克斯发出照会，说天花在香港已经绝迹，而此前一年医疗官检查了 3500 多名华人移民，一例天花都没有发现。④ 不仅如此，19 世纪 80 年代后续的天花疫情也印证了天花与华人并无必然联系。如 1884 年 8 月到 1885 年初，悉尼和墨尔本又分别爆发天花，悉尼报告了 64 例，4 人死亡，其中没有一个是华人。⑤

毫无疑问，1881 年的排华立法对防疫并无价值，但有效凝聚了欧洲移民社会的排华共识，为未来日益严苛的排华制度建设铺平了道路：在 1881 年法案执行过程中，当局很快发现有伪造证件和偷渡入境的现象，吨位统计制度也不能完全落实，同时，限制入境促使大量已入境的华人申请归化入籍，这又为指摘华人惯于违法或钻制度漏洞提供了口实。在 1881 年法案基础上，帕克斯政府在 1888 年通过了更为严苛的限制华人入境法，要求船舶每 300 吨位才能装载一名华人，人头税则提高到 100 镑，且从此不准许华人归化。排华方式也不断翻新，包括 1898 年开始要求申请移民者参加语言听写测验。最终该法案在 1901 年升格为澳大利亚联邦移民法，成为白澳政策的一块基石。⑥

不过，在厘清天花疫情何以迅速将排华舆论催化为排华立法之时，更要看到它复兴并放大了澳大利亚殖民地既有的以环境卫生及传染病议题塑造排华歧视的思潮。早在 19 世纪 50 年代淘金热时期，维多利亚金矿区最早出现的排华舆论就已经以华人营地肮脏且传染疾病作为说辞。尽管这种情况本身是因为当局采取种族隔离制度要求华人矿工密集定居所引发。⑦

① *Sydney Morning Herald*, 22 July, 1881, p. 3.

② "An Act to restrict the Influx of Chinese into New South Wales", *New South Wales Government Gazette*, 6 December, 1881, No. 539, pp. 1 – 2.

③ "An Act to restrict the Influx of Chinese into New South Wales", p. 1.

④ *Sydney Morning Herald*, 1 June, 1881, p. 3; *Sydney Morning Herald*, 2 July, 1881, p. 5.

⑤ J. H. L. Cumpton, *The History of Small – Pox in Australia*, *1788 – 1908*, p. 20.

⑥ 参见 Andrew Markus, "Government control of Chinese migration to Australia, 1855 – 1975", Henry Chan, Ann Curthoys and Nora Chiang eds., *The Overseas Chinese in Australasia*: *History*, *Settlement and Interactions*, Australian National University, 2001, pp. 69 – 72.

⑦ 关于该制度具体可参见 Mae M. Ngai, "Chinese Miners, Headmen, and Protectors on the Victorian Goldfields, 1853 – 1863", *Australian Historical Studies*, Vol. 42, No. 1 (2011).

1857 年卡索曼（Castlemaine）地方法院就受理过污蔑性的投诉："这里存在致命的中国瘟疫，大大戕害欧洲人口，华人营帐臭得令人作呕，有一股腐烂的味道，华人矿工的营帐害虫四溢。……华人的帐篷区里常见发烧、麻风、黑热病（black fever）以及溃疡性皮肤疱疹。"① 又如 1857 年，本迪戈（Bendigo）华人定居区发现三个麻风病人，结果当局要求所有营帐重新布局而且烧掉旧有营帐，然后下令严禁华人与欧洲裔矿工产生任何接触。排华矿工呼吁说："无论是从道德上还是从生理上，人们都不能再和华人生活在一起了。"② 事实上，澳大利亚殖民地时代许多常见流行病如麻风、疱疹等都被污蔑为"亚洲病"，华人聚居的城市媒体也热衷于炒作相关新闻。③

在此情况下，1881 年突发且猛烈的天花疫情造成了全社会的关切与恐慌，空前推动了民众对传染病与种族关系的焦虑，而专业精英的应对失据助长了这种反智思想，使得以防疫为由反对华人移民的说辞大行其道。疫情前，专业精英们一直鼓吹随着对外交流的加速，欧洲科技发展成果可以迅速传入殖民地，极大完善澳大利亚人的智识储备。但是突如其来的天花疫情让大家发现：悉尼城本来是所谓欧洲式繁荣及复杂科技的象征，此时却无比脆弱，而华人在此非常活跃。不仅如此，在天花暴发六个月后，悉尼的医生们还在犹豫应不应该将疑似的病例诊断为天花。④ 英国医学会要求新南威尔士政府强制接种疫苗，但又拿不出确凿的证据说明不接种疫苗的风险，结果引来媒体抨击："专家们迟迟没有给出确定的且毫无争议的规则，因此我们看到防疫理论和实践总是不停地大幅调整。"⑤ 对此，专家的回应是不屑与蔑视："这是社会中无知以及欠考虑的部分

人的观念。"⑥ 大众与精英间的隔阂相当程度上湮灭了本来就微弱的反对污名化华人的呼声。所以当悉尼爆发天花后，从未消亡的卫生种族主义说辞很快勃兴，而所谓的民主议政让诸如考恩兰德与帕克里特等议员的辩护毫无市场，而帕克斯等民粹政客理直气壮。

无怪乎 1881 年排华法案通过后，就有议员如此感慨道："从来没有一个时期公众舆论对排华法案的支持如此强大。"⑦ 晚至 1895 年，为打击华商在澳大利亚水果销售行业的优势，白人竞争者依然用不卫生和传播疾病为理由进行举报。虽有正直的白人雇员作证说明华人商店与白人的商店同样干净甚至更整洁，但当局并未予以采信。⑧ 更有甚者，1899 年新西兰照搬了帕克斯的排华立法，也借用了疾病与卫生的比附："他们（华人及亚裔移民）是附着在这个国家（新西兰）经济肌体上的腐化、不道德、肮脏和溃烂发臭的脓疮。"⑨ 华人移民等于恶疾的文化隐喻就这样广泛建立、传播并承继。

结论与余论

悉尼天花疫情期间的排华运动充分说明，塑造华人移民传染疾病的话语，可以成为欧洲移民社会面临危机时，不同阶层宣泄压力并整合利益分歧的最大公约数。

首先，无论是排华舆论的造势、排华劳工运动的发酵还是官方排华防疫制度的安排，都建立在对外部传染病输入的想象中。被视为外来者的华人移民由此被合力构建为流行病的源头与传播者。天花疫情不仅为殖民地既有的排华思潮提供了客观依据，也为处于颓势的劳工

① "Petition miners Castlemaine", *Victorian Parliament Legislative Assembly*, *1856－1857*, Vol. 3, p. 989.
② "Petition miners Castlemaine", p. 975.
③ 参见：Kathryn Cronin, *Colonial Casualties*: *Chinese in Early Victoria*, Melbourne University Press, 1982.
④ J. H. L. Cumpton, *The History of Small－Pox in Australia*, *1788－1908*, p. 14.
⑤ *Sydney Morning Herald*, 6 August, 1881, p. 4.
⑥ *Daily Telegraph*, 8 August, 1881, p. 3.
⑦ *Sydney Morning Herald*, 15 July, 1881, p. 4.
⑧ *Sunday Times*, 13 October, 1895, p. 4.
⑨ 参见陈翰笙《华工出国史料汇编》（第八辑），中华书局 1985 年版，第 36—42 页。

运动注入了新动力，这最终又极大限度地为排华政客推动立法扫清了障碍。对后世影响深远的是，疫情之后，各种利益集团都巩固了华人移民是异质群体的偏见，排华政治实践畅通无阻。

其次，悉尼天花疫情下的排华运动或突出反映了多元种族人口混居社会的一个特点，即为了维持主导移民群体的优越感与凝聚力，易于把有关污染的话语和道德及种族生理特质紧密结合。在欧洲移民殖民地，"白色不仅是一种种族的界定，而是一种纯净的、健康的以及干净的信号"①。事实上，在英国移民主导的殖民地尤其是北美，排斥有色人种及与之相关的种族歧视活动也普遍牵涉生理卫生议题。甚至有学者在考察加利福尼亚的历史经验后认为，盎格鲁—撒克逊权势阶层污蔑华裔、日裔及墨西哥裔移民社区威胁公共卫生，这是推进美国种族化进程的核心。②孔飞力早已指出，澳大利亚因为距离亚洲更近、白人移民人口优势更小，所以格外担忧"大英民族的白色血缘传统会被染黑，甚至最后会被完全摧毁"③。1881 年天花防疫与立法实践非常清晰地展示了对这种忧虑的反应，即通过排斥华人移民实现对白色身体与文化的塑造。在夸大渲染天花与华人身体具有特殊关联的语境下，一种发端于白人移民社会底层的文化种族主义说辞成功地转化为一种优生学的判断。绝非偶然的是，澳大利亚民族主义从一开始就格外强调种族排异性。而在常见的经济、文化与制度不容的说辞外，华人传播天花等疾病的论断提供了更难以调和的生理学的依据。

最后，悉尼的案例充分展现了流行病危机何以滋长民粹主义的排外思想，而这具有更普遍的提示意义。澳大利亚一直是英帝国最偏远的移民殖民地，而且经济生活又围绕农牧矿等原材料出口产业展开，因此除去刑囚移民，即便是国际自由移民也多为欧洲社会中下层劳动者。结果大部分移民一方面相对缺乏包括医学在内的专业科学知识储备，另一方面主动输入与更新科学知识的积极性也不够。而在各种突发的社会公共危机中，包括传染病在内的环境危机是最容易超越社会内部既有理性认知与科学应对经验的，因为人们远未掌握自然要素影响社会活动的能动性。对数量众多但自救能力较弱的欧洲移民而言，在面临社会秩序失范且短期内无法复建的情形下，把自身困窘一概归因于少数族裔尤其是所谓外来者，有助于转移大众防疫心理负担。本文研究的事件绝非孤例，如霍华德·马克尔（Howard Markel）所揭示，最近一个世纪中，肺结核、鼠疫、艾滋病、霍乱等许多疫疾同样曾激发美国社会的民粹仇外主义。其实，"病菌是最秉持一视同仁原则的有机物，它们侵袭起人类来毫无偏颇，跨越所有的国家边界与阶级的藩篱"④。只要存在人口流动，病菌的传播就不会停止，无论肤色和文化差异。一味将问题外源化，尤其是归咎于有色人种移民，就是社会权力分配不平等状态下主导话语权的群体卸责的臆断。而在维护言论自由及底层权益的说辞之下，民粹主义者实际欺侮和排斥的是更弱势的社会成员。这一事实值得全球化时代所有面临国际移民问题的国家警惕。即便在种族主义制度被普遍摒弃的世界，反思社会传统文化与心理层面的种族歧视仍需持之以恒。

（原载《世界历史》2020 年第 5 期）

---

① Alison Bashford, *Imperial Hygiene：A Critical History of Colonialism, Nationalism and Public Health*, p. 139.

② Natalia Molina, *Fit to be Citizens? Public Health and Race in Los Angeles, 1879 - 1939*. Berkeley：University of California Press, 2006.

③ 孔飞力：《他者中的华人——中国近现代移民史》，第 241 页。

④ Howard Markel, *When Germs Travel：Six Major Epidemics That Have Invaded America and the Fears They Have Unleashed*, Pantheon, 2004. p. 5.

古典时代雅典国葬典礼演说与城邦形象建构

晏绍祥[*]

摘　要： 国葬典礼演说是雅典城邦一项重要的制度，体现了城邦官方的意识形态。本文概要介绍了雅典国葬典礼制度和现存葬礼演说，从历时性角度探讨城邦意识形态的演变。伯里克利时代，演说赞颂民主政治和雅典的强大，号召雅典人为维护雅典帝国而战。到公元前4世纪，民主政治在演说中仍受关注，但因雅典始终处在挑战霸主城邦的地位，雅典作为自己和希腊人自由维护者的身份，日渐占据演说的中心。演说赞颂的对象，在公元前5世纪和公元前4世纪的绝大部分时间里，一直是城邦公民集体。但到公元前4世纪末的演说中，将军成为主要的赞颂对象，公民集体只是作为陪衬出现。赞颂对象的变化，暗示公元前4世纪末城邦公民集体面对强势个人逐渐退居幕后，也显示以公民为基础的城邦制度一定程度上走向衰落。

关键词： 雅典　葬礼演说　公民集体　城邦衰落

作为城邦一种特殊的公共仪式，雅典国葬典礼演说承载着重要的政治和意识形态功能。演说会回顾城邦的历史，盛赞阵亡者的伟绩，并对生者提出期望，直接反映着普通公民对雅典城邦过去以及当下的认知，是我们认识城邦政治和社会状况的一个重要途径。在古代流传下来的6篇葬礼演说中，高尔吉亚的演说只有很小的残篇，无法进行有效的讨论。5篇完整的演说中，有3篇是真实发表过的，即修昔底德记录的伯里克利的演说，德摩斯提尼就喀罗尼亚战役阵亡者发表的演说[①]和公元前322年叙佩莱伊德斯为拉米亚战役阵亡者所做的演说。托名吕西亚斯的葬礼演说以及柏拉图记载的所谓阿斯帕西亚的两篇，基本确定属于当时人的习作。[②] 不过作为一种有固定程式的作品，它们仍反映了当时雅典人的所思所想。在这个意义上，它们出自何人之手没有那么重要，都可以作为真实的资料对待。对于这些演说本身的价值及其所反映的一般倾向，学者们多有探讨，尤其是法国学者罗侯的《雅典的发明：古典城市中的葬礼演说》一书，[③] 已经相当全面地揭示了葬礼演说与雅典意识形态、

　　* 作者晏绍祥，首都师范大学历史学院教授。

　　① 这篇演说的真实性有争议，但在《论金冠》中，德摩斯提尼提到他曾在喀罗尼亚战役后被雅典人选出发表阵亡将士的国葬典礼演说，普鲁塔克也提到德摩斯提尼受命发表这篇演说。今天的学者们大致认可它确属德摩斯提尼的作品。见 Demosthenes, *Oration*, Vol. 2, translated by C. A. Vince and J. H. Vince, Cambridge, Mass.: Harvard University Press, 1999, p. 205; Demosthenes, *Speeches 60 and 61*, *Prologues Letters*, translated by Ian Worthington, Austin: University of Texas Press, 2006, pp. 22 – 23。

　　② 吕西亚斯演说的背景是科林斯战争，那时他是个外国人，没有资格代表雅典发表演说；托名阿斯帕西亚的演说提到了公元前387年的安塔尔奇达斯和约，即大王和约，那时阿斯帕西亚应早已故去，而且雅典人不可能让一个外邦妇女代表雅典演说。但它也不可能是自称的转述者苏格拉底的作品，他在公元前399年已经被处死。因此这篇演说更可能出自柏拉图的手笔。见 Demosthenes, *Speeches 60 and 61*, *Prologues Letters*, pp. 22 – 23。

　　③ Nicole Loraux, *The Invention of Athens*: *The Funeral Oration in the Classical City*, translated by Alan Sheridan, New York: Urzone, Inc., 2006.

政治以及公民群体的关系。不过罗侯似乎过于关注葬礼演说这种非常雅典的发明的共性，对演说内容和风格在其存续的 100 多年中发生的变化，注意不够。然而，如果细读这 5 篇演说，我们会发现，虽然所有的演说都在赞颂雅典，但公民群体的地位，从公元前 5 世纪末到公元前 4 世纪末的大约 100 年中，有着虽不显眼但仍然足以值得注意的变化。本文的目的，是通过葬礼演说程式性表演背后主题和主角的变化，揭示雅典在希腊世界的地位，以及公民群体与城邦之间的关系，并期望从一个侧面触及聚讼纷纭的城邦衰落问题。

雅典国葬典礼演说：基本程式与内容

公元前 431/430 年冬，即伯罗奔尼撒战争第一年，雅典人按照他们祖传的习惯，为当年阵亡的将士举行国葬典礼。在亲属们按习惯向阵亡者致祭后，伯里克利代表雅典国家发表了著名的国葬典礼演说。据修昔底德记载，在整个战争过程中，"他们都遵守这种习俗"①。从目前的研究成果看，国葬制度可能发端于公元前 6 世纪初的梭伦改革时代，经过 100 多年的完善，大约到公元前 5 世纪最终定型。② 它每年冬季③举行，全体雅典公民，包括公民的女性亲属们，以及当时在雅典的外侨，都可以出席。在履行过必要的仪式后，雅典人此前指定

的演说家，同时也是雅典最为知名的政治家，会就阵亡将士的功绩发表演说。国葬典礼是典型的公共活动，发表演说的是雅典当时知名和有影响的政治家；演说家面对的是雅典公民和外侨。虽然演说的具体内容由演说家个人自定，侧重点各有不同，也难以让所有人满意。④ 但葬礼是国家公开举行的活动，葬礼演说主题和结构上的高度一致，以及它对雅典历史和政治制度的分析与肯定，都让我们有理由认为，它们代表着当时雅典公众对历史和现实的一般认知，也是官方意识形态最直接的表现。⑤。

国葬典礼演说有大体相同的程式：演说者首先会表明，无论自己说得多么动听，都不足以充分表达阵亡者对雅典国家的贡献；演说的中心是赞美雅典国家的制度，叙述雅典人过去和现在的伟大与光荣事迹，高扬阵亡者们的英雄行为，最后是对逝者亲属的安慰和承诺：雅典国家会抚养阵亡者的遗孤直到他们成人；阵亡者的父母也会得到赡养和尊敬。

从伯里克利开始，演说家开场就承认自己话语的无力成为惯例。对希腊人而言，"如果人们已经通过英雄的行为证明了他们的勇敢，则只有用行动才能彰显我们对他们的尊敬：例如你们今天已经目睹的国家公葬仪式这些神圣化的荣誉，而不应根据一个人讲得好或坏，让

---

① Thucydides, *History of the Peloponnesian War*, Vol. 1, translated by Charles Forster Smith, Cambridge, Mass.：Harvard University Press, 2003, p. 315.

② 国葬典礼究竟何时产生，经历过怎样的发展，在学界仍存争议。目前的证据倾向于梭伦时代，但经历了 100 多年的完善和发展。相关讨论请见晏绍祥《梭伦与雅典国葬典礼制度的发端》，《古代文明》2017 年第 4 期。

③ 因地中海式气候的影响，希腊人的战争一般从夏初到秋末进行，冬天几乎所有战事停止，且那时大多数农活已经完成，也无法出海，公民们相对空闲，有时间举办其他活动。

④ 伯里克利和吕西亚斯都注意到，葬礼演说可能在两个方面存在不能让人满意的情况，一是与烈士们的行动比较，言语永远是苍白的；二是烈士的亲人和一般出席者的期待有差别，前者可能因偏爱而认为演说家说得不够精彩，后者则可能认为，演说家口中阵亡者的功绩超出了自己的能力和预期，从而产生嫉妒，进而怀疑。德摩斯提尼说，"任何演说的力量，怎么可能超越英雄们给后人留下的英勇榜样呢？"参见 Thucydides, *History of the Peloponnesian War*, Vol. 1, p. 319 – 321；Lysias, *Funeral Oration for the Men Who Supported the Corinthians*, translated by W. R. M. Lamb, Cambridge, Mass.：Harvard University Press, 2000, p. 31；Demosthenes, *Funeral Speech*, *Erotic Essay*, Vol. Vol. 7, translated by N. W. Dewitt and N. J. Dewitt, Cambridge, Mass.：Harvard University Press, 2000, p. 7。

⑤ 罗侯认为，直到公元前 4 世纪后半期，雅典人克雷戴穆斯才写出了第一部从远古到他那个时代的历史，原因之一可能是："从 5 世纪末直到克雷戴穆斯，雅典人面子上满足于每年葬礼演说中重复的'雅典式的历史'。"见 Nicole Loraux, *The Invention of Athens*, p. 28。

许多人的英勇行为取决于演说者是否应被信任"①。虽然如此,既然法律要求演说者这样做,那他还是会遵守法律,做好发言。演说的第一部分,是赞美雅典国家的制度和雅典人的祖先,特别是雅典人的民主制度和自由追求,认为这些战士们之所以如此勇敢地为国家献出生命,是因为雅典人自古代以来就是希腊自由的捍卫者。除伯里克利较多专注于最近的历史外,吕西亚斯、阿斯帕西亚以及德摩斯提尼都往往从神话时代雅典人起源于大地说起,谈到雅典人为保护弱者与自由,为了正义,先后同阿马宗人、底比斯人和阿尔戈斯人战斗。之后,希波战争中雅典人的功勋会被大书特书。雅典与斯巴达的冲突也会进入到叙述中。无论在哪篇演说中,雅典的历史都会被塑造得伟岸高大。伟大的赢得,是雅典人历史上进行的一系列战争。或许因为演说歌颂的对象是战场上的阵亡者,雅典历史上进行的战争,会成为叙述的主要内容。伯里克利的演说就是从祖先们如何通过战争保卫雅典的自由开始,中间是父辈们如何通过战争赢得帝国,在世界各地建立起胜利纪念碑,直到他们自己那正值壮年的一代巩固帝国的历史。吕西亚斯对战争的叙述更加充分,从传说中雅典人击败阿马宗女人族开始,历经对底比斯、迈锡尼、波斯和斯巴达的战争,最后到他自己时代对斯巴达的战争。通篇的叙述,是雅典人一直在为了自己或他人的自由,与蛮族人和希腊人作战。托名阿斯帕西亚的演说避免叙述神话中的战争,但对希波战争、雅典与斯巴达的冲突、伯罗奔尼撒战争,以及科林斯战争,几近不厌其烦,其中还不忘注入对所谓蛮族波斯的鄙视与泛希腊精神。德摩斯提尼的演说从雅典人出生于大地说起,经

历神话中的战争后,就是与波斯人的大战,雅典不出意外地成了整个希腊自由的拯救者。只有叙佩莱伊德斯的演说算是例外,眼光专注于阵亡者的功绩。总之,葬礼演说给我们的印象,是雅典人或者为了自己的自由,或者为了希腊人全体的自由,或者为了某个城邦或某些人的自由,一直在与敌人做着殊死的搏斗。而雅典人的行动,也证明他们无愧于作为公民具有的美德。②

在叙述过历史上雅典人一系列的战争与英勇行动后,演说者会过渡到对演说者正经历的那场战争中阵亡者的赞美。阵亡者无一例外地被描述为伟大和英勇的人物,为了保卫国家独立和自由,不惜牺牲自己的性命,成就了千秋功业。柏拉图笔下的阿斯帕西亚说,"这些人的祖先和我们的祖先,还有这些人自己,在完全的自由中被养育长大,而且出身高贵,不管是作为个人还是民族,他们都取得了超过所有人的高尚业绩。他们认为,不管是代表希腊人与希腊人作战,还是代表全体希腊人与蛮族作战,为自由而战都是他们的责任。"③ 德摩斯提尼比较尴尬,因为他是为喀罗尼亚战役的阵亡者演说,而那场战斗中,雅典人战败了。不过德摩斯提尼巧妙地将话题从战争的胜负转向了阵亡者的勇敢和责任感:他们虽然是战场上的失败者,但他们以自己的英勇和生命履行了作为公民的责任,他们的精神是不朽的。正是因为他们的勇敢,战后胜利者才放弃对雅典的入侵,主动要求媾和。④

对阵亡者讴歌最充分和动人的,当属伯里克利。他先是宣布,城邦的伟大,是这些英雄不惜生命的结果,对城邦的赞美,就是对阵亡者的赞美。城邦通过由国家举行的葬礼,认可

---

① Thucydides, *History of the Peloponnesian War*, Vol. 1, p. 319. 吕西亚斯的话语类似:"所有人都会发现,用全部时间准备一篇演说,也配不上他们的行为。" 见 Lysias, *Funeral Oration*, p. 31。

② Nicole Loraux, The *Invention of Athens*, p. 28.

③ Plato, *Timaeus*, *Critias*, *Cleitophon*, *Menexenus*, *Epistles*, Vol. 9, translated by R. G. Bury, Cambridge, Mass.: Harvard University Press, 1999, pp. 347 – 349.

④ Demosthenes, *Funeral Speech*, *Erotic Essays*, Vol. 7, pp. 21 – 23. 腓力的确对雅典比较仁慈,为雅典阵亡者举行了葬礼,并且把俘虏无偿释放,还派王子亚历山大和将领安提帕特等将阵亡者骨灰和战俘亲自送往雅典,但他还是下令雅典解散了早已名存实亡的雅典第二海上同盟,要求雅典撤回它在凯尔索奈塞的军事移民。腓力所以不入侵雅典,并不是因为雅典人在喀罗尼亚的英勇,而是雅典的水师有助于腓力执行入侵亚洲的计划。见 George Cawkwell, *Philip of Macedon*, London and Boston: Faber and Faber, 1978, p. 167。

了阵亡者的伟大。阵亡者的伟大与城邦的伟大相互交织，互相成就：

> 能够像他们那样名声与行动相符的，在希腊人中并不多。在我看来，类似这些人在战场上的牺牲，无论他们是首次展示，还是最终的确认，都足以证明他们的男子汉气概。的确，甚至那些其他方面善行略有亏欠的人，由于他们为国而战时的英勇，也只有恰当地把他们置于其他所有人之上，才是合适的，因为他们已经用善行消除了罪过，并因他们对国家的贡献而非私人生活中的不检，使城邦获得了更大的好处。在到底是作为懦夫继续享受财富，还是延迟死亡日子的到来，以便如同穷人期望的那样，某天会避免贫穷成为富翁，他们从未想过。他们更愿意惩罚敌人，而非属意上述东西，他们认为，这样的危险是最为光荣的时刻，所以他们选择接受危险，向敌人复仇，抛弃所有其他东西，寄希望于可能性极小的成功。在行动上，他们决心依靠自己，解决眼前的一切。战斗时刻来临时，他们认为更好的做法是保护自己，承受牺牲而非屈服和逃命，他们确实让那个不名誉的可耻术语弃他们而去，以生命和肢体坚定地履行着使命，在那个命定的时刻，那个光荣的时刻，他们无所畏惧地阵亡了。①

伯里克利首先肯定，这些阵亡者死得其所，为自己赢得了伟大的名声。即使那些平时德行上有些瑕疵的人，也因为最终的英勇和对城邦的巨大贡献，使他们的形象高与天齐。易言之，无论是谁，无论他过去的言行如何，只要为国尽忠，都是雅典的英雄。借此伯里克利成功勾销了对阵亡者过去某些行为的不快，进而把雅典人作为密不可分的整体，创造出一个团结、友好的公民群体形象。这样的话，真的

会让那些仍然活着的雅典人，包括阵亡者的亲属和普通的公民，都"会突然产生一种优越感……他们感到这个伟大的城邦比以往任何时候都要显得更加神奇"②。这些"以生命和肢体坚定地履行着使命"的战士们，足以激励后人继续为雅典战斗。雅典人的尊严感、对国家的认同感，在一年一度的葬礼演说中，也获得了空前的强化。

在末尾安慰阵亡者家属时，有些演说者还不忘给生者以勉励，强调城邦不会抛弃阵亡者遗属。它特别鲜明地体现了希腊城邦以公民为本，同时公民只有在城邦中才能体现自己价值的基本立国宗旨，也有利于鼓励后来者继续为城邦而战。柏拉图笔下的演说者这样要求和安慰死者的亲属：

> 你们这些死难者的子女要效仿你们的父亲，你们这些死难者的父母一定不要伤心过度，因为我们会赡养你们安度晚年，只要我们中的任何人碰到任何一位死难者的父母，都会从公私两个方面照顾你们。至于国家给予的照顾，你们自己知道得很清楚，法律规定了由国家来供养战死者的父母和子女，国家权力当局比其他所有公民更加负有特别照料他们的责任，务必不使他们受到一点亏待。城邦本身担负着对儿童的教育，会尽可能不让烈士们的遗孤感到自己是孤儿……对死难者来说，城邦以儿子和后嗣的身份自居；而对死难者的儿子来说，城邦以父亲的身份自居；对死难者的父母和长辈来说，城邦以卫护者的身份自居，自始至终地照料他们。③

由于演说者面对雅典公民，话语富有鼓动性，内容也切合当时的需要和实际，因此这类演说往往会达到非常神奇的效果。按照柏拉图笔下苏格拉底比较夸张的说法，这篇精心准备的悼词：

---

① Thucydides, *History of the Peloponnesian War*, Vol. , 1, p. 333.

② Plato, *Timaeus*, *Critias*, *Cleitophon*, *Menexenus*, *Epistles*, Vol. 9, p. 335.

③ Plato, *Timaeus*, *Critias*, *Cleitophon*, *Menexenus*, *Epistles*, Vol. 9, pp. 379 – 381.

偷走了我们的灵魂。他们想尽一切办法赞美这个城邦，赞美在战争中牺牲的人，赞美我们的祖先和前辈，还赞美我们这些仍旧活着的人。他们的赞美使我感到身价飙升，麦奈克塞努斯，我站在那里听他们讲演，完全被他们迷住了。刹那间我想象自己已经变得比以前更加伟大、更加高尚、更加英俊了。如果像往常那样有外侨和我一起听演讲，我会突然产生一种优越感。在演讲者的影响下，他们感到这个伟大的城邦比以往任何时候都显得更加神奇。这种尊严感会在我身上延续三天，直到第四天、第五天，我才回过神来，明白自己是谁，而在此之前我就好像生活在福岛上。①

国葬典礼演说主题：从民主到自由

尽管国葬典礼演说总体结构上类似，内容也多雷同，重点在于培育雅典人的爱国主义精神，鼓励公民们走上战场为雅典而战，但在具体问题的阐述上，不同时期的演说仍存在一定的差别。这些差别不仅与演说家个人的风格有关，更与不同时期雅典城邦面对的形势相连。变化了的形势需要演说家适当转移论述的重点，以说明那些战士们为国阵亡的意义。这一点尤其体现在演说家们对雅典国家历史的阐释中。下文将大体根据演说发表的时间顺序，对各篇演说历史阐释的侧重点略作介绍，以揭示国葬典礼演说不同时期的特征。

五篇演说中，最早的一篇是修昔底德记载的伯里克利的演说。这篇演说发表于伯罗奔尼撒战争第一年的冬天。按照修昔底德的说法，整个那场战争期间，雅典人每年都会为阵亡将

士举行国葬典礼，可以相信，每年也都会有人发表国葬典礼演说。② 但在修昔底德记载的20年战争历史中，他仅全文记录了伯里克利的演说。他显然认为，这篇演说最为经典，需要记录在案。③ 值得注意的是，这篇演说并未长篇大论雅典的历史，而主要讨论了两个问题：雅典的强大和强大的原因，中心思想，是雅典人的制度和生活方式造就了城邦的强大，城邦的强大，有赖于公民们奋不顾身。按照伯里克利的说法，雅典人现在掌控着大帝国，那是他们的祖先辛勤打下的江山，在场的部分人也对此做出了贡献。雅典所以强大，很大程度上源自民主政治以及与之相适应的自由的生活方式。与斯巴达人比较，这种生活方式具有全方位的优越性，因此需要在场的人尽全力维护。借用伯里克利本人的话说，

确实，我们的政府被称为民主政治，因为政府的管理不在少数人而在多数人手里。在法律上，所有人在解决私人争执中都是平等的；一个人所以杰出，受到重视并且获得公共荣誉，不是因为他属于某个特定的阶级，而是因为他个人的优点；此外，如果他能为国服务，贫穷不会妨碍一个寂寂无闻的人从事公职；在公共生活中我们是大度的，在日常生活中，我们也不会相互猜疑；如果我们的邻居随己所愿地生活，我们不会觉得不快，也不会脸色难看，虽然这种脸色无害，但总是令人难堪。在私人交往中我们避免开罪于人，在公共事务上，我们主要因为敬畏而克制有度，服从法律；我们服从那些掌权的人和法律，尤其是那些用于保护被压迫者的，以及那些虽未成文，但一旦逾越，就被公

---

① Plato, *Timaeus*, *Critias*, *Cleitophon*, *Menexenus*, *Epistles*, pp. 335 – 337.

② Thucydides, *History of the Peloponnesian War*, Vol. 1, p. 319.

③ 关于修昔底德笔下演说的忠实程度，学术界有诸多争议。修昔底德明确地告诉我们，有些演说是他亲自听到的，有些是他听别人转述的，还有些是他本人创作的（让演说者说出他认为应当说出的话来），但不管是哪种，他都会尽可能记录真正说过的话。就伯里克利的演说而论，当时修昔底德应在场，而且已经成年，属于他本人亲自听到且尽可能忠实记录的演说之列。相关讨论请见 Simon Hornblower, *Thucydides*, Baltimore: The Johns Hopkins University Press, 1987, pp. 52 – 72；Frank W. Walbank, *Selected Papers*: *Studies in Greek and Roman History and Historiography*, Cambridge: Cambridge University Press, 1985（reprinted 2010），pp. 244 – 246。

认为耻辱的法律。①

如戚麦尔曼意识到的，伯里克利的演说非常特殊。他可能是修昔底德在雅典长墙被摧毁、卫城中驻扎着斯巴达军队时写就的，其中有伯里克利的思想和语言，但也有这位历史学家根据自身经历所做的补充。这篇演说的特殊之处，是缺少葬礼演说常有的对过去的追溯，"演说中关于高贵祖先的内容太少，关于当今的内容太多。"② 贯穿整个演说的，是斯巴达与雅典的对比，而且所有的对比，都对雅典有利。在伯里克利口中，雅典民主政治使多数人有机会参与到国家管理之中，不会像斯巴达那样，只有少部分人享有政治权利；民主政治给所有公民提供了为国服务的机会，而且任何为城邦做出过贡献的人，都会得到国家的承认；所有人相互信任，在公共和日常生活中轻松惬意，随心所欲，多才多艺，但这种自由，受到成文和不成文法律的严格的制约，也受到执政者的监督。所以，雅典是一个自由、民主、平等和博爱兼具的国家，一个理想的国度。在这样的城邦中，雅典人有理由自豪：

> 总之，我要说，作为一个整体，我们的城邦是希腊人的学校，而且在我看来，我们中的每个人本身就体现了极其优雅和多样的能力，证明他本人在非常多样的活动中，都足以代表雅典，而且这并非在此场合纯粹的吹嘘，而是实在的真理，并且得到了我们城邦实力的证明，实力又是因为这些素质而获得的。因为在当代的城邦中，只有雅典受到检验的时候，是言辞不

足以传达实际的，也只有她不会给那些来攻击其事业的敌人们抱怨的理由，感觉击败他们的对手不够格，她的臣民也没有资格抱怨主人不合格……我们强令所有海洋和陆地向我们敞开，到处建起永恒的纪念碑，对敌人来说，纪念碑是痛苦，对朋友来说，则是良善。这就是这些人为之高贵地战斗和献出生命的城邦，他们认为，自己的职责是防止它被夺走，为了它，所有活下来的人都自愿为之承受苦难，也是合理的。③

如果结合伯罗奔尼撒战争初年的形势，我们会发现伯里克利缘何号召雅典人乐于与斯巴达人战斗，为维护帝国斗争到底。当时雅典正控制着提洛同盟，她的民主政治和经济、文化的繁荣都达于顶点。但它的扩张活动，也引起了老资格的霸主斯巴达的警惕和反击，以及部分盟邦的不满。公元前 431 年爆发的伯罗奔尼撒战争，不管双方最初的意图是什么，④ 都变成了雅典人维护帝国必须付出的代价。即使雅典人为此被迫迁入城内，忍受敌人对庄稼的破坏和生活中的诸多不便，也无可选择地必须战斗："我们的祖辈们在抵御波斯人的时候，他们的资源远没有现在这么多。就是仅有的那点资源，他们也都放弃了。他们击退了蛮族，把他们的事业发展到现在的高度，主要是由于他们的智慧而不是他们的幸运，主要是由于他们的勇敢而不是由于他们的实力。事实不正是如此吗？我们绝不能落后于我们的祖辈们，必须全力以赴在各个方面抗击我们的敌人，努力把

---

① Thucydides, *History of the Peloponnesian War*, Vol. 1, pp. 323 – 325.

② Alfred Zimmern, *The Greek Commonwealth*: *Politics and Economics in Fifth – Century Athens*, Fifth Edition, Oxford: Oxford University Press, 1961, p. 199.

③ Thucydides, *History of the Peloponnesian War*, Vol. 1, pp. 331 – 333.

④ 关于战争爆发原因的讨论，古代就已经有不同说法，现代学者的讨论可谓汗牛充栋，难以尽述。相关讨论请见 G. E. M. de Ste. Croix, *The Origins of the Peloponnesian War*, London: Duckworth, 1983；卡根：《伯罗奔尼撒战争的爆发》，曾德华译，华东师范大学出版社 2014 年；W. Robert Connor, *Thucydides*, Princeton: Princeton University Press, 1984, pp. 20 – 51; Raphael Sealey, "The Causes of the Peloponnesian War", *Classical Philology*, Vol. 70, No. 2 (Apr. 1975), pp. 89 – 109; P. J. Rhodes, "Thucydides on the Causes of the Peloponnesian War", *Hermes*, Bd. 115, H. 2 (2nd Qtr., 1987), pp. 154 – 165. 最近的论述请见晏绍祥《雅典的崛起和斯巴达的"恐惧"——论修昔底德陷阱》，《历史研究》2017 年第 6 期；何元国：《修昔底德的伯罗奔尼撒战争原因论探微》，《历史研究》2017 年第 6 期。

一个同样强大的帝国移交给我们的后代。"①这一点，与伯里克利一贯的主张一致：必须以武力击退斯巴达的挑衅，保卫雅典的霸主地位。考虑到修昔底德谈到的当斯巴达人攻击阿提卡时雅典人对伯里克利的不满，②葬礼演说中的这套说辞，不但为伯里克利主张的战争政策做了有力辩护，而且起到了凝聚人心的重要作用。雅典人维护帝国的基本目标，即使在公元前413年后外部面临波斯和斯巴达共同挑战，内部有阿里斯托芬等对和平的呼吁之时，也基本没有遭到怀疑。③为了他们的帝国和民主政治，雅典人坚持到了最后一刻。

但是，伯罗奔尼撒战争的结果，是雅典人遭遇失败，虽然侥幸避免城邦被摧毁的悲惨命运，并在公元前403年恢复了民主政治，但雅典被迫与斯巴达同敌共友，事实上成为斯巴达的附属国。到公元前4世纪初，雅典实力有所回升，力图摆脱斯巴达的控制赢得独立，但有心无力。另一方面，斯巴达转而成为当年雅典人曾警告过的角色：作为希腊世界的霸主，高压政策让斯巴达成为其他城邦憎恨的对象。④在这种情况下，雅典积极寻求突围。公元前395年，科林斯战争爆发，雅典乘机联合底比斯、阿尔戈斯和科林斯向斯巴达发起挑战。为与斯巴达的霸权政策对抗，雅典接过了所谓希腊人的自由的旗号。在此背景下出现的吕西亚斯和柏拉图笔下的演说中，雅典从伯里克利时代霸主的角色摇身一变，成为斯巴达高压政策的挑战者和希腊自由的捍卫者，并把这种风格一直延续到德摩斯提尼和叙佩莱伊德斯的演说中。除叙佩莱伊德斯外，其他3篇演说的共同特点，是首先强调雅典人从不曾经历过族群混

合，是最自由和高贵的希腊人，接着会谈到雅典人如何击败阿马宗等历史传说中的入侵者，然后叙述他们进行的历次战争，包括传说中为保护赫拉克勒斯后代与迈锡尼的战争，以及为夺回阿尔戈斯人尸体与底比斯人的冲突，之后是希波战争中雅典人的英雄主义，最后才是赞颂对象所从事的事业。它们传播的主要观点，是雅典人从来就是正义和自由的化身。托名吕西亚斯的演说在谈到神话中雅典人与底比斯人的冲突时，宣称雅典人"为了双方的利益，他们冒险与其中一方战斗，一方应当停止因侵犯死者而粗暴开罪于诸神的行动，另一方则不应因先祖的荣誉被玷污而在沮丧中离开，从而违背希腊人的习惯，并且对共同的期待感到失望"。在叙述了雅典人与阿尔戈斯为首的伯罗奔尼撒大军奋勇作战并取得胜利时，这位作者评论道，他们"相信所有人的自由是协议最强的纽带，通过分担他们与生俱来的危险，他们在公民生活中拥有灵魂的自由，用法律尊敬善人，惩罚恶人"。至于希波战争，波斯首先进攻埃莱特利亚、雅典撤回自己的援兵被演说家有意"遗忘"，剩下的只有雅典人在马拉松独力面对波斯50万大军，以他们的勇气赢得了胜利，为希腊的自由树立了丰碑，赢得了全希腊的感激。"在许多情况下，我们的祖先都是在这个唯一动机驱动下为正义而战的。"⑤德摩斯提尼如此评价雅典祖先们的行动，"因为这代人的祖先们，既有他们的父辈，也有那些过去曾养育了父辈的那些人，那些人的名字使家庭成员一望而知。他们从不曾欺辱过任何人，不管他们是希腊人还是蛮族人。他们自豪的是，除其他品质外，他们是真正的绅士，具

---

① Thucydides, *History of the Peloponnesian War*, Vol. 1, p. 253.

② 修昔底德提到，当伯罗奔尼撒大军逼近时，雅典人就是否出战存在严重分歧，不少人要求出战，还有些人把雅典人遭受的苦难都归到伯里克利头上，逼得伯里克利甚至拒绝召开公民大会。见 Thucydides, *History of the Peloponnesian War*, Vol. 1, pp. 301 – 303。

③ 雅典人为此鏖战27年，中间多次有签订和约的机会，如公元前425年雅典占领派罗斯之后，公元前421年安菲波利斯战役之后，公元前410年库奇库斯战役之后，公元前406年阿吉纽西战役之后，其中有3次斯巴达主动提出议和，被雅典拒绝，只有公元前421年那次在尼西亚斯主持下，双方签订了和约。所以法国学者德罗米莉认为，修昔底德历史写作的主题或曰核心，是雅典的帝国主义。见何元国《科学的、客观的、超然的——二十世纪以来修昔底德史家形象之嬗变》，《历史研究》2011年第1期。

④ Thucydides, *History of the Peloponnesian War*, Vol. 1, p. 133.

⑤ Lysias, *Funeral Oration*, pp. 35, 39 – 41.

有超级正义感，为保卫他们自己，完成了一连串的高贵行动"①。

古风时代数百年中雅典人的默默无闻，在这些演说中都被略去，甚至民主政治创立的光辉岁月，也都置而不论。演说家大书特书的，是雅典在希波战争中的光辉事迹。据称出自阿斯帕西亚之口的演说谈到希波战争时说，马拉松战役中，雅典在斯巴达人不能及时来援、其他城邦都只想保住自己平安的情况下，独力迎战波斯并取得大胜，"使人们首次明白了波斯人的力量并非不可战胜，人多势众也好，财富巨大也好，都会在勇敢面前投降"。萨拉米斯海战中，"在马拉松战斗的士兵和在萨拉米斯战斗的水手成了希腊人的老师，一个教导希腊人不要害怕从陆上来犯的蛮族，另一个教导希腊人不要害怕从海上来犯的蛮族"②。托名吕西亚斯的演说则悄悄地改造了历史，将马拉松战役时雅典向斯巴达求援的事情轻轻揭过，雅典人在战场上的迟疑，也被有意"遗忘"，变成雅典人不屑于等待援兵，

> 雅典人不愿因为他们的得救感谢他人，而选择让其他的希腊人感谢他们。带着这样的决心，他们尽管人数寡少，仍向对手开进，因为在他们看来，死亡是他们与所有人共享的事物，但勇敢只能与少数人共有……如果战败，他们不过是较其他人早死一刻，如果胜利，则他们会在解放自己的同时解放他人。他们证明了自己男子汉的价值，当需要勇气时，他们既不怜惜自己的四肢，也不珍视自己的生命。他们更加敬重他们城邦的法律，而非担心面对敌人时他们对危险的恐惧。于是在他们自己的土地上，他们代表希腊树立了一座

战胜蛮族的胜利纪念碑——后者贪恋金钱，越界侵入了他人的领土。他们经受考验的速度如此之快，以至于蛮族到达这里和我们祖先取得胜利的消息，由同一批使者带给了其他希腊人。因为事实上，其他希腊人都没有意识到危险的降临，他们刚刚听到（入侵的）消息，就为他们自己的解放高兴去了③。

在论述现实中阵亡者的功绩时，雅典人作为自由战士的形象再度浮现。托名阿斯帕西亚的演说在论及大王和约时，罔顾雅典人被迫接受大王和约、对斯巴达人的侵略行动听之任之的现实，抨击斯巴达人等把亚洲的希腊人城邦交给波斯，"只有我们城邦拒绝加入这个条约，不愿放弃这些人。这就是这个城邦天生高贵之处，我们的自由精神是健全的、健康的，我们对蛮族从心底感到厌恶"④。对于那些在科林斯战争中阵亡的将士，托名吕西亚斯的演说的评论是，"那些今天被埋葬的人前去支持科林斯人……为了希腊的伟大，他们鼓起勇气，不仅为保存他们自己经历危险，也为他们的敌人的自由而牺牲，因为他们是为了那些盟友的自由与拉凯戴蒙人作战的"⑤。最典型的是叙佩莱伊德斯。在为拉米亚战争中阵亡的将军莱奥斯泰奈斯及其将士们举行葬礼时，他如此评价这些人的战斗："虽然合理的战略决定于领袖，战役的成功则是由那些愿意冒生命危险的人们确保的。因此，在赞美已经取得的胜利时，我不仅要赞扬莱奥斯泰奈斯的领导能力，而且赞扬他的同伴们的勇气，因为谁会觉得赞美我们那些阵亡于这场战斗中的公民们不公正呢！为了希腊人的自由，他们献出了自己的生命，他们确信，他们愿意确保希腊自由最

---

① Demosthenes, *The Funeral Speech*, *Erotic Essay*, Vol. , 7, p. 11. 公元前 508 年克里斯提尼改革后，雅典人的名字经常由本名、父名和德莫名组成，同一家庭经常使用共同的名字，最常见的是孙子取祖父的名字。如在著名的雅典撤退命令铭文上，雅典知名将军地米斯托克利的名字全称是"弗莱亚利奥伊德莫的奈奥克莱斯之子地米斯托克利"。见 Demosthenes, *Speeches 60 and 61*, *Prologues Letters*, p. 27, note 16。

② Plato, *Timaeus*, *Critias*, *Cleitophon*, *Menexenus*, *Epistles*, Vol. 9, pp. 353 – 355.

③ Lysias, *Funeral Oration*, pp. 43 – 45.

④ Plato, *Timaeus*, *Critias*, *Cleitophon*, *Menexenus*, *Epistles*, Vol. 9, pp. 367 – 369.

⑤ Lysias, *Funeral Oration*, p. 63.

可靠的证据，就是他们在战斗中为它牺牲。"①

与公元前5世纪比较，公元前4世纪的雅典人从未享受过作为希腊霸主的滋味，他们一直忙于或者单独或与其他希腊城邦联合，与掌握霸权的势力进行战争，努力复兴自己的帝国。② 公元前403年基本摆脱斯巴达的控制后，雅典一直小心翼翼，不敢公开挑战斯巴达，直到获得科林斯和底比斯等的支持后，才在公元前395年利用希腊世界对斯巴达普遍的憎恨，发起科林斯战争。由于波斯的介入，这场战争实际以斯巴达的胜利结束。公元前387年的大王和约正式承认了斯巴达的霸权，雅典只能悄悄积蓄力量等待时机。公元前379年底比斯革命后，斯巴达与底比斯的冲突支配着巴尔干半岛上希腊世界的邦际关系，雅典则利用斯巴达被拖住的机会，于公元前378年组建第二海上同盟，在爱琴海上扩展势力。然而实力的限制，以及波斯、斯巴达和底比斯造成的爱琴海世界错综复杂的形势，还有雅典自身政策上的失误，最终埋葬了雅典的帝国之梦，第二海上同盟在公元前4世纪中期基本解体。随着马其顿的崛起，雅典独立行动的空间越来越小，与马其顿作战时动作总是慢一拍，以至于自己在爱琴海北岸的势力范围和盟友陆续被马其顿吞并。喀罗尼亚战役后，雅典被迫承认了腓力二世对希腊同盟的领导权。亚历山大远征东方期间，雅典一直保持着马其顿同盟者的身份，只能眼馋霸主之位。因此，如果用一句话来概括公元前4世纪雅典的处境，则她一直处在希望挑战却不敢挑战霸主的二号强国地位。在这种情况下，雅典人拾起了伯罗奔尼撒战争期间斯巴达人及其盟友发明的希腊人的自由的口号，把自己打扮成正义的化身，希腊自由的

保卫者，以为自己的行动寻求支持。无论如何，雅典人对斯巴达霸主地位的挑战，喀罗尼亚战役和拉米亚战役中雅典人扮演的角色，不管他们的主观动机如何，实际上也是在维护希腊城邦传统的自治和独立。在这样的情况下，雅典人有意无意地改造他们的历史。伯里克利一直强调的独一无二的民主政治，在公元前4世纪的演说中，大多沦为背景，或者限于重复过去的陈词滥调，鲜有新鲜论证。在伯里克利的演说中几乎完全缺席的希腊人的自由，③ 到公元前4世纪，反而变成了所有国葬典礼演说中最为突出的主题。④

以上对国葬典礼演说的简短回顾表明，自公元前5世纪后期以来，雅典人对自己城邦形象的构建经历了显著变化。伯罗奔尼撒战争中，雅典人的主要目标是应对斯巴达的挑战，维护帝国的统治。由于斯巴达人已经抢先使用了希腊人自由的口号，雅典人也意识到，他们的帝国并不受希腊人欢迎，甚至可能被视为僭主政治，⑤ 所以伯里克利演说的主要内容，基本以雅典人先祖如何依靠民主政治赢得帝国，活着的雅典人应当如何保持帝国为中心。但到公元前4世纪，面对先后崛起的斯巴达、底比斯、马其顿的霸权，时移势迁，雅典需要为维护自己的独立和自由而战了。为拉拢其他希腊人，也为鼓舞雅典人士气，民主政治日渐退隐，希腊人的自由、雅典人因自由而具有勇气，逐渐变成了国葬典礼演说的主题。

国葬典礼的主角：
从公民集体到将军个人

作为城邦一年一度的国葬典礼，演说涉及

---

① Hyperides, *Funeral Speech*, 15 – 16, in Minor Attic Orators, Vol. 2, Lycurgus, Dinarchus, Demades, Hyperides, translated by J. O. Burtt, Cambridge, Mass.: Harvard University Press, 1980, pp. 543 – 545.

② G. T. Griffith, "Athens in the Fourth Century", in P. D. A. Garnsey and C. R. Whittaker, eds., *Imperialism in the Ancient World*, Cambridge: Cambridge University Press, 1978, pp. 127 – 144.

③ 只有在第2卷第37章第2节（第323—325页），伯里克利轻描淡写地谈到了雅典人在城邦内享有的自由，包括自由处理城邦事务，自由自在地生活，并且不会对邻人不寻常的生活方式表示不满，但通篇没有谈到其他希腊人的自由，更无半个字强调雅典人参与希波战争是为了捍卫希腊人的自由。

④ Robin Seager and Christopher Tuplin, "The Freedom of the Greeks of Asia: On the Origins of a Concept and the Creation of a Slogan", *The Journal of Hellenic Studies*, Vol. 100 (1980), pp. 141 – 154.

⑤ Thucydides, *History of the Peloponnesian War*, Vol., 1, pp. 369 – 371.

的主角，也在 100 年左右的时间里发生了重要变化。众所周知，城邦的基本含义，"是一个为了要维持自给生活而具有足够人数的公民集体"，"若干公民集合在一个政治团体之内，就成为一个城邦"①。在这个意义上，公民的重要性远远超过土地。只要有足够的公民，城邦就会延续。所以公元前 480 年，雅典海军统帅面对科林斯将领阿德曼图斯的挑衅，宣称即使当时的雅典人已经放弃了自己的国土，但雅典有 200 条战船，还有完整的公民队伍，完全可以在希腊的任何地方建立自己的城邦。②

不仅如此，在理想的城邦中，所有公民应当平等，任何个人都不应突出自己，尤其是不要期望自己可以凌驾于公民集体之上。城邦事务由名义上全体公民出席的公民大会决定，所有公民在会上有平等的发言权，每个公民有平等的一票表决权；公职向所有公民开放，官员接受公民的监督；城邦取得的任何成绩，都应归功于公民集体。③ 限于篇幅，这里以军事制度为例略作说明。在古典时代的城邦中，军队的主力是重装步兵。他们多是家资中等的普通公民，平时务农，战时出征。在战场上，将军固然不可或缺，但一支军队的将军经常不止一位，主要职责是战前的规划和调度。战斗一旦发生，将军就是方阵中的普通一兵，起决定作用的不是某个如阿喀琉斯那样异常勇猛的将领，而是士兵集体的力量：顶盔戴甲的士兵们排成密集的方阵向对手进击，只要一方没有因绝对劣势或恐慌逃跑，则在短促的前期冲突之后，决战阶段是双方士兵短兵相接，将盾牌叠加起来的推挤。④ 那时就会出现所谓的"脚挨

着脚、盾牌挤着盾牌、盔缨挨着盔缨、头盔抵着头盔、胸膛顶着胸膛"⑤ 的情况。长矛和一般的武器那时可能都不再有用，能够派上用场的，只是士兵整体的力量。而战败的标志，是一方因力量不足放弃阵地转身逃跑。有意思的是，战后胜利者修建的胜利纪念碑（tro-phaion），也源自转身（trope）一词，一方的转身意味着另一方胜利的起点。⑥

在这样的战斗中，士兵集体的力量当然是第一位的，特别是所有士兵的团结一致与英勇奋战。个人的能力虽然不是完全没有作用，但与集体的力量比较起来，处在相对次要地位。海战中的情形类似，主要战斗方式是整支舰队列成密集队形与对手冲撞。就单条战船而论，每条船大约 180 名水手，划桨时必须整齐划一，依靠速度撞沉对手的船只。因此，一条船的所有水手必须协调一致，才能保持船只的速度；整支舰队的队形必须保持完整，以集体的力量与对手周旋，才有可能赢得胜利。⑦ 这里依靠的，仍然是士兵整体的力量。

在这样的背景下，我们不难理解希腊城邦对集体力量的重视和对个人地位有意无意的压制。特别是雅典人经历过古风时代的僭主政治，为此在公元前 5 世纪 80 年代发明陶片放逐法，专门用来对付那些势力过大，有可能成为僭主的人。⑧ 那个天天在雅典人面前唧咕自己在萨拉米斯战役中立下大功的地米斯托克利，竟然在竞选公元前 479 年的将军中落败，并且可能在数年后被流放。"在公元前 5 世纪的 70 年代，在雅典公民的意识中，城邦集体

---

① Aristotle, *Politics*, Vol. xxi, translated by H. Rackham, Cambridge, Mass. : Harvard University Press, 2005, pp. 179, 185.

② 普鲁塔克：《希腊罗马名人传》上，吴彭鹏等译，商务印书馆 1999 年版，第 11, 3—4 页。

③ 关于希腊城邦的一般特征，见晏绍祥《古代希腊民主政治》，商务印书馆 2019 年版，第 181—188 页。

④ J. F. Lazenby, "The Killing Zone", in Victor Davis Hanson, ed., *Hoplite : the Greek Battle Experience*, London and New York : Routledge, 1991, pp. 95 – 100.

⑤ Tyrtaios, fr. 11. 31 – 32, in Douglas E. Gerber, *Greek Elegiac Poetry : from the Seventh to the Fifth Centuries BC*, Cambridge, Mass. : Harvard University Press, 1999, p. 57.

⑥ W. R. Connor, "Early Greek Land Warfare as Symbolic Expression", *Past and Present*, No. 119 (May, 1988), pp. 14 – 15.

⑦ 弗尔米奥在科林斯湾的战斗表明，公元前 5 世纪中后期的雅典海军战斗方式一方面保持了集体作战的传统，但单条战船的作战能力远超其他城邦的海军。见 Thucydides, *History of the Peloponnesian War*, Vol. 1, pp. 435 – 437；格罗特：《希腊史》下，晏绍祥、陈思伟译，北京理工大学出版社 2019 年版，第 869—870 页。

⑧ 传统将这个法律的发明归于克里斯提尼，最近的论述请见晏绍祥《雅典陶片放逐法考辩》，《世界历史》2017 年第 1 期。

的力量和公民平等的原则起着巨大的作用。过度的自我夸张，只能引起广泛的反感。"①

因此，伯里克利在他所做的国葬典礼演说中，从头到尾都是在赞扬雅典人的国家，赞扬雅典民主制度，特别是民主政治下培养出来的勇猛善战、为国尽忠、不惜献出宝贵生命的公民。用伯里克利自己的话说："我首先要谈及我们的祖先……他们居住的这块土地，世代传承，未曾中断。由于他们的英勇，他们把一个自由的国家传给了我们。值得赞扬的不仅有他们，我们的父辈更值得颂扬，因为他们扩大了他们接受的遗产，获得了我们如今拥有的帝国，并且不是没有辛劳地传给了今天仍活着的我们。聚集在这里的我们这些人大多正值盛年，在大多数方面强化了帝国，并且为我们的城邦提供了所有的资源，因此无论在和平还是战争时期，城邦都能自足。"随后，他把演说的主题集中在"依靠什么样的训练我们达到了今天的地位，依靠什么样的政治制度以及因此产生的何种生活方式，使得我们的帝国变得伟大"②。最后是赞美那些阵亡者。整个演说的注意力始终在雅典人的生活方式以及帝国的伟大，全程不曾提到任何一个具体的人名，不曾谈论某个具体人物的功勋，今天我们耳熟能详的梭伦等雅典政治家，没有任何一位被提及，甚至可以和某个具体人物联系起来的事迹都没有。通篇有的只是"我们"。如"我们的制度不是效法邻邦，相反，我们的制度是他们的榜样"，"劳累之后，我们放松心灵的方式应有尽有"，"我们的军事训练也优于我们的对手"，"我们是美的热爱者，但绝不奢侈；是智慧的热爱者，但并不软弱"，"总之，我要说，我们的城邦整体上说是希腊的学校"，"正是因为这个原因，我长篇谈论我们城邦的伟大"。甚至到最后安慰死者时，他说的也是

"对那些我们埋葬在这里的人，我们通过行动已经部分表达了我们的敬意。此外，城邦今后会以公费抚养他们的后代，直到他们成人，因而在这场竞赛中，城邦对死者和生者都给予了非常实在的奖赏"③。

公元前4世纪初托名吕西亚斯的葬礼演说，延续了伯里克利的传统。那时雅典已经失去帝国，刚刚与底比斯等联合挑战斯巴达，口号就是希腊人的自由。因此吕西亚斯的主题，是从一开始就强调雅典人祖先的自由基因。他们首先击败了阿马宗人，让后者意识到自己终归是女人；随后雅典为了正义出兵底比斯，为阿尔戈斯人讨还了本应被埋葬的阵亡者遗体；最后为了保护赫拉克勒斯的后代，与迈锡尼人统帅的伯罗奔尼撒大军作战，不仅为赫拉克勒斯复仇，也使他的后代从此免除恐惧，赢得自由。在宣布"我们祖先唯一的动力就是为正义而战"④后，吕西亚斯转向希波战争。马拉松、萨拉米斯、普拉提亚和米卡莱等战役中，雅典人或以一己之力，或率领盟友，击败了波斯入侵者。"他们以这样的方式在海战中证明了自己的素质，承担了到那时为止最大的危险，依靠他们特殊的勇气，为其余的希腊人赢得了普遍自由的道路。"当雅典人掌握海上霸权时，波斯"没有一条战船从亚洲驶出，没有任何独裁者掌控希腊人；没有任何希腊人的城市被迫成为蛮族的农奴……因为这个原因，只有他们成为希腊人的救主和城邦的领袖"⑤。即使在叙述最近的事件如公元前403年雅典民主政治的恢复时，吕西亚斯仍未提及任何具体的人，只赞扬那些最终回归的人主动放弃了对敌人的复仇，"他们甚至与那些希望做奴隶的人共享他们自己享有的自由，并且拒绝自己成为被奴役的一分子"⑥。从头到尾，吕西亚斯没有提到任何一个具体的人。

① 廖学盛：《特米斯托克列斯》，载施治生、廖学盛主编《外国历史名人传》，中国社会科学出版社1982年版，第151页。

② Thucydides, *History of the Peloponnesian War*, Vol. 1, pp. 321 – 323.

③ Thucydides, *History of the Peloponnesian War*, pp. 323, 325 – 3333, 341.

④ Lysias, *Funeral Oration*, p. 39.

⑤ Lysias, *Funeral Oration*, pp. 53, 57.

⑥ Lysias, *Funeral Oration*, p. 61.

值得注意的是，当时雅典人和希腊人并不是不清楚地米斯托克利等个人的重要作用。在希罗多德的叙述中，希波战争中雅典的英雄是地米斯托克利和阿利斯提德；欧利庇德斯在《赫拉克勒斯的儿女们》中，把雅典传说中的国王提修斯作为主角；即使是修昔底德，也承认地米斯托克利和保萨尼亚斯等在希波战争中的巨大功勋，以及修昔底德自己时代伯里克利无可替代的角色：战前斯巴达人的主要目标之一，是希望利用宗教借口，迫使雅典人流放伯里克利；所谓的雅典民主，实际是第一公民的统治。伯里克利死后，雅典失去了领袖，民众主导了一切，最终造成了雅典的失败。[①] 可是在现存 5 篇国葬典礼演说的前 4 篇中，始终保持着伯里克利那篇经典演说的传统，突出公民群体，回避提到任何个人的名字。

然而，这种传统在公元前 322 年叙佩莱伊德斯发表的葬礼演说中被打破了。那篇演说发表于雅典及其盟邦与马其顿的拉米亚战争期间。战争目标是消灭马其顿的霸权，重夺希腊人的自由。虽然举行国葬典礼时雅典军队的统帅莱奥斯泰奈斯已经阵亡，但希腊联军仍在战场上占有一定优势，因此叙佩莱伊德斯有理由对战争的前景表示乐观。不过如洛布古典丛书的英译者已经注意到的那样，这篇演说最重要的突破，是突出了将军莱奥斯泰奈斯的作用。[②] 的确，演说的第一句话就与众不同，"即将在这座墓地上发表的演讲，是对将军莱奥斯泰奈斯以及其他与他一道在战争中阵亡的将士的赞词"。将军被置于突出地位，其他士兵只是顺带提及，成为这篇演说的基调。在随后的具体叙述中，演说家抛弃了过去叙述雅典人祖先在神话和希波战争中完成的各种功勋的套路，集中所有笔墨赞颂死者，实则赞扬将军。"首先，我将从将军说起，这样才公平。"

当这位将军看到希腊已经臣服，"为了自由事业，他将自己献给了祖国，将城市献给了希腊"。他募集军队和盟友，在温泉关击败了安提帕特，随后进入色萨利，将马其顿人困在拉米亚，虽然他后来阵亡了，但"我们应该永远感激莱奥斯泰奈斯，不仅因为他生平的功绩，还因为他牺牲后进行的战役，以及希腊在此次远征中取得的其他胜利"。按照演说家的看法，莱奥斯泰奈斯不仅制定了周密的计划，而且在战场上奋勇争先，其他的公民所以愿意作战，也是因为"莱奥斯泰奈斯力劝公民们勇敢接受考验……与伟大的领袖共患难"。莱奥斯泰奈斯的功绩甚至超过了进攻特洛伊的希腊英雄们，更超过了希波战争中的那些希腊人，包括米尔提亚戴斯和地米斯托克利，因为前者集所有希腊人之力才勉强夺取了一座城市，希波战争中的雅典将领们"只是打退了入侵的蛮族势力，而他（莱奥斯泰奈斯）先发制人发动了进攻。他们在本国领土与敌人作战，而他在敌人境内打败了对手"[③]。

这篇演说篇幅并不大，译成中文不到 6000 字，但从头到尾都是莱奥斯泰奈斯占据主导地位。演说词以赞颂莱奥斯泰奈斯开篇，以他进入冥府受到希腊英雄们迎接告终，只是在末尾安慰了死者的亲属。普通的士兵和公民群体的作用，在这篇演说中成为领袖实现目标的工具，最多是将军的追随者。更重要的是，在叙佩莱伊德斯口中，莱奥斯泰奈斯公开被称为雅典的"领袖"（hegemonias）。领袖一词源自动词"领导""指导""指挥军队"（hegeomai），转换为名词，有向导、领袖、统帅、以身示范之意，最早出现在《奥德赛》中，希罗多德、色诺芬和柏拉图等都用过。后来的罗马皇帝、行省总督也用过这个头衔。[④] 当它

---

① Thucydides, *History of the Peloponnesian War*, Vol. 1, pp. 375–379.

② 德摩斯提尼在演说中的确提及了雅典传说中的几位英雄，但那几位都是雅典部落的名祖英雄，并非真实的历史人物。见 *Minor Attic Orators*, Vol. 2, "Introduction", Cambridge: Harvard University Press, 1980, p. 534; Demosthenes, *The Funeral Speech*, *Erotic Essay*, Vol. 7, pp. 27–33。

③ 安提丰等：《阿提卡演说家合辑》，陈钺、冯金鹏、徐朗译注，吉林人民出版社 2016 年版，第 342—346 页。译文略有改动。

④ Liddle and Scott: *A Greek-English Lexicon*, Oxford: the Clarendon Press, 1953, p. 763; P. Chantraine, ed. *Dictionaire étymologique de la langue grecque*, *Histoire des Mots*, Paris: Éditions Klincksieck, 1990, p. 405.

被用来称呼城邦时，一般用来指雅典、斯巴达那样的霸主城邦。伟大如伯里克利，似乎都不曾享有这个头衔。在铭文中，就古典时代而论，可能只有科林斯同盟曾授予马其顿的腓力这样的称号，[①] 但那可能是因为马其顿的霸权体现在国王腓力身上。所以，叙佩莱伊德斯将这样的称号用在雅典将军莱奥斯泰奈斯身上，体现了雅典人的某种态度：到公元前 4 世纪末，随着城邦自身逐渐进入危机，公民集体的作用日渐退化，个人的作用逐渐明显，尤其到公元前 4 世纪后期，雅典先后出现了莱库古、弗奇翁等强势人物。他们或掌控雅典财政，或统率雅典军队，经常能够违逆公民大会的意志，很有点领袖的味道。[②] 所以，叙佩莱伊德斯对莱奥斯泰奈斯的强调，正凸显了公元前 4 世纪以来强人政治的逐步回归。从希腊世界的历史看，公元前 4 世纪希腊城邦的政治舞台，总有强人的身影。在斯巴达，吕桑德和阿盖西劳斯长期成为主角；在比奥提亚，佩罗庇达斯和埃帕米农达成为底比斯崛起过程中的灵魂人物，底比斯霸权的兴衰，与他们两人的经历紧密相连；在西西里，老狄奥尼修斯成功结束了对迦太基的战争，大体统一西西里和意大利南部，成为西地中海区最强大的势力；尤其是公元前 4 世纪中期以来，马其顿的腓力借助王政传统强化王权，在稳固了马其顿国内统治后，陆续征服色雷斯、色萨利，最后在喀罗尼亚击败希腊城邦联军，成功登顶希腊世界的领袖。强人政治在整个希腊世界开始取代公民群体，成为历史舞台上的主角。公元前 4 世纪前期，伊索克拉底还是期待雅典和斯巴达成为希腊世界的领袖，但到该世纪后期，他的吁请对象，已经是尼科克莱斯和马其顿的腓力了。

另一方面，我们需要注意的，是莱奥斯泰奈斯虽是雅典公民，但此前寂寂无闻，不曾担任任何公职，直到公元前 323 年才首次当选将军，而那是因为他为被亚历山大大帝解散的8000 雇佣兵寻找到了出路。当亚历山大去世的消息传到雅典时，他立刻动议雅典发起反对马其顿的解放战争，并且主持谈判，组建了一个反对马其顿的同盟，还以将军身份统率雇佣兵和部分雅典公民前往温泉关和色萨利作战。[③] 虽然当时雅典反对马其顿的行动是城邦集体的决议，德摩斯提尼和戴马戴斯等政治家都发挥了程度不等的作用，但在叙佩莱伊德斯的叙述中，公元前 322 年莱奥斯泰奈斯被杀之前，雅典所有的军事和政治行动，几乎都出自这位雇佣兵将领的谋划，雅典公民始终是背景，即使那些在战场上阵亡的人，也只是在演说中顺便被提到，而且可以相信，是为了安慰在场的死者家属。也就是说，在伯里克利时代作为城邦主人的公民群体，到公元前 4 世纪末大多数时候成为旁观者。如果德摩斯提尼的批评可信，公元前 4 世纪的雅典公民们缺乏真正的爱国情感，很多时候不愿采取行动，即使偶尔通过决议要阻止腓力，但普遍缺少实际行动，大多数时候把作战的任务委托给雇佣兵。拉米亚战争中，雅典军队相当大的部分，就是被亚历山大解散的行省雇佣兵。这里我们只引用德摩斯提尼的几段演说，以窥公元前 4 世纪雅典公民的冷漠状态：

> 我们今天的情况如何？……你们全都知道，随着拉凯戴蒙人被打败，底比斯人自顾不暇时，我们得到了多么好的机会，那时我们本可以既捍卫自己的权利，又可以充当他人权利的裁决者，可是我们却连自己的领土都丢掉了，我们将 1500 多塔兰特浪费在了毫无必要的事物上，我们的

① *Common Peace and League of Corinth*, 338/7, lines 21 – 22, in P. J. Rhodes and Robin Osborne, *Greek Historical Inscriptions 404 – 323BC*, Oxford：Oxford University Press, 2003, p. 374.

② 弗奇翁一生中至少 50 次当选为将军。他反对雅典加入腓力之后希腊城邦反抗亚历山大的行动；拉米亚战争中，他公开反对莱奥斯泰奈斯的战争行动，在莱奥斯泰奈斯取得成功时冷嘲热讽；在马其顿军队驻扎雅典时，他拒绝设防皮莱欧斯，甚至在港口被尼卡诺围困时，他作为将领仍拒绝率领雅典人前往救援，导致港口被马其顿人占领。见 Plutarch, *Lives*, Vol. 8, translated by Bernadotte Perrin, Cambridge, Mass.：Harvard University Press, 2004, pp. 181 – 225；Christian Habicht, *Athens from Alexander to Antony*, translated by Deborah Lucas Schneider, Cambridge：Harvard University Press, 1997, p. 10。

③ Christian Habicht, *Athens from Alexander to Antony*, pp. 34 – 36；38.

政治家使我们丧失了在战争中争取的盟友，还给这个可怕的对手提供了一座练兵场。事情如果不是如此，且让人们走上前来告诉我，除了我们自己之外，还有谁让腓力变得如此强大？有人可能反驳，"即使我们的对外政策失败，可在国内事务上很有改进啊。"那你能拿出什么证据来？……还是看看这些政治家们创造的成果吧：他们有些人过去本来贫穷，如今却富了；有些过去默默无闻，如今显赫了；有些人的私家房屋比我们的公共建筑更加雄伟；城邦的命运每下降一分，他们的运气就涨上一分。①

德摩斯提尼当时正督促雅典人出兵援救奥林托斯以阻止腓力的进一步扩张，此前腓力已经连续占领安菲波利斯、皮德纳等战略要地，雅典对外政策连续失败。作为反对马其顿扩张政策最坚定的支持者，德摩斯提尼对雅典人政策的失败确实有理由表示不满，其意图无非是促使雅典人采取实际行动，所说的话也难免夸大。然而雅典人显然未接受他的建议，数年后，他从抨击政治家转向抨击雅典人民：

> 所有这一切的原因是什么？那时一切都好的事情，如今怎么一塌糊涂了？因为那个时候，人民有勇气采取行动和战斗，控制着政治家们，人民自己是一切荣誉的授予者，其他人都以从人民手中获得荣誉、权威和奖赏为满足。如今相反，政客们掌管着钱袋，管理着一切，而你们人民，则失去了信心和力量，失去了财富和盟友，堕落到了仆人和跟班的地位，如果政客们从观剧基金中或者在波德罗米亚月的游行中给你们分一杯羹，你们就满意了，你们所谓的男子汉气概，最多不过是在得到本属于你们的东西时，添上一份谢意而已。他们把你们圈在城里，用这些小恩小惠引诱你们，让你们在他们的鞭子下

服服帖帖。②

与前一篇演说一样，德摩斯提尼在把公元前 5 世纪的民主理想化的同时，猛烈抨击公元前 4 世纪以降的雅典政治家和政策，指责雅典人已经丧失了爱国热情，并且为他们的政治家控制。可是这些取得领导权的政治家没有一个好东西，只知道讨好人民，贪污腐败，置国家利益于不顾。

雅典政治在公元前 4 世纪的败坏，在德摩斯提尼看来主要是人民堕落了，只听他们喜欢听的演说，并自我陶醉，却很少真正行动起来。所以，改变雅典现状的唯一出路，是人民摆脱他们现在的习惯，像真正的雅典人那样去战斗，去行动，但遗憾的是，雅典人并没有行动，雅典的盟友奥林托斯最终被腓力攻陷，城市被夷为平地。当腓力控制了马其顿、色雷斯、色萨利等地区后，杀入中希腊，雅典等仓促迎战，在喀罗尼亚战败。此后的雅典，好像也没有任何改善。到拉米亚战争时，仍然只能依靠个别政治家的主动和雇佣兵的行动。如罗兹指出的，公元前 4 世纪雅典政治发展的一个基本趋势，是为了效率牺牲民主。体现在战场上，或许就是莱奥斯泰奈斯这样的将军们，自主决定进军路线，招募军队和进行战争。战争的进程与最终的结果，也取决于将领以及追随将领的雇佣兵的作为。明乎此，则叙佩莱伊德斯对莱奥斯泰奈斯的赞美和对公民的忽视，意味着到公元前 4 世纪末，即使雅典那样的城邦，在公民参与政治问题上，也逐渐走上下坡路。与此相对应的，是城邦制度本身，因公民不再积极参与，失去了根基。从这个意义上说，葬礼演说的主角从凸显公民集体到强调个人作用的转变，成为城邦制度走向衰落的一个重要外在标志。

结　论

国葬典礼演说作为雅典城邦一项非常官方

---

① Demosthenes, *Orations*, Vol. 1, translated by J. H. Vince, Cambridge, Mass.: Harvard University Press, 2004, pp. 55 – 59.

② Demosthenes, *Orations*, Vol. 1, pp. 59 – 61.

的制度，凸显了公民群体对于希腊城邦决定性的意义，让我们能从一个特殊的角度观察到城邦制度的基本特点。这种建立在公民行使国家统治权基础上的制度，在雅典那样的民主政治下，对内实现了一定程度的平等。雅典人利用国葬典礼演说，传扬着民主政治的意识形态，力图通过宣扬雅典光辉伟大的过去，通过颂扬阵亡者的英勇献身，鼓励那些仍然活着的人继续为雅典战斗。但是，当雅典人从公元前5世纪的帝国霸主转变为公元前4世纪的挑战者时，葬礼演说颂扬的雅典，随之也从民主的化身、希腊的学校，转变成为雅典和希腊自由的捍卫者。在这个意义上，葬礼演说很好地完成了它作为官方意识形态宣传者的角色。有意思的是，尽管葬礼的出席者不仅有雅典公民，也有外侨，还有女性亲属，而且外侨像雅典人一样参加了战斗，并且在战场上牺牲，但除德摩斯提尼似乎无意中提过一次，① 其他的演说几乎都忽视了外侨群体。它再一次表明，希腊城邦只是公民的城邦。

另一方面，葬礼演说从最初的突出公民集体，到公元前4世纪末的突出个人，而且是作为雇佣兵将领的个人，尽管演说家有意忽略了莱奥斯泰奈斯的身份，但仍足以让我们有理由认为，公元前4世纪的雅典迥然不同于伯里克利时代的雅典。随着时间的流逝，个人的地位越来越凸显，公民集体的地位逐渐下降。在整个公元前4世纪的雅典，战场上叱咤风云的是科农、提摩泰乌斯、卡布利亚斯和莱奥斯泰奈斯那样的雇佣兵将领，在国内政治中，是莱库古、德摩斯提尼那样的强势政治家，公民团体作为决策者的角色，逐渐在退隐。当雅典人得到腓力进入中希腊的消息时，是德摩斯提尼提出了相关的对策和建议，公民大会几乎未加辩论地予以通过。② 公元前323年雅典对马其顿的战争，至少在叙佩莱伊德斯的口中，是莱奥斯泰奈斯的谋划。这样看来，虽然我们不能武断地认为，到公元前4世纪，希腊城邦的公民团体已经瓦解，民主政治难以维持，城邦自伯罗奔尼撒战争以后已经陷入危机，但公元前4世纪的雅典是否如霍尔姆或琼斯等所说，国力依然强大，民主政治因法治的确立和中产阶级的温和，更加稳定，③ 或如部分学者所说，希腊化世界的城邦仍保持活力，④ 大约也难以令人信服。强势个人的回归，暗示公民团体管理城邦的制度至少遇到了挑战。如果希腊世界最为稳定的雅典尚且如此，其他城邦大约更难逃危机之嫌。据此我们是否可以说，公元前4世纪的城邦世界，已经与公元前5世纪的伯里克利时代有了本质区别。而这些区别，有些方面的确不利于城邦的延续和发展。

（原载《社会科学战线》2021年第5期）

① Demosthenes, *The Funeral Speech*, *Erotic Essay*, Vol. 7, p. 17.

② 在叙述了整个过程后，他很得意地说："我的演说受到一致欢呼，没有任何反对意见。" 见 Demosthenes, *Orations*, Vol. 2, pp. 133 – 141。

③ Adolf Holm, *The History of Greece*, Vol. iii, London: MacMillan and Co. Limited, 1907, pp. 187 – 188；A. H. M. Jones, *Athenian Democracy*, Baltimore: The Johns Hopkins University Press, 1986, pp. 91 – 93。

④ Erich S. Gruen, "The Polis in the Hellenistic World", in Ralph M. Rosen and Joseph Farrell, eds., *Nomodeiktes: Greek Studies in Honor of Martin Ostwald*, Ann Arbor: University of Michigan Press, 1993, pp. 339 – 354.

中世纪晚期法庭情感标准的变迁

——以"撒旦的诉讼"系列文本为中心的考察

董子云[*]

摘　要："撒旦的诉讼"题材的若干文本被誉为中世纪程序法的"随身手册"。但其中蕴含的情感设定使这些文本也成了情感史研究的极佳素材。通过比较 14 世纪初"撒旦对人类的诉讼"以及 14 世纪晚期的"贝利亚的诉讼",我们可以把握变动中的法庭情感标准以及教会法针对律师行为(尤其是情感表达)所作的规范。相比沿袭了俗语文学惯例、容忍法庭上愤怒的情感表达的法语改写本,"撒旦对人类的诉讼"的拉丁语原本呈现了平面的情感模式,将愤怒设定为魔鬼的标准情感。而在内容更为复杂的"贝利亚的诉讼"文本中,特拉莫的雅克设定了一个善于伪装和控制情感的魔鬼律师,以此警醒法官不要被律师的表象和谄媚所迷惑。进一步对比 14 世纪巴黎高等法院的情感规范,我们能够发现教会法对世俗高等法庭在情感观念上的影响。

关键词：情感史　撒旦的诉讼　中世纪教会法　律师伦理

中世纪晚期出现了一系列以"撒旦的诉讼"(Processus Sathanae)为题材的文本。它们无一例外讲述的是魔鬼在天堂法庭控诉人类的故事,其中最早的拉丁语文本伪托著名法学家巴托鲁斯(Bartolus,约 1313—1357)所作。这些文本因其荒诞的情节和隐含的讽刺,在近代一度遭禁,也多为严肃的学者所不齿。但步入 21 世纪,学界日益重视这个题材的文本,重新发掘了它的价值。最首要而言,这些文本可谓是中世纪的"文化综合体",系以文学手法,在法学结构上论证有关救赎的神学问题。所以说,"撒旦的诉讼"系列文本是考察神学、法学和文学在中世纪晚期相互关系的绝佳切入点。今天,摆脱了宗教意识形态束缚和学术偏见,学者们日益认识到了这一在全欧洲流布甚广的系列文本所具有的多重价值。意大利学者史蒂法诺·芬奇(Stefano Vinci)将其誉为中世纪晚期程序法的"随身手册"(vademecum),其所属的团队对之进行了系统的研究。[①] 而又如卡尔·舒马克(Karl Shoemaker)的研究所示,这些文本是中世纪思想"跨界"的见证。[②] 然而,这些研究更多局限于探讨"撒旦的诉讼"系列文本的法学、神学意义,却尚未从更为多样的视角考察其历史意义。本文拟以"情感史"的视角为切入,研究这些文本所反映的中世纪晚期法庭情感标准的变迁。

[*] 董子云：浙江大学历史系特聘副研究员。本文受国家社科基金重大项目"《法国大通史》编纂"(12&ZD187)及浙江省属基本科研业务费专项资金(205202 * 172220201)资助。

[①] F. Mastroberti et al. , *Il Liber Belial e il processo romano - canonico in Europa tra XV et XVI secolo*, Bari：Cacucci editore, 2012.

[②] K. Shoemaker, "The Devil at Law in the Middle Ages", *Revue de l'histoire des religions*, Vol. 228 (2011), pp. 567 - 586; "When the Devil Went to Law School：Canon Law and Theology in the Fourteenth Century", in *Crossing Boundaries at Medieval Universities*, ed. by Spencer E. Young, Leiden：Brill, 2011, pp. 255 - 275.

一 问题的提出

情感史是当代史学当中一个正在崛起的领域。其雏形也许见于吕西安·费弗尔（Lucien Febvre）所讨论的"感情史"（l'histoire des sensibilités），[①] 并逐渐成为新文化史中的一个支柱。近年来，情感史研究方法在中世纪史领域也有了初步的运用，形成了可观的产出。以法国史学界为例，在文化史学家阿兰·科尔班（Alain Corbin）推动组织下，三卷本《情感史》（Histoire des émotions）已全部出版，其中第一卷集中讨论了中世纪情感史。[②] 此外，达米安·布凯（Damien Bouquet）和皮洛斯卡·纳吉（Piroska Nagy）主持的"中世纪情感"（EMMA）研究项目形成了一部综合性的著作：《有感情的中世纪：一部西欧中世纪情感史》（Sensible Moyen Age：Une Histoire des émotions dans l'Occident médiéval）。[③]

早在 20 世纪 80 年代，彼得和卡罗尔·斯特恩斯（Peter & Carol Stearns）便发表了研究情感史的具体方法论。这对夫妇学者创造了"情感学"（emotionology）一词来指称历时的情感标准。用他们自己的话来说，"情感学"的意思是"一个社会或社会中一个可以界定的群体对基本情感及其得体表达所持的态度或者标准"[④]。更晚近一些，彼得·斯特恩斯详细回顾了情感史的历史，以及它与其他研究领域的关系。在其回顾的基础上，他得以宣布情感史已经是一个成熟的史学研究领域。[⑤]

就我国学界而言，情感史是一个相对新颖的领域。2015 年于济南举办的第 22 届国际历史科学大会激起了国内学界对情感史的重视。王晴佳于同年晚些时候综述了这场史学的"情感转向"[⑥]。之后，《史学月刊》2018 年第 4 期集中刊登了国内外知名学者对情感史研究现状、方法及适用范围的笔谈。其中，孙一萍指出，"情感是社会交流的基本方式。情感史研究在于解读情感所蕴含的人与人之间的关系，以及在这个过程中人们需要付出什么样的情感努力"[⑦]。不过，就我国世界史研究而言，运用情感史的案例还不多。其中我们容易关注到的，是用情感史研究法国大革命的案例。[⑧]

综合国内外研究现状可以得知，情感史已经有了长时段的综论和较为明确的方法论思路。但是，我们发现，即使放到国际视角下看，目前的学术成果依然未能充分延伸至历史中的法庭情感规范。而恰恰是在这个方面，中世纪晚期"撒旦的诉讼"题材的几个文本是天然的研究素材，为我们考察中世纪晚期法庭情感标准变迁提供了生动直观的线索。而这些文本所反映的情感标准变迁可以从侧面反映中世纪罗马—教会法（Romano - canonical law）影响世俗法律文化的大致阶段与具体形式。

展开具体的文本比较之前，有必要就"撒旦的诉讼"题材的文本作简要的介绍。卡尔黛尔·德·哈特曼（Cardelle de Hartmann）指出，以撒旦诉讼为题材的文本最早出现于 12 世纪（如《上帝与魔鬼的争论》[Conflictus inter Deum et Diabolum]）。[⑨] 通常而言，它描绘的是魔鬼在天堂法庭提起诉讼，要夺回对人

---

① L. Febvre, "La sensibilité et l'histoire：Comment reconstituer la vie affective d'autrefois?", Annales d'histoire sociale, Vol. 3 (1941), pp. 5 – 20.

② A. Corbin et al. eds., Histoire des émotions：I. De l'Antiquité aux Lumières, Paris：Seuil, 2016.

③ D. Bouquet & P. Nagy, Sensible Moyen Age：Une Histoire des émotions dans l'Occident médiéval, Paris：Seuil, 2015.

④ P. N. Stearns & C. Z. Stearns, "Emotionology：Clarifying the History of Emotions and Emotional Standards", The American Historical Review, Vol. 90 (1985), p. 813.

⑤ P. N. Stearns, "History of Emotions：Issues of Change and Impact", in Handbook of Emotions, ed. by M. Lewis, J. M. Haviland – Jones, & L. F. Barrett, New York：Guilford Press, 2008, pp. 17 – 31.

⑥ 王晴佳：《当代史学的"情感转向"：第 22 届国际历史科学大会和情感史研究》，《史学理论研究》2015 年第 4 期。

⑦ 孙一萍：《情感表达：情感史的主要研究面向》，《史学月刊》2018 年第 4 期。

⑧ 谭旋、孙一萍：《情感史视野下的法国大革命》，《世界历史》2016 年第 4 期。

⑨ C. de Hartmann, "Die 'Processus Satanae' und die Tradition der Satansprozesse", Mittellateinisches Jahrbuch, Vol. 39 (2004), p. 417.

类的所有权的场景。在启蒙运动之前，"撒旦的诉讼"文本在西欧一直都广为流传，翻译成了多种通俗语言，甚至还影响到了莎士比亚写作《威尼斯商人》。①

本文将要分析的是"撒旦的诉讼"文本中最为著名也最为流行的两对，分别是"撒旦对人类的诉讼"（Processus Sathanae contra genus humanum）和"贝利亚的诉讼"（le Procès de Belial）的拉丁语和法语版本。"撒旦对人类的诉讼"的拉丁语版本成文于 14 世纪上半叶，托名著名法学家巴托鲁斯所作，但学界对此说法尚存质疑。比如，巴托鲁斯的年龄与文本成文年代难以契合：根据手抄本的情况，学界一般认为这个文本创作于 14 世纪的前 20 年间；巴托鲁斯虽然是一代法学大师，但 1313 年左右出生的他不可能 10 岁不到便有著述。这个文本又由无名氏（一说巴约［Bayeux］司铎让·德·茹斯蒂斯［Jean de Justice］所作，但亦无确证）② 以韵文形式翻译改写成中古法语。这个中古法语版本以《圣母的辩护》（L'advocacie Nostre – Dame）为题而广为人知。两对文本以相似的《圣经》故事为背景：耶稣受难后复生，下到地狱解放了人类。而为了重新取得对人类的占有权，地狱派出代表前往天堂法庭诉讼。就具体情节而言，"撒旦对人类的诉讼"讲述的是地狱的辩护人（proctor）③ 撒旦在天堂法庭以人类的原罪起诉人类的故事。由于人类受传唤后迟迟不

出庭，圣母玛利亚作为人类的辩护人出庭；三位一体的上帝为法官。④ 另一对文本——"贝利亚的诉讼"——同样具有极高的流行度。不过诉讼的情节设定略有不同：地狱的辩护人贝利亚提起的是侵夺之诉（actio spolii），指控耶稣基督非法抢夺了其财产——人类。摩西（Moses）作为耶稣的辩护人出庭辩护。诉讼的初审法庭由所罗门担任法官。不服所罗门判决的贝利亚随后上诉，上诉法庭法官为约瑟（《创世纪》中雅各之子）。最后，由两位基督教先知以赛亚（Isaiah）和耶利米（Jeremy）、罗马帝国第一位皇帝屋大维（Octavius，公元前 27—公元 14 年在位）以及哲学家亚里士多德（Aristotle）组成的仲裁法庭对此案进行终审。"贝利亚的诉讼"的拉丁语文本作者为特拉莫的雅克（Jacques de Teramo，1349—1417年）。⑤ 他本是一位法政教士（canon），但在将"贝利亚的诉讼"进献给教皇乌尔班六世（Urban Ⅵ，1378—1389 年在位）之后，职业生涯可谓平步青云，相继担任了莫诺波利（Monopoli）、塔兰托（Taranto）和思波莱托（Spoleto）主教。意大利学者弗朗切斯科·马斯特罗贝蒂（Francesco Mastroberti）推测，这也许是因为"贝利亚的诉讼"具有政治寓意（撒旦宫廷与基督宫廷对应阿维尼翁教廷与罗马教廷），所以受到教皇和某些高级神职人员的喜爱。⑥ 这个文本由里昂的奥古斯丁会士、神学博士皮埃尔·费尔杰（Pierre Ferget，生

① N. Coghill，"The Governing Idea：Essays in Stage – Interpretation of Shakespeare，I. The Merchant of Venice"，*Shakespeare Quarterly*，Vol. 1（1948），pp. 9 – 15.

② 在现存的几部手抄本中，让·德·茹斯蒂斯的名字只在其中一部手抄本中出现，而且是署在其所收录的另外一部作品之后。因此很难将手抄本的所有作品都归为此人所作。关于文本作者的相关考辨史，参见 D. Terkla，"A Basochien Proto – Drama and its Mariological Context：L'Adovocacie Nostre – Dame"，*Medieval Perspectives*，Vol. 16（1991），pp. 89 – 90.

③ 中世纪律师下分两个角色。辩护人（procurator litis）是受客户正式委托授权、代替客户在诉讼中行动的律师，其所作所为与客户亲自行为有相同的法律效力。至于代诉人（advocatus），通常坐在法庭的律师席（Barreau），通过陈述法律论点为客户辩护。这种职能区分起源古罗马，并在 12 世纪中叶的程序法论著中重新流行起来。详见 J. Brundage，*Medieval Origins of the Legal Profession：Canonists，Civilians，and Courts*，Chicago：University of Chicago Press，2008，p. 205。

④ *Processus contemplatiuus questionis ventilate coram domino nostro hiesu christo tanque iudice & inter advocatam hominis scilicet beatissimam virginem Mariam ex una. et dyabolum partibus ex altera super possessorio humani generis*，Leipzig，1495；A. de Montaiglon & G. Raynaud eds.，*L'advocacie Nostre – Dame et la chapelerie Nostre – Dame de Baiex：Poème normand du XIVe siècle，imprimé en entier pour la première fois，d'après le manuscrit unique de la bibliothèque d'Évreux*，Paris：Académie des bibliophiles，1869.

⑤ J. de Teramo，*Liber Belial de consolatione peccatorum*，Venice：Enrico Ca' Zeno da Sant' Orso，1506.

⑥ F. Mastroberti，"The Liber Belial：A European Work between Law and Theology. Introductory Notes for an Ongoing Research Project"，*Historia et Jus*，Vol. 1（2012），Paper 12，pp. 1 – 2；Mastroberti et al.，*Il Liber Belial*，pp. 21 – 28.

卒年代不详）于 15 世纪后半叶译为法语，于里昂出版。① 由于这个法语译本十分忠实，且引用详实严谨，所以我们之后的分析将以这个法语文本为基础。

"撒旦的诉讼"文本的研究价值一度不受学界重视。启蒙运动将其贬低为野蛮中世纪的愚蠢之作。历史法学派的代表人物萨维尼（Friedrich Carl von Savigny）在《中世纪罗马法史》（Geschichte des römischen Rechts im Mittelalter）中也认为这些文本不过是巴托鲁斯等法学家卖弄学问而编的玩笑，所以没有多大的史学或法学价值。② 不过，步入 21 世纪，学界逐步打破了启蒙运动以来学者们对此类文本不屑一顾的态度。现在，学界更倾向于将这些文本看作严肃的神学和法学思维训练工具。马斯特罗贝蒂等人对"贝利亚的诉讼"展开了详尽的研究，目的在于通过贝利亚文本还原 13、14 世纪法庭的罗马—教会法程序，并比较了欧洲不同地区文本版本的差异。道格·考尔逊（Doug Coulson）则认为，"撒旦的诉讼"文本反映了欧洲法理学发展关键时期法律学生的修辞训练。③ 芬奇更将其誉为中世纪晚期程序法的"随身手册"④。

从情感史的角度看，"撒旦的诉讼"文本的历史发展是一个有趣的研究对象。其中所提供的丰富的细节描述，为我们研究中世纪晚期法庭情感规制提供了不可多得的材料。另外，由于这些文本本身带有教育教学的意义，所以文本对于不同情感的态度，直接能够反映一定的法学和法制化发展阶段所提出的情感标准。我们发现，根据文本成文先后顺序，情感标准

呈现出从简单、片面到复杂、深刻的演变过程。接下去我们将首先对比成文较早的"撒旦对人类的诉讼"的拉丁语和俗语文本，然后分析更晚出现的"贝利亚的诉讼"。而在论文最后，我们将以法国为例，指出这些文本的情感标准与世俗司法演进的关联性。为了控制研究范围，我们将着重关注法庭中"愤怒"的情感。

二 《玛利亚与魔鬼的诉讼》：罗马—教会法的基本情感标准

首先比较的对象是"撒旦对人类的诉讼"中拉丁语文本《玛利亚与魔鬼的诉讼》（Processus inter advocatam hominis Mariam et diabolum）及其俗语韵文体译本《圣母的辩护》所反映的情感标准。我们发现，拉丁语文本的情感标准十分明确，将愤怒设定为魔鬼的专属情感，直接反映了法学复兴以来罗马—教会法的立场。而俗语文本也许是受到俗语文学创作传统的影响，仍旧将愤怒视为法庭上正常的情感表达。这种差别也许反映出现实当中法庭情感表达是十分根深蒂固的现象。

拉丁语文本《玛利亚与魔鬼的诉讼》篇幅不长，但作者在内部设置了多个发人深省的冲突，并以这些冲突为基调塑造了魔鬼律师的形象：首先是黑暗与光明的冲突；其次是成文法的严格解释与衡平原则的冲突；⑤ 最后还有严苛与仁慈的冲突。自然，由于如此直接的冲突设定，魔鬼的任何表现和举动都具有直接的

---

① J. de Teramo, *Cy commencent [sic] le Procès de Belial à l'encontre de Jhésus*, Lyon: Mathias Huss, 1481.

② F. K. von Savigny, *Geschichte des römischen Rechts im Mittelalter*, Heidelberg: Mohr und Zimmer, 1831, B. 6, pp. 160 – 161.

③ D. Coulson, "The Devil's Advocate and Legal Oratory in the Processus Sathanae", *Rhetorica: A Journal of the History of Rhetoric*, Vol. 33 (2015), p. 413.

④ S. Vinci, "La diffusione del processo romano – canonico in Europa: Il Liber Belial tra fonti giuridiche canonistiche e romanistiche", *Max Planck Institute for European Legal History Research Paper Series*, No. 3 (2012), p. 3.

⑤ 衡平（aequitas）是中世纪罗马法和教会法中的重要概念。中世纪法学家探讨了法律与衡平冲突的问题。参见 E. M. Meijers, "Le conflit entre l'équité et la loi chez les premiers glossateurs", *Tijdschrift voor Rechtsgeschiedenis*, Vol. 17 (1941), pp. 117 – 135. 衡平的原则直接影响到了中世纪的法律解释学，参见 J. Krynen, "Le problème et la querelle de l'interprétation de la loi en France, avant la Révolution: Essai de rétrospective médiévale et moderne", *Revue historique de droit français et étranger*, Vol. 86 (2008), pp. 61 – 97。

负面意味，文本所反映的情感标准因此较易把握。

从最开始，拉丁语文本《玛利亚与魔鬼的诉讼》就描绘了一个易怒、喧哗而不耐烦的魔鬼形象。魔鬼是邪恶地狱的辩护人（procurator nequitie infernalis），见到人类迟迟不出庭，便"开始叫嚷起来"（cepit vociferare）。魔鬼要求法官判决人类拒绝出庭应诉、蔑视法庭之罪，但被"看穿内心"（qui novit abscondita cordis）的上帝法官驳回。法官援引了衡平，认为衡平比严格执行规则更重要。对此魔鬼"大声呼喊：……你们的正义在哪里！"在此关键时刻，人类的辩护人玛利亚现身了。她的身边还陪伴着众多天使。玛利亚的出庭让魔鬼大吃一惊，看到玛利亚等众人走入法庭时，魔鬼"抬眼看她都不敢"。用作者的原话来说，玛利亚的光芒照到了魔鬼，而"为恶的人厌恶光亮"。此处描述指出了中世纪教会法对律师的规范：律师应当为正义案件辩护（律师不能违背良心辩护），且律师应该对其案件及陈述的正当性和真实性有信心。作者如此描述黑暗遇上光明的反应，也同时是将严格的道德操守与透彻的、毫无阻碍的知觉能力（这里用视觉做比喻，光明是基督教"真理"最常用的隐喻）关联起来。魔鬼知道一切善恶，但故意选择恶，所以有这样的反应也是合情合理。在法庭辩论中，魔鬼总是带着愤怒回应玛利亚的论点。在辩论最后，玛利亚强有力地论证了人类不应该下地狱成为魔鬼的财产，而对此魔鬼的反应是："咬牙切齿，手伸进提包，拿出一本书从头开始读了起来。"① 咬牙切齿是愤怒难以把持的表现。而魔鬼阅读权威文本的行为则指向了故事的核心主题，即非文字的衡平比严格的文本解释更优越。② 当圣母指责魔鬼应该为亚当夏娃的堕落负责，因此没有资格诉讼，应当被逐出法庭时，魔鬼顿时"怒火中烧"（inflammatus）。与愤怒的魔

鬼律师相反，玛利亚的反应总是十分平静。她反复用温柔的语言，提醒圣子他们之间的母子之情："我的儿，听我的话，不要听信魔鬼的妄语。"③ 又见："听着，我的儿，你是严苛正义，也是公道之极，充满温柔与仁慈。"④

母子关系是衡平、"温柔"以及仁慈概念的延伸和具体体现。这种亲情关系的考量，又与"人类的女律师"（advocata mundi）平和的语言和行为互为表里。由此可见，拉丁语文本描述的玛利亚，代表的是魔鬼的对立面，是仁慈的律师。她在法庭上受到很好的支持和建议，自信而平和地驳斥了魔鬼律师的控诉。魔鬼律师明知诉讼之不义，但意图依靠权威文本和机械的司法程序来取胜。但他在整个过程中都被愤怒所掌控。拉丁语《玛利亚与魔鬼的诉讼》刻画的是一个易激、易怒、自满于法条知识而毫无耐心可言的魔鬼律师。而显然，愤怒作为魔鬼的专属情感，是任何一个良善、仁慈的律师所必须避免的。

现在，我们转而比照《玛利亚与魔鬼的诉讼》的法语改写本。法语文本《圣母的辩护》的篇幅大大增加，而且情感模式也与拉丁语文本中的单一维度有很大差别。在法语文本中，情感描写更为丰富，主要角色都有多种情感表达——这也就增加了概括和解释的难度。但若以愤怒为切入点，我们不难发现，《圣母的辩护》没有设定控制愤怒的情感标准。

在《圣母的辩护》中，愤怒是魔鬼与圣母共同表现的情感。与拉丁语原本"怒火中烧"的魔鬼的设置不同的是，这里，愤怒是双方共同运用的情感。在文本作者的笔下，魔鬼律师"深谙应答和反驳之道，每卷经文都解得头头是道，骗人的伎俩岂止百种"（第449—451 行）。而圣母玛利亚则是反对片面适用法律，以温柔和仁慈为主要特征的"人类

---

① *Processus contemplatiuus questionis*，fol. 3 v°，fol. 4 r°，fol. 4 v°，fol. 4 v°，fol. 7 r°。
② 这个观念又出自《优士丁尼法典》（Codex Iustinianus，C. 3，1，8）："衡平优先于法条的严格解释"（Placuit in omnibus rebus praecipuam esse iustitiae aequitatisque quam stricti iuris rationem）。
③ *Processus contemplatiuus questionis*，fol. 7 r°。
④ *Processus contemplatiuus questionis*，fol. 7 v°。

的女律师"（advocata mundi）。作者用两个角色在法庭上的情感演出，生动阐明了拉丁语原本中"司法三位一体"的核心思想。

在故事开始，撒旦得知上帝法官选定周五耶稣被钉上十字架的圣日开庭（实际上也就是再次因为人类缺席而延期开庭）后，愤怒地指出以节日开庭的不合法性（第379行）。法庭辩论当中，玛利亚听了撒旦陈述其为何能出庭作辩护人的理由后，"如女人般轻易而怒"（第840—842行）。随后，玛利亚解释了她为何可以作为女性和作为法官之母亲而为人类辩护。① 对此，撒旦"以极大的愤怒回应"，圣母也还报以愤怒（第970—972行，第981—983行）。再往后，圣母驳斥魔鬼重新取得人类灵魂的要求，讲到耶稣因被魔鬼出卖而钉在十字架上时，愤怒不已，"转向魔鬼，以十分的愤怒对它说……"（第1696—1697行）。当魔鬼以亚当夏娃已被上帝定罪为自己的诉由辩护后，圣母又一次愤怒："温柔的圣母以极大的愤怒对他说道：'被流放的可怜虫，你的论点太微不足道。'"（第1772—1774行）可见，即使是"温柔"的圣母，发怒起来也毫无顾忌。法语版本的作者因此没有考虑到法庭情感控制的问题。除了愤怒之外，笑、哭泣等情感表达的细节随着故事发展也多有出现。

对于情感表达而言，三位一体的法官具有一定的矛盾立场。在若干场合，玛利亚转向耶稣，强调她是他的母亲，而儿子爱母亲而不爱魔鬼是最自然的："如果爱撒旦胜过爱我，那会是非常违背天性之事。"（第1498—1499行）看到玛利亚的策略奏效，魔鬼旋即转向法官，宣称神圣的学问被无视了，玛利亚的情感策略成功了（第1532—1539行）。将"神圣学问"（devine science）与情感对立，潜藏着的论点是法官不应该被"血与肉"（sanc et

char）所"扰动"（meu），而应该仅仅依照理性做出判决。不过，三位一体法官的立场似乎介于玛利亚和魔鬼之间，他既容易受到玛利亚的情感所"扰动"，但也强调程序严格性以及法律推理的有效性。玛利亚反复讲述耶稣受难来回应魔鬼对人类罪恶及不服从的指控，但这样的宣说被圣父和圣灵驳回，因为："天后，这样的回答并不充分；你还要说明其他理由。法律规定每个人都按照罪行受罚。"（第2130—2134行）对圣父和圣灵来说，问题是确立罪名并处以相应的惩罚。与前两者相反，圣子总是富有同情，尤其是在看到玛利亚"痛苦"（angoisse）的时候（第2060行）。作者赋予圣父、圣子、圣灵不同的角色因此对应了整个文本的主题，即正义、衡平、严苛的三位一体。人类经由圣子而得以理解上帝。② 三位一体这个神学命题同样成为法律教育的工具，触发对法律与衡平的辩证思考。而当魔鬼发现他的理性论点并不成功以后，突然变得丧失理性，开始声嘶力竭地抗议。于是我们见到魔鬼绝望地反对对其不利的判决："魔鬼充满懊恼，愤怒至极，抗议和咒骂起来。"（第2249—2250行）

综上可见，相比拉丁语底本，古法语韵文体《圣母的辩护》没有设定明确的情感标准。法庭上律师的愤怒不受约束，而悲伤的泪水甚至是帮助玛利亚赢得诉讼的关键。那么，为什么成文年代较晚的《圣母的辩护》采用的是这样的情感模式？

解答这个问题也许需要放到俗语文学的传统来考虑。在古法语武功歌和传奇中，不乏激烈的诉讼的场景。《列那狐传奇》（Le Roman de Renart）审判列那狐的情节中，众多受列那诡计陷害的动物也往往陷于群情激愤的状态，对列那的谩骂不绝于耳。③ 斯梅尔（D. L. Smail）的研究表明，即使在12、13世纪，司

---

① 根据教会法，女性及聋哑人、精神失常者、未成年人、奴隶及声名狼藉者均无法做律师。详见 Tancred，*Ordo iudiciarius*，in *Pillii*，*Tancredi*，*Gratiae Libri de iudiciorum ordine*，ed. by F. Bergmann，Gottingen：Vandenhoeck et Ruprecht，1842，p. 113。

② 在中世纪神学观念中，圣子以其肉身，为人类理解上帝提供了机会和媒介。参见 C. Spicq，*Esquisse d'une histoire de l'exégèse latine au Moyen Age*，Paris：Vrin，1944，p. 19。

③ 可参见故事分支《审判列那狐》中的法庭辩论情节：A. Strubel et al. eds.，*Le Roman de Renart*，Paris：Gallimard，1998，pp. 3 – 43.

法的专业化让越来越多的人开始与法庭打交道，他们选择诉讼的动机，往往仍旧带有复仇的成分。① 法学观念在古法语世界的早期传播特点也许也是另一个原因。在 13 世纪，众多拉丁语法律文献（包括《国法大全》［Corpus iuris civilis］，主要的几部教令集，以及注释法学家的作品）均出现了古法语译本。古法语译者通常都会根据世俗司法实践的具体情况选择翻译尺度，省略一些无用的概念，或者用既有的法语词汇对拉丁语词汇作不那么精确地对应。也有译者采用像《圣母的辩护》这样的韵文体，翻译《优士丁尼法典》。② 以上这些因素共同表明，《圣母的辩护》法庭情感表达丰富的特点，既可能是因为文学传统的约束，也可能是因为作者在改写过程中有意刻画一个更为真实的法庭，从而更好地实现文本的教育意义。

三 "贝利亚的诉讼"：情感的辩证思考

对比并解释了"撒旦对人类的诉讼"的拉丁语和俗语文本在情感标准上的差异之后，我们转而考察"贝利亚的诉讼"所反映的情感标准。就在"撒旦对人类的诉讼"流传半个多世纪后，特拉莫的雅克的文本对法庭情感作了更深入地思考。在"贝利亚诉讼"中，魔鬼变成了成熟而自信的雄辩律师，"此辩护人谈吐自信，大声而清楚"③。贝利亚是骄傲的辩护师，对法条也了如指掌。不过，与此前的魔鬼不同，贝利亚十分善于掌控情感，其行为姿态可谓完美地体现了字面的法庭情感规范。相比之下，他的对手摩西则更为情感化，易于陷入愤怒，语言也要激烈得多。贝利亚的诉讼和《玛利亚与魔鬼的诉讼》以及韵文形

式的《圣母的辩护》最显著差异在于，贝利亚文本充满了法学和神学引用，并在情节中插入了众多书写规范的诉状，因此基本不适合公共演出，内容也没有《圣母的辩护》那么激动人心。神学和法律推理构成了其大部分内容。根据芬奇的统计，"贝利亚的诉讼"共出现了 844 处引用，其中教会法引用 381 处，罗马法引用 69 处，法学学说引用 12 处。④ 这些引用反映了贝利亚的诉讼文本的教育功能。它的法语译本较为忠于原文，细节没有多少改变。因此，我们将用法语译本概括贝利亚和摩西的情感模式，寻找作者对法庭中不同情感的态度。

首先，贝利亚在诉讼中十分注意控制情感，以法律推理伪装自己的恶意。这被摩西和所罗门看成恶语中伤。在诉讼最开始，贝利亚请求法官拒绝摩西出庭为耶稣辩护。在颇为耐心地听了摩西为自己的辩护后，贝利亚发起了一连串言语攻击："哦，摩西，你是那么伟大的法学家；你被骗了……错了……真相被弹压了……"他的推理最终得出的结论是，摩西是杀人罪犯，因此没有做辩护人的资质。⑤ 贝利亚这段话的直接效果是令摩西大为震惊，不知如何回应："说了这番话，摩西似乎震惊了，默不作声。"⑥ 见状，所罗门履行了法官的职责，即安抚诉讼双方："见到双方中伤话语增多，便想利用法官职权，让他们平静下来。"⑦ 贝利亚攻击性的言语被认为是在干扰法官，需要受到约束。

在其他大多数片段中，贝利亚也总是急于使用字面的法律论点支持地狱对人类灵魂的"权利"，而摩西犀利地点破了他的不耐烦："我求你耐心听我讲。"贝利亚思忖着嘲弄摩

① 参见 D. L. Smail, *The Consumption of Justice: Emotions, Publicity, and Legal Culture in Marseille, 1264 – 1423*, Ithaca: Cornell University Press, 2003。

② C. – H. Lavigne, "Literalness and Legal Translation: Myth and False Premises", in *Charting the Future of Translation History*, ed. by G. L. Bastin et al., Ottawa: University of Ottawa Press, 2006, pp. 145 – 162.

③ *Procès de Belial à l'encontre de Jhésus*, fol. 6 v°.

④ F. Mastroberti et al., *Il Liber Belial e il processo romano – canonico in Europa tra XV et XVI secolo*, p. 62.

⑤ *Procès de Belial à l'encontre de Jhésus*, fol. 11 r°.

⑥ *Procès de Belial à l'encontre de Jhésus*, fol. 12 r°.

⑦ *Procès de Belial à l'encontre de Jhésus*, fol. 12 r°.

西，说道："大人您说，您的仆人在听候吩咐。"① 贝利亚的回应体现了他伪装的谦逊，自称"仆人"尤其令人感到讽刺。而他的虚伪又出自其骄傲，是骄傲让他对自己的论点如此自信。事实上，贝利亚是一个不仅懂法律而且面对上帝毫无惧色（sans paour）② 的魔鬼。他也用谦逊（当然是伪装的）乞求所罗门撤回不利于地狱的判决："贝利亚跪倒在地，双手合十，泪如雨下，乞求所罗门改判。"③ 这里，他伪装的情感与肢体语言的关系值得一提。原文中"les mains ioinctes"（双手合十）是封建效忠宣誓的姿态。这个表述表示贝利亚（伪装的）对法官所罗门的服从。这里它不过是赢取法官怜悯的策略，而如果所罗门不收回成命，贝利亚早已做好上诉的准备。贝利亚虚伪的情感和态度指向了作者所批判的主题，即律师的谄媚（flatterie）。摩西在读了贝利亚的诉状后即这样指责："摩西谦逊地行了礼，说道：贝利亚善于欺骗，言辞虚假而谄媚，口蜜腹剑，你的口和你的舌就如熊熊烈火。"④ 在上诉中作者也提及贝利亚的谄媚："他请求大卫，用甜言蜜语极尽谄媚……"⑤ 受骄傲驱使、毫无畏惧的律师贝利亚伪装出谦逊和悲惨的外表，从而影响判决。他只有在见到不利判决后，才展现出一定的情感激动。表示抗议的情感表达是喊叫："如绝望般叫喊起来……"⑥

喊叫也是开启上诉的仪式的一环。在得知所罗门的判决后，"贝利亚开始高声喊叫，面红耳赤如绝望的狮子一般……"⑦，这里的描述十分生动，尤其是"绝望的狮子"的比喻。即便是情感表达在司法仪式中不断式微的中世纪晚期，这里的描述也许在日常司法实践中还能见到。但反复出现的喊叫（cri）也可能暗示叛乱者的喊叫，因此也就是一种反叛的姿态。⑧

以所罗门好色为由，⑨ 贝利亚决定上诉。他宣称所罗门的"血与肉"导致他做了错误判决："你并不想也并没能隐藏你的意图，因为你是为了你的血才下的这判决，而现在我明白你是被血与肉引入了歧途。"⑩

这一指控直指法官所罗门的道德，其粗俗程度完全违背了法庭礼节，因此所罗门回应："你恶言恶语，错误而无理由地诽谤诋毁我们。不过，既然你觉得自己受了害，你可以上诉宗主法庭。"⑪

随即在第二天，"贝利亚写下上诉文书，带一名书记员和若干证人到所罗门处，并将文书丢在所罗门面前"。这着实是令人印象深刻的举动——和上面的"喊叫"一道，这两个情感化的行为也许代表着"判决证伪"（faussement de jugement）仪式的残留影响。⑫

抗议的喊叫和"丢"（gecter）的动作构成了发起上诉所需的情感化行为。由于整体上贝利亚的诉讼十分理性化、文书化，这种细节

---

① *Procès de Belial à l'encontre de Jhésus*, fol. 26 r°.

② *Procès de Belial à l'encontre de Jhésus*, fol. 66 r°.

③ *Procès de Belial à l'encontre de Jhésus*, fol. 34 v°.

④ *Procès de Belial à l'encontre de Jhésus*, fol. 13 v°.

⑤ *Procès de Belial à l'encontre de Jhésus*, fol. 80 v°.

⑥ *Procès de Belial à l'encontre de Jhésus*, fol. 15 r°.

⑦ *Procès de Belial à l'encontre de Jhésus*, fol. 63 v°.

⑧ "喊叫"的社会及法律内涵，参见 D. Lett & N. Offenstadt eds., *Haro! Noël! Oyé! Pratiques du cri au Moyen Âge*, Paris: Publications de la Sorbonne, 2003; J. Dumolyn, "'Criers and Shouters'. The Discourse on Radical Urban Rebels in Late Medieval Flanders", *Journal of Social History*, Vol. 42 (2008), pp. 111 - 135。

⑨ 参照《列王纪上》（I Regum）11: 1 - 5。

⑩ *Procès de Belial à l'encontre de Jhésus*, fol. 64 r°.

⑪ *Procès de Belial à l'encontre de Jhésus*, fol. 64 r°.

⑫ 在上诉制度在西欧完全确立以前，对判决不满的一方往往以法官"虚假判决"为由，通过判决证伪的程序对法官发起决斗。随着法律制度的发展，这种暴力的救济手段受到禁止并退出了历史舞台。但在中世纪的司法实践中，原有的若干仪式性的元素仍旧被新式的罗马—教会法程序所继承。通常，丢手套是提出决斗的举动。这里的丢文书不正是司法决斗和判决证伪的残余？现代法语中"上诉"的说法依然保留着"丢"的动作：interjeter appel。

也许是情感和仪式表达在当时法学家中少有的残余，而且颇为负面地与贝利亚联系在一起。不过，贝利亚究竟是否真的感到"绝望"是难以解答的问题。他也许只是根据法庭的习惯用这些姿态表明自己受到了不公平对待，而且他也定然预期自己的剧烈反应是有效的。从这个意义上讲，作者对这些表演性质的姿态持批判态度，认为法官不应该受这些举动所欺骗。

与贝利亚虚伪的情感控制成鲜明对比的，是更为情感化，更为激动的摩西。摩西为人单纯而诚实，但从辩论中可以看出他也接受了相当程度的法律训练。作者以他为诚实的情感的代表。与骄傲的魔鬼律师不同，摩西是模范律师，他的情感模式揭示了律师的伦理准则。让我们吃惊的是，在贝利亚文本中，更容易展现愤怒的是摩西，而摩西的反驳有时候完全算得上是谩骂。不过，摩西的愤怒出于他的谦逊，这一点作者从诉讼开始就点明了。法官是上帝的代表，受任于上帝而行审判之神圣权力。摩西正是通过其对法官的谦逊，从而提出符合真理的论点。他的愤怒正是模仿上帝之怒，是"真理之怒"。

有多处场景摩西以"谩骂式"的语言展露自己的愤怒。一度，贝利亚根据《圣经》主张上帝此前对人类所有权问题的判决无效，并要求摩西提出那次审判的法庭记录作为证据。摩西对此大为恼怒。也正在此时，贝利亚利用了摩西的谩骂："哦，摩西，请你冷静，想说什么便说，但在法官面前，不要有谩骂言语，因为我已准备好洗耳恭听。"① 贝利亚试图将摩西的反应定义为缺乏耐心以及恶言恶语，从而在法官面前贬低摩西的品格和职业素养。但摩西在驳斥贝利亚时似乎还是我行我素，至少有以下两处愤怒的谩骂："你这寡廉鲜耻、居心叵测的恶徒！"② "哦！贝利亚，你

的话太疯狂太莽撞，你竟敢大口朝天，毫无顾忌地批评上帝不可言说的成就！"③

贝利亚反复利用权威文本的字面意思为自己辩护，不断要求摩西提供确凿的证据。对此，摩西经常愤怒得难以自控，用并不应该出自富有经验、训练有素的辩护师之口的语言谴责贝利亚。不过，对于作者来说，摩西的愤怒只是在回应贝利亚的疯狂言语。④ 摩西指出贝利亚执着于文字的表面因而扭曲了真理之路，以此捍卫了上帝不可言说的杰作。"哦！贝利亚，你受自己的花言巧语扰动太深了。"⑤ 在前面我们已经见过类似的表述。这句话中的"扰动"（esmeus）一词与"言语"（parole）同时使用值得注意。古法语中，"estres esmus"的表述出现于 13 世纪，在 14 世纪时更多是表示一种涉及"一人及其内心"的状态。⑥ 如果说人可以被言语所"扰动"，那么也就是说语言进入了人的内在。而就贝利亚而言，其骄傲的语言构成了他丧失理智的原因。

根据上述讨论，我们在"贝利亚的诉讼"中发现了与"撒旦的诉讼"不同的情感模式和情感标准。"贝利亚的诉讼"是书面文书的世界，两位辩护人的表演空间十分有限。作者突出了贝利亚虚假的情感和姿态，而摩西虽然看似没有贝利亚那么出色，却表达了正当的、诚实的愤怒。可以说，"贝利亚的诉讼"反映了其作者对于法庭情感的更为复杂的认识。作者告诫法官，不要被邪恶的完美表象所欺骗；即使某一方律师有过激的言行，他也可能是出于正义的愤怒。作者因此倡导对法庭情感的辩证思考，摒弃了片面的情感标准。作者之所以作这样的安排，也许是因为罗马—教会法程序的普及引发了很多新问题，要求更为复杂的解决方案；又也许是因为律师影响法官判断的技

① *Procès de Belial à l'encontre de Jhésus*, fol. 28 r°.
② *Procès de Belial à l'encontre de Jhésus*, fol. 30 v°.
③ *Procès de Belial à l'encontre de Jhésus*, fol. 36 v°.
④ *Procès de Belial à l'encontre de Jhésus*, fol. 48 v°.
⑤ *Procès de Belial à l'encontre de Jhésus*, fol. 49 v°.
⑥ A. Corbin et al. eds., *Histoire des émotions*, Vol. 1, p. 129.

巧在 14 世纪末和 15 世纪越发多样。① 而作者的这种辩证，其目的依然没有脱离此前"撒旦的诉讼"文本的主题：严苛地遵循法律条文本身的"法条主义"是魔鬼的行为，无助于法官做出合乎真理的判决；法官在探寻司法真相的过程中，需要时刻牢记"正义、衡平、严苛"的三位一体，从而实现神学伦理与法理情理的协调。

四 "撒旦的诉讼"文本与世俗法庭情感标准的关联性

通过前面的对比我们发现，在拉丁语文本"玛利亚与魔鬼的诉讼"中，作者强调律师应当具备"温柔"的举止和品格，避免愤怒。但其法语改编译本也许延续了中世纪俗语文学法庭描述的传统，"愤怒"在其中是玛利亚和魔鬼共同使用的情感。在成文更晚、程序更复杂的"贝利亚的诉讼"中，作者则提醒法官注意更大的威胁（即伪装的谦逊），不要片面地将愤怒视为邪恶，因为魔鬼可能比诚实的好人更擅长伪装和控制情感。不同时期的"撒旦的诉讼"文本反映了法庭情感标准从简单到复杂的演变。我们进一步需要思考的问题是，以控制律师愤怒言行为主轴的法庭情感标准如何影响世俗司法？以下我们以中世纪晚期法国的发展为例证。

首先，纪尧姆·迪朗（Guillaume Durand，约 1230—1296 年）的《司法之鉴》（*Speculum iudiciale*）翔实地讨论了律师的得体行为方式。《司法之鉴》被誉为是中世纪教会法程序的百

科全书，其相关讨论对后世法学家而言颇具权威性和影响力。从律师同时是骑士（milites）和教士（sacerdotes）的论点出发，纪尧姆·迪朗认为律师的外表着装应该反映他们的身份、能力和精神状态。② 他细致地讨论了律师应该如何与其职业活动中不同类型的对象接触，如客户、法官等等。纪尧姆·迪朗提出了一个关键的论点，即律师是法官的奴仆（servus），其本职在于帮助法官发现案件的真相。正因为如此，迪朗尤其看重律师的美德，认为律师多言的口舌应该受到约束，而谦卑的美德就如明亮的光线，帮助他们找出真相。律师的言辞应该是"温柔的"（dulcis，对比《圣母的诉讼》对玛利亚的描述），而且"激情和愤怒不属于平实语言"③。发怒的人容易犯下罪恶，进而影响真相认知，因为司法真相的发现需要法庭中原告（actor），被告（reus）和法官（iudex）的合作。迪朗援引了格拉提安《教令集》中若干教令（尤其是 C.2，q.3，c.5 及 C.8，q.2，c.8）论证愤怒对律师的损害，同时又引述了《加图曰》（Dicta Catonis）中的两节类似格言的拉丁语韵文："愤怒妨碍神识，让人无法洞察真相。"④ 语言和情感的控制因此反映出律师的尊严及心智成熟程度。反对愤怒、推崇谦逊和温柔的主题与"撒旦的诉讼"所反映的教导基本一致。

成文于 1330 年左右（也就是比"撒旦对人类的诉讼"晚了几年）纪尧姆·迪布勒伊（Guillaume du Breuil，约 1280—约 1344）所作《巴黎高等法院法庭程序惯例》（*Stilus curie parlamenti*）延续了教会法法律伦理的教导，

---

① 例见菲利普·德·梅齐埃尔《老朝圣者之梦》第 88—91 章对律师诡计的讨论，Philippe de Mézières, *Songe du Vieux Pélerin*, Paris：Pocket, 2008, pp. 384 – 396。

② G. Durand, *Speculum iudiciale*, Lyons：Jacques Giunta, 1539, Pars prima, fol. 196 rº。

③ G. Durand, *Speculum iudiciale*, Pars prima, fol. 200 rº。所谓"平实语言"（Sermo humilis）是早期基督教教会所推崇的一种朴素的拉丁语风格，旨在让宗教在民众中迅速传播。这里，要求律师使用"平实语言"，反映的是中世纪法律伦理的一个重要观念，即法官是"正义的教士"（prêtres de la justice），而律师则是其"助祭"（diacre）。参见 J. Krynen, "De la représentation à la dépossession du roi：les parlementaires 'prêtres de la justice'", *Mélanges de l'École française de Rome. Moyen – Age*, Vol. 114 （2002），pp. 95 – 119。教会法的律师规范对于世俗司法也有深远影响，参见 H. Vidal, "L'avocat dans les décisions conciliaires et synodales en France（XIIᵉ – XIIIᵉ siècles）", *Revue de la Société internationale de l'histoire de la profession d'avocat*, Vol. 3 （1991），pp. 1 – 21。

④ G. Durand, *Speculum iudiciale*, Pars prima, fol. 200 rº：Impedit ira animum, ne possis cernere verum。原文见 Dionysius Cato, *Dicta Catonis*, Cambridge：Harvard University Press, 1934, pp. 604 – 605。

体现了世俗法庭对后者的借鉴吸收。对于我们而言，最为醒目的是有关律师得体情感的表述，写在《程序惯例》的最开端：

> 作为律师，你应该有成熟的举止和仪态，神情愉悦而有节制；根据你的地位，你应该谦逊有礼，但也要保持你的地位所应有的威严。你应该控制感情，远离愤怒。若是对方用恶语激你，你应该告诉对方，不要说无用的话添你的负担，并让他们注意与你讲话的地点与时间。[1]

在马克·富马罗利（Marc Fumaroli）看来，《程序惯例》的这个段落代表着法国司法演说术的起源，也是未来三个世纪内高等法院律师最根本的行为准则。[2] 迪布勒伊简短的开篇暗示了若干个应该限制愤怒的理由。首先，律师应该拥有"成熟的举止和仪态，神情愉悦而有节制"。他的谦逊和礼貌意味着他应该避免任何暴力的、反叛的行为。他应该时刻牢记他在法官面前的地位。这个段落因此与我们上文所述纪尧姆·迪朗的文本内容相仿。而这个段落在大约半个世纪后，以法语的形式出现在了阿布莱热的雅克（Jacques d'Ableiges，约 1350—1402）的《法兰西大习惯法书》（Le grand coutumier de France）第三卷：

> 律师应举止有礼有节，神情愉悦、带笑而且节制；应该谦逊而人道，但同时要保持自身地位应有的威严，约束其内心的运动和热度，不让它受愤怒扰动——即使对方用不和谐或者不理性的话去扰动、刺激它。[3]

中古法语的版本虽然在翻译上有意选择了符合法语读者习惯的用语，但整体含义与拉丁语版本大同小异。律师应当节制情感，谦卑有礼，善于抵制对方恶言恶语的干扰。经由纪尧姆·迪郎和纪尧姆·迪布勒伊的程序法论著，律师情感规范最终走入了习惯法领域。

教会法所推崇的法庭情感标准以及"撒旦的诉讼"所反映的律师伦理，在 13 世纪末以降的世俗立法中也有间接的体现。腓力三世（Philippe Ⅲ le Hardi，1270—1285 年在位）的 1274 年 10 月 23 日法令是法国历史上第一部规范律师行为的法令。它规定律师只应当受理正义案件（juste cause），而不能违背良心辩护[4]——正所谓"律师是诉讼双方的第一位法官"。[5] 1291 年 11 月腓力四世（Philippe Ⅳ le Bel，1285—1314 年在位）禁止辱骂言论、恶意拖延，以及作违背真相的陈述。[6] 1318 年 11 月 17 日法令则规定，巴黎高等法院法官不应受律师恶语中伤；法官代表国王的人身，其荣誉不应受到损害。[7] 1345 年 3 月 11 日法令重新核准了上述各项规定，此后，在 1364 年、1454 年、1507 年、1528 年和 1535 年，法国

---

① G. du Breuil, *Stilus curie parlamenti*, Paris：A. Picard et Fils, 1909, p. 2：Habeas, advocatus modum et gestum maturos cum vultu leto moderate；sis humilis et curialis secundum statum tuum, retenta tamen auctoritate status tui, refrenans motum animi sui ab ira. Cum partes tediabunt te prenimio eloquio vel alias, instrue partes ne te onerent supervacuis et quod inspiciant locum et tempus loqundi tibi.

② M. Fumaroli, *L'Age de l'éloquence：Rhétorique et "res literaria" de la Renaissance au seuil de l'époque classique*, Geneva：Droz, 2002, p. 437.

③ J. d'Ableiges, *Le grand coutumier de France：et instruction de practique, et manière de procéder et practiquer ès souveraines cours de Parlement, prévosté et viconté de Paris et autres jurisdictions du royaulme de France*, Paris：Durand et Pédone, 1868, p. 399：Advocat doibt avoir port et manière, viaire lie, riant et attrempé, estre humble et humain, toutesfois en gardant l'auctorité de son estat, refraindre le mouvement et challeur de son couraige, qu'il ne s'esmeue à ire, mesmement quand les parties l'esmeuvent et eschauffent par discordantes ou desraisonnables parolles. . .

④ E. de Laurière, et al. eds., *Ordonnances des roys de France de la troisième race*, Paris：Imprimerie royale, 1723, t. 1, pp. 300 – 301.

⑤ J. Krynen, "La déontologie ancienne de l'avocat（France：XIIIe – XVIIe siècle）", in *Le Droit saisi par la Morale*, ed. by J. Krynen, Toulouse：Presses de l'Université des sciences sociales de Toulouse, 2005, pp. 342 – 346.

⑥ E. de Laurière, et al. eds., *Ordonnances des roys de France de la troisième race*, t. 1, p. 322.

⑦ E. de Laurière, et al. eds., *Ordonnances des roys de France de la troisième race*, t. 1, p. 676.

国王均重复了此前的法令，规范律师行业的纪律。这些法令虽然没有明确提出情感上的规范，但已经间接通过规范律师言行控制法庭的情感表达。

不过，律师的情感自控，作为律师的必备素质之一，在另一些非官方文献中有十分明确的表述。在中世纪晚期和旧制度法国的律师行业中，曾盛行过一些增强职业道德意识的仪式。这些仪式依然与教会法学家的教导一脉相承。其中最能反映历代律师伦理规范演进的，是巴黎高等法院的周三演说（mercuriale）。自 16 世纪起，周三演说就常常要求律师"真实、简短、精致地陈述"（ut vere, breviter et ornate dicant）。律师应当为真相而非诉讼本身服务；应当在辩护时不带任何激情，不采取任何立场。① 通过恶语中伤的行为，律师实际上也就是在支持"诉讼双方的情感与激情"——这也就违背了律师的首要职责，即阐明与诉讼有关的法律与真相。② 而在 17 世纪，一代法学大家让·多玛（Jean Domat，1625—1696年）仍在重复源自中世纪的教导："律师应当不带激情地代表诉讼双方。"③

四　结论

在中世纪，律师首先在 12 世纪的教会法庭重新开展活动，13 世纪又出现在西欧各国的世俗法庭。罗马—教会法推崇理性的书面程序，因此需要有律师协助诉讼双方。罗马—教会法程序的诞生意味着法律实践的形式化，④但这些程序规则和日常法律问题往往并不协调，所以这种"理性化"必然面临多样的问题，尤其是来自既有法律心态和司法习惯的抵制。

情感是中世纪法庭中的传统组成部分，但从 13 世纪以来日益受到规制。针对情感的不同态度成为新旧司法观念的标识物。在法律革命以前，诉讼是一场充满各种情感的公共演出，也是宣泄愤怒、实施复仇的手段。在法律革命之后，诉讼围绕真相展开，律师则是帮助法官发现真相的工具。因此，中世纪的程序法作者建议律师控制言行和情感。

通过分析法庭辩论的细节刻画，我们发现"撒旦对人类的诉讼"和"贝利亚的诉讼"这两组文本反映了针对愤怒而言的法庭情感标准变迁。虽然《撒旦对人类的诉讼》的拉丁语版本将愤怒与魔鬼的平面化形象合二为一，但其法语改编本《圣母的辩护》没有谴责愤怒，而是如此前的俗语文学一样将愤怒视作法庭正常的情感表达。半个多世纪以后的"贝利亚的诉讼"文本则描述了一位成熟自信、善于伪装情感、面对上帝与真相毫无畏惧的魔鬼律师。针对诉讼技术的最高级伪装，作者警告法官不要因为律师的谄媚而做出错误判决，是为情感标准的辩证思考。

芭芭拉·罗森魏恩（Barbara H. Rosenwein）在《中世纪早期的情感共同体》（Emotional Communities in the Early Middle Ages）序言中写道，"我假定'情感共同体'的存在：它指的是这样一个群体，其中的人们遵循相同情感表达规范，认同或者不认同相同或者相关的情感"⑤。"撒旦的诉讼"系列文本所反映的情感标准变迁因此也是中世纪"律师情感共同体"逐步形成的标志。而情感标准的明确化和复杂化，也折射出中世纪观念世界对律师角色和功能的反思在实践中不断深化的过程。

（原载《古代文明》2021 年第 2 期）

---

① R. Delachenal, *Histoire des avocats au Parlement de Paris, 1300 – 1600*, Paris：Plon, 1885, p. 96.

② J. Krynen, *L'État de justice（France, XIIIe – XXe siècle）, I：L'idéologie de la magistrature ancienne*, Paris：Gallimard, p. 124.

③ J. Domat, *Les loix civiles dans leur ordre naturel；Le droit public, et legum delectus*, Paris：Nyon aîné, 1777, t. 2, p. 387.

④ H. Kantorowicz, *The Definition of Law*, Cambridge：Cambridge University Press, 1958, pp. 30 – 32.

⑤ B. H. Rosenwein, *Emotional Communities in the Early Middle Ages*, Ithaca, N. Y：Cornell University Press, 2006.

"地中海共同体"

——古代文明交流研究的一种新范式

李永斌[*]

摘 要：关于古代文明交流互鉴的研究，尤其是古风时代的相关研究，经历了"比较研究—地中海共同体—网络理论"的范式转变。其中，"地中海共同体"或许是可资借鉴的最佳理论范式。在不同的历史学家笔下，"地中海共同体"所呈现的一般特点有：基于商贸活动而进行的文明交流，因联系而形成的"区域"，统一性与独特性紧密联系，独特的生态环境所决定的高水平的经济和文化联系。其中，基于商贸活动而进行的文明交流是公元前8世纪—前6世纪"地中海共同体"的基本特征。将"地中海共同体"作为古代文明交流互鉴研究的一种范式，还需要注意考察不同的时空范围、不同的社会结构、各文明的独立性与差异性等问题。

关键词：地中海共同体 比较研究 网络理论 文明交流互鉴

近年来，海洋史研究和文明交流互鉴研究成为中国学术研究的热点问题。2018年度中国历史学研究十大热点就包括"海洋史研究的新拓展与新特征"；2019年5月，以"亚洲文明交流互鉴与命运共同体"为主题的亚洲文明对话大会在北京召开。在这两个学术热点的基础上，还存在着不少可以进一步深入挖掘的研究领域。在海洋史研究的新拓展中，地中海史成为一个新的学术热点，但是对于古代地中海史，大多数人还了解不多，学术界也缺少相应的讨论。在文明交流互鉴的研究热潮中，学术界主要关注的还是丝绸之路东段的文明交流，对于前丝绸之路时期亚欧大陆西段的文明交流的关注还不多，相应时期地中海的文明交流研究则更少。本文尝试将地中海史研究与文明交流互鉴研究结合起来，考察作为古代文明交流研究新范式的"地中海共同体"的一些相关问题。

一 古代文明交流研究的范式转变

经历了晚期青铜时代文明的普遍崩溃[①]以后，公元前10世纪—前8世纪，地中海地区的几个主要文明区域又逐渐恢复了生机，各文明之间的交流互鉴也变得日益频繁起来。20世纪以来，学术界对这一时期地中海地区文明交流的研究兴趣日增。通过对相关学术史的梳理，我们可以看到，相关的研究大致经历了"比较研究—地中海共同体—网络理论"的范式转变。

比较研究是第一种范式，也是传统的研究范式。由于希腊地区在古典时代的发展及对后世的影响都比较突出，所以学者们的研究往往是以希腊为中心，尤其是希腊与近东地区的比较。20世纪30年代，就有学者关注到希腊与近东地区神话和文学作品中的相似性。[②] 到了

---

* 李永斌，首都师范大学副教授。

① 关于晚期青铜时代的崩溃，详见 Nancy H. Demand, "The Late Bronze Age Collapse and its Aftermath", *The Mediterranean Context of Early Greek History*, Wiley – Blackwell, 2011, pp. 193 – 219。

② 详见［德］瓦尔特·伯克特：《希腊文化的东方语境：巴比伦·孟菲斯·波斯波利斯》，唐卉译，社会科学文献出版社2015年版，第3页。

20世纪60年代，随着线形文字B的破译，比较研究的领域进一步拓宽。① 集大成者是瑞士苏黎世大学德国籍古典学家瓦尔特·伯克特，他于1984年在《海德堡科学院会刊》发表了德文著作《希腊宗教与文学中的东方化时期》。② 他以翔实的史料为基础对诸多具体文化事项进行了细致的考证和比较研究，如迁移的工匠、东方传往西方的巫术和医学、阿卡德文学和早期希腊文学的关系等。1996年，伯克特在意大利威尼斯的卡·弗斯卡里大学举办了四场关于早期东方与希腊相互影响的主题讲座，随后结集成书，迅速被翻译为法文、西班牙文、德文、英文和中文。他在该书中对《荷马史诗》的东方化特征、东方智慧文学和创世神话、俄耳甫斯与埃及等问题进行了深入细致的比较研究。比较研究领域中另一位成就卓著但也备受争议的是美国康奈尔大学的马丁·伯纳尔。1987年，马丁·伯纳尔出版《黑色雅典娜：古典文明的东方之根》第1卷，随后20年间，又相继出版了第2卷和第3卷。③ 尽管伯纳尔的激进观点引起了学术界的激烈争论，但是也激发了学界对早期希腊文明与东方文明比较研究的热情。④

第二种研究范式可概括为"地中海共同体"。早在1949年，费尔南·布罗代尔就在《地中海与菲利普二世时期的地中海世界》⑤这部名著中在一定程度上将16世纪后半期的地中海世界作为一个整体加以考察，实际上就已经隐含了"地中海共同体"的观念。他的这种研究方法也逐渐为古代史学者接受和借鉴。明确提出"地中海共同体"（Mediterranean Koine）⑥这一概念的是德国学者斯波尔德和斯登伯格，他们在1993年的一篇论文《阿莫斯与赫西俄德：比较研究的几个方面》中提出了这个概念。⑦ 美国布朗大学的德国籍学者科特·拉夫劳伯于1998年在芬兰举行的"亚述的遗产"学术研讨会上再次提出这个概念。⑧ 尽管他们都没有深入论述这一概念的内涵和外延，但是都有一个基本的观点，即认为古风时代的地中海世界是一个文化上相互交汇的共同体。当然，在正式提出"地中海共同体"概念之前，已有不少学者有了类似的研究和阐释。1987年，美国斯坦福大学古典学教授杨·莫里斯认为，希腊社会在公元前8世纪中期开始发生了结构性转变，这种转变来源于地中海共同体中早期文明发展的过程，在一个较大范围内，人们的观念也开始发生转变，关于神灵、过去、空间组织，都有了相应的新

① Michael C. Astour, *Hellenosemitica: An Ethnic and Cultural Study in West Semitic Impact on Mycenaean Greece*, Brill, 1967.

② Walter Burkter, "Die orientalisierende Epoche in der griechischen Religion und Literatur", *Sitzungsberichte der Heidelberger Akademie der Wissenschaften*, *Philosophisch – historische*, H. 1, 1984.

③ Martin Bernal, *Black Athena: Afro – Asiatic Roots of Classical Civilization*, Vol. I. *The Fabrication of Ancient Greece*, *1785 – 1985*, Vol. II. *The Archaeological and Documentary Evidence*, Vol. III. *The Linguistic Evidence*, New Brunswick: Rutgers University Press, 1987 – 2006.

④ 相关的主要作品有 M. L. West, *The East Face of Helikon: West Asiatic Elements in Greek Poetry and Myth*, Oxford: Oxford University Press, 1997; Carolina López – Ruiz, *When the Gods Were Born: Greek Cosmogonies and the Near East*, Cambridge, Mass.: Harvard University Press, 2010 等。

⑤ 费尔南·布罗代尔：《地中海与菲利普二世时期的地中海世界》，唐家龙、曾培耿、吴模信译，商务印书馆2013年版。

⑥ Koine 一词出自古希腊语，基本意思是"共同的""一般的"，很多时候专指以阿提卡方言为基础的"共同希腊语"。在一些关于古代文明的论述中，Koine 一词也用于指称某种"共同体"。本文所论述的"地中海共同体"，借鉴了社会学领域"共同体"一词的基本含义，即"基于人的本质意志、建立在地缘基础上的传统地域社会"。参见尹广文《共同体理论的语义谱系学研究》，《学术界》2019年第8期。

⑦ K. Seybold, and J. von Ungern – Sternberg, "Amos und Hesiod. Aspekte eines vergleichs", in *Anfänge politischen Denkins in der Antike: Die nahöstlichen Kulturen und die Griechen*, edited by K. A. Raaflaub and E. Müller – Luckner, Roldenbourg, 1993, S. 215 – 239.

⑧ Kurt A. Raaflaub, "Influence, Adaptation, and Interaction: Near Eastern and Early Greek Political Thought", in S. Aro, and R. M. Whiting, eds., *Heirs of Assyria: Proceedings of the Opening Symposium of the Assyrian and Babylonian Intellectual Heritage Project held in Tvärminne*, *Finland*, *October 8 – 11*, *1998*, Neo – Assyrian Text Corpus Project, 2000, pp. 51 – 64.

观念。① 加州大学洛杉矶分校古典考古学家萨拉·莫里斯在 1992 年出版的《代达洛斯与希腊艺术的起源》中提出，从青铜时代直至古风时代，东部地中海世界都是一个文化"共同体"，其内部的相互联系、相互影响是常态，而希腊也是这文化"共同体"的一部分。② 不过，上述学者并没有对"地中海共同体"这一概念的相关内涵进行明确地界定。除了斯波尔德、斯登伯格和拉夫劳伯等少数几位学者，其他学者谈及这一问题时，通常是说"一个关于地中海的共同体"（a community of Mediterranean），并不认为这个共同体是一个特定的实体存在，只不过是借用"共同体"（community）这样一个术语来表达地中海地区从青铜时代开始就存在的密切联系和交往。

2003 年，以色列特拉维夫大学历史学家伊莱德·马尔金提出了"网络理论"这样一种新的解释模式，可以算是古代地中海地区文明交流研究的第三种范式。网络概念是后现代和后殖民理论的一个突出特征，这一概念取代了"中心—边缘"分层结构的构想，提出了一种新的地域和人类空间的视角。基于罗斯托夫采夫和亨利·皮朗将地中海视为一个"商路交织而形成的网络"的观点，马尔金借鉴网络概念进一步阐述了这一问题。他认为，公元前 11 世纪左右到公元前 4 世纪之间，在希腊大陆海岸、爱琴海、小亚细亚、普罗庞提斯以及黑海、意大利、西西里、法兰西、西班牙和北非所建立的希腊殖民地和他们的领土范围，就类似一种网络。每一个政治共同体，不管是一个城邦还是一个族群，都有自己的"微区"，这些微区的各个要素（如城镇、圣所、邻居等）之间又有各种关系。这些政治共同体，尤其是城邦，也形成一种网络。③ 他认为，古代地中海在古风时代（约公元前 8 世纪—前 5 世纪）第一次形成了"地中海文明"，这个文明主要由各个独立的政治和商业共同体组成，沿着地中海的海岸线散布。在这个由各个沿岸城市和海岛组成的海洋文明的整体网络中，希腊人、埃及人、埃特鲁里亚人和腓尼基人是主要的活跃者，这些族群所形成的各种文明之间，并没有非常严格的文化边界，整个地中海区域形成了一个文明交互的共同体。④ 值得注意的是，虽然马尔金没有明确使用"地中海共同体"这个概念，但是他所说的"文明交互的共同体"显然是受到了相关学术潮流的影响。

当然，上述三种研究范式之间并没有非常明确的分界线，本文所说的范式转变，主要还是为了研究的方便，基本以研究成果出现的时间顺序，归纳出来三种有比较明确特点的研究方法和理论。其中，比较研究当然是基础，也是基石。只有对基本的、具体的史料进行详细而深入的研究和比较，才能够在此基础上进行相关的宏观理论研究。但是，比较研究侧重于对具体材料的分析，目的在于提供证据，而材料本身并不能提供文明交流的可靠证据，并且比较研究又缺乏在较为宏观的历史背景下的解释框架，一定程度上忽视了交流中的变化和差异性。因此，比较研究在分析材料的基础上所提供的证据也未必准确。马尔金的"网络理论"实际上是"地中海共同体"观念的某种延伸，并在延伸的基础上有所反思，但是总体上来说，并没有超越"地中海共同体"这一概念所探讨的范畴。笔者认为，要从历史学的角度来探讨古代地中海世界的文明交流互鉴，"地中海共同体"或许是可资借鉴的最佳理论范式。本文力图在前人研究的基础上，进一步探讨"地中海共同体"的一般特点和基本特征，并且尝试评估作为一种古代文明交流互动研究范式的可行性和需要进一步讨论的一些问题。

① Ian Morris, *Burial and Ancient Society*: *The Rise of the Greek City – State*, Cambridge University Press, 1987, p. 171.

② Sarah Morris, *Daidalos and the Origins of Greek Art*, Princeton: University Press, 1992. 她在《荷马与"近东"》一文中也概括了希腊和东方的密切联系，见 Sarah Morris, "Homer and the Near East", in Ian Morris and Barry Powell eds. , *A New Companion to Homer*, E. J. Brill, 1997, pp. 599 – 623。

③ 伊莱德·马尔金：《网络与希腊认同的兴起》，李永斌译，《全球史评论》2015 年第 2 期。

④ Irad Malkin, *A Small Greek World*: *Network in the Ancient Mediterranean*, Oxford University Press, 2011, p. 31.

二 不同历史学家笔下的 "地中海共同体"

在专门的地中海史研究著作中，关注古风时代地中海世界的作品并不多，但是在有限的笔触中，历史学家还是为我们展现了他们笔下的"地中海共同体"，尽管有的学者并未明确使用这一概念。

英国伦敦大学皇家霍洛威学院的佩里格林·霍登和牛津大学的尼古拉斯·珀塞尔于2000年出版了地中海史的扛鼎之作《堕落之海：地中海史研究》。他们力图从微观生态的视角、从人与环境互动的角度来重构地中海的形象。尽管霍登和珀塞尔强调地中海地区存在多种多样的微观生态，但也强调地中海的连通性。地中海复杂的海岸线和数不尽的岛屿、环环相扣的低地、能够频频通行的滩涂与河流，这些地理条件使得交流的体制成为可能。他们强调不同微观生态之间的人们因便利的海上联系而发生的互动，这样就抓住了历史"区域"因联系而形成的这一根本属性。① 具体到古风时代的地中海，霍登和珀塞尔以科莫斯港和扎戈拉为例考察了地中海范围内广泛的文明互动现象。科莫斯位于克里特岛，考古学家在那里发现了克里特岛同腓尼基世界之间重要联系的证据；对当地古代涂鸦的研究表明，不同地区（包括优卑亚和中希腊）的希腊人也在公元前8世纪到达了此地。扎戈拉位于优卑亚岛附近的安德罗斯岛上，扎戈拉出土的考古证据表明，这个定居点在公元前8世纪参与了地中海地区的物资再分配体系。② 霍登和珀塞尔也关注到了希腊人的殖民活动，他们认为希腊的殖民时代（公元前8世纪—前6世纪）是地中海航海史上互动潜力最为充分的一次大爆发。通过纷繁复杂、无孔不入的海上互动与随之而来的建立殖民城邦习俗的发展，到了公元前5世纪，希腊人自己已将由希腊海外定居点构成的世界视为一个文化和社会的统一体。③ 不过，书中关于希腊殖民时代地中海的讨论并不多，仅仅是将这一时期作为历史长河中的一个小点顺便提及。因此，关于这一时期地中海世界文明交流互动的研究，还有可进一步深入研究的空间。

剑桥大学的海洋史学家大卫·阿布拉菲亚在他的名作《伟大的海》中将公元前1000—公元600年的地中海称之为他的"五个地中海"的"第二地中海"。他认为，关于公元前8世纪—前7世纪的地中海，出现了一些新的贸易网络，东方文化被传至西方，最远到了埃特鲁里亚和南西班牙。这些新贸易网的建立，并没有借助大规模的帝国扩张实现，而是由商人团体建立：希腊人有意或无意地在追寻其迈锡尼先人的足迹，将方向转向了西西里岛和意大利；埃特鲁里亚海盗和贸易者出现在刚刚兴起的城市的土地之上；更为超前的是，黎巴嫩的迦南商人，也就是希腊人熟知的腓尼基人也出现了，这一族群因为热爱贸易和追逐利润而著称。阿布拉菲亚认为，欲探寻腓尼基早期贸易帝国的踪迹，最好的途径就是在公元前800年前后进行一次环地中海航行。航行的路线是从推罗、西顿等城市出发，沿着向北的路线，经过塞浦路斯岛、罗德岛及克里特岛，而后穿过广阔无垠的伊奥尼亚海，最终到达南意大利、南撒丁岛、伊维萨岛及南西班牙。在返回推罗的旅程中，腓尼基人会沿着漫长的北非海岸前行。④ 阿布拉菲亚对这一时期地中海世界的描述，主要是基于腓尼基等族群的商贸活动而勾勒出的一幅整体图景，在这幅图景中，主要的活跃者还包括希腊人和埃特鲁里亚人。尽管阿布拉菲亚没有提供更多文明交流的细节证据，但是他却道出了古风时代"地中海共同

---

① 夏继果：《20世纪80年代中期以来的地中海史研究》，《作为一个世界史研究单元的地中海世界"学术研讨会资料集》，首都师范大学，2019年，第12页。

② 佩里格林·霍登、尼古拉斯·珀塞尔：《堕落之海：地中海史研究》，吕厚量译，中信出版社2018年版，第190页。

③ 佩里格林·霍登、尼古拉斯·珀塞尔：《堕落之海：地中海史研究》，第191页。

④ 大卫·阿布拉菲亚：《伟大的海：地中海人类史》，徐家玲等译，社会科学文献出版社2018年版，第83—86、93—94页。

体"的核心,那就是基于商贸活动而进行的文明交流。这也为我们在"地中海共同体"视野下研究文明交流及互鉴提供了一个宏观层面的指南。

美国哥伦比亚大学地中海研究中心主任威廉·哈里斯主编的《重新思考地中海》一书中,也有几位学者探讨了古代地中海世界的统一性和流通性。在《地中海与古代历史》一文中,哈里斯本人并不认同霍登和珀塞尔的理论。他指出,很多学者(包括霍登和珀塞尔)通常仅仅将"地中海"作为"希腊和罗马外加其他一些我们可能偶尔注意到的古代文明"[①]的同义词,因此,地中海的统一性就是必须讨论的一个关键问题了。同样,地中海与其他地区相较而言的独特性,以及这种所谓的独特性的意义也是必须讨论的问题。他认为,地中海的统一性问题,实际上是与其独特性问题紧密联系的。哈里斯具体探讨了"古代地中海在何种程度上是一个文化统一体"的问题。他指出,既有一种弱意义上的统一性,也有一种强意义上的统一性。所谓弱意义上的统一性,指的是在相似的气候中,依靠相似的动物和植物,人们的生存方式必然存在相似性和连续性。至少从自然条件来说,这是一个相对集中的区域,有着较为明显的自然属性的边界,这个区域的温度和湿度都相对适中,有足够的水来支持农业和城镇,并且发展水平都较为相似。所谓强意义的统一性,指的是当地经济体与更广阔的地中海紧密相连。但是哈里斯对强意义的统一性提出了一系列疑问:如果在任何特定时间居住在地中海沿岸的许多人是自给自足的渔民、牧民或农民,那么地中海在这个意义上就不是一个整体。如果说地中海区域各经济体相互之间构成了联系,那么构成联系的要素是什么? 不仅是沿海贸易、长途贸易、海盗和移民,还有许多其他形式的人类和非人类的活动,包括植物的传播和疾病的传播。[②]阿兰·布莱松在《生态学及其他:地中海范式》一文中指出,《堕落之海》所讨论的关键主题——高水平的经济和文化联系,是由地中海独特的生态环境所决定的。布莱松认为,海运在成本和速度方面具有相当的优势,尤其是在重型货物的运输方面具有特殊的优势。从这个意义上讲,人们认识到地中海可能提供了一个特殊的连通空间。这一特点适用于地中海的每一个海岸,尤其是希腊和意大利的半岛,因为它们的海岸线特别长。应当补充的是,地中海中的岛屿也为潜在的连通性提供了额外的补充。在爱琴海空间集中体现了这一特点,因为这里存在着一系列较小的岛屿,这些群岛内部的交流为整个地中海区域内的连通空间提供了样本。布莱松指出,地中海地区的流通性大大加快了历史发展的进程。在公元前一千纪,地中海地区财富的集中程度以及思想文化所达到的水平和形式,对于地球上任何其他地区的人来说,都是遥不可及的。[③]

尽管《堕落之海》《伟大的海》和《重新思考地中海》这几部著作并没有直接论及"地中海共同体",对古风时代的地中海地区的文明交流活动也着墨不多。但是讨论的核心问题实际上是一致的,即如何处理地中海世界的碎片化与统一性,实际上也就是在讨论"地中海共同体"作为一个整体研究单元的合法性问题。当然,对这个核心问题的回答是不相一致的,这也反映了地中海史研究长期以来形成的两种不同传统。第一种传统是研究"在地中海的历史",始自罗斯托夫采夫。他强调人的经济活动的主体性,强调地中海范围内的宏观互动,将地中海视为商路交织而形成的网络,而这一网络中的商贸活动非常显著地受到了希腊殖民活动的影响。[④]罗斯托夫采夫关于地中海是一个统一体的观点得到了亨利·

①　W. V. Harris, "The Mediterranean and Ancient History", in W. V. Harris ed., *Rethinking the Mediterranean*, Oxford University Press, 2005, p. 2.

②　W. V. Harris, "The Mediterranean and Ancient History", pp. 25 – 26.

③　Alain Bresson, "Ecology and Beyond: The Mediterranean Paradigm", in W. V. Harris ed., *Rethinking the Mediterranean*, pp. 94 – 116.；李永斌:《评威廉·哈里斯(编)〈重新思考地中海〉》,《全球史评论》2015 年第 2 期。

④　Michael Rostovtzeff, *The Social and Economic History of the Hellenistic World*, Vol. 1, Oxford University Press, 1941, p. 92.

皮朗和阿布拉菲亚的继承。后来的"地中海共同体"概念和马尔金的网络理论，实际上是这一传统的进一步延续。这种传统的突出特点是强调文明交流互动的主体是人以及人的活动。正如阿布拉菲亚所言，人们必须对沿着汇入地中海的这些河流两岸定居的传统社会进行考察，也就是考察这一类人，他们涉足地中海，最好还是跨海航行的人，在某些情况下，他们直接参与跨文化贸易、宗教及思想的传播，同等重要的是，有些人还参与了海上航海控制权的争夺。① 第二种传统来自布罗代尔，布罗代尔虽然也将地中海作为一个整体来考察，但是更强调地中海的多样性和差异性，力图在整合差异性的基础上来探寻地中海的统一性。② 这种传统在《堕落之海》中得到了继承，《堕落之海》的研究方法的典型特征是从地中海的具体场景出发，研究人与环境的互动关系及微观生态的形成，进而关注因"连通性"而形成的地中海历史的整体性。③《重新思考地中海》中对于地中海研究的"重新思考"，很大程度是对布罗代尔模式的"重新思考"，以及对这些"重新思考"的进一步再思考。但是这些重新思考基本上还是延续了布罗代尔开创的"属于地中海的历史"的研究范式。

通过对上述历史学家相关论述的分析，笔者认为，从公元前8世纪前后地中海地区社会历史发展的基本情况来看，完全可以用"地中海共同体"这样一个概念来研究这一时期文明交流互动的情况。尽管很多学者没有直接论及"地中海共同体"这个概念，但是他们所讨论的核心问题与"地中海共同体"所关注的核心问题是一致的，那就是地中海的整体性问题。在论及"地中海共同体"的学者中，有人认为地中海是一个"政治和贸易共同体"，有人认为它是一个"文化共同体"。尽管他们的侧重点各有不同，我们还是能够从中归纳出"地中海共同体"的几个一般特点：（1）基于商贸活动而进行的文明交流；（2）因联系而形成的"区域"；（3）统一性与独特性紧密联系；（4）独特的生态环境所决定的高水平的经济和文化联系。在这几个一般特点中，最突出的也最基本的特征是基于商贸活动而进行的文明交流。

三 从阿尔米纳和瑙克拉提斯透视 "地中海共同体"中的 文明交流与互动

就公元前8世纪—前6世纪的地中海世界而言，商贸活动的主要活跃者是希腊人、腓尼基人、埃及人和埃特鲁里亚人。希腊人和腓尼基人在地中海沿岸和黑海沿岸建立了数百个移民定居点，也就是后世学者所习称的"殖民地"。在移民的过程中，以及移民定居点建立以后，商贸活动一直是这一时期地中海世界文明交流的主要形式和载体。这些商贸活动以及在此基础上的文明交流活动也得到了现代考古学的证明，阿尔米纳和瑙克拉提斯是考古学证据较多的两个交流枢纽，我们可以通过这两个遗址及其出土文物来透视"地中海共同体"中的文明交流与互动。

在北叙利亚奥隆特斯河（Orontes）的入海口地区，有一处名为阿尔米纳（Al Mina，阿拉伯语意为"港口"）的考古遗址。④ 考古学家在这里发现了大量古风时代的希腊陶器，希腊陶器的数量甚至占到了该遗址陶器总数量的一半。⑤ 此前关于阿尔米纳的学术研究和相关讨论主要集中在希腊与东方的关系方面，但

① 大卫·阿布拉菲亚：《伟大的海：地中海人类史》，《序》，第4页。
② 费尔南·布罗代尔：《地中海与菲利普二世时期的地中海世界》第1卷，第20页。
③ 夏继果：《"在地中海"与"属于地中海"：两种不同的治史路径》，《光明日报》2019年2月25日。
④ 关于阿尔米纳的考古发掘，见 Leonard Woolley, "The Excavations at Al Mina, Sueidia [I & II]", *The Journal of Hellenic Studies*, Vol. 58, 1938, pp. 1–30, 133–170; "Excavations near Antioch in 1936", *The Antiquaries Journal*, Vol. 17, 1937, pp. 1–15。
⑤ R. A. Kearsley, "The Greek Geometric Wares from Al Mina Levels 10–8 and Associated Pottery", *Mediterranean Archaeology*, Vol. 8 (1995), pp. 71–72。

是如果我们把视野放在整个地中海范围内来看，阿尔米纳所体现的希腊与东方的文明交流，尤其是贸易方面的交流，其实也是地中海贸易网络的一部分。在阿尔米纳第九层（时间为公元前 750 年左右）大量出现的双耳深口酒杯，也出现在地中海西部最早的希腊殖民地皮特库萨（Pithekoussai）等地。① 在阿尔米纳第九层和第八层（时间大约为公元前 750—前 700 年）发现的悬空半圆纹饰双耳阔口陶器来源于优卑亚岛，这种优卑亚陶器在公元前 8 世纪也广泛分布于色萨利、阿提卡、基克拉迪群岛、克里特和塞浦路斯等地区。在之后的考古层中还发现了来自罗德岛、科林斯、莱斯博斯、开俄斯和雅典等沿海城邦的陶器。

在地中海的商贸活动中，陶器不仅是日常生活用品，还能作为船只的压舱物，不论是低廉的陶罐还是精美的陶瓶，都是受欢迎的产品。此外，古希腊陶器所用的黏土比叙利亚—利凡特地区的更能制作出光滑的陶器；在几何时代，古希腊陶器可以远销西地中海、北非，当然也深受近东地区人们的喜爱。②

陶器并不是陶器贸易中唯一的商品，有时陶器里所盛的货物才是真正的贸易商品，比如橄榄油、葡萄酒和香水等，考古学家甚至发现在一个阿尔米纳出土的陶瓶里放满了银币。在阿尔米纳第三考古层中发掘出了大量的叙利亚单柄细颈罐（Syrian lecythi），这种小口高细颈单柄的陶器应该是用来盛放液体的。考古学家的研究证明，这些陶器里盛满了油。它们在同一时间以成百的数量出现，说明是用于贸易而不是日常使用；之所以被留存在仓库，可能是因为突发火灾还没来得及被运走。其中很多陶罐有被严重焚烧的痕迹，并且有些陶罐已经被嵌入到烧得又红又硬的土层里。考古学家的研究表明，可能是陶罐里的油引发火灾，进而导致陶罐被烧。③

在阿尔米纳发现的其他物品（尤其是装饰品）也反映了阿尔米纳处在一个复杂的贸易网络体系中。比如，阿尔米纳出土的石板首饰铸模具上出现的短桑葚式吊圆形耳环是叙利亚式的，这种耳环在公元前 16 世纪流行于后期克里特、塞浦路斯、腓尼基和叙利亚；在黑暗时代，仍然在塞浦路斯和腓尼基时兴；在几何风格时代和早期古风时代，在地中海和近东广泛传播。④ 在公元前 7 世纪的叙利亚、塞浦路斯、西里西亚和意大利的墓葬中都发现此种耳环的银制品，金制的此种耳环则出现在公元前 7 世纪至前 6 世纪的腓尼基墓葬中。这种短桑葚式吊坠也是后期赫梯女性雕塑饰品中流行的样式。此类装饰也出现在亚述、巴比伦和基泽。⑤

阿尔米纳作为叙利亚沿岸通往近东内陆的港口，成为连接地中海和东方城市的豁口。来自地中海的商旅沿奥隆特斯河谷向东，经过阿尔米纳，直达位于奥隆特斯河自南向西的转折处的阿米克平原。⑥ 考古学家在阿米克平原发现了上百个古代城市的考古堆，说明这里在古代人口稠密并且非常富饶，为海外商人提供了非常理想的暂时停留地。但是，由于阿曼山的阻隔，致使阿米克平原上的阿尔米纳及其他的沿海港口，与东边内陆城市的交流并没有那么方便，在地理上反而与地中海和爱琴海海岛联系更为紧密。因此，阿尔米纳不仅是希腊与东

① Jean – Paul Descoeudres, "Al Mina Across the Great Divide", *Mediterranean Archaeology*, Vol. 15, 2002, p. 51.

② John Boardman, *The Greeks Overseas: Their Early Colonies and Trade*, 4th edition, Thames & Hudson, 1999, pp. 153 – 154.

③ Leonard Woolley, "Excavation near Antioch in 1936", p. 7；李永斌：《阿尔米纳：希腊与近东文明交汇的集散中心》，《光明日报》（理论版）2020 年 5 月 3 日。

④ M. Y. Treister, "North Syrian Metalworkers in Archaic Greek Settlements?", *Oxford Journal of Archaeology*, Vol. 14, 1995, p. 160.

⑤ 关于阿尔米纳发现的陶器及其他物品，详见李永斌《古风时代早期希腊与东方的文明交流图景》，《历史研究》2018 年第 6 期。

⑥ 在阿米克平原东部的考古堆中，发现两片属于克里特的陶器碎片。但是为阿米克服务的港口阿尔米纳，最早的考古材料来自公元前 8 世纪。伍利认为，阿尔米纳从青铜时代开始就有希腊人定居了，之所以没有相应的考古发现，他认为是由于奥隆特斯河道变化，将公元前 8 世纪之前青铜时代的建筑和遗迹冲刷到大海里了。见 Leonard Woolley, "The Excavations at Al Mina, Sueidia [I & II]", p. 28。

方进行贸易和文化交流的中转站，而且也是希腊人在整个东地中海地区贸易交流网络中的一个重要连接点。

另一个能够明显体现公元前 8 世纪—前 6 世纪地中海共同体商贸和文明交流的古代定居点是瑙克拉提斯（Naukratis），瑙克拉提斯位于东北非地中海沿岸的卡诺比斯河口（Canopic branch），可以由河运到达内陆，也可以通向地中海，处在埃及对内对外贸易路线的枢纽地带，是古风和古典时代希腊人在埃及的重要贸易港口。在亚历山大港建立之前，它不仅是希腊与埃及联系的重要连接点，也是埃及在地中海贸易体系中的重要枢纽。瑙克拉提斯作为地中海贸易路线中重要的一部分，其中的活跃者主要是埃及人、腓尼基人和希腊人。腓尼基人的红酒和黎巴嫩的雪松酒在公元前 20 世纪开始，就已经被运往埃及。① 尤其是腓尼基红酒，最受埃及贵族的欢迎。在公元前 7 世纪晚期，用来装红酒的腓尼基酒器在埃及的诸多地方都有发现。不仅如此，埃及的物品也出现在地中海的许多地方。在瑙克拉提斯的工匠会生产陶器，尤其是圣甲虫和小型雕像，并将它们运往东地中海的各处。②

从公元前 7 世纪开始，就有专业的商人前往并且长久居住在瑙克拉提斯，③ 这些商人可能来自希腊和腓尼基，以及与腓尼基人一道的塞浦路斯人。瑙克拉提斯是一个多民族活动的地方，除了希腊人、腓尼基人和埃及人，塞浦路斯人、波斯人和马其顿人以及其他民族也出现在瑙克拉提斯。根据考古材料和文献记述，这些人可能是商人、工匠、海员、神职人员、妓女、退役雇佣兵和旅行者。值得注意的是，瑙克拉提斯和阿尔米纳之间可能也有贸易往来。在瑙克拉提斯发现了生产小型雕像和圣甲虫的工场，这些产品一部分供当地使用，一部分出口海外。④ 在希罗多德的记载中，希腊人将葡萄酒和橄榄油放在陶器中运往埃及，埃及人则将这些陶器盛上清水，商人和旅行者带着这些陶器前往没有水的叙利亚。⑤ 在阿尔米纳发现的埃及圣甲虫和护身符，可能是由腓尼基人从瑙克拉提斯带去的，但也不排除由埃及来的商人直接带往阿尔米纳，然后销往东方内陆的。但不论这些产品是腓尼基人从埃及带来销往希腊，或是销往东方内陆，都能说明当时的贸易网络十分发达。

不论是以阿尔米纳为连接点的希腊与近东的贸易联系，还是以瑙克拉提斯港为接口的希腊与埃及的贸易联系，都是地中海贸易网络的组成部分。埃及在这一贸易网络中的枢纽位于瑙克拉提斯，⑥ 叙利亚及内陆东方在这一贸易网络中的枢纽则位于阿尔米纳。阿尔米纳和瑙克拉提斯所属的贸易网络，以及在这些贸易网络基础上形成的文明交流共同体，都体现了"地中海共同体"的一个重要特征，即基于商贸活动而进行的文明交流。

考古学界目前关于公元前 8 世纪—前 6 世纪地中海世界的商贸证据主要集中在东地中海沿岸。不过，也有少数考古发现证明了东地中海沿岸地区与更西部的地区有着直接或间接的贸易联系。在萨摩斯岛（Samos）南端的赫拉神庙，出土了大量东方和埃及的象牙和青铜制品，还有大量的塞浦路斯陶瓶，其分布时间从公元前 8 世纪末一直到公元前 6 世纪初。⑦ 考古学家在赫拉神庙中发现的青铜制品有不少明显是从叙利亚、腓尼基、塞浦路斯等地传来

① Astrid Möller, *Naukratis*: *Trade in Archaic Greece*, Oxford: Oxford University Press, 2000, p. 29.

② Alexandra Villing, *Naukratis*, *Egypt and the Mediterranean World*: *A Port and Trading City*, Project of The British Museum, p. 3. http: //www.britishmuseum.org/naukratis。

③ Alexandra Villing, *Naukratis*, *Egypt and the Mediterranean World*: *A Port and Trading City*, p. 5.

④ Astrid Möller, *Naukratis*: *Trade in Archaic Greece*, p. 153.

⑤ Herodotus, *Histories*, translated by A. D. Godley, William Heinemann, 1921, p. 9.

⑥ Alexandra Villing, *Naukratis*, *Egypt and the Mediterranean World*: *A Port and Trading City*, p. 4.

⑦ Edward Lipiński, *Itineraria Phoenicia*, Studia Phoecicia（OLA 127）, Leuven: Uitgeverij Peeters en Departement Oosterse Studies, 2004, p. 155. 关于腓尼基与象牙贸易的整体考察，见 Richard D. Barnett, "Phoenicia and the Ivory Trade", *Archaeology*, Vol. 9, No. 2, 1956, pp. 87 – 97.

的，其时间基本在公元前 650 年左右。[①] 最引人注目的是三件带雕刻图案的象牙梳子，考古学家认为是西班牙安达卢西亚地区瓜达尔基维尔河（Guadalquivir）下游的腓尼基人作坊的产品。[②] 这里还发现了一个饰以四位裸体女神浮雕的马头雕像和一对属于一副马具中的眼罩。这两件物品上的阿拉米亚铭文表明，这是大马士革的哈扎尔（Hazael）国王授予某人的奖励。[③] 这就表明，这一时期，东起大马士革，西到安达卢西亚，整个地中海地区都处在一个复杂的贸易网络之中。

结　语

关于"地中海共同体"，我们可以总结如下：公元前 8 世纪左右，在腓尼基人、埃及人和希腊人的商贸活动的基础上，整个地中海地区形成了一个超越各族群组织之上的文明交流的共同体，这个"地中海共同体"的大致范围包括整个希腊大陆和爱琴海诸岛屿、黑海沿岸的希腊殖民城市、小亚细亚、利凡特的广大地区、以埃及为代表的北非地区，以及腓尼基人活跃的地中海沿线各个城市，当然也包括西西里岛和南意大利地区的腓尼基人和希腊人殖民城市。[④] 公元前 8 世纪左右的"地中海共同体"首先是一个贸易共同体，在复杂的贸易网络基础上，形成了一个文明交流的共同体。

我们在研究地中海地区的古代文明交流之时，可以将"地中海共同体"作为一种研究范式，但是还需要注意以下几个问题。第一，"地中海共同体"这一概念不仅仅只适用公元前 8 世纪这一时期，也适用于后来更长时段、更大空间范围内地中海的文明交流与互动。虽然最初提出"地中海共同体"这一概念的学者们所指称的时间范围是公元前 8 世纪左右，

但是地中海世界的商贸和文明交流却一直延续，并且随着航海技术的改进和周边一些国家实力的增强而进一步加强。因此，公元前 8 世纪—前 6 世纪应该视为地中海共同体的形成阶段。随着地中海共同体的进一步发展，在不同的历史时期，地中海共同体所涉及的地理范围也有所变化，甚至可以说一直在变化。直接论及"地中海共同体"的学者们所关注的公元前 8 世纪—前 6 世纪的地中海共同体的文明交流，主要还集中在东部地中海。到罗马帝国时期，文明交流互动的范围就真正扩大到整个地中海世界了，甚至超出了地中海的范围，包括西亚地区和不列颠地区都受到了地中海地区商贸活动的影响。罗马时期的地中海共同体，不仅是文明交流的共同体，更是政治发展意义上的共同体。罗马帝国的形成，可以看作是地中海世界被成功整合为一个政治共同体的过程，而这种帝国组织形式的政治共同体，又为地中海世界经济、社会、商贸、文化等多方面的一体化提供了前所未有的便利和安全保障。

第二，公元前 8—前 6 世纪，地中海沿岸大多数地区仍以本地农业为主要的经济活动形式，商贸活动和文明交流在这一时期的历史发展中并不占主导地位。古代希腊的工商业和航海业比较发达，但是本地农业仍然是主要的社会与经济基础。希腊城邦的社会与政治力量的主体是自由农民，而不是手工业者和商人。[⑤] 在古代埃及社会，农业的地位和重要性也远远高于商业活动。由于尼罗河谷是适于耕作的宝地，只要尼罗河保持正常的水位，整个国家的供给就不成问题。埃及人虽然很早就与周边的民族就有交往，但是这种交往的目的主要是为了获取原料和一些贵重物品，如金属、宝石、油料、酒料等。[⑥] 早期阶段的地中海共同体主

① Edward Lipiński, *Itineraria Phoenicia*, p. 156.

② 详见李永斌《古风时代早期希腊与东方的文明交流图景》,《历史研究》2018 年第 6 期。

③ 对该铭文的释读和解释见 Israel Eph'al and Joseph Naveh, "Hazael's Booty Inscriptions", *Israel Exploration Journal*, Vol. 39, 1989, pp. 192 – 200。

④ 笔者在另一篇文章中论及"地中海共同体"的基本情况，见李永斌《地中海共同体视野中的荷马史诗与古代东方文学传统》,《历史教学》2019 年第 14 期。

⑤ 黄洋:《古代希腊土地制度研究》，复旦大学出版社 1995 年版，第 3 页。

⑥ 金寿福:《永恒的辉煌：古代埃及文明》，复旦大学出版社 2003 年版，第 3—6 页。

要是一种文明交流意义上的共同体，并没有改变当时社会发展的基本形态，也没有改变牵涉其中的各个文明所独具的基本特征。不过我们也应该注意到，从公元前 8 世纪开始的希腊殖民运动，已经开始有了政治组织方面向着共同体发展的趋势，这种趋势的缓慢发展，最终在罗马帝国时期达到了顶峰。

第三，就公元前 8 世纪—前 6 世纪的地中海世界来说，各文明之间的独立性和差异性仍然远远大于共性，局部的交流远远多于整体性的交流。"共同体"是一个学术名词，表达的是某些方面的联系和共性，这些联系和共性与网络理论所探讨的联系和共性是同样的对象。比如，从希腊到西西里的阿波罗崇拜网络，从赫拉克勒斯到马尔卡特（Melqart）的英雄崇拜网络，[1] 整个地中海范围内的圣所网络，[2] 古代地中海在税收管理上的相互依赖。[3] 这些都是具体的文明交流事项，体现了某些文化和观念方面的流动和共性。但是，这一时期的地中海共同体，并不是一个浑然一体的整体。正

如前文所述，地中海范围内存在着诸多贸易网络，这些贸易网络共同构成了以商贸和文明交流为基本特征的地中海共同体。在这诸多贸易网络中，主要参与者各有侧重，有的以希腊为中心，有的以埃及为中心，有的是以希腊—埃及为主要交流路线，有的是以希腊—小亚细亚为主要交流路线。从整体上来说，这一时期地中海世界各文明之间的交流仍然处在早期阶段，更多的还是局部的、相对短途的交流，大范围的长途贸易和文明交流主要是由这些局部的交流衔接和交织而成，而不是一蹴而就形成的一个整体。因此，以"地中海共同体"为研究范式的古代文明交流研究，还是要强化对各个文明区域的具体研究，才能在此基础上对文明交流做出更具体、更细致的探讨。本文即是在这方面的初步尝试，期待学者们在相关问题上有更深入的进一步研究。

（原载《史学理论研究》2020 年第 6 期）

---

① Irad Malkin, *A Small Greek World*：*Network in the Ancient Mediterranean*, pp. 97 – 142.

② Ann C. Gunter, *Greek Art and the Orient*, Cambridge：Cambridge University Press, 2009, p. 152.

③ Nicholas Purcell, "The Ancient Mediterranean：The View from the Customs House", in W. V. Harris ed., *Rethinking the Mediterranean*, pp. 200 – 234.

西方马克思主义史学的过去、现在与未来

汪荣祖[*]

摘　要： 马克思主义在西方资本主义国家受到敌视，但在学界一直是不容忽视的学说，论著汗牛充栋，有关经济、哲学与政治者多，史学方面的研究虽相对较少，但马克思史学仍是西方，尤其是欧洲史学界的一大宗派，出了不少名家与名著。本文聚焦于西方马克思主义史学，略论其今昔代表性著作，先简略介绍马恩唯物史观，继则论述马恩史学的后继者——以普列汉诺夫与托洛茨基为代表的俄国史家，以及两位东欧马克思学者葛兰西与卢卡奇。西方马派史家在冷战期间受到极大的压力，同时马派史家也有一场有关马克思主义激烈的论辩，辩论没有结果，多少造成裂痕，有些马派学者走向虚无的后现代主义。不过，马克思史学在西方经过风雨与挫折，并未式微，唯物史观仍然是历史研究难以忽略的理论。史学与时俱进，马恩史学自有其未竟之业，展望未来，西方马派势必会顺应时代而踵事增华。马克思自谓其学说背景原是近代西方社会，如何以东方经验完善唯物史观，则有赖于中国马克思主义学者的努力。

关键词： 史学　马克思　恩格斯　俄国马派史家　欧美马派史家　斯大林主义　后现代主义

一　导论

马克思对资本主义的批判有理有据，最具系统性。西方资本主义国家因视共产国家为毒蛇猛兽，从而拒斥马克思主义，尤不能接受阶级斗争思想。北欧有若干"左"倾的社会主义国家，社会主义虽不等同马克思主义，社会主义国家亦不在共产国家之列，但西方学界以此而无法轻视马克思及其理论，不能不承认马克思为千年以来的伟大思想家之一。美国国会图书馆收藏极富，其中马克思著作多达四千余种，数量名列第六。研究马克思学说的著作甚多，但谈马克思史学相对较少。其实，马克思史学在西方史学界虽非主流，仍不失为一大山门，出过不少一流史家。

马克思其人及其理论都是西方文化的产物。以时间段而言，他属于以理性思维关切文明兴亡[①]的"启蒙"（Enlightenment）世纪的第二代。在马克思成长的时代，德国唯心主义哲学盛极一时，黑格尔如日中天。1838年，年方18岁的马克思从波恩大学转学进入黑格尔生前曾长期执教的柏林大学，其后三年，他

---

* 汪荣祖，山东大学访问学者、美国弗吉尼亚州立大学荣休教授。

山东大学文学院刘晓艺教授对此文进行了校订，谨致忱谢。

① 有关马克思的诸多传记中，对马克思性格进行深入描述的最佳之作应是 Franz Mehring, *Karl Marx*, *the Story of His Life*, trans, by Edward Fitzgerald, New Introduction by Max Shachtman（Ann Arbor：University of Michigan Press，1962）.

深受黑格尔追随者的影响①，习得黑格尔辩证法之旨要，不过他并不取黑格尔以理念（Idea）为决定辩证的运作，而力主以物质为决定因素②。马克思拒绝形而上学，欲从实证辩证导出进步模式，展示人类历史的复杂过程，他的五阶段说由此而生。在德国哲学之外，马克思也受到法国乌托邦以及英国政治经济思想的影响③。

马氏欲寻求人类历史的共同特征，追问历史进步是如何而来的，如何将史学科学化。他的原创贡献可被归纳如下：社会的发展有一定的规律，生产力的发展是历史变迁的核心动力，所以历史是生产力与生产关系之间辩证作用的结果；影响生产力的发展因素很多，但最主要的是生产本身，而决定因素是劳力；当生产力与生产关系发生矛盾时，矛盾会成为进一步发展的驱力源，推动产生新的生产模式；在这一生产力发展的历史过程中，有阶级的存在，阶级的压迫使工人觉醒，经过革命的手段获得解放，阶级斗争的结果必然导致无产阶级专政，最后进阶到没有阶级的和谐社会④。总之，马克思强调唯物主义、阶级斗争、上层建筑由经济基础而改变，以及辩证法的重要性。我们注意到，马克思身后百余年，没有阶级的世界仍为渺不可寻的乌托邦。科技的突飞猛进引发了科技与生产力关系的争辩，——现代科技生产毕竟需要人的脑力，不可能是单纯的物质生产。物质条件固然会改变生产模式，但科技是否也会因之而改变生产？马氏非不重科技，但坚持决定因素是生产而非科技，所以离开这一观点即非唯物史观矣。马克思史观核心概念的今昔变迁值得我们深思。

俄裔英国学者、政治理论家、思想史家伯林（Sir Isaiah Berlin，1909-1997）是20世纪的自由主义思想大师。他早年为马克思所作的传记在西方影响很大，尤其是对美国读者而言。相较欧洲人，美国人对马氏的生平所知较少，因为他主要是思想家而非行动家。马克思在英国一住34年，多半在阅读与写作，经常埋首于大英博物馆的阅览室，从上午九点开门到下午七点关门雷打不动；他的晚年则几乎全然在书房里度过。伯林的《马克思传》以相当的篇幅叙述了马克思备受煎熬的贫困生活及其由贫困所激发出的激进思想。伯林说：像马克思这样的天才竟然住在亭子间里，不时要逃避讨债者；他因裤子进了当铺而不能出门；他的不幸对他而言绝对是个悲剧——一个有尊严、有抱负的人，对这样的境遇必然会感到羞辱；他的壮志难酬更使他感到愤恨，他感受到的都是阴谋诡计与迫害。于是他在著作中不免发泄个人情绪。伯林从马克思生平的挫折来解释其激进思想，未免过于简单；伯林更以他的事后聪明批评马氏，谓其对资本主义社会的走向没有完全看对——既没有看到法西斯主义的崛起，也没有看到福利国家的出现；伯林又说马氏低估了资本主义民主社会纠正社会不公的能力。因此，在马克思主义里占重要位置的阶级斗争，似与英美国家并不相干⑤。伯林对马克思的评价，很可以代表西方自由主义学派的意见。马克思垂名于人类历史，不在于他的预测是否合辙社会的发展，而在于经由他的理论创造了新的政治与经济思维模式；他的学说不仅留存下来，而且得到了发展。他的资本主义结构与演变理论，虽然尚未详尽，但为后来者提供了有效的工具，使得整整一代人的社会科学研究方向为之转变，凡是分析社会性质的研究

---

① Mehring, *Karl Marx, the Story of His Life*, p. 15.

② 有关马克思受到黑格尔影响的论述，可参阅 Mehring, *Karl Marx, the Story of His Life*, pp. 9-57.

③ 对马克思而言，界定人之自觉至关重要，因自觉关系到人界定自己。他从黑格尔获得自觉在过程中持续不断正与反的辩证，而马克思认为过程是经济上的金钱与权力之间的正反辩证，此即经济界定历史、斗争与人的自觉，也就是"经济决定论"（economic determinism）。马克思不认为个人的自觉可以与他的阶级或社会群体作分割，因而历史可被视为阶级斗争史，其结果人的自觉也就是所属社会群体的自觉，个人在其特定的经济群体中界定自己，出身下层阶级的人只能有同一阶级的自觉，而不同于较高阶级的自觉。所以马克思要说的是，不是个别的、孤立的自觉决定人的存在，而是基于生存的社会与经济现实，决定自我意识。结论是：历史展示有产阶级与无产阶级之间的辩证关系。

④ Helmut Fleischer, *Marxism and History*（New York：Harper Torchbooks, 1969）chapter 2, 5.

⑤ Isaih Berlin, *Karl Marx* third edition（New York：Oxford University Press, 1963）, pp. ix-xii, 148-180.

者，或多或少都会用到马克思学说。总之，马克思学说虽未尽善尽美，学说内部对共产主义如何取代资本主义也人言人殊，但马克思对资本主义的分析与批判至今仍没有过时，他的具有革命性的影响仍在世界的各个角落激荡。

二 马恩史学

马克思是哲学家，他的写作固以理论为主，但史著也富——如 1848 年的革命史、巴黎公社史、1854 年西班牙革命史、美国内战史等。他的研究涉上古奴隶、中古商业与近代资本主义，他的史著瞻高见远，能看到下一代的进程。著名的《资本论》第一卷于 1867 年出版，虽非史书，但具有历史内容，叙资本主义之兴，尤为识者所重[1]。英国政治理论家麦克勒兰（David McLellan，1940 - ）誉此书为"有关资本主义起源的权威著作，其论述胜过任何其他作品"[2]。马克思详述 14 世纪末叶英国农奴身份的消失、资本农业的兴起及自由农民如何渐成富农。亨利第七、第八时期，大地主赶走佃农，使大批穷苦农民失去土地财产，依靠苦力或乞讨过活，常遭政府的凌辱和拘禁。16 世纪的欧洲以极其残酷的立法对付流浪汉，后者成为工人阶级的先驱。马克思接着叙述资产阶级如何在 1745 年征服了英国的乡村：通过掠夺教会财产、骗取国家土地，资产阶级霸占封建家族家产，并用恐怖手段将其转化为现代私有财产，从而结束资本主义农业，创造城镇工业，奴役无产阶级。《资本论》为马克思史学提供了方向与方法，并没有将"羽毛塞进枕套"（feather stuffed into a pillow-case，喻"以论带史"）的问题，他对资本主义的分析证据充分，十分精彩，这应归功于他在大英博物馆辛勤的阅读[3]。《资本论》中的知识论，以资料与证据检验理论，反映了怀疑、理性、追求真理的启蒙时代精神。《资本论》第一卷第三十二章论史尤其精彩，其中提出资本累积的问题，谓从奴隶转变到薪资劳工，仍然是生产者的剥削。私有财产与社会集体财产的对立，表现为工人以其匠技为工具，农人自耕其地，由此形成分散的生产模式，可在较不发达的社会系统内进行，但阶段性的发展，"产生自我解体的物质机制"（brings forth the material agencies for its own dissolution）[4]。由解体导致新动力的出现与社会的蓬勃发展，于是社会的束缚必须消除，个人的、分散的生产模式必作社会性的集中，财产会大量集中到少数人手中，形成原始的资本累积，是为资本主义发生的前奏。农民离开土地之后，失去生活资源，大批劳动人民感到被剥削的痛苦，个人私有财产为资本所取代。当工人变成无产阶级，工人不再为自己工作，而是任由资本家剥削，此剥削经由资本主义的"内在法则"（the immanent law）完成资本的集中。资本家的总人数在此一集中过程中变少，更少数的资本家会累积更多的资本，于是将所有的人都纳入世界市场网络，资本主义的国际性格于焉铸成！随着资本家数目的减少，掠夺与利益的垄断，增加了普遍的压迫、奴役与痛苦。情形每况愈下，引发工人阶级的反抗，当工人阶级不断壮大而更有纪律、更能团结时，"资本主义生产，经由不可或免的自然律，产生自我否定"（Capitalist pro-duction begets，with the inexorability of a law of nature，its own negation），先是少数掠夺者剥削大多数的人民，最后大多数的人民没收少数掠夺者的财产[5]。于此可见，马克思作为历史家，对未来给出了充分而清晰的历史分析，他的有关从封建社会转入到资本主义社会的论述尤其能展现出世界史的整体趋

---

[1] 马克思《资本论》（Capital，A Crtique of Political Econoimy，德文原著 Das Kapital，Kritik der politischen Oekonomie）初版于 1867 - 1883 年。

[2] 原文是 "a mastery historical account of the genesis of capitalism which illustrates better than any other weriting Marx's approach and method." 语见 David MacLellan，Karl Marx: His Life and Thought（London: St. Albans，1976），p. 347.

[3] Matt Perry，Marxism and History（New Yow: Palgrave MacMillan，2002），p. 59.

[4] Karl Marx，Capital，（Chicago: Charles H. Kerr & Company，1906），p. 835.

[5] Karl Marx，Capital，p. 837.

向。他也批评了从古代到近代的西方史家，指出兰克（Leopold von Ranke，1795 - 1886）是资产阶级史学之父，只知挖掘一些史事，又将"大史事归诸微末因果"（attribute great events to mean and petty causes）①，类此批评也凸显他自己的史观。历史，无疑在他心中占有中心位置，他既认知到哲学与经济尚不足以诠释全人类的走向，遂呼吁要具备全人类发展史的宏观视野。

马克思所写的最佳历史专著，应是《路易·波拿巴的雾月十八日》（The Eighteenth Brumaire of Lewis Bonaparte）一书，涵盖时间不长，仅从 1848 年路易·波拿巴取得政权到 1851 年 12 月政变，合计四年而已，但他将这四年放在长期的法国史中加以观察。法国的资产阶级革命始于 1789 年巴士底狱被攻破，大革命起焉。马克思以历史唯物论解释了一连串的事件，全书分为三部分：导论讲如何写作，紧接着的五章在叙事中掺杂阶级分析，最后讨论到路易·波拿巴政权的性格，涉及个人在历史中的角色以及语言与象征问题，提出个人虽有选择，但仍受制于历史环境。马克思一贯认为"人创造历史，但不能随意创造；人不能选择历史环境，只好面对自古而来的历史环境"，这证明他不是绝对的历史决定论者。马克思解释 1848 年革命，认为新世界由于传统犹如梦魇缠身挥之不去，故仍由旧时代的语言与象征所包装。工人革命需要突破既往的限制，需要将过去埋葬，他们想要建立工人阶级的共和国，但最后以无产阶级流血告终。失败

是因为资产阶级的出卖，导致无产阶级与资产阶级一起被反动政权以军力镇压，马克思称这一历史事件为路易·波拿巴的政变②。全书涉及革命的各种因素，包括人物的侧写、国家的发展，以及叙事的流畅，可称是完整的史篇，亦为史学的经典之作。

马克思的史学见解经由恩格斯（Friedrich Engels，1820 - 1895）得到进一步的发展，内容丰富甚多。恩格斯在许多连续的通讯中为他的朋友马克思进行澄清，说他并非绝对经济决定论者，更不会赞成全凭抽象理论说事。他要避免马克思主义的庸俗化，认为真正的马克思主义者不仅信奉有实证支撑的理论，且主张理论必须与实践结合③，即我们常说的实事求是。由于历史因果非常复杂，起因不止一端，必须承认人为行动的重要性，"行动"（agency）与"结构"（structure）必须相结合④。恩格斯的澄清得到了俄国马克思主义之父普列汉诺夫的背书，后者确认历史中有偶然与个人因素，霍布斯鲍姆（Eric Hobsbawm，1917 - 2012）亦认可不是所有经济因素都来自特定经济现象之说⑤。

恩格斯回应了奥地利裔英国哲学家波普尔（Karl Popper）等自由派学者的严厉批评⑥。波普尔反对从黑格尔到马克思的"决定论哲学"（determinist philosophy），并冠以他所拒斥的"历史主义"（historicism）之名，认为马克思的预言是不科学的，因其仅仅以历史主义的理论推测经济事务、政治权力，以及革命

① Matt Perry, *Marxism and History*, p. 47.

② Karl Marx, *The Eighteenth Brumaire of Lewis Bonaparte* (International Publishers Co., June 1994).

③ 恩格斯在给布劳克的信中直言："根据唯物史观，决定历史的最后因素是实际生活中的生产与再生产。除了这一点，马克思和我从未断言任何事。因此如果任何人扭曲说，经济因素是唯一的决定因素，是毫无意义的空话"（According to the materialist conception of history. the *ultimately* determining element in history is the production and reproduction of real life. Other than this neither Marx nor I have ever asserted. Hence if somebody twists this into saying that the economic element is the only determining one. he transforms that proposition into a meaningless, abstract, senseless phrase. London, September 21, 1890).

④ "knit agency and structure"，详阅恩格斯论历史唯物主义的信函：Engels to Bloch, in Engels, *Letters on Historical Materialsim* (1890 - 1894), p. 11. 有关马恩关系，另可参阅 Mehring, *Karl Marx*, pp. 225 - 237.

⑤ Eric Hobsbawm, *On History* (New York: The New Press, 1997), pp. 109 - 110.

⑥ G. R. Elton, *The Practice of History* (New York: Crowell, 1967); Karl Popper, *The Poverty of Historicism* (London: Routledge. 1957).

的发展①。波普尔显然有其意识形态上的偏见，马说绝非预言。恩格斯的回应是说，唯物史观不是僵化的史观，它重视"心态"（intentionalism）与结构（structuralism）之间的关系，以及"语言在时间内的变化/历时性"（diachrony）与"语言在特定时间内的存在/共时性"（synchrony）之间的关系。物质基础与上层建筑不是单纯的因果关系，上层建筑更不必是物质基础的被动反应。恩格斯重申，马克思从来没有说过经济是唯一的决定因素，他本人也没有说过这样的话②。

恩格斯的历史作品比马克思要多，他的名著是《德国农民战争》（*Peasant War in Germany*），写作于 1848 年德国革命失败之后。革命之初风起云涌，但不到六个月就已退潮。革命何以失败？恩格斯的解释是由于资产阶级与工人阶级双方的先天弱点。从长时间看德国的发展史，自 14、15 世纪起，由于城市经济的工业发展，德国东南名城如纽伦堡（Nürnberg）已成为奢侈品制造中心，后来有了工会，商业与贸易也随之开展，为资产阶级革命铺了路，同时农民也起来革命，加剧了德国统一进程的矛盾。德国普鲁士王朝的反动势力最后迫使资产阶级向皇家与贵族臣服。德国农民战争造成了严重的破坏，恩格斯说这一农民战争的失败，正说明了农民社会结构的复杂。他认为农民战争也属于阶级斗争，结论是：暴力镇压了农民，农民更加被奴役，教士因教堂被毁也成为失败者，贵族的城堡也有损失，故资产阶级的抗争也告失败，只有君王是唯一的胜利者③。《德国农民战争》一书被认为是唯物辩证法的重要作品，恩格斯将农民革命与阶级斗争连接起来，写出了 16 世纪初的社会史，为工人运动提供了教训。恩格斯也能深入探讨物

质生活，关注到社会经济的长期发展，叙出不同阶级之间斗争的情况。恩格斯大大补充了马克思的观点，故后世将马、恩相提并论，因二人相得益彰。

三 继马恩而起的俄罗斯史家

马恩是马克思学派的第一代原创者，继之而起的第二代中，以史著而论，必须一提的是普列汉诺夫（Georgy V. Plekhanov，1857 - 1918）。他有"俄国马克思主义之父"的称号，既是重要的政治活动家，也是著名史家，奠定了俄国马克思主义的理论基础，可谓俄国知识阶层最可称道的马克思主义者。他培养了整个时代的俄国马克思主义者，包括列宁在内；恩格斯读毕他的《一元论史观的发展》（*The Development of the Monist View of History*）④，赞叹不已，于 1895 年 2 月 8 日写信道贺，称誉这部专著在俄国取得的重大成就⑤。此书翌年即有了德文版。普列汉诺夫与其他的俄国史家或后来的苏联史家最大的不同，在于他坚持古典马克思主义。他早年就对史学产生了兴趣，且这一兴趣老而弥笃。他于欧战爆发后脱离政治，沉潜于历史与哲学的研究，他始终认为，马克思为理解人类的创造力，为阐释人类的社会思想与生活，提供了一条最卓越的取径。他提出，历史的动力来自人类为追求理想奋斗不已而产生的能量⑥。

普列汉诺夫晚年欲写七卷本的《俄国社会思想史》（*The History of Russian Social Thought*），但逝世前仅完成了三卷。这部未终卷的大书应是马克思史学的代表作。他在序言里开宗明义说道：他之撰作这部俄国社会思想史，根据的是历史唯物论的基本观点，即思想

---

① K. A. Popper, *Falsche Propheten. Hegel, Marx und die Folgen* (Francke：Müchen, 1958). 另可参阅 K. R. Popper, *The Poverty of Historicism* (London：Routledge, 1957).

② Matt Perry, *Marxism and History*, pp. 63 - 64.

③ Frederick Engels, *The Peasant War in Germany*, trans. Moissaye J. Olgin (New York：International Publishers, 1966；London：Routledge, 2015).

④ 此书收入 G. Plekhanov, *The Selected Philosophical Works* vol. 1, pp. 480 - 697.

⑤ 见恩格斯致普列汉诺夫信函，收入 *The Collected Works of Karl Marx and Frederick Engels*, Vol. 50, p. 439.

⑥ 此一认知显然不为后来苏联官方所认可，受到苏联哲学家们的批评，多阅 Fleischer, *Marxism and History*, p. 43，145f.

不能决定存在，而是存在决定思想。他首先检视俄国社会生活时空的客观情况，即历史的舞台，然后确定社会思想从何而来，以及特定思想为何产生于某一社会发展时期①。普氏在书中也以唯物史观来检验此前的俄国历史著作，他引用了不少俄国资产阶级史家的研究成果，以至于有时会不自觉地令政治因素凌驾于经济因素之上。唯物史观讲究经济决定论，然而又如何解释俄国经济远较西欧落后的事实？假如说蒙古入侵阻碍了俄国的经济发展，则岂非政治因素决定了经济发展？于此可见，普列汉诺夫固然基本上遵奉唯物史观的原则，但又重实证，不囿于教条，论述中不时展现出独立思考。例如，他认为经济的进步不一定会导致人类文化的进步，有时反而会出现退步。他说，现代文明在经济发展上远超古希腊，但在美学成就上则远远不如后者。他为俄国史进行分期，并不按照马克思的学理，虽然认为俄国史像西方史一样经过了封建阶段，但另有不同于西方的特殊因素，即所谓"东方专制"（Oriental Despotism），使得俄国的发展比较复杂，不时摇摆于东西之间②。

普撰《俄国社会思想史》中最引人瞩目的是：作者认为不同的阶级在面对外敌时，多少会一致对外。此说或因受 1905 年日俄战争及 1914 年欧战的影响，但毕竟难符马克思的阶级斗争之说。普氏甚至认为级斗争不能作为人民历史的指针。更值得注意者，他提出俄国史学史上的一个难以忽略的问题，即俄国到底是属于西方还是属于东方？他个人的观点是，东西属于两个绝对不同的发展模式，若将俄国与西欧国家的历史相比较，其东方专制性格昭然浮现。彼得大帝（Peter the Great, 1672 - 1725）的改革使欧化加速，但欧化并未完成，俄国历史发展的主调依然是东方而非西方模式。权力至上的国家机器控制所有的生产方式，各阶级完全俯首于国家。东方专制从何而来？普列汉诺夫不认为是出于蒙古的入侵，缘故在于财政之艰困。中央政府的高度集权需要庞大的开支，尤其是维持庞大的军队。政府要应对需求多而资源少的问题，唯有占据所有的土地，结果是农民既失去财源又被剥夺自由，就连贵族也沦为国家的奴仆。国家拥有所有的资源之后，统治者便充分掌握了被统治者的生死，规模偏小的俄国农业本由自然经济所支撑，生产只能自足，科技相当落后，生产力势必低下，于是形成了俄国的东方专制。普列汉诺夫提醒读者：东方专制使俄国趋于稳定，稳定则使自然经济遵循传统生产方式，因而缺少动力，阻碍历史向前发展，造成社会、政治、学术思想与道德生活的停滞。绝大多数的农民在停滞的农业经济下，在暴政下苟延残喘，怀忧丧志。农民以外，新兴贵族与城市居民也全由国家掌控，连教会也逐渐失去自主，每一族群都在心理上不自觉地依附独裁体制，仰望至高无上的统治者。所以，俄国的东方专制乃是基本经济现实的必然结果——落后的俄国经济更需要独裁来对付外来的安全威胁③。普列汉诺夫认为东方专制的基础是俄国的经济，基础不改，专制必然持续。

俄国社会开始快速发展的动因，不是来自内在落后的经济，而是来自具有生命力的西方邻国。俄国为了自保必须借重西方的技术与思想；借重西方，原是想要巩固传统秩序，结果反而促使旧秩序的解体，于是俄国从野蛮的东方社会转变成为文明的西方社会。彼得大帝撒下的种子终于在 19 世纪后半叶成长，自然经济转化为以货品生产和交易为主的钱币经济，资本主义新经济于焉而兴。俄国经济的西欧化无可避免地改变了原有的社会结构，出现了由资产阶级与普罗大众组成的工业城市。欧化政治虽然遮盖了俄国东方专制的色彩，但思想上

---

① 普氏于 1909 年开始撰写俄国社会思想史，他将社会思想与流行的生产模式相连接。他将同样方法运用到文艺，于 1899 年首次产生实在的马克思文艺理论。

② G. V. Plekhanov, *Istorii russkoi obshchestvennoimysli*（Moscow - Leningrade. 1925），1：pp. 11 - 12，英译本见 G. Plekhanov, *The History of Russian Social Thought*（New York：H. Fertig, 1967）。参阅 Cyril E, Black ed., *Rewriting Russian History*（New York：Vintage Books, 1956, 1962），p. 41.

③ George V. Plekhanov, *The History of Russian Social Thought*（New York：H. Fertig, 1967）.

的欧化仅限上层阶级。19 世纪出现的俄国"知识阶层"（intelligentsia），从言行到思想皆深受西欧影响，不免与俄国社会的其他层面发生矛盾，但他们又无力改变现状。普列汉诺夫认为，迟至 20 世纪初，绝大多数俄国农民一直没有受到欧化的影响，想要使野蛮人文明化，唯有依靠知识阶层，靠新的经济发展来改变社会生活的性质，这也就是他所定义的资本主义在俄国的历史意义。他虽重视俄国的资产阶级，但认为要欧化全俄国、改变旧秩序的最后社会力量还是来自无产阶级。普氏坦言：1905 年到 1906 年间俄国革命的动力来自欧化，而其失败则由于欧化之不足，特别是保守的农民未变，他们仍然生活在东方专制的阴影之下，暴力有余而理性不足。所以他认为，农村问题的解决，必须有赖于彻底清除东方专制的经济基础①。他不认为农业国家可以直接进入社会主义，而是坚持必须先经过工业化的资产阶级革命，因为没有越过资本主义阶段的捷径可走②。因此，普氏主张先引进资本主义，反对其弟子列宁的农地国家化方针，指出此路必集中国家权力，不免又使俄国退回到 19 世纪末本已动摇的、以"亚细亚生产模式"为特征的东方专制社会③。

普列汉诺夫的《俄国社会思想史》自有缺失之处，如在选择俄国思想家及其理论所代表的时代与阶级时会偶尔失之武断，在分析某一思想家时或未注意到社会背景、思想上的承继关系及外来的影响。更有批评者指责普氏将俄国知识阶层内的所有人，包括思想家、出版家、艺术家等，都视为"次一等的马克思主义者"，谓其不明白或不理解马克思主义真

理④。尽管有这些争论，普氏的这部史书，采用比较方法凸显了俄国历史发展的特殊性格，"东方专制说"有其道理，理清了不少俄国史里的谜团。我们不能低估他以经济因素来理解俄国文明进展的贡献；他从社会与经济环境中引出的心理与制度的复杂性，也极有价值。一位传记作者说，普氏在书中不时展露出他的才气，富有创见，至今仍值得一读⑤。这部未完成的历史专著可以说是马克思主义史学的一部代表作，其史家的高度在于他不以主义为教条，且有所创新。普氏洵为马克思史学的一大功臣。

另一位重要的俄国马克思主义史家则非托洛茨基（Leon Trotsky，1879－1940）莫属。他是与列宁、斯大林颉颃的俄国革命三巨头之一⑥，也是杰出的马克思主义思想家，文采风流。托氏自少年就参加革命，十九岁被充军到西伯利亚，入狱十八个月后脱逃到伦敦，与包括列宁在内的马克思主义者来往。1917 年帮助布尔什维克（the Bolsheviks）夺取政权，厥功至伟，但因政见不同，遭遇斯大林的刻意抹黑，最后流亡到南美洲，死于苏联特务之手。英国史家泰勒（A. J. P. Taylor，1906－1990）认为托洛茨基与斯大林两人相争是为了俄国的未来，甚至是为了人类的前途，而绝非为个人的恩怨。泰勒指出，托洛茨基是位浪漫的革命家，既能说又能写，是难得的长才；斯大林则毫无浪漫气息，擅长的是组织与阴谋，他深爱权力，道德在他眼里是虚伪的。斯大林希望以权力开创伟大的俄国，理念只为俄国的社会主义，所以他成为新沙皇；托洛茨基则是人文宣教士，宣扬永久革命，直到共产世界的全面建

① 曾参阅 Plekhanov, *The History of Russian Social Thought*.

② John Plamenatz, *German Marxism and Russian Communism*（New York：Harper & Row, 1954, 1965）, p. 227.

③ "亚细亚生产模式"（the Asian Mode of Production）出自 19 世纪 50 年代的马克思，要旨是亚洲社会系由在中央的专制集团统治，直接以暴力强取乡间的剩余物资。参阅 Martin Lewis, Karen Wigen, *The Myth of Continents*：*A Critique of Metageography*（Berkeley：University of California Press, 1997）, p. 94.

④ 普列汉诺夫与其批评者伊凡诺夫－拉苏姆尼克（Ivanov－Razumnik）的笔战，参阅 Samuel H. Baron, *Plekhanou, the Father of Russian Marxism*（Stanford：Stanford University Press, 1963, 1966）, p. 306.

⑤ Baron, *Plekhanou*, pp. 306－307.

⑥ Bertram D. Wolfe. *Three Who Made a Revolution*（Boston：Beacon Press, 1948, 1962）.

立①。泰勒对托、斯两人的评价十分鲜明：一个是现实主义者，另一个是理想主义者。这位英国史家遗憾苏联终由斯大林领导，而非托氏，其好恶不言而喻。

托洛茨基虽在政治上失意，功未成而身死，却成为精彩的马派史学家。他的《俄国革命史》（The Russian Revolution）三卷本完成于 1930 年，以当事人写亲历事，卓然有成，不亚于文采风流的英国史家卡莱尔（Thomas Carlyle，1795 - 1881），也不逊色于以政治家写史的英国名相丘吉尔（Winston Churchill，1874 - 1965），而就历史进程理论的掌握而言，托氏则更逾卡、丘②。他在书中特别指出：俄国与其他国家的革命道路并不相同，因为俄国经济落后，地理与气候条件、文化水平、生产性质、社会制度、对外关系都比较低下，这些因素导致俄国现代化的迟缓。俄国的经济基础是古老的农业，这不仅阻碍生产力，而且遏制了城镇的发展。他认为介于欧亚之间的俄国直到 16 世纪尚未走完封建社会的历程，只有农民革命，没有资产阶级革命。18 世纪的农民革命则因为没有城镇的接应而失败，结果更加强了集权与奴隶制。经由现代精神洗礼的贵族也因缺乏联盟而起事失败，无从挑战沙皇体制。彼得大帝为缩小东西方的差距效法西欧，施行军事与工业的现代化，但并未真正追随西方文明模式，结果造成欧战之前俄国的工业化反而强大了沙皇的政权。1905 年日俄战争爆发后，革命虽然得到部分军队与农民的支持，但薄弱的资产阶级因害怕军人与民众而作壁上观，导致革命的失败。1917 年的俄国大革命之起则由于新生的工人阶级主导，在苏维埃进步组织的领导下，成就超过了欧洲的同道。俄国经济与社会的危机重重，群众因不复能忍受现状，自觉参与革命，进入历史舞台，在革命前夕，革命热情已经形成，所以十月革命非水到渠成，而是俄国特殊情况下的产物。苏联史家批评托洛茨基过于强调革命热情、群众自觉等心理因素，认为经济危机才是唯一的解释③。托氏回应道，过于强调经济决定论，太庸俗。他说："假设将第二次的十月革命在第一次的二月革命之后八个月内完成说成是由于面包配给从 1/2 磅降到 1/4 磅，这是非常粗糙的错误。"④ 他用简单的比喻驳斥了所谓庸俗的经济决定论。我们发现，托洛茨基的见解很接近马克思在《路易·波拿巴的雾月十八日》中所言，即不能排除历史规律中的个人因素，唯物主义也没有必要忽略思想与情绪。革命由人来完成，故不能不对主要领导人的历史做出重点解释。例如，二月革命后临时政府的软弱，显然是由于领导人克伦斯基（Alexander Kerensky，1881 - 1970）的过于被动使政府陷于困惑，而列宁在十月革命里则扮演了巨大的个人角色，人们甚至可以说：没有列宁，就很可能不会有十月革命。在托洛茨基看来，个人——无论名人或无名的庶民——都属于革命的工人阶级，他们必须及时抓住机会，才能取得政权。他认为"布尔什维克"（the Bolsheviks）的成功是由于革命家重视群众，倾听了工人阶级的声音并善于利用客观环境之故⑤。

此外，从事共产党活动而在史学上有成就者，尚有意大利的葛兰西（Antonio Francesco Gramsci，1891 - 1937）与匈牙利的卢卡奇（Georg〔György〕Lukács，1885 - 1971）。这两位学者兴趣都很广泛，葛兰西治学的重点在

① A. J. P. Taylor, "The Great Antagonist", in From the Boer War to the Cold War. Essays on Twentieth - Century Europe（London：Penguin Books，1995），p. 280.

② 英国史家饶斯（A. L. Rowse）的评论，见 Isaac Deutscher，The Prophet Outcast. Trotsky，1920 - 1940（London：Oxford University Press，1963），p. 220.

③ 此书原由俄文写成，书出两年后就有英文版，参阅 Leon Trotsky，The History of the Russian Revolution Vol. 1，trans. by Max Eastman（1930），p. xviii.

④ 原文作："It would be the crudest mistake to assume that the second revolution was accomplished eight months after the first owing to the fact that the bread ration was lowered during the Period from one - and - a - half to three - quarters of a pound." Trotsky，The History of the Russian Revolution Vol. II，p. vii.

⑤ Trotsky，The History of the Russian Revolution Vol. II，p. vii.

政治理论、社会学与语言学，而卢卡奇丰富的学术著作中不乏美学与文学批评，但二人对史学都有独到之见。

一般对马克思理论的批评，多指向思想领域或上层建筑的论述，认为有欠深刻。葛兰西就特别关注语言、人类学、大众信仰以及民间习俗等领域。他受到十月革命的鼓舞，成为意大利共产党的开创人之一。然而欧战后的意大利社会主义运动因墨索里尼（Benito Mussolini，1883－1945）法西斯党的崛起而遭受灭顶之灾，葛兰西亦因之入狱。20 世纪 20 年代，他像卢卡奇一样对斯大林与共产国际的马克思主义很有意见，尤其不同意有关资本主义即将崩溃的说法。他由于长期受到监禁，写作力求隐晦；他的文字虽较难读，但难以掩饰其独特之见，尤其是他所提出的马克思传统中罕见的"群众自觉"（popular consciousness）的问题。他在狱中与外界隔离，无法也不必附和"斯大林主义"（Stalinism），这使他能维持自己独立的见解。他的概念除了"阶级自觉"之外，还有"文化霸权"（cultural hegemony）、"常识与良识"（common sense and good sense）、"矛盾自觉"（contradictory consciousness）、"有机知识"（organic intellectual）等，为后起的马克思史家提供了清晰而有效的分析范畴，特别是在上层建筑的思想层面增益了马克思史学的维度。

马派史家必须面对的一个问题是：共产革命于十月革命后，何以在西方失败？以葛兰西看来，十月革命本身有违马克思的《资本论》，不符合唯物史观的立论，因明显落后的国家反而率先完成社会转型；人们应记得，马恩明确提示：唯有高度生产力发展的国家才能完成社会革命，否则旧势力必然会反扑。俄国革命的成功与整个马克思历史唯物主义背道而驰。这岂非犯了若不站在马克思一边否定列宁

的十月革命，就以列宁证明马克思立论的错误[1]？葛兰西的自我解套很简单：各国国情不同，统治阶级权力的大小不一。他指出：统治阶级须靠国家的强制力与民间社会的认同以维持其地位，然而落后的俄国民间社会薄弱到无力配合，唯有靠国家暴力来统治，革命党也只能以阶级斗争来推翻沙皇政府。相反地，西方国家由于民间社会发达，阶级斗争便极为困难，更何况西方国家与其民间社会有着恰如其分的关系，当国家不稳定时，坚强的民间社会便会出而相挺，民间社会犹如国家的外在堡垒。当掌握国家机器的统治阶级取得民间社会的领导权。久之，无论在知识上或在道德上，都会形成如葛兰西所谓的"文化霸权"（cultural hegemony）。革命党想要在知识与道德上领导工人阶级与所有被压迫人民，就必须竞夺领导权[2]。葛兰西所提出的文化霸权以及强制与认同的辩证关系等概念为史家提供了分析阶级斗争的有用工具。他不认为哲学是超越时空的思维，而是每一时代历史意识的一个面向；他提出，每一个人的概念都是对现实中特殊问题的反应[3]；哲学可引导群众有序思考现实问题，其价值远胜于哲学天才的原创，因那只不过是少数人的资产而已。

匈牙利学者卢卡奇像葛兰西一样，也参与了左派政治活动，唯其原非马派，他早年曾受到新康德主义等唯心哲学的影响，欧战与俄国革命使他的思想激化而加入共产党，改奉马克思主义。1956 年，卢卡奇因苏联镇压匈牙利革命而离国，其后他严厉批判斯大林主义、共产国际以及苏联意识形态的马克思史观。他对马克思主义史学有很大的贡献。马克思认为资本主义的崩溃与无产阶级的解放是整个过程的一体两面，但卢卡奇认为不能把两者呆板地捏合在一起。他指出：认为资本主义在经济发展过程中必然经由危机而转向社会主义的观点是

---

① A. Gramsci, *Philosophie der Praxis*, 24, 转引自 Fleischer, Marxism and History, p. 89.

② 参阅葛兰西的文化论集 Antonio Gramsci, *Selections from Cultural Writings*：*Language*, *Linguistic*, *and Folklore*（Cambridge, Mass., Harvard University Press, 1985）.320. 另参阅 Perry, *Marxism and History*, pp. 72－78.

③ 参阅葛兰西的狱中笔记, Antonio Gramsci, *Selections from Prison Notebooks*（New York：International Publishers Co. Reprint. 1989 edition, 1971）, pp. 324－341.

错误的①。他最主要的史学著作是 1923 年出版的《历史与阶级自觉》（History and Class Consciousness）论文集，其中不仅回应并澄清了国际社会主义运动中对马克思主义的争议，而且反驳了"韦伯主义"（Weberianism）与"实证主义"（empiricism）的批评。他虽维护马克思主义，但并不盲从。论文集中最扎实的一篇是《物化与无产阶级的自觉》（"Reification and the Consciousness of the Proletariat"），被视为西方马克思主义的经典之作，卢卡奇遂成为西方马克思主义的创建者之一。卢氏谓"异化"是由于"物化"之故，指出现代资本主义使商品生产主宰社会，达到史无前例的地步，他称之为"商品崇拜"（commodity fetishism）；每一样东西都有价格，即使人际关系也不免商品化，无论农村劳力或都市劳工，都像商品一样在市场上出售，形成整个社会的"物化"。工资制度奴役劳力，造成资本主义社会的异化现象，而异化模糊了剥削的本质。卢卡奇经由分析异化现象，批评资产阶级思想的错误，亦批评超越时空的资产阶级哲学家忽略了哲学应该配合不同时代的社会需求。现代哲学无视资本主义的物质贡献，误以为形而上的思想创造了现代世界。现代哲学至黑格尔而登峰造极，马克思虽受黑格尔的影响，但因对历史动力看法与黑格尔派有分歧而与其分道扬镳；黑格尔强调的"世界精神"是人类自我意识的发展，而马克思则强调生产力与阶级斗争。卢卡奇认为，唯有马克思主义可以为历史研究提供科学方法，因资产阶级讲究史事的局部精确，无法产生涵盖全局的"全史"（total history），也不能克服异化问题。马克思与非马克思史学的主要区别就在于此。对卢卡奇的马克思主义论著，各方评价不一，有人赞赏，

也有人厌恶；苏联官方对其严厉抨击，谴责卢卡奇的政治多于学术。总之，卢氏因能吸收西方主流思潮，不讲教条、不简化学理，更以敏锐的文化感强烈批评现代资本主义，从而赢得西方学界的重视。他对马克思史学的贡献是无法被轻易抹杀的②。

四　学院派马克思主义史家的出现

二战前的马克思主义领军人物基本上都是革命家兼史家，战后才出现学院派马克思主义史家。客观环境如战争、革命、恐慌、法西斯、反法西斯都影响到战后新一代的马派史家。战后西方学院的氛围对马克思主义并不友善；马派史学之所以在学院中诞生，固然由于学者们勇气可嘉，更因马克思理论系统中自有一套史学理论，难以为学术界所漠视。有一个基本的看法是：历史由人类所造，但并不为人类的意志左右，因为人类不能选择由过去发展而来的历史环境。马派历史著作在整个 20 世纪持续不断出版，涉及的范围也很广，所以在二战后能与法国的"年鉴（Annals）学派"成为并肩的两大西方历史学派。年鉴学派反对旧史学的传记、政治史、叙事史，但马派仍重传记，擅长书写人物，最有名的是多伊彻（Isaac Deutscher，1907-1967），波兰籍马克思主义作家兼政治活动家，二战前移居英国，写出有名的三卷本《托洛茨基传》③与《斯大林传》④。马派史家亦重视叙事，如托洛茨基的《俄国革命史》就善于叙事。马派史家重视革命史，尤其关注 1789 年法国大革命，视法国革命为阶级斗争，认为革命非由大人物主导，而是由穷人、农人与群众所主导。六十年来，

---

① 参阅 Fleischr, *Marxism and History*, p. 125.

② 参阅 G. Lukács, *History of Class Consciousness*, trans. by Rodney Livingstone（London：Merlin Press, 1967, 1971）, pp. 1, 10-11, 12-13, 69, 74, 98, 102, 154-155, 184, 204.

③ Isaac Deutscher, *The Prophet Armed*, *Trotsky*, *1879-1921*（London：Oxford University Press, 1954）; *The Prophet Unarmed*, *Trotsky*, *1921-1929*（London：Oxford University Press, 1959）; *The Prophet Outcast*, *Trotsky 1920-1940*（London：Oxford University Press, 1963）, 这三大卷托洛茨基传，不仅详尽，而且对传主具有同理心，且显示出罕见的客观。

④ Isaac Deutscher, *Stalin*, *A Political Biography*, *With a New Section on Stalin's Last Years*（New York：Oxford University Press, 1949, 1967）, 这本政治传记引用了大量材料，以 600 多页的篇幅相当客观评说斯大林的一生。

以马克思主义观点书写法国大革命史者名家辈出。在法国大革命两百周年来临之际，有保守派史家重新用传统政治观点予以解释并攻击马派史家的观点，但保守派的攻击亦不能不用到马克思的概念，如生产模式与阶级斗争等等，可见这些概念仍是有效的学术工具①。

二战后的英国产生了众多著名马派史家。英国的"共产党史家团体"（The Communist Party Historians' Group）成立于 1946 年，出版了一系列历史著作，马克思主义学者又于 1952 年创办《过去与现在》（Past and Present）期刊，成为西方马派史家主要的论坛。1956 年匈牙利革命后，当地的共产党史家出亡西方，开始挑战共产国际的正统唯物史观，将古典马克思主义与斯大林主义作了明显的区割，并聚焦于下层社会的历史，诸如土匪、农夫、工人史的研究。下层史的研究强调：下层史更胜于劳工史，比经济史更具人文内涵，从下层看历史，才能看到一般劳工阶级的文化；从工人阶级的生活经验出发，才能理解经济制度对工人的压迫；只有重视促成历史转变的物质基础，才能通过经济结构真正了解社会史。

二战后冷战骤启，意识形态对立益趋严峻，西方马派史家面临着非常不利的客观环境，特别是 1956 年 2 月苏联领导人赫鲁晓夫（Nikita Khrushchev，1894 – 1971）的秘密谈话透露了斯大林统治下的政治迫害，此外还有波兰的动乱、匈牙利的革命等，都对西方马派造成难以言喻的困扰，英国的"共产党史家团"几乎因此而名存实亡。英国共产党本身也遭遇危机，危机的转机是"新左派"（The New Left）的诞生。新左派是一群左翼活动分子，在欧美知识潮流中兴起，经常参与 20 世纪 60 年代的学生运动。高潮出现在 1968 年 5 月，法国发生大规模群众抗议运动。新左派也指 20 世纪六七十年代激进左派的政治运动，参与者多半是大学生和年轻的知识分子，他们的

目的是要求种族平等，停止军备竞赛，不干预外国事务，以及要求政治、经济、社会与教育的改革等。当时英国当道的辉格党（the Whigs）自由派史学因保守派（the Tory）的攻击而式微，马派史家遂顺势而上，焕发新的学术生命，得与非马派史家共同商榷社会史，共同反对保守派史家以党派利益为主的史观。马派史家也起来挑战当时为资本主义说好话的"克拉彭学派"（Clapham School），此派居然说根本没有工业革命，工业资本的发展也并无不良后果。马派与实证派史家积极回应挑战，经过 20 世纪 80 年代的辩论后，最大的成就是促成了社会史的勃兴：史家从下层社会入手，使劳工史研究现代化，对革命史研究也有新的贡献，如注意到革命期间的群众。英国的马派史家在工人运动兴起之际，学术园地与风气较为宽松，更无批判斯大林的顾忌，可以畅所欲言。

训练有素的马派史家中有名望颇高的希尔（John Edward Christopher Hill，1912 – 2003），他在 1965 年到 1978 年间出任牛津大学贝利奥尔学院（Balliol College）院长，专精于 17 世纪英国资产阶级革命史，影响很大。他称"下层史"为"虫眼之见"（worm's eye view）或称"颠倒的历史"（upside down history），即从不同的角度看历史。他最有名的作品就是 1972 年出版的《颠倒的世界》（The World Turned Upside Down），书中用了许多前人未知的小册子里的激进言论，探讨激进派思想所激发的社会情绪以及革命信仰如何出其不意地产生，类此种种述论皆颇为详尽，具有创意②。他与英国保守派、自由派史家都不同调，认为英国的资产阶级革命是一条必走之路，资产阶级革命就是要排除资本主义发展的障碍，这些皆呼应了马克思《资本论》所言。希尔谓：英国在 17 世纪初还是个三流国家，经过 1640—1660 年的革命，发生重大的转变后才

---

① 诸如 Georges Lefebvre，*The Coming of the French Revolution*（Princeton：Princeton University Press，1947，1979）；George Rudé，*The Crowd in the French Revolution*（London：Oxford University Press，1959，1972）；Michel Vovelle，La Révolutionfrancaise – 3e édition：1789 – 1799（French Edition）Kindle Edition.

② 参阅 Christopher Hill，*The World Turned Upside Down：Radical Ideas during the English Revolution*（1972），pp. 12，292 – 293.

与世界接轨。他所说的资产阶级革命论不是"决定论"（determinism）①，而是可由各阶层作不同的整合；17 世纪 40 年代的群众运动足以激化内战，直到 1688 年的光荣革命后，英国才稳定下来。希尔利用诗人、作家、史家、教士各色人等的材料去了解时代的脉动，书写下层社会史，但并没有忽略上层人物及其思想的重要性。他又谓：热情甚至狂热导致斯图亚特王朝（1603—1714）的中兴；不过，他仍然认为思想的渊源在于经济，并未背离马克思主义的基本观点。他于 20 世纪 80 年代声望达到巅峰，十年后有翻案派出来批评他，说英国内战是偶发事件，结果微不足道云云，翻案派这般强词挑战，主要抨击其马派论点，未能完全推翻希尔具有学术深度的论证②。

英国马派史家中最受重视者应属汤普森（E. P. Thompson，1924 – 1993），他就读于剑桥大学，二战后完成学业。他是共产党员，所以毕业后求教职并不很顺利，只当上里兹（Leeds）大学的讲师。汤氏受斯大林主义的震撼之后创办了《新理性人》期刊（New Reasoner），后来合并为《新左派评论》（New Left Review），提倡人间的正义、道德与权利，组成新左派以伸张"社会主义的人道主义"（socialist humanism）。他成为最有名的英国新左派史家，代表作《英国工人阶级的形成》成书于 20 世纪 60 年代，叙述 1790 到 1830 年间英国工人阶级如何产生自觉，以及工人如何应对雇主等议题③。第一部分探讨由工业革命产生的工人的传统，论及异议（dissent）、暴民统治（mob rule）、大众正义（popular justice）、英国人出生权（Englishmen birthright）等议题。第二部分探讨因工业革命导致工作环境的恶化以及政治、社会与教会的压榨，英国工人从 1780 到 1832 年间陷入贫穷困苦，他们

发觉自己与另外的人群在利益上有明显的矛盾，遂感受到为工人共同的利益与命运必须一起对抗统治阶级的必要性，从而产生了工人阶级的自觉。至 1832 年，英国政治已无法再漠视工人阶级的利益。其书的最后部分谈到，工人阶级自有自觉之后，"阶级"不再是理论上的建构，而成为人际关系的现象。汤普森特别提到个人对阶级的贡献，因阶级毕竟由个人所组成。他说：阶级经验多取决于生产关系，后者是天生的，而阶级自觉则出自由文化表述的传统思想、制度及价值系统；如果说经验是决定的，觉悟则不是。自觉或意识需要上层建筑的文化，并不一定受制于生产与生产关系。虽然有人质疑 19 世纪初是否已有一致的工人阶级意识、工人是否已有明显的政治立场，但汤普森毕竟提出了劳工史研究的新见，有其严谨之处，故其书曾被喻为最有影响力的社会史著作。他从庶民（劳工）看历史，同情工人阶级，为被压迫者请命，不但证据相当充分，且有诗般的文字，其作品提高了马派史学的水准。他的社会史研究也有原创意味，将文化在经济语境中表现出来；他绝不讳言重视文化，还指出了穷苦大众与统治者之间的文化冲突；他接纳年鉴学派讲究的语言、文化史、人类学与心态史等概念，习惯与不同学派对话，深化了下层社会史的研究；他受惠于马克思，也可以说在某些方面超越了马克思的史学观点，以工人阶级的文化史观补马克思所见全体工业社会之不足。汤普森的马克思史观确有令人眼睛一亮的感觉，他在西方成为极有影响力的马派史家，可谓实至名归④。

美国虽也有不少左派知识分子，犹太裔中尤多，但以马克思理论著述的史家非常罕见，资产阶级史家才是当道的主流。笔者偶尔发现

---

① "决定"认为，包括人的行动在内，最后皆取决于外在力量而非自由意志。

② 例如美国耶鲁大学一位著名的荣退教授赫克斯塔以一整章的篇幅批评希尔的史学方法，虽评之甚为严厉，但仍承认希尔是博学而多产的史家。参阅 J. H. Hexter. On Historians: Reappraisals of the Masters of Modern History (Cambridge, Mass.: Harvard University Press, 1970), chapter 5, p. 228.

③ 参阅 E. P. Thompson, The Making of the English Working Class (New York: The Vantage Books, 1980).

④ 汤普森马克思主义史学的成就与广大的影响，可参阅 Perry, Marxism and History, pp. 99 – 107, 另参阅汤普森的访谈录，自述其史学思想，见 Maro et al., Visions of Historians with E. P. Thompson (New York: Pantheon Books, 1976, 1983), pp. 5 – 23.

一位出色而少为人知的美国马派史家詹姆斯·艾伦（James S. Allen，1906 – 1986）。他毕业于宾夕法尼亚大学，为美国共产党党员，著作颇丰，尤精于美国非裔史。在此且以他所著的美国内战后的"重建史"（Reconstruction）为例说明他的治学特点。艾伦视美国内战为革命运动，将"重建"视为内战的延长——从军事行动转向政治斗争，其目的为稳固北方的胜利战果；艾伦认为，北方最初的计划是要继续用革命手段重建南方，证据为：北方曾有意在战败的南方建立普遍的民主，彻底消除奴隶制度，保障人民的自由，甚至要武装黑奴来达到重建的目标。然而查理·萨穆（Charles Summer，1811 – 1874）的"民权法案"之遭遇狙杀使革命浪潮衰退，北方逐步向反革命势力投降，于是解放后的黑人完全没有得到民主权利。萨穆氏认为原因在于：反革命势力在重建时期得到半封建农村经济势力的支持，土地问题因之无法解决，故此，民主重建的失败主要是经济因素。原来蓄养黑奴的大庄园虽被解除，资本主义机制下的农田拥有者及自由劳工虽已出现，但半封建状态仍然存在，资产阶级未能对战败的阶级及时专政，使得战败阶级得到喘息的机会，大庄园庄主的经济影响力仍然存在，仍能在政治上施展压力，甚至重新在战败的南方取得实权。同时，工业资本主义的兴起使得革命的攻击目标从奴隶结构转移到财团结构，导致资产阶级为了自身利益而与右翼结盟。最终，至 1877 年，反革命势力与北方达成协议，终于在南方获得胜利[1]。在无数的美国内战史与战后重建史写作中，这是一部很特殊的著作，其特殊之处在于发挥了马克思理论并且言之成理，自成一家。

五 西方马派史家间的一场论辩

英国马克思主义者于 20 世纪 50 年代后期曾有过一场激烈的论辩，由马克思主义结构派挑战"从下层看历史"的一派。马派史家"从下层看历史"，视野扩大到妇女史、性别史、历史社会学及新文化史，但这海纳百川的一派，遭遇到讲究结构的马派史家的批评。"结构主义"（structuralism）盛于 20 世纪 50 年代，语言学家、人类学家及社会学家都认为，特定力量形塑了人类社会与行为的结构。结构派强调历史非人所能造，故其反对人文因素，坚持结构的长期发展，也就是说：特定社会的长期发展是在社会生产模式的结构中起起落落。结构派的主要理论家是法国人路易·阿尔都塞（Louis Althusser，1918 – 1990）[2]，他批判"从下层看历史"是一种"人文主义"（humanism），认为人是社会结构里不自觉的因素，没有自由意志。这一点引起反对者的回击，认为他不仅忽略人为因素，而且有"合理化斯大林主义"之嫌疑。马克思显然是要结合"结构"（structure）与"人事"（agency），前者是物质基础，后者是上层建筑。阿尔都塞却认为：作为人道主义青年的马克思经过了"知识论的突破"（epistemological break），已经是结构主义派了。所以在他看来，马克思主义并不认为人能创造历史，故此，人不是历史的主动力量，而是"结构的承受者"（bearers of structure）。阿尔都塞在 20 世纪 70 年代声望颇高，有不少的呼应者[3]。结构派反对使马克思理论沦为史事的实证方法，认为史事是产生出来的而不是天生的，历史写作不过是产生文本，文本只是代言，所以历史不断要改写[4]。结构派强调抽象理论，贬低人为因素，抹杀史事的重要性。值得注意的是，有不少历史学者追随阿尔都塞的学说，不顾历史研究的本质，认为历史没有价值，史学甚至不足以成为学科。结构派在历史学界产生

---

① James S. Allen, *Reconstruction* (New York：International Publishers，1937).

② 出人意料的是，此人在 1980 年掐死他的社会学家妻子，法院判定他患有精神疾病，没有受审而被送进心理诊疗所，无多作为。他被认定是结构派，但有时候也批评结构派，不知是否与他的精神状态有关。

③ 最值得注意者如 Barry Hindess, Paul Q. Hirst, *Pre - Capitalist Mode of Production* (London：Routledge & Kegan Paul，1975).此书以抽象理论论述马克思生产模式并不是演进的过程，不仅反马派反对，马派也有反对者，自不意外。

④ Hindess and Hirst, *Pre - Capitalist Mode of Production*, p. 311.

影响后，导致汤普森的强力反弹，他于1978年出版《理论的贫困》一书，认为阿尔都塞的说法将历史知识沦为神话，简直是在否定历史知识①。汤普森甚至认为阿尔都塞不仅在毒化历史，也在毒化马克思主义。于是出现了社会人道主义与阿尔都塞结构主义两元对立的现象。

阿尔都塞并非完全无据，他利用马克思的下层建筑与上层建筑的比喻，强调下层是社会的经济基础，指出上下层是固定的、不容改变的、历史结构不是人为的。但汤普森指称：此说无异将历史视为停滞的结构，而非前进的过程，抹杀了人为因素，也拒绝了辩证法。他批评结构主义的僵化好像是为儿童制造的一套机器人玩具②。结构派之批评汤普森，可以归纳为三个要点：（1）过于强调文化与经验；（2）掩盖关键的生产模式；（3）拒绝理论而倾向实证，即所谓"反对理论的文化主义"（anti - theoretic culturalism）。汤普森的回应是，他并非仅仅重视文化，而是强调文化与生产模式应该并重。其实，汤普森与希尔都理解经济基础与上层建筑是马克思唯物史观的重中之重，他们反对的是僵硬的理论与滞呆的语言，认为除科学方法之外，也应讲求带有诗性的见识，以便深入洞悉人生；他们不抛弃说历史故事的艺术，不但无意否定唯物史观，更意欲振兴之，认为分析是科学，文字表现是艺术，结合两者才是美事！

阿尔都塞强调理性与科学，但汤普森认为阿尔都塞有理性而无实证，其理论不免沦为神学。阿尔都塞以为其唯物史观哲学系统是科学的，但斯大林何尝不自认为他的世界观也是科学的？二者都视历史为走向无可改变的必然进程。汤普森认为，历史既非可以实验的自然科学，也非纯粹的逻辑发展，历史有其自身的逻辑，因而会不断出现新的内容与证据，不可能是一成不变的发展。汤普森一代的马克思史家在西方的大学内占有一席之地，得与资产阶级

史家交流与对话，彼此受到影响。古典马克思主义在西方学院里，作为一种理论总是比较具有吸引力，汤普森名气较大，不无原因。

另一位被汤普森批评的马派史家是多产的佩里·安德森（Perry Anderson，1938 - ），他是英国人，在美国执教，也属《新左派评论》幕后的要角。他研究英国史颇有一套说法，认为英国自17世纪以来的工业化虽然使经济结构改变，但并未动摇上层建筑，贵族地主权力并没有改变，从中产生了乡村资本主义，到了19、20世纪，资本主义进而成为帝国主义，形成了强大的保守势力，成为"霸权"（hegemony），使无产阶级难以出头，工党也难有作为，以至于左派变成了新自由主义的信仰者。换言之，英国的资本主义先天不足，导致资产阶级未能完全成长，劳工阶级没有资产阶级革命的印象。总之，正是英国发展模式的缺失，导致了20世纪无产阶级革命的危机③。

汤普森批评安德森拘泥于结构的马克思主义，将贵族地主与乡村资本相混淆。经济基础变了，而上层居然未变，这是唯心主义，而非唯物主义。汤普森对阶级也有不同看法，他认为工人能自己组成阶级，阶级有文化因素，阶级关系是过程，并非停滞不变的，阶级可在特定事件的斗争中形成。汤普森强调阶级组成的主观性（class for itself），但并未忽略客观性（class in itself）。如果说他过度强调主观性，也许因为他觉得主观性——包括文化、认同、经验等——都遭遇到忽视。汤普森与希尔这一代新左派马克思史家反对斯大林主义，倾向拥护古典马克思主义，强调人文因素，重新肯定人创造历史，但仍然认为文化扎根于物质基础，所以仍然可以说是马克思主义者④。

马派史家在内部斗争之余，同时受到西方史学界各路人马包括实证派、历史社会学派、后现代主义派的抨击。这些流派指责马派

---

① E. P. Thompson, *The Poverty of Theory* (London：Merlin Press，1978，1995)，p. 225.
② "A conceptual Meccano set"，语见 Thompson, *The Poverty of Theory*, p. 359.
③ 参阅 Perry, *Marxism and History*, pp. 124 - 126.
④ 参阅 Perry, *Marxism and History*, pp. 112 - 120.

"无法排除意识形态的包袱","扭曲史实以支撑其说",是"经济约化论"和"历史决定论"。但是这些责难,按马派法国史家米歇尔·伏维尔(Michel Vovelle,1933 – 2018)所说,不过是"对庸俗马克思主义的庸俗批评"(vulgar criticism of vulgar Marxism)①。伏维尔的意思是说:批评者的批评固然很庸俗,被批评的马克思主义亦非原汁原味,也很庸俗——他应该指的是斯大林将马克思主义教条化,其粗暴干预历史写作使马克思主义史学严重政治化的做法。战后苏联又将其体制传入东欧,并误将斯大林主义等同于马克思主义。英国马派史家虽然公开反对苏联的独裁体制与恐怖统治,与之划清界限,但仍受到西方主流史家的批判,后者不仅反对斯大林主义,也不赞同马克思主义,不过是以斯大林主义来打击马克思主义。

西方马克思主义史学于 20 世纪 70 代后期出现危机,当时女性主义与环境主义方兴未艾,引人入胜,而马克思主义未能及时在理论上提出新的知识论,同时马派内部的结构主义与人文主义的辩论既无结果也无共识,结构主义甚至沦为后现代主义。整个政治氛围也甚为不利:美、苏在 20 世纪 80 年代冷战期间意识形态斗争激烈,美国总统里根(Ronald Reagan,1911 – 2004)与英国女首相撒切尔(Margaret Thatcher,1925 –2013)领导着西方世界,使政治保守势力大盛,工人阶级的实力遭遇挫折。从 1989 年到 1991 年,东欧社会主义国家的变天以及苏联的解体对西方马派也有着深刻的负面影响。美国女史家希梅尔法布(Gertrude Himmelfarb,1922 – 2019)在此背景下提出意识形态下的历史书写问题,她怀疑马派史家在政治压力下缺乏道德勇气,所以,她不认为马派是严肃的学者,因他们受制于马克思意识与共产党政策;她更指出,1956 年匈牙利革命是英国马派的转捩点,使欧洲最受敬重的期刊之一《过去与现在》的编者退党,

虽然刊物仍维持历史唯物主义。希梅尔法布强调:马克思史学背负"意识形态的负担"(the burden of ideology)②,使学术难以摆脱政治的纠缠;就连马派著名史家霍布斯鲍姆都有因这种纠缠而被孤立的感觉,史学领域出现的强大的"反马正统论"(anti – Marxist orthodoxies)③ 使得马派备受压力,有人甚至濒临精神崩溃的边缘。

对苏联的解体,西方马派没有回应,这使西方马克思主义史学更被边缘化。其实,不仅仅是马克思主义史学受到挑战,整个西方史学在 20 世纪八九十年代都面对后现代风潮的冲击。由马派史学带起的劳工史与社会史在 20 世纪 90 年代也因后现代风潮而产生了危机,后现代主义中的后结构主义、女性主义等都敌视马克思主义,也有马克思主义者投向后现代主义阵营,例如后现代主义大师福柯(Michel Foucault,1926 – 1984)与德里达(Michel Derrida,1930 –2004)都曾经是共产党员。后现代论者利用 1989 年苏联的瓦解,提出社会史已无正当性,将马克思主义再度等同于斯大林主义,诋毁其为机械的经济决定论,甚至将社会史等同于马克思主义,于是出现因反马克思而反社会史的现象。后现代主义转向语言、象征、符号,使史学研究日趋碎片化,取代了从下层看历史的风尚。后现代派主张脱离全史,彻底否定历史的科学性,德里达创造了 signification 这一新词,意为"创造意义"(the act of creating meanings),而意义极有弹性,因语言有无穷尽解释的可能性,文本成为一切,结构成为方法,没有"叙述"(narrative),只有"话语"(discourse)。就此而言,后现代主义根本是唯心史观。马派势必要与之抗衡,遂揭露后现代理论乃是有违理性的尼采主义,无论语言、文本、话语都是"反基础论者"(anti – foundationalists)。马派史家并未忽略语言,也讲求字句取用、字义轻重、语境

① 语见 Michel Vovelle, *Ideologies & Mentalities*(Chicago: The University of Chicago Press, 1990), p. 3.

② Gertrude Himmelfarb, *The New History and the Old*: *Critical Essays and Reappraisals*(Cambridge, Mass. : Harvard U – niversity Press, 1987), 90.

③ Henry Abelove, *Visions of History*, Labour/Le Travail(1985) 16 361, 33.

解释。不过唯心派认为：即使是历史语言也不过是一系列"不相连接的语言典范"，而非社会关系中人间互动具体的表述。马派坚决反对知识上的相对主义，强调客观思维与行动，马克思明言"理论与实际的结合"（the unity of theory and practice）。怀疑可以促进学术，但不能如后现代主义般无限上纲。历史知识即使是暂时的，但持续研究必可增加新知。后现代主义讥笑马克思主义已成为"恐龙"，但马派指出：后现代的语言决定论又何异于他们所谴责的经济决定论？马派也批评后现代的"语言形式主义"（linguistic formalism），难以苟同对历史作非理性的看法。后现代史观无异于"历史相对主义"（cultural relativism），误认为史家无法重建确切的过去，只能代言，而代言又无准则，所以是相对的。后现代主义攻击马克思主义，简单地将马派主张的全体论比作"集权论"，后现代理论欲解除史家解释历史的责任，但难掩其理论的硬伤，而马派批评资本主义导致广大人民的贫穷，反而呈现出开阔而切中实际的面向，也有与其他学派相呼应的弹性，见到浴火重生的契机，从而赢得西方主流学界的敬重。英国著名经济学家希克斯（Sir John Hicks, 1904 - 1989）在他《经济史理论》书中说，凡是对历史有兴趣者都会用到马克思的概念与词汇①。年鉴学派主将布罗代尔（Sir John Hicks, 1904 - 1989）的名著《十五至十八世纪的物质文明、经济和资本主义》②三卷本一再提到马克思。马派史家深耕"下层社会史"（History from below），诸如英国马派史家鲁德（George Rudé, 1910 - 1993）的《法国大革命中的群众》、汤普森的《英国工人阶级史》，以及希尔的《颠倒的世界》（The World Turned Upside Down），都对当代社会与经济史的研究产生了深远的影响，激励着对女权史与黑权史的研究领域的开拓，其后出现如美国社会学家杜波依斯（W. E. B. Du Bois, 1868 - 1963）的《美国的黑人重建》③与英国社会学家罗博瑟姆（Sheila Rowbotham, 1943 - ）女士的《隐没的历史：三百年女权奋斗史》④等书，逐渐形成风气。

西方马派史学转向文化史与微观史也有迹象可寻，其研究涉及文明起源、农业发展、阶级社会的兴起、工人语言等议题。前述马派史家沃维尔（Michel Vovelle）也是闻名西方的心态史家，在其名著《意识形态与心态》⑤中，他明言心态史与马克思主义之间可进行有效的对话，并指出1932年出版的马派史家乔治·勒费弗尔（Georges Lefebvre, 1874 - 1959）的专著《一七八九年的大恐慌》，深入研究由法国大革命引发的动乱与恐慌，描述乡间神经紧绷、社会几乎崩溃的实况，叙事巨细靡遗，成为精彩的大恐慌心态史，有助于深层理解整个法国大革命的历史，也有助于理解古往今来其他诸多的革命运动⑥。勒费弗尔堪称20世纪最有成就的社会史家之一，他以研究法国大革命与农民生活闻名于世，其下层社会史后来为英国的马派史家所普遍引用。

霍布斯鲍姆评估西方马克思史学如下：马克思在非社会主义国家的影响今大于昔，即其反对者亦认知到马克思主义对史学的重要性，多数西方史家都从学习马克思开始，虽未必以马克思作终结⑦。德国的维勒也不是马派，但他的五卷本《十八到二十世纪德国社会史》⑧

---

① John Hicks, *Theory of Economic History* (New York：Oxford University Press, 1973).

② Fernand Braudel, *Civilization and Capitalism*, *15 to 18 Centuries* (Berkeley & L. A.：University of California Press, 1973).

③ W. E. B. Du Bois, *Black Reconstruction in America*：*An Essay Toward a History of the Part Which Black Folk Played in the Attempt to Reconstruct Democracy in America*, *1860 - 1880* (New York：Simon and Schuster, 1999).

④ Sheila Rowbotham, *Hidden from History*：*300 Years of Women's Oppression and the Fight Against It* (London：Pluto Press, 1975).

⑤ Vovelle, *Mentalities and Ideologies*, p. 7.

⑥ Georges Lefebvre, *The Great Fear* of 1789：*Rural Panic in Revolutionary France* (New York：Random House, 1973).

⑦ Eric Hobsbaum, *On History*, p. 169.

⑧ Hans - Ulrich Wehler, *Deutsche Gesellschaftsgeschichte - Vierter Band*：*Vom Beginn des Ersten Weltkriegsbiszur Gruend - ung der beidendeutschen Staaten 1914 - 1949* (Munich：Verlag C. H. Beck, 2003).

也用到马克思的理论。马克思主义对现当代史学的重要影响是毋庸置疑的。

六 结语

回顾过去的一百五十年，马克思主义史学在西方资本主义社会里有着持续不断的影响，一直使西方主流史学感到威胁；马派对主流派的批评多有所回应，也能面对后现代史学的挑战，依然是史学的一大宗派。马克思的历史观出自对于人类的强烈关怀，他早年就感受到历史是"人性化"的过程，强调人与人相处应该有尊严、自由、庄重与理性。然而他在 1844 年的"巴黎手稿"（Paris Manuscript）中就注意到生活在没有心肝的"政治禽兽王国"（the political animal kingdom）中的被奴役的阶级；他说禽兽也能"生产"，人之所以异于禽兽，仅是具有自觉意识[1]；他意识到人性化的过程就是要解放所有被奴役的无产阶级人民，谓"解放德国人就是解放全人类"（the emancipation of the German is the emancipation of man）[2]。解放，必须经过阶级斗争的革命过程，终点则是共产主义的实现，到达终点之后，社会发展不再需要政治革命，也就是人道主义的完成，所以历史是人真正成为人的过程，最后人类自我完成，到达理想的终点站。他的早年手稿已提出自古至今以及人类未来的全景，甚具吸引力[3]。诚如出身哈佛大学的犹裔美国著名经济学教授曼德尔·鲍勃 Mandell M. Bober, 1891－1966）所说："若将马恩评价为无心的狂热主义者，是对他们两人的生平以及努力目标的误解。"[4] 美国哥伦比亚大学著名社会学家密尔（Charles Wright Mill, 1916－1962）虽对马克思的资本主义理论与阶级斗争理论颇有微词，但认为马克思是西方传统的"人道主义思想家"（humanist thinker）。密尔认为"若不掌握马克思的思想，就不可能成为有素养的社会学家"[5]。

然而马克思主义的目的论仍然引起批评与误会。许多背离马恩原意的诠释——特别是在冷战期间，出于意识形态的尖锐对立不免将斯大林主义等同马克思主义，用严苛的集权主义来掩盖人道主义。西方的马派史家因而试图摆脱斯大林主义，排除目的论的过度乐观，不再认为没有斗争、没有阶级的乌托邦世界即可到来，于是回归到马克思实实在在的人道主义乃成为大势所趋。不过，马派史家在西方大环境下也不得不有所适应。马克思主义史学进入学院后，不免成为建制派的一部分，虽然无法从根本上改变建制，但建制派多少会受到影响，例如警觉到从下层看历史流于碎片化的弊端，也有马派史家出于对改变政治现实的悲观，抛弃了工人阶级能自我解放的可能性。同时，近三十年来马克思主义在学术研究上没有产生新的重大建树，遂引起"马克思史学是否已在西方式微"的疑虑。自 20 世纪 80 年代以来，由于后现代风潮的冲击，马克思主义史学与西方主流史学同样受到严厉的质疑与挑战，但当风潮过后，马克思主义史学仍然屹立不摇，不仅能够提供良好的史识，且能够关照到历史的整体发展，足可与新韦伯主义、实证主义相抗衡。无论如何，马克思史观重视历史之变迁，探究人性及社会生产的演化，对史学方法应大有启发。当今世界，资本主义仍在弊端丛生中蔓延，批评者并不少，但马克思仍是对资本主义最深刻的批评者，马派史家自能在欧美历史学界立于不败之地。

马克思对世界史有规划，他规划的是全体人类历史的进程，此一进程具有一定的法则，法则的有效性则有赖于实证的完备。马克思及

---

[1] 引自 M. M. Bober, *Karl Marx's Interpretation of History* (New York：W. W. Norton, 1927, 1965), p. 92.

[2] 语见 Karl Marx, *Toward the Critique of Hegel's Philosophy of Right*, 引自 Lewis S. Feuer ed., *Marx and Engels, Basic Writings on Politics and Philosophy* (New York：Doubleday, 1959), p. 266.

[3] Fleischer, *Marxism and History*, p. 16.

[4] 原文是 "To evaluate Marx and Engels as no more than heartless firebrands is to misunderstand their lives and the aim of their labors", 语见 Bober, *Karl Marx's Interpretation of History*, p. 94.

[5] 参阅 C. Wright Mills, *The Marxists* (New York：Dell, 1962), p. 11. 此书出版于美苏冷战的 20 世纪 60 年代, 颇受瞩目。

其学派所依据的主要是西方的历史经验与资源，恩格斯虽有所补充，但仍有踵事增华的余地，如"亚细亚生产方式"（Asiatic Mode of Production）并不完善，对于原始社会的论断也不符合现代人类学的研究。西方马派史家有意致力于马恩未竟之业，欲更上层楼，因为马克思本人不曾说过他的学说不可修改，所以基于唯物史观的历史研究更加趋向多元化。有愈来愈多的马派史家从事具体史事的论述而少讲宏观的理论，但他们也有共识，认为历史不是自然科学，不可能定于一尊。同时马克思史学已经成为西方史学重要的一部分，其理论确也有助于理解人类从何而来，与其他学派足以攻错，影响了西方的主流史学，职是之故，今之欧美历史学界往往不论学派，只注重个别著作的程度高下，尽量不做政治或意识形态的论辩。

距马克思墓木之拱已有一百三十余年，他的身体早已物化，但他的思想并未过时，即使敌视他的人也不得不接受他的许多观点。2008年的世界经济大崩盘，证明了许多经济学家的理论是错误的，而马克思的观点是对的。经过时间的考验，马克思史学应有其永恒的价值。西方一些汉学家曾批评说，刻意将中国史去适应马克思五阶段说，是"一种新的中国缠足"（a new sort of Chinese foot-binding），原因是：如马克思所说，他的理论乃是建立对当代西方社会的研究上的。他把出自西方的理论，视为涵盖包括中国在内的整个人类历史，此乃彼时西方社会的风气，并非马克思真认为他的学说可以不论时地，涵盖所有的人类社会①。马克思与恩格斯既有意于考查整个世界从原始社会到终极的无阶级社会出现的全景，则东方经验断不可少，中国史家大可以根据中国的历史与文化经验，完成"马克思的未竟之业"（Try to do what Marx himself did not yet do）。譬如说，马克思认为农民革命在欧洲不重要，但在中国却是由农民革命完成了解放无产阶级的任务。然而农民革命是如何以物质基础来推进的？如何以马克思主义来解释东方历史？马克思主义史学百余年来一直在完善中，国内有众多的马克思主义学院，研究者是否应思考，站在马、恩等巨人的肩上，如何才能看得更高、见得更远？凡是能使马克思史学理论更加增益完善者，都应被视为马克思与恩格斯的真正后昆。

（原载《文史哲》2021年第1期）

---

① G. D. H. Cole, *The Meaning of Marxism*（Ann Arbor：University of Michigan Press, 1966），p. 82.

当代西方史学理论的人文反思评析

董立河[*]

摘　要：20 世纪中后期以来，人文学科反思西方史学理论的成果表明，现代"理论"概念与其古典含义之间存在连续性。历史学家对于历史的理论和实践活动统摄于"观看"范畴。作为一种对历史本体的整体性"观察"，"历史理论"不仅注重认知维度，而且强调伦理和审美维度。在史学研究中，"狭义的史学理论"是对历史知识内在本质的"观看"，既是认识论也是方法论。作为一种对知识前提或假设的分析和批判，"狭义的史学理论"有利于"历史理论"的合理化和明晰化，但也可能导致后者人文魅力的削减。对于史学实践来说，"狭义的史学理论"在一定意义上是根本性和构成性的。历史研究应是经验性范畴和超越性范畴相统一的活动。构建一种令人信服的中国史学学科体系、学术体系和话语体系，还需要加强"史学理论"的开拓与创新。

关键词：史学理论　历史理论　狭义的史学理论

理论与实践问题几乎存在于人类认识活动的一切学科领域中。无论在哪一门学科中，人们通常都不会轻视理论对于实践的重要性。具体到历史学领域，有关史学理论与史学实践之间关系的认知也是如此。针对经验主义对辩证法的蔑视，恩格斯曾说："对一切理论思维尽可以表示那么多的轻视，可是没有理论思维，的确无法使自然界中的两件事实联系起来，或者洞察二者之间的既有的联系。"[①]虽然恩格斯说的是自然科学中理论与经验的关系问题，但它对于历史学同样适用。人们已经越来越认识到，对于史学和史学家来说，史料固然重要，但理论亦不可或缺。而且，从某种意义上说，历史科学性的决定性因素在于理论而非史料。在法国年鉴学派代表人物布罗代尔看来："通史总是要求一种或好或坏的总体模式，史家据此对事件进行阐释。'没有理论，就没有历史。'"[①]

20 世纪 80 年代中后期，美国加利福尼亚大学圣克鲁兹分校教授沃劳德·高泽西通过对"理论"（theory）一词的词源考察，认为现代意义上的"理论"指代的是一个概念体系，"它旨在对某个知识领域进行全局性的解释，由于它是一种思辨性的知识形式，通常被当作'实践'（praxis）的对立面"。他还指出，"理论"的这一现代含义主要出现在康德以后。[②]在很多人看来，如此定义下的"理论"不值得信赖，是一种空洞的说教或抽象的概念。然而，我们可以发现，"实践"并非总是与"理论"针锋相对，从一定意义上说，其本身就是"理论的"。正如海德格尔所言，"'实践的'行为并非在茫然无视（sightlessness）的意义上是'非理论的'（atheoretical）。它与理论行为的区别不可简单归结为，后者需要观察，前者需要行动，或者，为了不至于盲目，行动必须运用理论认知；其实，观察也是一种

---

　* 董立河：北京师范大学历史学院教授。

　① F. Braudel, *Capitalism and Material Life*, *1400 - 1800*, London：George Weidenfeld and Nicolson Ltd., 1973, p. xi. 其中，"没有理论，就没有历史"是德国经济学家威纳尔·桑巴特（Werner Sombart）的名言，被布罗代尔奉为自己的治史格言。

　② Wlad Godzich, "Foreword：The Tiger on the Paper Mat", in Paul De Man, *The Resistance to Theory*, Minneapolis：University of Minnesota Press, 1986, pp. xiii - xiv.

操劳，行动也有自己的视，二者同样源始"①。在这里，海德格尔把"理论"看作一种"视"或"观察"。

其实，"理论"的现代和古典含义之间并未产生根本性的转变。当代西方史学理论家海登·怀特认为，theory 一词源于希腊语动词 theorein（名词形式为 θεωρία，theoria），意思是"看"（look at）、"观看"（view）、"看待"（regard）、"注视"（contemplate）、"审视"（survey）、"观赏"或"旁观"（spectate）、"推测"（speculate）等。从词源学的角度来看，theorein（to theorize，理论化）除了具有"观看"的基本含义外，还有"斟酌"（consider）、"去征询神谕（或圣贤）"（going to consult an oracle）和"据他物判定某物"（judging of one thing by another）等意思。这通常与危机感或问题意识相关。也就是说，当出现某种特异现象，人们无法从惯常的角度"观看"时，问题就出现了，疑惑和危机感也会随之产生。为了解决问题、解答疑惑和摆脱危机，人们就会费神地反复"斟酌"，也要不辞劳苦地去征求神谕或圣贤的意见，还需通过比较其他现象以做出艰难的判断。② 根据海登·怀特的看法，作为一种"积极的思想"，"理论的思想方式"实际上是力图在人们所"看到"的东西和有关人们所感知到的东西的思想之间发现问题，也就是将其问题化（problematize）。③ 这就是说，"理论"是一种自觉能动的而非自然而然的"观看"，它要求"理论家"（观看者）必须开动脑筋，在普通人熟视无睹之处发现问题、转换观点、创新理论。此外，"观看"也不是自然天成的，应该"将观看自身'视'为一个问题"④，而且要对"观看"本身进行反思，弄清楚其何以可

能。这些都需要艰苦的思考和缜密的论证。

因此，现代"理论"概念与其古典起源概念之间存在连续性。一方面，后者除了最初的"观看"之义，也具有普遍性和概念性的特征；另一方面，前者除却其公认的思辨性内涵，还具有特殊性和视觉性的维度。"理论"既是一种视觉性的"观看"，也是一种思辨性的"思想"。"理论"是对事物内在本质的"占有"和"观照"。人离不开观看和思想，因而天生是一种理论生物。套用贝克尔"人人都是他自己的历史学家"的句式，我们也可以说，"人人都是他自己的理论家"。

一 "历史理论"及其认知、伦理和审美维度

在希腊语中，ιστορία（历史）有"观察"（observation）之意，也与"观看"相关。⑤ 希罗多德的《历史》其实是一份对于希腊和波斯战争的"观察"报告。如果说"观看"或探究个别事件的产物是"历史（作品）"，那么"观察"作为个别历史事件之总体亦即整体历史的结果便是"历史理论"。

黑格尔对世界历史的整体性思考，被其称为"哲学的世界历史"，它不是对世界历史的诸多一般性观察（observation），而是对世界历史本身的总体观察，又被其称为"历史哲学"。所谓"历史哲学"，在黑格尔那里不过是一种"有关历史的思想"⑥。在这里，"历史哲学"亦即"历史理论"。不过，由于涉及"历史"一词，我们有必要对这两个概念作进一步的分析和说明。

笔者曾对"历史哲学"的相关概念进行过辨析。⑦ 在笔者看来，所谓"历史哲学"

---

① Martin Heidegger, *Being and Time*, trans. John Macquarrie and Edward Robinson, Oxford: Basil Blackwell, 1962, p. 99.

② Hayden White, "Figural Realism in Witness Literature", *Parallax*, Vol. 10, No. 1, 2004, pp. 113, 123.

③ Hayden White, *Figural Realism: Studies in the Mimesis Effect*, Baltimore & London: The Johns Hopkins University Press, 1999, "Preface", p. viii.

④ Hayden White, "Figural Realism in Witness Literature", p. 113.

⑤ H. G. Liddell, R. Scott and H. S. Jones, eds., *A Greek-English Lexicon*, Oxford: Clarendon Press, 1940, p. 842.

⑥ George Wilhelm Friedrich Hegel, *Vorlesungen über die Philosophie der Geschichte*, Frankfurt: Suhrkamp, 1989, S. 11, 20; G. W. F. Hegel, *The Philosophy of History*, trans. J. Sibree, Kitchener: Batoche Books, 2001, pp. 14, 22.

⑦ 参见董立河《思辨的历史哲学及其对于历史学的价值》，《中国社会科学评价》2017 年第 3 期。

（philosophy of history），即"关于历史的哲学"（philosophy about history）。依据"历史"一词的两种基本含义，加之"哲学"一词的不同含义，"历史哲学"通常指向两个不同的方向：一是对于历史事件进程的概观，亦即英国史学理论家沃尔什（W. H. Walsh）所说的"思辨的历史哲学"；二是对于历史思维过程的反思，亦即沃尔什所说的"分析的和批判的历史哲学"或"史学哲学"①。

若依循上述思路，"关于历史的理论"（theory about history），应该是"历史理论"（theory of history）。其同样应该具有两个不同的取向：一是关于历史事件进程的"理论"，二是有关历史思维的"理论"。但是，根据当前国内学界约定俗成的界定，"历史理论"这个词仅仅指前者，人们用"狭义的史学理论"（historical theory）概念指代后者，而用"广义的史学理论"（本文统称为"史学理论"）概念涵盖这两个取向。本文采纳学界通行的这个概念界定。我们将"历史理论"等同于"思辨的历史哲学"，将"狭义的史学理论"等同于"分析的和批判的历史哲学"或"史学哲学"，而将"广义的史学理论"等同于一般的"历史哲学"。②

作为有关历史事件进程的"理论"，"历史理论"是对历史本体的"观看"或"思想"，因而有时也被称为"历史观""历史思想"或"历史本体论"，属于柯林武德所说的"第一级理论"或"第一级思想"。作为有关历史思维的"理论"，"狭义的史学理论"是对历史知识的"观看"或"思想"，因而有时也被称为"史学观""史学思想"或"历史认识论"，属于"第二级理论"或"第二级思

想"，也就是"元理论"或"反思"。

海登·怀特详细讨论了人文学科特别是历史领域的"理论"，认为它不仅具有审美维度，还有伦理维度，却较少关注认知维度。怀特强调理论的道德面相，他认为理论有好坏之分或是非之别，没有真假之别。所谓理论的好坏，主要指的是在道德上是否负责任。海登·怀特注重的是理论的实用性。在他看来，评判理论的唯一标准在于，它是否有利于提升人类整体的目标或目的，特别是道德的或政治的目的。"理论本质上是思辨性的和商议性的，不能用基于事实的证伪标准来衡量，因而，理论也就不存在真假问题……理论所要求我们考虑的是，从某个角度出发，什么被我们允许算作事实、真相、合理性和道德性，等等"；海登·怀特几乎同样重视理论的审美意蕴，而且他并不否认其认知面相；有关理论不必考虑真假的说法，不过是他对人们过分纠缠于理论的认知方面的过度反应。③ 他其实是要说明，理论首先是一个伦理和审美问题，而不仅仅是或并非主要是认知问题。在怀特看来，理论本质上是思辨性的和商议性的，其道德性和论辩性因素多于事实性或经验性成分。也就是说，按照怀特的认识，如果说理论也有对真理的诉求（当然是有的），它首先应当是一种"价值之真"，其次才是"事实之真"。笔者曾指出，作为"思辨的历史哲学"的历史理论虽具有一定的局限性，但它对于历史学仍具有积极的意义和价值。④ 此外，"历史理论"的认知、伦理和审美维度更值得我们深入思考。

"理论"并非不考虑认知的真理问题。在人文科学领域，"理论"既重视莱布尼茨（Gottfried Wilhelm Leibniz）所说的"推理真

---

① 为了便于指称和分析，对于"分析的和批判的历史哲学"，有学者采用"史学哲学"（philosophy of historiography）这样一种简单明快的称谓。参见韩震：《西方历史哲学导论》，山东人民出版社 1992 年版，第 2—3 页；Aviezer Tucker, *Our Knowledge of the Past: A Philosophy of Historiography*, New York: Cambridge University Press, 2004; Aviezer Tucker, ed., *A Companion to the Philosophy of History and Historiography*, Oxford: Blackwell Publishing Ltd., 2009; Jouni–Matti Kuukkanen, *Postnarrativist Philosophy of Historiography*, New York: Palgrave Macmillan, 2015.

② 参见何兆武主编《历史理论与史学理论——近现代西方史学著作选》，商务印书馆 1999 年版，《编者序言》，第 1 页；沃尔什：《历史哲学——导论》，何兆武、张文杰译，广西师范大学出版社 2001 年版，《译序一：沃尔什和历史哲学》，第 11 页；何兆武、陈启能主编：《当代西方史学理论》，上海社会科学院出版社 2003 年版，《绪论：西方史学理论的发展》，第 1 页。

③ Hayden White, *Figural Realism: Studies in the Mimesis Effect*, "Preface", pp. viii–ix.

④ 参见董立河《思辨的历史哲学及其对于历史学的价值》，《中国社会科学评价》2017 年第 3 期。

理"，也不排斥"事实真理"①。而作为人文领域中针对历史经验的一种理论形态，"历史理论"更不可能忽视认识的真理问题。按照常识性看法，就某种"历史理论"而言，它越是符合其所"观察"对象的实际情况，就越能够揭示历史的规律性，也就越容易被人们视为一种"科学的"历史观，并因其客观性或真实性而获得人们的信赖。正如沃尔什所言，"一种历史阐释理论，如果它声称自己有某种正当性，就必须是一种确实的经验假设，所依据的是对历史变化的实际事实的缜密研究"②。但实际情况却是，那些具有长久吸引力的"历史理论"似乎并非总是具备充分的经验根据。奥古斯丁神学历史观的影响力和感召力显然远远大于孔德（Auguste Comte）的三阶段理论。这说明，对于"历史理论"来说，获得人们信赖的最重要因素，并不仅仅在于甚至并不主要在于其认识的真理性，更在于价值的真理性。

人们对于"历史理论"的认同，主要来自它的价值因素而非事实因素。"某个特别的理论之所以能够打动我们，是因为它无论是在理智上还是在情感上，都同样具有吸引力或令人反感。因此，我们对它的态度，与其说是一个中立观察者的态度，倒不如说是一个虔诚信徒的态度。我们接受或拒斥这个理论的最终理由乃是，我们想要（want）它是真的或是假的。"③也就是说，就"历史理论"而言，与它所阐释的真实状况同样重要甚至更为重要的是人们所期望的状况。任何"历史理论"都无法避免价值判断，都包含某些道德的、政治的甚至宗教的先验预设。德国历史学家梅尼克说："若不顾及价值，要探索历史中的因果关系是不可能的……在对因果关系探索的背后总是直接或间接涉及对价值的探索。"④而且，

历史理论家或哲学家大都认为历史具有积极价值，也就是说，历史进程是在朝着人类满意和希望的方向前进。他们研究的目的之一便是思考历史朝向美好状态前进的可能性。"对于历史，哲学家的任务就是要表明，无论最初的表面现象如何，历史在双重的意义上是一个合理的过程：一方面是按照一种可理解的计划在行进，另一方面是朝着一个为道德理性（moral reason）所称许的目标在前进。"⑤在沃尔什的这句话中，第一个方面涉及的是认识之真，第二个方面强调的是价值之真。

任何真正的历史理论都是对包含过去、现在和未来的历史进程的总体把握。历史理论并非单纯地回望过去，它还立足于现在，更瞩望未来。确切来说，历史理论是从当下或未来的视角出发，对于历史过往的一种"观察"。正如德国比勒费尔德大学史学理论教授西蒙所言，"作为时间变化结构的包含过去现在未来的历史是历史的意义创造（historical sense‐making）的前提。这同样适合于所有'历史的'大众活动，也适用于职业化和制度化的历史学"⑥。这里的"历史的意义创造"，是一种面向未来的"历史的伦理学"。也就是说，历史理论家或史学家出于对未来的美好愿景，基于对过去和现在事态的思想观念，通过书面文本的形式，从"无意义"（non‐sense）中创造某种意义（make a sense）。正是这种对未来负责的"历史的伦理学"，激发了古今中外历史学家的历史书写。在中国史学史上，所谓"经史不分"，其实体现的是伦理观念对于历史修撰的规范和引领作用。在西方史学史上，对后世负责的伦理取向激发了希罗多德以来历史学家的工作，特别是他们的各种创新性努力。希罗多德自称其著史的目的是保存希腊人

---

① 北京大学哲学系外国哲学史教研室编译：《西方哲学原著选读》上卷，商务印书馆1981年版，第482页。

② W. H. Walsh, *Philosophy of History*：An Introduction, New York Harper Torchbooks, 1960, p. 103.

③ W. H. Walsh, *Philosophy of History*：An Introduction, p. 104.

④ Friedrich Meinecke, "Historicism and Its Problems", in Fritz Stern, ed., *The Varieties of History*；From Voltaire to the Present, New York：Meridian Books, Inc., 1956, pp. 268, 273.

⑤ W. H. Walsh, *Philosophy of History*：An Introduction, p. 123.

⑥ Zoltán Boldizsár Simon, *History in Times of Unprecedented Change*：A Theory for the 21st Century, London：Bloomsbury Academic, 2019, p. 166.

和异邦人那些可歌可泣的丰功伟绩，特别是为了把他们之间发生战争的原因记载下来，永垂后世。

前述所谓"无意义"，指的是一种历史本身的"混乱"或"道德无序"状态，也就是席勒所谓崇高的景观。① "崇高"是一个美学术语，历史的崇高性是历史审美性的主要体现。受到席勒的启发，海登·怀特认为，历史本体的崇高性是人类产生自由感的基础，从而是创造伦理价值的理由。② 正是这种"崇高"的历史无意义，才激发了历史理论家和历史学家的伦理需要，促使他们为了更好的未来而进行理论构建或历史书写。无论是犹太基督教的末世论历史神学，还是启蒙时代的进步主义历史哲学，以及它们影响下的历史编纂，都反映了这样一种面对混乱和无序而去创造意义的伦理冲动。在春秋时期，"礼崩乐坏"的道德无序状态，也可以被理解为一种"崇高"景观，它引发了孔子写作《春秋》的伦理动机，即"世衰道微，邪说暴行有作，臣弑其君者有之，子弑其父者有之。孔子惧，作《春秋》。"③

西方史学史（the history of historiography）的发展历程是将超越性（transcendence）范畴从历史分析中驱除出去的一场漫长斗争，一场历史学抵制历史理论的斗争。④ 但是，历史学家始终会自觉或不自觉地受到历史理论的影响。即便是标榜如实直书而反对探究历史规律性和统一性的兰克（Leopold von Ranke），其历史著作中也暗含着一种"历史理论"。英国史学史学者古奇（G. P. Gooch）指出，在《拉丁和条顿民族史》导论中，兰克"力图找出'从民族大迁徙运动'时期起拉丁和日耳曼民族之间的统一性……这样，就可以看出它们具有一个共同的发展过程"⑤。

而且，如上所论，"历史理论"虽然也会顾及认知的有效性，但并非全然是对客观历史进程的精确描绘，它包含无法剔除的伦理的、审美的或政治的普遍原则，从而具有某种实用性和先验性。历史不仅需要用经验性范畴来予以描述，也需要用超越性范畴来加以引导。正如黑格尔所言，"即便是普通的、'不偏不倚的'历史著作家，他相信且声称自己秉持一种纯粹接受的态度，仅仅致力于给定的史料——其思维能力的运用也绝不是被动的。他离不开自己的范畴，而且只有通过这些范畴才能看到呈现在其心目中的现象。尤其是在居科学之名的各种领域中，理性不可沉睡不醒——反省应该充分发挥作用。谁用合理的眼光看世界，世界就会向他呈现出合理的样貌。二者的关系是相互的"⑥。

不过，我们切不可因此而放松对"历史理论"之实证性的要求。尽管黑格尔作为一个唯心主义者，其历史哲学的确有让史料适合先验范畴的倾向，但他也重视范畴和现实之间的互动，不轻视经验史料和实证根据。因此，马克思才说，"黑格尔完成了实证唯心主义"，虽然他的确是把"整个历史变成了思想的历史"⑦。恩格斯也认为，虽然黑格尔的思维方式是唯心的和抽象的，但其背后则是"巨大的历史感"，其"思想发展却总是与世界历史的发展平行着，而后者按他的本意只是前者的验证"⑧。黑格尔这种可谓实证的唯心史观，

① Friedrich Schiller, ([1801] 2001), *On the Sublime*, trans. William F. Wertz, Jr., The Schiller Institute, available online: http://www.schillerinstitute.org/transl/transl_on_sublime.html (27 December 2018).

② Hayden White, *The Content of the Form: Narrative Discourse and Historical Representation*, Baltimore: The Johns Hopkins University Press, 1987, p. 72.

③ 《孟子集注》卷6《滕文公章句下》，朱熹：《四书章句集注》，中华书局1983年版，第272页。

④ Benedetto Croce, *History as the Story of Liberty*, trans. Sylvia Sprigge, New York: Meridian Books, 1955, pp. 132–138. See Hayden White, "Ibn Khaldûn in World Philosophy of History", *Comparative Studies in Society and History*, Vol. 2, No. 1 (Oct., 1959), p. 110.

⑤ 乔治·皮博迪·古奇：《十九世纪历史学与历史学家》上册，耿淡如译，商务印书馆1989年版，第176页。

⑥ G. W. F. Hegel, *The Philosophy of History*, pp. 24–25.

⑦ 《马克思恩格斯文集》第1卷，人民出版社2009年版，第510页。

⑧ 《马克思恩格斯选集》第2卷，人民出版社2012年版，第12页。

是马克思创立唯物史观的直接理论前提。唯物史观既具有经验和实证的认知真理性，也备面向未来的崇高价值理想，是一种兼具科学性和人文性的"历史理论"。

二 "狭义的史学理论"的内涵及其历史形态

如果说"历史理论"是对历史本体的一种整体性观察，是一种历史本体论，那么，"狭义的史学理论"则关注历史知识何以可能的问题，是一种历史认识论。柯林武德有时也称其为"历史思想的哲学科学"，其研究的是"主观性历史"，亦即"运行于历史学家头脑中并体现在其历史书写中的思维"①。这是一种对于思维或思想的再思想，因而是反思性的。在他看来，"狭义的史学理论"的核心问题是："历史学的根本性质、意义、目的和价值问题，亦即，历史学是什么？"②这个核心问题所涉及的主要问题包括：历史知识的真实性和客观性何以可能？历史知识在整个知识版图中的地位是什么？历史思维与诸如自然科学思维或艺术思维等其他思维形式的关系如何？"狭义的史学理论"是对于历史学本质的一种"把握"或"透视"。

沃尔什对"狭义的史学理论"之作为历史认识论的理解与柯林武德的看法是一致的。他认为，"狭义的史学理论"主要探讨的是"历史思维的性质"，亦即它区别于其他思维形式的主要特点，讨论的是历史思维的"前提预设"，以及历史思维产品的认识论特性。这样的认识程序，由于是从历史学家思考历史问题的事实出发，旨在弄清历史学家工作的真正内涵，因而是"纯粹反思性的"③。沃尔什将"狭义的史学理论"所涉及的主要问题划

分为四组：（1）历史思维的性质问题；（2）历史中的真理与事实问题；（3）历史客观性问题；（4）历史中的解释问题。④显然，这四组问题与柯林武德所说的核心问题没有什么区别，只是对历史学性质问题的不同问法，它们相互关联相互依赖，对其中任何一个问题的回答都是对其他问题的回答。至于沃尔什的第四组问题，它不仅涉及历史解释相对于科学解释的性质问题，而且也因此关涉历史学家解释历史事件的方式方法问题，因而实际上也是一个历史学方法论问题。

其实，历史认识论本身会指向一套以之为根据的历史学方法。"狭义的史学理论"既是历史认识论，也是历史学方法论，是一种"有关历史学方法的逻辑"⑤。在历史认识论与历史学方法论的关系上，前者是后者的前提和基础，后者借由前者而得到阐明，并证明自身的合法性。一旦在哲学层面回答了历史学的性质问题，历史学方法论问题就会迎刃而解。比如，如果像狄尔泰（Wilhelm Dilthey）和柯林武德等所论证的那样，历史学是一门独立于自然科学的自律性学科，从而不同程度地被定性为一种艺术，那么，历史学就应该通过"移情"的方式，致力于对研究对象的"理解"（understanding）或"阐释"（interpretation）。如果像孔德和亨普尔（C. G. Hempel）等所论证的那样，历史学实际上是一门不具有自身独立性的自然科学，那么，它就应该借助普遍规律或假设，致力于对研究对象的科学"解释"（explanation）。

另外，对于上述历史认识论和历史学方法论问题，历史学无法从自身找到解答，而需要诉诸哲学。比如，关于历史思维的性质问题，需要在与（自然）科学思维和艺术思维的比较中，在有关人类思维的一般哲学概念下才能

---

① R. G. Collingwood, *The Idea of History*, NewYork：Oxford University Press, 1994, p. 434.

② R. G. Collingwood, *The Idea of History*, p. 348.

③ W. H. Walsh, *Philosophy of History：An Introduction*, p. 28. 何兆武也认为，分析派"历史哲学的任务应该就是（或者至少，首先而且主要的就是）对历史的假设、前提、思想方法和性质进行反思"。参见何兆武、陈启能主编《当代西方史学理论》，《绪论：西方史学理论的发展》，第 9 页。

④ W. H. Walsh, *Philosophy of History：An Introduction*, pp. 16 – 25.

⑤ R. G. Collingwood, *The Idea of History*, p. 434.

获得真正的解答。正是在这种意义上，柯林武德才说，"历史的方法论问题不是简单地把我们引向一种专门的历史哲学，而是引向一种完全一般的或普遍的哲学，引向作为整体的哲学"①。

因此，"狭义的史学理论"又被柯林武德析分出三个层面：普遍的纯粹的哲学、对历史学本质的哲学反思和历史学方法论。前两个层面是形式，第三个层面是内容。形式和内容之间存在互动关系。对历史学本质的哲学理解，是解决具体的历史学方法论问题必要的前提条件，而历史工作的具体经验或方法，则可以例证有关历史学本质的普遍定义。"形式使内容成为可理解的（intelligible），内容使形式成为现实的（actual）。"② 也就是说，"狭义的史学理论"其实是一种哲学，但不是纯粹的哲学，而是聚焦于反思史学本质的哲学，"是对历史学先验概念的阐述，是对作为一种普遍的和必然的思想活动形式的历史学的研究"③。无论是"先验的概念"，还是"普遍的和必然的思想活动形式"，都是一些哲学层面的"前提假设"。总之，"狭义的史学理论"是围绕"历史学是什么"这一核心问题对历史学的一种哲学反思或"观看"，是我们在思考历史学时头脑中所产生的一系列普遍的和必然的哲学前提或思想。

作为哲学反思和历史思维的一种自觉结合，"狭义的史学理论"是现代思维的产物。在 19 世纪之前，虽然西方人一直都是在历史中思想和生活着，而且也在历史学方面达到了较高水平，但无论是历史学家还是哲学家，从来没有系统地和自觉地反思过历史思维或历史学本身的性质问题。这一时期进入哲学视野的，古代是数学的基础问题；中世纪是上帝与人的关系问题；16 世纪至 18 世纪是自然科学的基础问题。当时，历史学在学科体系中始终处于被忽视和被冷落的边缘地带。而且，这一时期的大部分哲学家对历史学持不同程度的怀疑态度。④ 18 世纪开始出现了哲学和历史学相互靠近的倾向。伏尔泰（François – Marie Arouet Voltaire）在这一时期首次提出了"历史哲学"（philosophie de lhistoire）的概念，在意大利哲学家和历史学家詹巴蒂斯塔·维柯（Giambattista Vico）那里，哲学和历史学完成了初次结合。

而且，在康德的批判哲学出现之后，的确具备了对历史学认知条件进行真正哲学反思的可能性。《纯粹理性批判》（Kritik der reinen Vernunft）对"纯粹的数学和自然科学何以可能"问题的解答，必然会导致"作为科学的历史学何以可能"问题的提出。但康德关于历史的论文，特别是《世界公民观点之下的普遍历史观念》（Idee zu einer allgemeinen Geschichte in weltbürgerlicher Absicht），阐述的是一种有关人类普遍历史进程的思辨的历史哲学，而不是有关历史认识条件的批判的历史哲学。正如格鲁内尔所言，"康德本人并没有创立批判的历史哲学。康德的批判仅限于知识领域与道德行为领域的独断形而上学，而他的历史哲学仍旧是思辨的、目的论的、形而上学的"⑤。在康德的时代，甚至在整个启蒙时代，与如日中天的牛顿自然科学相比，历史学仍然是暗淡无光和无足轻重的，哲学对历史知识居高临下的观点和态度始终没有发生根本性变化。因此，这一时期"历史学何以可能"这个历史认识论问题仍不可能存在。

尽管康德并没有创立批判的历史哲学，但他的《纯粹理性批判》为后来的历史理性批判提供了范例，并决定了后来批判的历史哲学的发展方向。费希特（Johann Gottlieb Fichte）最先用康德先验哲学的认识论原则来考察历史学的逻辑特点，其历史哲学是从批判哲学土壤

① R. G. Collingwood, *The Idea of History*, p. 349.

② R. G. Collingwood, *The Idea of History*, p. 349.

③ R. G. Collingwood, *The Idea of History*, p. 357.

④ R. G. Collingwood, *The Idea of History*, pp. 4 – 6；Rudolf Unger, "The Problem of Historical Objectivity：A Sketch of Its Development to the Time of Hegel（1923）", *History and Theory*, Vol. 11, Beiheft 11, 1971.

⑤ 格鲁内尔：《历史哲学——批判的论文》，隗仁莲译，广西师范大学出版社 2003 年版，第 174 页。

中培育出来的第一株历史理性批判的"禾苗"。① 然而，这是一株没有开花结果的"禾苗"，它没有对历史科学和"狭义的史学理论"产生实质性影响。随着历史学在 19 世纪的空前繁荣和兴盛，直到 1874 年布拉德雷（F. H. Bradley）的《批判历史学的前提假设》（*The Presuppositions of Critical History*）出版，特别是 1883 年狄尔泰的《精神科学导论》（*Einleitung in die Geisteswissenschaften*）问世，② 以及文德尔班（Wilhelm Windelband）和李凯尔特（Heinrich Rickert）相关著述的发表，③ 康德的批判哲学才开出了历史理性批判的"花朵"。1905 年，德国社会学家和哲学家西美尔（Georg Simmel）明确提出了"历史学怎么成为可能"的问题。④ 此后，在 20 世纪前三四十年中，新黑格尔主义哲学家克罗齐（Benedetto Croce）和柯林武德进一步回答了这个康德式问题。总之，从 19 世纪 70 年代至第二次世界大战前，康德式批判哲学思想与历史学完成了一次深度融合，因而可以被称为"批判的历史哲学"时期。在这一时期，偏重人文"理解"或"阐释"的历史学自主性主张占据了明显优势，虽然这种历史主义主张是在反驳孔德、穆勒（J. S. Mill）和巴克尔（H. T. Buckle）等老一辈实证主义者的过程中发展出来的。

虽然早在 1938 年，雷蒙·阿隆（Raymond Aron）在其《历史哲学导论》（*Introduc-tion à la philosophie de lhistoire*）以及曼德尔鲍姆（M. H. Mandelbaum）在其《历史知识的问题》（*The Problem of Historical Knowledge*）中，通过讨论因果解释和历史理解的关系问题，开启了分析的路径，但直到 1942 年亨普尔的《普遍规律在历史学中的作用》⑤ 一文的发表，"分析的历史哲学"⑥ 才真正形成。正是凭借亨普尔提出的基于普遍规律的历史解释模式，侧重科学解释的新实证主义科学统一论，才获得了同诠释学的历史理解理论相抗衡的力量。虽然期间也夹杂着承续于柯林武德的盎格鲁—撒克逊诠释学，以及继承狄尔泰的德国诠释学，但有关覆盖律和因果解释等问题仍支配西方"狭义的史学理论"讨论长达 30 多年。⑦

随着 1973 年海登·怀特《元历史学》（*Metahistory：The Historical Imagination in Nine-teenth - Century Europe*）的发表，西方史学出现了"语言学转向"，也就是叙事主义或后现代历史哲学。后现代主义从文本和话语层面论证了历史学的虚构性，从而对历史客观性构成了不容忽视的挑战和威胁。因此，从 20 世纪末特别是进入 21 世纪以来，部分西方史学理论家开始尝试超越后现代主义，指向一种新的史学理论范式。在当前所谓的"后—后现代"阶段，史学理论家们试图在反思先前理论的基础上，重新阐释历史学的客观性基础，重建历史理性信念。⑧

---

① 关于费希特对历史认识的康德式批判，参见 R. G. Collingwood, *The Idea of History*, pp. 109 – 110.

② 根据格鲁内尔的观点，"批判的历史哲学是后康德主义、后费希特和后黑格尔的。批判的历史哲学是从狄尔泰开始的。"参见格鲁内尔：《历史哲学——批判的论文》，第 176 页。

③ 文德尔班和李凯尔特的相关代表性著作分别是《历史与自然科学》（*Geschichte und Naturwissenschaft*，1894）和《自然科学概念形成的界限》（*Die Grenzen der Naturwissenschaftlichen Begriffsbildung*，1896 – 1902）等。

④ 参见西美尔：《历史哲学问题——认识论随笔》，陈志夏译，上海译文出版社 2006 年版，《第二版序言》，第 1—2 页。

⑤ Carl G. Hempel, "The Function of General Laws in History", *The Journal of Philosophy*, Vol. 39, No. 2, 1942, pp. 35 – 48.

⑥ 与人们把"批判的历史哲学"和"分析的历史哲学"不加区别地混称的做法不同，笔者倾向于将其视为两种风格各异而又前后相继的历史哲学形态。这种区分法能够在国内外某些学者那里找到支持。比如，法国哲学家利科把那些主要产生于欧陆国家的史学思想称为批判的历史哲学，而把后来英语国家从分析学派出发对历史认识的研究路数称为分析的历史哲学。参见保罗·利科《法国史学对史学理论的贡献》，王建华译，上海社会科学院出版社 1992 年版，第 28 页。国内学者周建漳也同意这种区分法。参见周建漳《20 世纪西方历史哲学概观》，《厦门大学学报》1999 年第 2 期。

⑦ Frank Ankersmit, "Historical Experience Beyond the Linguistic Turn", in Nancy Partner and Sarah Foot, eds. , *The SAGE Handbook of Historical Theory*, London：SAGE Publications Ltd. , 2013, p. 424.

⑧ 关于"后—后现代史学理论"，参见董立河《后—后现代史学理论：一种可能的新范式》，《史学史研究》2014 年第 4 期。

三 "狭义的史学理论"与"历史理论"的关系

"历史哲学"（广义的史学理论）被区分为"思辨的历史哲学"（历史理论）和"批判的或分析的历史哲学"（狭义的史学理论）两大部分，是沃尔什于 1951 年在其《历史哲学导论》（Philosophy of History：An Introduction）中首先明确提出来的。后来，加登纳在其所编著的《历史理论》（Theories of History）中，将"历史哲学"（philosophy of history）划分为"两个各具特色的部分"；一部分是"有关历史进程的阐释"，亦即"思辨的规划与体系"；一部分是"有关历史知识的性质"，亦即"对历史研究程序、范畴和术语的分析"。与前者不同，后者是在"一种完全不同的意义上"对"历史"进行哲学审视的，"其任务不在于揭橥总体历史进程的'意义'或模式，而在于集中讨论从业史学家实际上是如何阐释其主题的，并试图揭示作为真正历史思维之基础的前提假设"[1]。显然，在对"历史哲学"划分以及对其两种形态的理解上，加登纳与沃尔什是完全一致的。这种划分法在学术界已经"如此广泛地被接受，而且成为基础"[2]。

其实，在沃尔什和加登纳之前，克罗齐和柯林武德[3]已经在事实上形成了对"历史理论"和"狭义的史学理论"的区分。在《历史学的理论与实际》一书中，克罗齐认为，由于失去了"积极性"，作为超验目的论的"历史哲学"[4]的确"已经死了"。但是，"什么也不能禁止我们继续谈论'历史哲学'和对历史的哲学化……什么也不能禁止我们将有关历史知识论（historical gnoseology）的研究称为'历史哲学'，尽管在这种情形下，我们所探讨的并非严格意义上的历史（history）的历史，而是史学（historiography）的历史，这两个词在意大利语和其他语言中习惯于用一个词来予以指称"[5]。也就是说，在克罗齐的头脑中，已经有了两种"历史哲学"的不同概念，一种是作为超验目的论的"历史哲学"，也就是"思辨的历史哲学"；另一种是作为历史知识论的"历史哲学"，实际上是"史学哲学"（"狭义的史学理论"）。

对于历史哲学之"思辨的"与"批判的和分析的"两种路径，人们通常抱持明显不同的态度：前者是声名狼藉的，后者是令人尊敬的。虽然沃尔什也认可了思辨的历史哲学的正当性，但是，他显然更重视批判的和分析的历史哲学。[6] 史学理论家费恩将"思辨的历史哲学"和"分析的历史哲学"形象地比作"苦咸的沼泽"和"清澈的湖泊"[7]，而他本人更能够在阅读思辨作品时收获欣喜，在"苦咸的沼泽"中自得其乐。他因而试图"在分析的传统内复兴思辨的历史哲学"，"将思辨的历史哲学的心脏移植到分析的躯体内"[8]。那么，费恩的"移植手术"是否可行？它能够成功吗？这同时关涉"思辨的历史哲学"和"分析的历史哲学"之间的关系问题。

费恩试图从分析历史哲学家丹图那里寻求启发和突破。在其《分析的历史哲学》中，

---

① Patrick Gardiner，ed.，*Theories of History*，Glencoe：The Free Press，1959，p. 8.

② 威廉·德雷：《历史哲学》，王炜、尚新建译，生活·读书·新知三联书店 1988 年版，第 2 页。

③ R. G. Collingwood，*The Idea of History*，"Introduction"，pp. 1 – 7.

④ 在这里，克罗齐所说"历史哲学"并不等同于"广义的史学理论"，而是相当于"历史理论"或"思辨的历史哲学"。

⑤ Benedetto Croce，*Theory and History of Historiography*，trans. Douglas Ainslie，London：George G. Harrap & Co. Ltd.，1921. p. 81.

⑥ 在《历史哲学——导论》中，他详细探讨了批判的和分析的历史哲学的几个论题，但仅稍嫌粗略地介绍了康德、赫尔德、黑格尔和马克思等几个在他看来是思辨的历史哲学家的历史思想。

⑦ Haskell Fain，*Between Philosophy and History：The Resurrection of Speculative Philosophy of History Within the Analytic Tradition*，Princeton：Princeton University Press，1970. p. 13.

⑧ Haskell Fain，*Between Philosophy and History：The Resurrection of Speculative Philosophy of History Within the Analytic Tradition*，p. vii.

丹图区分了"思辨的历史哲学"①和"分析的历史哲学"。他说:"分析的历史哲学……并非仅仅与哲学相关:它就是哲学,只不过是应用于特殊概念问题的哲学,这些概念问题有的来自于历史实践,有的则出自于实质的历史哲学。"②然而,费恩认为,丹图自己对一般的分析哲学特别是分析的历史哲学的描述会导致不同的理解。因为,丹图在该书前言中说:"对我们思考和谈论世界的方式的哲学分析,最终会在我们不得不考量它时变为对世界的一般描述"③,该书即是致力于"对历史思想和语言的分析,并将其呈现为一个论证和说明的网络系统,最后的结论则构成为一种有关历史存在的描述性的形而上学"④。费恩据此推论说,"有关历史存在的描述性的形而上学"实际上会指向一种思辨的历史哲学。在他看来,对历史思想和语言的哲学分析必然有助于理解历史本身,正如对象棋思想和语言的分析必然有助于理解象棋本身。⑤由此,费恩淡化了"分析的历史哲学"与"思辨的历史哲学"之间的严格分野,从而使得"思辨心脏"向"分析躯体"的"移植"成为可能。与此类似,沃尔什在《历史哲学导论》中也曾谈到,"思辨的历史哲学"与"分析的历史哲学"所讨论的有关历史解释等问题紧密相关。⑥"思辨的历史哲学"包含涉及因果关系问题的"历史决定论",显然与分析派历史哲学家所关注的论题存在交集。而且,即便是"思辨的历史哲学"中探寻历史幽微意义的方面,也对分析派哲学家们具有一种难以抵挡的吸引力。

我们也应该看到问题的另一面。毕竟,"思辨的历史哲学"与"分析的历史哲学"是两种在内容和风格上迥然不同的思想路径。前者萦心于历史进程的规划与阐释,后者执着于历史事实的确立和解释;前者迷恋对历史意义的隐微洞悉,后者强调对历史概念的明晰分析。二者分别属于冯·赖特所说的有关理解和解释的两个判然有别的西方思想传统:亚里士多德传统和伽利略传统。⑦二者之间的矛盾也可以在英美哲学和欧陆哲学的纠葛中得到理解。因此,费恩的"移植"方案可能有些理想化,是出于他对"思辨的历史哲学"的偏爱,而且,即便移植成功,也很可能产生"排异反应"。其实,明晰分析导致的往往是对隐晦思辨的质疑而不是认可。从历史上看,作为"分析的历史哲学"前身的早期实证主义,成为"思辨的历史哲学"在19世纪下半叶衰落的逻辑前提。

与属于实证主义传统的"分析的历史哲学"相比,"批判的历史哲学"和"思辨的历史哲学"因其共同的德国式思想基因而具有更大的亲和性。大部分批判的历史哲学家属于新康德主义者或新黑格尔主义者。批判的历史哲学家大都是历史主义者,强调对个体生命的体验、理解和阐释,这也与思辨的历史哲学对人类历史整体意义的目的论阐释相契合。实际上,克罗齐就被布洛克(Alan Bullock)列为与黑格尔、斯宾格勒(Oswald Spengler)和汤

---

① 他称之为"实质的历史哲学"(substantive philosophy of history)。

② Arthur C. Danto, *Analytical Philosophy of History*, New York: Cambridge University Press, 1965, p. i. See Haskell Fain, *Between Philosophy and History: The Resurrection of Speculative Philosophy of History Within the Analytic Tradition*, p. 222.

③ Arthur C. Danto, *Analytical Philosophy of History*, New York: Cambridge University Press, 1965, p. i. See Haskell Fain, *Between Philosophy and History: The Resurrection of Speculative Philosophy of History Within the Analytic Tradition*, pp. 222 - 223.

④ Arthur C. Danto, *Analytical Philosophy of History*, New York: Cambridge University Press, 1965, p. i. See Haskell Fain, *Between Philosophy and History: The Resurrection of Speculative Philosophy of History Within the Analytic Tradition*, p. 223.

⑤ Haskell Fain, *Between Philosophy and History: The Resurrection of Speculative Philosophy of History Within the Analytic Tradition*, p. 223.

⑥ W. H. Walsh, *Philosophy of History: An Introduction*, p. 27.

⑦ 一般说来,亚里士多德传统属于目的论或终极因论,它试图通过概念使事得到目的论意义上的阐释或理解;伽利略传统则属于因果论或机械论,它力图根据普遍规律或假设对现象进行解释或预测。冯·赖特的说法参照了伽利略的著作和莱文(Levin)的评论。参见 G. H. von Wright, *Explanation and Understanding*, London: Routledge and Kegan Paul, 1971, pp. 2, 169 - 170.

因比（A. J. Toynbee）类似的思辨的历史哲学家。[1] 柯林武德甚至认为，从"历史的观念性"（the ideality of history）学说来看，"批判的历史哲学"和"思辨的历史哲学"之间的区分是没有意义的。这个学说主张，客观的"历史事实"与主观的"历史思想"是不可分割的，前者不过是以一种观念的形态存在于后者之中，而且，前者的必然形式和条件取决于后者的必然形式和条件。因此，"有关历史思想的必然形式的方法论理论亦即有关历史事实的必然形式的形而上学理论"[2]。在这种意义上，柯林武德不赞成将历史学家工作的认识论部分和形而上学部分区别对待。[3]

不过，柯林武德从"历史的观念性"角度出发试图抹平历史认识论和历史本体论的努力是值得商榷的。按照其观点，作为对历史的主观方面的思想，历史认识论应该是一种对思想的思想亦即反思，属于第二级思想，而作为对历史的客观方面的思想，历史本体论属于第一级思想，因而二者也是存在差别的。[4] 另外，批判的历史哲学家彰显个别和细节的历史主义思想，也与思辨的历史哲学家注重普遍和整体的超验论主张相抵牾。与早期实证主义一起，历史主义成为思辨理性在 19 世纪下半叶衰落的另一个逻辑前提。

"叙事主义历史哲学"（或"后现代历史哲学"）对叙事的关注，也容易使人联想到"思辨的历史哲学"，因为后者有时也被称作有关历史意义的"元叙事"。因此，"叙事主义历史哲学"有时也被看作向"思辨的历史哲学"的复归。海登·怀特的代表作《元史学：十九世纪欧洲的历史想象》（*Metahistory: The Historical Imagination in Nineteenth - Century Europe*），其中的 metahistory 一词其实既可以

翻译成"元历史学"（meta - historiography），相当于"史学哲学"，也可以翻译成"元历史"，也就是"思辨的历史哲学"。在海登·怀特看来，"历史（作品）"（proper history）和"思辨的历史哲学"之间并非泾渭分明，而是存在很大的连续性。二者都包含共同的内容——概念构想和历史事实。"历史（作品）"强调的是历史事实，而将概念构想嵌入其内部；"思辨的历史哲学"凸显的是概念构想，而使历史事实仅成为其例证。因而，他得出结论说，"每一种（思辨的）历史哲学内部都包含历史的要素，正如同每一种历史（作品）内部都包含成熟的（思辨的）历史哲学的要素"[5]。

但是，我们知道，形态多样的后现代历史哲学也有崇尚断裂和碎片化的一面，因而也会与强调连续性和统一性的"思辨的历史哲学"形成对立。利奥塔（Lyotard）就将后现代定义为"对元叙事的不信任"[6]。德里达（Derrida）、拉康（Lacan）、鲍德里亚（Baudrillard）和罗蒂（Rorty）等激进理论家也积极推动这类宏大叙事的消解。[7] 另外，在思想层级上，作为在语言层面上对历史学本质的反思，叙事主义历史哲学与分析的和批判的历史哲学同属历史认识论，而与作为历史本体论的"思辨的历史哲学"不同。

总之，尽管"狭义的史学理论"或"史学哲学"与"历史理论"或"思辨的历史哲学"存在一定的相通性或相似性，但二者之间的差异性也是显而易见的。从"理论"作为"观看"的角度来说，"历史理论"与"历史（作品）"相类，都是对客观历史的"观看"，属于"第一级思想"；而"狭义的史学理论"则是对主观性历史的"观看"，是对

---

① Alan Bullock, "The Historian's Purpose: History and Metahistory", *History Today*, Vol. 1, No. 2, (February 1951), p. 5.

② R. G. Collingwood, *The Idea of History*, pp. 429 - 430.

③ R. G. Collingwood, *The Idea of History*, p. 3.

④ R. G. Collingwood, *The Idea of History*, p. 1.

⑤ Hayden White, *Metahistory: The Historical Imagination in Nineteenth - Century Europe*, Baltimore: The Johns Hopkins University Press, 1973, pp. 427 - 428.

⑥ J. F. Lyotard, *The Postmodern Condition: A Report on Knowledge*, trans. Geoff Bennington and Brian Massumi, Minneapolis: University of Minnesota Press, 1984, p. xxiv.

⑦ Keith Jenkins, ed., *The Postmodern History Reader*, London and New York: Routledge, 1997, p. 22.

"观看"的"观看"，属于"第二级思想"或"反思"。作为一种对于知识前提或假设的分析和批判，"狭义的史学理论"有利于"历史理论"的合理化和明晰化，但也可能导致后者人文魅力的削减。因此，笔者不赞成用"狭义的史学理论"无限制地优化直至完全取代"历史理论"的做法。与有关"历史理论"依赖于"狭义的史学理论"的观点相反，笔者认为，从人文主义角度出发，致力于反思历史思想或语言的"狭义的史学理论"应该以某种有关历史意义的思辨观念为前提。

结语："狭义的史学理论"
对于史学实践的意义

实际上，上述对"狭义的史学理论"概念的分析和厘定，已经蕴含着对史学实践的意义或价值的肯定。一种探讨某种活动之本质的学问，怎么可能对从事这种活动没有价值呢？而且，我们也看到，对于历史学实践而言，作为一种反思历史学本质的学问，"狭义的史学理论"从一定意义上是根本性的和构成性的，其作用是不可或缺的。

让我们先从雷蒙德·马丁的一篇书评谈起。这篇题为《历史学家需要哲学吗？》[①]的书评，针对的是澳大利亚史学理论家麦卡拉（C. B. McCullagh）的《历史的逻辑》[②]一书。在该文中，马丁受麦卡拉的启发，区分了两种路径相反的"狭义的史学理论"："从上而下"（top - down）的路径和"从下而上"（bottom - up）的路径，前者对于史学实践仅具有有限的方法论意义，而后者通常对历史研究具有较直接的方法论价值。"在'从上而下'的路径中，我们是根据某个一般理论来获取有关如何理解和从事历史研究的意义，而这个一般理论并非源自对历史研究的实际考察，而是来自历史研究的外部资源。在'从

下而上'的路径中，我们首先对历史研究进行描述，包括对历史研究的批评以及历史研究的程序安排，然后，在此基础上，提出一种有关如何理解或从事历史研究的观点。"[③]"分析的历史哲学"和"后现代历史哲学"都被马丁划归为"从上而下"的路径。前者的核心内容覆盖律解释模式并不是由其代表人物亨普尔通过考察实际历史解释总结出来的，而是其科学解释理论向史学领域移植的产物；后者的领军人物海登·怀特所依据的一般叙事理论和转义理论也并非主要来自历史研究本身，而是源自文学批评理论。

在马丁看来，就分析的历史哲学来说，虽然覆盖律解释模式经常被计量型历史学家用来支撑具体研究中的因果解释，但因其"绝对性"或"超验性"而被经验型的历史学家束之高阁。至于后现代历史哲学，马丁认为，如果海登·怀特的叙事和转义理论是正确的，也就是说，历史学家所采用的不同转义形式决定着历史事件的不同意义，那么，它对于历史学家工作的作用也是有限的，因为即便在不了解这个理论的情况下，历史学家所书写的历史也不会同怀特在这个问题上的相对主义观点相冲突。当然，马丁也承认，如果历史学家了解并接受了怀特的理论，他们会以不同的方式看待和从事自己的工作。"这样的历史学家应该会有很好的动机，去小心翼翼地处理有关所述历史事件的意义问题。"[④]不过，总的说来，虽然马丁也勉强认可"从上而下"的路径对历史研究的潜在作用，但他似乎并不十分看好这种路径对于历史学家的方法论意义。"从上而下的历史哲学对于历史学家看来不具有强制性。它可能但又不大可能帮助他们成为更好的历史学家，它似乎对他们没有多大的助益。"[⑤]

"自下而上"的路径与之不同。在马丁看来，麦卡拉大体上属于这一路径的史学理论家，特别是他的《历史的逻辑》一书。麦卡

① Raymond Martin, "DoHistorians Need Philosophy?", *History and Theory*, Vol. 45, No. 2, （May 2006）, pp. 252 – 260.
② C. Behan McCullagh, *The Logic of History*: *Putting Postmodernism in Perspective*, London and New York: Routledge, 2004.
③ Raymond Martin, "Do Historians Need Philosophy?", p. 253.
④ Raymond Martin, "Do Historians Need Philosophy?", p. 255.
⑤ Raymond Martin, "Do Historians Need Philosophy?", p. 255.

拉自己宣称，"这本书旨在表明历史学家有关过去事件的描述（descriptions）、阐释（interpretations）和解释（explanations）是如何能够合理地进行评估和判断的"①。这本书之所以被马丁划归为"从下而上"的路径，一方面是由于作者所研究的各种主张和案例都是出自历史学家本人的文本，另一方面则是因为作者试图通过向历史学家阐明其工作的"合理性标准"（standards of rationality），从而帮助他们对自己和他人的工作进行合理的评价。其实，在明确了自己工作"标准"的情况下，历史学家不仅可以凭此对自己和他人的工作进行合理评判，而且可以据此对自己的历史研究进行切实的指导。如同一个了解自身工作"规矩"的木匠，更有资格对自己和其他木匠评头论足，也更有利于做好自己手头的木工活。从这一方来说，麦卡拉的《历史的逻辑》的确对历史学家具有明显的方法论意义。

但是，我们由此也可以看出，"从上而下"和"从下而上"这两种路径不是可以截然区分的。实际上，马丁也承认，麦卡拉的《历史的逻辑》并不完全属于"从下而上"的路径，因为作者在这部自称"没有采用任何哲学知识且尽量少使用哲学术语"② 的著作的第一章和第二章的前半部分，仍然从哲学的角度出发对历史研究的客观性进行了"从上而下"的辩护，而被马丁视为"从下而上"的其余章节终究是服务于这一辩护的。另外，通读全书可以看出，麦卡拉用以支撑历史研究合理性的那些"标准"，与其说是他对史学实践"从下而上"归纳概括的产物，毋宁说是他为反对"从上而下"的后现代主义而引入同样是"从上而下"的"分析的历史哲学"的结果。比如，就像马丁自己所提及的那样，在构建理想的解释理论的过程中，"麦卡拉所使用的语言甚至所采取的规划都让人联想到那些覆

盖律理论家们的说法"③，尽管全书没有出现亨普尔的著述甚至名字。换一种说法，尽管麦卡拉自己"把历史解释理解为分析性的（analytic）和描述性的（descriptive）而不是规定性的（prescriptive）"④，但在所谓"从下而上"的"分析"和"描述"中，他却有意无意地诉诸"规定性的"亦即"从上而下"的"分析的历史哲学"。

可以说，虽然麦卡拉的《历史的逻辑》部分章节具有"批判的历史哲学"的色彩，⑤但大体上它属于"分析的历史哲学"的路数。在麦卡拉看来，历史研究的合理性主要取决于其中的逻辑性和科学性。历史文本充满了因果陈述，而无论这些陈述是简单的还是复杂的，它们都有"逻辑"和"科学"两个维度。⑥也就是说，若要麦卡拉来回答"历史学是科学还是艺术"这一问题，他的答案必定更倾向于前者。他将这本书的题目取名为"历史的逻辑"，也多少说明了这一点。而一旦对历史学做出如此的定性，他就会要求历史学家以逻辑和科学为圭臬，规范和指导他们自己的工作，因为在认识论层面上对历史学思维性质问题的回答，必然会指向一套以此为根据的历史学方法论。归根结底将历史学定性为艺术的"批判的历史哲学"和"后现代历史哲学"同样如此，前者的历史主义观点会引导历史学家在人类个体的内在意义和价值上投入更多的理解和同情，而后者的叙事主义主张则会导致历史学家对历史书写的文学形式和风格产生更多的包容和认同。

可以说，形态各异的"狭义的史学理论"都具有"从上而下"的"规定性"，然而这并不影响它们对于史学实践的方法论意义。无论是源自史学实践的内部还是外部，探究历史学思维性质的"狭义的史学理论"一旦确立，就会对历史学家的工作产生"从上而下"的

---

① C. Behan McCullagh, *The Logic of History*: *Putting Postmodernism into Perspective*, p. 1.
② C. Behan McCullagh, *The Logic of History*: *Putting Postmodernism into Perspective*, p. 2.
③ Raymond Martin, "Do Historians Need Philosophy?", p. 258.
④ C. Behan McCullagh, *The Logic of History*: *Putting Postmodernism into Perspective*, p. 171.
⑤ 特别是在该书的第二章、第五章和第六章，作者谈到了有关文本、行为和事件的意义阐释及其可靠性问题。
⑥ C. Behan McCullagh, *The Logic of History*: *Putting Postmodernism into Perspective*, p. 153.

规范作用。具体说来，正如柯林武德所指出的那样，历史学家在历史研究过程中会自觉或不自觉地形成有关历史学是什么的概念，也就是"作为准则（criterion）或理想（ideal）呈现在历史学家头脑中的本质"①。这些准则或理想是历史学家工作的内在原则，是历史学家评判自己和同行工作优劣的准绳或标尺。"这些原则必定会控制着历史学家的工作，如同我们的骨骼控制着我们的肢体运动；它们一定内在于历史学家的批评思维中，即便他从不把它们与具体的批评分别开来，也从不把它们当作独立的和自足的实体看待。"② 比如，在中外史学史上，对"实录"或"求真"的内在要求，从来都是史家们撰写历史的准则，也是他们评判史著的根据。然而，内在于历史学家工作中的这些批评原则通常是自发的和任意的而非普遍的和必然的，因此也就会出现相互差异甚至彼此抵牾的情况。为了获得一种真正的解决方案，历史学家应当将其批评原则转化为哲学的语言，并在纯哲学的层面上加以审视和评定。这样，"狭义的史学理论"便有了用武之地。

这些内在于历史思维中的批评原则，在笔者看来，也就是那些历史思维不可须臾离弃的"前提假设"，相当于柯林武德在其他场合所说的"一般的或纯粹的方法论"③。普通历史学家往往会忽视甚至厌烦这种哲学的或先验的（a priori）方法论。他们更愿意相信自己在历史学本质问题上的直觉本能。在日常生活中，普通人待人接物都是出于道德本能，他们都很清楚自己要做什么。至于为什么要这么做，或者如何知道自己应该这么做，他们无法做出合理的伦理学解释。同样，由于多年的经验积累和专业训练，普通历史学家对自己的工作通常具有很好的"感觉"和充分的自信。马威克就曾直言，"历史学家们很清楚他们是如何从事自己工作的，一个已经取得如此杰出成就的

学科几乎不需要局外人的意见和批评（我的战斗口号！）"④ 这句话不仅是马威克的战斗口号，也能代表不少历史学家的心声。但当他们被问及自己的这种感觉和信心源自何处时，我们又很难得到令人信服的理由和解答。他们在极力排斥哲学或理论的同时，却对自己工作的理论基础茫然不知。

因此，要确保历史学成为一项理性的事业，历史学家需要对自己的工作进行哲学反思，提高自己的理论自觉。仅仅依靠经验的方法，单单诉诸本能的信念，历史学家怎么能够保证其叙事的真实性和有效性呢？历史学的科学方法论"武库"中，除了要有经验的技艺工具，更要有超验的哲学武器。因此，柯林武德说："必定存在某种历史思想的一般逻辑，而且它必定是一种哲学的而非经验的科学，必须先验地确立一套由一切历史思维所遵循的纯粹原则。没有一种有关哲学方法论的清晰明确的建构，我们历史探究的结果可能是真实的，但我们无从知道它们是真实的……如果历史学不想仅仅作为一种从胡乱阐释的证据中任意构造出来的虚幻叙事的话，历史学的哲学方法论就是不可或缺的。"⑤

可见，无论是"狭义的史学理论"之"从下而上"的路径还是"从上而下"的路径，它们都对史学实践具有或多或少的方法论意义。不过，我们也大可不必一味纠缠于"狭义的史学理论"的方法论意义。即便是"狭义的史学理论"中那些看似对历史学家不具有方法论价值的方面，对史学实践也并非全然没有意义，而且，比之方法论指向，这些方面或许具有更独特的价值。比如，单就"后现代历史哲学"的怀疑论这一看似"消极的"方面来说，它对历史语言不透明性和历史认识不确定性的揭示，激发历史学家重新反思和论证历史学的认识论根基，从而使历史客观性信

---

① R. G. Collingwood, *The Idea of History*, p. 341.

② R. G. Collingwood, *The Idea of History*, p. 342.

③ R. G. Collingwood, *The Idea of History*, p. 389.

④ Arthur Marwick, "'A Fetishism of Documents'？The Salience of Source - Based History", in Henry Kozicki, ed., *Developments in Modern Historiography*, New York：Palgrave, 1993, p. 128.

⑤ R. G. Collingwood, *The Idea of History*, p. 390.

念建立在更严密、更复杂的理论之上，并最终达到一种"积极的"效果。怀疑论对于历史学的发展来说是不可或缺的。正如哈多克所言，"每一种观点多多少少都是通过回应某种质疑人类知识基础的哲学怀疑论而提出来的，这种怀疑论往往会促动反思性史家去重新审视其技艺"。①

此外，再从"理论"作为"观看"的角度来说，"狭义的史学理论"是对作为第一级"观看"或"思想"的历史学的"观看"或"思想"，亦即"第二级观看"或"第二级思想"，属于"第二级理论"或"元理论"。如前文所述，"理论视角"的转换通常与一种危机感或问题意识相关。"狭义的史学理论"是19世纪史学真正进入哲学的"问题视阈"之后产生的。在聚焦于史学之后，在近一个半世纪的时期内，历史哲学家们又围绕"历史学是什么"这一核心问题，将目光投向了历史学或艺术或科学的方面，从而形成了各具特色的史学理论"范式"或"观点"。而理论"观点"一旦形成，它就会多多少少规定着历史学家的研究视野和工作方式。再就"后现代历史哲学"之"积极的"方面来说，它崇尚多元和开放的史学观念，鼓励历史学家重思历史，大胆创新，从而打开了认识和书写历史的多种可能性，迎来了史学园地繁花盛开的可喜局面。正如波普金所说，"语言学转向所开拓的新视角，以及书写一个更为包容的历史的努力，一直在激发各种挑战，进而推助了历史学科本身的更新"②。

在跨学科趋势日益显著的今天，越来越多的历史学家已经认识到，"历史哲学"或"史学理论"作为一种"观看"或"思想"，它们是对历史本体之内核和历史认识之本质的透视和占有，因而对史学实践都具有一种必要的甚或根本性的和构成性的作用。本文所考察的主要是西方特色的史学理论。学习借鉴这类史学理论，既有助于提高我国史学的理论反思水平，增强其在国际史学界的话语权，也能够帮助我们构建一种令人信服的中国史学学科体系、学术体系和话语体系。

（原载《中国社会科学》2020 年第 11 期）

---

① B. A. Haddock, *An Introduction to Historical Thought*, London：Edward Arnold, 1980, p. 45.

② Jeremy D. Popkin, *From Herodotus to H – Net：The Story of Historiography*, New York：Oxford University Press, 2016, p. 11.

从阐释学到历史阐释学

李红岩[*]

摘 要： 人类知识在最初起源时便与阐释结合在一起。名辩逻辑与形式逻辑分别是中西阐释理性的基础。中国传统阐释学具有非形式逻辑特点，以"象"阐释传统体现得最鲜明。中西阐释学遵循着共同规律，但西方阐释学完成了向哲学阐释学的转型，中国传统阐释学则没有脱离经学范畴。中西古典阐释学均以技艺性的语文学阐释为学术源头与基础。中国传统经学分"阐"与"诠"两脉。Hermeneutik 虽是古语，但可译为阐释学。二战后，西方历史阐释由客观阐释向主观强制阐释转移，导致与历史学的客观主义原则断裂。碎片化的背后是此在哲学。历史研究的全过程，都是对历史的阐释过程。阐释的内在属性与规律，在历史研究全过程中都发挥作用。历史阐释受制于阐释对象的约束最强烈，其对话性以及主体间性的特点最突出，公共性要求也最高。

关键词： 阐释 阐释学 历史阐释 公共阐释

近年来，张江教授提出"强制阐释论""公共阐释论""阐释逻辑论""阐诠辨"以及阐释的"正态分布""边界""译名""心理学基础""自然科学根据"等议题，带动阐释学研究呈现出再度热络的场面。相关研究具有元学科的属性，内含构建当代中国本土阐释学的旨趣，因而吸引了文史哲各界学者参与。这里也谈一些笔者的思考。

一 对阐释学的基本认识

阐释学（Hermeneutik）虽是外来术语与概念，但作为专门学问，无论中国，抑或在其他文明区域，都是存在的，而且伴随着人类最初的知识活动、认识活动而产生、存在和发展。因此，阐释学在不同的文明区域必然会呈现出不同的形式或样态，从而标识出知识形态、认知形式的差异。既然它还是发展的，就必然又会呈现出不同的阶段性，从而成为学术史的研究对象，表现出在历史源流演变过程中的形态性或样态性变异关系。

一般认为，人类知识来自以劳动为基础的观察活动。"古者包牺氏之王天下也，仰则观象于天，俯则观法于地，观鸟兽之文与地之宜，近取诸身，远取诸物，于是始作八卦，以通神明之德，以类万物之情。"[①] 这是对人类最初认知活动与知识形成过程的一个很完整的描述。其始点是"观"，包含外观、内观两面以及抽象化、范畴化的环节。"观"与"看"作为认知活动的启动、知识的来源、判断的前提及行为的先导，在自然与身体的关联行为中完成主客之间完整交融。"婴儿把每一件事物都与自己的身体关联起来，好像自己的身体就是宇宙的中心一样。"[②] 此后，便开始了符号化亦即形式化的思维行程，从而构成一个阐释行为。因此，人类知识在最初起源的时候，便

---

* 李红岩，中国社会科学院大学教授。

① 《周易·系辞下传》。周振甫：《周易译注》，中华书局 1991 年版，第 257 页。

② 皮亚杰：《发生认识论原理》，王宪钿等译，商务印书馆 1981 年版，第 23 页。

与阐释活动结合在一起了。

或许正是与此相关，胡塞尔、舍勒、海德格尔才一致认为："只有回到直观的最初来源并从直观中推导出对本质的洞察，我们才能在我们的概念和问题中充分利用伟大的哲学传统。我们深信，只有以这种方法，才能直观地澄清概念，并在直观的基础上重新提出问题，从而在原则上解决问题。"①

有了"阐释"，即有了阐释学。上古或前轴心时代的星象巫术占卜等等，是最原始的阐释学。伽达默尔说，在柏拉图的《伊庇诺米篇》（一说为赝作）里，阐释学与占卜术同属一类。② 夏曾佑说："中国自古以来，即有鬼神、五行之说，而用各种巫、史、卜、祝之法，以推测之，此为其学问宗教之根本。"③

不同文明区域内知识与思想形态差异最集中的体现，便是阐释路径、方法以及在此基础上所形成的阐释形态、阐释学形态的差异。此种差异，最终在轴心时代被固化下来，从而"构成了人类的世界宗教的信仰准则以及人类的哲学解释的准则"④。就中西而言，它造成了名辩逻辑（中国）与形式逻辑（希腊）的分野。这两种逻辑分别成为中西阐释理性的基础，是东西两种阐释路径差异的基本标识。⑤ 东汉以后，中国的古典阐释学中又逐渐补充了因明逻辑的元素。

雅思贝斯说："希腊理性包含一种奠定数学和完美的形式逻辑之基础的一致性。"⑥ 康德说，逻辑学在亚里士多德之后，"已不允许作任何退步"，同时"它直到今天也不能迈出任何前进的步子"，因为它"似乎已经封闭和完成了"⑦。康德此言的意蕴，爱因斯坦也有表达："西方科学的发展是以两个伟大的成就为基础的：希腊哲学家发明形式逻辑体系（在欧几里得几何学中），以及（在文艺复兴时期）发现通过系统的实验可能找出因果关系。"⑧ 西方哲学阐释学的学理渊源与根基，正在这里。而形式逻辑在中国"一直较受冷落"。"中国人缺乏古希腊的欧几里得几何那样的公理化的形式逻辑体系，后来在明清之际也未能形成以假设和实验为中心环节的近代实验科学方法，从而落后于西方。所以从逻辑思维方式讲，中国人有不同于西方人的弱点。"⑨ 以至马克思·韦伯认为"逻辑学的概念一直与中国哲学无关"，"这意味着西方哲学里的所有基本问题皆为中国哲学所无"⑩。这当然是极端性的看法，并不允当，但大体揭示了中西阐释路径差异的逻辑根源。

名辩逻辑对中国哲学以及传统阐释学的影响，集中反映在下面一段话中："书不尽言，言不尽意。然则圣人之意，其不可见乎？子曰：圣人立象以尽意，设卦以尽情伪，系辞焉以尽其言，变而通之以尽利，鼓之舞之以尽神。"⑪ 中国传统阐释学的非形式逻辑路径，即表现为以象（隐喻、象征）卦（符号）辞（说明）作为表达意义和理解意义的中介，而文本（书）与语言（言）是意义的载体。这是中国传统阐释学的形式结构与范畴系统。伽达默尔说，古代阐释学的核心是寓意诠释

---

① 伽达默尔：《哲学解释学》，夏镇平、宋建平译，上海译文出版社 2004 年版，第 133 页。

② 伽达默尔：《真理与方法：哲学诠释学的基本特征》，洪汉鼎译，上海译文出版社 2004 年版，第 726 页。

③ 杨琥编：《夏曾佑集》，上海古籍出版社 2011 年版，第 824 页。

④ 卡尔·雅思贝斯：《历史的起源与目标》，魏楚雄、俞新天译，华夏出版社 1989 年版，第 323 页。引号内是马克思·韦伯的弟弟阿尔佛雷德·韦伯的话。

⑤ 伽达默尔认为阐释学具有形式普遍性，但不能合法地归入逻辑。《真理与方法》，第 741 页。但这并不是说，阐释的背后没有逻辑基础。

⑥ 卡尔·雅思贝斯：《历史的起源与目标》，第 75 页。

⑦ 《康德三大批判合集》上册，《纯粹理性批判·第二版序》，邓晓芒译，人民出版社 2009 年版，第 9 页。

⑧ 《爱因斯坦文集》（增补本）第 1 卷，许良英等编译，商务印书馆 2009 年版，第 772 页。

⑨ 冯契：《认识世界和认识自己》，《冯契文集（增订版）》第 1 卷，华东师范大学出版社 2016 年版，第 25 页。

⑩ 韦伯：《中国的宗教》，《韦伯作品集》第 5 册，康乐、简惠美译，广西师范大学出版社 2004 年版，第 189 页。

⑪ 《周易·系辞上传》，周振甫：《周易译注》，第 250 页。

（allegorischen Interpretation）①，这在中国的"象"阐释传统中体现得极为鲜明。经学中义理、心性之阐明，须经过如此非形式逻辑的论辩逻辑结构通道。

伽达默尔这里所说的诠释，原文是 Interpretation。他说，这个概念不仅用于学术，而且应用于艺术的再现（Reproduktion）。② 这里要特别注意"再现"一词，因为它的原文是 Reproduktion，而不是 Wiedergabe③。艺术再现不被说成阐释或解释，而说成诠释；也不被说成表现，而说成再现，即对艺术作品所要达到的目标的兑现，是对受众审美确定性期待的契合。因此，伽达默尔以再现（Reproduktion）与诠释（Interpretation）相对应，而不是用超出再现界限、具有"表现"成分的 Wiedergabe（即接着给）去对应。所以，将 Interpretation 翻译为以确定性为目标的"诠释"，而不是以开放性为目标的"阐释"，是符合伽达默尔的用法的。伽达默尔用"再现"对应 Interpretation，即说明 Interpretation 是"诠"而非"阐"。

中西阐释学虽然形态不同、逻辑基础有异，但遵循着共同的学术规律。双方都经历了传统的古典阐释学阶段，都以对经典的理解而展开，都具有丰富的语文学阐释传统，都具有信仰的指向。总之，都是由相对简单而向相对复杂的进境发展。但是，西方阐释学完成了向哲学阐释学的转型，而辛亥之前，中国的阐释学则始终没有脱离经学的范畴。比较大体同一时期的戴震（1727—1777）与施莱尔马赫（1768—1834）、康有为（1858—1927）与狄尔泰（1833—1911），会发现前者虽然已经具有转型的元素，但最终没有成为转型的界碑。而后者，则成为西方哲学阐释学的先导。因

此，尽管伽达默尔是一位古典语文学家，但他非常清晰地认知到，他的任务绝非建立一门关于理解的技艺学，有如传统的语文学或神学阐释学所做的那样。④ 而代表中国传统阐释学的经学，照周予同先生 1936 年的说法，乃"动摇于民国八年五四运动以后，而将消灭于最近的将来。"其后，如果还存在经学，也会发生整体形态的改变，即转变为"以治史的方法治经"⑤。五四后，中国阐释学确实保持了"以治史的方法治经"的基本特色，但依然没有生长出本民族的哲学阐释学。直到近几年，建设具有本土属性的哲学阐释学才获得高度的理性自觉。

强调了中西之间的差异，还要回到双方的统一性上来。"所有事实都赞同人类是单种系起源，而反对人类是多种系起源。"⑥ 人类文化与文明的多样性，服从于精神的共同性、共通性与普遍性。伽达默尔在分析兰克的历史思想时，说"所有历史现象都是大全生命（Allleben）的显现"⑦。郭沫若所说："只要是一个人体，他的发展，无论是红黄黑白，大抵相同。"⑧ 这是中国马克思主义史学一致的立论基点。钱锺书说"东海西海，心理攸同；南学北学，道术未裂"⑨。"心理"即精神，"道术"即方法。不同文明所共有的阐释活动，必有其最基础的可公度值，差异性只能在此之下。Hermeneutik 的最大可公度值，就是解经。在西方是《圣经》，在中国是五经。因此，脱离具体语境，Hermeneutik 是一个一般性（Universal）概念，包含解释（Erklärung）、诠释（Interpretation）、释义、注疏、解经等层级或部分。每一部分与层级，都包含不同的学派与人物。

中西古典阐释学最突出的统一性，在于均

---

① 伽达默尔：《真理与方法》，第 727 页。

② 伽达默尔：《真理与方法》，第 515 页。

③ 伽达默尔：《真理与方法》第 669 页。这里用的是 Wiedergabe。

④ 伽达默尔：《真理与方法》，导言，第 19 页。

⑤ 《周予同经学史论著选集》，上海人民出版社 1983 年版，第 627、661、622 页。

⑥ 卡尔·雅思贝斯：《历史的起源与目标》，第 52 页。这种看法显然也在遭受挑战。

⑦ 伽达默尔：《真理与方法》，第 274 页。

⑧ 郭沫若：《中国古代社会研究》，人民出版社 1964 年版，《自序》，第 1 页。

⑨ 钱锺书：《谈艺录》，中华书局 1984 年版，《序》，第 1 页。

以技艺性的语文学阐释为学术源头与基础。此即中国古人所谓"读书必先识字"。在西方，伽达默尔说，神学—语文学的阐释学与法学阐释学区分开来，乃始于 1654 年 J. 丹恩豪威尔的《阐释学》。可见，神学阐释与语文解释既各有单独的线路，又结合在一起。直到施莱尔马赫，二者才开始从技艺学格局下脱离出来。所以，伽达默尔又说，教父时代的神学阐释学与宗教改革时代的神学阐释学依然是一种技艺学，也就是服务于语文学家实践或神学家实践的技艺学。[①] 在另一个被称作西方的印度，阐释《吠陀》的所谓"吠陀支"同样是一种语文技艺学。阐释《圣经》的解经四则，第一条即为校勘文字，亦即所谓根据"直接意义"进行注释。其次才是阐明道德、探索寓意、宣示神意。希勒尔（Hillel）的解经七准则、以利沙（Ishmael ben Elisha）的解经十三原则，其最基础的部分，都是语文性的。总体上，西方的古典阐释学乃围绕七个步骤或内容展开，即文字考证（小学、训诂学）、语言评断（文体学）、文献鉴定（文献学）、源流评断（史源学）、形式评断（文化形态研究）、编辑评断（文本结构研究）、历史评断（史学）。这与中国经学的注疏规则几乎是一致的。中国的古典阐释学始终与语文阐释结合在一起，无论汉宋，有偏重而无偏废。"乾嘉'朴学'教人，必知字之诂，而后识句之意，识句之意，而后通全篇之义，进而窥全书之指。"[②] 但是，语文性阐释毕竟只是阐释活动的基础部分。由于阐释者身份、知识结构、情趣爱好、志向高低的差异，他们会专注、偏重或停留在某个特定的阐释对象与步骤上，从而形成门户或流派，但义理阐释同样以语文性阐释为基础。

语文性阐释的核心对象是"经"，其核心特征是权威性与神圣性。[③] 因此，将 Herme-neutik 译为"经学"，亦无不可。[④] 中国传统经学乃至整个思想史，借助于张江关于"阐"与"诠"的分疏[⑤]，可以明显地区别为两大阵营。一以"阐"为特征，注重文本意义的开放性，以发明义理为旨归。今文经学、宋明理学是其代表。一以"诠"为特征，注重文本意义的确定性，以揭发源流为宗旨。古文经学、乾嘉汉学是其代表。今文经学以义理为核心，属于阐。古文经学以史学为核心，属于诠。如此区隔，历史上诉讼已久的所谓汉宋之争、门户之别，可豁然开解。当然，"阐"中有"诠"，"诠"中也有"阐"。以乾嘉汉学而言，同样以"诠"为前提，但吴派（惠栋）偏重于"诠"，主张发明汉义，而皖派（戴震）则偏重于"阐"，偏重揭示义理。逻辑的清晰并不消除实况的繁杂，实况的繁杂也不遮蔽逻辑的澄明。

提炼中西阐释学传统中所蕴含的内在统一性（即一般性），意在形成新的理论。在学术史的回溯当中制成新理论，以之建构当代中国阐释学，再以之去考察中西阐释学史，这同样属于阐释循环（der hermeneutische Zirkel）。作为理论研究，它在学术史研究的基础上实行概念、范畴与理论的重建，实现有来源的理论原创，构造新的阐释学规则与框架。张江提出的"公共阐释论"[⑥] 与"阐诠辨"，前者属于理论研究，后者属于历史研究。历史研究为理论研究提供学术史的基础。这与伽达默尔的学术进境是一致的。伽达默尔说，他对阐释学史的研究"本质上是一种准备性、构成背景的任务"[⑦]。"阐诠辨"显然属于同一性质。

---

① 伽达默尔：《真理与方法》，第 727、231 页。

② 钱锺书：《管锥编》，中华书局 1986 年版，第 171 页。

③ 经古文学家认为"经是一切线装书的总称"，但不是社会共识，其自身治学也不循此而为。见《周予同经学史论著选集》，第 596 页。

④ 周予同说："中国经典的本质，不仅是学术的，而且是宗教的，尤其是政治的。"《周予同经学史论著选集》，第 621 页。李申认为"儒教是一个和其他宗教性质完全一样的宗教"。见李申《中国儒教论》，河南人民出版社 2005 年版，第 16 页。这种观点没有被学界所普遍接受，但儒教的教化性是学界公认的。

⑤ 张江：《"阐""诠"辨》，《哲学研究》2017 年第 12 期。

⑥ 张江：《公共阐释论纲》，《学术研究》2017 年第 6 期。

⑦ 伽达默尔：《真理与方法》，第 762 页，《第 3 版后记》。

这里，需回顾一下伽达默尔对西方阐释学史的基本看法，以便澄清 Hermeneutik 的确切中文译名。我们知道，钱锺书是将其译为"阐释学"的。汪荣祖认为这一译法"胜于常译之'诠释'"①。伽达默尔说自古以来便存在神学和法学阐释学，故尔他将阐释学的早期形式追溯并定位到《荷马史诗》中的故事年代。不过，他又说阐释学产生于近代，从宗教改革运动开始，经过启蒙运动，到浪漫主义时代而兴盛。因此，他考镜阐释学的源流，以"历史学派的浪漫主义遗产"为真正始点。从浪漫主义阐释学开始，Hermeneutik 开始具有"理解是此在本身的存在方式"的意义，从而突破了"理解是主体的行为方式"的传统意义。伽达默尔清楚地表明，Hermeneutik 是一个"具有古老传统"的术语，原本并不具有"理解是此在本身的存在方式"的意义，那么，他何以还照样使用这个"已引起某些误会"的老术语呢？他的回答是："我在我的语境中所使用的概念都通过它们的使用而重新得到定义。"②借恩格斯的话说，即这个词的意义不能"按照来源来决定"，只能"按照它的实际使用的历史发展来决定"③。

张江提出以"阐释学"乃至"阐诠学"来对译 Hermeneutik，不赞成"诠释学"或"解释学"之译名，其理由正如上述。这样，这个古语便超出了其原有的限制。黑格尔在解释何谓推翻一个哲学时曾经说，那意思"只是指超出了那一哲学的限制，并将那一哲学的特定原则降为较完备的体系中的一个环节罢了。所以，哲学史的主要内容并不是涉及过去，而是涉及永恒及真正现在的东西。……哲学史总有责任去确切指出哲学内容的历史开展与纯逻辑理念的辩证开展一方面如何一致，另一方面又如何有出入"④。这就是将古老的

Hermeneutik 一词翻译为阐释学的理据所在。正如伽达默尔所说，阐释学的出发点是修桥，是"在过去中重新发现最好的东西"⑤。因此，只有把 Hermeneutik "降为较完备的体系中的一个环节"，消除其自身的"限制"，才能"在过去中重新发现最好的东西"，以建构"真正现在的东西"。

二　历史研究与强制阐释

第二次世界大战之后，西方史学最核心的变化，就是阐释方式的改变。由于这种改变，形成了所谓战后史学。战后史学的巨大变化，是一种更广泛、更深刻的哲学与文化思潮所致。这种哲学与文化思潮的整体特征，便是主观唯心主义空前地大泛滥。其核心表现，就是由语言学的转向迅速地过渡到诗学、修辞学的转向上来。20 世纪 70 年代后，诗学的修辞程序和隐喻手法成为解读从哲学到历史学著作的不二法门。由此，历史研究一直信奉和遵守的客观性原则受到空前挑战，历史阐释的基本理念也由客观阐释向主观强制阐释转移。

所谓 70 年代，用霍布斯鲍姆的话说，首先意味着 20 世纪这个极端年代的第二个时期的结束，也就是二战结束后 25 年至 30 年所谓黄金时期的结束。此后，便进入了"动荡不安"的 70 年代以及"伤痕累累"的 80 年代。"1973 年后 20 年间的历史，是一页世界危机重重、失去支点大举滑入不安定的历史。"⑥在不安定的现实格局中，西方思想家们不断地以意图和愿望来代替对现实的真实解读，试图用主观幻想来遮蔽、替换现实苦难。

这就是张江所要拆解的强制阐释的时代与舞台背景。强制阐释的本质特征，就是断裂：

① 汪荣祖：《槐聚心史——钱锺书的自我及其微世界》，中华书局 2020 年版，第 232 页。
② 伽达默尔：《哲学解释学》，第 21、23 页。伽达默尔：《真理与方法》，《导言》，第 17 页；《第 2 版序言》，第 2、4 页；第 650 页；参看第 217、226、726—732 页。
③ 恩格斯：《路德维希·费尔巴哈和德国古典哲学的终结》，《马克思恩格斯文集》第 4 卷，人民出版社 2009 年版，第 288 页。
④ 黑格尔：《小逻辑》，贺麟译，商务印书馆 1980 年版，第 191 页。
⑤ 伽达默尔：《哲学解释学》，第 27 页。
⑥ 霍布斯鲍姆：《极端的年代：1914—1991》，郑明萱译，中信出版社 2017 年版，第 7 页、494 页。

文本与文本出现的时代背景断裂（文本中心论）、作品与作者的意图断裂（作者之死、意图迷误），等等。反映在史学领域，便是与历史学的客观主义原则断裂、与一元单线史观断裂、与所谓历史决定论断裂、文本与研究过程断裂、整体与区域断裂，等等。这些文化表征均是时代特征的折射。"过去的一切，或者说那个将一个人的当代经验与前代人经验承传相连的社会机制，如今已经完全毁灭不存。这种与过去割裂断绝的现象，可说是 20 世纪末期最大也最怪异的特色之一。"① 后现代主义所强调的，就是这种"过去与历史之间绝对的断裂"②。而后现代主义涵盖了从某些建筑风格到某些哲学观点的一切事物③。于是，古老的历史学原则不再受到尊重，反而成为被讥讽的对象。

制造这一潮流的工具，便是诗学。过去所研究的标准哲学问题，如今全都转换成为诗歌和小说中的隐蔽程序研究④。最极端的做法，就是将哲学著作当作文学作品来阅读和研究，而所有文字作品，都被认为是虚构的修辞学产品⑤。海登·怀特有关史学的著作，其基本特点正是如此。恰如学者所指出的那样："解构主义特别突显了历史学的诗性特征，包括揭示历史叙事的修辞性、历史话语的流动性与历史知识的美学特质。"⑥ 由于以诗学的规则解读史学著作，告别客观主义信仰之后的"史"，便被看作了"诗"。"与其曰'古诗即史'，毋宁曰：'古史即诗'。"⑦

诗学是无罪的。诗学在"诗"的领域当然成立，但把史学著作看作是另一种特殊的诗歌创作，进而以诗学的规则去解读史学作品，也就必然会烙上强制阐释的一个重要特征——场外强制征用，进而将历史阐释变为文学阐释。由于这种"诗"与"史"本体地位的互换仅仅着眼于史学文本的隐喻使用分析与归类，没有顾及历史研究过程和研究过程当中对史料的考辨程序，仅仅是一种成品的形式化检验，脱离了原料采集和生产的过程，因而它不但割裂了历史研究的完整链条，而且取消了历史学的独立学科地位。海登·怀特就曾说，他研究的是 19 世纪的历史写作，但他认同，史学家的研究过程具有科学性，只是在叙事时具有艺术性。⑧ 但是，叙事的艺术性与研究过程的科学性的关系到底如何，他作为自称的马克思主义者，却没有给出基于历史唯物主义的解答。

所以，海登·怀特研究的不是历史，而是历史写作。这是史学领域强制阐释的又一鲜明表征。通过对历史写作成品的诗学分析，怀特不是力求使本不该缺位的历史内容在场，而是用隐喻与修辞将历史内容虚构化，从而如同安克施密特所描述的那样，引起了人们领悟过去的尘埃化。以史学研究代替历史研究，以文本分析代替历史内容分析，将历史研究引入对文本的修辞手段的分析，这样就在研究对象的转换中完成了对历史的强制阐释。但是，怀特等人忘记了一点，即当他们使用隐喻的筛子去过滤历史的客观内容时，只注意到了漏下去失真的部分，却没有顾及留下来保真的部分。这就像一些解构主义者时常提到的脱衣舞例子一样——其意义在于"脱"而非"脱下"，但是，我们必须指出，没有对"脱下"的期待，"脱"的过程是完全没有意义的。因此，在这个典型的例证中，本质主义并没有被消解。

史学领域强制阐释的另一个表现，就是将历史化解为一个个的碎片，并且将这些碎片论

---

① 霍布斯鲍姆：《极端的年代：1914—1991》，第 3 页。

② 邓京力等：《近二十年西方史学理论与历史书写》，中国社会科学出版社 2018 年版，第 87 页。

③ 特里·伊格尔顿：《致中国读者》，见《后现代主义的幻象》，华明译，商务印书馆 2016 年版。

④ 理查·罗蒂：《解构和回避——论德里达》，见《哲学和自然之镜》，李幼蒸译，生活·读书·新知三联书店 1987 年版，第 400 页。

⑤ 参看《哲学和自然之镜》，第 2、13、16、146、181、340、370、376、378、400 页。

⑥ 邓京力等：《近二十年西方史学理论与历史书写》，第 60 页。

⑦ 钱锺书：《谈艺录》，第 38 页。

⑧ 埃娃·多曼斯卡：《邂逅：后现代主义之后的历史哲学》，彭刚译，北京大学出版社 2007 年版，第 22、26 页。

证为具有独立自在意义的本体。这是驱离历史研究客观性的必然结果。对此明确予以表态的，是波普尔。他提出，根本不存在"总体论意义上的"或"关于社会状态的"历史学，只有所谓"零碎技术学""零碎修补学""零敲碎打的工艺学""零碎的试验"。"不相信有可能对零碎方法提供任何一种相应的批判。"①此处的重点，在于消解总体论，然后将"零碎工程"提升到主导性的本体位置上来。这一企图，显然与20世纪拒斥所谓系统哲学、基础主义认识论、逻各斯中心主义的整体思想潮流相关，特别是与海德格尔的"此在"（Dasein）哲学相关。当海德格尔在哲学上将"da"（这儿、那儿）提升到生存论本体位置时，史学研究对于碎片的关注也就成为潮流。

正如伽达默尔所说，海德格尔所代表的哲学冲动渗透到了各个方面，"并在深层起着作用"。但是，"它往往不被人注意，几乎不会引起抵抗；但是离开它，今天的一切都将不可思议"②。

请注意胡塞尔对初出茅庐的哲学家们的告诫："不要总是谈大钞票，先生们；小零钱，小零钱。"③"小零钱"与"碎片""da"是一回事。

一旦以"碎片"（da）为本体，就必然像福柯那样，排除"对起源、原因、出处、影响与目的等问题的关注"，就必然"对历史过程的任何目的论或因果关系的观点持激烈的敌视态度"④。在这一点上，所有后现代主义者都是一致的。当然，所谓"碎片"是可大可小的，但就其脱离历史的整体性而言，都属于碎片。因此，碎片的另一重含义，是指孤立而自足的个体对象。

以思想史研究为例，从20世纪70年代开始，该项研究开始注重揭示"当地人的风俗习惯"⑤。这听上去并不错。但是，它的核心在"当地"一词上，正是指一种脱离了整体的孤立存在。因此，它不仅具有具体化、情景化的含义，而且具有"碎片"特质。一个个的"当地"，也就是一个个的"da"。所谓"当地"，预示着抵制、消解整体与全局。正如安克施密特所说："在后现代主义的历史观范围内，目标不再是整合、综合性和总体性，而是那些历史片段成为注意的中心。"⑥碎片化研究累积或堆积起来的成果，就是"一地鸡毛"，即史学研究对象的空前庞杂。当然，观照、内嵌整体与全局的微观研究，不在此列。

在年鉴学派那里找到后现代主义元素，并不困难。许多西方学者都将勒华拉杜里归于后现代主义。第一代年鉴学派的基本立场，就是使"每个个人都必须回归他的时代"。所谓"他的""当地"的"时代"，正对应海德格尔的"此在"。至于说从无数"此在"中提炼出一个整体性的概念或定义，费弗尔是不认可的。⑦1968年前后，年鉴派进入第三阶段，也就基本上碎片化了，以至福柯都成为它的同路人。⑧对历史的强制阐释，由此而以碎片化的外在形式延展开来。

三　对历史阐释学的基本认识

阐释学与历史学具有天然的血缘关系。马克思说："被理解了的世界本身才是现实的世界。"⑨同样，被理解了的历史才是真正与现实融通的历史。而人们之所以能够理解历史，

①　卡·波普尔：《历史主义的贫困》，何林、赵平译，社会科学文献出版社1987年版，第96—99页。

②　伽达默尔：《哲学解释学》，第140页。

③　伽达默尔：《哲学解释学》，第134页。

④　马丁·杰伊：《思想史应该接受语言学转向吗?》，载拉卡普拉、卡普兰主编《现代欧洲思想史——新评价和新视角》，王加丰等译，人民出版社2014年版，第71页。

⑤　拉卡普拉、卡普兰主编：《现代欧洲思想史——新评估和新视角》，《前言》。

⑥　安克施密特：《历史与转义：隐喻的兴衰》，韩震译，文津出版社2005年版，第222页。

⑦　拉卡普拉、卡普兰主编：《现代欧洲思想史——新评估和新视角》，第4页、第9页。

⑧　彼得·伯克：《法国史学革命：年鉴学派，1929—2014》，刘永华译，北京大学出版社2016年版，第184页。

⑨　马克思：《1857—1858年经济学手稿》，《马克思恩格斯文集》第8卷，人民出版社2009年版，第25页。

主要是通过历史学家对历史的阐释实现的。所以，历史学可以看作是对历史进行专门阐释的学科。① "阐释" 在历史学中具有元概念的属性，"阐释学规则" 在历史学中具有元规则的属性。

伽达默尔说，他的出发点同历史精神科学是一致的。他特别拈出所谓 "时间距离的阐释学"②，实则就是历史阐释学。伽达默尔笔下的所谓文字流传物，正是史学意义上的所谓传世文献。在伽达默尔笔下，不仅阅读作为与史料照面的进行方式而具有史学意义，而且史实重建作为史实的一种新的实现方式，从而具有了史家论的意义。诸如此类，都指明历史阐释以阐释学的一般规则为基础。

但是，作为历史阐释，必然具有自身的特点和属性。对此，伽达默尔的许多论述都是具有启发性的。例如在分析 "再现" 与 "阅读" 这两个概念的关系时，伽达默尔说，"再现所涉及的并不是一种完全自由的创造"，"无论在再现的情况中或是在阅读的情况中都必须坚持阐释的共同性"③。这就启发我们，作为以 "再现" 而非 "表现" 为第一要务的历史阐释，它天然地不会是 "一种完全自由的创造"。它必须接受阐释对象的约束以及阐释的共同性的核验，不然它就不是合格的历史阐释，而如钱锺书所说是一种 "丧失了谨严" "不安本分、遇事生风"④ 的历史阐释。换言之，历史阐释必须建立在 "诠释" 的基础上，先 "诠" 而后 "阐"，先 "再现" 而后 "表现"。正是由于 "诠释" 与 "再现" 的束缚，使得历史阐释无法得到完全的自由，因而保证了其科学严谨。但是，在第一要务的基础上和约束下，它还必须完成第二要务，即必须去 "阐" 和 "表现"，也就是在 "求真" 的基础上和约束下去 "求善"。所谓阐明历史发展规律、揭示历史意义云云，均落入此义。有 "诠" 无 "阐"、有 "再现" 无 "表现"，为

纯粹的历史考据。有 "阐" 无 "诠"、有 "表现" 无 "再现"，为纯粹的历史哲学。二者均不是完整的历史学。因此，就概念的澄明而言，史学领域没有 "创作"，只有 "制作"。历史学家的想象，既不允许也不可能是创造性的想象，只能是一种制作性的想象，即所谓 "拟想"。将史学著作视为创作、将史家想象视为创想，恰恰是后现代主义的主张。应该说，上述基本意思，许多学者或思想家都有所论及。

再比如，关于历史再现与艺术再现的关系，伽达默尔也给予了比较严格的区分，指出一个 "忠实于历史" 的再现并不是真正的艺术再创造；换言之，历史再现与艺术再现各有分工。历史再现的特点，在于它 "表现为一种传授性的产品或单纯的历史研究资料，这种产品或资料最终将成为某种类似于由一位大师亲自指挥的唱片灌制那样的东西"⑤。这里，伽达默尔的立场虽然是艺术的而非史学的，却维护了历史再现自身固有的属性。也就是说，历史再现必须以忠实于历史为前提，而艺术再现却恰恰不允许完全忠实于历史。因此，"诗" 可以是 "史"，却绝不应是 "事实" (Sache) 意义上的史，不然它就违背了艺术的原则；只能是 "真实" (Wahrhaft) 意义上的 "史"，不然它就完全成为了谵妄的呓语。一首 "诗" 的优劣，绝不以其有无 "本事" 为据；一部 "史" 的良差，却必以其 "本事" 的真伪为根。故尔，"以诗证史" 是可以的，但只能证 "史" 是否 "真实"，不允许证 "史" 是否符合 "事实"。"事实" 与 "再现" 相对应，属于史学之事；"真实" 与 "表现" 相对应，属于艺术之事。由于史学在 "再现" 的基础上去 "表现"、在 "事实" 的基础上去表述 "真实"，受到 "事实" 与 "再现" 的约束，因此，我们要么说它在本质上并不属于艺术，要么说它是包裹在科学性里面的一种

---

① 参看海德格尔《存在与时间》，陈嘉映、王庆节译，商务印书馆 2016 年版，第 533、535 页。
② 伽达默尔：《真理与方法》，第 646 页。
③ 伽达默尔：《真理与方法》，第 657 页。
④ 钱锺书：《宋诗选注》，人民出版社 1989 年版，《序》，第 4 页。
⑤ 伽达默尔：《真理与方法》，第 669 页。

艺术。

澄清了上述道理，我们在做历史阐释时，许多疑惑就都能得到通解。常言说"史学求真"。实则，有"事实"之真，有"真实"之真。司马迁写霸王自刎之事，向来被指责为不真实。实则，史迁乃以霸王一生英雄性格为据，出于拟想，绝非创想；谓其非事实，固无不可；若谓其不真实，则一间未达。史迁此处，正立足于真实，而非事实；立足于表现，而非再现。这种历史的真实，用李大钊的话说，即既有"充分的记录"，又有"充分的解喻"[①]，二者必须合一。或谓之为历史学的艺术再现，亦无不可。"艺术再现"这一概念在史学的话语系统内，也就是历史表现的意思。由此亦可见，可以通过诗歌作品去认识它所反映的时代背景，但不可以凭借诗歌作品去考订一件具体的历史事实。

历史研究的全过程，都是对历史的阐释过程。阐释的内在属性与规律，在历史研究全过程中都发挥作用。与其他领域的阐释活动相比，历史阐释受制于阐释对象的约束最强烈，因此其对话性以及主体间性的特点也最突出，公共性的要求最高。这里所说的公共性，也就是伽达默尔所说的"阐释的共同性"。历史阐释既受阐释的共同性的约束，又为取得阐释的公共性而奋斗。"启蒙运动的历史是争夺主导概念的斗争史。""概念史也是语言政治，语言政治则利用概念史。"[②] 古之所谓"名教"者，以"名"为"教"也。"名"虽虚惚，而有实用、著实效，故《说苑·善说》谓："夫辞者，乃所以尊君、重身、安国、全性者也。"[③] 所谓取得阐释的公共性，即意味着成为所谓主流观点。主流观点一旦形成，就会呈现出正态分布的状态。在此状态下，主流观点占据中心位置，依从者众，而非主流观点分布两侧，依从者寡。主流观点之所以能够与公共性接合，在于它蕴含和代表了人群心理内在统一的共同性。在自然状态下，主流观点成为"心理攸同""道术未裂"的外在自然表达。而在非自然状态下，主流观点也可能是对"心理攸同"的虚假表达，因而成为假冒的公共性，变成具有虚假公共形式的强制阐释。在这种情形下，主流观点的正态分布状态就会内蕴出位移的动能。

历史阐释总是通过解读史料和前人的著作进行，而史料与前人的著作都蕴含着制作者的意图。因此，历史阐释必须穿越多重叠加的主体滤镜而达到阐释的共同性与公共性。阐释的客观性，即寓于共同性与公共性之中。由于历史认识不可实验和对证的特殊性质，因此，对于历史阐释的客观性的检验，只能在共同性和公共性中得以实现。于是，历史阐释中的理解，往往体现为对共同性和公共性的认可。但是，共同性和公共性也是历史性的，并非一劳永逸。后起历史学家的历史阐释，或者以新的方式证实先前已经具有公共性的历史阐释（例如二重证据法），或者以新的阐释代替先前已经具有公共性的历史阐释（例如"古史辨"），在"疑""信""证"的交互作用中形成合力，从而形成历史阐释以及公共性理解的时代更迭。这也正是克罗齐所谓"一切真历史都是当代史"的翻进之义。因此，历史阐释的更新，是在阐释对象不变的前提下，阐释立场、视角和手段的更新。

偏离历史对象、历史资料约束的阐释，会造成对历史的"过度阐释"。过度阐释是对历史对象的强制附加。史学领域的"创新"具有特定含义，只是指"在过去中重新发现最好的东西"。它是"发现"而非"发明"意义上的创新，因此不允许表现为对历史对象的偏离，而是在对历史的完全尊重中实现，在人人皆可见的前提下见人之所未见，并且以新的史料或手段证成之。

对历史的阐释可以后续为对历史的"使用"。"使用"是罗蒂的概念。他认为历史只

①　李大钊：《史学要论》，《李大钊全集》第 4 卷，人民出版社 2006 年版，第 403 页。
②　方维规：《什么是概念史》，生活·读书·新知三联书店 2020 年版，第 4 页。前一句话来自卡西尔。
③　参看钱锺书《管锥编》，第 487 页。

能阐释，不能使用。① 我们则认为，"历史"可以使用，但必须区分"正用"与"歪用"。影射史学是对历史的虚假阐释，因而是对历史的歪用。马克思主义史学是对历史的真实阐释，因而是对历史的"正用"。

历史唯物主义是以唯物史观为核心的极其完整的历史阐释体系。它所蕴含的历史阐释原则，一是"把经济的社会形态的发展理解为一种自然史的过程"②；二是从生活资料的生产出发去建构历史阐释系统；三是将历史的内容与叙述的逻辑统一起来，使得材料的生命在观念上反映出来时，呈现出来的"就好像是一个先验的结构"；四是以对历史的"使用"为目标，此即马克思所说："哲学家们只是用不同的方式解释世界，问题在于改变世界。"③

但是，对于解释世界的不同方式，马克思是高度重视的。《资本论》第四卷即专门以理论史为研究对象，可惜没有完成。正如恩格斯所说，由于着重于从基本经济事实中引出政治的、法的和其他意识形态的观念以及以这些观念为中介的行动，因此他们很难避免地"为了内容方面而忽略了形式方面"，"即这些观念等等是由什么样的方式和方法产生的"④。但是，这恰恰证明了他们对"形式"的高度重视。

尽管没有留下研究思想与思维形式的专门著作，但在马恩的大量论著中，散见着许多相关论述。这些论述对于我们探索以唯物史观为指导的历史阐释规律，极具启发性和指导性。比如马克思在批评旧唯物主义时，指出他们的主要缺点是："对对象、现实、感性，只是从客体的或者直观的形式去理解，而不是把它们当做感性的人的活动，当做实践去理解，不是从主体方面去理解。因此，和唯物主义相反，唯心主义却把能动的方面抽象地发展了，当然，唯心主义是不知道现实的、感性的活动本身的。"⑤ 这对于探索阐释活动的主体间性，就是具有启发性和指导意义的。再比如关于阐释对象与阐释主体的关系，马克思早年就认识到，"只有当对象对人来说成为人的对象或者说成为对象性的人的时候，才不致在自己的对象中丧失自身"。他指出："一切对象对他来说也就成为他自身的对象化，成为确证和实现他的个性的对象，成为他的对象，这就是说，对象成为他自身。"马克思认为，"人不仅通过思维而且以全部感觉在对象世界中肯定自己。"因此，人的对象只能是人的一种本质力量的确证，人的对象"只能像我的本质力量作为一种主体能力自为地存在着那样才对我而存在"，所以任何一个对象对人的意义，"恰好都以我的感觉所及的程度为限"⑥。这样的论述，不仅对于我们思考独立主体的思维过程有意义，而且对于我们从唯物主义的视角去改造视界融合、对话逻辑、效果历史等命题，都是有意义的。正因为马克思和恩格斯用他们的方式科学地解释了世界，由此才带来对世界的改变。这就是对历史的正用。

（原载《争鸣》2020 年第 11 期）

---

① 参看余宏《论过度诠释》，漓江出版社 2013 年版，第 3 页。
② 马克思：《资本论第一版序言》，《马克思恩格斯文集》第 5 卷，人民出版社 2009 年版，第 10 页。
③ 马克思：《关于费尔巴哈的提纲》，《马克思恩格斯选集》第 1 卷，人民出版社 2012 年版，第 136 页。
④ 恩格斯：《致弗兰茨·梅林》，《马克思恩格斯文集》第 10 卷，人民出版社 2009 年版，第 657 页。
⑤ 马克思：《关于费尔巴哈的提纲》，《马克思恩格斯选集》第 1 卷，第 133 页。
⑥ 马克思：《1844 年经济学哲学手稿》，《马克思恩格斯文集》第 1 卷，第 191 页。

论点摘编

1959 年尼克松与赫鲁晓夫互访及美国社会 "苏联形象"的建构

在赫鲁晓夫访苏前后，在美国知识界就苏联政治制度和社会制度发生了一场持续较长时间的讨论。

在 1959 年 9 月赫鲁晓夫访美前，美国学者巴克利（William F. Buckley）、罗斯巴德（Murray N. Rothbard）和威廉姆斯（William Appleman Williams）等人就美国政府是否应该邀请赫鲁晓夫访美，以及美国是否应该缓和对苏联的态度问题展开了讨论，进而延伸到了对苏联政治制度和政治文化的讨论。

罗斯巴德和巴克利都认为苏联的政治制度及政治文化根植于它数个世纪独裁统治的历史经验。在历史上，蒙古人将近两个半世纪的野蛮残暴的专制统治，给俄罗斯民族的心理性格和文化传统打下了难以磨灭的烙印。这种亚洲式的野蛮统治在沙皇时期得到延续。俄国缺乏自然边界，而庞大的地理版图又使其易于接受这种统治方式以抵御强大力量的入侵，这就更加刺激了中央控制力的加强。与同时期西欧政治发展不同的是，俄国缺乏抵制独裁的各种制度，比如能够体现民众意志并限制君主权力的议会制度。不仅如此，俄国还是一个落后的农民占绝大多数的国家，农民在世世代代落后的生活条件下和专制制度的野蛮统治下已经习惯了作为支配者听从于强制性命令和服从纪律。民众政治在这种情况下根本无法独立发展，有很强的依附性。民众政治文化和政治经验被限制在一个极小的范围内，实际上也可以说是不存在的。政府的权限至大至广，它不仅涉及公共秩序和税收，还深入企业、宗教、道德和司法中，这在西方国家是很罕见的。

威廉姆斯认为语言有时能够体现出公民的一种政治态度。许多术语，如"同志"（товарищи）、"共青团"（комсомол）、"国际主义"（интернационализм）、"五年计划"（пятилетка）都体现了苏联的政治理念和新社会政治制度与以往制度的不同。这种语言上的变化反映了苏联社会主义的信仰，也是苏联党政国家（party - stateauthority）社会价值观被广泛接受的一种表现。十月革命后，家长给孩子取名通常要和领导人的姓名或革命挂上钩。例如，20 世纪二三十年代不少男孩子都取名为 Marlen/Мален，这是 Marx/Маркс 和 Lenin/Ленин 名字字母的组合，还有叫 Kommir/Каммунин，意指共产主义世界。女孩子则钟情于 Ninel/Нинел 这样的名字，这是列宁名字 Ninel/Lenin 倒过来的拼写。除此之外，还有 Oktyabrina/Октябрина（十月革命）、Traktor/Трактор（拖拉机）、Pyatiletk/Пятилетка（指五年计划）。这些新式名字的使用成为一种追求时尚的表现，反映了人们对共产主义的忠诚和信仰。不过这些名字过了二三十年代就不再那么为人们所趋之若鹜了，这也许意味着人们对共产主义信仰不那么着迷了。

罗斯巴德认为，1953 年斯大林去世后，苏联正悄悄地发生着一些变化。赫鲁晓夫下令释放大批"罪犯"、包括贝利亚在内的许多苏联内务部的领导人被逮捕，以及其他一些消除恐怖的措施，使其国内外的人都感受到一丝轻松的氛围。从 1953 年起，报纸上也越来越少地提斯大林的名字了，并说要与"个人崇拜"做斗争。所有这些都意味着新的领导人赫鲁晓夫希望与斯大林统治方式疏远。

美国学者较为一致的观点认为，从某种意义上说，苏联人之所以向往社会主义，就是希望能够过上幸福美好的生活。苏联时期人民群众的物质水平和帝俄时期相比确实得到了提高。然而从总体上看，苏共并没有很好地解决人民群众物质生活方面的需求。苏联的经济发展重点放在了重工业特别是军事工业上，忽视了人民群众的生活需要，对农业和住房建筑关注很低。赫鲁晓夫即使意识到了这一点，但在僵化的体制下，他也只是对它做枝节上的修补而不会有大的作为。

在美国的政治宣传中，苏联是"铁幕"一侧的红色"邪恶的帝国"（Evil Empire），与老乔治·凯南半个世纪前笔下的"邪恶的怪胎"（Evil Freak）没有太大区别。在苏联的政治宣传中，美国是苏联的头号敌人，是丑恶的资本主义制度的代言人。这是在两国社会中已经固化的对彼此国家形象的定势认识。

1959 年美苏两国元首的互访，在很大程度上开启了美国和苏联两个政治制度迥异并且长期敌对的国家间的近距离互识，开始了美国社会、美国学界和美国公民对"苏联形象"的新认识和新建构。在这一认识过程中，普通美国公民的看法是直观的和零散的，而美国学界的看法则是理性的和较为系统的。

政治精英的政治观点和宣传显而易见会影响到美国的公众舆论，因此，冷战后的美国普通百姓把苏联人想成是一种野蛮落后的奴隶，把苏联政府当成是侵略扩张、肆意挑衅的可怕怪物。他们认为苏联人民生活在水深火热中，没有自由、没有民主、教育落后、文化落后。特别是没有亲身到过苏联的美国人，更是把美国想象成天堂，把苏联想象成地狱。但是，亲自到访苏联的尼克松和加特霍夫等人都深刻地感受到苏联人民是热爱和平的，尽管他们为民众对苏联政府的顺从和依附感到担忧，但却都感受到了苏联社会正经历着变化，特别是青年人身上的变化。正如美国著名的苏联问题专家斯蒂芬·科恩（Stephen F. Cohen）所述："即使处于专制下，也绝不意味着苏联社会就像一块未加工的黏土，怎么捏都行。苏联人民有其无法以言辞表达的按他们所要求的方式生活的能力。在亿万民众中，既有连续性，也有真正的变化。"

美国政府、美国社会和公众舆论对"苏联形象"的认识与建构，也反映了美国政府意识形态宣传的影响。美国通过意识形态宣传影响大众舆论，以此作为推行其冷战外交政策的依据。美国普通民众实际上并不清楚苏联国内的具体情况，他们对苏联的看法和印象都是从政府宣传中得知的。换句话说，美苏关系的冷暖影响着美国政府意识形态宣传的强弱，进而又影响到民众的看法，也因而就反映在大众舆论上，反映在对苏联的"民族形象"和"国家形象"的建构之上。

（摘自《上海师范大学学报》（哲学社会科学版）2020 年第 6 期；张建华：北京师范大学历史学院教授。）

亨利·卢斯"美国世纪"命题的提出及其影响

将"美国世纪"这一最初具有宗教含义的用语，改造成一种被广泛使用的公共话语，体现了卢斯敏锐的思维。卢斯的"美国世纪"是对以威尔逊为代表的自由国际主义思想的继承和发展。经历了一战后的低潮，通过卢斯亲手缔造的"媒体帝国"，自由国际主义在美国和世界各地广泛传播，引起了各界人士和外交决策者的广泛关注。作为对美国国家身份、国际地位和国际角色最凝练的阐述，"美国世纪"的两方面含义在二战后被广为接受，成为美国精英思考美国与世界的关系的基本框架，"美国世纪"这一词语也成为重要话语工具，被美国外交决策者反复使用。

美国的政治领导者经常使用"美国世纪"这一命题，彰显对美国实力的强烈自信和对下一个"美国世纪"的积极展望。老布什的演讲不自觉地流露出和20世纪40年代初的卢斯一样的乐观情绪："许多人说20世纪是美国世纪。然而，我们不应该满足于此……我们现在面临的挑战是要推动已经开始的变革，让21世纪成为下一个'美国世纪'。""美国不仅是一个国家，而且是一种理念，活在世界人民的思想中。这个新的世界形成了，美国站在自由的中心。"克林顿在1997年1月20日总统就职演说中明确表达了实现"美国世纪"是美国历史的必然选择，维护自由和民主的历史使命将使得21世纪继续成为"美国世纪"：

> 在美国世纪中，美国成为20世纪最强有力的工业国家……我们自19世纪伊始就面临选择：从东海岸向西海岸扩张我们的国土。我们在20世纪一开始也面临选择：利用工业革命来彰显我们的自由企业、环境保护和人类尊严的价值。这些选择改变了一切。在21世纪的黎明，一个自由的民族必须选择去塑造信息时代和全球的社会力量，释放众人的无限潜能，缔造更完美的联邦。

上述总统演讲表明，二战后美国领导人对"美国世纪"命题的解读，都将美国强大的国力和自由民主传统看成在20世纪实现"美国世纪"的坚实基础。同样，卢斯版本的"美国世纪"中的第二层含义——美国要引领世界，积极参与国际事务——也为后世领导人所继承。1988年8月18日，老布什在共和党全国大会中获得总统提名时也运用"美国世纪"一词来表达20世纪美国对全球的影响力、世界领导地位和美国对世界的善意："我将美国视为领导者，一个在世界上具有特殊角色的独特国家。这一直被称为'美国世纪'。因为，在美国世纪中，我们是推动全世界善行的主要力量。我们拯救了欧洲，消灭了小儿麻痹症，登陆了月球，用我们的文化提升了整个世界。"在1992年谋求连任的演讲中，老布什重申了美国引领世界、保卫人类文明的责任："当我们带领全世界，取得的成就和自由达到新的高度时，历史将告诉我们第二个'美国世纪'的到来。这是我们的遗产，这是我们的挑战，也是我们的命运。"

由此看来，二战后的美国领导人将"美国世纪"作为凝聚全民共识、加强爱国主义精神的有力话语武器。不同的是，对于具体实现"美国世纪"的方法，不同领导人因具体的时代背景和语境而有不同的侧重点。

1949年10月，美国国务院政策规划办公室主任乔治·凯南提出，应对苏联威胁、实现"美国世纪"的最有效途径是加强美国自身制度的活力："美国还没有找到一种方法……确保代议制政府长久的有利环境………在这种情况下，如果我们没能成为自己灵魂的主人，那么我们如何证明自己能做其他国家的领袖呢？我们所有的想法，诸如'世界领袖'（world leadership）、'美国世纪'、'有竞争力的民主制'（aggressive democracy）能否实现都和这一问题的回答息息相关。"

在1970年10月23日纪念联合国大会召开25周年的纪念讲话中，尼克松似乎对使用"美国世纪"一词持谨慎态度，他更认同以华莱士的"平民世纪"实现美国的国际责任："我们所寻求的不是一种'美国统治下的和平'（Pax Americana），也不是'美国世纪'，而是一种稳定和繁荣的结构，这将为每个国家指明前进的方向，在没有外界干扰和威胁、没有美国或其他国家的支配下走上自己的发展道路。"

福特在1975年9月13日达拉斯的共和党女性全国联合会双年大会上，提到对"第三个美国世纪"的具体展望，强调美国的任务是要致力于建设一个基于个人创造性，而不是国家权力对个人生活进行控制的世纪：

第三个美国世纪是实现个人愿望的世纪。这个世纪将致力于提高个人、家庭和社区生活的质量，人们解决问题而不是陷入绝望，我们的人民自己作决定而不是放弃他们的未来，将其置于"老大哥"那样庞大的政府机构控制之下，抑或人们的生活变得像《1984》中对我们第三个世纪的噩梦般描述一样恐怖惊悚。

老布什在 1989 年 3 月 23 日对全国制造商协会的演讲中也使用了"美国世纪"的说法，强调新的"美国世纪"要以促进国内外繁荣、健康和可持续发展为主要目标，政府的首要任务是解决国内财政危机、加强教育体制改革、禁毒，同时还要加强国际合作，共同探索太空、解决气候问题。他还注意到"快要到来的美国世纪是芯片和音乐电视的时代"，而不再是亨利·卢斯的重工业时代，美国的经济增长"不再依赖于自然资源或者地理位置，而是依赖于知识"。

大体言之，自"美国世纪"提出以来，美国领导人对美国实力的自信和维护美国世界霸权地位的决心从未消失，他们之间的分歧只是体现在实现影响世界的方式和途径。他们都把"美国世纪"命题作为凝聚国民共识、推销对外政策的工具，一些决策者将其作为论证美国对外扩张正当性的话语武器。

2012 年 5 月 23 日，奥巴马总统在美国空军学院的毕业典礼演说中连用六个带有"美国世纪"的排比段落来论证 21 世纪是另一个伟大的"美国世纪"：

我之所以说这是一个美国世纪，是因为我们有渡过这一经济困难时期的恢复力……我之所以说这是一个美国世纪，是因为你们是世界上迄今为止最为出色和最具军事能力的组成力量……我之所以说这是一个美国世纪，是因为我们拥有最强大的国家同盟……我之所以说这是一个美国世纪，是因为没有任何国家寻求扮演我们在全球事务中所扮演的角色，也没有任何国家可以扮演我们在全球事务中所扮演的角色……我之所以说这是一个美国世纪，是因为越来越多的民族正在趋向我们所共享的自由和价值……最后，我之所以说这是一个美国世纪，是因为我们的国家特性，这一国家精神总是让我们成为例外的国家。

总之，卢斯"美国世纪"命题出现之后的美国历届领导人，既接受了"美国世纪"背后隐含的思想，也肯定了这一术语的有用性。尽管他们对"美国世纪"的阐发各不相同，但是字里行间流露出对美国实力的自信与美国称霸世界的决心一脉相承。

（摘自《历史研究》2020 年第 6 期；王一哲：北京大学历史学系博士研究生。）

重读乔治·凯南的"长电报"

这封被称为美国国务院历史上收到的最长电报到底有多少字呢？在过去很长一段时间里，这封电报都被认为有 8000 字，在中文出版物中一直被称为"八千字电报"，我本人曾经也使用这一说法。实际上，后来有人去数这封电报的字数，发现它其实只有 5540 个字。因此，"八千字电报"的说法显然是错误的，应该予以纠正，改称"长电报"或"长电文"。

"八千字电报"的说法的源头很可能就是

凯南自己。凯南在 1967 年出版的第一部回忆录中说，那封电报"大约 8000 字"。他在 1985 年发表在《纽约客》上的一篇文章中也依然写道："自己记得那封电报大约 8000 字。"于是，"八千字电报"的说法流行甚长、甚广，很长时间都没有人去数这封电报的字数。至少是一直到凯南去世的 2005 年，凯南钦定的其传记作者、美国著名冷战史学家约翰·加迪斯（John L. Gaddis），在当年出版的两本著作中也还是这么使用的。加迪斯在这一年出版的《冷战》一书中写道："国务院给大使馆发了好几个要求分析苏联外交政策的指示，凯南急匆匆地写了一封'八千字电报'。"他在同年出版的《遏制战略：冷战时期美国国家安全战略评析》（修订版）中也写道："在外交史上，难得有单独一人在单独一份文件内，设法表述如此强有力和如此能说服人的思想，以致立即改变了一国的对外政策。然而，这就是凯南 1946 年 2 月 22 日从莫斯科发出的'八千字电报'的效应。"其实，早在 1986 年，就已经有美国历史学家在其著作中明确指出，凯南的这封电报只有 5540 个字。但是，这并没有引起广泛关注，该书中文版于 1991 年出版，也没有在中国学界纠正"八千字电报"的说法。只是在 2005 年凯南去世之后，"长电报"实际上没有 8000 字、只有 5000 多字，才逐渐成为相关研究者们的共识，特别是作为凯南研究最权威的学者加迪斯承认自己多年来误用了"八千字电报"的说法。

加迪斯在 2005 年以后就不再使用"八千字电报"的说法了。比如，加迪斯 2011 年出版的、后来获得普利策奖的凯南传记——《乔治·凯南：一位美国人的一生》，就使用了"长电报"（long telegram）的说法。加迪斯还特意在这本书中解释说，自己过去在好几本书里还有课堂上都误用了"八千字电报"的说法，直到后来尼古拉斯·汤普森（Nicholas Thompson）数了这封长电报的字数之后，才知道这封电报实际上只有 5000 多个字。其实，笔者也是于 2007 年 11 月在北京大学参加一个有关冷战时期美国大战略的国际学术研讨会的时候，第一次听与会的加迪斯教授在点评

拙文时说，凯南的这封电报只有 5000 多字。笔者在此之前也是一直使用"八千字电报"的说法，但在那次会议之后就改称"长电报"了。而且在那次会议之后，笔者也去数过这封电报的字数，发现它的确不到 6000 字。

2014 年出版的《凯南日记》一书的编者称，凯南的"长电报"一共是 5540 个字。笔者最近重读 1986 年在美国出版、1991 年在中国出版的《美国智囊六人传》一书的时候，发现该书已经提到凯南的"长电报"是 5540 个字。书中是这样表述的："凯南边讲边构思，把这些想法像清教徒说教一般整整齐齐地分为五个部分；他继而口授了一份 5540 个字的、后来被称为'长篇电报'的分析意见。"很显然，加迪斯提到的那位学者并不是最早去数"长电报"字数的人，至少《美国智囊六人传》的作者早在 20 世纪 80 年代后期就已经在书中提出来"长电报"只有 5540 个字的说法，只不过这个说法没有引起足够广泛的关注，特别是没有引起中国读者的足够关注。另外，也并非如有的学者所说的，是因为加迪斯亲自去数了电报的字数之后，人们才知道凯南的那封电报只有 5000 多字。当然，由于加迪斯是最权威的凯南研究专家，所以他的影响无疑是巨大的。

我没有去考证"八千字电报"的说法最早是什么时候在中国出现的。20 世纪 80 年代上半期我在北大选修战后国际关系史课程的时候，使用的教材是武汉大学出版社 1983 年出版的《国际关系史》下册，该书使用的就是"八千字电报"的说法。这本教材写道："1946 年 2 月 22 日，美国驻苏代办乔治·凯南拍了一份长达 8000 字的电报给国务院，为美国对苏联采取的强硬政策提供了理论依据。1947 年他被破格提升为国务院政策设计室主任。7 月他又以 X 署名，在美国《外交季刊》上发表一篇文章，进一步阐述'八千字电报'的内容。"该书是中国改革开放后出版的第一部国际关系史教科书，在中国的影响极为巨大和深远，此后中国出版的相关书籍，特别是国际关系史教材，基本上都沿用了"八千字电报"这一说法。遗憾的是，直到最近，国内

很多出版物还在使用"八千字电报"的说法。比如，2019 年出版的一本中文著作中写道："美国驻苏外交官凯南发出'八千字电报'，指责'扩张'和推动'世界革命'是苏联行为的根源。"另外，还有一本中文著作提出一种新的说法，称凯南的这封电报"英文单词共 5500 多个，译成汉语更是多达 8000 字"。然而，我最近把凯南的"长电报"翻译成中文，电脑字数统计清楚地显示，该电报中译文超过 10000 字（大约 10800 字）。因此，不管是算英文单词，还是算中文单词，"长电报"都不可能是 8000 字，"八千字电报"的说法无疑是错误的。

（摘自《美国研究》2021 年第 2 期；张小明：北京大学国际关系学院教授。）

19 世纪晚期美国农民对"乔治主义"的接受与扬弃

经历了 1892 年的选举失利后，人民党领导层决定继续寻求一个能团结两个旧政党内不满成员的全国性议题，即后来的"白银议题"。于是，1892 年以后的平民主义运动几乎完全以"自由白银"为核心，成了一场"幻影运动"（shadow movement）。同时，为了与"白银派"成员较多的民主党联合，人民党还对自身进行了一番"意识形态裁剪"，以磨去其激进主义棱角，党主席赫尔曼·陶贝内克（Herman Taubeneck）甚至提出要"撇开"《奥马哈纲领》。可以想象，最初引发 19 世纪美国农民抗争运动的土地、垄断、贫困、税收等问题，在这种形势下就被暂时搁置了，经常被与"社会主义"相提并论的"乔治主义"，更是会被极力回避。乔治及其"单一税制"的发展也谈不上顺利。"乔治主义"的生命力直到 21 世纪依然在延续，就此而言，可以说乔治的思想是具有未来性和世界性的，而"平民主义"常被认为代表着相反的东西。可是乔治带给后世的更多是一种"思想启迪"，而很少催生有组织的政治运动。实际上，"单一税运动"在整个 19 世纪 90 年代始终没成气候，进入"进步主义时代"后，尽管许多改革背后都有单一税派的影子，但单一税制本身却未能在美国真正实现。回顾霍夫斯塔特所说的那个"改革的时代"，尽管乔治本人一直以城市和劳工为核心关注对象，单一税运动获得的最真实、最强大的支持却是来自中西部的农民和乡村，因此有后世研究者不禁感慨："亨利·乔治在 1892 年与平民党人擦肩而过，很可能是一个错误。"

美国农民究竟曾在多大程度上接受乔治主义？这一点其实难下定论。1890 年前后乔治主义在农民中的确有着较高的接受度，但这种接受在何种程度上是诚心诚意，农民是否真正认同乔治的改革理念，却值得打问号。乔治主义中关于人人享有使用土地之权利的主张，对铁路公司垄断土地使用权的批判，以及农民在单一税制下可能大量获利的前景，的确对农民有吸引力，也构成了农民接受乔治主义的基础。但这一基础并不牢固。从 19 世纪 80 年代后期到 1892 年，那些大体上由农民掌握的媒体的确对乔治的理念进行了大量介绍，但这些介绍与其说是为了宣传乔治主义本身，倒不如说是借以突出农民自身的诉求。沃尔特·缪尔称"奥卡拉诉求"中曾有望加入关于单一税制的条款，大概并非子虚乌有，因为类似条款后来的确在州层面变成了现实。但仅凭这一事例也难以断定乔治主义在农民观念中具有重要地位，因为农民在这场抗争运动中的诉求极其多元，看上去很难容纳乔治和单一税派那种简化而极端的改革方案。最终，随着运动走向第三党政治，运动的议题在数量上减少，在意识形态上去激进化，乔治主义可以说很快便被农民弃如敝屣了。

那么，在世界范围内影响既远且久的乔治主义，对美国农民来说竟如此无关紧要吗？这是否意味着乔治主义具有一种"非美国"特性？乔治本人肯定反对这一说法。他解决土地垄断的途径不是没收和平分土地，而是以"自由贸易"为原则，本质上要通过一整套设计缜密、实施严格的税收改革来实现——这是一剂典型的美国式药方。然而，即便是这种温和的改革，一般来讲也需要两个客观条件：一是政府有超强的行政能力，二是土地的垄断所有者——改革的对象在法理上居于弱势地位。对欧洲旧世界那些兼具了封建传统和革命传统的社会，如俄国、德意志帝国，甚至是更早启动现代化进程的英帝国而言，这两个条件是相对容易满足的；在20世纪那些处于封建主义和殖民主义双重背景下的落后国家，乔治主义更是能在民众当中激发一种革命冲劲。然而美国的情况则有所不同。尽管19世纪下半叶的美国农民也面临土地稀缺的问题，但这种稀缺并非因封建传统所致，而是资本主义经济体系长期运转中产生的一种资源配置不合理现象。在建国以来不断巩固、完善的宪政传统和法律体系下，哪怕是占有土地的垄断集团，其私有产权也受法律保护，农民很难对此提出法理上的挑战，因他们自己也有赖于同样一套法律的保护；另一方面，土地垄断集团在政府机构中具有优势地位，农民要抗争起来也非常困难，因为在一个民主制度下，作为选民的农民本身就在为政治地位的垄断者提供法理来源。因此在美国，农民在试图解决土地问题时，总是习惯性地（也是结构性地）选择了法律途径和经济途径，即走反垄断、税收改革、货币改革的路线。乔治或许为农民展现了一幅美好的图景，但除非发生剧烈的政治变动，他的理念是不太可能在美国实现的。乔治主义似乎最终被证明与19世纪末美国的农民抗争运动并无太多关联，但或许正是从这种否定性的联系中，美国农民乃至美国制度的某些特性得以更加鲜明地呈现了出来。

美国农民的土地问题后来得以解决的方式，其实已与他们最初在抗争运动中的诉求关系不大了，与运动后期的"自由白银"议题更不相干，因此霍夫斯塔特形容这场运动是一场"失败里的成功"（success through failure）。进入20世纪，城市化、农业科技的快速发展，以及以农业合作组织为核心的资本主义商业模式，在很大程度上缓解了农民的土地稀缺和贫困问题，使得美国农业初步走上了20世纪的资本主义大农业道路。1910年以后，美国农民进入了一个"黄金时代"，此时"作为商人的农民"与乔治主义的关系已大不如前。1912年，密苏里州的单一税派在该州发起了的一场请愿运动，结果招致了该州农民的强烈反对，不少单一税派竟收到了农民发来的暴力恐吓信——回想哈姆林·加兰向亨利·乔治朗诵欢迎诗歌的融洽时刻，真是恍如隔世。

［摘自《四川大学学报》（哲学社会科学版）2021年第2期；王禹：四川大学历史文化学院讲师。］

试论美国制宪奇迹话语之构建

神化制宪者是构建制宪"奇迹"话语的第一种常用手法。在很多美国人心目中，参与制定宪法的那一批美国人，几乎具有神一样的超凡能力与品行。为此，美国人创造了各种政治话语来神化制宪者，其中，最有名也最广为引用的一句话源自《独立宣言》起草者托马斯·杰斐逊的感叹——他赞叹制宪代表是一批"神人"。召开制宪会议时，杰斐逊正代表新生的美国出使法国，没能躬逢盛会。但是，当他得知与会者的名单之后，给同样出使在外（英国）、没能与会的约翰·亚当斯写信称："这真是一场半神半人（demigods，神人）的盛会"，他"丝毫不怀疑这些人能采取优良而明智的举动"。

后世研究与讲述美国制宪历程的所有著作，几乎都会提到杰斐逊的这番评论，赞同杰弗逊的观察，并加以引申和具体化。比如，专门研究美国制宪建国历史的兰斯·拜宁就在1987 年的著作中写道："（制宪会议）最初的那些天，麦迪逊和威尔逊就像一个神话团队般在会议中崛起。"

这种神化制宪者、构建制宪"奇迹"话语的书写方式，在美国颇为盛行，就连中国旅美学者也深受其影响，在给中国读者介绍美国制宪故事时，常常自觉（或者不自觉）地延续和传播了这种神人—"奇迹"话语。其中，最为典型的当数林达夫妇。他们俩在发行量极大的《如彗星划过夜空》一书中写道，制宪者极有分寸地把握住了启蒙时代的理性自由与"神约束划定的界限"之间的关系，"才创造了'费城奇迹'"，"制宪期间，北美政治环境的相对单纯，使得这样一批'半神半人'的学者型政治家，能够在政界长期存在并且实践自己的政治理想。在宪法诞生后的最初岁月里，又是同样的一批绅士在执政，并在这个过程中完善纸上宪法的不足"。

比林达夫妇晚一辈的国内新生代学人中，接受这种神人—奇迹话语者也不乏其人。比如，译介美国学者阿纳斯塔普罗《美国 1787 年〈宪法〉讲疏》一书的赵雪纲，在该书的"中译本说明"中特别强调，美国宪法中"卓越的制度设计，非由一些德性超迈、心智宏伟的神一样的人来完成不可"，"美国宪法这一旷世杰作，离开这些神一人是不可能完成的"。译者由此推定，原书作者在附录美国宪法全文时，之所以一定要将那些签署者的名字一一列出，"他是要我们记住——至少是要让美国人记住——那些神一样的人"。

正是因为有了这样一批所谓的"神一样的人"，1787 年的制宪会议才能超越各州与各种利益团体之间的巨大利益与观念分歧，达成一份不仅大多数人能够接受，而且行之有效的宪法，缔造所谓的"费城奇迹"。因此，美国人在构建制宪"奇迹"话语时，除了采取神化制宪者的手法外，还采用第二种手法，即夸大制宪会议上的分歧，以此突显最终的宪法成功来之不易，不啻"奇迹"。

制宪会议结束的那天（9 月 17 日），本杰明·富兰克林称赞"宪法体制简直是近乎完美"时，正是相对与会议上的巨大分歧所发出的感叹。他当时说："当你聚拢一批人，发挥他们的共同才智时，不可避免地也会招来他们的所有偏见、激情、他们的错误看法、他们的乡土利益，还有他们的自私观念。"会议期间，由于大州与小州之间的利益难以调和，双方陷入僵局之时，富兰克林甚至要请牧师来带领大家祷告。

麦迪逊和华盛顿笔下的制宪奇迹话语，更是直接针对制宪会议上的多元意见与不同诉求所引起的纷争。在他们看来，如此意见纷呈、争吵激烈的会议，竟然没有分裂散会，反而达成了一份成文的框架协定，简直就是"奇迹"。

制宪会议分歧之严重，确实大大超出了很多人的预期与想象。在会议期间，不仅各州之间有分歧，就连有些州内部意见也很难统一。比如，纽约州由于内部纷争，迫使该州代表亚历山大·汉密尔顿不得不中途离开（当然还有其他理由）。为了避免会议因分歧严重而流产、导致制宪事业功败垂成，汉密尔顿在离开之前告诫各位代表：这是建立强大和稳定政府的"关键时刻"，"我们现在可以运用我们自己平静而自由地思考，来决定问题，这真是一个奇迹。将希望寄托于未来的奇迹，无异于疯狂之举，有一千种理由可以阻止我们这么做"。

不可否认，1787 年的美国制宪会议确实存在着严重的观念冲突与巨大的利益分歧，但是除了极少数几个人外，绝大多数会议代表都认为当时的美国亟须建立一个强有力的联邦政府。因此，当大州和小州在分配联邦国会议席问题上达成妥协之后，会议进程便迅速推进，没有再次经历威胁到会议成败的重大纷争，便达成了一份赋予国会和总统巨大权力的新宪法框架。

从最终的会议结果来看，代表们之间的共识要大于他们之间的分歧。但是，为了突显会议成果来之不易、证明制宪者完成了似乎无法完成的任务，缔造了所谓的"费城奇迹"，很多美国人倾向于强调（甚至是夸大）制宪会议上的观念差异与利益分歧。比如美国历史学家约瑟夫·J.埃利斯就认为，制宪会议之所以被称作"费城奇迹"，并不是在说一群半神半人集聚在一起得到了神启，从而形成了那种习惯上所称的、半宗教的意义上的"奇迹"。相反，之所以称之为"奇迹"，更多的是出于凡俗的原因：制宪会议制定的宪法，解决了明显无法解决的政治难题。埃利斯所谓的政治难题，指的是"宪法既要创立一个强化了的联邦政府，其有足够的权力来强迫对全国性法律的服从——实际上就是有权管理一个真正的大陆联盟，同时又没有违背1776年的共和主义原则"。从逻辑上说，这几乎是不可能完成的任务。1776年的共和主义原则（七六年精神）是从本能上厌恶任何形式的强制性政府——"让高不可攀的统治者在遥不可及的地方管理政府不可避免地会带来腐败"。

美国人构建制宪"奇迹"话语的第三种，也是最直接的一种常用手法，是直接称赞美国宪法是人类历史上最伟大的设计，并加以崇拜。比如，前文提到的帝国学派代表性人物约翰·菲斯克把美国宪法比喻为"政治领域的《伊利亚特》、巴特农神庙、贝多芬的第五交响曲"。就连大法官威廉·约翰逊（William Johnson）也在法院判决意见书中称赞宪法是"人类之手打造的最美妙器物"。

一位研究美国文化史的著名历史学家（Michael Kammen）将美国民众心目中的宪法比如为"一台自动运行的机器"，一旦设计和制造出来，便不用再操心。还有美国学者称，美国宪法是一种"由天才（geniuses）设计，并可由蠢材（idiots）来操作的制度"。更有中

国学者夸张地惊叹，1787年美国制宪是"上帝的神秘作坊里""给历史绘下了一笔成功的神来之笔"。制宪一代的"出现对美国的意义，越到后来越为后人所认识到，尤其是对比美国以外的宪法（包括他们自己的州宪法）以及世界上其他的立宪政体，美国人更产生了一种深深的宪法崇拜"。

实际上，这种宪法崇拜正是美国制宪"奇迹"话语的深厚民众基础。著名社会学家维尔纳·桑巴特在研究美国为什么没有社会主义时发现，美国工人阶级具有很强的宪法信仰："美国工人感到自己国家的宪法有一种神圣的启示，因而对它有着一种虔诚的敬畏，这是常常被人们观察到的特性。工人对宪法的感情就好像它是某种神物，能够经受致命的打击。这被正确地称为'宪法拜物教'。"这种宪法崇拜随着宪法的成功与日俱增："宪法获得的成功，超过了它最热情拥护者的希望……尊敬和仰慕增长了而且很快发展成为被人说得很好的'宪法崇拜'。"

构建美国制宪奇迹话语的第四种常用手法，是以宪法契合美国民族性格、能够长久存续，证明制宪者缔造了"费城奇迹"。

没有参加制宪会议的约翰·亚当斯，出任美国第二任总统时（1797年3月4日），在就职演说中盛赞美国宪法符合美国的民族和国家性格："由于我在国外执行公务，所以在异邦第一次见到了合众国宪法。我以极大的喜悦阅读了这部宪法，我既不为宪法措辞的改动而激怒，也不为公开的辩论而激动，又不为党派的仇恨而激愤。我认为，这部宪法是襟怀坦白的有识之士的作品，它是胜过迄今任何其他提议或建议的一种实验，它能更适合这个民族和国家的才能、性格、环境和各种关系。"亚当斯对这部宪法赞赏有加，在两千多字的就职演说词中11次提到美国宪法。费城会议前，亚当斯曾写出一部探讨历史上各种政体优长利弊的长篇大作，供会议代表参考。费城会议期间，他密切关注会议动态，并与出使巴黎的托马斯·杰斐逊书信往返，互通消息，交换看法。

《论美国的民主》一书的作者托克维尔，虽然是法国人，但他在构建和传播美国制宪

"奇迹"话语过程中的作用，却不逊于任何美国人。他也认为："负责起草宪法的制宪会议虽然人数很少，却荟萃了新大陆当时的最精明、最高尚人物，而乔治·华盛顿就是它的主席。这个全国委员会经过长期的深思熟虑，终于建议人民接受至今仍然治理着美国的那部基本大法。""看到一个伟大的民族在立法者通知他们政府的车轮已经停止运转后，仍能稳稳当当、不慌不忙进行自省，深入检查故障的原因，足足用了两年时间去寻找医治办法，而在寻找医治办法时，又能不流一滴泪、不流一滴血地自愿服从它，倒使人觉得这是社会历史上的一件新事。"

就连一向批评 1787 美国制宪不应该接受奴隶制度的著名律师、美国最高法院第一位黑人大法官瑟古德·马歇尔，在 1987 年美国宪法两百周年庆典之际也认为，美国宪法的真正"奇迹"并不像凯瑟琳·鲍恩在《费城奇迹：美国制宪故事》一书中所说的那样，形成于宪法诞生的那一刻，而是"在于宪法的生命、在从我们自己制造的两个世纪的纷乱中吸取滋养的生命，在于增加了宪法最初并不具备的优秀品质的生命"。马歇尔认为："随着社会的发展，新的宪法原则会不断出现，以满足不断变化的社会需求。"

同样是在 1987 年美国宪法两百周年庆典之际，另一位美国学者更是不无骄傲地说："美国宪法已经享有无可比拟的高寿，而且，在二百年的时间里，它一直充当着其他许多国家宪法的范本。对我们当中的一些人来说，宪法是一个近乎神圣的文本：一部无须实质性改动的圣经。"

（摘自《史学月刊》2020 年第 6 期；胡晓进：中国政法大学人文学院历史学系副教授。）

19 世纪末 20 世纪初俄国城市基础设施建设

18—19 世纪中期俄国社会经济发展水平已远落后于西欧国家，城市化缓慢、工业革命滞后，城市危机加剧。1861 年改革涉及政治、经济、文化等社会生活各个领域，俄国各领域现代化快速展开。19 世纪末 20 世纪初俄国城市基础设施建设取得成绩巨大，但仍具有诸多不足，即便如此，19 世纪下半期至 20 世纪初俄国城市基础设施建设不断发展，促进俄国城市基础设施的因素诸多，因篇幅有限笔者不能一一叙述，只能择其重点进行分析，其中俄国工商业飞速发展、交通运输系统革新和城市自治机构诞生影响最大，将是我们探讨的重点。

（一）工商业发展：城市规模扩大的动力

19 世纪下半期俄国开始工业革命进程，在此过程中俄国工商业飞速发展，1861—1900 年石煤开采数量增长 52 倍，采油量增长超 600 倍，铸铁产量增长 8.5 倍。工业发展后城市运输业快速发展、工厂林立、外出务工人员增加，对城市基础设施的需求量不断提高，因此俄国工业化带动城市化，城市化过程中城市基础设施不断完善。此外，工商业发展也促进城市规模的进一步扩大，以下诺夫哥罗德码头为例，19 世纪下诺夫哥罗德展销会商品交易量占国内贸易总量的 12—17%，展销会的货物价值占全俄展销会产品价值的 50%，19 世纪 90 年代该展销会年交易额约为 19 亿卢布。1905 和 1913 年下诺夫哥罗德码头的货运量分别为 0.94 亿普特和 1.4 亿普特，下诺夫哥罗德展销会直接带动下诺夫哥罗德码头经济发展，下诺夫哥罗德码头的城市基础设施不断完善，不但码头的各项设施不断更新，市内各项基础设施也迅速发展。20 世纪初乌拉尔工业区贸易最发达地区为叶卡捷琳堡省，1900 年该地区共有 866 家商业机构，流动资金数量达 2800 万卢布，奥伦堡、彼尔姆和乌法省商业机构和流动资金数量分别为 1068 家和 2360 万卢布、877 家和 1900 万卢布、795 和 1650 家。因此工商业发展是城市基础设施建设发展的重要因素。此外，因俄国工商业快速发展城市人口数量也快速增加，19 世纪 60 年代人口超 10 万的大城市仅为 3 个，19 世纪 90 年代有 14 个，20 世纪初有 29 个。因此，城市工商业发展是城市规模迅速扩大的动力，也是城市基础设施建设不断完善的基础。

（二）交通运输发展对城市规模扩大的促进作用

交通运输是促进城市规模扩大的重要因素，俄国很多城市兴起源于交通运输因素。如伏尔加河流域的阿斯特拉罕、下诺夫哥罗德、雷宾斯克、喀山等城市兴起就源于伏尔加河流域。19 世纪下半期铁路大规模修建后，不断涌现诸多新型城市，原有城市规模因铁路运营也进一步扩大。以莫斯科为例，莫斯科所傍莫斯科河是奥卡河支流，借此可加强莫斯科与东部地区的联系，莫斯科通过莫斯科河和奥卡河可达梁赞和伏尔加河流域，还可与顿河流域相通，借助顿河可以通往亚速海和黑海流域。因此，莫斯科成为联系西欧、高加索地区、南俄、北部和西伯利亚地区的交通枢纽。从 19 世纪下半期起，中部工业区运输以铁路为主，俄国铁路建设以莫斯科为中心，莫斯科为俄国铁路网络枢纽，长度为 8000 公里的 18 条铁路汇聚莫斯科，交通非常便利。城市规模扩大后对基础设施的配备要求度迅速提高，城市基础设施也不断完善。铁路改变了俄国的城市结构，铁路沿线的火车站点迅速成为城市的重要景观，火车站周围商店、饭店和报亭众多，同时也是货物集散地和文化交流中心。铁路修建后，俄国城市经济迅速发展，车站周围的基础设施也不断完善，因此，交通运输方式变革不但促进城市规模的逐步扩大，城市基础设施配套工作也有所改善。

（三）城市自治机构在俄国基础设施建设中的重要作用

在俄国城市化和城市发展过程中城市自治机关具有重要作用。在俄国城市基础设施建设中，城市自治机关始终处于核心地位，其成立和相关活动对城市发展具有重要意义。俄国城市市政基础薄弱，在大改革浪潮中不仅要受到俄国专制制度的束缚，还要应对经济快速发展带来的冲击。城市自治机关正是在这种相对孤立的环境下持续开展大规模城市基础设施建设。无论是资金还是组织形式，城市自治机关能够从国家和社会获得资源和资金支持有限，其自身工作能力是城市基础设施建设得以开展的基础。

19 世纪末 20 世纪初，俄国城市自治机关是大改革中城市自治改革的产物。俄国政府进行城市自治改革的目的之一，就是促使城市适应因工业发展所产生的诸多复杂职能，而由此建立起来的城市自治体系也确实在城市经济事务中发挥领导者和组织者的作用。这在莫斯科和圣彼得堡等主要城市体现最为明显。城市自治机关借鉴西欧主要城市发展历程，对城市现代化做出相应规划，且通过城市经济提升，改进各种财政措施，成功获取必要资金，使之目的最终得以实现。在城市自治机关的倡导下，各城市才得以开展大规模的基础设施建设，是城市繁荣和市民生活改善的基础。城市自治机关最重要权利是财政独立性。税收是城市预算的重要来源，其中最主要是不动产估价税和各类工商业税。但这些经费很低，不能完全弥补城市支出，整体上特殊收入一般为城市总收入的 1/3。如 1892 年各城市特殊收入占城市收入比重分别为：敖德萨 41%、莫斯科 43.5%、哈里科夫 46%、雅罗斯拉夫尔 49%、卡卢加 66.4%、库尔斯克 76.9%、基什涅夫 84%。俄国城市收入明显低于西欧国家。1892 年欧俄地区 625 座城市总收入超过 6223 万卢布，其中 73% 来自 45 座主要城市，而 6 座城市收入超 100 万卢布，其中莫斯科为 1120 万卢布、圣彼得堡为 1030 万卢布、敖德萨为 330 万卢布、里加为 240 万卢布、基什涅夫为 160 万卢布、基辅为 140 万卢布，总计 3020 万卢布，占总预算的 48.5%。即便如此，俄国城市预算资金依旧远远落后于西欧国家，1890 年仅巴黎的城市预算就超过俄国所有城市预算的 2 倍。

城市工商业发展和规模的扩大是城市基础设施建设不断发展的重要因素，工商业发展要求具备与之相配套的基础设施，因此，城市基础设施建设势在必行；而城市自治机构成立后，城市建设自主权提高，用于城市基础设施建设的资金数量增多，城市基础设施稳步进行。

［摘自《陕西师范大学学报》（哲学社会科学版）2020 年第 5 期；张广翔：吉林大学匡亚明特聘教授，东北亚研究中心教授。］

近代法兰西的国家形象及其传播
——兼论共同体意识的文化构建

在近代法国，历史地图集出版与传播某种程度上也顺应了一类新的社会潮流——新航路开辟之后的地理大发现与大旅行，而这种顺应的过程本身也就促成了另一种正在成形中的国家面相。旅行最初诞生于宗教活动在地理空间上的扩展，此时的实践主体大都是游历的僧侣或朝圣的"十字军"，他们的世界往往以耶路撒冷为中心。随着启蒙运动与治理转型的展开，"认识国家"成为王室、精英与大众的普遍愿望，无论是治国、经商、迁徙还是旅行，人们都需要了解一个国家的客观状况。借鉴那些绘制清晰、定位精准的地图是一种选择，而新兴的调查、统计与测量成果则提供了另一种参考。1715 年，拉弗斯（Piganiol de La Force）的《法国实景录》（Description de la France）就试图"对法国进行准确的描述，以便人们掌握关于这个伟大王国的全部细目"。显然，当这些统计国家资讯的新方法及成果被应用于旅行当中时，就在新兴的市民社会中普及了一种新的国家形象。如此一来，在传统的政治遗产与新型的公共生活之间，人们关于国家的认知结构也被悄然更新了。

始于中世纪的王室之旅在 17 世纪以后发展成为全国性的游行仪式。以前，新王登基需要经过 33 公里的行程前往北方城市兰斯进行加冕，加冕之后，回程中的一项重要工作便是施行"神迹"，通过触碰来治疗患有瘰疬（scrofule）的病人。尔后，国王会不定期地展开全国巡视，尤其是边境地区、重要城市或新兼并领土，这就为阅读中的公众提供了一种整体性、领土型的国家印象。因为随着全国巡游的持续进行，一方面出现了大量的记述作品，尤其是小册子（pamphlet/feuilles）这种篇幅简短、成本低廉的印刷物流行，记述国王行程与国家风景的文本、图像与版画得到大量发行与传播；另一方面，王室一行每到一处，便会通过接受觐见、入城仪式等一系列公共活动的组织，塑造和强化各地城市、领主以及民众对国家的认同感。

久而久之，无论是和平还是战争时期，关于国家的重大事件都会在全国巡游这一类政治传统中加以纪念，并在各类文字与视觉出版物中得到呈现和传播。譬如 1660 年路易十四在巴黎的入城式就歌颂了国王大婚和边境谈判这两个主题。圣安东门上覆盖了挂毯画（tapisserie），上有巴黎市的八位代表正向国王跪拜。另有两幅反映南方之行与边境谈判的地图，左边是马背视角的毕达索阿河（Bidassoa）地图，右边是毕达索阿入海口的地图，它们向巴黎民众展现了边境地区的实际情形。另一次典型出现在大革命后的巴黎联盟节（la fête de Fédération，1880 年后成为法国的国庆节），国民议会邀请全法国的同胞来参加节日宣誓，继而促成了史诗般的全国大旅行，各地纷纷派联盟代表前往巴黎，参加新生国家的庆典。奥祖夫（Mona Ozouf）因此说：内陆、河流、山川的屏障被扫平了，封建时代那个支离破碎的法兰西逐渐消失。"人们的朝圣只是为了回家，为了通过在外省和巴黎之间的往返更好地确定法国领土的神圣性。"

此外，在 17 世纪的科学革命与知识启蒙中，精英与大众也逐步形成了认识和了解国家的新风尚。从文艺复兴开始，人文主义者就将地理知识列入学问修养的一项，其中，旅行是补充信息的重要方式。1552 年，艾蒂安（Charles Estienne）的《法兰西道路指南》（La guide des chemins de France）就已成为知识精英游历时的必备。新航路开辟之后，来自海外贸易、探险与传教活动的记述流入欧洲，与此同时，地形学、工程学与测绘学的技术在地理勘察与测绘中发挥了越来越重要的作用，这就为大众了解国家提供了更加翔实、丰富的信息材料，也诞生了许多新的创作及阅读形式。譬如这一时期流行的乌托邦小说中，虚拟的游记故事往往搭配现实中的航行日志与地图材料。到了 18 世纪，面向国家内部的地理测绘与地图出版渐成一股风潮，大众阅读与公共沙龙当中也出现了对游记的强烈需求。仅从出版数量来看，18 世纪出版了 150 多部游记，这要远远多于 17 世纪的 20 多部，尤其在 1750 年以后，大量官方和个人旅行散记的激增带来了一批理性与科学考察的潮流。朗格莱—笛弗雷奴瓦（l'abbé Lenget‐Dufresnoy）在 1742 年就曾描述过这种潮流："那些纪实和合理的游记读本深受众人青睐，大多数人权且当作消遣，但聪明人用其学习地理、历史和商业贸易。"这一时期，除了王室巡游的小册子外，市面上更多涌现了《幸福之旅》《法兰西幸福之旅》《意大利幸福之旅》这样的通俗读物，也有专门针对旅游者的各种实景录（Tableau），比如 1781 年梅西耶（Louis‐Sébastien Mercier）的《巴黎实景录》（Le Tableau de Paris）。在 1788 年的《法兰西道路指南》（Itinéraire complet de la France）中，作者不仅详细描述了全国境内的旅行线路，还有提供了方便参考的旅行地图。

大革命之后，随着现代国民教育体制的创立，新的历史和地图编纂促成了国内旅行的"全民化"，也使得这一社会实践同民族主义、爱国主义的时代主题相勾连。1790 年，新成立的国民地图集公司（La Société pour l'atlas de France）出版了《法兰西口袋国民地图集》（Atlas national portatif de la France），它作为学校的启蒙教材，一共收录了 93 幅地图，不仅包括法兰西全图，还包括新成立的 83 个省份地图。书中提供了便于全国旅行的省、区、县、公社各级道路指南与状况说明，"既美观又便于记忆，有利于所有成人和小孩的学习。"1877 年，被誉为第三共和国"红宝书"的启蒙读物《双童环法记》（Le Tour de la France par deux enfants）也是以旅行故事为题材，讲述了普法战争后，法国被迫割让了阿尔萨斯和洛林，来自当地的两个孤儿——安德烈（André）和于连（Julien）从家乡出发，沿途游览了法国各省的地道风物，终于回归到法兰西这个祖国的怀抱。今天，在过往众多类型巡游的历史遗产基础上，环法自行车赛以一种文旅活动的形式将全国旅行保留下来，并且打造成为一种国家性质的纪念仪式，它把领土本身当作布景，通过穿越那些名城胜地，人们不断重温着那些关于法兰西的历史记忆与国家形象。

（摘自《人文杂志》2021 年第 4 期；于京东：南京大学学衡研究院、政府管理学院助理研究员。）

法国启蒙时代初等教育改革
——原因、过程与结果

18 世纪，法国等级社会向现代阶级社会转变，学生来源状况随之变化，第三等级的孩子增多，但他们不认可教育状况，关于教育改革的讨论盛极一时：如何培育人的兴趣与人格、如何在古典知识与现代知识之间寻求平衡、如何在学校里获得谋生的技能。经过五十余年的讨论，新教育的类别日益明确，包括自然教育、全面教育、人格教育、女子教育等，法国初等教育的新观念基本形成：让人思想健全，若有可能再使之成为世界公民；不是在某一领域里异常博学，而是让人了解不同种类的知识；注重美德教育，在潜移默化中传授行为规范；设立公立学校，制定统一标准；除启发心智，还要以教育振兴民族。

自然教育是启蒙时代乌托邦理念的支流，而卢梭的《爱弥儿》使之成为热门话题。在教育改革的语境中，"自然"有两重含义，第一重是具体化的自然，包括自然界中的植物、动物、景观、变化等；第二重是抽象意义的自然，是道德化或宗教化的自然，这一重含义通向自然宗教观，人的理性能发现自然中无限多的秘密、感受它的力量，然后信仰自然、崇拜自然。自然教育的主旨是让孩子接触自然，完善心智和身体机能。《少年之友》杂志上有一个案例，老师带孩子去田野，首先观察各种植物、草地上的羊群、灌木丛中的鸟，老师引导学生在自然与生活之间建立联系，"在清新的空气里，地上的草浓密青翠，我们经常看到牛马羊，农夫用顶端弯曲的工具锄地，割草的人用木叉摊在地上晒干，以备冬天喂养牲畜"。

关于全面教育法，老师在传授知识之外重视孩子的身心状况、伦理观念、人与生活的关系。18 世纪中期，教育改革家拉·夏罗岱（La Chalotais）注意到小孩缺乏判断力，不能发现问题所在，为此他规划了初等教育课程：5—10 岁的孩子学习历史、地理、自然史、物理和数学，培养观察力，上地理课时让他们在附近走动，在自然史课中获取有用的知识，物理和数学课使之熟悉地球仪、温度计、气压计、直尺、圆规、抽气机、光学仪器。遍布城乡各地的集市是全面教育的理想场所，老师带领孩子观察人物言行、各种货物，从中发现风俗状况。一些大农场里有壁炉，民众聚会时点菜籽油灯，男人编麻绳或篮子，女人纺布，谈论旧事新闻，有时唱歌，识字的人负责看日历，"小孩子用手拿着肉送到嘴边，用手指搅拌汤汁，谈不上优雅，但这是吃喝住行的风俗"。日常生活场景成为教育的良好素材。

因材施教是现代人格教育的开端。在教学中观察学生，了解性情差异，尊重他们的不同，确定每个人需要什么样的老师、适合什么样的学校、喜欢什么风格的作品，然后尽其所能满足他们的要求。这种方法的实践前提是现代主体人格的觉醒，尊重他人与自己的不同，然后求同存异。《波尔—罗亚尔逻辑学》最早说明了现代人格的构成，包括理解、判断、推理、决定。如果四种能力得到良好的培育，一个人才可能有独立的思考能力，认识自我才不会迷信权威，而是借助于自己的力量发现新知识。循规蹈矩和迷信权威的习惯不合时宜，取而代之的是自我意识与个体感受。

17 世纪后期，女性教育为人重视。1658 年弗勒里（Fleury）的《论学习方法与选择》（*Le traite sur le choix et la méthod des études*）说明女子教育的必要性，1687 年宫廷教师费纳龙（Fénelon）出版《论女孩的教育》

(*Del'éducation des filles*)，订立相关课程，包括语法、算术、法国历史，以及初级拉丁语，"没有什么比女性教育更不容许忽视"。当时有三类学校接受女孩：小学校、慈善学校和修道院附属学校。学制一般为六年，低年级学习拉丁语拼写和礼貌用语，五年级学习阅读，学生能拼写阅读内容时升入四年级，教师提问题，训练学生的记忆力和表述能力，三年级学习写作，二年级学习写作和阅读，一年级学习与持家相关的算术规则，以及天文学和绘画基础。18世纪法国各地女子学校增多，在卡奥、蒙托班、卡斯特萨兰森（Castelsarrasin）等城市各类规章制度相继完善。总体而言，女性教育与男性教育有区别，她们接受教育是为了保持心灵纯洁，承担母亲角色和家庭角色，服从父母、教师的决定。

新教育改革方案多，但有两个共同点。第一个共同点是培育孩子的自立精神，对于生活上的问题有独立的判断和应对技巧。18世纪中期，倡导改革的杂志《公共教育》刊发一系列文章，包括狄德罗、孟德斯鸠的作品，呼吁关心小孩的身心健康、培育优雅的品位和探索精神，而死记硬背、生搬硬套已经不适应时代要求。与此相应，关于生活、自然的法语读物受人欢迎，情节简洁、表述清楚，能培养小孩的判断力和自立精神。《少年之友》上有一篇故事：春天来了，父亲带着女儿小路易斯（Louise）去乡间观察动物、植物，回来当天晚上下了一场雪，清晨小路易斯发现院子里有五十多只鸟，她问父亲是否给它们一些谷物，父亲高兴地答应，鸟儿吃完后，她又回去取，碰到一个小男孩，提着笼子，笼子里有一只鸟，他说要去卖，卖不了就喂猫，她向父亲求助买下来，然后放飞。

关于第二个共同点，改革家意识到教育脱离实际的弊端，并提出改革方案，但由于现实与理想的反差，这些方案毕竟是纸上的理想。现代历史学家能从中发现大量的改革方案，足以编写一本厚厚的启蒙教育观念史，但这些观念很难有实践的机会，尤其是在国家政策的意义上。彼得·盖伊将这种现象看作是启蒙运动的困境，"启蒙哲学家呼吁改革，也支持各种形式的自由，现实却使得两者的同盟关系破裂，绝大多数的人口是没有受过教育的群众，社会也没有养成自主的习惯"，而且下层民众不时受到哲学家的轻视或嘲讽，他们的教育状况更无从改善。就此而言，历史学家根据启蒙思想家的呼吁来解释这一时期教育状况的思路并不准确。初等教育领域的问题延续到革命时代，并成为社会矛盾的一个源头。

（摘自《外国问题研究》2020年第3期；徐前进：东北师范大学历史文化学院副教授。）

英国信鸽在一战中的角色转换与形象变迁

一战前英国信鸽被用于竞速或远距离比赛以及文稿传递。战争爆发后，一部分英国信鸽与主人一起被军事动员，角色发生转换——这些信鸽的速度、耐力和归巢本领不再被用于赢取奖金、满足爱好或是传递普通文稿，而是被用于传递军事情报。在第二次工业革命业已完成、新型通信技术层出不穷之际，信鸽这一古老的信息传递方式仍被用于作战，实际上是多重因素共同作用的结果。

（一）保障需求——战时部队通信保障面临技术难题

20世纪初，欧洲列强普遍部署军用信鸽，英军则试图倚重基于科学和新技术之上的通信手段。1912 年设立的信号处（Signal Service）取代了 1870 年成立的电报部队（Telegraph Troop），承担部队的通信职责。到 1914 年开战时，信号处共有 29 支部队，包括无线通信部队、电缆通信部队、航空通信部队、战区信号分部等，其中电缆通信部队和航空通信部队人员过半。英国陆军元帅道格拉斯·黑格对信号处寄予厚望，将其视为"所有部队的神经系统"。到 1918 年停战时，信号处下属部队增至 443 支，兵力从 2400 人增至 4.2 万人。但是信号处从开战起就不得不面对一系列难题。首先，陆军的无线电设备沉重且易坏，而有线电报电话需要提前布设电缆，往往需要深埋地下，但受潮后又会影响可靠性；其次，通信设施和线路易被炮火毁坏，检修压力大、难度高且耗时间；再次，步兵和炮兵间的信息传达不畅，多次出现炮兵火力覆盖己方步兵阵地的情况；最后，旗语、灯光等视觉信号在前线不受欢迎，因为它一方面太过显眼，会使收发者面临生命危险，另一方面战场上的各种雾霭会增加看清信号的难度。

与可靠性相比，更为严重的问题是安全性。1915 年时，战争双方都开始通过地磁感应原理监听敌方的有线电话信号，无线电信号则更早被监听和破译。随后英军使用了蜂鸣器和电话机组合而成的富勒式电话机，但是这种安全性大为提高的有线通信设施直到 1918 年才广泛配发。总之，英军战前大力发展的新技术，在战时特别是开战之初无法有效保障通信畅通，需要替代方案。

（二）战场条件——堑壕战模式下收发位置相对固定

一战前英国陆军部撤销其信鸽部门的一个重要原因即在于，信鸽无法回到移动中的鸽巢，这使其可用性大打折扣，因为停滞的战线在当时是不可想象的。但是马恩河战役之后，西线进入堑壕战模式，双方在数百千米长、数十千米纵深的堑壕体系中陈兵数百万，尽管前沿堑壕的部队定期轮换，但是阵地位置极少发生变化，战线由此固定下来。因此，前线和总部位置相对固定的战场条件，为信鸽发挥作用创造了客观条件。而且与海军舰船只能携带信鸽向岸上单向传送消息不同，陆军的信鸽在收发位置大致固定后，有可能完成双向传送。这无疑为陆军提供了一种可选择的通信保障方案。

（三）自身优势——信鸽适合短途快速传递文字信息

与电话传递的语音信息相比，书面形式传递的文字信息更具准确性，不易产生误会。因此英军在法国前线用骑兵、摩托骑手、传令兵、通信狗和信鸽等传递书面情报。由于飞得高、速度快，信鸽不易受到毒气和地形的影响，还可以突破敌军的封锁。据测试，用通信狗、信鸽与无线电在 8 千米内传递信息，信鸽的速度最快，而且信鸽在无人区是值得依赖的情报传递手段。在 1915 年 6 月的第二次伊普尔战役中，信鸽表现优秀，价值受到重视，信鸽部队也成为信号处下属的重要分支。当然，在野战电报电话系统能正常工作时，信鸽是不会被派出的。只有在其他通信手段失效的情况下，才会动用信鸽。信鸽在 80 千米或 90 千米的距离内是可靠的，大概 95% 的信息都被安全送到了。因此，1918 年时英国陆军信鸽部队有 380 名养鸽人、2.2 万只信鸽和九万余名卫兵。

（四）群众基础——英国国内养鸽爱好者与鸽舍众多

一战前，英国在欧洲强国中是最忽视信鸽军事化应用的，但其赛鸽运动和邮政应用并不罕见，养鸽爱好者和鸽舍众多。群众基础使英国在确定发展信鸽部队后，很快就拥有了一支实力不凡的信鸽部队。为了应对德国海军在北海的布雷行动，英国海军信鸽部队最先组建，其后是陆军信鸽部队，最后是空军信鸽部队。国家竞翔联盟在此过程中发挥了重要作用，成功动员大批养鸽人参军，并向军队无偿提供信鸽。

（五）组织得当——专家型军官与士兵建设信鸽部队

英国海陆空军信鸽部队的多名最高指挥官或助手本身就是鸟类专家，如海军信鸽部队指挥官助手罗默上尉，陆军信鸽部队指挥官 A.

H. 奥斯曼上尉，空军信鸽部队指挥官 W. H. 奥斯曼少校以及助手 E. 伯登上尉。他们为各军种信鸽部队建设和运用设计了整体思路，减小了方向性错误的发生概率。信鸽部队中的养鸽人原本大多经常参与赛鸽比赛，他们虽是志愿服务但有通信官职务和正式军衔，负责将自家鸽舍和其他鸽舍中训练好的信鸽送至部队，指导官兵在通信线路遭到破坏时如何发挥信鸽的价值，以及如何正确喂养与照顾信鸽。同他们对接的是营部通信官，后者负责在前线饲养信鸽，并根据需要将信鸽下发至连排单位，使其保持和上级的联系。专家型军官与士兵使英军信鸽部队迅速形成战斗力，养鸽知识也在前线快速地普及，完善了英军的信鸽通信体系，为缓解前线通信困难提供了应急选择，有时也是唯一的选择。

被军事动员的英国信鸽，经过了严格的培育、甄选和训练，速度和耐力都优于普通赛鸽和信鸽。为军用目的培育的新信鸽，胸部较深、肺活量大，同时有强壮苗条的身体，体重为 10—12 盎司（283—340 克），有飞行 1287 千米的潜力。幼鸽在出生约十周后便开始进行飞行训练和严格甄选。它们会被首先放置在模拟战场的环境中，胆怯的会被直接淘汰。通过这项考验的信鸽会在鸽舍周围放飞 800 米熟悉环境。在此之后，其训练距离会逐渐增加，直至达到要求。尽管最终正式编入信鸽部队的信鸽都具备准确归巢和长途飞行能力，但它们以执行短途任务为主。大部分情况下，陆军部队的信鸽会在早晨被摩托车鸽笼从军部鸽舍带至旅部鸽舍，之后再由旅部通信官带往各个营部，营部通信官决定将信鸽留在营部或下发连排，但通常大多数都会被派往前线，尤其是尚未铺设电缆的地区。

从军效力的英国信鸽，在不同军种和兵种中的重要程度存在着一定差异。在海军方面，由于信鸽无法在运动中的舰只间传递消息，而且海军有传统的旗语和灯语信号系统，无线电设备也在日益完善，这些都使信鸽的重要性逐渐降低。在陆军方面，对于步兵而言，信鸽始终是能够将信息带出封锁区域的好方法之一；对骑兵和装甲兵这样机动性强的兵种而言，信鸽是唯一的远距离通信手段。在空军方面，信鸽部队于 1918 年才组建，人员与信鸽来自海军和陆军信鸽部队。当时所有重要的航空站都有鸽舍，飞行员像坦克手那样放飞随身携带的鸽子，将敌人重要阵地的位置信息送到炮兵观察员的手中。

（摘自《世界历史》2021 年第 1 期；贾珺：北京师范大学历史学院副教授，北京师范大学环境史研究中心成员。）

魏玛共和国的 11 月 9 日
——"国家庆祝日"缺失的历史包袱

对于所有资产阶级及保守派政党而言，11 月 9 日显然是不堪回首的时间点。它们在革命发生后都不得不进行重组。进步人民党改组为德意志民主党（Deutsche Demokratische Partei, DDP）。它虽然欢呼革命"彻底摧毁了看上去不可征服的国家体制，根除了旧权力支撑的王朝"，但仍然对革命带来的"丧失理智的布尔什维主义"保持警惕。它是"魏玛大联盟"的成员之一，并经常被邀入阁，其态度对中左翼选民的影响较大。不过在 20 世纪 20 年代末两极分化日益严重后，它的号召力一落千丈。在 11 月 9 日的问题上，民主党一直持温和的抵制态度，即赞成为共和国选择一个成立纪念日，但反对把 11 月 9 日提升为国家纪念日。

中央党（Zentrum，Z）在巴伐利亚的分部单独成立巴伐利亚人民党（Bayrische Volkspartei，BVP），其余地区的成员建立新的中央党。它在表示愿意接受所谓"社会资本主义"改革的同时，仍然对革命带来的一系列变化感到不满。在 1919 年 2 月 13 日的国民议会上，中央党议员格罗贝尔（Gröber）十分直白地说道："11 月 9 日革命的过错并未结束。我再说一遍，这场革命，这种对一种平稳且合法之发展加以暴力中断的行为，对德意志民族而言，并非幸运之事。"这种态度明确表达了中央党对 11 月 9 日的抵制立场。中央党既是"魏玛大联盟"的成员之一，又多次接受右翼政党邀请入阁，并贡献过 4 位共 9 届总理，其在国会中的议席数量保持着惊人的稳定性。因此，它对 11 月 9 日的立场不仅影响了南方天主教信徒，而且左右着一批中间派选民的立场。

在古斯塔夫·施特雷泽曼（Gustav Stresemann）的协调下，原民族自由党的一部分成员组成"德意志人民党"（Deutsche Volkspartei，DVP）。该党的党纲明确表达了反对革命的立场："我们坚决要求消除那些干涉法院、政府机构与地方管理部门、违背结社与出版自由、毫无专业素养的人。我们要求消除混合经济和毫无意义的公共财物与资金的浪费。我们要求消除对于经济生活不负责任的干涉。"1919 年 2 月 3 日，施特雷泽曼还在一封邮件中写道："我们这个党坚持君主制思想，在理论上认为君主制形式是最好的国家形式……不过在实践上，它立足于既成事实的土壤之上。"人民党从来没有支持过把 11 月 9 日提升为国家纪念日的任何做法。相反，它更愿意追求那些塑造德意志帝国神话的纪念日，如 1 月 18 日帝国建立日。在魏玛政治版图上，该党起初影响力有限，仅在国会拥有 5.9% 的席位，但在 20 世纪 20 年代中叶伴随施特雷泽曼本人担任总理及外长后，其席位占有率最高曾达到 22.8%，在右翼选民中的号召力极大。

立场最右的"德意志民族人民党"（Deutschnationale Volkspartei，DNVP）是由此前的德意志保守党（Deutschkonservative Partei，

DP）、德意志祖国党（Deutsche Vaterlandspartei，DV）等合并而成的。它对革命充满着仇恨，因为"革命没有带来和平，反而使和平离得更远"，革命带来的"不是自由，而是借机独裁，它造成了饥饿，破坏了国家的经济与财政"。其议员特劳布（Traub）在 1919 年 2 月 20 日的国民议会发言中公然表示，"11 月 9 日，这一天对于我们德意志民族人民党和更广泛的德意志区域而言，都是一个民族受到侮辱之日"。4 月 15 日，议员科尔施（Költsch）说：11 月 9 日就是一个"黑色的哀悼日"；正是在这一天，"我们迎来了民族肌体长时期流血不止"，"我们的海陆军崩溃"，"让我们的敌人能够任意妄为地凌辱我们"。在民族人民党看来，11 月 9 日非但不能被作为国家纪念日来看待，反而应该被塑造为国运哀悼日。该党在国会的议席比重曾从最初的 10.3% 上升至 1924 年的 20.5%，随后一路下跌。尽管如此，它在 20 年代中后期仍多次成为联合组阁政党，可见它在高层政治圈中的受欢迎程度并不低。

在这种做法的影响下，一些右翼团体也对革命及革命后的政府充满敌意。最大的右翼社团全德联合会（Alldeutscher Verband）便叫嚣说："对于今天的政府，全德联合会极不信任，也不把它视作适合德意志民族的统治形式……1918 年 11 月 9 日之后的事件清楚明了地证明，如我们这样缺少稳定政治意识的民族，不能创造所谓自由国家的政府形式，而必须寄托于强硬领袖。与其归顺于共和国，还不如向君主制致敬！"1918 年 12 月 31 日，一位名叫康拉德（Konrad）的博士在保守阵营的重要平台《十字军报》（Kreuzzeitung）上如此痛骂"11 月 9 日"："那个导致不幸的 11 月 9 日！它夺去了我们一切的自豪荣誉。它推翻了我们德国的帝位，瓜分了我们的帝国，冲溃了我们的纪律和秩序，践踏了我们德国人的忠诚，玷污了我们德国人的名声，使我们在整个世界面前名誉扫地。"

当然，在政治光谱之外，新德国还存在着强烈的地方意识。如同此前有关"色当日"的争论那样，革命的时间化符号也未能在各地

达成统一回应。但革命产生的新效应是，传统上的中央与地方之间的对峙格局已逐步让位于政党政治色彩下的党派斗争。换言之，有关11月9日是否能够被确立为国家纪念日的争论，并没有简单地表现为"色当日"那样的中央与地方之间的话语权斗争，而且体现在执政党与在野党之间的意识形态对峙分别在地方、中央及中央与地方之间爆发。

20世纪20年代初，把11月9日作为公共纪念日来加以实践的地方平台，都是那些由独立社会民主党领导的地方政府，如萨克森、图林根、巴登、不伦瑞克和安哈特。多数派社会民主党领导下的普鲁士政府也曾在柏林庆祝过"革命日"。这些地方政府规定，在11月9日，所有州立机构及州内国立机构都应放假庆祝。不仅如此，萨克森、普鲁士两州政府还分别于1920年10月30日和12月1日致信中央内阁，希望推动"国家庆祝日"的设立。与此相反，主要由资产阶级及保守派政党领导的州政府，如巴伐利亚等，根本没有讨论过相关问题。当然，即便在那些左翼执政的地方，右翼仍通过不同方式表达不满。如1923年5月16日，图林根州的民族人民党、民主党、人民党和农民联盟联合致信中央政府，抗议该州庆祝11月9日的行为。抗议书上这样写道：在更为广泛的民众中，一些日子意味着"血腥场面"，如"革命日11月9日"被当作节庆日来庆祝；相反，赎罪日与宗教改革日却没有得到纪念。

若把眼光投向全国层面，情况或许更为糟糕。中央政府不仅没有考虑过把11月9日列为国家庆祝日，甚至对州政府的行为也采取了抵制态度。如费伦巴赫（Constantin Fehrenbach）内阁（1920年6月21日至1921年10月4日）在回复萨克森州政府的询问时做出的决定是：中央驻萨克森州的所有机构和企业不得参加庆祝。几天后，交通部还电话告知铁路董事会，警告任何"旷工"参与庆祝日的工人和职员都将面临扣薪的惩罚。针对普鲁士州政府的来信，内阁没有做出任何回应。直到第二届维尔特（Joseph Wirth）内阁（1921年10月26日至1922年11月21日），中央政府的态度才略有转变。1922年11月1日，内政部对所有位于各州的国立机构及企业发出了下列指示：（1）在规定11月9日为法定庆祝日的州内，国立机构及企业必须尊重各州法令；（2）在没有规定11月9日为法定庆祝日的州内，国立机构及企业的所有员工必须继续工作。在此之后，有关11月9日的问题，再也没有出现在内阁讨论的议事日程上。

（摘自《历史研究》2020年第3期；孟钟捷：华东师范大学历史学系教授。）

华性的历史层累与结构重写

—— 柬埔寨华文教育的人类学考察

　　基于笔者近年来在柬埔寨的多次田野调查，在方法论上借助上述对"重写本"概念的推进，本文从"层累"的视角考察柬埔寨华文教育的"危机"。此处的"层"一方面是历史的层次，另一方面是社会的阶层。"层累"（layering）被视为动态的过程，随着时间序列的横向延伸，纵向的阶层结构随之变化，危机正是生成于二者交汇的事件。艾尔斯对柬埔寨教育解构的启发之处在于，他指出了教育危机的根源在于观念与权力的竞争。在观念层面，柬埔寨华文教育其实反映的是华人对外如何在他国定位自身，对内如何凝聚，内外的拉锯使华人对于华文教育究竟该怎么办产生了不同的看法；不同的精英阶层定义"华性"的话语权则通过在华社权力结构及华文教育场域里的竞争来体现。从长时段的眼光观之，"层累"的轨迹便是"重写本"的"书写"过程，"书写"的内容即为"华性"的载体。通过运用"重写本"的理论框架，解构柬埔寨华文教育的危机，本文进而探讨在海外华人社会中，不同的精英阶层在何种历史条件与社会结构中崛起并主导重写"华性"的概念，华性的内涵变化实为海外华人社会的变迁图式。

　　重建后的柬埔寨社团既留有殖民时代"分帮而治"的遗绪，又延续了 20 世纪五六十年代通过华文教育建构的统一族群认同，使华社内部的权力结构出现一元和多元的角力，华文教育在管理层面出现新的危机。商人和知识分子对华文教育的不同定位，是它在教学、教材、师资、生源等方面出现新危机的根源。

　　这一时期，柬埔寨华文教育的危机源于商人是华社内部治理的主导阶层，及其对华文教育为经商服务的定位。帮界与经济领域的划分重合，使其难以与民国政府对海外华社的统一期待相符，实利导向下的华文教育又无法形成凝聚共同体的族群意识。

　　重建后的柬埔寨社团既留有殖民时代"分帮而治"的遗绪，又延续了 20 世纪五六十年代通过华文教育建构的统一族群认同，使华社内部的权力结构出现一元和多元的角力，华文教育在管理层面出现新的危机。商人和知识分子对华文教育的不同定位，是它在教学、教材、师资、生源等方面出现新危机的根源。

　　相较于其他国家未曾中断的华人社会发展历程，柬埔寨近代以来政治体制的屡次巨变，使当地华人展现出了融入和适应所在国社会的多种途径。引发柬埔寨华文教育危机的要素早已蕴含在神庙的学堂教育时期，地域认同的分化、文化和经济的不同导向都在神庙教育中有了萌芽。与柬埔寨近代教育变革一样，华文教育不再是地域神庙里传递"香火"，它与"国家"这个概念联系起来，但出于对"国"的认同不一，侨社内部出现新、旧两个阶层的分化。旧派华商把持的华校依然维持地域之别，对教育的定位是为实利服务，而新派知识分子夺取了领导权后，试图通过以华校为节点的文化网络打破地域边界，使柬埔寨华人社会成为中华民族在海外的组成部分，对意识形态的强调重于对经济利益的获取。新、旧两派之争并未取代地域认同的区分和文化/经济二元导向，而是它们的延续和转化，并汇入了冷战时代的新元素。柬埔寨的战乱和战后的改革，使华人社会出现新的阶层分化，这些新的分群基于传统的地域划分，但又在时代的变迁中彼此重组，产生出复杂交错的社群结合方式，对华文教育的定位在传统和现代、经济和文化、商人和知识分子之间拉锯。

表面上看，华文教育的场域由经费、教材、课室、师资、生源等构成，包括柬埔寨在内的很多国家，每个时代华文教育的"危机"都由这些要素引发，但实质上，各个历史阶段中的阶层结构，尤其是精英阶层的行动者及其观念才是使这些表面要素产生危机的潜在力量。用"重写本"的层累眼光观之，每个精英阶层一旦进入华文教育乃至于海外华人社会的场域，就成为一个历史的"层次"，在不同历史情境的作用下，或凸显，或隐没，或与其他精英阶层融合抑或对立，从而使整个教育体系或是华人社会结构被颠覆或是转型，生成新的结构或是出现混沌状态，教育的危机乃至于海外华人社会的现代性困境，正是生发于这些历史层次的组合变迁过程。这个"组合变迁"的过程正是"重写本"的轨迹，重写的"文本"就是"华性"内涵的承载。

华文教育的根本问题在于对它的定位，因为本质上它是中华文化跟异文化的接触，对它的定位意味着当地华人试图以何种姿态和方式嵌入异国社会。但或许难就难在，华文教育不会有一个明确不变的定位，当地社会环境、跟中国的关系、华人跟这二者的关系等都在变，各个时期华人社会的精英阶层在不同的社会结构中崛起，也主导着"华性"的内涵变化。因此，对"华性"的定义始终处在变动的过程之中，承载和诠释"华性"的华文教育就会一直"重写"。

华文教育的特殊性在于，它是一个族群在他国社会中传播本族文化，并不是其所处社会的"大传统"，只是当地社会中众多"传统"中的一种，这就框定了它的"重写"幅度，也是海外华人在延续传统和加入现代性、在保持"华"性和融入当地社会之间的摆荡限度。不管是"站在社会的顶端"，试图以本族群的传统去同化他者——用意识形态抑或用经济理性，还是"处在社会的底端"，被某些传统同化——用红色高棉的极端同化方式抑或西方的现代性，都是没有把握好跨族群与跨文化的相处之"度"。所以，虽然对华文教育的定位可能没有一个终结性的答案，但可以从它的变迁过程去考察中华文化与其他文化的接触，由此了解它的限度以及获得有益的启示。

（摘自《南洋问题研究》2021 年第 1 期；罗杨：中国华侨华人研究所副研究员。）

全球史在日本的兴起、实践及其特点

日本全球史研究的兴起和发展有其内在的学术脉络，水岛司、羽田正、秋田茂等学者是日本全球史的倡导者，他们的研究成果以及在他们倡导下成立的相关学术机构，推动了全球史在日本的发展，并使之具有不同于西方的特点。

全球史研究在日本的兴起，首先是受到欧美学术界的影响，主要包括 20 世纪 70 年代以后沃勒斯坦"世界体系论"的影响，以及是贡德·弗兰克《白银资本》与彭慕兰《大分流》两部著作的影响。欧美学术界对全球史研究方向的提出，是日本学者关注全球史、开展全球史研究实践的外部刺激。但更主要的是日本学界的影响，日本学术界的跨国界、跨区域互联及比较研究已有深厚基础，特别是对亚洲经济圈，对海域亚洲或内陆亚洲的研究成果及其新理论、新研究范式的提出，为全球史概念在日本的推行扫除了障碍。这主要体现在三方面：

第一，20 世纪 70 年代以来日欧近世比较研究与"勤勉革命论"的提出；20 世纪 70 年代以来日欧近世比较研究，是日本较早在全球史领域做出的贡献。斋藤修、杉原薰等人通过 70 年代以来的一系列研究，在日欧比较的视野下，认为与西欧资源密集型、劳动节约型经济发展相对，东亚各国实现了劳动密集、能源节约型经济发展。

第二，"亚洲间贸易论"及"亚洲经济圈"这一概念试图去除沃勒斯坦世界体系解释模式当中的欧洲中心主义，将亚洲地区的内在联系和动力作为考察对象，着重探讨亚洲区域的相对独立性，探讨以海域亚洲世界为中心的广域网络。"亚洲间贸易论"及"亚洲经济圈"的立场成为日本的全球史研究的基础。

第三，20 世纪 90 年代以来的海域亚洲史和东部欧亚论的出现，也是一个重要的内在原因。日本自二战以前在推行"亚洲主义"的同时发展了对亚洲的研究，二战以后亚洲史在去意识形态化的前提下重启。90 年代以来，最为兴盛的是两个方面的视角。其一是海洋视角的海域亚洲史；其二是内陆视角，重视中亚、北亚及游牧民国家的东部欧亚史。

水岛司、羽田正和秋田茂三位学者是日本"全球史"概念的倡导者与实践者。在"全球史"设定的目标或发展方向上，水岛司和秋田茂共同认为全球史研究应从长时段的历史范围出发、在树立超越国界意识的基础上，关注世界的联系与互相影响，重点研究跨地区问题的人员流动、生态环境与国际秩序构建等问题。在日本的世界史学科发展上，秋田茂和羽田正认为必须破除欧洲中心主义，同时在空间上注重广大区域的互联、相关性及跨地区联系的人与物的网络，追求去中心化的历史叙述，并在时间上注重长时段的历史叙述。在设定目标后，羽田正与秋田茂互相呼应、密切交流，以团队活动的方式拓宽了全球史研究的渠道。羽田正与秋田茂团队的学术成果主要分为三类：第一类是对全球史或新世界史研究的方法

论进行探讨的著作；第二类是以全球史的视野开展的世界史编写实践；第三类是以全球史的方法写作的具体研究著作。

日本全球史研究的亚洲视角体现在三个方面：首先，日本的全球史研究者大多以亚洲视角的全球史构建作为基本的问题意识和目标。在涵盖各个领域的羽田正和秋田茂的全球史团队中，亚洲视角的主导性、亚洲史学者在方向上的引领作用是不言而喻的。

其次，日本全球史研究对亚洲视角的重视，与其近代以来的学科体系密不可分；海域亚洲史、亚洲经济圈、东部欧亚史等能够奠定日本全球史学科研究的基础，也是日本历史学学术传统的产物。

最后，日本全球史研究的亚洲视角具有强烈的现实关怀，与二战后东亚经济腾飞有直接关系。其研究的目标之一是对日本经济及中国经济的崛起做出历史的分析和评价，在长时段的历史中思考当代东亚经济的发展方向。

尚处于探索阶段的日本全球史研究仍然存在一些问题。

首先，是应以何种路径打破欧洲中心主义或西方中心主义的问题。以秋田茂为代表的诸多日本全球史研究者都在回答"大分流"的问题，并提出"超越大分流"。已经有一些学者提出质疑，指出"大分流"的发生是很难否定的事实。更严重的是，以破除欧洲中心主义为前提，或试图证明亚洲与欧洲处于同等水准，或试图寻找日本历史中的西方因素，最终反倒再次落入欧洲中心主义的怪圈。

其次，比起日本的亚洲史研究，日本的本国史研究对全球史的关注稍显不足，本国史学者参与全球史实践的仍相对较少。从事全球史实践的日本史学者主要是对外关系史领域的研究者。鲜有以全球史为探讨对象的学术活动。

最后，在批判"冲击—反应"以及东西对抗的书写模式的同时，日本的一些全球史学者矫枉过正，容易出现过度强调亚欧之间相互协作、相互补充的一面，忽视其对抗或压榨的一面，从而丧失对殖民主义批判视角的问题。

总之，日本的全球史研究是在其海域亚洲史、亚洲经济圈与东部欧亚史研究等基础上，

受欧美学术界影响发展出来的。也正因为这个原因，日本学者以"亚洲视角"为口号，注重亚洲经济与国际秩序的内在机制，着力关注以长时段内亚洲空间为主的广大区域横向互联，并以此作为打破欧洲中心主义的武器。日本全球史研究最主要的特点是对亚洲视角的重视和对亚洲空间的关注。这也是值得中国的全球史研究关注的地方。中国与日本的全球史研究都应当摆脱单纯的中国与欧洲的对照视角，关注更为广阔的亚洲空间，注重对亚洲海洋、内陆及跨区域人和物的联系网络的关注，将亚洲作为具有历史关联的有机体进行考察。

（摘自：《史学理论研究》2021 年第 2 期；康昊：上海师范大学人文学院世界史系讲师。）

国家史观视阈下新印度史学的叙事建构
——从雅利安文明到莫卧儿帝国

与此不同，现代西方史学传统中的国家史观自始就表现为另一种史学形态：文明史。与中国正史的普遍主义取向不同，现代西方史学传统中的文明史本质上是特殊主义取向的。黑格尔本人在《历史哲学》中把世界历史区分为"东方世界""希腊世界""罗马世界"和"日耳曼世界"等不同的历史形态。在《西方的没落》中，斯宾格勒承认至少存在着八个高级文化—文明：巴比伦、埃及、中国、印度、美索不达米亚、希腊—罗马（古典）、阿拉伯和西方（欧美）。在《历史研究》中，汤因比力图给出一个更加完整和复杂的文明名单，在附录中列出了他心目中重要的文明或文明区域的大事年表：苏美尔—阿卡德文明、埃及文明、叙利亚"交通环岛区"、中亚"交通环岛区"、印度—巴基斯坦次大陆、中华文明、日本文明、希腊文明、东正教文明和伊斯兰文明。中国正史传统所蕴含的那种"大一统国家"的普遍历史在这种文明史形态下消失了。在斯宾格勒眼里，世界历史不过是"一群伟大文化组成的戏剧"。不仅如此，无论是在斯宾格勒的文化史中，还是在汤因比的文明史中，各个文化或文明还都被认为植根于自己的"土壤"，因而都是本质上各自独立的"历史个体"（帕森斯语），它们彼此之间根本不同。每个文化或文明都有自己的历史。真正的历史也就只是这些文化或文明的历史。不过，这种历史的文化或文明观并不排斥历史的国家观。尽管斯宾格勒把世界历史看成各个文化的集体传记，但这并不妨碍他在《西方的没落》中宣称，"世界历史是，并将永远是国家历史"。恰如黑格尔对历史和国家关系的阐释，他也同样认为历史和国家的存在密不可分，甚至认为两者就是一个一分为二、合二为一的"事物"，"国家被视为静止状态的历史，历史被视为运动中的国家"。

最后，应该指出的是，文明史观的特殊主义取向并不意味着文明史模式只适用于现代史学所谓的区域史、国别史或民族史的编撰。在《新编剑桥世界近代史》总导言中，乔治·克拉克爵士写道："（这部通史）要把已经肯定的研究成果表述在'文明'的历史之中，这种'文明'从 15 世纪起由它最初的欧洲发源地向外扩展，在扩展的过程中同化外来的成分，直至它在全世界各个地方或多或少稳固地扎下了根。我们要阐述这个文明的各个方面，包括政治的、经济的、社会的、'文化'的和宗教的情况。"这样，文明史模式同样被应用到世界史的编撰上。这一史学史的事实有力说明，从现代启蒙话语中衍生出来的国家—文明史模式，实际上是现代西方史学的一种普遍的历史叙事框架。

至此，我们看到了两种完全不同的印度历史叙事。虽然两者都是以现代西方史学传统中的国家史观为基础建构的，但它们分别产生了各自不同的意义空间。正统印度史学通过雅利安文明叙事给我们建构了一个"传统性"的历史空间。在《牛津印度史》中谈论"种姓的缺点"时，文森特·史密斯就明确把"印度文明"的这个基本要素诠释为与现代性不相容的"传统性"。"这种制度是古代的遗迹，不能轻易地适应 20 世纪的要求……尽管出于必要性甚至最古板的婆罗门都对实际的便利做出一些让步，如火车旅行和饮用自来水，但由此引起的改变只是表面的。种姓排外的内在古老情感依旧充满活力，没有因为对现实的巨大妥协而受到实质削弱。种姓规则和现代文明之间的冲突持续不断，但种姓还是继续存在。"正是由于正统印度史学呈现的这种传统性历史意象，史密斯得以断言："除了中国，世界上没有一个区域能够自诩拥有和印度文明一样连续不断的古老文明……在印度，吠陀时期的观念依旧是一种重要的力量，甚至仙人们的仪式也还没有完全被废弃。"这样，印度就被呈现为一个拥有自己的延续至今的"大传统"的古老文明国家。

然而，正像我们已经看到的，以《新剑桥印度史》为代表的新印度史学通过以莫卧儿帝国为起点的新历史叙事，给我们建构了一个"现代性"的历史空间，这与正统印度史学形成鲜明对照。大概正是根据新印度史学的这种现代性历史意象，M. N. 皮尔森在《印度的葡萄牙人》（《新剑桥印度史》第 1 部第 1 卷）一书中做出了一个异乎寻常的断言："葡萄牙是欧洲最古老的领土国家，印度则是世界上晚近兴起的民族之一。"印度不再被看作我们想象中拥有悠久历史的文明古国，它变成了亚洲的美国，一个在近代才开始形成的新兴国家。显然，这代表了一种与正统印度史学的印度观截然不同的新印度观。

无疑，这种新印度观的出现构成了印度史学的一次根本断裂。这种断裂似乎可以同托马斯·库恩在《科学革命的结构》中所说的"范式转换"相提并论。它意味着与正统印度史学的旧印度观的决裂。实际上，在 1986 年新德里社会学世界大会上，美国著名学者伊曼纽尔·沃勒斯坦就已经开始质疑正统印度史学的旧印度观。他提出了一个看似"荒唐"的问题：印度存在吗？对这个问题，沃勒斯坦本人给出的答案是，"印度是现代世界体系的发明"，而"印度的前现代历史是现代印度的发明"。然而，令人惊讶的是，直到现在，包括印度本国的史学家在内的国际史学界，还没有对新印度史学的新印度观做过深入的解析，甚至还没有明确意识到这种新印度观的存在。印度当代著名历史学家罗米拉·撒帕尔在《企鹅早期印度史：从起源到公元 1300 年》第一章"过去的透视"中，对"印度历史的现代书写"的谱系进行了全面而深入地梳理，解析和评价了包括殖民主义史学、民族主义史学、马克思主义史学和教派主义史学在内的各种现代印度史学传统。但令人惊异的是，撒帕尔对新印度史学的新印度观未置一词。这可能部分地源于她对作为新印度史学前导观念之一的断裂国家理论的漠视。对这个理论模式，她只是简单地宣称，"这个理论不能解释（印度的）政治经济模式，没有得到多少支持，尽管在这方面，争论中的那些最初论点也同样引起了对南印度历史的一些有趣的探讨"。结果，撒帕尔对现代印度史学谱系中各种传统的批评连同她自己的印度史书写都没有超越正统印度史学的范式，尽管她承认这种范式是她批评的殖民主义的知识建构。当然，这在一定程度上反映了正统印度史学的霸权性影响。但也正因为如此，要真正超越本质上是殖民主义知识遗产的正统印度史学，无论出于何种理由，我们都不能对作为其替代范式的新印度史学漠然置之。

（摘自《世界历史》2021 年第 3 期；王立新：华中师范大学历史文化学院和印度研究中心教授。）

奥斯曼帝国晚期与现代土耳其官方关于
"库尔德问题"话语的嬗变

在土耳其，尽管"库尔德问题"很重要，但长期以来它并非一种明确且客观的存在。关于这个问题的认识至少存在两个层次：一是客观意义上的库尔德问题，即认定库尔德问题是一个众所周知的客观存在，进而从现实问题的不同角度去切入和讨论；二是主观意义上的库尔德问题，即对所谓"库尔德问题"的认知。对某个问题的认知不可避免地会表现为对相关问题基于不同视角的看法和话语，这些话语不只是对所谓客观存在的"库尔德问题"的符号性表达，更为重要的是，它通过某种符号/话语建构起主体和客体之间的权力—知识关系。在土耳其的库尔德问题上，这表现为握有更多权力（包括话语权）的主流社会对"库尔德人"与"库尔德问题"的认知、建构和处置。也就是说，话语必然会反映出主体力图以何种方式或政策来对待和处理客体，以及为什么要这么做（实践）或说（表述）。因而，关于"库尔德问题"的不同话语本身就是历史性的政治—权力实践的建构和表达。

当时，土耳其民族主义人士对帝国的不同群体之间的差异是有清楚认知的，但捍卫帝国统一是主流，库尔德人是团结和争取的对象。在土耳其民族主义阵营内部，争论主要是围绕"奥斯曼""土耳其""穆斯林"这几个身份而展开。19世纪末期以来，土耳其民族主义的日益上升，也在安纳托利亚的革命阵营中有明显表现，突出体现在"土耳其"身份的使用。革命阵营为了"统一战线"的需要，故意采取了模糊策略，避免让这些争论削弱自身的团结和力量。即尽可能地把不同表述并列放在一起，以满足团体身份的多样性。因此，其在使用"民族"（millet）一词时加上了多样化的定语，包括"奥斯曼""土耳其"和"穆斯林"等等。最常见的则是把"土耳其"与"穆斯林"一起使用，以使大多数人都能满意。尽管他们对这些术语的具体含义有不同的理解，但在一个问题上他们可以达成共识，即安纳托利亚的斗争是穆斯林与非穆斯林之间的冲突，是穆斯林团结起来共同反对欧洲帝国主义侵略的斗争，带有"圣战"的色彩，这正是当时的话语选择所欲达到的效果。在更具宗教色彩的话语之下，不管是土耳其还是库尔德的民族身份，都暂时退居了次要地位。

考虑到"土耳其"一词具有与伊斯兰世界等同的模糊性，其种族—民族主义的特性也并不是那么强烈。但当其涉及土耳其穆斯林与非土耳其穆斯林的分类时，它的种族—民族主义的特性就必然会凸显出来。在土耳其的语境下，国名虽然是土耳其（Türkiye），但族名被统一为土耳其人（Türk），这就意味着，非土耳其人的其他族群日益难以被接受。这种内在矛盾不是今天才被人所知的，在历史上确定国名和族名之时，那些当事者对此就已有清醒地认识，只是历史（暂时）没有沿着多元主义的道路前进。这是后来土耳其很多问题出现的根源之一，而当代土耳其正处在努力调整历史轨道的时期。

土耳其民族意识的出现，一方面涉及讲突厥语的穆斯林，另一方面也涉及其他的穆斯林，因为族裔意识是在对比的情境中建立的。如前所述，在独立战争期间，库尔德人的身份已被认识到，同时无论出于何种原因，也有人反对使用土耳其这一概念和身份，而土耳其与库尔德等身份是并置的。正如当代土耳其学者所言，在第一次世界大战、恰纳卡莱战役以及民族独立战争中，库尔德人是维护国家统一的，西方的煽动并没有影响到这一点。在民族独立运动时期，凯末尔等将领与库尔德人一起工作，强调"土耳其人和库尔德人共同奋斗"，在 1919 年的埃尔祖鲁姆会议的决议中提到，包括库尔德地区的东部省份不能从奥斯曼帝国分裂出去，强调与库尔德人是"亲兄弟"关系。第一次大国民议会与 1921 年宪法中提到，库尔德人是国家平等的伙伴、光荣的公民和主人。在当时，凯末尔等人使用的是土耳其，在指代这块土地上的人民时，他们用的也是领土—人民意义上的土耳其国民（Türkiyehalk），而不是具有种族特性的土耳其人（Türkhalk）。这都说明当时土耳其的政治话语还是可以（暂时）平等地认识和对待库尔德人的，并承认库尔德人作为一个独特的族群是土耳其这片土地上的人民的一部分。

继 1993 年土耳其领导人公开承认了"库尔德现实"（Kurdishreality）之后，此次是土耳其总理第一次力图说出全部的事实，即土耳其存在"库尔德问题"。这无疑是一个很大的发展。但埃尔多安演讲中所说的"国家的错误"，遭到有关评论的质疑。埃尔多安所说的"国家的错误"，实际上是指以前官方不承认库尔德问题的存在是错误的，从逻辑上来说就是否定了凯末尔的政策。

从"新思维"提出至今，埃尔多安党人的库尔德问题话语出现某种逆转，或者说是收缩，这与形势变化有关。收缩的表现就是越来越向主体民族的主流观念靠近和调整，把"库尔德问题"说成是"库尔德事务"就是最重要的表现。但这并不意味着埃尔多安党人回到了凯末尔主义的老路上，共和国长期以来所坚持的单一民族（族群）话语，已经转变为超越狭义族群身份，进而强调广义国民身份（Türkiyeli）的话语。这种话语的源头实际上可以追溯到土耳其独立战争时期，但比较多的讨论应该是在厄扎尔时代，而在埃尔多安时代，这已成为一个既成事实。

总体来看，埃尔多安在 2005 年的主张虽然没有成为现实，但它仍代表了土耳其对库德问题的认知和话语的重大进展。正发党时期，虽然奥斯陆和平进程和伊姆拉勒和平进程都失败了，但也留下了厚重的历史遗产，代表了当代土耳其人在解决重大历史遗留问题上的积极探索。

尽管在奥斯曼帝国晚期，土耳其人就试图同化库尔德人，但并没有实现，反而强化了库尔德人的民族认同。土耳其共和国建立后，库尔德人的存在一度没有得到官方的承认，他们的身份被抹杀和压制，但这个问题无法永远地隐藏和搁置下去。在进入民主化时期之后，土耳其必然要面对库尔德问题，以往被压制的这一问题就逐步凸显出来。

从历史视角来看，土耳其政府为解决库尔德问题做了很多尝试，先是强硬同化，后来采取民主和发展的策略。正发党政府尤其强调运用民主的手段，口号就是"用更多的民主解决民族问题"。从结果来看并没有成功，其中的原因十分复杂，土耳其的库尔德问题既涉及权力和资源的重新分配，同时又触动了主体民族的敏感神经，不是一朝一夕能够解决的。从话语政治的角度来看，土耳其的库尔德问题实际上存在着一个从国族主义向认同政治发展和演变的过程，这或许是一个日益强调多元主义的时代难以摆脱的宿命。但土耳其又有其特殊性，尤其是表现在族称和国民身份上的长期混同。争论的各方各执一词，孰是孰非，难有定论。

（摘自：《阿拉伯世界研究》2020 年第 6 期；昝涛：北京大学历史学系副教授、土耳其研究中心主任）

中亚帖木儿王朝王权合法性的建构

尊重成吉思汗后裔，帖木儿努力使其家族与成吉思汗家族亲近。作为成吉思汗事业的维护者，帖木儿努力将自己及其后代打造成最亲近成吉思汗家族的合理合法的统治家族。帖木儿的对外征战，依靠的力量主要是原察合台汗国的游牧贵族。他在对外扩张时把西察合台的基本力量——游牧部落联盟转变为在他控制下的统一指挥的军队。由于掌握自己的部落及其所控制地区的兵源和财源，帖木儿才能够从卑微不显的位置，一跃而成为汗国实际上的首领。

作为一位非成吉思汗后裔，虽然帖木儿于1370年就获得了最高统治权，但是由于作为帖木儿统治支柱的察合台人对于成吉思汗后裔的尊崇和保留对蒙古民族群体的认识，帖木儿只能在成吉思汗合法原则的幕后行使权力。帖木儿利用傀儡汗来进行统治，表面上尊重成吉思汗的后裔，扮演着察合台家族的保护者的角色，在对外征战中试图在原蒙古帝国的疆域上恢复成吉思汗世界秩序。但是他不敢称"汗"，尽管通过婚姻等方式极大地提高了自己的身份地位，但是他依旧只是成吉思汗事业的一位继承者，不具备独立统治的正统合法性。因而，帖木儿积极地利用伊斯兰传统，将自己塑造为伊斯兰教的保护者，并且于1388年正式称"速檀"，以伊斯兰国家统治者的身份赋予他的突厥帝国统治正统性。

帖木儿生活的时代，虽然成吉思汗家族的影响日益衰退，但成吉思汗家族称汗的合法性作为政治传统仍然存在，至少形式上要保留。不过，尊崇蒙古传统虽然能够提高帖木儿的身份地位，同时也将帖木儿限制在察合台汗国和成吉思汗家族保护者的角色上，这显然不适合已经成为一位独立王朝创建者帖木儿的身份要

求。1388年，帖木儿征服叙利亚后，在与奥斯曼土耳其苏丹巴耶济德一世的通信中宣布，其已担任代表伊斯兰国家统治者的头衔——"速檀"（明朝陈诚在《西域番国志》"哈烈"志中称："锁鲁檀者，犹华言君主之尊号也"），以突厥统治者"速檀"（即苏丹）身份取代蒙古统治成吉思汗家族统治的传统。这实际上适合伊斯兰世界的君主称号，帖木儿取此称号，意味着他在伊斯兰世界内寻求其王权的合法性，为此，他将努力把自己塑造成一位合法的穆斯林统治者。

需要说明的是，帖木儿的宗教信仰很难说是真正虔诚的，因为他会随着情况的不同转变自己的宗教立场。帖木儿能够善待、尊崇赛义德，但在呼罗珊，恢复的是正统的逊尼派。而在马赞德兰，他却处罚了什叶派的迭力必失。诚如与帖木儿同时代的历史学家伊本·哈尔敦所描述的那样，"帖木儿是国王中最伟大最有才干的一位。有些人认为他有苏菲思想的倾向；另外一些人认为他信仰什叶派，因为看到他特别尊重阿里家族；还有一些人认为他信巫术和符咒，但以上没有任何文字的证据。他仅仅是非常聪明和敏锐，他具有的知识是他做了深入地研究以后而得出的结果，同时他继续对自己不了解的事物在做深入地研究。"

帖木儿统治的核心地带是察合台汗国分裂后的西部，是时，察合台家族一蹶不振，察合台兀鲁思的实际统治权落到了异密们手中，帖木儿只是其中的异密之一。帖木儿创建政权过程中，不得不依靠这些察合台异密们同大异密忽辛抗争，新政权继续保留了他们在地方上的显赫地位。但他们大都并不真心服从帖木儿，甚至企图推翻帖木儿政权。为了积聚军事力量，他们领导的集团不得不担任帖木儿的一个

方面军。直到帖木儿统治后期，帖木儿通过排斥原有部族集团，其亲信异密占据国家要职，成为社会统治阶层，最终确立了国家新体制。

帖木儿非常看重其"驸马"的身份，实际上只是尊重蒙古传统中家族成员的身份，而对统治合法性中的血缘因素加以淡化，通过家族联姻成为统治家族的成员后，自然享有该家族的荣誉地位。但帖木儿不能满足于此，通过其军事征服和御用文人的塑造，帖木儿成功地树立起"成吉思汗"第二的形象，即一个游牧帝国创建者的形象。但其帝国实际上是一个混合型的帝国，诚如《草原帝国》中所指出的，"帖木儿帝国的文化是突厥—波斯的，它的法律体系是突厥—成吉思汗式的，它的政治—宗教信条是蒙古—阿拉伯式的。"帖木儿展示出一个新的突厥——蒙古式统治者的个人魅力、个人能力，而不是旧的成吉思汗家族的血统继承权。并"事实上以突厥统治取代蒙古统治，以一个帖木儿帝国取代一个成吉思汗帝国。"虽然帖木儿通过伊斯兰的王权称号建构王权的合法性，但在管理帝国时他更偏爱于成吉思汗札撒，伊本·阿拉布沙甚至指责他企图"用成吉思汗的法律来熄灭上帝之光和纯洁信仰"。然而，帖木儿统治的中亚和伊朗毕竟不同于蒙古草原，这个地域在帖木儿前的蒙古统治时期就已经存在突厥—蒙古习俗与伊斯兰教法之间的紧张关系。帖木儿力求调和两种不同的政治传统，并出现两者融合的趋势。与帖木儿军事掠夺为主不同，帖木儿的子孙吸引并维持他们所依赖的军事精英忠诚的手段，不再像帖木儿时代那样承诺要获得战利品，而是要有更经常的财政奖励，特别是各种税收分配和免税待遇。为此，以往帖木儿建立的成吉思汗帝国式的政体要在波斯—伊斯兰模式上向中央集权官僚国家过渡。原先依靠掠夺战利品奖励转换到依靠土地所有权和经常性税收收入来保证。1409 年帖木儿儿子沙哈鲁将帝国的首都从撒马儿罕转到哈烈，从而将帝国的中心从中亚河中地区转移到伊朗（呼罗珊）。帝国的注意力转向农业发展，更多地依靠波斯——伊斯兰官僚集团。王权的合法性在伊斯兰世界得到实现。

1402 年傀儡汗速檀·马合木去世后，帖木儿依旧使用其名号但没有再任命继承者。帖木儿去世前，像成吉思汗一样，将他的疆域分为四个主要部分分封给了自己的子孙。到了帖木儿的孙子兀鲁伯统治时期，在钱币上以帖木儿的名字取代了帖木儿时期的傀儡汗。至帖木儿王朝统治后期，帖木儿已经是公认的帖木儿王朝的创建者，甚至在某些范围里取代了成吉思汗成为被模仿和超越的模范。伊斯兰史学家将他视为继成吉思汗之后伟大的世界征服者，帖木儿作为世界征服者和王朝创建者的地位在 18 和 19 世纪得到人们的承认。18 世纪的征服者纳迪尔沙汗在征服过程中公开地模仿帖木儿，而建立于 18 和 19 世纪之际的浩罕汗国则视自己为帖木儿王朝的继承者。

（摘自：《江西师范大学学报》（哲学社会科学版）2020 年第 4 期；张文德：江苏师范大学历史文化与旅游学院教授；姜蔚巍：江苏淮安生态文化旅游区第二开明中学教师）

16 世纪伊斯坦布尔的咖啡馆文化与市民社会

伊斯坦布尔的咖啡馆之所以能够打破社会阶层的壁垒，受到多数人的喜爱并成为其日常生活的一部分，原因在于以下三个方面。首先，咖啡馆自身并没有设置门槛，人人可进的理念能够让顾客感受到尊重和平等，他们的职业、宗教信仰和社会地位等都不会在这里遭受歧视。其次，咖啡馆也创造了一种自由宽松的氛围，人们可以在那里想待多久就待多久，不用担心自己的外表是否寒酸，钱包是否充实，也不用担心被店家驱赶，能够自由地做自己手头上的事情。最后，咖啡馆类型多种多样，能够实现自主分流。

如果说咖啡馆是人们日常交往的场所，那么交谈便是市民们在这里最基本的接触形式，也是他们日常生活的一部分。多数咖啡馆里的聊天是随意的，也没有什么目的性，大到宫廷秘闻，小到家长里短，想到哪里就可以说到哪里。只要不是密谋叛乱和造谣生事，或者刻意冒犯在场的顾客，也就不会有人认真对待这里的闲言碎语。因此，咖啡馆虽然是个格调高雅的公共场合，但也没有特殊的礼节。对多数人而言，来此就是为了享受这种无拘无束的乐趣。

在伊斯坦布尔的咖啡馆里，那些过去没有任何关系的人在这里进行各种商业、社交和政治活动，享受着咖啡馆提供的休闲功能，逐渐形成了一个个以咖啡馆为基本单位的社交网络。在这个网络中，各个阶层都在努力营造一种宽松、自由的生活氛围，人们也在尽量维持着表面上的尊重，特别是那些依靠咖啡馆谋生的人群，都在尽量讨顾客的欢心。但是当苏丹、帕夏、近卫军和伊斯兰教的领袖们对这种模式的大众生活开始施加干预时，日益增强的国家权力、教会权力和大众文化、公共空间、市民生活之间的对抗便破坏了这种氛围，咖啡馆也逐渐变成了矛盾和冲突频发的地方。

咖啡馆自出现之后，就一直被苏丹和政府看作滋生懒惰、散布流言和阴谋叛乱的温床。尽管苏丹与帕夏们自己也喝咖啡，甚至政府官员和上流人士经常在咖啡馆中逗留，但这并不妨碍国家权力对这一公共空间展开侵蚀和控制。事实上，国家控制社会并影响人们的日常生活，是一件再正常不过的事情。16世纪出现在伊斯坦布尔的咖啡馆，就为国家干涉市民生活提供了平台，但从另一个角度来讲，它也为我们从公共生活角度观察这一过程提供了窗口。需要指出的是，虽然国家权力的进入一度

影响了咖啡馆的生意，但是并没有撼动人们已经养成的生活习惯。咖啡馆仍然是人们日常生活的一部分，并未因混乱和秩序的夹杂交错而有所改变。

自1555年咖啡馆开在伊斯坦布尔街头之后，这里的人就逐渐养成了喝咖啡的生活习惯，每天去咖啡馆也成了多数人日常生活的一部分。在同一家咖啡馆里，那些过去没有任何关系的陌生人，因为使用同一个公共空间而被联系起来，而那些相互熟悉的人，则在这里进行着各种社会、经济和文化活动，从而不断强化着他们之间的联系。在这个公共空间里，由于人人都能够享有公共生活的权利，因而无论上层精英还是下层民众，都乐意去这里打发时间，参与社会生活和国家政治。从某种层面来讲，咖啡馆已经远远超出了单纯喝咖啡场所的范畴。咖啡馆具有的独特属性，如社交平台、信息中心、消遣娱乐等功能，赋予了它丰富的社会文化内涵，使其逐渐成为每条街道或者每片区域的"社区中心"，是人们进行公共生活的理想场所。

作为大众娱乐场所，咖啡馆里丰富的文化生活，在一定程度上强化了它的休闲功能。戏剧表演、乡村歌曲、皮影戏和说评书等艺术形式，广泛存在于伊斯坦布尔的咖啡馆里面，不仅在很大程度上丰富了市民们的公共生活，也使咖啡馆成为民俗文化的载体。同时，艺人们靠此谋生，咖啡馆以此拉来生意，也体现了咖啡馆作为经济实体的功能。我们知道，去咖啡馆的多数人是那些没有受过多少教育的普通民众，因而这些活动在提供娱乐休闲的同时，也起到了教育大众，向他们宣扬社会主流价值观念的作用。夹杂交错的混乱和秩序，也是伊斯坦布尔咖啡馆自诞生以来就存在的现象。那些拥有特权的阶层，如军官、帕夏和维齐，总是通过咖啡馆来谋求利益。除了赚钱以外，他们也利用咖啡馆收受贿赂、散布谣言和攻击政府。同时，咖啡馆也滋生了很多犯罪活动，给它们提供了环境和土壤，赌博、嫖娼、吸毒、流言蜚语和阴谋叛乱充斥其中，引起了苏丹和政府的注意，使他们不得不将一部分精力放在

公共空间上。在这个过程中，苏丹以制止犯罪和稳定秩序为理由，颁布了许多咖啡馆禁令，国家权力逐渐渗入了咖啡馆，干涉和影响着人们的日常生活。我们不难看到这种冲突、犯罪和权力斗争，是怎样在咖啡馆里得到反映的。需要注意的是，尽管咖啡馆有时候是一个危险之地，但是这并不影响人们对咖啡的喜爱。当苏丹的禁令变得没那么严格的时候，咖啡馆又逐渐成了人们公共生活的中心。

此外，16世纪下半叶伊斯坦布尔咖啡馆形成的都市文化特征，不仅影响着这座城市的市民生活，也扩展到欧洲及其他地区。正如学者们所描述的，"早期欧洲的咖啡馆，在很大程度上借鉴了奥斯曼人的一些做法，有些人也在待客的时候，准备着咖啡和果子露；有些咖啡馆也像伊斯坦布尔那样，会提供烟草；也有人会把咖啡带进公共浴室；更多的人则看重了咖啡馆获得新闻和交流信息的作用"。这种现象也能够丰富我们对奥斯曼帝国的整体认识，因为当多数人将目光放在西方对奥斯曼帝国的影响的时候，很少有人会注意到这个大帝国曾经也影响着欧洲人的生活方式和公共文化。

总的来说，尽管咖啡馆里发生的多是一些鸡毛蒜皮的小事，常坐咖啡馆的也多是一些普通民众，但是作为一个典型的小商业中心，它与城市的日常生活联系紧密，是人们公共生活的重要组成部分。其功能主要体现在三个层面：一是咖啡馆在人们日常生活中的作用，它是人们交往和获得信息的重要公共空间，各个社会阶层都在利用它从事着社会、经济和文化活动；二是咖啡馆作为一个最基本的商业单位，代表着一种独特的经营理念和模式，与此同时，咖啡馆与顾客、市场、行会以及国家之间的关系也是我们探究的重点；三是咖啡馆在公共生活方面扮演的政治角色，各种冲突、阴谋和犯罪活动以及咖啡馆里谈论的政治事件，都给国家权力融入公共空间提供了契机，咖啡馆政治也成为反映帝国政治变化的晴雨表。因此，以咖啡馆为窗口，除了能让我们了解一些平素不大注意和知之不多的事情外，也能够让我们一窥1453年穆斯林占领这座城市后，人们的生活状况、帝国的政治形势和大的时代背景。

（摘自《世界历史评论》2021年第1期；李宁：上海大学文学院历史系博士生。）

论1932年智利"社会主义共和国"的性质和失败原因

智利"社会主义共和国"存在了102天，实际上，在第13天，其"社会主义"成分已经遭到了严重削弱，正所谓"昙花一现"。该政权何以如此短命？我们认为，当时的智利正处在由经济大危机带来的社会转型期，意识形态和政治体制呈现出不确定的特点，由于社会政治基础的不成熟，这次"社会主义"实验只能以失败收场，具体原因分析如下。

首先，英美资本主义国家对智利施加的外部压力。新政府的革命对象之一是外国帝国主义。因为外国资本垄断了智利的硝石和铜矿出口，经济危机到来的时候，外国公司要求废除出口税，改良硝石采掘方法，以减少生产成本。结果导致国家财政的匮乏，工人工资降低以及失业人数的扩大，加重了危机的程度。因此，新政府认为，智利已经成为"西方资本主义"的"经济殖民地"。它的政策自然要触动外国资本的利益，并引起后者的反应。其一，当 1932 年 6 月 9 日新政府下令接管各大银行、没收各银行外币存款等措施之后，外国商人和银行家对此强烈不满。其二，当 6 月 13 日国务会议批准达维拉辞职，并讨论智利硝石公司事宜时，外国人担心智利新政府会进一步左倾。14 日，英国以保护侨民及英国在智利的财产安全为由，派出德班巡洋舰前往智利，18 日该舰抵达秘鲁卡亚俄港，以待进一步指令。美国侨民则从 13 日开始采取自我保护措施。15 日，美国外交部在与驻智大使的外交信件中，要求大使积极与执政委员会沟通，发挥个人影响力，说服其成员及内阁官员与外国政府及企业合作。在外国炮舰和外交说客的双重威胁之下，革命政府内部发生了分化，激进派格罗韦与温和派达维拉的矛盾公开化。

其次，新政府领导集团内部发生分裂。新政府中的三位领袖政见不和。执政委员马特和国防部长格罗韦代表了激进左翼，而执政委员达维拉代表了比较温和的一派。达维拉曾是前总统伊瓦涅斯的朋友，在担任驻美大使的时候，曾参与古根海姆财团建立智利硝石公司的协议签订，因此，他执掌的政府很难全面实行新政府的《行动政纲》。马特原来是亚历山德里派和社会主义者联盟的领导人，他与工人阶级和下层民众的关系比较密切，《革命者宣言》和《行动纲领》的制定主要基于他提出的"拉加里格计划"。格罗韦是激进的民主社会主义者，与马特站在一起。因此，尽管执政委员会是达维拉和马特的联合体，但从一开始，两人在内阁人选上就产生严重分歧，达维拉建议任命胡安·安东尼奥·里奥斯（Juan Antonio Rios）为内政部长，马特对此表示反对，因为里奥斯是伊瓦涅斯时期的国会议员，马特希望授予格罗韦一个内阁职位，而达维拉不信任格罗韦的忠诚。双方最后妥协，达维拉撤回对里奥斯的提名，并接受格罗韦为国防部长，作为回报，马特同意任命普加为执政委员会主席。新政府成立后，达维拉享有政府发言人的角色，但他并不满意，想谋求更大的权力。而马特和格罗韦则反对达维拉增强权力和

影响力。这一事实使达维拉决心摧毁由他自己建立的政府。他意识到在整个智利，尤其是在军队中弥漫着对共产主义无理性的恐惧。因此，他指责共产主义力量在政府内部每天都在增长，这导致军官们为避免共产主义威胁而采取行动。当新政府的金融措施和对智利硝石公司的措施遭遇英美帝国主义压力之后，达维拉很快就妥协了，他提出辞职。三天后，军人政变将马特和格罗韦赶下台。达维拉再度上台之后，随即发布公告：反对第三国际，拥护祖国，以合法的手段实施社会化，个人的私有财产不能侵犯等。达维拉派宣称，"新革命的原因是格罗韦将军破坏了社会主义原则"，"我们的目的是创建一个纯粹的社会主义国家……不再与极左或极右相联系"。

再次，新政府缺乏一个组织严密的强大政党。这主要表现在两个方面。一、信奉民主社会主义的党派林立，领导力量分散。二、共产党由于长期受到迫害和内部分裂，未能成为革命的领导者。智利共产党 1922 年 1 月由智利社会主义工人党改建而成，同时加入了共产国际。该党在伊瓦涅斯执政时期被宣布为非法，力量遭到削弱。到 1932 年 6 月 4 日革命政变发生时，该党已经分裂为两派。一派是正统派，奉行共产国际的路线；另一派是非正统派，由曼努埃尔·伊达尔戈（Manuel Hidalgo）领导，受到托洛茨基主义的影响。"社会主义共和国"成立之后，共产党占领了智利大学中心大楼，成立了工农兵苏维埃和革命委员会，两派在革命委员会内部发生争斗，拉斐特派要利用这个委员会反对新政府，而另一派则要全力支持新政府。最终，拉斐特派控制了革命委员会，伊达尔戈派则退出革命委员会，同其他政党一起另组工人革命联盟，并在全国建立分支部。

复次，新政府缺少自己掌握的、可以依靠的有力的武装力量支撑。1932 年 6 月 4 日政变是一次没有流血的革命，革命开始于空军政变，随后得到陆军的响应，然后格罗韦率兵进入总统府，蒙特罗总统在调兵遣将失败之后，被迫交出政权。军队成为革命的工具。但是，

这支旧军队中不仅有革命者，也有保守派和投机分子，特别是一些反动军官对共产主义心怀恐惧。在夺取政权的时候，革命者不得不与各种反政府势力，包括军队中的投机分子妥协，取得政权之后，革命队伍自身必然发生分化。建立新政权后，革命领袖无意改造旧军队。

最后，中小资产阶级软弱和无产阶级力量弱小，革命的社会政治基础不够成熟。如前所述，1932 年 6 月革命政变是在反帝反寡头口号下进行的。《革命者宣言》和《行动纲领》中承诺使智利摆脱外国资本的控制，特别是消除硝石业中的美国垄断资本，由国家控制生产、贸易和消费，并解决人民的吃饭、住房、穿衣和教育问题。因此，在开始时得到工人和小资产阶级的拥护。但是，代表资产阶级利益的新政府并不能对帝国主义和传统寡头体制进行坚决的斗争。一方面，面对英美帝国主义的压力，新政府很快妥协退让。另一方面，当工人运动高涨起来之后，新政府便以反共的名义，镇压工人运动，迫害共产党。与此同时，无产阶级力量薄弱，代表无产阶级利益的共产党并不成熟，它并未结合智利的国情推进土地革命和反对帝国主义革命，错误认为自己的任务是直接进行社会主义革命，提出了建立工农苏维埃的口号，结果形成两种政权体系并存的局面，这种极"左"路线不仅在大多数民众中没有得到响应，而且过早招致了资产阶级右翼的镇压。最终，资产阶级的左翼和无产阶级未能形成革命的统一阵线。6 月 16 日再次政变后，作为资产阶级右翼的达维拉政府尽管仍然自称为"社会主义共和国"，但原来意义上的"社会主义共和国"已经名存实亡。

（摘自《世界历史》2020 年第 4 期；韩琦：南开大学世界近现代史研究中心和拉丁美洲研究中心教授；桑紫瑞：南开大学拉丁美洲研究中心博士生。）

英属非洲殖民地的野生动物保护

野生动物保护并非单纯的生态问题，而是折射出英属非洲殖民地复杂的政治、经济与社会问题。

野生动物保护政策在各殖民地内外引发不同反应，殖民统治的内在悖论在这一过程中暴露无遗，反映出非洲殖民地生态环境与社会变迁之间的内在关联。

（一）殖民者内部的严重分歧

第一，捕杀野生动物以遏制昏睡病蔓延。20 世纪上半叶，东部和南部非洲殖民地普遍面临昏睡病肆虐问题。1890 年至 1906 年，在南罗得西亚，英属南非公司开始鼓励白人移民定居，而白人农场主为达到农场利润最大化，大规模消灭周边地区的野生动物。以清除萃萃蝇为名的消灭野生动物行动始于 20 世纪 10 年代末。1930 年至 1950 年，南罗得西亚政府在赞比西河流域萃萃蝇地带安排大量猎人射杀野生动物，以消灭萃萃蝇，每年屠杀成千上万头野生动物。20 世纪上半叶南非野生动物政策也是围绕着遏制昏睡病展开，兽医部门与主张野生动物保护的社会力量发生激烈冲突。1929 年至 1931 年，在德兰士瓦建立国家公园的同时，在纳塔尔有超过 3.5 万头野生动物被捕杀，所耗费用远超南非政府为国家公园提供的拨款。

第二，野生动物保护与非洲土著人口的利益冲突。野生动物保护鼓吹者主要是帝国野生动物保护协会这样的帝国本土政治精英团体，它们极大地影响着殖民地野生动物保护政策，反映了白人移民、欧洲旅游者和狩猎者的利益。殖民地内外一直不断要求取缔野生动物保护区，生态保护主义者面临着激烈批评声浪。在整个殖民统治时期，殖民官员不断批评国家公园干涉非洲人权利，因为"既然这些土著民众享有传统的狩猎权，没有理由剥夺他们的这些权利"。从 20 世纪 30 年代开始，英国殖民官员主张开发殖民地生产潜力，与英帝国野生动物保护协会为代表的野生动物保护主义者发生激烈冲突。例如，在北罗得西亚和坦噶尼喀边境 200 英里范围内，殖民政府试图通过雇佣非洲人射杀野生动物，从而创造出没有萃萃蝇的地区。安博塞利（Amboseli）国家公园创立于 20 世纪 40 年代末，这里既是野生动物保护区，也是马赛人生活来源地。由于安博塞利地处乞力马扎罗山的背风面，每年降雨量只有不到 400 毫米，安博塞利沼泽地因而成为当地马赛人以及邻近族群在干旱季节的主要迁徙地。1948 年国家公园成立以及旅游业发展，使得野生动物保护主义者与马赛人发生激烈冲突。殖民政府坚持土著利益至上原则，极力支持马赛人畜牧业发展，不希望完全遵循国家公园理念，也不愿为野生动物保护划拨出永久土地。

有关是否允许非洲人在国家公园之中居住的问题，在各殖民地引发激烈争论。例如，塞伦盖蒂国家公园成立时，坦噶尼喀殖民政府估算当地共有 5000 名马赛人以及 15 万头牲畜。殖民政府官员和公园管理方的态度截然不同：前者支持马赛人土著权利，认为马赛人没有狩猎传统，与野生动物和谐相处；而后者则反对马赛人继续生活在国家公园之中，认为这将加剧牲畜劫掠和盗猎行为。1950 年，坦噶尼喀总督认为马赛人应当变成"博物馆展品，居住在国家公园之中"。北方省专员要求公园管理方不要将马赛人从恩格罗恩格罗火山口迁走，因为"对于旅游者来说，他们是火山口地区最有趣的特征"。公园管理方希望通过在公园之外提供水源和牧场等方式来推动马赛人离开国家公园。随着来自马赛人的压力增大，地区官员对于马赛人在国家公园之中生活的合法权利予以支持。野生动物保护主义者和公园管理方则强调塞伦盖蒂平原只属于野生动物，而不是马赛人及其牲畜。

第三，殖民地白人的利益诉求。野生动物保护主要集中在野生动物保护区和国家公园之内。在这些地区之外，白人移民有权射杀进入自己土地的野生动物。野生动物部的财政预算十分有限，它们很难遏制偏远地区欧洲移民和非洲人的狩猎行为。结果是，野生动物数量在野生动物保护区之内不断增长的同时，在野生动物保护区之外逐渐减少。在南罗得西亚，白人农场主和矿主获得许可证射杀某些野生动物，为工人提供食物，非洲酋长在旱灾情况下也组织民众捕杀野生动物来为追随者提供食物。

（二）野生动物保护措施的社会影响

大量的国家公园和野生动物保护区的兴起，实际上是殖民主义改造非洲自然与社会的产物。所谓的"非洲荒野"在很大程度上是殖民主义制造出来的"神话"，只有通过重新安置成千上万非洲民众才能实现。正是在殖民政府和国家公园管理方的强力干预下，才制造出野生动物保护主义者、电视观众以及野外旅行者心目中的非洲稀树草原"自然"景观。殖民地政府的野生动物保护对于非洲社会产生深刻影响，这主要体现为：

首先，非洲土著生产体系遭受损害。按照殖民者的野生动物保护理念，非洲社会传统的狩猎变成"盗猎"，严重贬低了当地人的环境管理经验与策略。其次，非洲土著权利蒙受损失。欧洲殖民者野生动物保护所面临的关键问题，在于如何处理原本居住在其中的非洲土著群体：倘若欧洲殖民者认为非洲人仍然生活在自然状态，会把他们当作土著物种加以保护；欧洲殖民者如果相信非洲人已经偏离了所谓"自然"状态，则会禁止他们在国家公园土地生活，尽管这些非洲人声称拥有传统的土地权利。再次，非洲族群认同塑造受到影响。国家公园的广泛建立导致非洲地理空间重构，深刻影响到生活在周边地区的非洲族群身份认同。

（三）非洲社会的反抗

国家公园和野生动物保护区的建立使得当

地农村人口遭受严重剥夺，非洲社会对于被迫迁出国家公园感到愤怒，他们通过破坏围栏和盗猎等方式进行反抗。例如，马赛人先后于 1954 年、1958 年被赶出恩格罗恩格罗火山口和塞伦盖蒂国家公园，他们很难理解政府为何将大片肥沃土地专门用于野生动物保护："我们已经长期生活在这一地区，我们与野生动物比邻而居。在过去，这些动物并非单独生活在森林里，但是现在它们有了自己的土地……我们远比这些动物更为重要！"在南罗得西亚，

低地地区民众抗议野生动物保护和土地剥夺，直接推动 20 世纪 70 年代民族解放斗争的爆发，非洲民族主义政党为那些被赶出国家公园的非洲民众利益代言。当地民众迫切希望重新获得狩猎权和土地权，为此非洲民族主义领袖乔舒亚·恩科莫（Joshua Nkomo）号召当地民众反抗殖民地国家。

（摘自《安徽史学》2020 年第 6 期；李鹏涛：浙江师范大学非洲研究院研究员。）

殖民统治时期阿尔及利亚共产党的历史演变

从雏形到成立自治党，再到独立战争时期，阿共直接面临着来自资本主义宗主国——法国的敌视，同时受到国际社会主义运动和国内政治的影响，它调整自身的政策及实践，试图改变在阿尔及利亚政治舞台上的被动地位。在殖民统治下，阿共在国际主义和反殖民斗争之间徘徊，并试图通过积极参加和领导政治斗争来改变其在民族解放事业中不断边缘化的地位。综合来看，殖民统治下的阿共通过政治斗争不断走向成熟，但它最终未能担负起民族解放的领导角色，则是源于其所面临的外部环境过于复杂以及党自身具有的多种局限性。

（一）阿共受到的外部影响

首先，殖民当局对阿共的镇压。殖民统治下的阿尔及利亚遵从"二元对立"的政治法则，正如弗朗兹·法农所言，被殖民者居住的地带并不是殖民者居住地带的补充地带，这两个地带相互对立。这些地带受纯粹亚里士多德学说的逻辑控制，服从互相排挤的原则。法国殖民当局将民族主义和反殖民主义诉求描述为反叛的恐怖主义犯罪，殖民军队所谓进攻性的"防御"行动彻底破坏了政治温和派的生存空间，进而加快了殖民地的二元分化。在暴力对

抗升级的情况下，无论阿共的政策怎样转变，殖民当局都会认为共产党的目标是解放阿尔及利亚。尤其是在冷爆发后，法国担心共产党是苏联意识形态扩张的工具，便将共产党解散，残酷镇压随之而来。在阿尔及利亚，各个城市戒备森严，共产党的活动只能秘密进行，甚至在监狱中传授经验。

其次，法共对阿共的领导。在殖民地的政治秩序中，阿尔及利亚的无产阶级是殖民者的"创造物"，无产阶级的组织化也带有强烈的宗主国色彩，或者可以说阿共是对法共模式的移植和模仿。作为法共的分部，阿共最初是法共利益的附属，处于法国政治的边缘位置，一切政策的制定与实施都以法国利益优先。即便 1936 年脱离法共后，阿共仍然与其保持兄弟党的关系，法共对阿共内部的影响仍然存在。只是在 20 世纪 50 年代左右，法共关注冷战政治，忽视对阿共的关注，阿共的自主性才得以大幅提升。但是，法共对阿共的影响使民族主义者对共产党一直心存芥蒂，尤其是独立战争时期，法共还能再次影响阿共的决策。因此，民族解放阵线在苏玛姆会议上批评阿共对法共的从属具有唯命是从的性质：受内部占优势的

欧洲分子的影响，阿共的阿尔及利亚民族信念。

最后，共产国际对阿共的指导。1920 年，共产国际第二次大会通过了《关于民族与殖民地问题的决议》，成为指导殖民地国家民族民主运动和社会主义革命的策略方针。共产国际对阿共的发展也予以特别关注。在共产国际的指导下，阿共从试图与民族主义取得联系的法共先锋队组织转变为在阿拉伯劳动人民中拥有广泛影响力并最早领导反法西斯统一阵线的独立政党。随着世界局势的变化，苏联社会主义经验逐渐成为模板，共产国际成为苏联的外交工具。法共阿尔及利亚分部自成立到 1943 年共产国际解散，一直受其影响。在共产国际的指导下，阿共自己的发挥空间十分有限。二战爆发后，欧洲局势迅速转变，共产国际越来越注重法国在欧洲地缘政治的重要性，因此对法共较为看重，对阿尔及利亚的特殊性考虑不充分，其推行的单一政策在阿尔及利亚水土不服，不仅不能促进阿共的强大，甚至还阻碍其发展。

（二）阿共的自身限制性因素

首先，殖民地时期工人阶级力量薄弱。皮埃尔·布迪厄将殖民地时期的阿尔及利亚称为"一个无产阶级在法国的社会"。阿尔及利亚的工人阶级有很大一部分在法国的工业城市务工。随着先进思想的传入，工人阶级逐渐意识到争取政治利益的重要性，工会组织有所发展。总体上，阿尔及利亚的工人阶级力量与在阿尔及利亚的欧洲移民和奥斯曼帝国遗留的土地精英反动力量相比仍然较弱，也不如贫困的农民阶级力量强大。阿尔及利亚农业发达，全国有 4/5 的人口从事农业生产。自殖民统治以来，传统土地制度被破坏，欧洲农场主的大农场注重经济作物的培育，农业一直是阿尔及利亚的支柱产业。法国殖民统治时期的阿尔及利亚由于经济的附属性，缺乏大规模的工业基础设施，因此，本土工人阶级相对比较薄弱，以工人运动为基础的社会主义运动不足以改变殖民统治局面。其次，政党内部成分复杂。在高度分层的社会中，欧洲移民和阿尔及利亚本地人始终是泾渭分明的两类人群。尽管殖民当局推行所谓"同化政策"，但欧洲移民自幼就被告知与本地人有着本质上的不同。阿尔及利亚的大多数学校以法语教育为主，学生以欧洲白人为主，能接受教育的穆斯林少之又少，因此阿尔及利亚八成人口是文盲，接受外来思想困难，这在很大程度上成为阿共招募本地人的一大障碍。在身份构成上，党内成员由欧洲移民和阿尔及利亚人共同组成。由于不同的身份特征，二者对殖民主义和民族主义的态度和立场有着根本的区别，这种无法调和的冲突影响了党的发展。在思想构成上，阿共脱胎于法共，身上背负着法国大革命的历史遗产，还肩负着俄国社会主义革命的传统，留给本国社会发展的政治空间有限，无法将自身的特殊性与共产主义永久结合，形成具有自己特色的共产主义思想。还有一点值得注意，在独立战争爆发之际，阿共领导层从对武装斗争持观望态度到追随民族解放阵线开展武装斗争，阿共的影响力逐渐消耗殆尽，最终也只能顺应形势发展，加入武装斗争的队伍中。

最后，与其他本土组织合作困难。阿共曾几次试图与本土组织运动相结合，但均告失败。发展初期，在布利达地区与农民、宗教人士和民族主义者的联合曾使政治活动的效果最优化，比如很多阿尔及利亚党员也支持伊斯兰改革派。对于大多数阿共党员来说，阿尔及利亚无产阶级寻求的宗教慰藉代表着"他对苦难的表达，一个被剥削的人对他所有处于苦难中的兄弟和他的同胞的号召"。但这种联盟是建立在某些特定的共同诉求基础之上的，一旦诉求发生变化，联盟就会分道扬镳。尽管阿共试图维持与民族主义组织的某种团结，但在民族主义者和其他阿拉伯人与柏柏尔人眼中，阿共的诚意始终令人怀疑。尤其是 1951 年阿共对于是否抵制地区选举活动仍然听信于法共这一事实，更是证实了民族主义者对阿共的看法，即阿共不是真正的阿尔及利亚政党。阿共是阿尔及利亚殖民地时期政治舞台上不可或缺的重要力量。它通过加强党的阿拉伯化，来唤起劳苦大众的政治意识；通过构建反殖民主义的统一阵线，为殖民地居民争取平等的政治权力；通过参与民族解放斗争，努力实现土著居民的政治解放。由于受到客观国际国内环境和党自身发展的局限，阿共最终没能成为带领人民摆脱殖民统治的领导者，但它也并不像民族解放阵线批评的那样，在阿尔及利亚革命的历史性战斗中"完全孤立和缺席"，而是为阿尔及利亚的民族解放事业贡献了重要力量。

（摘自《当代世界与社会主义》2020 年第 3 期；慈志刚：内蒙古民族大学法学与历史学院教授；刘爱娇：内蒙古民族大学法学与历史学院研究生。）

太阳、王权与来世

——埃及古王国时期太阳神信仰的嬗变

中国古代帝王自称天子，古埃及君主则有"太阳之子"的称号。正如宗教学家伊利亚德（Mircea Eliade）所指出的，"较诸其他宗教，埃及宗教以太阳崇拜为主导"。埃及学家奎尔克（Stephen Quirke）甚至认为，埃及的整个青铜时代，都是"拉神的时代"。在古埃及宗教信仰中，太阳代表着生命与复活。根据丧葬经文的描述，太阳神在夜晚进入冥界，照亮地府的亡灵，使其复活，并在午夜与冥界之王奥赛里斯（Osiris）相结合而获得新生。同时，太阳神与王权也密不可分。君主作为太阳神之子统治着世间万物，而太阳永无止境地东升西落，则象征着王权的永恒。

西方埃及学界一直非常重视古埃及宗教中太阳神信仰的研究。德国埃及学家扬·阿斯曼（Jan Assmann）以"文化记忆"理论为基础，从整体上分析了古埃及太阳神信仰的内涵及其与王权的关系——君主作为太阳神祭司，同时具有人与神的属性。而新王国时期出现的埃赫那吞（Akhenaten）宗教改革，也是古埃及太阳神信仰研究的焦点。然而，对太阳神信仰的研究往往以中王国以后的史料为基础，如出现在《亡灵书》中的《太阳神赞美诗》，以及新王国时期的墓室铭文，这些史料并不能反映古王国时期太阳神信仰的发展状况。此外，古王国时期的金字塔、祭庙与太阳神庙虽然一直受到建筑、考古与艺术史学研究的青睐，但相关研究更偏重于单个宗教建筑的功能与意义，没有将太阳神信仰置于时间维度内，以发展的观点进行考量。

伊利亚德认为，太阳神信仰虽然古老，但在人类文明中，却不是普遍存在的，只有为数不多的文明与文化产生了太阳神信仰，而这些文明中，太阳神信仰与强有力的领导者是分不开的。在古埃及前王朝时期（约前5300—前3000），太阳神的形象也是相当模糊的，囿于史料的匮乏，对这一时期太阳神信仰无法进行详细讨论。即便是到了早王朝（约前3000—前2686）时期，关于太阳神信仰的表述，也只留下零星的证据。直到第三王朝，埃及国家的中央集权进一步发展，太阳神才开始具有相应的形象与文字表达。从对太阳这一自然力的崇拜，到复杂的宗教信仰体系，太阳神信仰经历了从模糊到清晰的发展过程。

《金字塔铭文》涉及了国王与太阳神和奥赛里斯两位神祇的关系，并隐约提及了奥赛里斯、赛特（Seth）与荷鲁斯的神话，即奥赛里斯为其兄弟赛特所杀，而荷鲁斯为其父奥赛里斯复仇的故事。奥赛里斯神话并非对太阳神拉的削弱或替代，太阳神庙的停建，也不是停止供奉太阳神，太阳神在赫利奥波利斯的太阳神庙接受供奉，在死去君主进入来世而获得重生的过程中也仍然扮演着重要作用，例如，乌纳斯金字塔墓室前厅的石柱就是用来自赫利奥波利斯附近的石英岩制作而成的，这种坚硬的石材是与太阳神信仰密切相关的。相反，奥赛里斯的引入是将太阳神信仰中的来世信仰赋予了一位更为人化的神。赫利奥波利斯的神学家们在奥赛里斯信仰流行起来以后，将其纳入了太阳神信仰的范畴之中，从而形成了赫利奥波利斯的神学传统，即"九神会"（psjt）。在《金字塔铭文》中，国王是太阳神的化身，同时也借由成为奥赛里斯而到达来世，称为奥赛里斯某某。这实际上调和了二者之间的冲突与竞争关系，�将王权、君主、来世、太阳神与奥赛里斯纳入了统一的框架中。在这个新的神学体系中，太阳神是造物之神，而奥赛里斯则是由造物主衍生出的神，因其具有死后重生的力量，而成为掌管来世与重生的神。在"九神会"中，太阳神与人之间的关系更为间接化，太阳神不再是直接的统治者，因为奥赛里斯及其子荷鲁斯在此充当了神话世界与人类世界的过渡，而此时的君主不仅仅是太阳神之子，也是奥赛里斯的化身。

综上所述，从早王朝到古王国时期是古埃及文明产生和发展的关键时期，在此期间，太阳神信仰经历了从萌芽到成熟的复杂发展历程，而太阳神信仰所经历的一系列发展变化，都与王权紧密相连。可以说，国家政治体制与宗教哲学观念这两者之间对立统一的关系，是理解古埃及文明发展演变的基础。

从祭祀与丧葬建筑类型变化的角度，早王朝时期与古王国时期太阳神信仰的发展可分为四个阶段：一是从第一王朝埃及国家建立到第三王朝乔赛尔阶梯金字塔建造完成；二是第四王朝，其标志是东西走向的金字塔建筑群的出现；三是从第五王朝开始到以色希统治时期，其标志是太阳神庙的建造；四是从第五王朝最后一位君主乌纳斯统治时期到第六王朝末期，这一时期的标志是太阳神庙建造的终止和《金字塔铭文》的使用。

在早王朝时期，对太阳的崇拜更多是基于对自然力的崇拜，尚未发展出复杂的宗教观念。到了第三王朝，阶梯金字塔的修建代表着对太阳神的崇拜融入了对来世的宗教解释中，

君主通过成为太阳神而到达来世，获得重生。到了第四王朝，君主开始修建巨大的金字塔建筑群，王权的发展达到了顶峰。吉萨高原的金字塔建筑群代表了太阳的运动轨迹。君主成为个人化的太阳神，对死去君主的供奉与太阳神信仰紧密地结合在了一起。此时出现的"拉之子"的称号第一次确立了君主与太阳神拉的关系。到了第五王朝，太阳神庙的修建标志着太阳神信仰有了新的发展。神庙给予了太阳神独立的地位，对君主的祭祀与太阳神信仰得到了区分。从以色希开始，君主不再建造太阳神庙。以色希的继任者乌纳斯将保佑君主复活的经文镌刻在金字塔墓室墙壁上，即《金字塔铭文》。奥赛里斯首先出现在私人墓室铭文中，继而也同太阳神一起成为《金字塔铭文》的主角。太阳神信仰并没有因为奥赛里斯的出现而衰落，而是与其结合，发展成更为复杂完备的神学体系。在引入奥赛里斯神之后，赫利奥波利斯的神学家发展出九神会，为拉神信仰增添了完整的神谱与神话。王权的神圣性与王权的更迭在神学意义上有了双重解释：太阳神拉赋予了王权永恒性与神圣性，而奥赛里斯的死亡与荷鲁斯的掌权则代表了权力的新旧更替和世间的秩序。可以说，古埃及宗教的基本架构，就是在古王国时期形成的，在经历了古王国时期漫长的发展与演变后，太阳神信仰与奥赛里斯信仰融为一体，形成了复杂完备的神学体系，为后世神学体系的发展构建了基本框架。

（摘自：《世界历史》2020 年第 6 期；温静：清华大学人文学院历史学系助理研究员。）

从元首政制到王朝统治
——罗马帝国早期政治史研究路径考察

在 19 世纪，政治制度史是罗马史家们最感兴趣的研究领域之一，这其中最具代表性的人物是德国历史学家特奥多尔·蒙森（Theodor Mommsen）。蒙森逝世后的 100 多年中，学者们的视线早已突破政治制度史的局限，延伸到社会史、性别史、文化史等其他分支领域。然而政治史一直是罗马史研究的基石之一。时至今日，西方古史学者在罗马政治史领域内取得的成果蔚为大观。检视和分析一百年来的罗马政治史研究对我国的罗马史学科发展具有重要的学术意义。虽然重要材料的发现使政治史研究在 20 世纪最后十年出现了一股学术回潮，但罗马法制史研究早已式微，单纯以帝王将相为中心的政治史路径也颇有局限。从 20 世纪 90 年代到 21 世纪初，结合新发现的元老院法令铭文和日渐繁荣的艺术史、思想史研究，政治文化成为这一时期罗马史学者关注的焦点。严格意义上说，"政治文化研究"并不等同于纯粹的"政治史"研究。前者重在对研究对象的文化特征及符号进行剖析，以观察政治与文化之间的相互作用及影响。但文化内核通常不会由于政治形态的改变而做出迅猛、剧烈的回应。反之，它通常在较长时间内保持不变。在政治文化研究领域，我们不能简单将"罗马帝国初期"（是尤利乌斯—克劳狄乌斯王朝）这个人为划分的时段抽离出来，而应该将之放在一个更广阔、更具整体性的罗马史学术视野下去考察。在学术史上，20 世纪八九十年代，罗马共和国政治文化研究的繁荣局面不可避免地对帝国史的学术路径产生影响，尤其是公元前 1 世纪 30 年代到尼禄统治晚期这一百年，正处在罗马政治文化形态转型的关键时期。近 30 年来，罗马史学者从帝国多元性的文化环境出发，对共和国时代贵族传统、价值观等文化因素和社会机制进行了深入细致的探讨。在罗马帝国早期政治史研究领域，除了上面评述的著作外，或许我们还需要将哈比内克（Thomas Habinek）和斯奇萨罗（Alessandro Schiesaro）编辑的论文集《罗马文化革命》、卡尔·加林斯基（Karl Galinsky）的《奥古斯都时代的文化》、阿洛伊·温特灵（Aloy Winterling）的《卡里古拉传》以及罗勒的《建构独裁：罗马尤利乌斯—克劳狄乌斯时代的贵族和皇帝》等优秀作品列入其中。与此同时，到 20 世纪末，家庭史、社会史、宗教史和艺术史的研究成果也丰厚起来，女性研究（及性别研究）在这一时期也广泛进入罗马史学者的视野之内，这为世纪之交的研究带来新气象。这样，不同研究分支之间互有交叉，有助于拓宽政治史研究的维度，进而形成新的研究面貌。一方面，新材料的发现激发了政治史研究者们新的问题意识，并将关注点重新放回帝国权力的金字塔顶层，从史料本身出发，寻求政治史研究的新路径。另一方面，学者们注重将多媒介作为史料，广泛利用铭文、钱币、雕像和建筑，关注空间、仪式等政治场景对政治观念的传达，这也促进了 21 世纪以来政治史研究的繁荣。

罗马史学科内对政治史的系统研究发端于以蒙森为代表的罗马史家。蒙森在罗马法律和制度史方面做出了居功至伟的开拓性贡献。然而，大约从 20 世纪初以来至今，罗马帝国早期政治史在过去的一个多世纪中大致经历了三次重大的学术转向。第一次转向发生在 20 世纪 10—30 年代，以闵泽尔、格尔泽尔和冯·普莱默施坦因为代表的新一辈学者，开始将研究从制度层面转向社会层面，将视线聚焦在罗马贵族家族、党派、婚姻和社交纽带之上。塞姆取英国和欧陆学者研究之所长，他的历史著作既有德国学者严谨的学术考证功力，又兼备英国史学的实用主义精神和出众的叙事风格。出版于1939年的《罗马革命》一书在二战后风靡欧美罗马史学界，也让塞姆成为50年代罗马政治史领域的执牛耳者，影响了战后的一代学人。第二次转向发生在20世纪60年代晚期到80年代中期。随着社会史和区域研究的盛行，以罗马和意大利的贵族及皇帝为主要研究对象的政治史研究逐渐没落，学者们将视线更多地下移到地方精英身上。这一时期的研究格外强调在不同阶层之间的互动中，动态地考察政治权力的运作机制。与此同时，蓬勃发展的社会科学理论也给一向保守的政治史研究带来新气象。在帝国早期政治史领域，米拉、韦恩、普莱斯是这一时期的代表学者，他们分别借助不同视角提出新问题，研究取得了突破性的进展。进入20世纪80年代末尤其是90年代，罗马帝国早期政治史研究出现了第三次转向。这一时期，不同类型的视觉材料开始深度介入到政治史研究之中，改变了传统政治史研究的图景。重大史料的发现也激发了一批学者

将兴趣重新聚焦到帝国权力金字塔的顶层，鼓励政治史家们从史料内部寻找新的问题意识和研究突破口。艺术史、家庭史、思想史和政治文化等分支研究领域更紧密地联系在一起，促成了罗马政治史研究的繁荣局面。

最后，必须指出的是，学术研究的价值重在创新，但创新的基础是传承。无论研究路径如何转变，当下的研究无法完全推翻前人的成果。反之，一代又一代学人对罗马元首制时期政治史研究所取得的突破，得益于蒙森、塞姆等前辈的开创之功。可以预见，在今后的研究中，传世文献、钱币、铭文、艺术形象等不同类型的史料会更普遍地得到综合利用，而来自历史学和人文社科其他专业领域的新理论，以及数字化研究工具都将会给政治史这一传统研究领域注入活力。这种发展趋势一方面为拓宽研究者的视野，开创新路径提供更多的选择。另一方面，新方法、新史料和新视角未必就不能回应和解决旧问题。这反过来提醒研究者不能急功近利，刻意求新，应注重学术的传承性，对前人的研究多加理解和观照。

（摘自《世界历史》2020年第3期；王忠孝：复旦大学历史系讲师。）

拜占庭经济"中产阶级决定论"考辨
——关于《罗马—拜占庭经济史》

该书最引人关注的是其阐释的中心论点。该书作者认为，古代罗马的兴盛在于其"中产阶级"的兴旺，"城市的工商业者和自耕农的经营既使罗马帝国得到充裕的财政收入和丰富的农产品供应，又使罗马帝国得到充足的兵源，从而使帝国走向昌盛"。"在探讨西罗马帝国衰亡原因时，决不能轻视自耕农和城市工商业者受压榨、受摧残所带来的一系列恶果。这应该被看成导致西罗马帝国灭亡的主要原

因。"显然，该书作者是将罗马帝国（即该书上编所涉及的700年）兴盛和衰落的主要原因归结为由城市工商业者和农村自耕农构成的所谓"中产阶级"的兴衰。

《罗马—拜占庭经济史》特别强调"中产阶级"在罗马—拜占庭帝国兴衰变动中的决定性作用，那么搞清楚"中产阶级"的概念就十分关键了。究竟该书作者给出的上述概念是否符合拜占庭历史的实际情况呢？答案是否

定的，该书确定的这一概念与拜占庭史料中的类似提法含义完全不同，也与拜占庭学术界的相关研究结论有很大区别。自然，作为该书核心论点的拜占庭"中产阶级决定论"也不能成立。

《罗马—拜占庭经济史》自说自话的"中产阶级决定论"脱离拜占庭经济发展的客观历史，因无相关史料证据支撑而难以成立。深究起来，其出现这样的偏差关键在于该书的研究方法不是历史学的，而是经济学的。历史学家的研究方法与经济学家不同，这是人所共知的事实。前者要求论从史出，言必有据，他们绝不会预设某个理论模型，而后将精心选择的历史事实纳入其先入为主的理论框架。因此，历史学家的研究首先从调查史料、解读史料开始，以史料解读为依据建立证据链，进而重构历史事实，而后在全面客观分析事件或人物具有的历史重要性的基础上得出某些学术观点，最终再抽象出某种理论，或者建构某种历史理论模型。《罗马—拜占庭经济史》的研究方法显然与历史学方法相悖。

仔细阅读该书就会发现，《罗马—拜占庭经济史》的研究方法就是预设了"中产阶级决定论"理论模型，而后按照作者的理论模型对罗马—拜占庭"上下两千年"的经济发展进行解读。由于该书理论源于经济学界对现代社会经济变动的一种看法，因此作者在解读罗马—拜占庭帝国这个前资本主义国家经济发展的过程时，既不能区分古代社会和现代社会的本质区别，也不能辨析罗马时代与拜占庭时代的不同，而是将不同社会发展阶段的历史统统纳入一种理论框架中。为此，作者也是下足了功夫，从许多通史作品中找到符合自己看法的史实片段，不论它们是否符合历史客观存在，选择的标准就是能够形成自圆其说的证据。作者自说自话地进行理论解读，挥洒自如的评论确实少了很多历史著作的枯燥无味，尤其在阐释其理论的章节中，字里行间都透露着作者的理论自信。然而，由于该书相关内容脱离了拜占庭经济史发展的实际，因此在叙述中就难免有很多错漏，前后矛盾之处也很突出。如此一来，该书就不能合理而客观地说明拜占庭经济起伏发展的复杂原因，也不能在诸多繁杂因素中对最为关键的因素做出正确的判断，其所达到的"中产阶级决定论"理论自洽也很不合理。

小农经济和工商业经济的脆弱性在中古时代表现得特别突出，它们需要有强大的帝国保护才能生存，因此也不可能单独形成拜占庭帝国兴衰的决定性力量。这种情况在晚期拜占庭帝国表现得特别明显。军区制虽然在推行期间解决了很多问题，但是它自身存在难以克服的深刻矛盾，即中央政府大量下放权力造成了军区军事贵族势力坐大，与王朝中央集权形成了矛盾。同时，军区上层军官利用向各级下级官兵分配军役地产的权力，中饱私囊，经济实力不断发展，一方面损害了以农兵为主的小农经济，另一方面形成了以军事权力为保障的大土地贵族。这是军区制推行者最初难以想到的。大土地所有和小土地经营之间的矛盾从军区制改革一开始就存在，而后弊端不断积累，经过数百年后，矛盾最终浮出水面，不仅造成拜占庭小农经济的崩溃，而且彻底瓦解了拜占庭帝国的经济基础。虽然一些统治者为了化解军事贵族对中央集权造成的政治危机，而将各个军区重新划小，将军、政权力再度分离，并采取了保护小农的立法措施，但因为帝国集权专制的政治基础在贵族，皇帝不可能真正有效地打击和搞垮他们，而小农的脆弱性也决定了他们在大土地和小土地的竞争中自愿放弃了皇帝立法赋予他们的权利。拜占庭帝国尼西亚流亡政府曾经一度恢复了行之有效的军区制，但回归君士坦丁堡以后又因种种原因放弃了，因为此时的拜占庭帝国已经不是拉丁骑士统治了半个多世纪以前的帝国了。

总之，《罗马—拜占庭经济史》中的"中产阶级"决定不了拜占庭帝国的兴衰。即便我们按照该书作者的定义看，这个中产阶级也不是罗马—拜占庭帝国兴衰的决定性因素。因为自耕农也好，工商业者也罢，其经济的兴盛取决于拜占庭帝国总形势的好转和重大制度的改革。在这里，以皇帝为首的中央集权制帝国是否能够有效控制全国生产经营和消费运行是最关键的因素，根据拜占庭经济史家的研究，在 7 世纪以后数百年拜占庭的经济发展中，"首先是国家的重要性，其经济上的凝聚作用一直持续到 11 世纪。在危机期间，国家重组和强化了以农业为中心的经济，劳动力短缺的影响被愈发重要的世袭小土地合同制缓解了，国家构建起控制性经济，因此有相当大一部分剩余（随时间而比例不同）被国家占用挪用……这个体系有助于农村中的货币化……国家动用全部行政力量控制经济生活或者多少进行一些垄断经济的活动。在一些重要的大宗货物如谷物和丝绸贸易中，国家与个体产业相结合……出现了一个明显的转折点"，经济重建和复兴十分显著。同样，拜占庭帝国衰落的决定性因素是"政治分裂意味着不再存在单一国家统一发挥传统的凝聚经济的作用……在前拜占庭领土上再没有统一的国家税收体系，也肯定没有了统一的国家市场"，拜占庭帝国无可挽回地衰亡了。拜占庭经济史学家通过具体的原始文献和数据统计，得出更接近历史真实的合理结论，也得到学界的认可。《罗马—拜占庭经济史》一书弄不清这个历史问题上的因果关系，必然会出现理论上的误读。也许会有人提出，中产阶级发展与帝国制度改革互为因果，相互影响，笔者要强调的则是不能错误判定两者中具有决定意义的一方。

（摘自《世界历史评论》2020 年第 4 期；陈志强：南开大学历史学院教授。）

杰罗姆书信的社会批判锋芒
——古典晚期思想史研究一例

恩格斯的《论原始基督教的历史》，以及考茨基《基督教之基础》，代表着马克思主义思想传统对基督宗教历史的深度审视。正如恩格斯多次提及的，基督教追求彼岸解脱的冲动会在现实世界不断地表现出来，表现为基督徒与罗马帝国之间的张力与冲突，表现为基督教价值观与传统的古罗马社会价值观之间的冲突。恩格斯还提到，早期教会所处的时代是一切都在"深刻动荡"的时代，传统的性关系以及对性关系的看法是一个经历变革的社会往往会刻意关注到的问题之一，譬如"骄奢淫逸"和对"骄奢淫逸"的批判。在《基督教之基础》里面，考茨基更加系统地注意到基督教的社会解放性质。希望借助考察古代基督教的历史发展来宣传唯物主义的历史观，即把社会发展的经济基础看作是历史演进的关键因素。在考茨基看来，耶稣在福音书中的教导，譬如"圣山宝训"以及他对富人的批评和对穷人的特别关照，使徒们的共产主义生活方式，不仅证实了基督教偏向穷人的性质，不仅把贵族妇女由罗马传统家庭中解放出来，还提供了一种基于社会平等的新伦理道德。在我们对杰罗姆书信的研读中，建立这样的视角是非常重要的，即看到并重视他在罗马上流社会推行修道生活方式的社会革命意义。

考茨基认为，修道传统的出现既说明教会内部捍卫共产主义传统的抗议和改革力量的存在，也说明这一力量不是采取决裂的途径，而是采取与主教和教会体制并存互补的形式。在文化上，基督教文化与古典文化也逐渐靠拢和相互磨合，但是不可能完全共融。正如马鲁教授指出的，基督教文化是一种新文明。年鉴学派的创始学者布洛赫曾经苛刻地批评过马鲁对奥古斯丁和古典晚期文化的研究（1939 年版），认为他对社会整体的状况考察不足。马鲁在自己著作 1949 年的修订版里面谦虚地接受了布洛赫的意见。其实马鲁本来就敏锐注意到，奥古斯丁等人所代表的基督教新文化的社会特性：仅仅就语言和文学风格来看，奥古斯丁已经突破了罗马上流社会的贵族文化，展示出与下层民众亲近和生动的沟通。这种文化倾向与奥古斯丁本人比较低下的出身和社会地位有关，与基督教作为普通民众和贫苦民众的宗教这一社会属性有关。换言之，奥古斯丁，除了宗教信仰的原因之外，还由于身份认同和价值观认同的差异，在情感上与传统的罗马上流社会之间存在着激烈的内在冲突，最终与之的告别是决绝的。马鲁在这里的分析思路应该也适用于杰罗姆。

启蒙运动以来，由于基督教修道运动被看作是与现代性相对立的愚昧文化，被看作是与个性张扬对立的禁欲主义倾向，这种以决绝出世方式实践的激进社会进步思潮长期被轻视。反而是尼采这位特立独行的悲观主义者看出了其中的反建制价值观：古代犹太人反转了"贵族惯用的价值观"，不再将财富、权力和尊贵地位等同于善和幸福，认为"只有卑贱的才是善良的"，只有贫穷者、丧失权位者、受磨难者、罹患疾病者才是虔诚和有福的，而耶稣由这种反抗的意识所创立的新宗教不仅没有因为反叛而去仇恨，反而成为爱的信仰，"带给穷人、病人和罪人祝福和胜利"。杰罗姆这位来自行省的无名小城、出身平凡同时又受过系统古典人文教育的基督教学者，无论是在罗马求学期间，在罗马担任教宗达马苏秘书期间，以及在归隐巴勒斯坦伯利恒之后，从来都没有停止过与大贵族的交往。但是他们之间真正平等和有意义的交流，都是在杰罗姆述说和传播新的基督教价值观和生活方式的基础上进行的。也就是说，在杰罗姆的书信里面，我们见到的最重要的主题之一，就是他与这些大贵族男女的沟通和碰撞，就是他对罗马贵族传统生活方式的批判。

大贵族完美的基督徒生活，在杰罗姆看来，就是舍弃他们自己原有的生活方式。而且他希望行省中小贵族，也就是和他出身一样的中产阶层，尽力避免把选择修道或者担任神职人员作为社会地位上升的通道，不去认同和模仿大贵族的生活方式。所以他曾经对一位神父说，要"像逃避瘟疫一样远离谋求财富和权

势的教士，因为这种人由贫寒变得富有，由卑微变得显耀，把教会当作名利场"。杰罗姆以讽刺的语气写道：有些人可能是普通农民的孩子，后来当了神父，学会了鉴赏美食，能够分辨很多种的鱼类和其他水产品，甚至仅仅吃上一口，就能知道做菜的禽类出自哪个地区。

在杰罗姆看来，罗马贵妇人的世界就是一个牢笼。他在给保拉女儿欧斯托琪的书信第22篇里面写道：圣徒将为你祈祷："主啊，开启您的女仆的眼，让她看见。"你将开启你的眼，你将看见一辆火轮的车前来，把你带上星空，你将欢乐地歌唱："我们的灵魂飞翔，如同小鸟逃出了捕鸟者的牢笼。牢笼被打破了，我们脱逃了！"这一脱逃，在杰罗姆看来，不仅意味着守贞和修道女性个人信仰趋向坚固和灵魂获得拯救，也代表着一种社会立场，意味着她们与罗马上层贵族社会和统治阶级的在道德和生活方式上的告别和决裂。

被看作是"牢笼"的古罗马贵族社会，在书信第22篇的描写里面，充满着虚伪、贪婪和人与人之间的憎恨，同时还是一个醇酒、美食、浪荡和谋杀的世界。贵族男女随意未婚同居，未婚先孕，甚至人工流产，后者在杰罗姆眼里就是谋杀。他对欧斯托琪的告诫是，绝不要频繁出入那些豪华的宅第，与自己之前从属的阶级划清界限。这在30年之后，仍然是对德梅特里娅的郑重提醒：

我对你的希望是，勿要与那些贵妇人密切往来，勿要出入显贵的住宅，你决定守贞，那些你厌弃的东西，勿要再让它们频繁闯入你的视线。那些法官和显贵的太太们总是炫耀自己丈夫的地位。当皇帝夫人到来的时候，一群贵妇人又热切地去迎接和恭维。与这些人在一起，不等于是污辱你奉献了你所有一切的基督吗？你是基督的配偶，干吗要去逢迎一个凡夫俗子的太太？

正如杰罗姆所生动刻画的，连基督徒贵妇人的慈善都会是残忍和虚假的。

当我们解读杰罗姆的清贫和守贞修道理想的时候，我们究竟应该如何评价他对古典晚期贵族社会的激烈攻讦？是站在西方近代启蒙运动的立场，或者是站在晚近的世俗化多元文化

的立场，斥责他的古板和守旧吗？还是应该站在社会史研究的立场，站在马克思主义历史研究和经济社会分析的立场，看到他的修道思想和说教背后对穷人和卑贱者深深的同情和关爱，看到清贫和守贞理想的社会意义？

如果我们采纳了后一种立场，那么我们就更容易理解早期基督教的革命意义及其长期的留存，更容易理解爱德华·兰德对人文主义者杰罗姆的终极赞美：在你抵达彼岸的时候，你会听到那个温柔的鼓励声音，"你不仅是西塞罗的门徒，你也是基督的门徒"。

［摘自《北京大学学报》（哲学社会科学版）2020 年第 5 期；彭小瑜：北京大学历史学系教授。］

维杜金德《萨克森人史》中的政治世界

雷诺兹（S. Reynolds）在为《史学史研究指南》撰写的有关欧洲中古国家问题的章节中指出：一方面，学界对欧洲中古王国的经验研究有悠久传统；另一方面，有不少人却认为，把"国家"（state）一词用到欧洲中古时期，至少是大部分时期，是一种"时代错乱"（anachronistic）。因为，*respublica*（公共、国家）意识伴随西罗马的消亡而不复存在，中古社会的基础是私人纽带而非公共制度，只是到中古后期，"state"意义的国家观念才开始出现。斯特雷耶（J. R. Strayer）就曾指出，古代希腊城邦、罗马和汉帝国都是"state"意义上的国家，但欧洲中古早期的蛮族王国则不是，因为它们建基于"对个人的忠诚而非对抽象或非个人化制度的忠诚"之上。"state"意义上的国家只是从 12 世纪以后才逐渐成长，并为现代国家的形成奠定了基础。20 世纪后半叶以来，学界讨论的一个焦点正是欧洲中古早期是否存在"state"意义上的"国家"？论者有很多分歧的意见，从中大体可见三种主要观点：

第一种观点强调，作为"state"意义上的国家，核心要素是公共权力（制度）与公共意识，蛮族王国显然不具备这些要素，因为私人间的纽带和习惯而非制度，才是蛮族王国的基础。第二种观点认为，中古早期史料中蕴含着秩序、权力的意识或观念，这些其实也就是国家意识或观念，只不过是以特殊的术语和方式表达出来，所以应当把蛮族王国纳入"state"的范畴讨论。弗雷德（J. Fried）和格策（H－WGoetz）围绕上述问题展开了一场争论，被称作关于蛮族王国"国家性"（Staatlichkeit）问题的讨论。第三种观点指出，研究西欧中古早期国家，首先要关注的应是蛮族王国的具体表现而不是国家定义。至于将其归入什么"种"或"范畴"，贴何种标签，对于历史学家来说毕竟不是第一位的。即使讨论定义，也应做比较宽泛的界定，以保持研究对象的开放性。笔者认为，第三种意见或许能够更好地反映历史学家的研究实践。考察中古早期蛮族王国，要紧的是要首先考察这些王国的实际表现，搞清这些王国本身的特点，然后再谈它们与后世国家间的联系与区别、共性与差异。

论者通常认为，维杜金德的《萨克森人史》有两大主题，即部族史（萨克森人的起源和发展）和国王史（亨利一世和奥托一世的功业），全书内容由这两大主题交织而成。其实，两大主题的旨趣是一个，即颂扬萨克森人（当然包括作为萨克森人杰出代表的亨利与奥托）的"美德"与"业绩"。通观全书，维杜金德的书以鲜明的萨克森人的立场示人，作者明确的族群意识和族群认同令人瞩目。全书记叙的是萨克森人的"事迹"，歌颂的是萨克森人的"勇武"和"智慧"。当维杜金德的叙事从萨克森人这一族群转入萨克森人的杰出代表国王亨利一世和奥托一世时，对萨克森人的颂扬与对国王的赞誉便合二为一。在维杜金德的笔下，亨利与奥托的"德"与"能"，不只是个人的，也是萨克森人这一群体的，是萨克森人的"优良品行"造就了东法兰克—德意志的杰出统治者亨利和奥托。由此可知，《萨克森人史》首先是一部萨克森人的部族史。维杜金德在第1卷开篇就说要致力于描写"我的家园和我的人民"，这里的"家园"是萨克森，也是亨利与奥托的"祖国"（patria），这里的"人民"是萨克森人。作者强烈的族群意识和族群认同于此可见。《萨克森人史》的叙事基石和逻辑起点，正是所谓"萨克森爱国主义"。

"萨克森爱国主义"固然是维杜金德叙事的基点，然而他的视界没有止步于此，他描绘的政治世界没有局限在族群和族群关系上。他笔下虽然没有出现可以等同于德意志王国的术语，书中所谓德意志（Germania，德译 Deuschtland）是地理范围而非政治体，然而他使用了帝国、基督教世界、欧洲等概念，用以描述和指称更广泛的世界和秩序。所以维杜金德书中的政治世界是多层面的，族群只是这个世界的基础层面，其上有帝国、基督教世界或欧洲。

帝国、基督教世界和欧洲这些概念，使维杜金德对战争的叙述有了广阔的视角。内战（bellumcivile）和外战（bellumexternum）是《萨克森人史》中的两个重要范畴，蛮族是又一个重要范畴，它们是维杜金德的"内"与"外"之别意识的明确反映。所谓"内战"与"外战"的区别，已经超越萨克森人和萨克森公国的界限，甚至也超越东法兰克—德意志的范围。说到底，基督教世界才是维杜金德划分内"与"外"，区别"我"与"他"的根本标准。

《萨克森人史》表现的社会和政治思维是具象的，读者能够直观到的是作者对一件件具体事件的描述。有关国家、政府的一些现代概念，例如权力正当性与合法性、法律与制度等，在《萨克森人史》中都具象化为对有关战争与和平、权威与秩序和信仰与皈依等话题的具体描述当中。不过，细究起来，可以看到书中的具体描述又显现着作者有关社会和政治的好恶和情愿，表达着他的追求与期待，其中传递着他对秩序与权力的诉求。如果说还是能够梳理出维杜金德社会和政治思维的基本逻辑，那就是：和平与秩序的存在有赖于权威，权威的正当性与合法性又取决于和平的实现和秩序的维护。

本文的讨论说明，维杜金德《萨克森人史》的政治世界是由族群、帝国、基督教世界或欧洲构成的，因而是多重的、复合的。族群是这一政治世界中的基础性构成，其上有帝国、基督教世界或欧洲等范畴。"萨克森爱国主义"反映了维杜金德的族群认同，然而这一认同又不是排他的，而是包容的。法兰克帝国、全体基督徒、基督教世界或欧洲等范畴，反映了他更广阔的政治视界，体现了他对更广泛秩序与权力的诉求。基督教世界或欧洲并非一种国家实体，但却是维杜金德社会和政治思维中的要素，是他判断事务是非曲直的根本性的道德基准。他笔下的"内战"与"外战"之分以及蛮族这一范畴，都源于这一基准。奥托帝国是维杜金德生活在其中的政治体，是他重点描绘的政治世界。在这个世界中，宗教与世俗、世袭权利与权贵选举、制度与个人、公共与私人，并不是二元对立的范畴，其间的界限十分模糊，奥托帝国就是这些因素的综合体。总之，维杜金德《萨克森人史》表现的是一个与二元对立思维不相协调的政治世界。

［摘自《北京师范大学学报》（社会科学版）2020 年第 6 期；侯树栋：北京师范大学历史学院教授。］

二战前后英国左翼知识分子与 1930 年代的历史书写

左翼知识分子对 20 世纪 30 年代的历史书写对战后英国的政治、社会和学术产生深刻影响，形塑了民众对 30 年代的历史认知和历史记忆，长期主导了学界对这一时期英国历史的叙事风格，其带有倾向性的历史书写也引发了相关学术分歧。

左翼知识分子对 20 世纪 30 年代的历史书写影响了英国政治话语，为战后英国政府决策提供了历史镜鉴与合法性来源。二战前，左翼知识分子对英国政治的影响主要在思想层面。随着二战结束以及工党走上执政舞台，左翼知识分子对 30 年代的历史叙事开始影响到英国的政治实践。在多党竞争的政治背景下，英国主流政党希望通过对 30 年代的历史阐释获取有利的政治资源。因此，"从二战结束到 20 世纪 50 年代末，英国政治生活的各领域仍被战争年代和两次世界大战之间的政治和经济遗产所主导。人们最关心的是如何防止 30 年代的大萧条及其带来的社会停滞和大规模失业。"作为左翼政治的代言人，工党改革理念的形成和政府决策的合法性与左翼知识分子对 30 年代的历史阐释密切相关。左翼知识分子的历史叙事强调人民在推动社会发展中的主体力量，希望政府通过广泛改革，改善民众生活状况，这改变了精英阶层的福利观念。珍妮特·罗巴克（Janet Roebuck）认为，社会上包括一些富裕的、受过良好教育的阶层，对大萧条时期的饥饿游行以及乔治·奥威尔等人笔下的大萧条场景感到不安，他们对社会问题和社会福利的关注开始增多并逐渐重视未来社会进步的标准。左翼知识分子将经济危机、失业和萧条归结于私有资本主导英国经济的观点影响

了政府决策，政府意识到推行国有化和福利国家的必要性和迫切性。马尔科姆·史密斯（Malcolm Smith）指出："两次世界大战间的大萧条对英国核心政治问题产生了长久影响，大萧条及其影响表明：先进的工业化、城市化的英国，未来也可能走向危险的边缘。如果英国面临某种威胁，那么在和平时期被英国政治压制的社会紧张因素可能完全爆发。"这反映出左翼知识分子的历史书写为政府决策提供了历史镜鉴。

左翼知识分子对 20 世纪 30 年代的历史叙事也赋予政府决策以合法性基础。民众对大萧条的认知在很大程度上受制于政治权力的解释框架，工党政府在宣传其施政方针时也沿用左翼知识分子的历史阐释。在 30 年代左翼知识分子组建的各类团体中，都有着工党政府领导人的身影，如首相艾德礼、外交大臣欧内斯特·贝文、工党主席哈罗德·拉斯基和卫生大臣比万等。历史学家本·皮姆洛特（Ben Pimlott）指出："1945 年工党政府的多数领导人是有着学院派背景，他们在 30 年代积极参与社会运动，在战后将左翼的理论和关注点带进了英国议会。"这些人兼具左翼知识分子和政治领导人的双重身份，在其看来："大萧条是少数人掌握绝对经济权力的结果，他们只为官僚主义的私垄断企业牟利，是英国民主国家内的极权主义寡头。"工党在 1945 年的大选宣言中声明："两次世界大战间英国遭遇长达 20 年的大萧条，原因在于当时没有任何形式的公共控制，大利益集团为所欲为。"在这一历史解释的基础上，工党以大萧条苦难的清除者自居，反对经济上"随心所欲"的混乱状态。

在政绩展示方面，工党也将其执政成就与 30 年代的社会境况对比，多次使用左翼出版物《图片邮报》（Picture Post）中关于 30 年代萧条场景的照片，将之与战后明亮的工厂、宽敞的工人住房和考文垂大规模的城市重建进行对比。左翼知识分子笔下的 30 年代不仅成为人们理解战后英国社会进步的基本参照，也赋予社会改革以必要性与合法性来源。

从社会层面来看，左翼知识分子对 20 世纪 30 年代的历史书写主导了民众对这一时期的历史认知，塑造了其对 30 年代的历史记忆。记忆理论家阿莱达·阿斯曼（Aleida Assmann）认为：“感性回忆是由冲动力、痛苦压力、震惊强度塑造的，不论这种这些因素是否被重新召回意识之中，它们都牢固地滞留在记忆里。”对二战前后的英国民众来说，其在近二十年时间经历了社会从萧条到战争的苦难历史，战后严峻的经济形势也不断唤起民众对 30 年代的历史记忆。1943 年，伦敦《泰晤士报》评论认为：“失业仅次于战争，是我们这一代蔓延最广、噬蚀最深且最让人防不胜防的恶疾，是我们这个时代西方文明特有的社会弊病。这是离我们并不遥远的苦难记忆，它已深深烙进了英国人的意识中。”1944 年议会讨论战后重建时，内阁大臣欧内斯特·贝文表明：“当我结束对军队的考察时，士兵们最关心的是战后英国是否会回到领救济金的大萧条年代。”英国历史学家阿兰·泰勒认为：“二战后，民众更加关注住房、充分就业和社会保障。尽管保守党提出了与工党大致相同的计划，但民众并不相信保守党的重建计划，民间记忆很重要，许多选民还记得 30 年代的失业情况。”在民众对 30 年代的苦难历史仍存在忧虑的情形下，左翼知识分子对大萧条、失业和绥靖政策后果的历史书写，构成民众历史记忆的符号与象征。

社会记忆总是对当下诉求的思想表达和心理反应，哈布瓦赫指出：“我们关于过去的概念，是受我们用来解决现在问题的心智意象影响的，因此，集体记忆在本质上是立足现在对过去的一种重构。”左翼知识分子对 20 世纪 30 年代的分析产生了诸多历史文本，这在心理层面塑造了民众对 30 年代的历史认知和历史记忆。“这些代表性书籍在 20 世纪三四十年代多次出版，到二战后，英国产生了大量叙述大萧条历史的著作，这主导了民众尤其是青年学生一代对大萧条的印象。”左翼知识分子对 30 年代苦难经历的书写使民众对大萧条历史的心理认知被固化，在这些历史文本中，一些受大萧条影响严重的地区如泰恩赛德（Tyneside）的城镇贾罗，则成为失业、困难和绝望的代名词。这表明，左翼知识分子对 30 年代历史的书写不仅是大萧条记忆建构的形式，也在心理层面塑造了民众对 30 年代的历史记忆。正如保林等历史学者所言：“对 30 年代的历史阐释是一个持续性的过程……其中，历史学家、新闻记者、小说家、电影制作人、政客和社会调查人员凭借其对公共话语的塑造影响着我们个人的记忆和认知。”

从历史书写角度来说，左翼知识分子的历史叙事奠定了学界对 20 世纪 30 年代英国历史书写的基本范式。经过左翼知识分子群体持续、大量书写，从创伤和苦难等“消极”层面阐释 30 年代在人们的历史记忆中成为永久性事实。

（摘自《史学史研究》2021 年第 2 期；莫磊：江苏省社会科学院助理研究员。）

史学理论的性质、对象、价值与方法

史学理论及其讨论的问题在英语国家常被纳入"历史哲学"名下,在德语、荷兰语、意大利语国家,学者们通常以"史学理论"称谓。若谈及这一学科的性质是什么?我们可用一个简单的词来描述,即"反思"。

柯林武德在《历史的观念》导论中谈到历史学的性质等问题,笔者将以此作为参照,来思考史学理论的同类反思性问题。我们易于提出询问:史学理论作为一门学科,或者作为一种思维方式,它与历史学的关系是什么?它是被涵盖在"历史学"这一概念之下,还是要凌驾其上?简言之,它是在史学之中,还是在史学之上?如果"历史学"是一门有着明确边界的学科,那我们很难回答。理论总是在经验的不断生成中被创造,而经验缺少了理论,又难以称之为"某某学"。为此,笔者能够给出的回答是:只有当我们视历史学为历史生成中的一个场景时,史学理论才是在"历史"之中。因为在任何一个时代"历史学"的有限范围之外,都有太多的历史场景参与了历史思维的生成,而它们恰恰是史学理论的基础。柯林武德讨论了历史学的对象、性质、方法、价值,其回答同时适用于史学理论,可谓其基本属性。但是,史学理论作为一种理论性的学科,它是否具有某些特殊属性,甚至这种属性的生成范围,是否溢出了所谓"历史学"的边界,这是我们要回答的。也就是说,柯林武德回答了历史学是什么,我们在这里要回答史学理论是什么。史学理论作为历史学中的形式或思维方式,也可以被历史地描述为人类思维范式变迁的过程,即它可以在一部史学理论史中获得呈现。在其中,史学理论要思考和讨论的主题,有如历史意识、历史思维、历史认识、思想史及其研究方法论,等等。

为了回答本文题名所示的史学理论基本问题,让我们先了解一下柯林武德回答历史学的性质、对象、方法与价值这四个基本问题时的切入方式。柯林武德首先谈道:"历史学,也像神学和自然科学一样,是思想的一种特殊形式。"他把历史学、神学与自然科学放在并列的位置,认为都是人类思想的某种特殊形式。柯林武德在《历史的观念》里提出了一个半隐藏着的方向,即人类的思维经历了四个阶段:古希腊罗马时期是数学阶段;中世纪是神学阶段;近代是科学阶段;此后柯林武德判断历史学的阶段即将来临,而且暗示了他的研究将成为转向历史学阶段的根本标志。数学、神学、自然科学,这些都是人类在不同历史阶段逐渐丰富而又存在差异的思维方式,作为历史学时代特征的历史思维,在与其他三种过往思维形式保持兼容的同时,又有了自身的特质。因此,这样一种关于历史学的问与答,与我们日常所谓的历史是什么、历史学是什么的回答完全不一样,它是一种思维方式的自我呈现。

柯林武德谈到,对于这种思维形式的性质、对象、方法和价值的各种问题,必须由具有两种资格的人来回答。第一种是历史学家,因为他具有思想形式的经验,也就是有过史学研究的直接经验,"经验"是其中的核心;第二种是哲学家,因为他具有反思的能力,而且是基于历史学家的经验进行反思。这种论述,无异于描述了一种理想的史学理论家或历史哲学家的资质,即他首先要有历史学的直接经验,才可能进一步以其反思能力成为"历史哲学家",才能够回答历史学的这些基本问题。如果我们了解柯林武德学术生涯及其同时代的各类学术情境、社会情境,就不难理解这是柯林武德以自己为潜在标准提出的史学理论家之理想类型。尽管柯林武德的学术生涯中最重要的职位是牛津大学哲学教授，但他在早年的学科训练过程中，有着各种历史学的实证研究与田野考古实践，甚至成为当时欧洲最重要的考古学家之一。柯林武德对研究主体资质的论述，事实上成为他回答那些与研究对象相关问题的立论基础。这种做法，本身就体现了柯林武德的史学理论中主张的主体或认识优先的看法。在此之后，柯林武德才去定义历史学的性质他给出了一个简单的回答，即历史学是一种研究，是一种探讨。

柯林武德说历史学本质（性质）上是一种研究，是一种探讨，是要把一类事物弄明白，而这一类事物就是活动事迹。兰克也曾说过类似的话——说明事物的实际情况。历史学的性质是要把事情弄明白。紧接着历史学的对象是什么？它是人类在过去的所作所为。在方法上，历史学是如何进行的呢？这就要通过对证据的解释来进行。这些是柯林武德的观点，也是他认为历史学不同于哲学和文学的一个非常重要的特征。自 18 世纪以来，近代的哲学、文学、历史学等学科分立之后，历史学最基本的特征就是依托证据进行解释。当然，法学也有赖于证据进行解释，不少史家在谈论历史学家的工作时，也用侦探、警长、法官的工作来描述历史学家的行为。在性质、对象、方法之外，柯林武德讨论历史学的价值问题。历史学有什么用？历史学家们经常被人问起这个问题。柯林武德的回答很清晰，他提出了一个几乎不会有人反对的答案：历史学的用处就是为了人类的自我认识。这是一个形而上的判断，而且是一个抽象的判断，人们不容易直接体会到。如果进行深入分析的话，我们会发现自己

很难拒绝这个判断。历史学的价值最终是为了人类的自我认识，这里人类是一个整体。可对于个人而言，历史学有什么用？它若是为了作为个体的自我的认识，那么，"自我"既是个体代表着个人，也可以是人类中的一员而代表着整个人类。柯林武德的回答在逻辑上虽然完满，但太过概括。我们不妨说：整个人文学科都是为了人类的自我认识。那么，为达成对人类的自我认识，历史学的方式又有什么特殊之处呢？这是柯林武德必须进一步要回答的。他说，认识你成其为一个人的是什么？这是一种普遍性；认识你成为那种人的是什么？这是一种类型；认识成为你这个人而不是别的人的是什么？这是一种个体性。

上述柯林武德在《历史的观念》导论里面阐述的，我将其描述成了三个层次：普遍性、（群体）类型、个体性。在哲学中，普遍和个体构成了一对对立的范畴，柯林武德在其间加入了（群体）类型（即"你这种人"），强调"你这种人"是什么，因为他认为自己研究的"历史的观念"是欧洲人的。柯林武德在字里行间非常重视"我"研究的"历史的观念"具有的时间性和空间性，它是被界定了的。柯林武德很在意这种历史性问题，而史学理论恰恰就以获得历史性思维作为其结果之一。柯林武德希望他的读者形成关于历史性的感知。你能做什么，唯有依赖于你已经做过什么，如柯林武德所说"历史学的价值就在于，它告诉我们人已经做过什么，因此就告诉我们人是什么"。

（摘自《史学月刊》2021 年第 1 期；陈新：浙江大学人文学院历史系教授。）

爱德华·汤普森和英国马克思主义
新社会史学的"文化转向"

20 世纪 80 年代西方新史学再次转向之后，英国新社会史研究的"文化转向"产生了域外回响与社会效应，国际史学越发关注历史底层书写，重视普通人物、非主流区域"他者"文化的历史阐释。汤普森史学实践的"文化转向"，对英国社会史学更新与国际史学演进都产生了重要影响。甚至颇受后现代主义思潮影响的新文化史转向研究，同样离不开以汤普森为代表的英国马克思主义史学群体的史学观念及历史思维。具体而言，汤普森史学研究"文化转向"的意义可概况为以下几点：

1. 维护英国马克思主义史学理论传统，拓展在英国文化研究与域外文化史领域的传播及认可

20 世纪 60 年代，伴随着第一波新左派运动和第一次核裁军运动逐渐衰落，英国政治经济形势恶化，社会结构与阶层集团变动不居，工党屡遭挫败，保守党连续执政并不断调整"福利国家"政策，包括降低工人工资标准和保险待遇，从根本上触及底层社会利益。1961 年《新左派评论》主编斯图亚特·霍尔辞职，安德森 1963 年掌握机构财政和改组权力中心，将汤普森、萨维尔和威廉斯等从编委会机构中清除，调整刊物思想宗旨，标志着第一代马克思主义者及新左派理论陷入困境与社会实践终结。以安德森为代表的第二代新左派知识分子和马克思主义者攻击第一代面对时局缺乏针对社会主义运动的有效策略，实际上脱离了马克思主义理论指导。安德森提倡新策略，主张借鉴欧陆马克思主义理论资源，改变英国本土马克思主义"理论的贫困"。以安德森和汤普森为代表的两代新左派知识分子与马克思主义者分别从人道主义立场与结构主义角度，围绕社

会主义理论和英国民族性问题，从 1964 至 1980 年进行了持续论战。在社会史领域，主要是围绕英国革命后果、"文化主义"理论方法与社会历史结构关系等方面展开。

其一是关于 17 世纪英国革命后果的批判及其价值意义的论争。安德森认为，起源于 17 世纪的英国革命具有其不彻底性，英国社会主义运动自 19 世纪末后就迥异于马克思主义理论指导的普遍道路，导致革命后果只是"改变了英格兰的社会结构而不是上层建筑"，英国商业新贵族特权更为巩固。安德森抛弃了"17 世纪革命……是英国历史发展中的决定性转折点"的积极评价，否定了希尔有关清教徒意志在英国革命与变迁中起到积极作用的历史认识，实际上由此否定了英国社会主义运动、进步劳工历史和英国近现代历史。汤普森则认为，安德森归根结底是以法国大革命为标准，衡量 17 世纪英国革命及其后英国社会发展道路，因此未能准确把握英国历史的内在性。他充分肯定英国革命的积极影响在于创造了一种"精巧地适应于当时社会平衡的制度安排"。关于革命后果的原因理解与历史解释，汤普森则认为，若从英国近代历史变迁的内部规律看，"要理解这些真正社会力量之间的平衡（结构主义观点），却不援引萨特'去总体化的总体性'理论，就会比参考其有关帝国主义鼎盛时期的伦敦社会整体模式的解释效果更为糟糕"。汤普森坚信，英国本土并非缺乏革命的意识形态，它确实存在于"生而自由的"英国人的权利意识和清教主义的叛逆传统之中，存在于长期以来人民群众和工人阶级的持续斗争生活中，存在于革命的激进主义知识分子对本土反抗文化的理论贡献之中，

然而这些都被安德森从理论到实践上漠视了。汤普森正是在坚持历史运动中真正的"人"的能动性及社会主义人道主义史观基础上，基于英国文化特殊性的文化理论和文化史观，运用其文化唯物主义研究方法，阐明了英国本土历史经验的特殊意义。

其二是"文化转向"与结构主义的论争症结。这体现了理论与历史的关系。20世纪70年代是阿尔都塞结构主义风靡欧洲大陆学术思想界的重要年代。在社会历史观上，阿尔都塞主义强调社会结构不同层次的相对自主性，属于历史发展的多元决定论。这与"文化转向"所强调的"自下而上"与"人民历史"、"经验"与"意识"的理论路径是判然有别的。在社会史领域，安德森于1974年出版了《绝对主义国家的系谱》《从古代到封建主义的过渡》两部史著，强调历史唯物主义的基本原理，指出"自下而上"与"自上而下"历史观具有双重并蓄的解释功能："阶级间的长期斗争最终是在社会的政治层面——而不是在经济或文化层面——得到解决。……'自上而下看的历史'——阶级统治的复杂机制的历史，其重要性不亚于'自下向上看的历史'。"安德森坚持在多元决定论基础上分析政权与国家的优先性，着眼国际主义的历史分析立场，从欧洲的视角看英国，从世界的视角看欧洲，重视历史理论的分析模式，运用结构主义视阈看待阶级斗争与社会结构变迁。1978年汤普森在《理论的贫困和错误的太阳系仪》中，针对"文化转向"与结构主义的争论、阿尔都塞哲学本质、理论与历史关系和史家原则等问题持续发表见解，宣称"阿尔都塞主义是恶魔，本书所采取策略的目的是从马克思主义传统中将阿尔都塞体系清除出去"。他极力阐释了阿尔都塞主义在理论和实践上都是唯心主义的、自我确证的和理论化的，本质上是反历史的。尤其是在理论与历史的关系问题上，汤普森认为历史研究是客观真实的解释体系，"历史学并不是一个生产伟大理论的工场。历史学的任务是要发现、解释和理解它的客体：真实的历史"。汤普森试图维护历史唯物主义和"人民历史"的观念，旨在揭示阿尔都塞主义理论体系反人道、反历史、反民主和"唯理论"的本质缺陷。

就英国社会史学的"文化转向"及其书写范式而言，结构主义（强调理论与体系）和"文化转向"（强调经验与解释）二者各有优劣，应是辩证统一的。就学科的发展趋势而论，汤普森史学研究的"文化转向"更能体现20世纪60至80年代新社会史学要求关注普通民众、研究日常经验和追求学术民主的体制化趋势。总体上，以安德森和汤普森为各自典型代表的结构主义与文化唯物论的理论争论及其意义在于：一是在维护英国马克思主义理论传统的基础上，引领了20世纪60年代以后英国新社会史学的"文化转向"；二是在史学观念与著作实践上，有利于学界内部广泛讨论"文化转向"理论及其研究方式。"就社会史和新文化史而言，关于'结构'与'经验'及其相互关系的论题及其争论，在20世纪80年代以后到达了高峰。"由此，英国马克思主义新社会史学的"文化转向"在英国文化研究与域外文化史领域得到传播及认可。

[摘自《上海师范大学学报》（哲学社会科学版）2020年第6期；梁民愫：上海师范大学人文学院教授。]

建构、突破与回归

——晚期中世纪英国政治史书写范式的流变

14 世纪后期，英国国内的政治冲突日益凸显，到 1399 年出现了兰开斯特家族的大贵族推翻理查德二世的兰开斯特革命（Lancastrian Revolution），这通常被视为晚期中世纪政治混乱之滥觞。到 15 世纪，英国国内危机仍未缓解，且持续三十年的血腥的玫瑰战争爆发，往往被视为晚期中世纪最具代表性的时期。1485 年，玫瑰战争的结束和都铎王朝的建立则被看作中世纪史的终结与近代史的开端。其实，这种历史划分最初源自于都铎时代的历史认识。受 16 世纪西欧人文主义思潮的熏陶，当时的西欧人常常认为，愚昧无知的"黑暗的中世纪"在 15 世纪告终。后来的启蒙运动则将 15 世纪视为中世纪时期政府无能、民众愚昧的时代。但在英国，正是都铎王朝拯救了英格兰，通过宗教改革恢复了人民的真信仰，开启了民智。这些都逐渐成为都铎时代历史叙述的共识。这一根深蒂固的传统认知，后来经多代人的接受与承续，在 19 世纪萌发的专业化的历史研究中形成了一种稳固的思维定式："晚期中世纪"也就成为"最黑暗"和"最血腥"的代名词。19 世纪"辉格史学"的代表、著名的宪政史家斯塔布斯（W. Stubbs）对此就感慨道："若宪政史的唯一主题是考察议会的起源和权势，那么这个研究主题可能要停滞在理查德二世被罢黜之后，而在都铎时代继续。"由此，对英格兰而言，15 世纪的晚期中世纪乏善可陈，毫无历史地位，属于"对外作战和国内斗争的鸡零狗碎"的时代。

"回归斯塔布斯"是近年来师承麦克法兰却致力于新宪政史书写之史家提出的学术诉求。从表面上看，麦克法兰的教诲似乎是与驳斥斯塔布斯密不可分，但从内在学术理路看，"回归斯塔布斯"是一个值得深究的重大学理问题。

麦克法兰之后，其诸多弟子继续沿其路径研究晚期中世纪英格兰政治运作的内在机理，并对之进行历史书写。其中一部分学者更细化地研究"恩赐"（庇护制）在政治生活中的具体体现，如中央与地方关系的处理，聚焦于个体谋得升迁的途径，通过对王国政治的积极参与追求自我利益的最大化。另一部分学者则关注地方史研究，以某个贵族家庭或郡为单位，探讨乡绅阶层的缘起、发展和政治影响。这些研究无疑丰富了麦氏对中古后期英国政治史走向的认识。然而，其中一些史家的研究逐渐步入"碎片化"的路径，注重对某个人物、某个家族、某块地产争讼的细致、烦琐的历史叙事。这一态势引发了一些史家的担忧与批评。波拉德认为，虽然麦克法兰在马克思主义的影响下开始研究晚期中世纪英国政治与社会的历程，但他的解释从本质上来看仍然是因循守旧的，他只是强调了贵族阶层长期的主导地位和在政治生活中个人联系的重要性。他没有完成自己设定的对晚期中世纪贵族阶层进行详尽剖析的宏大计划，也没有对辉格解释传统进行系统清算。卡朋特亦指出，麦克法兰的"遗产"固然包含了对贵族阶层和乡绅的精细化研究，成果极为丰富，但他去世之前一直做的"整合"工作在他弟子这一代被渐渐淡忘了，而且要从诸多庞杂的细化研究中找到归纳和概括的路径，更是史学界面临的一个极大的学术挑战。究其原因，这可从麦克法兰对爱德华三世治下议会的认识中窥见一斑："给国王的服役获利丰厚……人们趋之若鹜地挤进王廷和国王驻地，不是为了表达不受待见的异见，而是为了获得现实的利益。"麦克法兰对利益分析的侧重，在卡朋特看来，恰恰是忽略了斯塔布斯及其宪政史留给学界的"最重要的遗产"，即"对权力运作在公共性方面的传导效用以及如何与私家权力交织发挥作用和统治阶层对政治生活中公认道德原则的认同"。

卡朋特对斯塔布斯学术贡献的某种程度的认可，其实并不意味着要简单复归到辉格史学"整体""定性"的窠臼中，而是呼吁学界对所谓"大历史"书写的重视。她为挽救晚期中世纪英格兰史书写"碎片化"所开出的药方，是重视对马克·布洛赫（Marc Bloch）及其"年鉴学派"研究思路的吸纳。她对英国史学界在年鉴学派的"布洛赫革命"刚刚兴起之际的冷淡反应表示失望："在《英国历史评论》杂志上发表的书评，并未意识到布洛赫将封建主义作为一种社会现象来研究的深意，反而以英格兰封建主义中的制度因素来批评布洛赫。这表明他们没有读懂布洛赫。"

然而，要完全否定英国史家对新史学兴起影响的敏感度，也并不符合实际。卡朋特试图强调麦克法兰方法论的另一面，来呼吁推进"增加了宪政维度"的政治史书写。在她看来，麦克法兰对中古后期英国贵族阶层研究的真正旨趣，并非仅限于对"恩赐"和心怀野心之人的上升道路，而是要阐释这个集体的形塑及其信仰的生成，尤其是对"英国政治肌体的复杂机理"做出解析与说明。这就意味着，所谓新宪政史不同于辉格派宪政史的一个重要方面，就在于它对议会等政治机构的研究不仅保留了"公共性"的一面，同时顾及围绕着这些机构的私家权力和利益的交织。波威尔（Edward Powell）就此提出，研究重点应当转向此时期的"政治文化，即有关其所处时代的政治行为和信仰的语境和历史走向"。

这一转向意味着，对政府机构的研究本身是有价值的。而辉格史学的偏颇在于，它将这些由人充任的机构视为一个固化的实体，是一条"躺在砧板上的鱼"，而不是一个"活着的实物"。正如著名思想史家斯金纳（Q. R. D. Skinner）所言，学者们应当得到关心的是这些被时时利用的言辞和思想，而不是去追问它们究竟用来掩盖了谁的利益。显然，新宪政史家"回归斯塔布斯"的主张，是一种螺旋式的高层次的"回归"，其实质并非要重走"辉格范式"的旧路，而是要借鉴其中"整体性"的视野，以开创新的历史书写范式。

百年来英美史学界对晚期中世纪政治史书写范式的实践与争论，不仅呈现出历史认识的"层累"特征，也表明了在检讨学术理论时的"回归传统"不是简单的还原和复古，而是"去其糟粕，取其精华"的扬弃过程。对于辉格史学，尽管其史观与都铎时代的主流思潮一脉相承，但它以政府和政治机构发展为主要线索的历史叙事，事实上亦可被视为一次以贯通古今的历史观来实现整体性历史叙事的尝试。在经历了麦克法兰的批评和转向后，"晚期中世纪"政治史书写尽管出现了所谓研究"碎片化"倾向，但正是由于一批学者沿着麦克法兰开创的学术新理路，将一些重要的"碎片"从浩如烟海的史料中发掘出来，从而为新宪政史在"回归"外衣下的创新提供了可能路径。从长远的角度来看，政治史研究只有在"整体化"与"碎片化"这两极不断碰撞与融合中实现认识论上的"螺旋上升"，方能推动相关研究得到不断深入拓展。

（摘自《社会科学战线》2020 年第 11 期；孟广林：中国人民大学历史学院教授；温灏雷：四川师范大学历史文化与旅游学院讲师。）

年鉴学派的总体史理论及其实践

"总体史"或"整体史"（histoire totale 或 total history），可说是年鉴学派史学改革的总目标。勒高夫说："新史学所表现的是整体的、总体的历史，它所要求的是史学全部领域的更新……任何形式的新史学（包括那些装出新样子的史学）及那些表面标有局部研究字样的著作……事实上都是总体史的尝试"。孚雷也说，年鉴学派历史研究的目标，本来就是在总体史的名义下，整合各门社会科学关于人类的分科知识，"展示一种关于人类的统一视野，使历史学成为各门社会科学的霸主"。年鉴学派几代代表人物都对总体史孜孜以求。布洛赫在《历史学家的技艺》中说："历史研究不容画地为牢，若囿于一隅之见，即使在你的研究领域内，也只能得出片面的结论。唯有总体的历史，才是真历史……"吕西安·费弗尔也有类似主张，布罗代尔曾称赞说，费弗尔"对于整体、对人类生活所有方面的总体历史具有特殊的敏感"。

1. 为什么年鉴学派的著作内容上集中于社会经济方面，认识或方法上集中于体系、集体或结构，即亨特所说的他们"强调系列的、功能的和结构的方法来理解社会"？我想，主要出于以下几个原因。首先，这是当时发达国家的时代需要，这从 20 世纪初美国鲁滨孙出版《新史学》就可看出来。其次，这主要是受法国学术传统，特别是孔德、涂尔干的影响，他们的社会学理论既是年鉴学派取得成就、赢得名声的重要原因，也是无形中可能限制这个学派做出更广泛学术探索的原因。这一强大的社会学传统使他们认为社会史可以更清晰地展示历史演变的全过程。即如孚雷所说，"从孔德到涂尔干，社会学家们都提出或表现出这样的信念：研究社会上的人不仅是可能

的，而且只有对各种社会决定因素的分析才能提供理解著名的人的'本质'问题的钥匙。"再次，欧洲大陆的唯理主义传统与年鉴学派的总体史理论也息息相关。伯克说，"从赫伯特·斯宾塞时代或更早开始，英国就普遍预设了这一观念：'社会'一类的集体实体是虚构的，真实存在的只是个人"；但法国与此相反，法国的理论与"英国的经验主义与方法论个人主义的传统"之间存在一条"鸿沟"。在唯理主义的视野下，最重要的是那些普遍性的原则或构成"结构"的要素，其余的或事件和个体都是次要的。最后，20 世纪中期一度流行的结构主义对年鉴学派也有重要影响，布罗代尔把"结构"等同于"长时段"，可见其影响之大。虽然布罗代尔强调他所说的"结构"与"列维—斯特劳斯及法国社会学和哲学中的结构主义毫无关系"，实际上恐非完全如此。至少结构主义的思考方式给了他重要影响。比如，多斯在提及布罗代尔的"盛气凌人"时说道：布罗代尔从未攻击过列维—斯特劳斯，他一生中，只有一次放下架子，"甚至在讲到人类学时说了'我们的向导'这样的话……这清楚地表明他理解人类学话语的力量和吸引力。"

2. 为什么年鉴学派的研究对象集中在约 1500—1800 年及中世纪的法国史？通过研究自己国家的历史来证明一种历史理论，这是最平常不过的选择，因为无论是资料还是传统思维习惯，人们总是对自己的国家更为熟悉。但集中于旧制度和中世纪，那就与年鉴学派的理论直接相关了，因为这些时期没有重大的诸如大革命那样的事件或拿破仑那样的名人。伯克说："这一群体显著的史学方法，尤其不重视个人与事件，肯定与其研究集中于中世纪与近

代早期密切相关。布罗代尔可以随随便便把菲利普二世撂到一边，但是拿破仑、俾斯麦或斯大林给他带来的挑战便不只是挑战了。"换言之，布罗代尔的巨著《地中海》可以不研究16世纪神圣罗马帝国的皇帝，但如果他研究19、20世纪的历史就不可能不写拿破仑这些人物。年鉴学派为了体现自己的理论，必须避开这些给他们的学说带来麻烦的对象，实属必然。当然，个别情况例外。

3. 为什么年鉴学派忽视或过度轻视政治史、军事史？这与他们受传统影响，把社会经济史放在不恰当的高度有关，但也有现实的根源。1870年和1940年法国遭受了前所未有的耻辱，二战后法国好不容易获得安理会五常的地位，其国内面临着重振民族信心的任务，宣扬民族文化传统，在包括文化等各领域取得让国际瞩目的成就，成为法国知识分子的重要追求。沃勒斯坦甚至认为年鉴学派所以在法国迅速崛起，与其主张中"民族主义占有很大的比重"分不开，他说"正是这一点支持着它，最终使它兴盛起来"。这是一个"抵抗盎格鲁—撒克逊霸权的学派"，这种抵抗成为"大学里的所有年轻人都转向年鉴式的历史"的原因。我觉得法国人希望淡化或甚至忘记这两次屈辱的历史体验，与年鉴学派过于轻视政治史的思想不无关系。其实，布罗代尔提到他在战俘营的漫长生活时就表达过这种意思："我不得不超越、抛弃和拒绝面对事件。让偶然事件，尤其是令人恼火的事件见鬼去吧！我只能考虑在一个更深的层面写历史。"

最后，二战后法国国际地位相对下降，对整个世界的关注度也相应下降，与布罗代尔以后的年鉴学派史学家几乎不撰写世界史类的著作可能也有关系（除了个别例外）。

20世纪80年代的回归政治，是与回归个人同时进行的，或者说这就是同一个问题，但回归个人造成了历史研究的碎化。近年来，西方又出现一股思潮，反对从20世纪70年代或80年代以来历史学盛行的碎化的微观史。古尔迪和阿米蒂奇指出：这是一种"内敛化"的历史学，它只对个体感兴趣，只对那种"小范围的改革充满热情"，而忘记了传统大学的"指引公众生活、指点未来"的使命。他们呼吁历史学"回归长时段"、"重新梳理历史与未来之间的关系"，因为"整个世界都在渴望长时段的思维"。这让人颇有三十年河东、三十年河西的感慨。现在是对总体史、长时段的优缺点做出更客观评价的时候了，不要过于苛责年鉴学派或布罗代尔的长时段理论的不足之处。历史学是通过一种思潮（理论）到另一种思潮来发展的，不存在绝对平衡的历史学，只要不是过于扭曲，都可视为正常。当然这不是说我们不需要指出那些不足的方面，而只是说，一定的偏差也许是"矫枉过正"的需要。20世纪70或80年代以来西方历史学回归政治史和个体，有其现实根源，而21世纪第二个十年的后半期，有些人提出回归长时段，也有其现实的原因。从各种批评意见看，年鉴学派的缺点主要有两个：社会变化的动力源不太清楚；三个时段的相互关系过于机械，对它们的互动重视不够，未能从理论上说明这种互动的形成和演变。否则，就有可能更科学地显示政治和军事事件的历史地位。

（摘自《华东师范大学学报》2020年第5期；王加丰：浙江师范大学历史学系教授。）

篇目推荐

篇目推荐·欧美史

白晓红：《俄国历史发展的东西方性》，《俄罗斯学刊》2020年第6期。

包倩怡：《格里高利一世时期的政教关系》，《世界历史》2021年第1期。

陈莹雪：《奥斯曼帝国统治时期东正教会对希腊公益教育的支持（1593—1821年）》，《世界历史评论》2021年第1期。

初庆东：《近代早期英国的啤酒馆管制与治安法官的地方实践》，《世界历史》2020年第3期。

初庆东：《近代早期英国治安法官与犯罪问题的治理》，《历史教学问题》2020年第5期。

邓沛勇：《再论全俄统一市场的形成——兼论19世纪末俄国经济发展特征》，《经济社会史评论》2021年第1期。

邓绍兵：《近代早期英国"替代农业"的发展》，《经济社会史评论》2020年第3期。

丁禹男：《从"自在的阶级"到"自为的阶级"——19世纪下半叶至20世纪初俄国工人阶级的觉醒和发展》，《史学月刊》2020年第11期。

杜佳峰：《16世纪初佛罗伦萨迈向近代民族国家的三种政治模式》，《历史教学》（下半月刊）2021年第2期。

杜平：《19世纪80年代英国海上贸易保护新政策的提出和落实》，《河南师范大学学报》（哲学社会科学版）2021年第2期。

杜哲元：《俄国在中亚的扩张——动因、进程及其战略分析》，《俄罗斯研究》2020年第3期。

范宏伟：《缅甸中立主义外交选择（1949—1954）——缅北国民党军与美国干涉的影响》，《南开学报》（哲学社会科学版）2021年第2期。

付家慧：《闵采尔的共有思想与德意志农民战争》，《历史教学》（下半月刊）2021年第2期。

苟利武：《拉脱维亚"非公民"问题成因、挑战与应对》，《历史教学问题》2021年第1期。

谷名飞：《1946—1949年法国印支政策中的"保大方案"》，《世界历史》2020年第5期。

顾年茂：《1892年德国汉堡瘟疫大流行探析》，《历史教学问题》2021年第2期。

顾卫民：《15世纪地理大发现时代以前西欧主要的几种地图式样》，《上海师范大学学报》（哲学社会科学版）2020年第3期。

郭家宏：《新济贫法体制下英国贫民医疗救助问题探析》，《史学月刊》2021年第2期。

郭渊：《20世纪20—30年代英国的西沙立场及对中法日关系的考量》，《世界历史》2020年第4期。

国春雷：《旧礼仪派与罗曼诺夫王朝》，《俄罗斯学刊》2020年第5期。

侯彩虹、陈波：《冰岛共产党与1956年北约防务危机》，《历史教学问题》2021年第1期。

胡莉：《光荣革命后英国君主外交特权的变革——以"瓜分条约事件"为中心》，《历史研究》2020年第5期。

胡莉：《英国国民健康服务制度的新自由主义改革与反思》，《经济社会史评论》2021年第1期。

华敏超：《"后主权"理念在苏格兰独立运动中的确立》，《史学集刊》2020年第6期。

黄春高：《同意原则的表里：15世纪英国乡绅书信中的日常婚姻》，《历史研究》2021年第1期。

江天岳：《贡比涅森林"停战空地"历史文化聚落的形成及其意义》，《历史教学》（下半月刊）2020年第6期。

姜守明：《都铎时代威廉·廷代尔的译经活动及其影响》，《学海》2020年第5期。

姜守明：《解构欧洲宗教改革运动的神学

支点——因信称义：从使徒保罗到改革家马丁·路德》，《学海》2021 年第 2 期。

荆玲玲：《近代早期美洲烟草文化的欧洲化》，《世界历史》2021 年第 2 期。

赖建诚：《牛顿与英国的金本位：1717—1758》，《社会科学战线》2021 年第 1 期。

李宏图：《发现个体性——约翰·密尔的"精神危机"及其克服》，《世界历史评论》2020 年第 4 期。

李剑鸣：《从跨国史视野重新审视美国革命》，《史学月刊》2021 年第 3 期。

李晶：《美国公共卫生管理权与民众自由权利的博弈——基于"雅各布森诉马萨诸塞州案"的解读》，《世界历史》2020 年第 5 期。

李宁：《16 世纪伊斯坦布尔的咖啡馆文化与市民社会》，《世界历史评论》2021 年第 1 期。

李巧：《毛皮贸易与 17 世纪俄国的西伯利亚拓殖运动》，《世界历史》2021 年第 1 期。

李伟：《近代早期英国的独身观念》，《史学月刊》2020 年第 5 期。

李伟：《17—18 世纪英国女性消费经济分析》，《外国问题研究》2020 年第 4 期。

李新宽：《关于近代早期英国"中等阶层"的术语争议及定义标准》，《世界历史》2020 年第 3 期。

李新宽：《近代早期英国的土地银行》，《经济社会史评论》2021 年第 1 期。

李中海：《俄罗斯与西方的历史分流：经济思想视角的考察》，《俄罗斯学刊》2020 年第 3 期。

梁强：《二战初期苏联对巴尔干地区外交政策的得失——基于〈苏南友好和互不侵犯条约〉的分析》，《俄罗斯东欧中亚研究》2020 年第 5 期。

梁强：《情报与斯大林在苏芬战争中的战略决策》，《历史教学问题》2021 年第 1 期。

梁远：《从卫生治理到重新安置——19 世纪中后叶英国住房政策的演进》，《历史教学》（下半月刊）2021 年第 5 期。

梁志：《合作与限制：20 世纪 70 年代美国对韩国导弹开发活动的反应与对策》，《世界历史》2021 年第 1 期。

林纯洁：《德意志之名：德国国名的起源与国号的演变》，《史学集刊》2021 年第 1 期。

林精华：《现代俄罗斯文明起源的法兰西因素：18 世纪俄译法国流行文本考》，《俄罗斯东欧中亚研究》2021 年第 1 期。

刘凡、华盾：《苏联航空工业的兴衰及启示》，《历史教学问题》2020 年第 6 期。

刘芳：《"庚子事变"前后中国人对美情感的嬗变与清政府联美行动的受挫》，《美国研究》2021 年第 2 期。

刘恒：《英国对 1962 年苏印米格—21 战斗机交易的反应》，《世界历史》2020 年第 4 期。

刘虹男：《圣职、仪式与表演——教务会议视域下法兰克王国的日常统治》，《世界历史评论》2021 年第 1 期。

刘敏、石磊：《"双元革命"视阈下英法报刊业发展趋向研究》，《法国研究》2020 年第 4 期。

刘去非：《16—17 世纪西葡殖民时期美洲天花大流行的特点及其影响》，《世界历史》2020 年第 6 期。

刘淑青：《17 世纪英吉利共和国形象与共和政体失败研究》，《贵州社会科学》2020 年第 11 期。

刘一哲：《勇武精神的失落与复归——苏格兰启蒙思想家关于商业社会军事制度的讨论》，《江苏社会科学》2021 年第 2 期。

刘子奎：《核查与艾森豪威尔政府禁止核试验谈判（1957—1960）》，《华东师范大学学报》（哲学社会科学版）2021 年第 1 期。

吕卉：《苏联红军与 20 世纪 20—30 年代苏联农业经济组织变革》，《贵州社会科学》2020 年第 12 期。

吕昭：《中世纪晚期法国的城市移民与社会融合》，《世界历史》2020 年第 3 期。

毛利霞：《19 世纪英国伤寒与公共卫生改革研究》，《历史教学》（下半月刊）2020 年第 8 期。

孟庆龙：《中印边界战争前后美国对印度

态度的变化——兼论美印关系的历史基础》，《清华大学学报》（哲学社会科学版）2020 年第 3 期。

倪世光：《骑士制度与西欧中世纪战争》，《中国社会科学》2020 年第 9 期。

聂文：《19 世纪以前欧洲的理发师外科医生》，《经济社会史评论》2020 年第 2 期。

任小奇：《一战遗孤——论德国乌发电影公司的建立》，《历史教学问题》2020 年第 6 期。

任有权：《市场化与英国土地租期的转变》，《经济社会史评论》2021 年第 2 期。

尚洁：《文艺复兴时期意大利的崇奢与禁奢》，《历史研究》2020 年第 6 期。

邵政达：《16 世纪英国律师大法官的兴起及其法律意义》，《经济社会史评论》2020 年第 2 期。

沈莉华：《对〈佩列亚斯拉夫协议〉的再认识》，《贵州社会科学》2020 年第 6 期。

舒建中、陈露：《敦巴顿橡树园会议与联合国的建立》，《史学月刊》2021 年第 6 期。

宋海群：《二战时期爱德华·贝奈斯与英国对捷克斯洛伐克流亡政府的承认》，《历史教学问题》2020 年第 4 期。

宋亚光：《"苏联的越南"：美国与 1979 年苏联出兵阿富汗》，《史学月刊》2020 年第 6 期。

孙超：《重建市民记忆：近代早期伦敦的历史话语与集体认同》，《浙江大学学报》（人文社会科学版）2021 年第 2 期。

孙小娇：《近代早期英国的家产分配、永业和信托》，《世界历史》2020 年第 5 期。

孙小娇：《19 世纪英格兰租佃权的历史考察》，《史林》2021 年第 3 期。

孙莹：《论 19 世纪末 20 世纪初英国贸易保护思想的发展和形成》，《学海》2020 年第 3 期。

孙莹：《英国 1903—1906 关税改革运动的失败探析》，《历史教学》（下半月刊）2020 年第 12 期。

郤浴日：《转型时期匈牙利刑事法律修订圆桌谈判研究》，《华东师范大学学报》（哲学

社会科学版）2020 年第 4 期。

汤晓燕：《女性视角下的"政治身体论"——克里斯蒂娜·德·皮桑政治思想探析》，《浙江学刊》2020 年第 5 期。

汤晓燕：《社会文化史视野下的 17 世纪法国沙龙女性》，《世界历史》2021 年第 2 期。

唐军：《老龄化时代英国福利制度的困境、对策与启示——以基本养老金的延迟政策为视角》，《历史教学问题》2020 年第 4 期。

童欣：《从桑巴特的思想转变看第一次世界大战前德国政治的极化》，《史林》2020 年第 6 期。

王超华：《中世纪晚期英格兰劳动力市场中的契约保护原则》，《世界历史》2020 年第 4 期。

王晨辉：《试论英国工业化时期的禁酒运动》，《安徽史学》2020 年第 5 期。

王光伟：《传染病疫情下的政府防治与社会救助——以 1878 年美国黄热病疫情防控为例》，《史学月刊》2021 年第 4 期。

王广坤：《19 世纪英国的慈善医疗与济贫医疗》，《经济社会史评论》2020 年第 2 期。

王广坤：《19 世纪英国医学统计学的勃兴及意义》，《历史教学》（下半月刊）2020 年第 11 期。

王弘毅、姬文刚：《波兰民族性的历史考察》，《历史教学问题》2020 年第 3 期。

王帅：《国际史视角下德国与波兰奥得—尼斯边界问题的最终解决》，《四川大学学报》（哲学社会科学版）2021 年第 3 期。

王晓德：《文化中心论与早期欧洲精英构建美国"他者"形象的根源》，《史学月刊》2021 年第 3 期。

王心扬：《跨国劳工史在美国的兴起、创新与问题》，《世界历史》2020 年第 4 期。

王新谦：《马歇尔计划声援委员会对马歇尔计划的历史贡献》，《河南大学学报》（社会科学版）2020 年第 3 期。

王印：《法国近代早期的生活节奏与观念演变——基于〈牧羊人万宝通历〉的人类学考察》，《学海》2020 年第 3 期。

王印：《历史语境与话语语境下的司法秩

序重建——以巴黎高等法院 1753 年大谏诤为中心的考察》，《浙江学刊》2020 年第 3 期。

王颖鹏：《试论美英对德国科技资源的处置（1944—1954）》，《史学月刊》2020 年第 10 期。

吴愁：《宗教改革早期教派的多元化与奥格斯堡"新教认同"的构建》，《世界历史》2020 年第 6 期。

伍斌：《美国内战后的南部华人农业劳工》，《四川大学学报》（哲学社会科学版）2021 年第 2 期。

肖晓丹：《"光辉三十年"期间法国工业环境监管模式的转型》，《世界历史》2021 年第 2 期。

肖伊梵：《19 世纪法国女修会的社会活动》，《经济社会史评论》2020 年第 3 期。

谢丰斋：《私人法权的介入：中世纪英格兰的城镇化》，《世界历史》2021 年第 1 期。

忻怿：《1976 年苏军"米格—25"战机叛逃日本事件考论》，《历史教学问题》2020 年第 5 期。

徐浩：《告别糊口经济——中世纪欧洲食品供求关系研究》，《史学月刊》2021 年第 2 期。

徐浩：《中世纪英国对外贸易的扩展与政策调整》，《贵州社会科学》2020 年第 10 期。

徐继承：《德意志帝国时期的高速城市化与公共卫生危机》，《史学集刊》2020 年第 4 期。

徐佳星：《从"出身之争"到"利益之争"——英国护士官方注册运动探析》，《史学月刊》2020 年第 5 期。

徐桑奕：《规训与控制：17 世纪中后期英格兰海员状况与政策探析》，《世界历史评论》2020 年第 4 期。

徐向梅：《西方视野下的俄罗斯形象：历史嬗变与现实定位》，《俄罗斯东欧中亚研究》2020 年第 4 期。

许二斌，王乙竹：《去常备军之传统观念与 17 世纪末英国陆军大遣散》，《经济社会史评论》2020 年第 4 期。

许明杰：《从 1381 年剑桥骚乱事件看中世纪英格兰王权》，《历史研究》2020 年第 4 期。

许明杰：《中世纪晚期英格兰议会政治中的大宪章与王权》，《世界历史》2020 年第 5 期。

许序雅：《17 世纪荷兰人与远东国家和海商争夺东南亚和东亚的海上贸易权》，《贵州社会科学》2020 年第 9 期。

许耀桐：《巴黎公社体制考析》，《华中师范大学学报》（人文社会科学版）2021 年第 3 期。

许志强：《19 世纪英国城市流浪儿及其教化问题探析》，《贵州社会科学》2020 年第 8 期。

阎照祥：《英国政党政治史中"异常现象"琐议》，《史学月刊》2020 年第 12 期。

杨晨桢：《西班牙佛朗哥政府与美古间的秘密接触（1963—1967）》，《史学月刊》2020 年第 4 期。

杨佳欢、唐科：《"不满之冬"与当代英国社会的转型》，《历史教学问题》2021 年第 1 期。

叶璐：《从大众慈善到金融市场：19 世纪英国信托储蓄银行的发展》，《历史教学问题》2020 年第 5 期。

雍正江：《英国都铎政府贫困治理政策的演变》，《史学集刊》2020 年第 6 期。

于京东：《现代国家治理中的地图绘制与国家建构——卡西尼地图与近代法兰西的国家测绘工程》，《南京大学学报》（哲学·人文科学·社会科学）2020 年第 6 期。

于留振：《新资本主义史与美国史研究的新趋向——再论〈棉花帝国〉》，《美国研究》2020 年第 4 期。

于文杰、丁亮：《17 世纪中叶英国突发性事件应对问题研究》，《史学月刊》2020 年第 10 期。

于振洋、李新宽：《危机中的繁荣：中世纪晚期英国信贷与商业活跃性》，《史林》2021 年第 2 期。

元鹏成：《论近代英国慈善药房的兴起》，《历史教学》（下半月刊）2021 年第 3 期。

袁跃华：《近代英国专业破产法庭的建

立》，《历史教学》（下半月刊）2020年第11期。

翟韬：《美国对新中国宣传政策的演变（1949—1969）》，《世界历史》2020年第6期。

张弛：《孟德斯鸠论商业精神与征服精神》，《世界历史》2020年第3期。

张春梅、王玉洁：《超越私有：英国保守党政府国有医院改革探析（1979—1997年)》，《安徽史学》2020年第5期。

张歌：《17世纪英国皇家非洲公司的商业活动——以塞康第商栈为例》，《世界历史评论》2020年第4期。

张广翔、白帆：《1906—1917年全俄贵族联合会及其参政议政》，《江汉论坛》2020年第12期。

张雷刚：《俄国第一个马克思主义政党分裂的内幕研究》，《历史教学问题》2021年第1期。

张茜茹：《法国18世纪中后期"浪荡小说"中教会人士的形象》，《世界历史评论》2021年第1期。

张新军：《何以斗而不破？——中世纪晚期英国农民抗争运动刍议》，《贵州社会科学》2020年第12期。

张毅：《美国"言论自由"的边界》，《美国研究》2020年第5期。

张影：《斯图亚特王朝晚期英国出版审查制度的变革》，《史学月刊》2021年第6期。

赵博文：《"王权至尊"与都铎时期英国官方宣传机制的形成》，《上海师范大学学报》（哲学社会科学版）2020年第3期。

赵秀荣：《近代英国对抑郁症的认知——从忧郁症到抑郁症》，《安徽史学》2021年第1期。

周厚琴：《"专制君主制"概念的历史嬗变与俄国国家制度构建》，《陕西师范大学学报》（哲学社会科学版）2020年第5期。

周凝、乐启良：《情感与秩序：17世纪法国静寂主义之争》，《浙江学刊》2020年第6期。

朱兵：《"改变这个世界"："自由社会主义者"博比奥政治思想片论》，《世界历史评论》2020年第4期。

朱孝远：《德意志农民战争纲领中的国家制度改革》，《历史教学》（下半月刊）2021年第2期。

左志军：《社会转型时期英国酒馆的经济社会功能》，《历史教学》（下半月刊）2020年第9期。

篇目推荐·亚洲、非洲、拉丁美洲和大洋洲史

艾仁贵:《塑造"新人":现代犹太民族构建的身体史》,《历史研究》2020年第5期。

曹占伟:《论第二次世界大战时期埃及参战立场的演变》,《历史教学》(下半月刊)2020年第14期。

陈金英:《"世俗主义"变迁与印度人民党的印度教国家》,《南亚研究》2021年第1期。

陈丽蓉:《穆斯林兄弟会与沙特关系的演变及影响》,《阿拉伯世界研究》2021年第1期。

陈莹雪:《奥斯曼帝国统治时期东正教会对希腊公益教育的支持(1593—1821年)》,《世界历史评论》2021年第1期。

戴永红、张婷:《印度的东南亚研究:议题设置与研究取向》,《东南亚研究》2020年第6期。

高文洋:《"里夫战争"起源和性质的部落社会阐释》,《史学月刊》2021年第5期。

高志平、肖曼:《冷战时期拉丁美洲国家加入不结盟运动的历程及影响》,《拉丁美洲研究》2020年第6期。

葛兆光:《亚洲史的学术史:欧洲东方学、日本东洋学与中国的亚洲史研究》,《世界历史评论》2021年第2期。

郭锐、梁立昌:《冷战后韩国对非洲政策的范式转换:从政治功利主义到经济实用主义》,《西亚非洲》2021年第1期。

郭松:《略论美以特殊关系的形成(1958—1967)》,《史学月刊》2020年第4期。

韩琦、桑紫瑞:《论1932年智利"社会主义共和国"的性质和失败原因》,《世界历史》2020年第4期。

何志龙、高成圆:《塞勒斯·万斯对1967年塞浦路斯危机的调解》,《世界历史》2020年第4期。

胡德坤、王丹桂:《古代海上丝绸之路与新加坡早期港口的兴衰》,《史林》2021年第3期。

季慧、宋德星:《1919—1934年英国应对伊拉克波斯阿拉伯河划界争端的政策嬗变》,《史学集刊》2020年第3期。

李秉忠:《转型时期奥斯曼土耳其和英帝国在中东的角力及其遗产》,《西亚非洲》2020年第3期。

李鑫均:《凯末尔时代土耳其经济发展中的"国家主义"》,《阿拉伯世界研究》2020年第6期。

刘峰:《近代日本的"亚洲主义"政策与〈中日陆军共同防敌军事协定〉》,《东北师大学报》(哲学社会科学版)2020年第6期。

刘晓东:《"楚玙"与"鲁玙":朱舜水的家国之思——兼及前近代东亚海域世界的"境界人"问题》,《史学集刊》2020年第6期。

刘义:《从东方政策到社会民主—土耳其的社会主义运动》,《史林》2021年第1期。

年旭:《明清鼎革后日朝通信使笔谈中的"中华"观碰撞》,《世界历史》2021年第2期。

权彤、石涛:《近代日本的疫病与防治管理制度探析》,《史学集刊》2020年第4期。

石晓文:《美秘洛沃斯群岛之争及影响》,《拉丁美洲研究》2021年第1期。

孙雪晴:《澳大利亚"转向美国"的种族主义因素》,《历史教学问题》2020年第3期。

王迪:《秘鲁早期现代化与劳动力困局——以劳工代理人制度为中心(1895—1930)》,《世界历史》2021年第2期。

王晴佳:《超越国别史的研究模式》,《历史研究》2020年第4期。

王伟均:《民族国家史的建构与印度教民族主义史学的发端》,《南亚东南亚研究》2020年第6期。

王文仙:《二战后墨西哥农业生产转型与

粮食问题》，《拉丁美洲研究》2020年第6期。

王小甫：《香丝之路：阿曼与中国的早期交流—兼答对"丝绸之路"的质疑》，《清华大学学报》（哲学社会科学版）2020年第4期。

王晓德：《中国拉丁美洲研究的回顾与思考》，《拉丁美洲研究》2021年第1期。

王新中、田莉：《前伊斯兰时期多元宗教影响下的中亚城市文明探析》，《世界宗教文化》2020年第4期。

王学军：《20世纪90年代以来非洲政党政治发展与政党现代化——兼论政党因素对非洲国家治理的影响》，《西亚非洲》2021年第3期。

吴彦：《沙特阿拉伯历史上的部落与国家》，《史学月刊》2021年第5期。

肖文超：《奥斯曼帝国时期境内库尔德问题的历史演变》，《世界民族》2021年第1期。

肖宪、毕媛媛：《印度的语言政策与族群关系》，《思想战线》2021年第2期。

徐冠勉：《南洋钱法：近代早期荷属东印度的中国货币，1596—1850》，《清华大学学报》（哲学社会科学版）2020年第5期。

徐振伟、赵勇冠：《智利阿连德政权垮台的粮食因素》，《安徽史学》2021年第2期。

许序雅：《17世纪荷兰人与远东国家和海商争夺东南亚和东亚的海上贸易权》，《贵州社会科学》2020年第9期。

姚惠娜：《历史记忆、历史书写与民族认同—以巴勒斯坦民族主义史学为例》，《史学理论研究》2020年第3期。

于俊青：《威廉·琼斯与英国印度学的确立》，《江西社会科学》2021年第4期。

于向东、韦丽华：《革新开放以来越南史学的发展》，《史学月刊》2020年第7期。

余国庆：《以色列对非洲阿拉伯国家外交战略的演进——兼论阿以关系新突破及影响》，《西亚非洲》2021年第2期。

昝涛：《在布哈拉与"幸福门"之间——十六至十九世纪中亚穆斯林朝觐与丝绸之路西段的耦合》，《北京大学学报》（哲学社会科学版），2021年第2期。

曾向红、杨恕：《中国中亚研究30年来进展评估——基于观察视角与研究主题的评估框架》，《国际观察》2020年第6期。

张歌：《17世纪英国皇家非洲公司的商业活动—以塞康第商栈为例》，《世界历史评论》2020年第4期。

张宏明：《非洲政治民主化历程和实践反思——兼论非洲民主政治实践与西方民主化理论的反差》，《西亚非洲》2020年第6期。

张瑾：《二战后三十年间澳大利亚技术移民结构与成因探析》，《世界历史》2021年第1期。

张萍：《唐王朝对楚河、塔拉斯谷地的经营与中亚文化遗产》，《社会科学战线》2021年第2期。

张秋生：《澳大利亚早期华人商业的兴起及其经营活动评析（1850—1901）》，《历史教学问题》2020年第4期。

张友国、伊琳娜·伊力汗：《中亚国家建构中的公共空间政治》，《俄罗斯东欧中亚研究》2021年第1期。

赵士见：《由"调查"走向"施疫"：近代日本对东北畜疫的因应（1895—1945）》，《民国档案》2020年第3期。

周菲菲：《近代日本"被歧视部落"的身份转型》，《世界历史》2020年第3期。

姜南：《理论构建与古代基督教对私有制社会的适应》，《世界宗教文化》2020 年第 4 期。

李大伟：《跨文化交流与罗马帝国犹太人律法政策嬗变——以《狄奥多西法典》为中心的考察》，《清华大学学报》（哲学社会科学版）2020 年第 6 期。

李海峰：《新亚述时期银钱借贷活动探析》，《社会科学战线》2021 年第 5 期。

李万春：《公元 9 至 12 世纪伊斯兰史学发展中的"地方意识"——以〈布哈拉史〉为例》，《世界宗教文化》2021 年第 2 期。

李智：《苏美尔人驿站系统的形成及其作用》，《世界历史》2021 年第 1 期。

刘昌玉：《排斥还是认同：库提人、阿摩利人与古代两河流域文化》，《社会科学战线》2021 年第 5 期。

刘虹男，陈文海：《墨洛温王朝教务会议与法兰克王权理论的构建》，《历史研究》2021 年第 1 期.

刘景华：《中世纪城市与欧洲文明成型》，载《经济社会史评论》2020 年第 3 期。

刘军：《洛布本〈地理志〉残篇 55b 的史源学考察》，《史学史研究》2021 年第 2 期。

吕厚量：《泰西阿斯〈波斯志〉的"东方主义"及其历史渊源》，《史学史研究》2020 年第 3 期。

孟广林，温灏雷：《建构、突破与"回归"：晚期中世纪英国政治史书写范式的流变》，《社会科学战线》2020 年第 11 期。

倪滕达：《从〈尤里乌斯法〉和〈帕披乌斯·波派乌斯法〉看奥古斯都的婚育政策》，《世界历史》2021 年第 2 期。

亓佩成：《亚美尼亚学：史学发展及其研究概述》，《滨州学院学报》2020 年第 3 期。

瑞贝卡达莉：《罗马—拜占庭钱币的流入与印度次大陆的社会变迁》汪柏序，徐家玲译，《古代文明》2020 年第 3 期。

孙思萌：《拜占庭帝国官方意识形态中的对外战争观念》，《世界历史》2020 年第 5 期。

王向鹏，王琳：《从冲突到妥协：东方战争时期法兰克人对伊斯兰世界的交往策略》，《世界历史》2020 年第 5 期。

颜海英：《文本、图像与仪式——古埃及神庙中的"冥世之书"》，《古代文明》2021 年第 1 期。

张尧娉：《古罗马水道研究的历史考察》，《史学月刊》2020 年第 7 期。

钟碧莉：《彼特拉克"贫穷观"的发展：基于方济各思想的解读》，《世界历史》2021 年第 1 期。

艾俊树：《布克哈特历史理论与史学理论研究述评》，《史学月刊》2020 年第 6 期。

成一农：《抛弃人性的历史学没有存在价值——"大数据""数字人文"以及历史地理信息系统在历史研究中的价值》，《清华大学学报》（哲学社会科学版）2021 年第 1 期。

顾晓伟：《重塑海登·怀特——一个实用主义历史哲学的视角》，《江海学刊》2020 年第 4 期。

韩晓莉：《从理解文化到重视感受——社会文化史研究的回顾与反思》，《史学理论研究》2020 年第 6 期。

康昊：《全球史在日本的兴起、实践及其特点》，《史学理论研究》2021 年第 2 期。

李小东：《理论与实践的反思：为什么研究日常生活史》，《史学理论研究》2020 年第 6 期。

李孝迁、胡昌智：《兰克在新中国史学界的境遇》，《史学史研究》2021 年第 1 期。

梁道远：《阿拉伯编年史家伊本·艾西尔及其所处的时代》，《北方论丛》2021 年第 2 期。

林漫：《男性史：当代美国性别史的新视角》，《史学月刊》2021 年第 5 期。

石海龙、张忠祥：《阿德·阿贾伊与非洲史研究》《史学集刊》2020 年第 3 期。

孙超：《重建市民记忆：近代早期伦敦的历史话语与集体认同》，《浙江大学学报》（人文社会科学版）2021 年第 2 期。

王利红：《启蒙运动史学与浪漫主义史学关系辨析》，《河南师范大学学报》2020 年第 4 期。

尉佩云：《历史责任、历史理性与史学职业化》，《北方论丛》2020 年第 3 期。

吴浩、蔡敏敏：《当代中国史学界对唯物史观的理论认知与思考历程》，《史学理论研究》2020 年第 5 期。

谢辉、李兴华：《墨西哥汉学研究：历史与现状》，《国际汉学》2021 年第 1 期。

杨华：《"后学"留痕：后现代史学在国内的传播、实践及影响》，《东岳论丛》2021 年第 1 期。

姚汉昌：《论柯林武德"科学的历史学"》，《史学史研究》2020 年第 4 期。

尹锡南：《当代印度汉学家的中国历史研究》，《国际汉学》2020 年第 2 期。

禹平、肖可意：《越南史学家语言规范思想及其实质——以黎文休、吴士连〈大越史记全书〉李朝、陈朝史评为例》，《吉林大学社会科学学报》2020 年第 6 期。

张博：《近 20 年来西方环境史视域下动物研究的发展方向》，《世界历史》2020 年第 6 期。